R&L

Hervé Hamon
YVES MONTAND
Patrick Rotman

DU SIEHST, ICH HABE NICHT VERGESSEN

Ein Leben
in diesem Jahrhundert

Deutsch
von Christel Gersch
und Joachim Meinert

Rütten & Loening
Berlin

Titel der französischen Originalausgabe
Tu vois, je n'ai pas oublié

Kapitel 1 bis 9 wurden von Joachim Meinert,
Kapitel 10 bis 17 und der Epilog von Christel Gersch
übersetzt

Mit 61 Fotos

Wie wünsch ich mir du würdest dich erinnern
der frohen Tage da wir Freunde waren
Das Leben war zu jener Zeit viel schöner
die Sonne glühender als heut
Die toten Blätter schaufelt man zusammen
du siehst ich habe nicht vergessen …
Die toten Blätter schaufelt man zusammen
auch die Erinnerungen und das Leid
Der Nordwind trägt sie mit sich fort
in des Vergessens dunkle Nacht
Du siehst ich habe nicht vergessen
das Lied das du mir sangst

Jacques Prévert
Les Feuilles mortes
(Die toten Blätter)
Auszug

Vorbemerkung

Ein Buch über Montand, ein Buch mit Montand. Wer würde nicht träumen von einer solchen Reise: von den Hügeln seiner heimatlichen Toskana zur Metropolitan Opera in New York, vom Marseiller „Alcazar" zu den Studios in Hollywood, von den Musikcafés der Besatzungsjahre zum Kreml Nikita Chrustschows? Ein erstaunlicher Weg, den der kleine „Itaker" aus dem Cabucelle-Viertel von Marseille zurückgelegt hat. Auf ihm promenieren im Rampenlicht die verrückten Fans der Music-Hall, die fanatischen Stammkunden der Schummerlokale, die enthusiastischen Verfechter manch einer „heiligen Sache", die Märtyrer von Prag und Santiago sowie zwei Bewohner des Weißen Hauses ...

„Es ist ein Lied, das uns gleicht", würde Prévert sagen. Und Averty würde erwidern: „Montand meines Zeitalters". In einer einzigen Persönlichkeit verschmelzen so viele verschiedene Rollen, daß, wer ihrer Spur folgt, am Ausgangspunkt seine eigene Geschichte wiederfindet: unsere Geschichte. Der Sänger–Schauspieler stellt in diesem Buch fest, daß er ein Mensch ist, der die Zeiten durchschritten hat. Er spricht von Bühne und Show in all ihren Formen, von seinem Repertoire, aber nicht nur davon. Von Stalingrad bis Solshenizyn hat, wie er selbst, eine ganze Generation – oder vielmehr zwei – nach und nach die „schrecklichen Fruchtkerne der Realität" gekaut.

Wir kannten Yves Montand nicht persönlich, als wir ihm 1988 schrieben, um ihm unser Vorhaben darzulegen. Er rief uns sofort an und gab uns wenig später seine Zusage: er würde niemals „Memoiren“ verfassen, erklärte er uns, sich aber wohl darauf einlassen, sein Leben zu erzählen, seine Archive offenzulegen, ausgenommen jenen intimen Teil, der jedem Menschen allein gehört.

Wir brauchten ihn: nichts könnte zweihundert Stunden Gespräch, nichts diese Überfülle von Aufzeichnungen, Notizheften, Briefen, Dokumenten ersetzen, alle sorgfältig aufbewahrt und geordnet. Doch die Großzügigkeit unseres Gesprächspartners warf zwangsläufig ein anderes Problem auf: Wie sollten wir uns dem Menschen Montand nähern, ohne uns von ihm vereinnahmen, „bestechen“ zu lassen?

Wie sollten wir Bande knüpfen und uns nicht selbst mit ihnen fesseln?

Nun, indem wir parallel dazu eine Recherche nach den klassischen strengen Regeln des Genres unternahmen: Befragung von Zeugen, sowohl Freunden als solchen, die dies nicht oder nicht mehr sind, Sichtung aller denkbaren Quellen, Überprüfung der Fakten, der Daten, des Erzählten. Wir haben Montands Erinnerungen so gewissenhaft wie möglich mit dem Inhalt unserer dokumentarischen Unterlagen konfrontiert. Und wir haben uns Schilderungen versagt, die oberflächlich naheliegend, weil nur zu „wahrscheinlich“ waren (so ist hier zum Beispiel kein Dialog wiedergegeben, der uns nicht von einer belegbaren Quelle überliefert worden wäre).

Sind wir mit alledem zur „Wahrheit“ vorgestoßen? Das muß der Leser beurteilen. Diese Art Arbeit erscheint uns ihrem Wesen nach als ein Zwitter. Es ist eine Biographie und – so hoffen wir – mehr als dies. Sie enthält *zugleich* die Autobiographie Yves Montands, der in regelmäßigen Abständen selbst zu Wort kommt. Viele unserer Quellen haben uns gewarnt, haben vorausgesagt, daß unser „Held“ heftig auf diese oder jene Analyse, dieses oder jenes Attribut oder entscheidende Geschehnis reagieren würde. Ein Risiko, das wir auf uns nehmen mußten, er ebenso wie wir. Montand hat uns im Laufe der ganzen Arbeit freie Hand gelassen. Sein Vertrauen ehrt uns: es verpflichtet uns nicht.

Jede Biographie ist eine Hochstapelei: diese Überzeugung teilt Montand mit uns. Sechshundert Seiten sind sehr wenig, betrachtet man die Dichte und Fülle eines Lebens – zumal dieses Lebens. Wir hoffen, daß sie zumindest mit Abstand bestehen können.

H. H., P. R.,
Juni 1990

P. S.: Herzlicher Dank sei den zahlreichen Zeugen gesagt, die bereit waren, unsere Fragen zu beantworten (ein Verzeichnis ihrer Namen findet sich im Anhang). *Die im Laufe des Buches auftauchenden Zitate ohne Quellenangabe stammen aus diesen bislang unveröffentlichten Gesprächen.*

Wir stehen in vieler Menschen Schuld und können diese nicht in allen Fällen abtragen. Doch möchten wir unseren besonderen Dank sagen: Anne Sastourné, die die Aufzeichnungen unserer langen Gespräche mit Montand in eine lesbare Form brachte; Diane d'Ormesson, die uns half, unsere Dokumentation aufzubauen; Anne Rousseau, die für uns die sowjetische Presse aus dem Jahr 1956 übersetzte; und Dominique de Libera, der unser Manuskript durchsah und korrigierte.

1

Die heißen Quellen und dampfgeschwängerten Grotten locken Thermalkurgäste in die kleine Stadt Monsummano, so daß sie ihren Namen mit dem Zusatz *Terme* schmücken kann. Doch ähnelt Monsummano mit seinem modernen Gesicht kaum einem Kurort; allerdings macht ihm das ein paar Kilometer entfernt gelegene Montecatini Terme, einer der bedeutendsten Kurorte Europas, heftige Konkurrenz.

Einstmals trug Monsummano Terme den Namen Monsummano *Basso*, um es vom höhergelegenen Oberdorf zu unterscheiden. Aber heute ist die Unterscheidung veraltet, denn Monsummano *Alto* ist verschwunden. Man muß lange die aus dem 18. Jahrhundert stammende Kirche umrunden, mühselig nach dem Weg suchen, bis man fast zufällig auf einen Wegweiser stößt, der die *Via Castello di Monsummano Alto* anzeigt.

Die schmale Straße windet sich zwischen Olivenhainen bergauf. Nach ein paar Kilometern ist man schon versucht aufzugeben, da tauchen am Ende der Straße, die inzwischen zu einem steinigen Landweg geworden ist, die Trümmer eines halbzerfallenen, von Grün überwucherten fünfeckigen Turms auf. Das ist alles, was vom *Castello* noch erhalten ist. Ein Reiseführer erwähnt Reste einer mittelalterlichen Wallanlage: steinernes Geröll, von der Zeit eingeebnet, von der Natur verschlungen. Der Blick von der Kuppe umfaßt, so weit man schauen kann, die gewellt dahinfließenden toskanischen Hügel, in jenes einzigartige Licht getaucht, das für alle Maler eine Herausforderung und Verlockung gewesen ist. Dennoch hat die Verstädterung die Landschaft allmählich angenagt, verpfuscht. Die hellen Flecken der Neubauten stören die Harmonie der Farben. Unten im Tal ist das Gewimmel der *Autostrada* Florenz–Pisa zu sehen, ein ununterbrochenes Band von Personenautos und Lastwagen. Auf dieser Höhe aber, über dem Gebrumm des Stroms, herrscht eine Stille, die nicht einmal von Zikaden unterbrochen wird.

Von dem zerfallenen Turm steigt ein kieselbedeckter Pfad zwischen Bäumen bergan. Nach etwa zweihundert Metern mündet er auf einen von Häusern umsäumten kleinen Platz. Die steinernen Fassaden wirken fest und solide, die grünen Fensterläden sind zugeklappt. Nichts rührt sich. Uns gegenüber wartet eine kleine, wohlerhaltene romanische Kirche, an ihren vierschrötigen Turm geschmiegt, auf Gläubige, die sich nicht mehr einstellen wollen. Und zur Linken, am ersten Haus, errät man auf einem kaum noch lesbaren Schild ein paar verwaschene Buchstaben: hier war einst das Café von Monsummano Alto, dem allzu hoch gelegenen und heute verlassenen Dorf. Auf dem Platz wächst Gras zwischen den Steinritzen. Flinke, magere Katzen lauern unvorsichtigen Vögeln auf. Eine Fernsehantenne auf einem Dach zeigt an, daß die moderne Zivilisation auch bis hierherauf gekommen ist, bevor sie wieder den Rückzug antrat.

Der Friedhof liegt zur Rechten, wenn man wieder zum *Castello* hinabsteigt. Einige wenige Morgen, auf halbem Weg zum Himmel: viele Gräber wirken verlassen, und die Tafeln zeigen längst vergangene Sterbedaten an. Einige aber werden offenbar noch besucht. In der Mitte des Friedhofs erhebt sich eine Leichenkapelle, die kaum den Namen eines „Baudenkmals“ verdient. An ihren bröckeligen Mauern sind mehrere Marmorplatten befestigt: die am besten erhaltene, gleich links neben der Tür, gemahnt den Vorüberkommenden an das Andenken der Familie Livi.

Auf dieser Seite der Kuppe hat die Natur es verstanden, sich gegen das Eindringen der Menschen zu wappnen; die Hügel tragen Stachelkämme von Zypressen in Habachtstellung und sind in den Höhenlagen von graugrünen Olivenhainen bekränzt, weiter unten scheint die ockerfarbene Erde der Gegend durch. Die Landschaft hat vergessen zu altern, sie ist in demselben Zustand wie vor einem Jahrhundert erstarrt, als die Livis im amberfarbigen Boden der Toskana scharrten. In Monsummano steckt *mano*, die Hand.

Giovanni Livi wird am 15. November 1891 geboren. Sein Vater starb zwei Jahre später, mit fünfundzwanzig Jahren. Man entdeckte seine Leiche in einem Loch, das er gegraben hatte, um einen Kirschbaum zu pflanzen. Tod infolge von Erschöpfung. Er hinterließ seiner Frau Arduina, die zweiundzwanzig war, drei Knaben, drei, zwei und ein Jahr alt. Arduina, eine Schönheit, ging eine Zeit später mit einem jungen Mann von achtzehn Jahren auf und davon und ließ ihre Brut im Stich. So wurden Giovanni und seine beiden Brüder Giuseppino und Virgilio von ihrem Großvater Carlo aufgezogen, den alle Welt Carlino nannte. Carlo konnte lesen und schreiben, was für einen Bauern in jener Zeit außergewöhnlich war. Er war mit Recht stolz darauf, und es trug ihm auf dem ganzen Hügel, dem *poggio*, ein hie und da von Neid getöntes Ansehen ein. Großvater Carlino besaß Bücher von Dante Alighieri, Torquato Tasso und Victor Hugo, und er erzählte sie seinen drei Enkelsöhnen. Sehr viel später sollte Giovanni Livi bekennen: „Wir verehrten ihn abgöttisch, weil er uns all diese phantastischen Geschichten beibrachte."

Die Zeiten sind hart, und die Livis bewegen sich, gleich allen anderen Bauern, zwischen Armut und Elend. Das Haus der Familie ist voll belegt. Außer Großvater Carlo und Großmutter Maria lebt unter seinem Dach noch ein Onkel, dem seine Bosheit den Spitznamen *il Lupo*, der Wolf, eingebracht hat. Der „Wolf" hat ebenfalls drei Kinder – und eine lockere Hand. Mehr als einmal muß seine jüngere Schwester Lizena eingreifen, um ihre Neffen zu beschützen. Die drei Waisen schlafen auf dem Heuboden, mit Getreidesäcken zugedeckt. Um mit ihren Mündern an die Teller heranzukommen, müssen sie beim Essen auf der Bank knien ...

Mit sieben Jahren beginnt Giovanni Livi auf dem Feld zu arbeiten. Wenn es regnet oder schneit, geht er mit seinen Brüdern in die Schule von Monsummano Alto. Ein Schulbesuch dank klimabedingten Ausfallzeiten, aber eine Schulbildung immerhin. Der Großvater hat Grundsätze und hält viel auf Bildung, oft sagt er: „Je unwissender einer ist, um so größeren Quatsch redet er daher."

Die Lehren von Opa Carlino finden offene Ohren. Virgilio, der älteste der drei Livi-Jungen, bastelt mit seinen geschickten Händen aus Holzstäbchen eine Dreschmaschine in Miniaturformat. Carlino, voller Stolz auf seinen Enkel, schickt das Modell nach Florenz, wo irgendein Wettbewerb läuft: Virgilio erhält den ersten Preis. Später sollte er nach Livorno gehen und stellvertretender Direktor einer Lastwagenfabrik werden. Giuseppino, der Jüngste, hat eine schöne Stimme. Er hat Gitarre und Mandoline spielen gelernt. Bald ist er in der ganzen Umgegend gefragt, um bei Festen zu singen und für Stimmung zu sorgen.

Giovanni bleibt bei der Scholle. Als er zwanzig geworden ist, zieht ihn die Armee für sechsunddreißig Monate ein. 1912 unternimmt Italien, das davon träumt, sich ein Kolonialreich zu schmieden, sein Libyen-Abenteuer. 40 000 Männer werden ausgesandt, die Araber zu „befrieden". Giovanni Livi verläßt zum erstenmal sein Dorf und entdeckt die Greuel des Krieges. Erschüttert und gereift kehrt er zurück, mit dem Trauma belastet, daß er in seiner Eigenschaft als Korporal seinen Männern den unsinnigen Befehl übermitteln mußte, einen Beobachtungsposten zu beziehen, von dem sie einer nach dem andern abgeknallt wurden.

1914 heiratet er Giuseppina Simoni.

Die Geschichte der Livis, das ist Zola. Die der Simonis klingt eher nach Dickens. Ein talentierter, zum Rührseligen neigender Romancier würde an dieser Stelle seinen Lesern unweigerlich die Tränen in die Augen treiben. Mühelos kann man sich vorstellen, welche Szenen er, auf einem so „effektvollen“ Rohmaterial aufbauend, mit kräftigem Pinselstrich hinwerfen würde. Die Verfasser dieser Lebensgeschichte indes haben nicht vor, ihre Leser zum Taschentuch greifen zu lassen; sie wollen die Marksteine eines Lebens auffinden, eines Lebens, das von seiner Zeit geprägt wurde, und so werden sie sich darauf beschränken, das Vorgefundene aufzuzeichnen: die Realität ist beredt genug.

Olympia Ramoni ist ein Findelkind. Olympia ist nicht ihr wirklicher Name, den kennt niemand, sondern jener, den ihr um 1850 – eine genauere Zeit läßt sich nicht bestimmen – die Nonnen gaben, von denen sie aufgelesen worden war. In Florenz wurden damals die Waisenmädchen, sobald sie erwachsen waren, auf eine Art sich drehende Scheibe gesetzt, das „Karussell“, von dem sich die Männer eine Ehefrau auswählten. Leopoldo Simoni sah Olympia und fand, daß sie von reizender Gestalt und kräftiger Statur war und geeignet erschien, auf dem Feld zu arbeiten, vor allem aber, Kinder in die Welt zu setzen.

Leopoldo und Olympia heirateten und bekamen viele Kinder. Genau gesagt, zehn. Fünf davon waren Jungen: Luigi (genannt Gigi), Giulio, Paolino, Guido und Nencino; fünf waren Mädchen: Paolina, Giulia, Ottanina, Giuseppina und Marina. Leopoldo, fromm wie ein Mönch, war überzeugt, daß man ihm am Tage des Jüngsten Gerichts eine allzu spärliche Nachkommenschaft vorhalten werde ... Der Zweig Simoni ist vom Stamm einer Eiche. Leopoldo sollte achtundsiebzig Jahre alt werden, Olympia sogar sechsundachtzig. Alle Kinder sind von großer Statur: die Jungen über einen Meter achtzig, die Mädchen eins siebzig.

Leopoldo Simoni übernimmt eine Halbpacht in Monsummano Alto. Der Boden wirft wenig ab, und das Beste bleibt, dem Brauch gemäß, dem Besitzer vorbehalten. Bei den Simonis ist das Alltägliche wirklich Alltag. Die mündliche Überlieferung hat die Schilderungen dieses Elends bis zu uns dringen lassen, und zweifellos sind sie von trister Wahrhaftigkeit. Ihnen zufolge verteilte Leopoldo vor dem Kaminfeuer an die zehn der Größe nach aufgereihten Kinder die Stückchen der gesalzenen Sardinen, aus denen die Mahlzeit im wesentlichen bestand. Giuseppina, die vorletzte – ihre Mutter Olympia war bei der Geburt des Mädchens im Jahre 1893 bereits fünfundvierzig – begegnete Giovanni Livi in der Schule von Monsummano, wenn rauhe Witterung die Feldarbeit untersagte. Auch hier könnte die Feder erneut ein rührendes Bildchen von der Liebe dieser Kinder in der toskanischen Campagna malen. Die Wahrheit verlangt, schlicht und einfach zu sagen: 1914 haben sie geheiratet. Ein gutes Jahr dafür! Giovanni ist dreiundzwanzig, gerade aus Libyen heimgekehrt.

Er ist ein vierschrötiger, robuster Mann, mittelgroß (ein Meter fünfundsechzig), ein Kraftpaket. Den Mangel an Allgemeinbildung gleicht er durch den wachsamen Scharfsinn aus, wie er den Menschen im Landesinnern eigen ist. Die Toskaner sind reserviert und „stolz“, sie hören lieber zu, als daß sie reden. Höflich, aber distanziert, handhaben sie auch gern und mühelos die Ironie. Wird Giuseppina, „Beppina“, deren ovales Gesicht von klassisch florentinischer Schönheit ist, durch Giovannis Humor oder durch seine tatsächliche Liebenswürdigkeit verführt?

Italien hatte den vortrefflichen Gedanken, seinen Eintritt in den Großen Krieg zu verzögern, und dies ließ

Giovanni die Zeit, ein Kind zu zeugen. Am 25. März 1915 wird die kleine Lidia Fedora geboren, die gesamte Familie nennt sie freilich immer nur bei ihrem ersten Vornamen, der später zu Lydia französiert werden wird. Sie besitzt ein schwindelmachendes Gedächtnis. Siebzig Jahre später erinnert sie sich mit staunenswerter Präzision ihrer Kleinkinderjahre. Ein Glücksfall für Stammbaumerkletterer und Erforscher der Vergangenheit.

Giovanni und Giuseppina hatten Lydias Geburt nicht wirklich vorgesehen, ja schlimmer noch, sie wollten das Kind nicht. Lydia sollte schon neunundvierzig sein, als sie das schändliche Familiengeheimnis entdeckte: ihre Mutter hat mit allen Mitteln versucht, das Kind abzutreiben. Sie sprang sogar von einem Baum und blieb eine halbe Stunde bewußtlos liegen. Lydia trotzte dieser Behandlung. Von dieser ursprünglichen Kampfeslust bewahrt sie sich – dies ist eine von mehreren legendären Erklärungen – eine Kraft, eine Hartnäckigkeit, einen Willen, die alle mit Bewunderung schildern. Lydia ist bei den Livis eine vergötterte Gestalt, sie ist die Sippenheilige.

Giovanni will, wie jeder Italiener, der etwas auf sich hält, einen Sohn. Er wird erneut eingezogen, aber eine Augenkrankheit, die er sich in Libyen zugezogen hat, erspart ihm den Schützengraben. Er macht sich einen Urlaub zunutze, um Giuliano (Julien) zu zeugen, der am 2. November 1917 geboren wird. In Petrograd ergreifen die Bolschewiki die Macht. Ein unvorhersehbares Zusammentreffen von Daten, doch ein Augenzwinkern des Schicksals: Julien Livis gesamtes Dasein sollte unter dem Zeichen der Oktoberrevolution stehen.

Zu jener Zeit entwöhnten die armen Leute ihre Neugeborenen sehr früh: die Mutter gab ihre Milch einem anderen Säugling, bei dem sie Ammendienste verrichtete. Julien bekommt also einen Milchbruder, mit dem er sich die Saugquelle und das Körbchen teilt. Giuseppina, von zwei aufeinanderfolgenden Schwangerschaften geschwächt, dazu Opfer von Unterernährung, siecht vor sich hin. Sie klagt über Unterleibsschmerzen, und der Arzt, der seine Wissenschaft wohl mehr bei der Betrachtung der Gestirne als an der Fakultät erworben hatte, rät ihr, schleunigst ein drittes Kind in die Welt zu setzen. Die Niederkunft, so behauptet er, werde ihr alle inneren Beschwernisse austreiben.

Ivo wurde am 13. Oktober 1921 geboren. Giovanni hatte beschlossen, seinen Sprößling Ivo zu taufen – ein in Italien wenig verbreiteter Vorname –, weil er wollte, daß er Rechtsanwalt würde. Der heilige Yves ist der Schutzpatron der Verteidiger der Gerechtigkeit (er wurde 1347 heiliggesprochen, weil er sich als Klientel die schlechtesten Zahler, die Bettelarmen, erwählt hatte; aber er war gebürtig aus Tréguier, weitab von der Toskana). Montand sollte, was diesen Punkt angeht, seinem Vater gegenüber, dem Mann, den er am liebsten hatte, häufig herumwitzeln: Mußte man nicht sehr naiv sein, um zu glauben, daß man sich sein Leben durch Wortedrechseln verdienen könne? Tatsächlich fehlte zu den Worten nur eine kleine Melodie ... Aber greifen wir nicht vor, auch wenn um diesen Punkt keinerlei Spannung waltet: jedermann weiß, daß Ivo Livi bekannter unter seinem Pseudonym ist: Yves Montand. Und dieser Montand sollte erst siebzehn Jahre später geboren werden ...

An jenem 13. Oktober 1921, als Ivo Livi zum erstenmal den Planeten begrüßt, verkündet *Le Petit Parisien*, „die auflagenstärkste Zeitung der ganzen Welt“, auf der Titelseite die Festnahme der Einbrecher im Juwelierladen Lévi, Boulevard Saint-Martin in Paris. Livi, Lévi, Lévy ... Es sollte eine Zeit kommen, in der die Verwechslung der Vokale nicht folgenlos blieb.

Auf ihrem Fleckchen Erde bauen die Livis gerade soviel an, daß sie davon leben können. Die Kinder krepieren nicht vor Hunger, aber die *polenta*, eine Art Fladen aus Maismehl, macht den Hauptteil der Ernährung aus. Sie ernten auch Gemüse, Mangold, Erbsen, Bohnen, das alles wird zu einer Brühe gekocht, die mangels besserer Zutaten Suppe heißt. Sonntags wird Brot gebacken, und man bereitet die Innereien von Schwein oder Rind zu, die unsere Fleischer heute den Katzen vorbehalten. Ist ein Kind krank, so hat es Anrecht auf ein Ei. Fleisch, ein rares Gut, kommt nur zu Festlichkeiten auf den Tisch.

Julien Livi: „Ich habe keine Erinnerung an Hunger, wohl aber an eine ständige Frustration. Zum Beispiel wurde auf die Polenta ein bißchen Öl geträufelt. Aber meine Mutter hatte die Tülle des Ölkrugs zusammengedrückt, damit ein noch dünneres Fädchen herauskam. Man konnte sich einbilden, man hätte Öl draufgetan … Der Nachtisch, eine wahre Leckerei, waren geröstete Kastanien."

Schamgefühl bleibt eine herausragende Eigenschaft der Livis. Sie sind zu stolz, um die Verhältnisse der Familie, die zu jener Zeit denen der meisten Bauern in der Gegend gleichen, in schwarzen Jammerfarben zu malen. Lydia, die große Schwester, spricht lieber davon, was die Regel bei den Dorfbewohnern war: „Sie arbeiteten schwer. Die Leute gruben die Erde mit dem Spaten auf, die zehnjährigen Kinder sammelten, auf allen vieren kriechend, Wildgemüse, meine Mutter schnitt mit der Sichel das Korn. In der Umgebung besaß jemand einen Ochsen, den er bisweilen zu Feldarbeiten auslieh. Die übrigen Bauern züchteten Hühner und Kaninchen. Einmal in der Woche gingen sie hinunter nach Monsummano Basso zum Markt und verkauften ihre Eier und Kaninchen, die die Frauen in großen Körben auf dem Kopf trugen (meine Mutter sah hinreißend aus, wenn sie so dahinschritt, in sehr aufrechter Haltung). Im Tabakladen mit Ausschank kauften sich die Leute Salz; Salz war sehr teuer und rationiert. Und dann kaufte man so billig wie möglich Dorsch ein. Ich habe nie begriffen, weshalb wir nicht die Kaninchen aßen, statt sie zu verkaufen und dafür Dorsch zu kaufen. So war es eben, so war die Tradition. Aus gesalzenem Dorsch konnte man eine Unmenge verschiedener Gerichte zaubern ..."

Durch das Leben im Schützengraben werden Millionen von Italienern durcheinandergemischt, und dennoch bleiben die sozialen und regionalen Kluften erhalten. Fast die Hälfte der 670 000 Gefallenen sind bäuerlicher Herkunft. Die Jugend ist hingeschlachtet, die Davongekommenen finden ein entkräftetes, geschundenes Land vor, in dem die Mühsal des täglichen Lebens weitere Ungerechtigkeiten zeitigt. Offenbar wird Giovanni Livi zu diesem Zeitpunkt, dem seiner Rückkehr aus dem Großen Krieg, zum Sozialisten – oder macht sich zumindest sozialistisches Gedankengut zu eigen. Die Italienische Sozialistische Partei ist zu dieser Zeit ein Sonderfall in Europa: sie ist die einzige Mitgliedsorganisation der II. Internationale, die eine „Burgfriedens"-Politik abgelehnt und bis zum Ende gegen den Krieg gekämpft hat. Mehrere ihrer Führer wurden eingesperrt, weil sie für die Nichtbeteiligung am Kriege eingetreten waren.

Nach dem Ende des Gemetzels schwanken die italienischen Sozialisten in dem vom Krieg verheerten Land zwischen zwei Haltungen: der traditionellen reformistisch-legalistischen und der revolutionären, die sich stark am sowjetischen Vorbild orientiert; viele träumen davon, letzteres nachzuahmen. In ihrer gewaltigen Mehrheit entscheidet sich die Partei für die zweite Position und erweist sich auf ihrem Parteitag in Bologna am 5. Oktober 1919 als „maximalistisch" gesinnt. Die zwei vorgelegten Resolutionstexte – auf den radikaleren entfallen drei Viertel der Stimmen – behaupten gleichermaßen, die Revolution stehe unmittelbar bevor; sie verweigern die Zusammenarbeit mit der „bourgeoisen Staatsmacht" und befürworten den Übergang zur „Diktatur des Proletariats". Die Delegierten bekunden der russischen Revolution ihre Unterstützung und stimmen per Akklamation für den Beitritt zur III. Internationale, die gerade in Moskau gegründet worden ist.

In Deutschland grollt der Aufruhr, Ungarn wählt Arbeiterräte, die Rote Armee rückt auf Warschau vor. Östlicher Wind fegt durch Europa, seine Böen erreichen auch die Apenninenhalbinsel. Man muß sorgfältig auf den Sinn der Worte achten: wer sich zu Anfang des Jahrhunderts in Italien als Sozialist bekennt, erklärt sich zum Revolutionär. Es ist nicht genau bekannt, auf welchen Wegen Giovanni Livi zu diesem Engagement gelangte. Mechanistisch Denkende könnten eine solche Entwicklung aus den Lebensverhältnissen ableiten, denen er seit seiner Kindheit ausgesetzt war, und aus der Ungerechtigkeit, die er rings um sich wahrnahm. Diese Tatsachen sind nicht zu bezweifeln, aber so simpel wird Bewußtsein nicht vom Sein bestimmt.

Wahrscheinlich war es das Trauma des Krieges, das – wie bei Millionen junger Männer seiner Generation – im Geiste dieses Pazifisten, der praktisch seit 1911 eingezogen war, die grundlegende Entscheidung auslöste. Sein Sohn Julien erklärt, daß Giovanni Livi in der Armee politische Streitgespräche mit Soldaten aus der Stadt hatte. Man darf sich vorstellen, daß er politisch aktiven Männern in Uniform begegnete, die den von ihm unklar empfundenen Regungen eine innere Geschlossenheit und Richtung gaben. Zudem stellte die Sozialistische Partei eine große Kraft mit beachtlicher Zugwirkung dar. Bei den Wahlen 1919 erlangt sie ohne ein präzises Programm, indem sie einfach das revolutionäre Ideal verkündet, ein Drittel der gesamten Stimmen und entsendet 156 Abgeordnete, zumeist in Norditalien gewählt, in die Kammer. Ebenso gewinnt sie die Kontrolle über ein Drittel der Kommunen und ein Drittel der Provinzialräte, dazu stehen unter ihrem Einfluß noch über 8000 Genossenschaften. Im Jahr 1920 zählt sie

216 000 Mitglieder. Im Herbst desselben Jahres legt eine starke Streikbewegung die Fabriken lahm, einige werden besetzt. Die Unruhe ergreift auch die ländlichen Gebiete. Die Bauern hissen die rote Fahne, fordern Boden. Die erschrockenen Grundbesitzer suchen nach Stützen. Italien ist an dem Punkt, wo es in eine revolutionäre Situation umkippen könnte.

In diesem Stadium hat Giovanni Livi offenbar seinen Stand als Bauer verlassen. Dem Vater von Juliens „Milchbruder“ gehört eine kleine Besenfabrik; Livi läßt sich bei ihr anstellen. Aber bald schon steuert die Firma auf den Ruin zu: Giovanni wird entlassen. Da beschließt er, sich selbständig zu machen: er hat gelernt, aus Mohrenhirse Strohbesen herzustellen; im Hof vor dem Haus baut er sich aus Brettern und Teerpappe einen Schuppen. Seine Werkstatt.

„Die ‚Fabrik‘? Das Wort ist zum Lachen“, sagt Lydia, wenn sie sich daran erinnert. „Eher eine *favela.* Eine kleine Baracke, aber sehr sauber gehalten, in der das Hirsestroh gelagert wurde. Es mußte bearbeitet, geschwefelt werden. Mein Vater hat sich Geld geliehen, um überhaupt anfangen zu können. Am Wochenende verlor er fast den Verstand bei dem Gedanken, er könnte seine Raten nicht abzahlen. Er hatte zwei oder drei Arbeiter und dazu uns, die Kinder. Ich habe, sobald ich alt genug dafür war, beim Stroh gearbeitet: ich sortierte die kurzen Ähren aus und legte die beiseite, die lang genug waren, um den Bund zu umwickeln.“

Ein Foto vom Sommer 1921 zeigt Giovanni Livi vor seiner „Fabrik“. In eine weite, grobe Schürze gehüllt, hält er ein Muster seiner Erzeugnisse auf den Knien. Er ist umringt von einem Dutzend Personen, Frauen und Kindern. Um den Raum zu füllen, hat der Fotograf Julien und Lydia im Vordergrund plaziert, vor dem Objektiv. Ivo ist ebenfalls präsent, aber noch nicht zu sehen. Er ist im Bauch seiner Mutter, die ihren schwangeren Zustand hinter den Schultern des Kindsvaters verbirgt.

Sie sehen allesamt nicht unglücklich aus, auch wenn die Mienen ernst sind und nur bei wenigen ein Lächeln zu bemerken ist (allerdings ist der Moment des Fotografiertwerdens an sich schon feierlich). Sie bringen als Gemeinschaft eine Art heiterer Gelassenheit und Würde zum Ausdruck. Was immer geschieht, sie werden ihm trotzen. Eine kurzlebige Gewißheit, eine rasch vergängliche Atempause, bevor das große Ungewitter über Italien und nebenbei – wohl aber entscheidend für unsere Geschichte – auch über die Livis hereinbricht.

Am 15. Januar 1921 wird im Teatro Goldoni in Livorno der Parteitag der Italienischen Sozialistischen Partei eröffnet. Drei Richtungen treten gegeneinander an. Die erste, stark in der Minderheit, erklärt sich für reformistisch, sozialdemokratisch. Die beiden anderen berufen sich auf den Kommunismus und erkennen die drakonischen einundzwanzig Punkte an, die Lenin als Bedingung für den Beitritt zur III. Internationale erlassen hat. Doch die Abgesandten aus Moskau, vor allem „Genosse“ Rákosi, der in den fünfziger Jahren über das stalinistische Ungarn herrschen wird, erzwingen die Spaltung zwischen den beiden Fraktionen, obwohl diese sich ideologisch sehr nahestehen. Die stärkere, als „Einheitsfraktion“ bezeichnet, erklärt trotz der Zurückweisung einhellig ihre Bindung an die Kommunistische Internationale und wählt zum Symbol Hammer und Sichel, denen sie ein Buch hinzufügt. Die Anhänger dieser Richtung behalten den Namen Sozialistische Partei. Die andere Fraktion, darunter Antonio Gramsci, gründet an Ort und Stelle die Kommunistische Partei.

Giovanni Livi hängt der radikalsten Richtung an. In Monsummano zählt er zu den Gründern der kommunistischen Zelle im Ort, die sich den Namen Antonio Bordigas gibt, des am weitesten links stehenden Führers. Livi erweist sich als aktives Parteimitglied. Er beteiligt sich emsig an den öffentlichen Versammlungen in der

Casa del Popolo, verteilt Propagandamaterial. Am 1. Mai hängt er die rote Fahne heraus und demonstriert mit seinen Genossen unter dem Gesang von *Bandiera Rossa.* Diese bescheidene, aber regelmäßige Aktivität trägt Giovanni im Ort den Ruf eines kommunistischen Funktionärs ein.

Die Livis wohnen ganz oben in Monsummano, hinter der Kirche. Um zu dem Haus zu gelangen, muß man einen engen, finsteren Durchgang passieren. An einem Abend im November 1921 warten auf den heimkehrenden „Revolutionär" drei Männer, die mit Ochsenziemern auf ihn einprügeln. Giovanni erhebt ein lautes Geschrei und vermag sich trotz eines betäubenden Schlags in den Nacken in den Lichtkreis einer Laterne zu schleppen. Das Licht rettet ihn. „Wir haben ihn um Hilfe schreien hören, meine Mutter und ich", erzählt Lydia, „und dann kam er herein. Die Augen quollen ihm aus dem Kopf. Lila Striemen zogen sich wie dicke Regenwürmer quer über sein Gesicht, seinen Hals. Es war, als sollte er den Verstand verlieren. Der größte Schock war für ihn, daß er im Schein der Laterne zwei seiner Angreifer erkannt hatte. Zwei ehemalige sozialistische Genossen, die sich Mussolini angeschlossen hatten."

Benito Mussolini, Sohn eines sozialistischen Schmieds, hatte sich zunächst zu den Ideen seines Vaters bekannt. Wegen seiner antimilitaristischen Aktivität muß er während des Libyenkrieges ins Gefängnis; dies und seine virulent antiklerikale Haltung lenken das Augenmerk der sozialistischen Führer auf ihn. 1912 berufen sie ihn nach Mailand, dort soll er den *Avanti!*, die Tageszeitung der Partei, leiten. Bis zum Weltkrieg bekundet er in seinen flammenden Artikeln unversöhnliche Positionen, gegen den Reformismus, gegen jeden Kompromiß gerichtet. Bei Ausbruch der Feindseligkeiten spricht er sich zunächst für Italiens Neutralität aus, bekehrt sich dann zur gegenteiligen Ansicht und predigt die Intervention. Danach wird er aus der Partei ausgeschlossen.

1919 begründet er in einem vom Kreis für Industrielle und Kommerzielle Interessen zur Verfügung gestellten Saal nahe der Piazza San Sepolcro in Mailand die „Fasci Italiani di Combattimento“. Eine Splittergruppe, wie es deren im von Unruhe ergriffenen Italien viele gibt. Die Ideologie der Bewegung ist ziemlich verwaschen, wenn man etwa der Lektüre eines Mussolini-Artikels im *Popolo d'Italia* traut, der am 23. März die Gründung seiner Organisation verkündet: „Wir nehmen uns den Luxus heraus, Aristokraten und Demokraten, Konservative und Progressive, Reaktionäre und Revolutionäre, Gesetzestreue und Gesetzesverletzer zu sein, je nach den Umständen, dem Ort und dem Rahmen, in dem wir zu leben und zu handeln gezwungen sind.“ Drei Jahre später ergreift Mussolini die Macht.

Die Anfänge indes waren mühselig. Von den 268 000 Stimmberechtigten, die Mailand bei den Wahlen 1919 zählt, bekommt er nur 5 000 Stimmen! Am Ende desselben Jahres vereinen die *Fasci* 17 000 Anhänger. Erst der Mißerfolg der Streiks von 1920 beschleunigt im Gegenzug Mussolinis Aufstieg. In den ländlichen Gebieten treffen die Grundbesitzer Absprachen, stellen *squadre* auf, bewaffnete Stoßtrupps, die gegen die Forderungen der Halbpächter eingesetzt werden sollen. Der ländliche Faschismus entfaltet sich rasch und schlägt gegen die Sozialisten los. Im Jahr 1921 häufen sich Zusammenstöße von extremer Brutalität.

Der gewaltsame Druck der Mussolini-Anhänger erfaßt zuerst die Po-Ebene und die Toskana. Ihre Gewalttätigkeit bedroht vor allem die von der reformistisch-sozialistischen Strömung geschaffenen Einrichtungen wie die Arbeitskammern, die das Wirtschaftsleben der Region koordinieren, oder die Genossenschaften, in denen sich die kleinen Bauern zusammengeschlossen haben. Zur bevorzugten Aktionsform der *Fasci* wird die Strafexpedition. Von einem städtischen Zentrum ausstrahlend, ergießt sie sich in verheerendem Zug über die Landgebiete. Die Schwarzhemden brechen in ein „rotes“ Dorf ein und verprügeln alle, die sich nicht unterordnen, fallen über die Arbeitskammer, das Haus der Gewerkschaft, über die Genossenschaft oder die Casa del Popolo, das Volkshaus, her. Es wird geplündert und gebrandschatzt.

Und danach macht man Hetzjagd auf die Anführer, um sie zu bestrafen, sie zur öffentlichen Verleugnung ihrer Überzeugungen zu nötigen. Zur Demütigung flößt man ihnen mit Gewalt, Schluck um Schluck, Rizinusöl ein. Lydia war Zeugin solcher Szenen: „Es war gräßlich. Die Faschisten zwangen ihre Opfer mit dem Revolver in der Hand, den Abführtrunk zu schlucken, vor allen Gaffern, die widerspruchslos zuschauten. Die Kinder kreischten vor Lachen, weil der Unglückliche flehte, man möge seinem Leiden ein Ende setzen. Er kotzte sich auf den Anzug, machte sich ein, und in diesem Zustand wurde er unter Püffen und Prügeln um die Piazza geführt, bis er laut rief: ‚Es lebe Mussolini!‘ Eines Tages habe ich erlebt, wie sogar ein Priester diese Behandlung erfuhr.“

Der Überfall auf Giovanni Livi stellt also keine Einzeltat dar, nicht das Werk von ein paar Hirnverbrannten oder Widersachern am Ort. Die Überfälle gelten selbst den kleinsten Nestern. Ein paar Wochen zuvor ist in Monsummano bereits die Casa del Popolo in Brand gesteckt worden. Livi, der sich in freiwilliger Arbeit an ihrem Bau beteiligt hatte, vermochte durch ein kleines Fenster zu flüchten, dessen er sich von der Bauzeit her entsann. Mehrere seiner Genossen kamen in den Flammen ums Leben.

Als bekannter kommunistischer Vorkämpfer am Ort muß Giovanni zwangsläufig mit Rachegelüsten der Mussolini-Jünger rechnen. Für ihn aber kommt zum politischen Kampf noch das familiäre Drama hinzu: der örtliche Faschistenhäuptling, der wahrscheinlich auch den Handstreich gegen ihn ins Werk gesetzt hat, ist sein eigener Schwager.

Luigi, von allen Gigi gerufen, ist das älteste der zehn Simoni-Kinder. Er ist von großer Statur, wie alle Simonis, und er allein hat als Ältester damaliger Tradition gemäß eine bessere Schulbildung genossen. Als junger Bursche wollte er Priester werden, doch nach einer Afrikareise hat er seine Berufung gewendet und sein Gewand gewechselt: statt der Soutane trägt er die Uniform. Nach dem Ende des Großen Krieges kehren Tausende von ausgemusterten jungen Italienern besiegt und gedemütigt in ihre Heimat zurück, mit einem ausgewachsenen Haß auf die politische Klasse, die sie zum „Krepieren“ aussandte. Sie träumen von einer neuen Ordnung, die ihren Stolz wiederherstellen soll, sie bejubeln die legendären Heldentaten Gabriele D’Annunzios, die ihrem romantisch-kriegerischen Geist schmeicheln. Diese Söldlinge, zur Wiederverwendung freigesetzt, stellen Mussolinis Fußvolk.

Luigi Simoni hat diesen durchaus nicht ungewöhnlichen Weg eingeschlagen, der zu jenem seines Schwagers Giovanni Livi umgekehrt symmetrisch verläuft; so können ein und dasselbe Dorf, das gleiche Milieu, dieselbe Familie und das gleiche Elend durchaus gegensätzliche Schicksale zeugen.

Der große Bruder Gigi versucht seine Schwester Giuseppina, die gläubig ist wie er selbst, davon zu überzeugen, welch schädlichen Einfluß ihr Kommunist von Ehemann auf die Kinder ausübt. Werden nicht in Rußland von den Bolschewisten Kinder geschlachtet? Sind diese Livis etwa nicht Menschen ohne Glauben und Moral? Hat nicht Giovannis Mutter, diese Hure, ihn und seine beiden Brüder als kleine Kinder im Stich gelassen und ist mit einem Hergelaufenen auf und davon? Giuseppina zittert vor dem Ältesten, der in seinem schwarzen Uniformwichs riesig und kraftstrotzend vor ihr steht und mit einer kleinen Schar von Halsaufreißern durch das Dorf zieht. Doch obwohl sie innerlich zerrissen ist, bleibt sie standhaft, hält allem zum Trotz zu ihrem Giovanni. So bleibt Gigi nichts weiter übrig, als zu Einschüchterung und Gewalt zu greifen. Und da Prügel allein nicht gereicht haben …

In einer Nacht des November 1921, als das Dachwerk unter heftigem Wind ächzt, wird Giovanni Livi von einem sonderbaren Lichtschein aufgestört, der durch die Fensterläden dringt. Er stürzt ans Fenster: im Hof steht der Schuppen, die „Besenfabrik", in Flammen – sie züngeln bereits nach der Vorderfront des Wohnhauses. Drunten im Rauch vermag er nur undeutlich umherrennende Schatten auszumachen … und er kann einen lauten Aufschrei des Schreckens nicht unterdrücken. Julien Livi: „Wir sind allesamt hochgefahren durch das Geschrei meines Vaters. Er hat uns drei (Yves war einen Monat alt) gepackt und ist zur Treppe gestürzt. Meine Mutter schob er vor sich her und rief immer wieder: ‚Beppina, *vai, vai!*' – weg von hier, raus! Er hat uns vom Hause weggebracht und uns einem Nachbarn übergeben. Ich war viereinhalb. Es ist fast siebzig Jahre her, aber ich hab immer noch das Gebrüll meines Vaters in den Ohren und das Bild der Feuersbrunst vor Augen. Das bin ich nie mehr losgeworden. Als ich im Krieg in Deutschland gefangen war, habe ich den Luftangriff auf Hamburg erlebt, mit Phosphorbomben. Da sah ich den brennenden Schuppen wieder vor mir."

In der Frühe entdeckt Giovanni Livi unter den Trümmern der niedergebrannten Werkstatt einen Schriftzug, mit demselben Teer gemalt, der die Baracke in Flammen aufgehen ließ: *„A morte comunisti!"*, Tod den Kommunisten. Niemand hat sich formell zu der Brandstiftung bekannt, aber sie trägt eine Signatur. Es liegt kein Beweis vor, daß Onkel Gigi selbst den Befehl erteilt hat, aber als Ortsführer des *Fascio* mußte er von den Übergriffen seiner Männer wissen. Ein paar Tage später äußert er zu einem Nachbarn, der zum Löschen herbeigeeilt war: „Man hätte sie verbrennen lassen sollen, so wären wir das ganze Gesocks losgewesen." Der Spielraum zwischen Einschüchterung und „Exekution" ist klein.

Dennoch gehen die Worte weiter als die wirklichen Taten. Hätten die Urheber des Überfalls die Familie Livi ermorden wollen, so hätten sie das Wohnhaus angesteckt, wo alle schliefen, und nicht den Schuppen ein paar Meter weiter. Die Feuersbrunst wirkt wie die letzte Warnung eines Gigi, den ein gleichermaßen aus Clangeist und Ideologie gebrauter Haß blindwütig gemacht hat.

In diesem Herbst 1921 schrecken Mussolinis Schwarzhemden durchaus nicht vor Verbrechen zurück. Die Liste ihrer Untaten wird im ganzen Land immer länger. Von der Parlamentstribüne aus zeichnet der sozialistische Abgeordnete Giacomo Matteotti – er sollte drei Jahre später ermordet werden – eine schreckenerregende Bilanz der nächtlichen Taten der *Fasci*: „Mitten in der Nacht tauchen die Lastwagen der Faschisten in kleinen Dörfern, in Weilern von ein paar hundert Einwohnern auf. Sie halten vor einem kleinen Haus. Es sind zwanzig, hundert Männer, bewaffnet mit Gewehren und Revolvern. Sie rufen nach dem Führer der *Lega* (der Landarbeitergewerkschaft), befehlen ihm herunterzukommen: ‚Wenn du nicht runterkommst, stecken wir dein Haus an mitsamt Frau und Kindern!' Öffnet er die Tür, dann packen sie ihn, fesseln ihn, schleifen ihn auf den Lastwagen, setzen ihn den unglaublichsten Torturen aus. Macht er nicht auf, wird er auf der Stelle ermordet."[1]

Zahlreiche sozialistische oder kommunistische Anführer werden vor der Tür ihres Hauses erschlagen. Um ihrer Familie den Anblick zu ersparen, lassen sich viele abführen, sie werden dann in den Feldern niederge-

1 Die Anmerkungen finden sich am Schluß des Bandes.

macht. In der Toskana, einer Region, wo mehr als die Hälfte der Landbevölkerung nach dem Halbpachtsystem arbeitet, bedienen sich die Grundbesitzer in großem Umfang der Mussolini-Trupps. „Nichts hat wohl an Gewalt und Grausamkeit die Aktion des Faschismus in der *lieblichen Toskana* übertroffen", schreibt Angelo Tasca[2], einer der Gründer der Kommunistischen Partei Italiens, der später wegen Abweichlertums aus ihr ausgeschlossen wurde.

In Florenz wird der Kampf mit Bomben und Gewehren, ja sogar mit schweren Maschinengewehren geführt. In Siena wird am 4. März die Casa del Popolo mit Geschützfeuer belegt und in Brand geschossen. Die Arbeitskammern von Lucca, Arezzo und Grosseto brennen im Laufe dieses Frühjahrs gleichfalls nieder; nach Angaben von Chiurco, dem offiziellen Historiker der Faschistischen Partei, weist die Bilanz an niedergebrannten Einrichtungen in diesem Frühling 1921 allein in der Toskana aus: 11 Case del Popolo, 15 Arbeitskammern, 70 Lokale kommunistischer und sozialistischer Sektionen, 24 Arbeiterzirkel. Tasca, der diese Zahlen zitiert, stellt fest, daß man für den erwähnten Zeitraum noch Tausende von Strafexpeditionen und Gewalttaten gegen einzelne Menschen hinzuzählen muß. Im Herbst 1921 lastet der faschistische Terror nicht mehr nur auf Venetien und der Po-Ebene, sondern auch auf dem größten Teil der Toskana. Monsummano und die Familie Livi befinden sich also im Zentrum des Gewittersturms, und das Unglück, das sie ereilt, ist das gemeinsame Los der Antifaschisten.

Keine Kraft scheint nun mehr imstande, den Aufstieg Benito Mussolinis zu zügeln. Die heftig angegriffenen, physisch bedrohten Linksparteien lösen sich auf, sind innerlich zerrissen. Auf dem II. Kongreß der *Fasci* im November 1921 faßt Mussolini sein Denken in einen Satz: „Wir sind liberal auf dem Gebiet der Ökonomie, aber wir werden es nicht auf dem Feld der Politik sein."[3] Der „schwarzen" Partei gehören zu dieser Zeit 320 000 Mitglieder an. Im darauffolgenden Frühjahr hat sich die Zahl verdoppelt. Am 26. Oktober 1922 marschieren 20 000 Schwarzhemden auf Rom und richten an König Vittorio Emanuele III. ein Ultimatum. Zwei Tage später wird Benito Mussolini mit der Regierungsbildung beauftragt. Ivo Livi ist ein Jahr alt.

Die Familie Livi steht seit dem Brand der „Fabrik" unter Schockwirkung. Über Wochen erleben Lydia und Julien immer wieder diese Nacht, in der sie das Weltende gekommen glaubten. Der Schock ist so groß, daß sich bei Julien die Haut mit großen Furunkeln übersät. Giovanni seinerseits weiß, daß ein normales Leben in Monsummano von nun an nicht mehr möglich ist. Lydia erinnert sich, wie ihr Vater in tiefer Besorgnis ausrief: „Wir sind ruiniert, Beppina, wie sollen wir durchkommen mit den drei Kindern? Uns bleibt nichts. Niemand wird mir eine Arbeit geben." Und die Mutter: „Wir gehen nach *America*, nach *America* ..." Giovanni findet eine Anstellung als Gartengehilfe in der Villa Martini, dem größten Landgut der Gegend. Auf seinem eigenen Fetzchen Land baut er Kartoffeln für die Ernährung der Familie an. So schlägt man sich noch ein paar Monate durch.

Nach Mussolinis Machtübernahme institutionalisiert sich die Gewalt. Für die Gegner wird das Klima unerträglich, sie werden systematisch schikaniert. Gigi Simoni übt weiter Druck auf seinen Schwager aus. Eines Tages schickt er seine Häscher aus, um Giovanni vor den *Fascio* zu zitieren. Die Faschistische Partei von Monsummano Basso hat ihren Sitz unter den Arkaden am Marktplatz. Giovanni zögert, dort zu erscheinen. Seine Frau ist überzeugt, daß man ihren Mann umbringen will, und versucht ihn davon abzuhalten. Aber er hat deutliche Drohungen vernommen und weiß, wenn er der Aufforderung nicht Folge leistet, wird er totgeschlagen. Er begibt sich also hinunter zum *Fascio*, wo ihm ein

Funktionär einen erbaulichen Sermon hält: für einen mutigen und arbeitsamen Kerl wie ihn sei doch Platz im neuen Italien. Sie werden ihm helfen, seine Fabrik wiederaufzubauen, viel größer und aus Stein.

„Was muß ich dafür tun?" erkundigt sich Giovanni.

„Es reicht schon", erklärt ihm sein Gesprächspartner, „wenn du die Schwarzhemden abends auf ihren Zügen begleitest."

Die Bewohner von Monsummano Alto können den Weg der *squadristi* in der Nacht gut verfolgen, wenn sie sehen, wie auf den Bergen gegenüber, in Montecatini Alto oder anderen Dörfern, die Feuersbrünste auflohen und gleißende Löcher in die Dunkelheit reißen.

Vorsichtig erbittet Giovanni eine Bedenkzeit. Doch als er wieder zu Hause ist, hat er begriffen, daß ihm keine Wahl mehr bleibt. Er ist zur Flucht gezwungen. Lange redet er mit Beppina und verkündet ihr seinen Entschluß: er wird nach Amerika gehen, und die Familie kommt sobald wie möglich nach.

„Ich erinnere mich, daß er uns eines Abends mit aller Kraft an sich drückte. Tränen standen ihm in den Augen, obwohl er keiner ist, der seine Gefühle gern zeigt." Ebenso wie Julien, damals sechs Jahre alt, hat die zur der Zeit neunjährige Lydia diesen Abend Ende Januar 1924 im Gedächtnis behalten: „Es war Nacht, sehr kalt. Mama und ich klammerten uns an ihn und weinten. Er hat sich aus unserer Umarmung losgerissen und ist zu Fuß aufgebrochen." Giovanni Livi flüchtet heimlich, ohne ein Visum zu beantragen. Wahrscheinlich ist er mit dem Zug bis in die Nähe der französischen Grenze gefahren, wo er einen Schmuggler kannte, der ihn für 100 Lire nach drüben geleiten sollte. Zu diesem Zweck hat sich Giovanni vor seinem Aufbruch 150 Lire geborgt. 15 davon hat er seiner Frau dagelassen.

Die Grenze überschreitet er bei Nacht. Es ist Winter, Frost, Giovanni ist erkältet und muß immer wieder husten. Der Schmuggler droht ihm, wenn er zuviel Lärm mache, werde er ihn in den Abgrund stoßen. Gemäß einer Version, die Montand in einem Interviewbuch[4] erzählt, ist sein Vater mitten im Gebirge von dem Schmuggler im Stich gelassen worden und einem italienischen Zöllner in die Hände gelaufen. Um sich aus der Klemme zu ziehen, behauptet Giovanni Livi, er sei Maler und wolle sich für spätere Gemälde Landschaften einprägen. „Maler?“ ruft der Zöllner. „Ich male auch!“ Und die beiden Männer heben an, von den Farben und Schönheiten der Berge bei Sonnenaufgang zu schwärmen. Man kriegt Lust, den Dialog nachzugestalten, den das italienische Bäuerlein, das keine Ahnung von den Geheimnissen der Palette hat, mit dem Zöllner führt, einem Nachfahren des Zöllners Rousseau, einem aufgeklärten und vermutlich wortreichen Sonntagsmaler. Aber das hieße die Grenze zwischen sachlicher Recherche und Roman überschreiten. Auch wenn der Bericht hier in die Nähe des Romans gerät. Oder der Filmburleske. Einer anderen Version zufolge, die wie von Charlie Chaplin inspiriert erscheint, hätte Livi tatsächlich die Grenze überquert, indem er so tat, als zeichne er. Auf einer Kiste vor einer behelfsmäßigen Staffelei sitzend, wäre er der Zollstation immer nähergerückt, bis er über die Grenze war, woraufhin er seinen Stift hoch durch die Lüfte schwang.

Ein Fakt ist sicher: Giovanni Livi ist am 2. Februar 1924 in Marseille angekommen. In sein mageres Bündel hat er bei der Abreise aus Monsummano sorgsam und liebevoll das dicke, rot eingebundene Buch von Torquato Tasso eingeschnürt, aus dem ihm Großvater Carlo abends vorlas und das er ihm vermachte. Auf dem Vorsatzblatt des *Gerusalemme liberata* hat der Emigrant links oben vermerkt: „Angekommen in Marseille am 2. Februar 1924.“ Lydia hat das Buch aufbewahrt, es ist illustriert von einem gewissen Edoardo Matania und 1895 im Mailänder Verlag Sonzogno erschienen. Sechzig

Jahre später sollte sie es dem Schriftsteller Jorge Semprun zeigen, der damals mit Vorarbeiten zu einem Buch über seinen Freund Montand[5] befaßt war. Und als die Rede auf die Stiche zum *Befreiten Jerusalem* kommt, erweckt dies bei dem Sänger–Schauspieler in den Tiefen des Gedächtnisses ein paar Erinnerungsfetzen an die Zeit, als Ivo diese kriegerischen Bilder auf den Knien von Giovanni Livi betrachtete.

In Giovannis Vorstellung ist Marseille nur eine Etappe. Er will sich nach Amerika einschiffen, aber als er sich auf dem amerikanischen Konsulat einstellt, erfährt er, daß seit vierundzwanzig Stunden keine Visa mehr erteilt werden und die Einreisebedingungen in die Vereinigten Staaten drastisch verschärft worden sind. Ein einziger Tag, und Ivo Livi hätte vielleicht das Los der De Niro, Sinatra, Coppola geteilt ... Giovanni verliert nicht den Mut; er hat Familie in Marseille: seine junge Tante Lizena, jene, die ihn nach dem Tod seines Vaters beschützte, wenn Onkel *Lupo* ihn zu verprügeln drohte. Sie hat einen Italiener namens Parlanti geheiratet, die beiden nehmen Giovanni auf, das heißt, er schläft auf einer Matte am Fußboden. Giovanni schichtet Pflastersteine auf, läßt sich auf ärgste Handlangerarbeiten ein, doch dank dem Mann seiner Tante, der in einer Ölmühle als Meister tätig ist, findet er dort eine Anstellung. Der Job ist schrecklich, zermürbend, aber nach drei Monaten besitzt Ivo Livi einen Arbeitsvertrag und kann die Seinen nachkommen lassen.

Nach Giovannis Weggang hat sich die Situation der Frau und der Kinder in Monsummano noch verschlimmert. Sie haben buchstäblich nichts mehr zu essen. Barmherzige Tanten „mausen" bei sich selbst ein bißchen Mehl und bringen es heimlich zu Beppina. Maria Simoni, Giuseppinas Zwillingsschwester, wird fünfzig Jahre später gegenüber einem italienischen Magazin diese äußerste Notsituation der Familie bestätigen: „Meine Schwester versuchte ihre Kinder großzuziehen.

Sie hatte nicht viel Milch für Ivo, und so habe ich selbst ihn gestillt. Wenn Sie wüßten, wie häßlich er war: ein Erwachsenengesicht voller Runzeln ..."

Gigi hält Wacht. Mehrmals donnern zur Nachtstunde heftige Schläge gegen die Tür: „Aufmachen, Carabinieri!" Die Mutter flüchtet in die Küche, schart ihre Kinder um sich, während die Schwarzuniformierten die Matratzen aufschlitzen und alles durchwühlen, in der Hoffnung, einen Brief von Giovanni aufzustöbern. Tags darauf erscheint Gigi mit drohender Miene: „Na, hat er dich also sitzenlassen, dein Kommunist? ..." Giuseppina schweigt. Sie hat Lydia und Julien eingetrichtert: selbst wenn man ihnen auf der Straße übel mitspielt, niemals dürfen sie sagen, wo ihr Vater ist.

An einem Morgen im Mai 1924 verlassen Giuseppina und ihre drei Kinder, Lydia, Julien und Ivo, das Haus in Monsummano. Ivo ist zweieinhalb, er bewahrt keine Erinnerung daran. Dreißig Jahre später, als er in Italien einen Film dreht, sollte er einmal nach Monsummano Alto hinauffahren, durch das Dorf wandern, das zu jener Zeit noch lebt. Er sucht das Haus mit den Lehmstakenwänden auf, betritt den rotgefliesten Fußboden, zieht den Kopf ein, damit er nicht an die Deckenbalken stößt. Aber er empfindet nur ein vages Gefühl dabei, keine wirkliche Erregung.

Das Bild jenes Aufbruchs, fünfundsechzig Jahre danach von Lydia gezeichnet, läßt an jene vergilbten Fotos denken, auf denen die Auswanderer, um wen immer es sich handelt, mit schmerzerfülltem Lächeln ins Objektiv schauen. Die Livis besitzen keinen Koffer. Giuseppina hat ihre armseligen Schätze in Jutesäcken verstaut. Lydia hält ihren Bruder Julien bei der Hand, Ivo ist auf dem Arm seiner Mutter, die ein Paket schleppt. Dem Kleinen haben sie eine komische Troddelmütze übergestülpt, von Giuseppina selbst gestrickt, sie erinnert auf eine merkwürdig parodistische Weise an die Kopfbedekkung der Faschisten. An der französischen Grenze müssen sie umsteigen, aber die Flüchtigen verpassen den Anschluß und müssen bis zum frühen Morgen, zwischen ihren Bündeln sitzend, auf dem Bahnsteig warten. „Als Faschisten in Uniform an uns vorbeigingen", so erzählt Lydia, „kniff mich meine Mutter, solche Angst hatte sie. Und ich hörte, wie sie untereinander sprachen. Mehrmals haben sie gesagt: Die da kann von Glück reden, daß der Kleine eine Mütze nach unserm Geschmack aufhat. Wir zitterten. Wir fühlten uns erst wirklich sicher, als wir in Frankreich angekommen waren."

Unser Familienepos hat ein bißchen was von einem Western. Die Menschen, die es fertiggebracht haben, die Vereinigten Staaten unter ärgsten Schwierigkeiten in hölzernen Planwagen zu durchqueren, sind stark geworden, beharrlich. Unter solchen Umständen heißt es, entweder du gewinnst oder du krepierst. Bei den italienischen Bauern oder irgendwo sonst im Mittelmeerraum galt, in anderer Größenordnung natürlich, ein ähnliches Gesetz: wenn du nicht sehr widerstandsfähig warst, hast du nicht überlebt. Von Kindesbeinen an auf widrige Umstände zu stoßen wirkt fast immer härtend. Italien, das ist in meinen Augen in erster Linie der Kampf meines Vaters, ein Kampf ums Überleben, der uns alle geprägt hat. Als kleiner Junge habe ich empfunden, was Unterdrückung, Kampf, Erniedrigung, Würde sind. Es ist mein erstes und mein ganzes Leben.

Wenn ich heute Italienisch sprechen höre, dann schmelze ich hin, es schmeißt mich um, denn ich höre meinen Vater reden. Ich bin Franzose, ich habe mich stets zutiefst als Franzose gefühlt, aber daß ich in der Toskana geboren, auch mit der Kultur von dort unten verknüpft bin, der Kultur von Michelangelo, Leonardo da Vinci, das gefällt mir durchaus. Ich mag die Höflichkeit, die Liebenswürdigkeit, die Eleganz der Italiener. Ihre gestikulierende, manchmal auf Schau zielende Art nervt mich ein bißchen, aber das bleibt etwas Oberflächliches, Kon-

ventionelles. Unter dem „machistischen“ Getue strömt etwas Echtes, wirkliche menschliche Wärme.

Giovanni wartete am Bahnhof Saint-Charles. Als er die mit heiler Haut Davongekommenen sah, schmutzig, von Kohlenstaub verschmiert, viel zu schwere Säcke mit sich schleppend, brach er in Tränen aus. Und die Tränen strömten noch mehr, als Ivo sich bockig zu diesem Mann verhielt, den er seit drei Monaten nicht zu Gesicht bekommen hatte.

„Mein Sohn erkennt mich nicht mehr ...“, stöhnte Giovanni.

2

Marseille ist in den zwanziger Jahren noch eine zusammengewürfelte Stadt, es besteht aus lauter aneinandergereihten Dörfern. Auf einer dreimal größeren Fläche ausgebreitet als Paris, bietet der Ballungsraum eine Folge höchst disparater Stadtviertel. Ein Puzzle aus mehr als hundert erstaunlich kontrastreichen Teilchen. Manche Viertel sind dem Meer und dem Fischfang zugewandt, stehen mit den Füßen im Wasser; andere sehen von ihren Hügeln aus das Mittelmeer gerade noch in der Ferne schimmern. Dieser Dualismus versinnbildlicht die beiden Wirkungsfelder, denen Marseille sich zuwendet: das eine öffnet sich zum Meer hin, folgt dem Ruf der offenen See; das andere ist im Hinterland verwurzelt. Die Stadt ist durch schrittweises Vorrücken aufs Land erbaut worden, hat dieses angenagt und dabei doch auch größere ländliche Enklaven bestehen lassen. Jeder Dorfflecken besitzt seine Traditionen, seine Kultur, seine Feste und fast auch seine eigene Küche. Man kommt in erster Linie aus dem Viertel L'Estaque oder Belle-de-Mai und ist erst danach Marseiller.

Wenn die Marseiller aufs Land ziehen, müssen sie ihre Stadt nicht verlassen. Ein jeder lebt auf seinem Territorium, besser seinem angestammten Fleckchen, und betrachtet die Dörfler nebenan von weitem und von oben herab. Jeder arbeitet da, wo er wohnt, Wanderbewegungen kommen selten vor. Sich bis zur Stadtmitte hinunterzubegeben, die Canebière hinabzuflanieren, diese natürliche Grenze zwischen der Stadt des einfachen Volks und den „vornehmen Vierteln“, am Alten

Hafen herumzubummeln, das ist schon eine richtige Unternehmung. Wer sich auf sie einläßt, gilt als unerschrockener Abenteurer. Die Einführung der elektrischen Straßenbahn und dann ihre schnelle Ausbreitung zu Anfang des Jahrhunderts haben indes einen wirklichen Wandel bewirkt. Auf den Dächern Reklameschilder für die Lakritze Zan oder die Teigwaren von Rivoire et Carret, schaukeln die Wagen unter metallischem Rasseln und Klingeln die abschüssigen Straßen hinab, geben laute Hupsignale von sich, die in der Nähe der Docks mit den Nebelhörnern der Frachtschiffe wetteifern. Das Gefährt hat noch keine Windschutzscheibe: im Winter stecken die Wagenführer in einem fellgefütterten Mantel. So kann man nun die ganze Stadt durchqueren, für ein paar Sous oder auch – umsonst, wie die Lausejungen, die sich außen ans Geländer hängen.

Wenn Lydia an die Ankunft in Marseille zurückdenkt, dann sieht sie als erstes diese Trauben von Armen vor sich, die eine Plattform umklammern, die Grüppchen der auf den Stufen mitfahrenden Kinder. Das kleine Bauernmädchen entdeckt die Stadt durch das Fenster der strohgelben „Tram", die in ihren Gleisen schaukelt, wenn sie sich zur neuen Bleibe der Livis hinaufquält. Denn Giovanni Livi hat nicht nur Arbeit gefunden, er hat auch eine Behausung aufgetan.

Genaugenommen ist es eine winzige, halbverfallene Hütte, verloren zwischen den Hügeln von Verduron-Haut, wo der Boulevard du Plateau entlangführt. Den Emigranten erscheint es als eine paradiesische Zuflucht. Gipfel des Luxus: am Ausguß kommt fließendes Wasser aus dem Hahn. Giovanni hat sich auch die Mühe gemacht, die Wohnung einzurichten. Zu dieser Zeit gab es in der Rue de la République einen Laden „Zum guten Geist", wo man gegen Vorlage eines Arbeitsvertrages auf Kredit kaufen konnte (dafür waren die Artikel freilich doppelt so teuer wie anderswo). Hier hat sich Livi eiserne Bettgestelle besorgt, einen Ofen, Kochtöpfe. Er hat sogar die als Schränke oder Tische dienenden Kisten herausgeputzt. Rings um das Haus erinnern Dickicht, Thymiandüfte und Olivenbäume die jungen Toskaner an andere Hügel, und sie sind erstaunt, in weiter Ferne eine blaue Wasserlache mit gezackten Umrissen glitzern zu sehen. Das Meer ist sehr weit, aber es riecht sehr kräftig ...

Es ist zwecklos, heutzutage nach der auf dieses Fleckchen Land verirrten Hütte suchen zu wollen. Man muß schon die Katasterpläne einsehen, um unter den Autobahnringen und den Betonwänden der Sozialwohnungsquartiere ihren früheren Standort aufzufinden.

Ab Oktober gehen Lydia und Julien in die Schule Saint-Antoine. Giovanni arbeitet nachtsüber in der Ölmühle Darrier de Rouffio, am Boulevard Oddo. Giuseppina hütet im Hause den kleinen Ivo. Julien, gerade erst sieben Jahre alt, durchlebt Schrecken, wenn er im Dunkeln einen Schotterweg entlang muß, der sich zwischen fratzenschneidenden Bäumen hinwindet; dieser Ort heißt Teufelsmühle, und hier wurden in früheren Zeiten Verbrechen verübt. Mit Erleichterung sieht er dann die Lichter der Schule schimmern, aber vom frühen Nachmittag an erfaßt ihn wieder die Angst vor dem Rückweg. Dennoch lernen die beiden „Großen" dank der Gemeindeschule innerhalb von ein paar Monaten Französisch.

Montand hat sich von Verduron nur einige bruchstückhafte Erinnerungen bewahrt: das Bild einer Wassermelone, die man zum Kühlhalten in ein Schaff gelegt hat, eine kleine, von seinem Vater aus Holz gebastelte Mühle, die sich im Wasser einer nahegelegenen Quelle dreht, ein in unheimlichen Tönen heulender Hund, er gehört dem Nachbarn, der ihn verprügelt und dann an einer Art Haken festgelegt hat. Und dann noch die schwarzen Wollstrümpfe, die seine von Ausschlag bedeckten Beine angeblich schützen sollen. Eine Schirmpinie. Und schließlich mediterrane Düfte – Lavendel, mit Rosmarin vermischt –, die vom Heideland herüber und durch die Zeiten wehen: vereinzelte Fragmente, die schwerlich hinreichen, die ganze Fülle eines Daseins wiederzubeleben.

Giovanni geht schon bald aus der Ölmühle weg; Onkel Parlanti, der gute Samariter, der ihn bei seinem Eintreffen beherbergte, hat mit einem befreundeten Korsen namens Malberti über seinen Neffen gesprochen: mit südländischer Beredsamkeit hat er Livis frühere Tätigkeit in Monsummano ein wenig geschönt und ihn bei dem Korsen als einen kleinen Unternehmer eingeführt. Malberti besitzt ein zweistöckiges Haus in der Avenue Félix-Zaccola, Nummer 42, im sogenannten Quartier des Crottes, dem „Mistviertel", und er ist bereit, ihm das Zwischengeschoß zur Verfügung zu stellen und ein bißchen Geld vorzuschießen, damit Giovanni sein Besengeschäft wieder in Gang bringen kann. Das Angebot krempelt das Leben der Kinder total um: von nun an gehen Vater und Mutter in aller Frühe aus dem Haus, in jenes als Werkstatt dienende Loch, und die drei Sprößlinge bleiben den ganzen Tag allein.

Ivo ist im Kindergarten von Saint-Antoine angemeldet; er ist erst drei Jahre alt und kann die vier Kilometer, die er täglich zurücklegen muß, noch nicht bewältigen. Der Hinweg führt ja wenigstens bergab, aber abends auf dem Rückweg hat Lydia ihre liebe Mühe mit ihm: „Der Weg bergauf von der Schule, das war eine Strapaze. Ivo war groß und schwer; er bettelte, ich sollte ihn auf dem Arm tragen, aber ich konnte ihn nicht schleppen. Da hab ich mir eine Methode ausgedacht: ich ging hinter ihm und schob ihn vor mir her ..." Das läßt sich nicht durchhalten. In der Vorschulgruppe weint Ivo unablässig, und wenn Lydia ihn abholen kommt, haben die Tränen breite Rinnsale in seine vom purpurfarbenen Staub des Hofes verschmierten Wangen gezeichnet. Die Livis halten Familienrat, und Giovanni beschließt mit einem Gefühl tiefer Bekümmernis, daß Lydia nur noch halbtags zur Schule gehen und ansonsten auf ihr Brüderchen aufpassen soll. Dem italienischen Auswanderer, der großen Wert auf Bildung legt – er selbst lernt in Abendkursen Französisch –, zerreißt es das Herz bei diesem Entschluß. Aber Ivos Tränen ... Es soll nicht das letzte Opfer sein, das die große Schwester bringen wird. Mit zehn Jahren ist sie nun schon verantwortlich für die Familie, zuständig dafür, den von Armut gebeutelten Haushalt zu führen.

Diese Monate schmecken nach leerem Magen; die Strohbesen, Giovannis ewige fixe Idee, bringen noch nicht viel ein. Die Kinder haben Hunger. Alle Montand gewidmeten Bücher berichten über die Pein der drei Kleinen, die sich ein einziges Ei teilen müssen, das die ganze Mahlzeit darstellt. Julien bestätigt es. „Wir hatten eine Schale Milch, die war mit Wasser verdünnt, genaugenommen war es mehr Wasser als Milch, und darin schwammen ein paar Happen Brot. Ich will Ihnen nicht noch einmal die Geschichte von dem einen Ei für drei auftischen. Sie wurde schon mehrfach erzählt, aber es ist keine Legende, es ist wahr. Meine Schwester teilte das Ei, und wir tunkten vom Teller das leicht gelblich gefärbte Öl auf."

1927 zieht die Livi-Sippe um ins Quartier des Crottes, ins „Mistviertel". Gleich neben seiner Werkstatt hat Giovanni durch einen Zufall – als er in dem benachbarten, von Spaniern bewirtschafteten Café ein Gespräch mit anhörte – eine Wohnung gefunden. Ein junger Mann, Henri Bartolini, solle bereit sein, seine ziemlich geräumige Wohnung mit einer italienischen Familie zu teilen, wenn sie für sein Essen sorge und einen Teil der Miete übernähme. Die Livis ziehen ein in die Rue Saint-Jean-Baptiste, Nummer 20, welche während ihres Aufenthalts auf den „weltlichen" Namen Rue Edgar-Quinet umgetauft wird. Das Viertel stinkt vor Tristesse, einer unheilbaren, brutalen Tristesse. Sechzig Jahre später sollte Lydia für die Zwecke dieses Buches jenen Ort erneut aufsuchen, das Viereck der düsteren Straßen durchwandern und dabei immer und immer wieder sagen: „Es hat sich nicht verändert. Nein, das hat sich alles nicht verändert. Mir ist, als käme ich gerade erst an."

Die Umgebung außerhalb des Häusergewirrs freilich hat gewisse Wandlungen durchgemacht. Dicht daneben floß seinerzeit als offenes Gewässer der *biau*, der Kanal, das heißt ein bleifarbenes Flüßchen voller Unrat. Dort spielten Kinder, unweit der Kunstdüngerfabrik, die einen abscheulichen Gestank ausströmte. Der Abwasserkanal ist seither überdacht worden. Außerdem lag weiter unten an der Straße, da, wo heute ein Verschiebebahnhof ist, der *bachas*, eine Brachfläche, die tagsüber der hauptsächliche Abenteuerspielplatz der Kinder war. Zur Nachtzeit verbot sich der Zutritt zum *bachas* strikt wegen seines schlechten Rufes: von dort waren mysteriöse Geräusche zu hören und manchmal auch ein entsetzter Aufschrei.

Die Crottes, der Stadtteil mit dem vielsagenden Namen, waren ein Viertel ohne Sonne, selbst wenn die Sonne schien, ein armes Quartier und dennoch auch ein lebendiges, das sich selbst zur Schau stellte, da es abgeschnitten und in sich gekehrt war. An Sommerabenden saßen die Bewohner auf Stühlen vor den Haustüren und schöpften frische Luft: das Palaver dauerte an, bis die Atmosphäre soweit abgekühlt war, daß man schlafen gehen konnte. Am Anfang bekam Ivo, weil er noch zu klein war, keine Erlaubnis, nach unten zu gehen und sich unter die Erwachsenen zu mischen; dennoch hat er sich die Erinnerung an lautes Stimmengewirr und Gelächter bewahrt, das durch das offene Fenster zu ihm heraufdrang, während sein Zimmer im dunklen Halbschatten lag.

Die Rue Edgar-Quinet ist schmal und von Rinnsteinen gesäumt, durch die ein verdächtig aussehendes Wasser abläuft. Das Haus weist in unseren Tagen noch die gleiche gräulich getönte Fassade auf wie damals, gestreift von dicken Regenrohren, durchbrochen von wenigen schmalen Fenstern. Die Wohnung im dritten Stock besteht aus drei Räumen. Als die Livis einzogen, mußten sie zunächst eine systematische Jagd auf Wanzen veranstalten, die aus den kleinsten Löchern gekrochen kamen. Giuseppina, der die toskanische Regel, ein wachsames Auge auf die Sauberkeit im Hause zu haben, in Fleisch und Blut übergegangen war, hatte dergleichen Tierchen noch niemals gesehen und litt noch lange unter der Zwangsvorstellung dieses Gewimmels. Ivo und Julien teilten sich ein Bett in einem durch einen Stoffvorhang abgeteilten Zimmer, auf der anderen Seite des Vorhangs schlief Lydia.

Die Aborte sind unten, hinten im Hof, und morgens gehen die Nachbarn der Reihe nach hinunter und leeren ihre Nachttöpfe aus. Strom ist nicht vorhanden, Petroleumlampen dienen als Beleuchtung …

Das Haus liegt an der Ecke, wo die Rue Edgar-Quinet mit einem Gäßchen zusammenstößt, das den Namen Antoine-Carial trägt; hier ist eine kleine Blechdosenfabrik. Fünfundzwanzig Frauen arbeiten darin für einen gewissen Orienti. Von Zeit zu Zeit hört man einen lauten Schmerzensschrei, er zeigt an, daß wieder einmal eine Arbeiterin mit dem Finger in die Maschine geraten ist.

Mit Ausnahme von Ivo, der die Vorschule besucht, ist die ganze Familie Livi mit der Herstellung von Strohbesen beschäftigt. Lydia hat im Alter von elf Jahren endgültig die Schule verlassen – zum großen Kummer ihrer Lehrerin. Julien schafft sein Abgangszeugnis mit der Note Sehr gut. Giovanni ist stolz auf dieses glänzende Resultat und stellt ihn sofort, nachdem die Glanzleistung vollbracht ist, bei seinen Besen an. Auch Giuseppina bearbeitet das Mohrenhirsestroh, aber sie hat gleichzeitig noch das Haus zu führen und sich um Bertolini zu kümmern, den Hauptmieter, für dessen Essen und Wäsche sie laut Vereinbarung zu sorgen hat. Der hat seinen Militärdienst bei der Marine abgeleistet und stellt bereitwillig seine alten Matrosenanzüge aus dicker Wolle zur Verfügung, aus denen Giuseppina Kleider für ihre Söhne schneidert. Der kratzige Stoff verursacht ihnen Hautrötungen und unerträglichen Juckreiz.

Auf lange Sicht erweist sich die Anwesenheit des jungen Mannes als belastend. Lydia wächst heran, wird zu einem jungen Mädchen, und die *mamma* mag sich mit der durch die Beengtheit der Räumlichkeiten erzwungenen Promiskuität nicht abfinden. So stöbert Giovanni ein Häuschen im Viertel La Cabucelle auf. Nach zweieinhalb Jahren, die sie im Quartier des Crottes zugebracht haben, ziehen die Livis aus. Unmittelbar vorher hat Giovanni die größte Freude seines Lebens erfahren. Der Präsident der Republik, Gaston Doumergue, hat am 8. Januar 1929, in Anwendung des Gesetzes vom 10. August 1927, die Einbürgerungsurkunde für die Livis unterzeichnet. Das Dekret erscheint am 20. Januar im *Journal Officiel*, dem Staatsanzeiger.

So erhält Ivo mit acht Jahren die französische Staatsbürgerschaft.

L'impasse des Mûriers, die „Sackgasse zu den Maulbeerbäumen", ist ein Gäßchen zwischen kleinen Häusern mit jeweils einem Gärtchen vor dem Haus. Der Garten mit der Nummer 7 ist etwas breiter als ein Hausflur. Das Häuschen hat vier Räume. Nach hinten gehen die Zimmer auf eine Art Erdhügel, der die Sicht versperrt und das Licht einschränkt. Zur Gartenseite indes haben die vorherigen Besitzer eine winzig schmale Terrasse mit Teerbelag angelegt, welcher im Sommer weich wird und schmilzt. So bescheiden auch die Bleibe und so schmal das dazugehörige Handtuch Grün sein mag, die Livis haben das Gefühl, in eine andere Welt versetzt zu sein. Dabei ist die Sackgasse nicht asphaltiert, und die Kinder waten in der Straßenrinne, durch die mangels anderer Kanalisation auch sämtliche Abwässer fließen. Später, sehr viel später, sollte Montand sich an den mit weißen Blumen bekränzten Leichenwagen erinnern, der fast allmonatlich ein Kind, das Opfer der Diphtherie geworden war, zum Friedhof brachte.

Auf der Seite mit den ungeraden Hausnummern verläuft die Gasse an einer großen Ödfläche entlang und führt auf einen kleinen Platz, wo ein Café steht, die „Bar zu den Maulbeerbäumen" – sie existiert heute noch. Es ist ein bescheidenes Bistro, um das herum sich das Leben des Viertels abspielt, und es gehört einem begüterten Piemontesen namens Garone, von dem bekannt ist, daß er Sympathien für Mussolini hegt. Er besitzt sogar ein Auto, der „schwerreiche" Garone, und kreuzt eines Tages am Lenkrad eines der ersten Citroën mit Vorderradantrieb im Kiez auf: dieses Ereignis ruft ziemliche Aufregung hervor.

Weiter draußen wird diese Enklave eher ländlichen Zuschnitts von Fabriken gesäumt. Denn La Cabucelle ist nach und nach von Betrieben und Lagerhäusern in Besitz genommen worden. Unten am Ufer hat eine Seefrachtspedition gewaltige Lagergebäude aneinandergereiht, und auf dem Gegenpol, oben am Hang, vermeldet der Schlachthof seine Präsenz durch einen pompösen roten Ziegelturm. Zwischen diesen beiden Endpunkten liegen noch die Ölmühle Agricola, der Schornstein der riesigen Verbrennungsanlage für den Müll der Stadt, ein bleiverarbeitender Betrieb, Konservenfabriken und noch etwas weiter, zur Rue de Lyon hin, die Raffinerie des Zuckerunternehmens Générale Sucrière.

Sämtliche Gerüche, sämtliche Schornsteinabgase, Rauch und Staub jeglicher Art vermischen sich und bilden eine einzige dicke und schmierige Suppe, ein stinkendes Gebräu, das ganz unerträglich wird, wenn der Wind es in die Fänge kriegt. Mitten in dem Industriegebiet gelegen, wirkt die „Sackgasse zu den Maulbeerbäumen" wie eine lachhafte kleine Oase, deren relative heitere Ruhe im Morgengrauen vom Heulen der Sirenen zerrissen wird, die die Arbeiter zu den Stechuhren rufen.

Es ist die Stunde, wo sich Marseilles Arbeiterviertel blau färben – in das dunkle Blau der Proleten.

In der Impasse des Mûriers, wie zuvor schon im „Mistviertel“ und in Verduron, sind fast alle Bewohner Einwanderer. Seit langem entwickelt sich die Stadt dank dem regelmäßigen Zustrom importierter Arbeitskräfte, nach denen die Industrie verlangt. „Marseille wimmelt bekanntlich von fremdländischer Bevölkerung; Kosmopolitismus ist hier ein traditioneller Zustand. Er ist mit der Natur der Stadt, ihren Ursprüngen und ihren Funktionen innig verknüpft.“[1] Diese 1934 aufgestellten Behauptungen lassen sich kaum bestreiten. Zu jener Zeit zählt die Stadt der Phokäer[2] bei insgesamt 650 000 Einwohnern sage und schreibe 250 000 Ausländer. Man findet Griechen, Malteser, Spanier, Levantiner und sogar aus der Kälte Herbeigereiste, Briten und Deutsche. Das größte Kontingent unter diesen Einwanderern, die von Hunger und Unterdrückung verjagt oder vom unwiderstehlichen Verlangen, ihr Leben neu aufzubauen, gepackt sind, stellen die Italiener.

Sie gehen eines Tages irgendwo auf dem Quai de la Joliette an Land, vermeintlich auf dem Wege nach Amerika, das sie doch nie erreichen werden, oder sie steigen am Kopfbahnhof Saint-Charles aus dem Zug, oder sie kommen über die Landstraßen, die Füße und das Gepäck schleppend. Die erste, vom Elend geschwellte Woge bricht Ende des 19. Jahrhunderts herein. Kurz vor dem ersten Weltkrieg wohnen 100 000 Italiener in Marseille, und noch einmal so viele sind gerade seit kurzer Zeit eingebürgert; insgesamt ist fast ein Drittel der Stadtbevölkerung transalpiner Herkunft.

Der Große Krieg löst einen schrecklichen Aderlaß aus, denn viele der Neuangekommenen melden sich freiwillig und kämpfen in französischer Uniform, in der Hoffnung, ihrerseits naturalisiert zu werden. Von zweien wird einer den Krieg nicht überleben. Zu Beginn der zwanziger Jahre schwillt die zweite Woge an, es sind jene, die wie die Livis vor Verfolgungen geflüchtet sind. Marseille ist eine Stadt der Zuflucht, für die Opfer Mussolinis ebenso wie für Zehntausende von Armeniern, die dem von den Türken begangenen Genozid entkommen sind.

Die Neuankömmlinge gruppieren sich nach ihrer Herkunft in *babis*, Norditaliener, und *nabos*, solche aus dem Süden (*nabo* ist abgeleitet von *napoletano*). Sie sammeln sich in aufeinanderfolgenden Migrationswellen und „kolonisieren" ganze Stadtviertel. Belle-de-Mai trägt den Spitznamen „Klein-Italien", Saint-Mauron heißt „Klein-Sizilien". Der berühmte Journalist Albert Londres ist wie so viele andere von der menschenwimmelnden Metropole fasziniert und widmet eine seiner großen Reportagen Marseille. Er ist frappiert von der Allgegenwart der Italiener und amüsiert sich darüber: er muß sich ein Geographiebuch kaufen, behauptet er, um zu überprüfen, ob Marseille wirklich im Département Bouches-du-Rhône liegt oder weiter südlich. Den ganzen Tag lang stößt er nur auf Italiener: die Zimmerfrau im Hotel, der Liftboy, der Weinkellner im Restaurant, der Priester in der benachbarten Kirche – der in seiner Sprache auch predigt. Schließlich befragt Albert Londres den Oberbürgermeister Flaissières:

„‚Herr Bürgermeister, ich komme mir verloren vor, aber da Sie gerade hier sind, werden Sie mir eine Klarstellung nicht verweigern. Bürgermeister welcher Stadt sind Sie eigentlich?'

Monsieur Flaissières bat mich, ihn für zehn Minuten auf einem Spaziergang zu begleiten.

‚Hören Sie genau hin', sagte er, als wir unterwegs waren.

‚Ich höre nur Italienisch.'

‚Nun, haben Sie es jetzt heraus?'

‚Es sagt mir immer noch nicht, welcher Stadt Sie als erster Beamter vorstehen.'

‚Also, Ihr Geist ist wohl heute morgen noch etwas schwerfällig. Sie sehen doch, ich bin Bürgermeister von Neapel!'"[3]

Die massive Präsenz der „Itaker" ruft im Gegenzug eine recht starke fremdenfeindliche Stimmung gegen die „Makkaronifresser" hervor, die den „echten" Franzosen die Arbeit wegnehmen. Die Lausbuben jedoch, die ein Leben ganz unter sich führen, spüren weniger vom Rassismus ihrer Umgebung.

Ich habe nicht wirklich gemerkt, daß ich Einwanderer war. Ich hörte zwar hin und wieder Beschimpfungen wie „dreckiger Makkaroni" oder „Scheiß-Babi". Aber ich begriff weder ihre Ursache noch ihren Zweck. Es ging über meinen Kopf hinweg, und ich dachte nur: „Was quatscht der da, der Blödmann?" In der Schule waren wir lauter Kinder von Einwanderern. Der Lehrer konnte mit vollem Recht fragen: „Wer von euch ist Franzose?" Alle Namen klangen ausländisch ... Rassismus bedeutete nichts Konkretes in meinen Augen, nichts Verstehbares oder Bedrohliches, weil alle meine Kumpels Italiener, Armenier, Griechen oder Spanier waren. Unser Kiez war ein einziger Schmelztiegel verschiedener Nationalitäten. Wahr bleibt – aber ich gebrauche das Wort im nachhinein –, daß manche Franzosen ein bisweilen sogar sehr ausgeprägtes rassistisches Verhalten an den Tag legten. Ich erinnere mich an einen Polizisten, der nicht weit von uns wohnte und Coste hieß, Monsieur Coste. Er trug prächtige Schnürstiefel und eine Lederjacke. Wenn er abends auf dem Fahrrad, in der Regel angetütert, nach Hause fuhr, provozierte er aus reiner Dummheit alle etwas dunkelhäutigen Leute, die er traf, schlug mit seinem Koppel nach ihnen, beschimpfte sie. Eines Tages fand man ihn zusammengeschlagen auf der Straße. Das war die kollektive Bestrafung, die die Leute des Viertels ihm verpassen wollten.

Das Haus in der Gasse, das an jenes der Livis grenzt, ist von Armeniern bewohnt. Genaugenommen ist es eine Hütte, die sie selbst erbaut haben, sie besteht aus zwei winzig kleinen, aber tadellos gepflegten Zimmern. Die Betten sind nichts weiter als eine Lage Bretter, aber Ivo, der mit den Kindern zusammensteckt, staunt, als er eine Wasserkaraffe auf einer weißen, handgestickten Tischdecke sieht; als Nachttisch dient eine auf den Kopf gestellte Seifenkiste. Im Handumdrehen lernt er ein paar Worte Armenisch, vornehmlich solche, die mit dem Sexuellen zu tun haben. Mit der Zeit beherrscht er so viele Brocken der Sprache, daß er armenische Lieder zu trällern vermag (er kann sie noch heute) und die Berichte über den Völkermord versteht. In La Cabucelle lebt man Seite an Seite miteinander, ohne einen manifesten oder auch nur gedanklich vorhanden Rassismus; dennoch gibt es zwischen den verschiedenen Herkunftskulturen implizit eine Rangordnung. Ivo geht zu den Armeniern, diese aber kommen nicht zu ihm nach Hause. Giovanni hält die Nachbarn für ziemlich ungehobelt: manche schneuzen sich die Nase mit den Fingern, und sie machen sich nichts daraus, gewisse Praktiken vorzuführen, die lateinische Sitten verletzen. So ist sonnabends die Bretterhütte mit den breiten Ritzen, die in der Woche das gemeinsame Waschhaus bildet, für die Körperpflege der Männer bestimmt. Nackt, aber schamhaft kauern sie in einer großen Zinkwanne und lassen sich von ihren Ehefrauen den Rücken schrubben. Und sagenhaft ist der Kontrast zwischen diesen weißen Rükken, hie und da von blauen Flecken gezeichnet, die von den Kopra- und Zementsäcken stammen, und den sonnverbrannten Unterarmen.

So „zur Schau stellen“ würden sich die „Itaker“ keinesfalls. Sie, die Lucchesis, die Lottis, die Innocentis, die Turchis, die Campaninis, alle diese aus der Toskana oder dem Piemont stammenden Landsleute der Livis haben in der Fremde ihre alten Gebräuche wieder zum Leben erweckt. Sie spielen gern bei dem einen oder andern Karten, widmen sich auf dem Platz vor der „Bar zu den Maulbeerbäumen" dem Boulespiel, halten sonntags ihr Palaver ab. Ivo bleibt an der Seite seines Vaters und hört sich die politischen Stammtischtiraden an, die Lucchesi, ein langer Dürrer mit kleinem Schnurrbart und breitem Filzhut, des öftern abspult:

„Also ich sag euch eins: alles Saukerle, diese Abgeordneten. Man müßte da rauffahren, zum Parlament, und sie alle aufhängen!"

Und Lucchesi sucht nach Zustimmung in der Miene von Turchi, dem Weinhändler, der nichts kapiert, aber immer seine Meinung kundtut. Giovanni Livi, den man seines ruhigen und gesunden Verstandes wegen anhört und respektiert, unterbricht ihn und wirft ein, es gäbe vielleicht noch andere Lösungen, als die gewählten Volksvertreter einfach aufzuhängen. Lucchesi spürt, daß er an Boden verliert, die kleine Gruppe kehrt sich von ihm ab; da täuscht er einen plötzlichen fürchterlichen Hustenanfall vor, er scheint zu ersticken. Mit hochrotem Kopf, er kann kaum sprechen, schlägt er sich an die Brust und ächzt:

„Das Gas, kümmert euch nicht drum, es kommt vom Gas ..."

Und sofort hat sich das heldenhafte Frontschwein, das im Großen Krieg Gasangriffen ausgesetzt war, die Sympathie der Zuhörer zurückerobert. Die Szene wiederholt sich jedesmal aufs neue, die Rollen sind immer gleich verteilt, und jeder genießt es.

Ivo bewundert auch Campanini, einen alten Toskaner, der ganz in der Nähe wohnt. Ein ungeschlachter Mann, das tief zerrunzelte Gesicht von elefantenartigen Ohren umrahmt, verbirgt er unter einem ausgeblichenen, in die Stirn gezogenen Hut ein Paar funkelnde Äuglein. Campanini steckt immer in einer dicken Samtweste, steht vor allen andern auf, ißt zum Frühstück Zwiebeln und Knoblauch, Ziegenkäse oder Parmesan.

An diesen Campanini wird sich Montand ein halbes Jahrhundert später erinnern, als er der Figur des „Papet“ in *Jean de Florette* und *Manon des sources* Gestalt verleiht.

Der Sonntag verläuft ganz anders als die übrigen Tage. Die Fabriksirenen bleiben stumm; doch trotz der ungewöhnlichen Stille stehen die Leute, vom tausendfachen morgendlichen Weckruf gedrillt, zur selben Zeit auf wie sonst. Sonntags aber haben sie Zeit: sich noch ein bißchen im Bett zu rekeln, gemütlich zu frühstücken, einfach zu reden. Es ist auch der Tag, an dem der Arbeiter sorgfältig Toilette macht. Das Häuschen der Livis beherbergt zu ebener Erde ein Waschhaus: in festgelegter Reihenfolge begibt sich ein Familienmitglied nach dem andern dahin. Danach ziehen die Männer ein weißes Hemd und eine dunkle Hose an. Giovanni Livi macht sich besonders fein. Er trägt einen Schlips mit Perle, unecht natürlich. Aus der Tasche am Revers seines Jacketts ragt ein Füller (aber er besitzt genaugenommen nur die Kappe). So flaniert er durch den Kiez, grüßt seine Bekannten mit weit gelüftetem Hut, ganz fürstlich wie Jules Berry.

Das sonntägliche Mittagessen ist bei den Livis wie bei den übrigen italienischen Familien ein feierliches Ereignis. Giovanni hat in seinem Gärtchen einen Käfig installiert, in dem er an die zehn Kaninchen und ein halbes Dutzend Hühner hält. Dieses Kleinvieh bildet die Grundlage für das gute Essen am Sonntag, und Giuseppina kennt tausend Rezepte, es anzurichten (wobei ein Tier für mehrere Mahlzeiten herhalten muß: die *mamma* vermengt geschickt die panierten Stückchen Huhn mit den ebenso panierten Gemüsen, so daß die Esser, wenn sie den goldbraunen Berg erblicken, für ein Weilchen die Illusion haben, daß sie Geflügel schlemmen werden; die Überreste bilden das Abendessen und würzen auch noch den Eintopf am nächsten Tag – nichts kommt um). Selbstverständlich hat die Mahlzeit mit Spaghetti begonnen, die Papa Livi selbst mit dem nötigen feierlichen Ernst nach minutiös eingehaltenem Zeremoniell zubereitet hat; diese Sitte pflegt Montand auch heute noch, wobei er in schwierigen Fällen Lydia zu Rate zieht.

Bei Tisch führt Giovanni als ordentliches Familienoberhaupt allein das Wort. Oft redet er von seiner fixen Idee, den Aufstieg zu schaffen, dafür zu schuften, daß es für mehr und Besseres langt als das bloße Überleben. Seit der Zeit im „Mistviertel" hat sich die materielle Situation verbessert. An Brot fehlt es nie mehr – und die Kinder verschlingen eine Menge davon. Montand kann diese Gewohnheit, eine Tochter des Mangels, sein Leben lang nicht ablegen: zu allem ißt er Brot, sogar zu Nudeln. In der Woche bäckt die Mutter immer eine *polenta*, diesen Riesenlaib aus Maismehl, den man von unten scheibenweise aufschneidet und mit Soßenresten übergießt. Kurz, es herrscht kein Hunger mehr – doch Giovanni findet in seinem tiefsten Inneren keine Ruhe. Trotzdem geht es bei diesen Mahlzeiten auf jeden Fall fröhlich zu. Es wird gescherzt, gespottet, gelacht.

Montand hat sich eine Sehnsucht nach der Herzlichkeit und Wärme, die von dem Familienkreis ausging, bewahrt, und zwanzig Jahre später wird er versuchen, sie wiederaufleben zu lassen, als er seinen Bruder Julien und die Schwägerin in seinem Heim an der Place Dauphine aufnimmt. In dieser gefühlsmäßigen, geschworenen Treue wurzelt einer der Wesenszüge seiner Persönlichkeit. Der kleine Ivo, der keineswegs aus der Welt verschwunden ist, verlangt nach dem Schutz eines Nests; man kann Montands Lebensweg und seine Psychologie nicht verstehen ohne diesen Untergrund, aus dem er eine erstaunliche Lebenskraft gewinnen sollte (und eine unversehens aufkommende Verletzlichkeit, wenn diese Bindung angetastet wird). Gérard Depardieu, der ein halbes Jahrhundert später sein Partner in *Jean de Florette* sein wird, sollte die Tiefe dieser Wurzeln erahnen: „Eine Gestalt wie der Papet, die kommt von weither. Er hat sie auf seinem ganzen Lebensweg genährt. Niemand hätte sie so spielen können wie er. Als ich Montand kennenlernte, habe ich bei ihm das herausgeschnuppert, was mir so abging: die Herkunft, eine Familie und der Fortbestand dieser Familie. Man spürt, daß hinter ihm eine Kraft steht, eine Kraft zum Überleben. Was mich bei Yves anrührt und immer anrühren wird, ist diese Zugehörigkeit zu einer Sippe. Montand, der ist ein wahrhafter Fahrensmann. Ich will sagen, in ihm lebt das Kind fort, das er gewesen ist."

Wenn die Männer gemächlich ihren Kaffee geschlürft haben, begeben sie sich zum Platz für das Boulespiel, zum Kartenspielen oder ins Bistro, wo dann unter allerlei nachdrücklichen und großzügigen Gesten unverrückbare Meinungen zum besten gegeben werden. Ivo ist aufmerksamer Zuhörer bei diesen endlosen Palavern.

Während die Männer reden, arbeiten die Frauen. Sie stopfen Socken, bessern die Blaumänner und Hemden aus. Lydia kann sich keines Augenblicks wirklicher Erholung erinnern. Bisweilen gehen die „Itaker" von Cabucelle an einem Sonntagnachmittag alle gemeinsam zu Landsleuten, die es geschafft haben und ein Grundstück mit Garten besitzen. Dort wird den Kindern etwas zur Vesper angeboten, aber Giuseppina verweist ihrem Ivo mit gerunzelten Augenbrauen, es anzunehmen. Ein Livi hat keinen Hunger. Ein Livi bettelt nicht. Die Männer spielen Karten oder Boule, die Frauen erproben ihr Glück beim Lottospiel mit numerierten Stäbchen. Sie rufen aber nicht die gezogenen Nummern auf, sondern haben diese auf ihre Weise getauft: die 1 heißt „Splitternackt", die 22 „Die beiden Hühnchen", die 44 „Caracaca". Wenn die 69 gezogen wird, dann stimmen die Frauen ein glucksendes Gelächter an, was der kleine Ivo nicht begreift. Doch zumeist vergeht der Sonntag der Italienerinnen mit häuslicher Arbeit.

Wenn ich sonntagnachmittags gegen fünf nach Hause kam, traf ich meine Mutter vor einem Berg Wäsche an, beim Plätten oder Ausbessern. Ich setzte mich auf einen Stuhl und schaute ihr zu. Das war so ein Augenblick, wo man Trauer verspürt, weil der Tag sich zum Ende neigt. Der Feiertag ist vorbei. Morgen geht alles wieder von vorne los. Und dort bei meiner Mutter fühlte ich mich behaglich. Sie war dann liebevoll gestimmt – während sie für gewöhnlich eher streng zu uns war –, sie sang und summte verträumt vor sich hin. Ich sehe sie noch vor mir, diese Frau, deren schönes Gesicht allmählich mollig wurde, wie sie trällerte: „Ach, wie weint die Mutter um ihre armen Söhne, die für die Freiheit starben, hingemäht von Feuergarben ...“

Kurze, begnadete Augenblicke. Für gewöhnlich legt die von Arbeit erdrückte Giuseppina keine heitere Laune an den Tag. Ihren Jungen gegenüber gibt sie sich häufig autoritär. Auch das gehört zu einer *mamma*. Julien sagt: „Ich glaube, von ihr habe ich mehr Ohrfeigen bekommen als von allen übrigen Menschen zusammen. Es verging kein Tag, ohne daß ich mir eine Backpfeife einfing. Sie war streng, aber eine großartige Frau. Als mein Bruder noch klein war, greinte er viel, und meine Mutter glaubte immer, es läge an mir. Dann ging es: Klatsch! Dem Nesthäkchen zuliebe ...“ Ein zärtliches Lächeln liegt auf Julien Livis Gesicht, als er diese Erinnerung wiedergibt; es läßt vermuten, daß die Impasse des Mûriers wohl doch keine Besserungsanstalt war. Vor allem, weil es da ja auch noch Giovanni gab. Er ist von versöhnlicher Gemütsart, überzeugt, daß sich alle Mißverständnisse aufklären, alle Meinungsverschiedenheiten mildern, alle Hindernisse überwinden lassen. Julien: „Er sagte immer: ‚Ich bring die Sache für euch in Ordnung.‘ Diesen Satz: ‚Ich bring die Sache in Ordnung‘ hab ich tausendfach von ihm gehört. Man kann es ihm nicht vorwerfen, er war von einem so aufrichtigen Optimismus erfüllt."

Seine Kinder jedenfalls bringen ihm eine Verehrung entgegen, die durch die Zeit nicht abgeschwächt worden ist. Wenn sie von ihrem Vater reden, setzen Lydia, Julien und Yves die gleiche Miene auf, halb erheitert, halb ernst, gerührt und bewundernd, auch wenn sie eine lustige Anekdote von ihm erzählen. Papa Giovanni sollte für Montand ein lächelndes Standbild des Komtur sein und bleiben, ein Vorbild, das er voller Stolz seinerseits gern in Erstaunen versetzte.

Die Eltern sprechen italienisch und die Kinder antworten französisch. Während sich die drei Sprößlinge die neue Sprache rasch angeeignet haben, hat Giovanni mit ihr echte Schwierigkeiten, und häufig verwechselt er ein Wort, wie es das folgende Histörchen belegt, über das sich die Familie jahrelang kaputtlachen wird. Die Szene spielt zu der Zeit, als die Livis noch in Verduron wohnen. Giovanni fährt am Morgen mit der Straßenbahn zur Arbeit. Die Plattform ist gedrängt voll, neben ihm unterhalten sich zwei Marseiller. Plötzlich dreht sich einer von ihnen um und fragt:

„He, wo ist denn mein Freund Paul hin, mit dem ich gerade noch gesprochen habe?"

Giovanni, der den besagten Paul an der vorigen Haltestelle hat aussteigen sehen, gibt ihm zur Antwort:

„Er ist am Boulevard Oddo *runtergefallen* ..."

Giuseppina wiederum italianisiert die französischen Wörter, indem sie ein *o* oder *i* dranhängt. So sagt sie zum Kaninchen, französisch *lapin*, *lapino*, während es auf italienisch doch *coniglio* heißt. Eines Tages bei Tisch wendet sie sich Giovannis Mutter zu (derselben, die ihre Kinder einst in jungen Jahren im Stich ließ, sie ist gerade auf einige Zeit zu Besuch bei ihren Angehörigen):

„Reich mir mal die *loucha* rüber."

„Was für eine *loucha*?"

Die Schöpfkelle heißt auf italienisch *ramaiolo*, Giuseppina jedoch hat an das französische Wort *louche* ein *a* angehängt, so daß es wie *lucia* klingt, was im Dialekt Truthahn bedeutet. Es muß nicht gesagt werden, daß an jenem Abend bei den Livis kein Geflügel auf den Tisch kommen sollte.

Abends lehnt sich Giuseppina aus dem Fenster und ruft laut nach ihrem Sohn, der sich auf der Straße herumtreibt: „*Ivo, monta*!" Für *heraufkommen*, französisch *monter*, sagt man jenseits der Alpen eigentlich *salire*, aber die *mamma* liebt dieses Wort, das klangvoll über die Dächer rollt:

„*Ivo, montaaaaaa!*"

Giovanni Livi ist ein grimmiger Pfaffenfresser, Giuseppina Livi ist tief gläubig. Diese in den italienischen Familien durchaus übliche Ehe zwischen Sichel und Weihwedel geht einher mit einer entschiedenen Toleranz für die jeweils andere Überzeugung. In der Toskana sind die drei Kinder getauft worden (den kleinen Ivo hatte Giuseppina, in ein von ihr selbst besticktes Kleidchen gehüllt, heimlich zum Priester getragen; dieses Gewand sollte Valentin-Giovanni Livi am 27. März 1989 bei seiner Taufe in der Kirche Saint-Germain-l'Auxerrois tragen). Lydia ist vor der Auswanderung sogar noch in Monsummano zur Erstkommunion gegangen, denn ihre Mutter glaubte, zur Kommunion zu gehen sei in Frankreich ein Gesetzesbruch – als Hinterlassenschaft der Großen Revolution. Giovanni läßt seine Tochter die Katechismusstunden besuchen. Eines Tages aber fragt der Geistliche das halbwüchsige Mädchen aus: Ist nicht ihr Vater eigentlich ein „Roter" ? Lydia schweigt und bricht von sich aus diese Verbindung ab.

Religion wird also bei den Livis nur in gemäßigter Form praktiziert, doch im Schlafzimmer der Eltern thront zwischen den Farbdrucken eines heiligen Josef (für Giuseppina) und eines heiligen Johannes (für Giovanni) immerhin ein mit einem Buchsbaumzweig geschmücktes Kruzifix. Das ist Giovannis Konzession an die „mystischen Ideen" seiner Frau. Dafür erhalten aber Julien und Ivo keinerlei religiöse Erziehung. Ivo stellt sich bisweilen am Donnerstagnachmittag bei einer Art Jugendwerk an der Ecke des Boulevard des Italiens ein, es wird von einem der Christlichen Arbeiterjugend nahestehenden jungen Abbé geleitet. Hier kann er Tischtennis spielen, ohne daß irgendein Druck auf ihn ausgeübt oder ein Appell an ihn gerichtet wird. Auch schaut er sich im Hof neben der Kirche am Boulevard Denis-Papin fasziniert die Vorführung eines 16-mm-Films über das Leben Christi an, ein harmloser Schinken, der bei ihm keinerlei pfingstliche Bekehrung auslöst.

Giovanni mag die Pfaffen nicht, aber er hält niemanden vom Glauben ab. Seine Frau spricht niemals darüber, aber sie bekennt ihren Glauben, indem sie sich verstohlen bekreuzigt. Wenn sie auch kaum zur Kirche geht, so befolgt sie doch ihre ganz persönlichen Riten, die aus mediterranen Urgründen stammen: zu Allerheiligen stellt sie die Fotos der verstorbenen Angehörigen auf den Kaminsims und zündet zwei in einer Schale mit Öl schwimmende Dochte an. Dann brennt den ganzen Tag über das Lichtlein zu ihrem Andenken.

Giuseppina ist fromm, harsch und sittenstreng. Ivo ist in die heiligen Mysterien nicht eingeweiht worden, und doch ruht auf ihm die Last der judäisch-christlichen Schuld; die Erbsünde sucht auch ihn noch heim. Und alles Sexuelle ist ohnehin tabu.

Ich muß wohl vier Jahre alt gewesen sein, als ich in aller Unschuld bei einem kleinen Mädchen das Geschlecht entdeckte. Wir saßen beide ganz brav miteinander im Hof, und ich hatte die Hand auf ihr „Löchlein" gelegt. Es war angenehm, innig, und wir saßen glücklich da, mit einem seligen Lächeln. Plötzlich kommt die Lehrerin herzu und schreit: „Was machst du denn da?" Ich hatte bereits mei-

nen Schock weg, weil ich nicht begriff, weshalb sie eine solche Wut bekommen hatte, als meine Mutter hinzukam. Die Lehrerin informierte sie über die „Missetat". Meine Mutter packte meinen Arm und schüttelte ihn so heftig, als wollte sie ihn mir ausrenken: „Wenn du noch mal mit so was anfängst, sage ich es Papa ..."

Und dann, eine Weile später, im Crottes-Viertel, bin ich im Hof hinter unserem Haus mit einem Nachbarjungen, und wir schauen uns zusammen unsere „Schniepel" an. Mama sieht mich vom Fenster im dritten Stock aus. Sie beugt sich heraus und schreit mir zu: „Was machst du da? Komm sofort nach oben!" Ich gehorche, und sie zieht mich an den Ohren: „Probier das noch einmal, und ich melde es der Polizei ..." Ich bin sechs oder sieben und kapiere wieder nicht, was ich denn so Schlimmes verbrochen habe. Aber ich hatte so große Angst, daß ich eine Gelbsucht bekam.

In der Impasse des Mûriers erklärt sich eines Tages Thérèse, eine der Nachbarstöchter, dazu bereit, sich von mir im Hausflur betatschen zu lassen, wenn ich ihr einen Riegel Schokolade mit Nußbelag dafür kaufe; er kostete 13 Sous. Ich gehe auf den Handel ein. Ich weiß nicht mehr, wie ich das Geld aufgetrieben habe, aber ich bin „zum Krämer" gegangen, das war ein Laden, der von zwei ganz in säuberlich-adrette schwarze Kleider eingehüllten Schwestern geführt wurde, die nie etwas verkauften, weil sie zu teuer waren. Ich bin mit meiner Trophäe nach Hause zurück und habe eine Stunde lang auf Thérèse gewartet, aber sie ist nicht heruntergekommen. Da habe ich die Schokolade aufgegessen. Mit dem ganzen Verstand meiner acht Jahre ahnte ich, daß ich mich vielleicht in etwas Verbotenes eingelassen hätte.

Zu Hause bin ich vor meinem Vater nie nackt herumgelaufen. Über Sexuelles wurde in den italienischen Familien nicht gesprochen. Niemals. Außer wenn es darum ging, die Sünde auszutreiben: vom Onanieren wurde man verrückt. Als ich so etwa zwölf bin, fröne ich eines Nachts in der Heimlichkeit meines Bettes dieser verbotenen Lust, da verspüre ich plötzlich einen stechenden Schmerz. Die Vorhaut ist ganz zurückgerutscht, umspannt die Eichel und läßt sich nicht wieder vorschieben. Panische Angst erfaßt mich, ich fange an zu wimmern, wage aber nicht, gar zu laut zu jammern. Dann aber wird der Schmerz unerträglich, ich schreie: meine Mutter kommt und besieht sich den Schaden. Sie spricht kein Wort, flitzt in die Küche, holt Öl, salbt mich ein und bringt die Sache wieder in Ordnung. Wie peinlich, und wie ich mich da schämte! Aber seltsamerweise hat mir meine Mutter bei dieser Gelegenheit mit nichts gedroht. Alles wurde wieder normal. Das heißt, nicht ganz, denn nach dieser brutalen Schrumpfung war ich wie beschnitten. Erst sehr viel später werde ich ermessen, wie teuer mich dieser Vorfall in den Kriegsjahren hätte zu stehen kommen können.

Ivo besucht die städtische Schule am Boulevard Viala 52; nachdem Lydia und Julien den Unterricht vorzeitig abbrechen mußten, stellt er die letzte Hoffnung der Familie dar (sein Vater malt ihn sich unentwegt mit Advokatenrobe aus). Aber der jüngste Livi mag die Schule nicht; er erweist sich als unfähig, an den Stuhl festgenagelt irgendeinem Monsieur zu lauschen, der etwas erzählt. Da er aber nicht wegkann, fixiert er den Lehrer mit aufmerksamem Blick und träumt vor sich hin. Der Lehrer gesteht Lydia, die sich nach Ivo erkundigen kommt, seine Verwunderung. „Es ist sonderbar, er hört zu, er hört sehr brav zu. Aber er kapiert nichts, absolut nichts.“ Seine Leistungen entsprechen der Mühe, die er sich macht. Mag er in Geschichte und Erdkunde noch passable Noten bekommen, so ist er in Rechnen mehr als schwach. Auch Giovanni zeigt sich besorgt:

„Weshalb bist du so leichtfertig, Ivo? Weshalb hörst du nicht auf das, was der Lehrer sagt?“

„Ich weiß nicht. Wenn er redet, gucke ich ihn an: er denkt, ich hab’s begriffen, aber ich bin weit weg, in

Afrika, in Amerika. Ich behalte nichts, ich langweile mich ..."

„Ivo, wenn du dich nicht anstrengst, wirst du so arm und unglücklich werden wie wir. Dann kommst du da nicht raus."

„Ich würde ja gerne die Schule mögen, aber ich kann nicht."

Der Montand von heute meint, es gebe eine grundlegende Ungleichheit zwischen Kindern, die eine leichte Auffassungsgabe haben, und jenen, die sich auf der Schulbank quälen, weil sie auf andere Weise funktionieren.

Ivo ist mit den Gedanken anderswo, in den Wolken. Diese Geistesabwesenheit, die seine Lehrer aufbrachte, ist eine typische Verhaltensweise von Montand, die seine Nächsten das ganze Leben hindurch an ihm beobachten sollten. Eine Fähigkeit, sich mental auszuklinken, um an anderes zu denken, aber immer an etwas Bestimmtes. Unablässig wälzt er etwas in seinem Kopf herum: eine Idee, eine Szene, eine Show.

In der Schule am Boulevard Viala bekommt der kleine Livi zum erstenmal ein Flugzeug zu Gesicht. Er ist auf dem mit zwei kümmerlichen Bäumchen bepflanzten engen Schulhof und hält einen gleichaltrigen Kameraden beim Kopf gefaßt. Da zeigen sämtliche Kinder aufgeregt mit dem Finger zum Himmel und schreien: „Ein Aeroplan, ein Aeroplan!" Im gleichen Augenblick flüstert ihm sein Gefährte zu:

„Jetzt müßten alle andern sterben und nur wir zwei übrigbleiben ..."

Montand spricht dankbar von seinen guten Lehrern, den „Husaren" der Dritten Republik. Sie haben die Eingliederung des Stroms von Einwandererkindern, der sich in ihre Klassen ergoß, gefördert. Monsieur Florian, ein Anarchist, der nie vergaß, des Jahrestages der Pariser Kommune zu gedenken, hatte große Plakate an die Wände geheftet. Eines zeigte einen Stapel Särge, höher als der Montblanc, mit folgender Unterschrift: „Das sind die Toten des Krieges 1914–18“.

Ein zweiter Lehrer, Bondu, ist ein ehemaliger Frontsoldat, der sich vorgenommen hat, seinen jungen Schülern die republikanische Moralauffassung einzutrichtern. Wenn sie das Klassenzimmer betraten, fanden sie an der Wandtafel einen Satz geschrieben, den sie auslegen sollten. Zum Beispiel: „Ein Lanzenstoß taugt mehr als ein Zungenschlag.“[4] Die Kinder kratzten sich ratlos den Kopf. Dann erklärte ihnen Bondu die verheerenden Wirkungen der Verleumdung, die einen Menschen mit Schmutz zu besudeln und zu vernichten vermag. Manchmal brachte der Lehrer ein Grammophon mit, damit sie lernten, die verschiedenen Musikinstrumente herauszuhören. Dieser Bondu, Prototyp des Volksschullehrers aus heroischen Zeiten, ging sogar soweit, daß er Schülern, die es nötig hatten, kostenlosen Nachhilfeunterricht erteilte. Zu der Kategorie gehörte Ivo, und er opferte seine Donnerstagnachmittage, wenn er zu dem Lehrer ging, der gleich nebenan wohnte. Andere Lehrkräfte hingen mehr der Rohrstockpädagogik an und bedienten sich rascher wirkender Methoden, so eine gewisse Lehrerin, die mit ihrem Lineal auf die ausgestreckten, bisweilen froststarren Finger schlug. Bei Ivo nützten die Bemühungen der einen wie die der anderen nicht viel: er war nicht fürs Lernen gemacht. Und als er größer wurde, war seine liebste Art, mit der Schule zu verkehren, das Schwänzen.

An der Route de la Calade erstreckte sich ein verlassenes Anwesen, umgeben von einem Park mit Bassin, das hatten die Kinder von Cabucelle zum Ziel ihrer Streifzüge erwählt. Es hieß bei ihnen das „Murialdo-Gut“. Dorthin ging Ivo Livi recht häufig „in die Schule“. Er strich durch die früheren Salons, große Räume, die von Vandalen geplündert worden waren. Und er kletterte gern auf einen Baum, von dem aus er den Hafen, das Meer, den Verschiebebahnhof sehen konnte. Eines

Nachmittags, als er ganz oben auf dem höchsten Ast hockte, ließ eine schrille Stimme ihn zusammenzucken:

„Was stellst du da wieder an?"

Es war seine Mutter, die einen gewissen Argwohn hinsichtlich seiner schulischen Beflissenheit hegte und ihm heimlich gefolgt war. Ivo kobolzte schneller als ein Eichhörnchen vom Baum herunter und schaffte es, Giuseppina zu entwischen, die ihm aus voller Kehle nachrief:

„Ich sage es Papa!"

Am Abend rollte Giovanni grimmig die Augen und tat, als wollte er seinen Tunichtgut von Sohn verhauen (der Vater hat ihm während seiner ganzen Kindheit nicht den kleinsten Nasenstüber versetzt). Um Ivo die Eskapaden auszutreiben, hätte es stärkerer Mittel bedurft. Um so mehr, als er im Alter von etwa zehn Jahren ein neues und unermeßliches Terrain für Abenteuer entdeckte: den Hafen.

„Es ist ein Hafen, der zu den schönsten zählt, die an irgendeinem Gestade erbaut wurden; er ist berühmt auf jeglichem Breitengrad. Für ihn durchpflügen Schiffe zu jeder Tag- und Nachtstunde die allerfernsten Meere. Er ist einer der großen Beherrscher der hohen See. Ein französischer Leuchtturm, der seinen Lichtkegel über den fünf Erdteilen kreisen läßt. Er trägt den Namen Hafen von Marseille." Mit diesen lyrischen Worten beginnt Albert Londres seine Reportage über die Stadt der Phokäer. In der Zeit zwischen den beiden Weltkriegen lebt die Stadt, deren Entwicklung auf dem Seehandel beruht, ganz im Rhythmus des Hafens. An seinen kilometerlangen Kaianlagen machen Schiffe mit Ladung aus allen Welteilen fest. So wie schon im 19. Jahrhundert ein Marseiller Journalist schrieb, ist „Afrika seine Vorstadt, Indien sein Umland, Amerika sein Nachbar"[5].

Marseille ist durchaus das Tor zum Orient. 1927 weiht Staatspräsident Gaston Doumergue die monumentale Freitreppe vor dem Bahnhof Saint-Charles ein:

die Stufen werden umrahmt von den Statuen zweier Frauen, die als Galionsfiguren am Bug eines Schiffes sitzen. Die linke stellt die Allegorie von Marseille, dem Tor zum Orient, dar. Doch Marseille ist vor allem das Tor zum französischen Kolonialreich. Zwei Drittel des Umschlagverkehrs werden mit den Kolonien abgewickelt; 1929 kommt über ein Drittel der von Frankreich eingeführten Landwirtschaftserzeugnisse aus dem Kolonialreich. Diese Zahl sollte 1938 sogar bei siebzig Prozent liegen; ein Großteil des Kakaos, Kaffees, Zuckers und der Erdnüsse aus Übersee nimmt seinen Weg über Marseille. Im Jahr 1922 wird eine Kolonialausstellung veranstaltet, die diese Rolle der Stadt verherrlicht, und auf der Canebière spricht man noch lange danach von dem kambodschanischen Ballett, das sich sanft im Licht der Scheinwerfer wiegte.

Von Cabucelle braucht Ivo nur ein paar hundert Meter bergab zu trudeln, und er schnuppert exotische Düfte. Mit seinem Kumpan Marius Cereda, dem wichtigsten seiner Klassenkameraden und Komplicen bei all seinen Streichen, streunt er zwischen den entladenen Ballen und Kisten umher, betrachtet das unerhörte Schauspiel des Quai de la Joliette, das rasende Getümmel von Männern und Maschinen beim Geheul von Sirenen, unter dem Geschrei der Docker. Man errät leicht – es ist ein traditionelles Klischee, aber hat trotzdem seine Berechtigung –, wohin die Phantasie der beiden Bengel wandert, wenn die Passagierdampfer, scheinbar stillstehend, langsam hinterm Horizont verschwinden. Jorge Semprun[6] hat es so geschildert: „Ein Hafen, das offene Meer, Schiffe: es bedarf keines Wortes mehr. Jeder weiß, was das heißt. Schlager und auch das Kino haben dieses Sujet weidlich ausgeschlachtet. Für Ivo Livi ist es selbstverständlich der Traum vom Aufbruch in die Welt. Aber dieser Traum hat einen Namen, Amerika … Amerika, das ist der Traum von der Freiheit. Die Freiheit des Traums."

Als Montand ein halbes Jahrhundert auf der Varietébühne hinter sich hat, von Erfolg zu Erfolg eilend bis zu jenem Gipfelpunkt an einem Abend im Jahr 1982, als er auf der Bühne der Metropolitan Opera in New York steht, da denkt er vor diesem Parkett aus amerikanischen Stars mit vor Aufregung weichen Knien an den Lausejungen in kurzen Hosen zurück, der davon träumte, den Atlantik zu überqueren.

Mit Cereda schmiedet Ivo tausend Pläne, wie sie auf hohe See und zur Freiheitsstatue flüchten könnten. Die beiden Schlingel betreiben dies Spiel verbissen, spähen Schwachstellen bei der Bewachung der Schiffe aus, erkunden günstige Wege und Augenblicke, um sich als blinde Passagiere an Bord zu schleichen. Ausreißerpläne, die natürlich nicht realisiert werden. Bis Giovannis Sohn den Kontinent Amerika enterte, sollte dieser noch dreißig Jahre warten müssen.

Montand hat von den mit Kumpel Cereda und anderen Lausebengeln aus dem Cabucelle-Viertel auf dem Quai de la Joliette verübten Streichen allerlei muntere und farbige Anekdoten im Gedächtnis bewahrt, mit denen man allein zwei Kapitel füllen könnte.

Aus dieser Wundertüte schöpft er nach Belieben (denn es war für ihn eine eindeutig glückliche Zeit); es genügt schon, die eine Geschichte vom Fiedler aus ihr hervorzuziehen, die er selbst in dem Buch *Du soleil plein la tête* erzählt hat: „Um die am Kai vertäuten Schiffe entstand ein lebendiges Gewimmel. Händler liefen hin und her und riefen lauthals ihre Ware aus, oftmals gingen sie den Touristen mit den optimistischen Vollmondgesichtern auf den Geist. Da tauchte der Straßenmusiker mit seinem Komplicen auf … Der Musiker stieg auf eine Kiste und holte aus dem Geigenkasten eine Fiedel, die er lange und umständlich stimmte. Schon die quietschenden Töne, die er dabei hervorbrachte, konnten all diese Leute, die auf dem Schiff in der Hochstimmung der bevorstehenden Ausfahrt warteten, beträchtlich nerven. Dann fing er an zu spielen, grauenhaft falsch, wozu er gequälte Fratzen schnitt. Während er noch bei der Vorbereitung war, hatte sein Komplice Zeit gehabt, mit Stiegen voller angefaulter Apfelsinen die Laufgänge zu erklimmen. Die Früchte verkaufte er den Passagieren, indem er ihnen ins Ohr raunte, man könnte sie gut als Wurfgeschosse gegen den Katzenmusiker verwenden. Er selbst gab das Zeichen zu der großangelegten Wurfkanonade, die er mit machiavellistischer Schläue angezettelt hatte. Zuerst flogen zaghaft ein paar einzelne Orangen, die danebentrafen, weil zu kurz gezielt. Dann wurden die Geschosse zahlreicher, und eines traf den Mann und bespritzte ihn mit blutrotem Saft. Der Treffer löste hellen Jubel aus, und im Eifer des Gefechts stiegen die Preise für die Munition. Innerhalb von ein paar Minuten ergoß sich ein regelrechter Orangenhagel über den Pechvogel ... Der Mann war nun selber ganz von klebrigem Saft verschmiert, sprang von seiner Kiste, rutschte auf den Fruchtresten aus, sammelte sein Geld, seinen Hut und seine Fiedel auf und ergriff die Flucht, vom Sperrfeuer der Bordschützen verfolgt ..."

Noch heute, wenn er die Szene zum tausendsten Mal erzählt, versetzt sich Montand ganz in die Situation, erhebt sich, mimt die verschiedenen Personen, lacht Tränen („Es war reinster Chaplin!") und beschwört, er habe die beiden Spießgesellen ihren Trick oft genug wiederholen sehen. Denn häufig ertappten die Jungen dann den Fiedler und den Apfelsinenverkäufer in einer Hafenschenke, wie sie sich den Ertrag des lukrativen Wurfbudenunternehmens teilten – sie verdienten damit ganz annehmlich ihren Tagesunterhalt. Jorge Semprun hat nicht unrecht, wenn er schreibt, Montand habe dank dem Fiedler und seinem Komplicen auf den Quais bestimmte grundlegende Regeln des Schauspiels, jeder Art von Schauspiel, kennengelernt.

Andere Spiele sind weniger harmlos. Die kleine Jungensbande aus Cabucelle mit Ivo an der Spitze nutzt ihre Hafenausflüge auch dazu, den eigenen Lebensstandard aufzubessern. Hier sind so viele Waren ausgebreitet: den Kindern, denen es an allem fehlt, juckt es in den Fingern. Außerdem ist die Bewachung ziemlich lax: es sind zu viele Schiffe, zu viele Lagerhäuser, zu viele Menschen. Die Jungen brechen sich aus den noch in Stroh eingepackten Büscheln eine grüne Banane heraus, mausen ein paar Apfelsinen, Gewürze. Gelegentlich setzt ein Matrose ihnen nach und verschafft ihnen zur Krönung noch ein wonnig prickelndes, aufregendes Gefühl. Die kleinen Spitzbuben lauern auch den Lastwagen voller Rohzucker auf, die nach der Ausfahrt aus dem Hafen das Tempo verlangsamen, wenn sie die Steigung am Boulevard Barnabo, hinauf zur Raffinerie, in Angriff nehmen. Sie klammern sich an die Wagenkästen, schlitzen behende mit dem Messer einen Sack auf und stopfen sich mit dem braunen Zucker die Taschen voll. Es muß nicht gesagt werden, daß die Klauerei den kleinen Strolchen von Cabucelle als ein legitimer und ganz natürlicher Sport erscheint. „Man muß sich dort etwas holen, wo etwas zu holen ist." Eine gewiß ein wenig grobgeschnitzte Moralauffassung, von der der heutige Montand meint, daß sie in einer derartigen Umgebung doch nicht ganz unbegründet war.

Um sich einen wirklich ernsten Schauer über den Rücken zu jagen, schreckt die Einfallslust Ivo Livis und seiner Kameraden auch nicht vor wahrhaft halsbrecherischen Unternehmungen zurück. Die schlimmste (oder beste) ist das „Eisenbahnspiel". Es besteht darin, daß man in den Mirabeau-Tunnel hineinläuft, unmittelbar bevor ein Zug in ihn einfährt, und dann wie ein Besessener, ohne sich umzudrehen, vor dem Zug her zum Ausgang wetzt. Hinter sich hört der Flüchtende die Lokomotive prusten und rattern, das Getöse wird durch den Tunnel noch verstärkt, er hört ihr Fauchen. Ein falscher Tritt auf dem Schotter, ein kleiner Fehler, und das Zermalmtwerden ist ihm sicher. Welch ein Triumph aber, das helle Ende des Tunnels zu erreichen und sich als Sieger über das mörderische Ungetüm in den Graben zu werfen, atemlos keuchend und lachlustig, während der Lokführer dem Schlingel eine Breitseite Flüche nachschleudert! In späteren Zeiten sollte Kinofan Montand mit fachmännischem Blick James Dean beobachten, wie er in *Lebenswut* am Steuer seines Wagens auf den Abgrund zurast, und sich sagen, der beste Drehbuchautor sei noch immer der, der eine eigene Erinnerung verarbeitet.

Schlendert Ivo Livi nicht zum Hafen hinunter, dann begibt er sich zu den Schlachthöfen hinauf. Er wird des aufwühlenden Schauspiels der Tausenden von Tieren nicht müde, die ihrem Schicksal entgegentrotten. Das Vieh kommt aus Nordafrika und legt das letzte Stück Weges auf der Straße zurück, angetrieben von Männern, die es mit Stöcken in die Weichteile pieken. Die Fleischgroßhändler tragen weite graue Blusen, einen Hut auf dem Kopf und einen Stock in der Hand, sie sind dick und rotgesichtig, reden lärmend und klatschen den Arbeiterinnen von der Kuttelei auf den Hintern. Diese Frauen arbeiten sommers wie winters im Freien, wühlen mit den Händen in Blut, Gedärmen, Exkrementen, inmitten von Ausdünstungen und Gestank, der einem den Atem nimmt. Ein Stück weiter schaut Ivo entsetzt und gebannt dem Töten zu: Das Geblök der Lämmer klingt wie Kindergreinen, den Schweinen wird die Kehle durchgeschnitten, bevor man sie, noch halb lebend, in ein Becken voll kochendheißen Wassers wirft, die Ochsen werden mit dem Hammer erschlagen, die Pferde bekommen eine schwarze Maske über die Augen, damit sie dem Henker nicht ausweichen können, der ihnen als Totschläger einen hohlen Stahlbolzen zwischen den Augen in den Kopf treibt. Er hört das Schurren der Holzpantinen, die sich davonmachen, wenn das Tier zusammenbricht. In den Pausen verschlingen die rotverschmierten Männer rohes Hackfleisch.

Eine Lektion vom Menschenwesen, empfangen zu Beginn der dreißiger Jahre.

Ivo Livi, der frisch eingebürgerte *babi*, ist zehn Jahre alt. Er erfährt die Welt nicht aus Büchern, sondern auf den Straßen der nördlichen Stadtviertel von Marseille. Er wächst heran inmitten der großen Familie der „Itaker“, die aneinandergedrängt und in sich selbst verwikkelt sind wie die Spaghetti auf der Gabel, aber keineswegs in ein Ghetto eingepfercht. Wenn das Kind der Vater des Mannes ist, dann sollte Montand immer ein Kind von Cabucelle bleiben, selbst dann – gerade dann –, wenn er am Lenkrad seines Ferrari durch die Welt brauste.

Ein paar Monate nach dem Umzug der Livis in die Impasse des Mûriers, zu Anfang des Jahres 1930, beschließt Giovanni, die immer noch im Quartier des Crottes betriebene Besenwerkstatt ins neue Haus zu verlegen. Er versteht sich nicht mehr mit Malberti, dem Grundstückseigentümer in den Crottes, und baut darum im Garten seines Wohnhauses, Impasse des Mûriers Nummer 7, eine Baracke, in der er einen Ofen zum Schwefeln des Hirsestrohs installiert. Die ganze Familie hilft ihm bei der mühseligen Arbeit, die Schwefeldämpfe zwingen dazu, soviel Arbeitsgänge wie möglich im Freien zu verrichten. Die Produktion kommt schlecht und recht wieder in Gang. Giovanni aber ist noch nicht zufrieden: er möchte gern auch Kokosbesen herstellen. Er stellt eine sachkundige Arbeiterin ein, die diese Technik in der Fabrik angewendet hat, sie bringt sie ihrem Arbeitgeber bei. Ein Jahr lang produziert die „Firma“ Livi Stroh- und Kokosbesen, aber die Fabrikation geht nach wie vor langsam und in handwerklicher Art vonstatten, alles wird von Hand gemacht.

1931 möchte Giovanni Livi zur nächsthöheren Geschwindigkeit umschalten. Ein Fachmann wird konsultiert und vermag seinen Gesprächspartner leicht davon zu überzeugen, daß er sich eine bessere Ausrüstung zulegen muß. So kauft denn Giovanni auf Kredit eine prachtvolle Maschine, sie kostet 15 000 Francs – ein Vermögen, aber er hofft, seine Investition sehr bald wieder hereinzuwirtschaften. Und da er nun einmal in größeren Dimensionen denkt und den Erfolg in Reichweite sieht, bestellt er einen ganzen Waggon voll Hirsestroh. Aus rein geschäftlicher Sicht erscheint die Anschaffung durchaus sinnvoll: das Mohrenhirsestroh wird nämlich Jahr für Jahr um fünfzig Prozent teurer. Diesmal vermeint Giovanni ins Schwarze zu treffen: „Du wirst sehen, Beppina, es klappt, wir zahlen unsere Schulden ab, wir verdienen Geld, die Kinder werden glücklich." Eine optimistische Vorhersage, die Beppina in dieser Zeit schon mehrfach zu hören bekommen hat. Giovanni Livi läßt sich tragen von seinen Träumen vom sozialen Aufstieg oder auch schlicht und einfach vom besseren Leben, er gibt nicht acht auf ein Ereignis, das immerhin Amerika erschüttert hat, jenes Amerika, in das er einst auswandern wollte. Und es sollte auch ihn ruinieren.

Als die Börsenmakler der Wallstreet am 23. Oktober 1929 voller Ohnmacht einen schwindelerregenden Kurssturz feststellten, ahnten sie noch nicht, in welchem Maße der Krach an diesem Schwarzen Donnerstag die Weltwirtschaft schütteln und schrittweise in eine tiefe Depression stürzen sollte. Bis die Stoßwelle Frankreich erreicht hat, vergehen zwei Jahre. Im September 1931 führt die Abwertung des Pfund Sterling zum Zusammenbruch der Währungen im gesamten Commonwealth, in Lateinamerika und Skandinavien. Da der Franc an Golddeckung gebunden bleibt, steigen die Preise der französischen Produkte ins Unermeßliche, und das Außenhandelsdefizit wird immer größer. Innerhalb von acht Monaten, zwischen September 1931 und April 1932, geht die gewerbliche Produktion um 17 Prozent zurück, die Bankrotte mehren sich schlagartig. Giovanni

Livi hat den ungünstigsten Zeitpunkt gewählt, um sich zu verschulden.

Es ist ein Drama. Mit jedem hergestellten Besen verliert Giovanni zwei Francs, und dennoch muß er seine Wechsel begleichen, die Lieferanten bezahlen. Lydia Livi berichtet: „Es war furchtbar. Mein Vater verlor beinahe den Verstand, er lief in der Stube auf und ab, von einer Wand zu andern, und gestikulierte wild. Wir mußten die Maschine, die wir nicht bezahlen konnten, zurückgeben und trotzdem weiter den Freunden und Bekannten, die uns kleine Beträge geliehen hatten, ihr Geld zurückerstatten."

1932 meldet Giovanni Livi Konkurs an: er hat Passiva von 32 000 Francs aufzuweisen. Die Familie verfügt über keinerlei Mittel mehr. Zur selben Zeit wirft die Krise eine große Zahl von Arbeitslosen auf die Straße; das Elend wird deutlich sichtbar, die Schlangen vor den Volksküchen und Fürsorgeämtern werden länger. Die in Not Lebenden recken die Fäuste: so die im November 1933 von Lille aufgebrochenen Teilnehmer eines „Hungermarsches", die in Paris ihren „Beschwerdekatalog" vorbringen wollen. Auf ihrem Marsch rufen sie zwischen zwei Strophen des Liedes *Streik der Bäuche* nach Brot und Arbeit.[7] Die Einkommen der Arbeiterklasse verringern sich um durchschnittlich 15 Prozent. Von 1931 bis 1935 verdoppelt sich die Arbeitslosigkeit, allerdings nicht gleichmäßig verteilt, sie trifft vor allem Jugendliche, Frauen und Einwanderer. Die letzte Gruppe ist nicht allein Opfer der schlechten Konjunkturlage, sondern auch Zielscheibe rassistischer Kampagnen: man beschuldigt sie, „den Franzosen die Arbeit zu stehlen". Die Italiener als zahlenstärkste Minderheit werden besonders attackiert. Die Livis mögen noch so sehr ihre Einbürgerungsurkunde schwenken; ein Stück Papier, mag es auch vom Wappen der Republik geziert sein, kann keine Arbeit herbeischaffen und keine Mägen füllen.

Lydia sollte es sein, die die Familie rettete.

Schon seit einiger Zeit hat sie Spaß am Frisieren gefunden. In einer Ecke des Eßzimmers schneidet sie ihren Freundinnen Riri und Lulu die Haare, und diese geben ihr zum Dank ein paar Sous. Damit kann sie sich Brennscheren kaufen, und immer so fort. Ihre Geschicklichkeit spricht sich bald herum, der Kreis ihrer „Kundinnen" vergrößert sich. Lydia faßt sich ein Herz und besucht in einer Gewerbeschule in der Rue Sénac Kurse. Dort muß sie ihren Modellen für eine Stunde drei Francs zahlen, alle ihre Einnahmen gehen dafür drauf. Aber sie macht Fortschritte und erweist sich als wahrhaft begabt für den Beruf. Ihr Ruf verbreitet sich im Umkreis, und sie beginnt ein bißchen Geld zu verdienen.

Julien hat einen Job in einem Getränkekiosk am Frachthafen gefunden. Er ist fünfzehn, steht um vier in der Frühe auf und serviert Getränke für die Docker, mit denen er dabei bekannt wird. Auch er bringt am Samstagabend seinen Lohn nach Hause. Und Ivo, der nun elfeinhalb ist, gibt ohne sichtbares Bedauern die Schule auf und arbeitet in der Fabrik. Lydia hat eine Stelle für ihn aufgetan, es ergab sich im Gespräch mit einer Kundin, Madame Guérin, deren Mann eine Teigwarenfabrik betreibt.

Meine Papiere mußten gefälscht werden, damit ich bei Guérin anfangen konnte. Unter dreizehn durfte man nicht eingestellt werden. Zum Glück war ich sehr groß. Am Anfang bestand meine Arbeit darin, große Kellen voll Teigwaren in gelbe Zellophantüten zu füllen. Ich saß in einem Keller, in den durch eine Luke Licht einfiel, und um mich herum standen riesige Jutesäcke voll Teigwaren der verschiedensten Form, Muscheln, Fadennudeln, Bandnudeln, Spaghetti: jeden Tag zehn Stunden lang packte ich meine Tüten voll. Ich war allein dort, aber von Zeit zu Zeit kreuzte eine Vorarbeiterin auf und kontrol-

lierte mich. Sie sprach mir Mut zu und fraß dabei eine ganze Schachtel Kekse der Marke LU auf, die ich mit den Augen verschlang.

Die große Befriedigung hatte ich am Ende meiner ersten Woche, als man mir einen Umschlag mit den 50 Francs Lohn aushändigte. Das Kuvert war mit Münzen gefüllt, darunter ein 5-Centimes-Stück mit einem Loch in der Mitte. Ich hab den Umschlag meiner Mutter gebracht. Ich war sehr stolz, und sie war baß erstaunt. Sie hat das Kuvert aufgemacht, den Inhalt auf den Tisch gekippt. Dann hat sie mich umarmt, die kleine Münze mit dem Loch zu mir hingeschoben und gesagt: „Nimm! Das ist für dich." Und dann setzte sie noch halb ernst, halb lächelnd hinzu: „Gib nicht alles aus!"

Dann bekam ich andere Arbeit zugewiesen. Ich wurde unter die Arbeiterinnen in der Fabrikation versetzt. Die Teigwaren lagen in riesigen Schiebern, die innen durchlüftet wurden. Zwei Frauen fuhrwerkten mit diesen Schiebern, damit sie den Luftzug aus dem Gebläse abbekamen. Dabei sangen sie ein Lied von Henri Garat:

Amüsieren wir uns, spielen wir verrückt,
Das Leben ist schnell wie im Traum vorbei …

Ich war ihr Handlanger, ich trug die Pakete herzu, machte sauber. Der Grieß wurde zunächst in Riesenmahlwerken zermahlen und zu Teig vermischt. Dann wurde dieser Teig in eine gewaltige Zylinderpresse befördert, in der unten eine Prägeform eingelassen war. Für jedes Erzeugnis gab es eine andere Matrize. Ein Arbeiter beschickte den Zylinder mit Teig, dann drückte der Preßkopf das Rohmaterial nach unten, wo es in Form von Muscheln, Bandnudeln usw. wieder herauskam. Das war eine sehr schwere Arbeit. Der Mann, der sie verrichtete, trug ein Trikothemd aus Flanell und trank täglich zwei bis drei Liter Wein. Er nuckelte stets an einem Zigarettenmundstück aus Kirschholz. Ich mußte die Formen säubern. Am ersten Tag wies mich eine der Arbeiterinnen auf

Küchenschaben hin, die sich in einer Steckdose über dem Trog mit den eingeweichten Formen angesammelt hatten. Sie reichte mir ein Glas Wasser. Und ohne nachzudenken habe ich es über die Steckdose geschüttet, um die Tierchen zu verjagen, und habe schrecklich eins gewischt gekriegt. Die Weiber lachten, freuten sich über ihren gelungenen Streich. Von da an konnte ich sie nicht mehr ausstehen …

In der Schule hatte sich Ivo gelangweilt. Doch als er nun mit einer mühseligen und monotonen Arbeit konfrontiert ist, wird ihm mit seinen zwölf Lenzen alsbald klar, daß die Schule doch ihr Gutes hatte. Glücklicherweise setzt ihn der Chef, Monsieur Guérin, ein biederer und leicht zur Bevormundung neigender Mann, bald als Beifahrer zum Wareausliefern ein. Jede Woche begleitet der junge Lehrling nun den Lastwagenfahrer, einen gewissen Fouque, auf seiner Liefertour nach La Ciotat, Cassis, Aubagne, Martigues. Es ist das erste Mal, daß Ivo aus Marseille herauskommt und die Hügel der Provence zu Gesicht kriegt – seinen Wilden Westen –, wo er sich ein Leben als einsamer Wilddieb ausmalt. Da er so groß ist, wird Ivo als Mann behandelt, und nach dieser Beförderung verlangt er auch. Ihretwegen muß er allerlei Prüfungen durchmachen. Bei jedem Halt buckelt er sich die schweren Nudelpakete auf, trieft vor Schweiß, aber beißt die Zähne zusammen, weil er nicht zeigen will, daß sie zu schwer sind für seine mageren Schultern.

Sein äußerer Aufzug ist auf jeden Fall nicht mehr der gleiche wie in der Kindheit. Die kurzen Hosen hat er zusammen mit der Schulbank hinter sich gelassen. Ein Foto aus jener Zeit zeigt ihn angetan mit einer Hose, deren Beine endlos lang sind. Das Jackett sitzt ihm ein bißchen knapp, aus den engen Ärmeln ragen ein Paar riesige Hände heraus. Das Tuch um den Hals und die Mütze mit dem großen Schirm geben der Gestalt einen gewissen Pep, er hat ein bißchen was von kleinem Gauner.

Wenn nach erfolgter Lieferung der Krämer Ivo Livi wie den andern Männern ein Glas Anislikör anbietet, dann würde Ivo sich eher erdrosseln lassen als ablehnen. Sein Spannemann bei den Fuhren, der Chauffeur Fouque, betrachtet ihn als quantité négligeable. Kaum daß er einmal das Wort an ihn richtet. Und nach Ende der Tour macht er sich nichts daraus, ein Riesensandwich, garniert mit mehreren Scheiben Schinken, auszupacken und vor den Augen des Jungen zu verschlingen, ohne ihm jemals auch nur einen Happen anzubieten. Der Junge knabbert derweil an Endchen roher Nudeln, hart und von widerwärtigem Geschmack.

Nach zwei Jahren dieses Daseins beschließt der Boß, Raoul Guérin, an einem Wochenende, Ivo Livi von seinem Lohn den Preis einer Korbflasche Mineralwasser abzuziehen, die der junge Beifahrer durch Unachtsamkeit zerbrochen haben soll. Ivo bestreitet, daß es so war, er führt die Scherben auf einen Fabrikationsfehler an der Flasche, einen unfreiwilligen Stoß zurück, wird wütend, lehnt es ab, den Schadenersatz zu zahlen, weil er das ungerecht findet. Da fliegt er. Er ist dreizehneinhalb und nun arbeitslos. Aber wie immer ist Lydia da.

Der „Salon" der großen Schwester geht so gut, daß die ganze Familie davon leben und die Schulden aus dem Besengeschäft nach und nach abzahlen kann. Im Viertel verbreitet sich mehr und mehr die Kunde von dieser Friseuse in Heimarbeit, die bereit ist, auch abends oder sonntags zu frisieren, und bald reicht die kleine handwerkliche Ausstattung, die sie sich im Haus Nummer 7 der Impasse des Mûriers zusammengebastelt hat, nicht mehr aus. Eine Kundin, ein Dienstmädchen aus dem Haus gegenüber, der Nummer 8, gibt Lydia einen Tip (diese Gespräche zwischen Brennschere und Kamm sind oft sehr instruktiv!): der Hausbesitzer, ein Fleischgroßhändler vom Schlachthof, wäre bereit, das Haus zu vermieten. Fast zur gleichen Zeit, im Dezember 1934, heiratet Lydia André Ferroni, einen Arbeiter aus der Zuckerraffinerie. Und mit dem Namen Ferroni unterzeichnet sie den Pachtvertrag. Das Haus Nummer 8 ist ein wenig geräumiger als das vorige. Mit der Vorderfront ist es direkt zur Gasse hin gelegen. Der gut zehn Meter breite Garten liegt nach hinten hinaus und erstreckt sich bis zum Boulevard des Mûriers. Man kann das Haus sowohl von vorn wie von hinten betreten.

Ihren „Friseursalon Lydia“ richtet die Schwester im Erdgeschoß, in einer früheren Garage, ein, die frisch gemalert und gefliest wird. Um die Geräte kaufen zu können, die sie braucht, hat sich die junge Frau für volljährig erklären lassen – sie ist erst neunzehn –, denn der Name Livi ist nicht mehr kreditwürdig. Ihr Kundenkreis wächst.

Lydia arbeitet Tag und Nacht, Giuseppina hilft ihr. „Wir konnten die Vorbereitungen für die Dauerwellen am nächsten Tag erst treffen, wenn alle Kundinnen raus waren, nach acht Uhr abends. Und da das damals noch vier, fünf Stunden brauchte, kamen wir nicht vor ein Uhr nachts ins Bett. Und Julien stand um vier Uhr früh schon wieder auf, um zum Hafen zu gehen! Sonntags machte ich nicht vor dem frühen Nachmittag Schluß.“

Am „Ruhetag“ hat Lydia einen kleinen Ritus eingeführt: aus dem angesammelten Kleingeld stapelt sie vor jedem der Männer im Hause ein kleines Türmchen auf und sagt scherzend: „Pinke, Pinke ...“

Das ist das von Lydia spendierte „Sonntagstrinkgeld“.

Um mit dem vergrößerten Kundinnenkreis fertigzuwerden, kommt die Friseuse auf die Idee, auch noch den kleinen Bruder, der gerade bei Guérin rausgeflogen ist, bei sich anzustellen, nachdem sie bereits ihre Mutter in die Arbeit einbezogen hat. Ivo soll ihr beim Kopfwaschen helfen. Er ist vierzehn, der kleine Bruder, und das

Beiwort will nicht recht auf ihn passen: er schießt immer mehr in die Höhe, so sehr, daß er Schmerzen im Rücken und in den Gliedmaßen verspürt und das Bett hüten muß. Der Arzt stellt Wachstumsrheumatismus fest und verordnet Bettruhe. Es ist ein Arzt aus dem Sprengel, der sich für seine Patienten aufopfert, die ihn oftmals gar nicht bezahlen können. Im Gedenken an diesen Doktor Moncerisier, der mit nur zweiunddreißig Jahren über der Arbeit starb, sollte sich Montand viele Jahre später bereit erklären, mit seiner Unterschrift für die Förderung der medizinischen Forschung einzutreten. Ivo bringt mehrere Tage von den Seinen verhätschelt im Bett zu, dann kehrt er zu seinem Shampooschaum zurück. Aber nun wird Lydia krank, Typhus zwingt sie zu einer zweimonatigen Unterbrechung ihrer Arbeit. Sie stellt eine Aushilfe ein, die sie schlecht und recht beaufsichtigt.

Sobald sie wieder auf den Beinen ist, schafft sie sich das Wunder aller Wunder an: ein Lockwellgerät, eine Art elektrisch funktionierende Haube, die man auf den Kopf setzt. Heizt man sie an, so werden die auf Aluminiumwickler gedrehten und mit einem Spezialmittel eingestrichenen Löckchen bei schwacher Hitze gebrannt und halten mindestens sechs Monate ihre Form. Die neue Technik ist revolutionär, und um sie zu testen, erwählt Lydia sich Ivo als Versuchskaninchen. Sie dreht seine Haare ein, setzt ihm die Haube auf, schaltet den Strom ein. Sofort hebt das Versuchskaninchen wie ein Wilder zu schreien und zu strampeln an. „Er spielte ja immerzu den Clown“, erzählt Lydia, „und so habe ich losgelacht, als er sich auf seinem Stuhl wand und Fratzen schnitt. Ich hab ihm gesagt, er soll nicht so herumblödeln, und hab ihn bei der Schulter gefaßt. Und da hab ich einen elektrischen Schlag bekommen. Er saß da wirklich unter Strom. Auf dem elektrischen Stuhl ...“ Lange Zeit noch werden sie über das Lockwellgerät ihre Witze reißen. Keine von Lydias Kundinnen hat gewiß begriffen, was der Blick bedeutete, den sich Bruder und Schwester beim Anschalten des Geräts zuwarfen.

Der Friseurgehilfe sammelt die benutzten Frisierumhänge mit den daran haftenden Haaren ein, bürstet sie im Nebenraum sauber aus, faltet sie kunstvoll zusammen und bringt sie feierlich wieder zurück, als kämen sie frisch aus der Wäsche. Vor allem aber wäscht er all diesen schlaff in ihren Stuhl hingesunkenen Frauen die Köpfe, all diesen Frauen, die anzusprechen, geschweige denn anzufassen er niemals wagen würde.

Im Salon meiner Schwester hab ich wirklich einen Teil meiner Sexualerziehung absolviert. Es gibt einen Marseiller Ausdruck, espincher, *das heißt: ungewollt zum Spanner werden. Und das war ich dort ausgiebig, kann ich behaupten. Ich war der Ladenjunge, ich gehörte mit zur Ausstattung, niemand gab groß auf mich acht. Und so sah und hörte ich alles mit. Diese Weiber erzählten fürchterliche Geschichten von ihren Ehemännern und Liebhabern. „Wissen Sie, was ich mache, Lydia, wenn er fremdgeht? Ich gieß ihm kochendes Öl ins Ohr, während er schläft." Sie kamen sich ganz unbeobachtet vor, sie waren ganz entkrampft und schamlos und saßen in den unglaublichsten Stellungen da.*

Wenn ich ihnen den Kopf wusch, dann massierte ich auch den Nacken mit Shampoo. Da hielten sie den Kopf zurückgelegt, und ich konnte bis zu ihrem Brustansatz linsen und noch weiter runter, vor allem im Sommer, wo der Busen nur von einem dünnen Baumwollblüschen bedeckt war. Aber das Tollste war, wenn ich die heruntergefallenen Haarnadeln auflesen und dabei zwischen ihre Beine krauchen mußte, die auf einem Schemelchen standen (so konnten sie unter der Trockenhaube besser lesen). Sie machten die Beine ganz automatisch auf und wieder zu, und da es unwillkürlich geschah, war es um so aufregender. Ich war vierzehn, ich zählte nicht für sie, ich gehörte zum Mobiliar, es war zum Irrewerden. Eines Tages hat mir sogar eine Frau um die Fünfzig mit der Hand auf den Hintern gefaßt und gesagt: „Er ist wirklich nett, Ihr Bruder ...“ Da aber rief mich meine Mutter: „Ivo, geh doch mal nach oben und hol mir das Shampoo Nummer 4 ...“ O ja, im Salon meiner Schwester hab ich eine Menge gelernt ...

Das Friseurhandwerk selber aber erweckt nicht gerade seine Begeisterung. Er hilft Lydia aus familiärer Solidarität, weil er ja irgend etwas tun muß und nichts gelernt hat. Aber mit den Gedanken ist er anderswo. Das Verhältnis zu Giuseppina ist gespannt. Sie schreit ihn an, macht sich auch nichts daraus, ihm mal eins mit dem Besen überzuziehen (notfalls steigt sie auf den Stuhl, damit sie zu ihm rauflangen kann). Schließlich willigt der Rebell auf das dringliche Verlangen seiner Mutter, die sich um seine Zukunft Sorgen macht und möchte, daß er irgendeinen Beruf erlernt, ein, in einer Gewerbeschule Friseurkurse zu belegen. Zwei Abende in der Woche „geht er runter“ nach Marseille. Er lernt Haare schneiden, Locken legen, ondulieren, aber wieder einmal hat er keine Lust dazu und meint – zu Unrecht, wie Montand heute feststellt –, dies sei kein Beruf für einen Mann. Die Familie verläßt sich auf ihn, und so studiert er gewissenhaft den Aufbau des Haars und die Färbtechniken. (Noch heute bemerkt Montand, wenn er einen Künstler oder einen Politiker im Fernsehen sieht, sofort, ob der gefärbte Haare hat.)

Nach ein paar Monaten nimmt Ivo an einem Wettbewerb teil, um die erste Qualifikationsstufe als Berufsfriseur abzulegen. Dazu braucht er einen willigen Kopf; eine blonde Nachbarin, Arbeiterin in einer Schuhfabrik, stellt ihm den ihren zur Verfügung, der ein bißchen an Jean Harlow erinnert ... Ivo verpaßt ihr in drei Arbeitsgängen eine Platintönung nach der Methode „Maguy“. Ist es nun das von seinem Modell beflügelte Talent des Friseurs oder aber die Ähnlichkeit des Modells mit dem

Hollywoodstar, jedenfalls erringt Ivo Livi eine Medaille und gewinnt den ersten Preis. Doch auch dieser Erfolg reicht nicht aus, ihm Lust zu dem Beruf einzuimpfen, zu dem er sich nun bestimmt glaubt.

Im Laufe einiger Jahre schafft es Lydia, kraft verbissener Arbeit und ihrer aufopferungsvollen Haltung, die gesamten Schulden zurückzuzahlen, die Giovanni zwecks Modernisierung seiner Werkstatt aufgenommen hatte. Sie hat die Familie vor Elend und Niedergang bewahrt. Ja mehr noch, in dem Maße, wie sie ihr Geschäft ausbaut, gelingt es ihr, sich selbst und den anderen einen gewissen Wohlstand zu schaffen. Die Wellen und Krausen, mit denen sie sich täglich zehn Stunden abgibt, tragen am Ende soviel ein, daß es sich ein wenig annehmlicher leben läßt. Es ist bei weitem kein Überfluß, aber angesichts dessen, was sich schon vor der Familie abzeichnete, hat man nun das Gefühl, aufatmen zu können.

Giovanni hingegen ist unglücklich dabei. Er ist sich bewußt, in welch tiefen Abgrund er die Seinen gestürzt hat, und er quält sich mit seiner Schuld um so mehr herum, als er seit seinem Scheitern als Geschäftsmann keine dauerhafte Anstellung mehr findet, die seiner würdig wäre. Lydia teilt das Gefühl des Unbehagens, das der erzwungene Müßiggang bei ihrem Vater auslöst, und stellt ihm irgendwann die Ausrüstung zur Verfügung, damit er in einem kleinen Lokal an der Einfahrt zur Seefrachtgesellschaft Messageries maritimes Pommes frites und belegte Brötchen verkaufen kann. Aber Giovanni ist ein für allemal nicht fürs Geschäft gemacht. Er verschenkt ebensoviel, wie er verkauft; wenn ein Kind ohne Geld zu ihm kommt und ihn um einen Krapfen anbettelt, kann sein gutes Herz nicht widerstehen. Ein solches Gewerbe ist nichts für ihn. Er muß es wieder aufgeben.

Höchstwahrscheinlich hat der Familienvater diese Krisenjahre, in denen er zur Untätigkeit beinahe gezwungen war, als schmerzlich erlebt. Er, der unter allen Umständen immer den größten Wert auf seine Würde gelegt hatte und nun seinen Lebensmut nicht mehr unter Beweis zu stellen brauchte, war zweifellos verletzt, weil er sich von seiner Tochter aushalten lassen mußte (die Livi-Kinder kommen auf dieses Thema nur sehr ungern zu sprechen). Zum Glück bleibt Giovanni die Politik, es bleiben, aller Welt zum Trotz, die „singenden Morgen", *les lendemains qui chantent*.

Die Verbindung zu kommunistischen Kreisen hat Giovanni Livi offenbar erst im Cabucelle-Viertel wieder aufgenommen. Zuvor, in Verduron oder im Quartier des Crottes, hatte er sich zwar von seinen Überzeugungen um keinen Deut entfernt, aber die brennenden Sorgen um das tägliche Überleben hatten seine Zeit hinreichend ausgefüllt. Zu Beginn der dreißiger Jahre aber wird der Genosse Livi, der nun die Vierzig überschritten hat, zu einem Funktionär der Zelle der Kommunistischen Partei Italiens in seinem Stadtbezirk. In einer gegenüber der Zuckerraffinerie gelegenen Bar, „Chez Zitti", organisiert er illegale Treffs. Im Untergeschoß des Lokals versammeln sich die kommunistischen „Itaker", die als „Sprachgruppe" organisiert und zugleich ordentliche Mitglieder der französischen Partei sind.

Giovanni betreibt seine Parteiarbeit hauptsächlich unter den Einwanderern, die gegen ausländerfeindliche Attacken verteidigt werden müssen. Außerdem beteiligt er sich an der antifaschistischen Propaganda und druckt zusammen mit einem gleichfalls kommunistisch gesinnten Maurer auf einer alten Handpresse Flugblätter.

Seine unlängst erfolgte Einbürgerung schützt ihn vor Ausweisung, denn die Polizei beobachtet die politischen Aktivitäten der Immigranten mit größtem Argwohn und stellt ihnen unermüdlich nach; viele Genossen werden aus Frankreich vertrieben. Nach einiger Zeit rückt Giovanni Livi zu einer höheren Funktion auf, er ist nun verantwortlich für den gesamten „rayon“ (mit „Wohnbezirk“ beziehungsweise „Sektion“ wurde im kommunistischen Jargon jener Zeit der Bereich mehrerer Basiszellen in einem Stadtviertel bezeichnet).

Mit einem solchen Vorbild im eigenen Hause wird auch Julien alsbald von der gleichen politischen Berufung ergriffen. Seine erste kämpferische Tat vollbringt er mit vierzehn Jahren, als er ein paar Monate in der Zukkerraffinerie Saint-Louis arbeitet. In dem Saal, wo er mit den Kästen voller Zucker hantiert, steigt die Temperatur bis auf fünfzig Grad an. Er mag noch so viel Wasser trinken, er schwitzt Flüssigkeit aus allen Poren, schmilzt dahin. Eines Tages rügt ihn ein Meister, weil sein Schweiß in den zur Verpackung bereitstehenden Zucker tropft. Kurze Zeit darauf verteilt Julien mit sechs seiner Kollegen ein subversives Blättchen, *Der Rote Raffineriearbeiter*, in dem die Arbeitsbedingungen in dem Unternehmen angeprangert werden. Er fliegt sofort auf die Straße.

Im Anschluß an diesen Vorfall findet er sich in einer Imbißbude am Hafen wieder, wo er mit all der buntscheckigen Fauna verkehrt, die sich für gewöhnlich auf den Kais herumtreibt. Während Brüderchen Ivo grüne Bananen klaut, steht Julien kurz vor der Schwelle zur Kriminalität. „Davon bin ich absolut überzeugt: Wenn ich mich nicht politisch engagiert, nicht Lust gehabt hätte, den Kampf kollektiv zu führen, wäre ich zum Ganoven, zum kleinen Gangster geworden. Die Verlockung ist im Hafen gar zu groß. Man sah, wie all diese Schätze aus den Schiffen entladen wurden. Man brauchte bloß mit dem Messer einen Sack aufzuschlitzen und zuzulangen. Der Hafen war nicht streng bewacht, nicht abgeschirmt ...“

Julien Livi ist noch nicht sechzehn, als er im Februar 1933 dem Kommunistischen Jugendverband beitritt. Ein paar Tage zuvor, am 30. Januar, ist Adolf Hitler zum deutschen Reichskanzler ernannt worden. „Es ist Mitternacht in diesem Jahrhundert“, sollte Victor Serge schreiben. Die Schärfe der Wirtschaftskrise, der ständige Wechsel der Regierungen, in dem die chronische Instabilität zum Ausdruck kommt, die allgegenwärtige Korruption und natürlich das italienische und das deutsche „Modell“ lassen rechtsextremistische Organisationen aus dem Boden schießen und Anhänger gewinnen. Charles Maurras' Action française, monarchistisch, fremdenfeindlich, antisemitisch und konservativ gesinnt, erlebt einen spektakulären Aufschwung. Ihre in Straßengefechten gestählten Stoßtrupps, die Camelots du roi[8], beherrschen das Pflaster.

Die wirkliche Massenbewegung aber bilden die „Feuerkreuzler“ (Croix de Feu), ursprünglich ein Verband dekorierter ehemaliger Frontkämpfer, die von Oberst La Rocque, einem früheren Stabsoffizier von Marschall Foch, angeführt werden. Die Feuerkreuzler sind antiparlamentarisch, nationalistisch, gewalttätig ausgerichtet, 1933 zählen sie 100 000 Anhänger. Sie verfechten keine antisemitische Ideologie, eignen sich aber die Techniken der italienischen Faschisten an, um die Straße zu „säubern“ und Jagd auf die aktiven Anhänger der extremen Linken zu machen. Die hauptsächliche Aktivität der Jungkommunisten besteht in der Auseinandersetzung mit den rechtsextremen Verbänden: die gewalttätigen Zusammenstöße mit Faust und Knüppel mehren sich.

Julien Livi hält sich nicht zurück, wenn es gilt, sich ins Getümmel zu stürzen, vor allem dann, wenn er die rassistischen Schmähungen der Camelots du roi vernimmt. Mehr als einmal kehrt er stark angeschlagen in die Impasse des Mûriers zurück. Eines Abends muß ihm seine Mutter sogar eine Kompresse auf das riesige blaue Auge auflegen, das sein Gesicht entstellt. Doch dergleichen vermindert seine Kampfbegeisterung nicht im geringsten.

Von seinen Überzeugungen getragen, tritt Julien gleichfalls der Kommunistischen Partei bei und erhält so das Privileg, an den illegalen Versammlungen teilzunehmen, die sein Vater im „Café Zitti“ abhält. Zu jener Zeit ist die Partei in ein Ghetto eingeschlossen oder hat sich vielmehr selbst darin eingesperrt. Sie verkündet die ultrasektiererische Linie, die ihr von der Internationale, deren Mitglied sie ist, auferlegt wird; ihr Credo läßt sich in zwei Parolen zusammenfassen: „Verteidigung des sozialistischen Vaterlands“, das heißt blinde Unterstützung der Sowjetunion, und in Frankreich selbst die Anwendung der Taktik „Klasse gegen Klasse“. Der letztgenannte Kurs läuft auf das Urteil hinaus, alle Parteien außer der Kommunistischen seien vom gleichen Schlage und es sei vor allem kein Grund gegeben, die Aktionseinheit mit den Sozialisten anzustreben. So lehnt es die FKP bei Wahlen ab, ihre Kandidaten zugunsten besserplacierter „Sozialfaschisten“ zurückzuziehen, und ermöglicht so den Sieg der Rechten: für sie ist die Sozialdemokratie, die die Proletarier in die Irre führt, der bevorzugte Feind, das „stärkste Bollwerk der Besitzenden“.

Diese selbstmörderische Politik, die in Deutschland den Aufstieg von Adolf Hitler erleichterte, bleibt weitgehend unverstanden, sie führt zu einer Selbstisolierung der Partei und zum rasanten Rückgang ihrer Anhängerzahl. Im Laufe weniger Jahre büßt die Partei die Hälfte ihrer Mitglieder ein, nach 1933 zählt sie nur noch 30000. Julien Livi erinnert sich, daß in jenem Jahr bei einer Vollversammlung aller Kommunisten Marseilles nicht mehr als 156 Personen anwesend waren. Die Partei ist nur noch eine Sekte aus entschiedenen und zu soldatischer Zucht erzogenen Aktivisten, die davon überzeugt sind, daß die Revolution unmittelbar bevorsteht. Wenn die jungen Kommunisten sich in der Trambahn oder auf der Straße treffen, dann erheben sie zum Gruß die geballte Faust und rufen laut: „Sowjets überall!“ Ist dies nicht auch die Zeit, wo der frisch zum Kommunismus bekehrte surrealistische Dichter Louis Aragon in Versen den GPU – Vorläufer des KGB –, die wachsame politische Polizei Josef Stalins, feiert?

Der Aufruhr vom 6. Februar 1934 zwingt die Kommunisten, ihre Isolierung zu durchbrechen. An jenem Abend belagern die Verbände der Frontkämpfer und die rechtsextremistischen Organisationen aus Protest gegen den Stavisky-Skandal, durch den sich die politische Klasse arg kompromittiert hat, das Palais-Bourbon, Sitz der Nationalversammlung. Die Garde mobile schießt: 15 Tote, 2000 Verletzte. Mehr als das Ereignis selbst (das keine wirkliche Bedrohung der Republik bedeutete) löst die Erfahrung, daß so etwas stattfinden kann, auf seiten der Linken eine Kettenreaktion aus. Unter dem Schock werden Kommunisten und Sozialisten von ihrer jeweiligen Basis gedrängt, sich dem Aufstand entgegenzustellen. Am 12. Februar vereinigen sich in Paris die beiden Protestzüge gegen die Aufrührer unter dem Ruf: „Einheit, Einheit!" Am selben Tag werden in der Provinz 346 Manifestationen organisiert: wie in der Hauptstadt umarmen sich auch hier die verfeindeten Brüder.

Auch die Marseiller Genossen lassen sich von der Dynamik der Einheitswoge tragen. „Es waren wahnsinnig viele Leute auf der Straße", erzählt Julien Livi. „Die beiden Marschzüge, der kommunistische und der sozialistische, haben sich auf der Canebière vereinigt. Ich war mit Genossen vor dem Gewerkschaftshaus, in der Rue de l'Académie, wir hatten den Auftrag, es zu verteidigen. Die Garde mobile rückte vor und schlug auf uns ein. Ich erinnere mich nur an einen Schlag in den Nakken, dann bin ich zu Boden gestürzt. Als ich wieder zu mir kam, war ich überall voll Blut. Aber das war nicht das Schlimmste: meine Mutter hatte mir eine neue Hose geschneidert, und die war zerfetzt ..."

Die „faschistische Gefahr" veranlaßt die Kommunisten, ihr Geschützfeuer anders auszurichten. Im Juni 1934 halten sie in Ivry eine Konferenz ab: sie beginnt mit der Verteidigung und Darstellung der Linie „Klasse gegen Klasse“ und endet mit der Forderung „Einheit um jeden Preis“. Man ahnt es, zwischen Anfang und Ende der Tagung ist ein Telegramm von der Internationale eingegangen, das die komplette Kehrtwendung befohlen hat. „Alles ist binnen eines Augenaufschlags anders geworden“, schreibt Léon Blum in *Le Populaire* vom 8. Juli 1934. Am 27. Juli unterzeichnen die Kommunistische und die Sozialistische Partei einen Pakt über ihre Aktionseinheit. Die Volksfront ist auf dem Vormarsch, und dieser neue Kurs gereicht der FKP zum Vorteil, sie bricht aus ihrer belagerten Festung aus und verdoppelt im folgenden Jahr ihren Mitgliederbestand.

Da Julien sich lange Zeit auf den Kaianlagen herumgetrieben hat, gelingt es ihm, Gelegenheitsarbeit als Docker zu finden. Die Männer werden im Morgengrauen und nach dem Belieben des Auftraggebers angeheuert. Julien aber löst an einem Wintermorgen zusammen mit anderen Stauern eine Streikbewegung aus: die geforderte Arbeit ist zu gefährlich, der Schnee hat die schmale und biegsame Laufplanke, die zu dem Berg Zuckersäcke hinaufführt, glitschig werden lassen; mit ihren froststeifen Fingern haben die Männer die schweren Lasten nicht unter Kontrolle, drohen in jedem Augenblick aus dem Gleichgewicht zu geraten und abzustürzen. Nach diesem Vorfall ist Julien als Rädelsführer markiert und wird nie mehr zur Arbeit herangezogen. So wird er durch den Zwang der Dinge zum Berufsfunktionär, der dieser Tätigkeit fast seine gesamte Zeit widmet.

Der Sieg der Volksfront bestärkt ihn in seiner Entscheidung. Die neue linke Mehrheit beruht auf einem Vorsprung von lediglich 500 000 Stimmen, doch ohne auch nur die Bildung der von Léon Blum geführten Regierung abzuwarten, bricht in den Fabriken und Büros eine spontane Streikbewegung aus. Im Juni streiken schon zwei Millionen, vor allem in der Privatwirtschaft, in der Eisen- und Stahlindustrie, in der Textil- und Lebensmittelbranche. Für Julien ist es das absolute Glück. Er saust überall herum, hält in der Öffentlichkeit Reden. Als Verantwortlicher der Gewerkschaft Nahrung und Genuß von Marseille läßt er sich keine Gelegenheit entgehen, in Brauereien, Raffinerien und Schokoladenfabriken, die Hotels nicht zu vergessen, das Wort zu ergreifen. Er gibt sich voll aus, Tag und Nacht, schläft, wo es sich gerade trifft, hat keine Zeit mehr, sich zu waschen, läuft sich in unaufhörlichen Märschen die Fußsohlen durch. Im Haus in Cabucelle läßt er sich nur hin und wieder kurz blicken, so ganz und gar gibt er sich – er ist neunzehn – seiner Freude hin, den Gang der Geschichte zu beeinflussen.

Mit einem Sektionssekretär als Vater und einem Berufsagitator als Bruder atmet auch Ivo die kommunistische Kultur. Er sollte es in der Folgezeit immer und immer wieder erklären: er sei „als Kommunist auf die Welt gekommen“, eingehüllt in die rote Fahne derer, die für „Güterteilung“ eintreten, in die Fahne der Gerechten. Sein Vater verkörpert in seinen Augen diese hochherzigen Werte, und er selbst macht sie sich ebenfalls instinktiv zu eigen. Sein Vater kann sich nicht irren. Und überhaupt zeichnen sich die Besten durch kommunistische Gesinnung aus, jene, die bereit sind, ihr Leben für das künftige Glück der Menschheit hinzugeben. Wie sollte er nicht einer solchen Elite angehören wollen?

Bei Tisch lauscht Ivo den Gesprächen der Älteren und schnappt im Fluge Worte voller Geheimnis und Verheißung auf: soziale Revolution, Proletariat ... Diese Worte werden sich auf alle Zeiten seinem Verstand einprägen, ohne daß er ihren Sinn ganz begreift. Er hört von Georgi Dimitroff, der bei seinem Prozeß in Leipzig die Anklage der Nazis lächerlich gemacht hat, von Ernst Thälmann, dem Vorsitzenden der Kommunistischen

Partei Deutschlands, der von Hitler ins KZ Buchenwald verschleppt wurde, wo er 1944 den Tod finden sollte. Diese Männer sowie Thorez und Togliatti gesellen sich im Pantheon der positiven Helden zum Genossen Stalin, diesem lebenden Gott, dessen Namen sein Vater bisweilen mit einem Beben in der Stimme nennt. Die Kommunisten haben zwei Vaterländer: die Sowjetunion und das Land ihrer Geburt.

Giovanni stellt übrigens seine eigenen Papiere einem Genossen, der aus dem Italien Mussolinis geflüchtet ist, zur Verfügung, damit er mit seiner Familie in die Sowjetunion ausreisen kann. Lydia, die diese Anekdote berichtet, bemerkt dazu: „Vielleicht ist er dann dort in einem Gulag verschollen, mit einem Personalausweis auf den Namen Livi ..." Giovanni Livi kann sich vorerst nicht eine Sekunde lang vorstellen, daß das Paradies der Werktätigen übersät ist mit so vielen kleinen Inseln des Leidens und des Todes, daß sie einen ganzen Archipel bilden. Im Lande Stalins ist alles schöner und größer. Die Sowjetmenschen erbauen eine bessere Welt, eine für alle Zeiten bessere Welt. Der Beweis, so erklärt er seinem Jüngsten in seiner Sprache, halb italienisch, halb französisch: sie bauen sogar Straßen aus Stahl: *Ti rendi conto, petit, fanno anche delle strade d'acciaio!*

Auch Überzeugungen sind damals aus gehärtetem Stahl gemacht.

Schon als kleiner Bengel nimmt Ivo an Demonstrationen teil. Er erinnert sich an einen Maiumzug, der friedfertig und harmlos verlief – da muß er dreizehn oder vierzehn gewesen sein –, und an eine andere Kundgebung, bei der es deutlich gewalttätiger zuging, wo er zum ersten Mal einen Sturmangriff der Garde mobile miterlebte, die den Befehl hatte, den „Mob" von der Straße zu fegen. Und noch eine Demonstration fällt ihm wieder ein, bei der er an der Präfektur vorbeimarschierte und mit dem begeisterten Elan seines Alters brüllte: „Überall Sowjets, und Schnuller für die Senatoren!" Es ist die Zeit der harten Linie „Klasse gegen Klasse". Wie unversöhnlich sie befolgt wurde, kann Ivo eines Tages ermessen, als er mit einem Holzgewehr spielt und Julien sich auf das Ding stürzt und es an der Wand zerschmettert. Mit dem Kurs der Partei, der den „revolutionären Defätismus" befiehlt, treibt man keine Scherze ... Es bedarf erst der Reise Lavals nach Moskau, im Mai 1935, damit Stalin – und somit auch die FKP – die von Frankreich betriebene „Politik der nationalen Verteidigung" billigt.

Beim Sieg der Volksfront ist Ivo noch keine fünfzehn Jahre alt. Zu jung, um sich mit Leib und Seele zu engagieren, beobachtet er mit einer Spur von Neid seinen Bruder, der zwischen zwei Meetings, zwei Kundgebungen kurz einmal in der Impasse des Mûriers auftaucht. Von seinem Gefühl her gehört Ivo „dazu". Er liest die kommunistischen Magazine *Rouge-Midi* oder *L'Avant-Garde*, aber als er sich auch an der von Julien liegengelassenen theoretischen Zeitschrift der Partei, *Les Cahiers du bolchévisme*, versucht, die mit prophetischen Freskogemälden und dürr-abstrakten Begriffen aufwartet, beißt er sich an dieser Lektüre die Zähne aus ...

In Spanien bricht am 17. Juli 1936 eine Militärrevolte gegen die legale Regierung los (die sich, mit knapper Mehrheit gewählt, ebenfalls Volksfront nennt), und bald stehen sich die Meuterer unter General Franco und die Republikaner in einem Bürgerkrieg gegenüber. Während die Regierung Léon Blum ihre Nichteinmischung mit den Gefahren eines sich zum Weltkrieg ausweitenden Konflikts rechtfertigt und die Ju-52 der Luftwaffe sich bei solcherlei diplomatischen Skrupeln nicht aufhalten und Guernica ausradieren, stellen die Kommunisten Freiwillige zur Stärkung der Internationalen Brigaden auf. Bei den Livis möchte Julien, der demnächst zwanzig wird, nach Spanien gehen, aber die Partei erachtet ihn für noch etwas zu jung, auch fehlt ihm jegliche militärische Ausbildung. Seine Bewerbung wird abschlägig beschieden, und Giuseppina stößt einen Seufzer der Erleichterung aus. Desungeachtet fiebert die ganze Familie, Ivo eingeschlossen, mit den Verteidigern von Madrid, den Brigadisten bei Albacete und Teruel. Montand sollte diese spanische Wunde bis zum Tod des Caudillo mit sich herumtragen, er empfindet sie noch als frisch, als er dreißig Jahre später in Alain Resnais' nach einem Szenarium von Jorge Semprun gedrehten Film *Der Krieg ist vorbei* die Rolle des illegal tätigen Francogegners Diego spielt.

Weshalb ist Ivo Livi als „geborener Kommunist" nicht der kommunistischen Jugendorganisation beigetreten, wie dies in seinen Kreisen sonst ganz „natürlich" geschah? An seinem Alter hing es nicht. In den der Partei nahestehenden Familien war frühzeitiges Engagement gang und gäbe; Juliens Lebensweg ist das beste Beispiel dafür. Es scheint doch, als ob der Jüngste eine gewisse Reserve gegenüber dem politischen Aktivismus bekundet hat. Sosehr er auch bereit ist, Hoffnungen und lyrische Illusionen zu teilen, die einem das Innerste aufwühlen und die Augen feucht werden lassen, sosehr ist er doch abgestoßen von dem ideologischen Gezänk und der rituellen Wortklauberei. Die abstrakte und zauberspruchartige Rhetorik ödet ihn an: die Frage nach einem ordnungsgemäßen Beitritt stellt sich für ihn nicht. Überdies scheint es, als ob ihn all die den Genossen abverlangten Zwänge und Frondienste, Flugblattverteilen in der ersten Morgenkälte, Zeitungsverkauf, Straßenschlachten, Zellenversammlungen, nicht sonderlich reizen. Ivo neigt nicht zur Selbstaufopferung, er spürt undeutlich, daß sein wahres Leben sich auf anderen Feldern abspielen wird.

Mit dem Herzen dabeizusein reicht ihm aus.

Gegen Ende des Jahres 1936 wird Ivo Livi, nun fünfzehn, in einem ziemlich schicken Friseursalon in der Rue Pavillon, mitten im Stadtzentrum von Marseille, eingestellt. Wieder einmal hat Lydia dank ihren Beziehungen die Stelle für ihn gefunden. „Zu meiner Weiterbildung besuchte ich die großen Preiswettbewerbe für Frisierkunst, wo ich die Technik der Meisterfriseure studierte. Dort bin ich mit einer Dame bekannt geworden, die einen großen Salon auf gutem Niveau besaß. Ich habe ihr erzählt: ‚Mein Bruder hat Talent zu dem Beruf, aber bei mir kann er nichts lernen.' Und da war sie bereit, ihn zu nehmen." Obwohl er ein Facharbeiterzeugnis hat, muß Ivo sich im „Salon Yvonne und Fernand" damit begnügen, den Kundinnen die Haare zu waschen, allerlei Hilfsarbeiten zu verrichten, die weißen Umhänge auszubürsten, genau wie bei seiner Schwester. Doch er entwickelt seine Kenntnisse von dem Beruf und schaut zumal einem der Friseure auf die Finger, der ein sympathischer und lustiger Kerl ist und nur einen Fehler hat: er unterstützt die extreme Rechte und marschiert mit dem Obersten La Rocque.

Eine ganze Reihe von Kundinnen bei „Yvonne und Fernand" sind Straßenmädchen, die ihr Gewerbe unweit davon, in der Gegend der Oper, ausüben und ziemlich häufig ihre Locken wieder in tadellose Form bringen müssen. Ivo lauscht ihren erbaulichen Gesprächen und vervollständigt seine Sexualerziehung. Doch er hat nur Augen für die Putzfrau, eine Griechin um die Vierzig, und eines Abends erkühnt er sich, ihr bis zu ihrer Wohnung zu folgen. Er klingelt, doch als die Angebetete öffnet und sich erkundigt, was er will, bringt er kein Wort heraus und macht sich eilends aus dem Staube. Ivo ist noch unschuldig auf diesem Gebiet, obwohl die Campanini-Söhne Tore und Mario, zwei lebenslustige Burschen von fünfundzwanzig, die mit dem Motorrad umherflitzen, ihn einmal in ein Bordell in der Gegend von l'Estaque-Strand mitgeschleift haben.

Gleich neben dem Salon von „Yvonne und Fernand" ist der Sitz des Parti Populaire Français (PPF), den Jacques Doriot, ein zur extremen Rechten umgeschwenkter abtrünniger Kommunist, im Juni 1936 gegründet hat. In dieser „Volkspartei“ vermischen sich auf kuriose Weise revolutionäre Bestrebungen mit der Liebe zur Ordnung, und das alles spielt sich ab in einer Atmosphäre von Führerkult, unter einem Wortschwall von faschistoidem Antiparlamentarismus. Marseille ist eine der Hochburgen des PPF, und das lokale Oberhaupt, Simon Sabiani, ebenfalls ein Überläufer aus der kommunistischen Bewegung, entbehrt nicht gewisser pittoresker Züge: an einem Schnittpunkt von Politik und Gangstertum herrscht er über eine buntgemischte Truppe aus dienstbaren Schlägern, Ganoven und Politikastern.

Sabiani ist stellvertretender Bürgermeister von Marseille und macht sich die Dienste zweier Edelganoven, Paul Carbone und François Spirito, zunutze, die Herren der Unterwelt sind und mit ihren Leuten die Straße beherrschen. Carbone hat seinen Militärdienst in den berüchtigten Afrika-Bataillonen abgeleistet, die zu jener Zeit die Hohe Schule der Gangsterbosse darstellten. Nachdem er bei Verdun im Felde gelegen und sich die Tapferkeitsmedaille erworben hat, heuert er als Matrose an, reist in den Orient und schafft von dort Opiumpäckchen heran. Marseille wird in den zwanziger Jahren zur Drehscheibe des Rauschgifthandels und zur Metropole für die Verarbeitung des Rohopiums. Carbones Geschäfte florieren. Parallel zum Opium wirft er sich auch auf den Mädchenhandel und erwählt zu seinem Sozius Spirito, dem die Dirnen wegen seiner vornehmen Manieren und seiner Körpergröße den Spitznamen „der schöne Lulatsch“ beigelegt haben. Die beiden Komplicen, die für Sabianis Schutz sorgen, werden zum Zeitpunkt des Stavisky-Skandals regelrecht berühmt.

Am 20. Februar 1934, als der „Selbstmord“ des berüchtigten Gauners einen dichten Nebel um die ganze Affäre gelegt hat, erlebt die Skandalchronik einen ungeheuren Auftrieb. Albert Prince, der mit dem Fall betraute Gerichtsrat am Appellationsgericht, spezialisiert auf Finanzprobleme, wird selbst tot aufgefunden, er ist in der Gegend von Dijon auf der Bahnstrecke Paris – Marseille vom Zug überfahren worden. Die überstürzt eingeleitete Untersuchung führt zur Festnahme von Carbone und Spirito. Im Laufe von ein paar Stunden tauchen an den Häuserwänden der Phokäerstadt Tausende von Anschlägen auf: „Einwohner von Marseille: Carbone und Spirito sind meine Freunde. Ich werde nicht zulassen, daß man ihnen auch nur ein Haar krümmt. Gezeichnet: Simon Sabiani, Stellvertreter des Oberbürgermeisters Flaissières."

Offenkundiger ließ sich die Verfilzung von Gangsterbossen und Politikern nicht hervorkehren. Carbone und Spirito werden von der Anklage entlastet und von Hunderten begeisterter Demonstranten am Bahnhof Saint-Charles begrüßt; sie führen weiterhin ein Leben in großem Stil und leisten sich sogar den Luxus, die lebensrettenden Samariter zu spielen.

Im Oktober 1938 tritt in Marseille der Parteitag der Radikalsozialistischen Partei zusammen. Edouard Daladier hält hier eine Rede, getragen von originellen Gedanken des Tenors: „Der von mir gewählte Weg ist der beste, weil es gar keinen anderen gibt." Er hat soeben, am 30. September, das Münchner Abkommen unterzeichnet, das Hitler die Tschechoslowakei auf dem Präsentierteller anbietet. Während der Kongreß der Radikalsozialisten tagt, verwüstet auf der Canebière eine Feuersbrunst das Kaufhaus Nouvelles Galeries. Mehr als hundert Menschen finden in den Flammen den Tod. Daladier scheint vor allem eine mögliche Ausdehnung der Katastrophe auf das Hôtel de Noailles zu befürchten, in dem er abgestiegen ist – es liegt neben dem Kaufhaus. Zwei Frauen aus dem Hotel haben sich auf ein Gesims geflüchtet und schreien um Hilfe. Eine von beiden ist ein „Verhältnis" des großen Mannes, sie hat ihn zu dem Kongreß begleitet. Und wer stürzt sich in die Feuersgluten, um die Unglücklichen zu erretten? Carbone und

Spirito, selbstverständlich![9] Ganoven, gewiß, aber von großem Stil ... und mit der Kunst begabt, ihre Legende zu kultivieren.

Wie Sabiani, Marseilles starker Mann, besitzen auch seine Kämpen Carbone und Spirito ein Mitgliedsbuch des PPF. Wenn Ivo Livi den „Salon Yvonne und Fernand" verläßt, dann hat er ausgiebig Gelegenheit, die Ganoven und Leibwächter zu beobachten, die in denselben Bars im Opernviertel verkehren, in denen auch der Rauschgifthandel blüht. Ab und zu schickt ihn sein Chef nach einem Sandwich ins Café gegenüber, und der Halbwüchsige entdeckt verschüchtert diesen Tempel der Verkommenheit: die Gäste mit ihren „Borsalinos" – weichen hellgrauen Hüten –, ihren Seidenhemden und auffälligen Anzügen (Maßanzügen natürlich), bieten das genaue Zerrbild jenes halbgewalkten Milieus, in dem sich damals auch Schriftsteller wie Francis Carco, Blaise Cendrars und Henri de Montherlant herumtreiben, auf der Suche nach prickelnd heißer Atmosphäre und Exotik mit Schwefeldunst.

Mit siebzehn hat Ivo praktisch seine Mannesstatur erreicht. Er ist über einen Meter achtzig groß, und seine extreme Magerkeit läßt seine Gestalt noch aufgeschossener erscheinen. Er hat schmale Schultern, dünne Arme und stakt wie auf Stelzen einher. Die Italiener aus seinem Kiez rufen ihn übrigens „Gambarina" (italienisch *gamba* heißt Bein), weil es ihnen vorkommt, als ob der Livi-Sohn wie eine Figur aus der Commedia dell'arte daherschreitet. Ivo mag sein Gesicht nicht; er findet sich häßlich, mit einer Visage, die von einer großen Nase geziert und von einem riesenhaften Mund durchschnitten wird. Man ruft ihn mit Spitznamen übrigens auch „Gusche". Wenn er sich in den Spiegeln des Frisiersalons erblickt, dann wird das jugendlich Ungelenke an ihm noch verzehnfacht, weil ihn alles geniert, der große Körper, die große Nase, der große Mund.

Die Folge davon ist, Ivo bemüht sich, unbemerkt zu bleiben. Jeder Auftritt in der Öffentlichkeit verursacht ihm Angst. Er ist von Schüchternheit verzehrt, geradezu gelähmt, und alles kommt ihn schwer an, selbst die gewöhnlichsten Gesten des täglichen Lebens. Wenn er mit der Straßenbahn fährt, wagt er nicht, im Wageninnern Platz zu nehmen, bleibt auf der Plattform stehen, weil er fürchtet, sich einem Spalier von Blicken auszusetzen. An dem Tag, da er diese absurde Furcht, diese imaginäre Gefahr überwindet, da er es wagt, die Schiebetür aufzuziehen und, den Blicken seiner Reisegefährten trotzend, sich auf einer Bank zu placieren, kommt es ihm vor, als habe er einen Sieg errungen. Er hat triumphiert über die schwer faßbare Bangigkeit, die an ihm nagt und die auch Monsieur Yves Montand noch immer zu schaffen macht, dem Künstler, der sich, so könnte man meinen, mit absoluter Leichtigkeit auf allen Bühnen der Welt bewegt …

Ein andermal geht Ivo ins Kino „Pathé-Cinéma", um einen Künstler namens Magdanela zu sehen, der als „Pausenattraktion" Fred Astaire und Stan Laurel imitiert. Seit zwei Wochen hat er gespart, um sich einen Parkettplatz für acht Francs leisten zu können. Draußen ist es kühl, er hat einen Mantel angezogen, im Innern aber herrscht eine Bullenhitze. Während der ganzen Vorführung bleibt Ivo Livi in seinem Mantel zusammengeduckt sitzen, er erstickt fast, traut sich aber nicht, das Kleidungsstück auszuziehen, weil er fürchtet, es könnte stören und auffallen, wenn er mit seinen langen Armen herumfuhrwerkt. Auf der Leinwand paradiert unterdessen einer seiner Helden, Errol Flynn, in *Robin Hood, König der Vagabunden*, einem Film, bei dem er jede Einstellung auswendig kennt. Ivo Livi neigt nämlich unendlich mehr dazu, das auf der weißen Leinwand Vorüberziehende in seinem Kopf zu speichern, als er einst Bereitschaft zeigte, die Geheimnisse der schwarzen Wandtafel zu enträtseln.

Denn die wahre, die einzige Leidenschaft des jungen Mannes auf dem Wege zu sich selbst ist das Kino.

Begonnen hat es damit noch in La Cabucelle, in einem Saal in der Rue de Lyon, dem Kino „Idéal", heute zur Autowerkstatt umgebaut. Als Montand 1987 der Jury beim Festival in Cannes vorsitzt, sollte er in einer nostalgischen Ansprache die Anfänge seiner Liebe zur siebenten Muse nachzeichnen: „Ich bin zum Kinofan geworden, so wie man sich verliebt durch den Zufall einer Begegnung und ohne daß man im ersten Augenblick bemerkt, wie wichtig sie gewesen ist ... Es war 1930 in Marseille, und ich war noch nicht ganz neun. Die Erwählte meines Herzens stand mit Namen auf dem Plakat. Sie hieß Marie Glory ..."

In Ivo Livis Herzen sollten auf Marie Glory andere Königinnen der Leinwand folgen: Clara Bow, Gloria Swanson, Greta Garbo, Mae West, Joan Crawford ... Das Kino füllt seine Träume, seine Freizeit, den wesentlichen Teil seines Daseins aus. Den martialischen Reden von Maurice Thorez und den hohen Gedankenflügen von Léon Blum zieht er das Galgenvogelgebaren und den karierten grauen Anzug vor, mit denen sich Humphrey Bogart in *Sackgasse* in Szene setzt, oder auch den geschmeidigen Gang Gary Coopers in *Verbrannte Herzen* – einen solchen Gang vorzulegen, davon träumt er. Sein Vorbild aber ist Fred Astaire, der Mann, der tanzt, wie er atmet, mit Ginger Rogers in *Roberta* oder in *Top Hat.* Das Kino nämlich, das Ivo am liebsten hat, ist das „Musical" ...

Ich ging zur Zwei-Uhr-Vorstellung ins „Idéal". Für eine Kupfermünze von 40 Sous durfte man auf Holzbänken sitzen. Mit zwei Francs mehr saß man auf Klappsitzen, die beim Aufstehen an die Lehne schlugen. Der Rang oben war den „Schmusekatzen" vorbehalten, den Pärchen, die offiziell vor der Hochzeit miteinander gingen und sich im Schutz der Dunkelheit küßten und streichel-

ten. Man blieb beide Vorstellungen sitzen, und dazwischen aß man ein „frigolo“, ein Vanille-Stieleis mit Schokoladenüberzug. In dem Kino habe ich die meisten großen Filmklassiker der Zeit sowie viele Zeichentrickfilme gesehen.

Später, als ich bei „Yvonne und Fernand“ arbeitete, ging ich immer in ein kleines Kino am Hafen, das „Star“ in der Rue de l'Arbre, dort zeigten sie amerikanische Filme in Originalfassung. Ich wußte gar nicht, was die Buchstaben OF bedeuten sollten, aber ich ging rein, um Amerikanisch sprechen zu hören. Es war das Goldene Zeitalter von Hollywood. Ich liebte die Krimis von Mamoulian oder Curtiz und vor allem die Musicals. Fred Astaire und Eleanor Powell betete ich an. Vor allem die Stepnummern machten mir einen Heidenspaß.

Ich hab sogar Stunden genommen bei einem Armenier, der mir beigebracht hat, daß man, um mit den Füßen taptap zu machen, den ganzen Körper bewegen muß. Ich wollte tanzen wie Fred Astaire. Und ebenso war es, wenn ich Gary Cooper sah: ich kam mir vor wie Gary Cooper. Ich hab mir so ein Lächeln antrainiert, wie er es draufhatte. Es war ein Leben in Träumen.

Hinter dieser Faszination durch den amerikanischen Film steckte auch die Anziehung, die die USA auf mich ausübten. Ich wollte in die Neue Welt, genau wie damals als Lausejunge, als ich mich auf den Kais herumtrieb und heimlich als blinder Passagier auf ein Schiff wollte. Für einen Jungen aus kommunistischer Familie ist das sonderbar, aber Amerika, das bedeutete in meinen Augen Demokratie, Gerechtigkeit, das Glück des Lebens, die Freiheit. Es war die Zeit Roosevelts, wo alle Filme mit den Werten des New Deal getränkt waren. So schaukelten sich meine Liebe zum Kino und meine Liebe zu Amerika gegenseitig hoch.

Im Laufe der dreißiger Jahre wird das Kino zum Vergnügen aller Gesellschaftsschichten. Der Siegeszug des

Tonfilms, die erschwinglichen Eintrittspreise, die Modernisierung und Beschallung der Säle ziehen am Wochenende die Massen kleiner Leute an, die auf Optimismus, Gefühlswallungen und Zerstreuung aus sind. Das Autorengespann Marcel Carné-Jacques Prévert, das nach dem Krieg Montand seine erste große Rolle antragen sollte, erweist sich mit Filmen wie *Komisches Drama, Hafen im Nebel, Der Tag bricht an* als besonders fruchtbar. Das Magazin *Pour vous* versieht ein herrliches Foto des weiblichen Stars von *Hafen im Nebel* auf seinem Titelbild mit der Unterschrift: „Das ist Michèle Morgan, eine der Hoffnungen des französischen Films. Betrachten Sie ihr feines, melancholisches Antlitz, ihren halbverschleierten Blick, in dem eine unendliche Traurigkeit schwebt ...“[10]

Trotz der schweren Zeiten der Wirtschaftskrise, trotz der verfinsterten internationalen Atmosphäre sind die französischen Kinomacher, von Duvivier bis Renoir, bestrebt, die Hoffnung auf ein besseres Leben, die erhebenden Gefühle der Brüderlichkeit zu preisen. Für diese Atmosphäre aus „Volksfront“, aus „Die Kumpels gehen vor“, aus Gartenlokalen am Wasser und Tanzsaalfröhlichkeit, die in *La Belle Equipe* so trefflich gestaltet ist, scheint der angehende Kinofan noch kein großes Gespür zu haben. Zweifellos sucht Ivo Livi, der Junge aus den Stadtvierteln der Armut, etwas anderes, mehr als einen Spiegel, möge dieser auch menschliche Wärme ausstrahlen. Weder Gabin, der populäre Held par excellence, noch Raimu, der urwüchsige Südfranzose, noch Michel Simon, für den Montand später so schwärmen sollte, reißen ihn wirklich hin. Was seine Einbildungskraft anstachelt, was ihn seiner Welt entrückt und eine ganze Woche lang beschäftigt, das sind die Bilder von jenseits des Atlantiks.

Er opfert ihnen seine ganzen Einkünfte, oft wandert er nach dem Kino zu Fuß zum Cabucelle-Viertel hinauf, um das Geld für die Straßenbahn zu sparen. Und wenn seine Freizeit nicht ausreicht, um der ihn verschlingenden Leidenschaft zu frönen, so schreckt er auch vor einer Kriegslist nicht zurück. „Er war ganz verrückt geworden von all dem Kino", erzählt seine Schwester Lydia. „Für eine zusätzliche Vorstellung brachte er alles fertig. Eines Morgens hat er die Brennschere glühend heiß gemacht und mit der hohlen Hand daraufgefaßt – er bekam eine riesige Brandblase, groß wie ein Taubenei. So konnte er natürlich nicht zu ‚Yvonne und Fernand' arbeiten gehen! Und meine Mutter bedauerte ihn noch: er habe immer nur Pech, der arme Kleine! Er selber hat mir später gestanden, daß er sich absichtlich verbrannt hatte, um am Nachmittag ins Kino gehen zu können."

Der junge Marseiller müht sich, seinen Göttern ähnlich zu werden, sie jedenfalls nachzuahmen. Er möchte gar zu gern die Hüte Humphrey Bogarts besitzen, die Anzüge Clark Gables, die hellen, im Scheinwerferlicht schimmernden Kaschmirjacketts, die die Hollywoodakteure tragen. In einem Textilgeschäft in der Rue de Paradis, dem „High Life Tailleur", liegen die Stoffe aus, in die seine Helden gekleidet sind. Mit der ganzen Freude seiner siebzehn Lenze betritt er diesen Laden und läßt sich ein Tweedjackett anfertigen. Die Ersparnisse eines ganzen Jahres gehen mit einem Schlag drauf, aber Gary Cooper muß nun zusehen, wie er standhält. Ivo Livi ist im Kommen. Oder, wie Giuseppina über die Dächer von Cabucelle rief:

„Ivo, monta!"

3

Yves Montand wird geboren, als Ivo Livi gerade siebzehn geworden ist. Welches Wunder hat sich ereignet, daß er urplötzlich im Licht der Scheinwerfer „erstrahlt“, der von Schüchternheit zernagte Jüngling, der vom Verlangen besessen ist, in der Öffentlichkeit unsichtbar zu sein, der Friseurlehrling, der den Blicken der „Freunde“ seiner Kundinnen, der Straßenmädchen, nicht zu trotzen wagt, der ungeschliffene „Itaker“, der die Wörter verschluckt, sie unter einem plumpen Akzent ertrinken läßt? Die Geschichte klingt wie ein Märchen, und sie zu berichten braucht es beinahe die Kunst eines Taschenspielers. Aber so ist es nun mal: lassen wir uns diesen Spaß nicht verderben.

Es war einmal, an einem Herbstabend des Jahres 1938 … Julien und Ivo lehnen nebeneinander aus dem Fenster im Hause Nummer 8 der Impasse des Mûriers. Die beiden Brüder sehen sich jetzt seltener. Der politische und gewerkschaftliche Aktivist widmet sein Dasein der SACHE. Er kehrt erst spät in der Nacht nach La Cabucelle zurück, und wenn er bisweilen an Sonntagen länger dort verweilt, dann aus Liebe zu einem jungen Mädchen, mit dem er „geht“. Sie heißt Elvire, kennt die Livis seit langem und hat einstmals häufig in Ivos Gesellschaft das Knöchelspiel gespielt; sie vertraut ihr Haar und ihre Geheimnisse Lydia an … Sie gehört fast schon zur Familie.

An dem Tag ist Julien nicht gerade nach Scherzen zumute: er hat seinen Einstellungsbefehl zur Armee erhalten, und wegen seines politischen Engagements ist er einem Strafregiment in der Gegend von Mulhouse zugewiesen worden. Die beiden Jungen blicken aus dem ersten Stock auf den Bouleplatz vor der „Bar des Mûriers", der sich – wie häufig an Samstagabenden – in eine Freilichtbühne verwandelt hat. „Die Bühne wurde aus Böcken und Bohlen errichtet, wie sie die Maurer die Woche über für ihre Gerüste verwendeten ... Aus Säkken und Planen wurde eine Andeutung von Kulissen geschaffen, eine Ecke des Cafés diente als Künstlergarderobe. Die Zuschauer saßen zusammengedrängt auf eisernen Stühlen. Sie kamen grüppchenweise herbei, die Männer an Sommerabenden im Unterhemd, die Frauen mußten die Kinder im Zaum halten, die herumrennen wollten."[1] Dreißig Jahre später gebraucht Montand genau die gleichen Worte, als ob dieses Bild sich ihm ein für allemal eingeprägt hätte. Auf die Bühne hat man ein Klavier gehievt, ein verstimmtes natürlich (damit alles zusammenstimmt). Am Boden stehen Lampen und beleuchten die Amateurkünstler, die unter spöttischem Geflachse, unter Pfeifen und nur selten einmal Beifall ihr Glück versuchen. Julien Livi: „Wir lehnten am Fenster. Yves neben mir krittelte an dem Typ herum, der gerade sang. Da hab ich ihn ziemlich barsch angefahren: ‚Könntest du das etwa? Nein. Also halt die Klappe!'"

Eben bei diesem Anranzer des großen Bruders, der schon ein Mann war, hat es „Klick" gemacht. Ob er das auch könnte? Auf dieses Podest steigen und ein Liedchen trällern? So unwahrscheinlich es klingt, wenn man Ivo Livis weiteren Lebensweg kennt, er hat sich mit siebzehn Jahren noch nie im Singen geübt, außer in ein, zwei Schulchören, wobei er in keiner Weise aufgefallen war. Niemand hat ihn je vor sich hinsummen oder hinsingen hören. Und gerade dieser linkische, leicht errötende Junge ohne die geringste Erfahrung sucht nun den Organisator der „künstlerischen" Samstagabendveranstaltungen auf.

Der Mann heißt Francis Trottobas, er ist Impresario,

Regisseur, Manager und selbst auch Sänger – stets hat er ein Liedchen auf den Lippen, vor allem *Die Zigeunerin mit dem Bananenduft* und *Der Herr an Bord bin ich.* Auf den Anschlägen taucht er dann als „Francis T" auf. Genannt aber wird dieser Südfranzose griechischer Abstammung mit dem Hang zum Gestikulieren und zum großspurigen Getue („Wenn ich nach Paris komme, dann fege ich sämtliche Chansonniers von der Bühne") und dem Mund voller Goldzähne, die beim Lächeln zum Vorschein kommen, genannt wird er Berlingot, Karamelbonbon, denn zu den Standeszeichen all seiner sonstigen Berufe gesellt sich noch die Mütze des Zuckerbäckers. „Woher der Spitzname Berlingot kommt? Ich bin der Nachkomme einer sehr alten Zuckerbäckerfamilie, der Firma ‚Confiserie Mignon', und habe selber bei allen Festen und Messen in Marseille Karamelbonbons hergestellt. Zugleich stamme ich aber auch aus einer Künstlerfamilie. Mein Vater war Opernliebhaber und besaß eine sehr schöne Stimme, und meine Großmutter komponierte Lieder. Ich selber habe zeit meines Lebens geschrieben und gesungen. Die Music-Hall, das ist bei mir eine lange Liebesgeschichte."[2]

Kurz nachdem er von Julien herausgefordert wurde, bietet Ivo also Berlingot seine Dienste an, und der wundert sich gar nicht allzusehr über diese plötzliche innere Berufung.

„Du, du willst singen? Oh, ich ongagüre dich sofoorrt ...", erwidert er in gurrendem Ton.

Er kümmert sich um den jungen Mann, gibt ihm die Adresse einer Klavierspielerin, mit der er probieren soll, und empfiehlt ihm, drei, vier lustige Stimmungslieder auszuwählen, mit denen er sich das zum Krakeelen neigende Samstagabendpublikum geneigt machen kann. Bei der Zusammenstellung seines Repertoires schwankt Ivo kein bißchen: der Künstler, der ihn begeistert, den nachzuahmen er sich erträumt, ist gerade in diesem Jahr 1938 ins Rampenlicht getreten: Charles Trenet. Seine

Entdeckung war für Montand – er hat es tausendmal erklärt – ein absolutes Schockerlebnis. Das Erlebnis, intelligente, träumerische Texte zu hören und einen ganz neuartigen Rhythmus.

Wie es der Zufall will: Trenet ist kurz vor Weihnachten 1937 zum erstenmal öffentlich aufgetreten in der Cabaret-Bar „Tyrol" des Grand Hotel auf der Canebière, fünf Minuten vom Friseursalon „Chez Yvonne et Fernand" entfernt, in dem Ivo Livi vor öder Langeweile umkam.[3] Kurze Zeit danach, im März 1938, ist Trenet „rauf nach Paris" gegangen und hat im Triumph das Théâtre de l'ABC erobert. Ganz Frankreich summt alsbald die von Maurice Chevalier interpretierten Verse des Chansons *Y a d'la joie.* Wie später auch im Falle von Montand, wird man Trenets Erfolg mit seiner Fähigkeit erklären, eine Zeitstimmung auszudrücken. Als Überbleibsel des „Front popu" liegt ein Taumel in der Luft, eine Lust auf Abenteuer, auf das ganz Andersartige, und das, obwohl der „singende Narr" seine Weihe just in dem Augenblick empfängt, als die Regierung Blum schon gestürzt ist und kehliges Geschrei aus dem Nürnberger Stadion die Einladungen in die Freiheit übertönt.

„Ich singe, ich singe am Abend und am Morgen ..." Von Charles Trenets Einfällen sind der Rundfunk und die Straßen überflutet, und dank der Erfindung des „Vitaphone", des Vorläufers der Juke-Box, dringen sie auch in die Cafés ein. „Vitaphones", das sind kleine, mit Kopfhörern ausgestattete Kabinen. Ivo Livi verbringt in Marseille Stunden über Stunden darin, um sich die Musik und die Texte seines Vorbilds anzueignen.

Und als Berlingot ihm noch empfiehlt, für sein Programm auch ein paar „zu Herzen gehende" Lieder auszuwählen, ist der in der Knospe stehende Künstler bald zu seinem Auftritt bereit. Er wählt *Boum,* für das Trenet soeben den Großen Preis der Schallplatte empfangen hat, sowie *La Vie qui va.* Zudem kultiviert er seit langem sein echtes Talent als Imitator (indem er etwa Donald Duck oder Popeye nachahmt), und so fügt er seinem Programm noch eine Fernandel-Parodie hinzu. Zum Proben schickt ihn Francis T zu einer Klavierspielerin, die in einer düsteren, verstaubten Wohnung im sechsten Stockwerk eines Hauses am Boulevard National ihres Amtes waltet. Es ist eine Frau respektablen Alters, die mit ihren weißen Haaren und ihrer Brille eine gewisse Strenge ausstrahlt.

In der langen Zeit, in der sie Schlagerstars in spe am Klavier begleitet, hat die Dame schon mancherlei Mißklänge und falsche Töne zu hören bekommen. In diesem Fall aber traut sie ihren Ohren nicht. Ivo liefert seine Couplets im 100-Meter-Sprint-Tempo ab, und als er den verzweifelten Blick bemerkt, den die Pianistin zum Himmel richtet, drückt er noch mehr auf Tempo, so sehr drängt es ihn, fertig zu werden und die Flucht zu ergreifen. Sie indes besteht darauf, daß er alle drei Chansons bis zum Schluß vorsingt, dann erst verkündet sie ihr Urteil:

„Sie singen falsch, Sie können keinen Takt halten, Sie verändern die Tonlage, und ich verstehe kein Wort von Ihrem Text: Wollen Sie wirklich Sänger werden?“

Den Befragten trifft die Kritik hart. Angesichts seiner betrübten Miene mäßigt die Pianistin ihre Anklagerede: immerhin kenne der Neuling den Text gut, und er habe viel Kraft, und sie bringt ein paar ermutigende Worte vor:

„Das Publikum ist nicht schwierig. Es verlangt lediglich, daß der Sänger aufrichtig ist, mit dem Herzen dabei. Man muß nur lernen, sein Innerstes nach außen zu kehren, das ist alles.“

Diese Worte, „das ist alles“, sind nicht ohne Charme. Ivo Livi stellt in der Tat fest, daß „alles“ nur darin besteht: durch unermüdliches Arbeiten Mühelosigkeit vorzutäuschen, die harte Probenarbeit unter einem Anschein von Leichtigkeit und vollkommener Spontaneität verschwinden zu lassen.

Er verläßt diese Prüfung mit der Entschlossenheit zu kämpfen. Er, der unbekümmerte junge Bursche, der vorher durch kaum irgend etwas in stärkere Erregung zu versetzen war, erweist sich fähig zu einer Verbissenheit, einer Disziplin, die seine Nächsten in Erstaunen setzt. Er lauscht, lauscht, lauscht den Chansons von Trenet in den winzigen Vitaphone-Kabinen, wiederholt endlos die gleichen Strophen. Elvire, Juliens Verlobte, erinnert sich an diese plötzliche und vollkommene Verwandlung so: „Er schlief in Lydias Friseursalon. Die ganze Nacht durch hörte man ihn seine Donald-Duck-Imitation üben. Er fing immer wieder von vorne an, ganz allein vor dem großen Spiegel, bis drei, vier Uhr in der Früh."

Die Verwandlung des sorglosen jungen Burschen in einen Zwangsarbeiter wird durch einen Namenswechsel sanktioniert. Ivo Livi räumt Yves Montand den Platz. Berlingot hatte ihn ohne Mühe davon überzeugt, daß sein Name auf einem Music-Hall-Plakat aus dem Rahmen fallen würde, und ihm geraten, sich einen Künstlernamen zuzulegen, „einen, der gut klingt". Er denkt an „Yves Trechenel" (eine Synthese aus TREnet, CHEvalier und FernaNdEL). Aber beinahe sofort taucht der Name Montand auf, eine Reminiszenz an Giuseppinas allabendlichen Ruf: *„Ivo, monta!"* Später sollte der Chansonnier die Namensfindung so darstellen: „Da ich in Monsummano geboren bin, habe ich ein bißchen von meinem Heimatdorf und vom Dialekt meiner Mutter miteinander verschmolzen. Das hat schließlich Montand ergeben." Genauer gesagt, war es *monta*, das Montant hervorbrachte. Und Montant wurde zu Montand verbessert, was ein wenig Phantasie in die gewöhnliche Rechtschreibung brachte.

Eine solche, in sich schlüssige und zweifellos getreue Erklärung reicht jedoch nicht aus. Man ist versucht, ihr eine Ergänzung sinnbildhafter Natur anzufügen: dieser Junge, der ein „Montant-d“, ein „Aufsteigender“ sein will und diesen Willen in der ganzen Welt durchsetzt, erinnert mit dem selbstgewählten Pseudonym auch an die „Einfachheit“ seiner Herkunft, den „einfachen Stand“, aus dem er hervorgetreten, auf den er aber stolz ist und an den er auf jedem Plakat erinnert. Eine solche Ausdeutung ist freilich nichts anderes als eine nachträgliche Rekonstruktion. Im Augenblick dachte Ivo Livi wahrscheinlich nur an das Klangbild. Dennoch: aus der Schachtel kam Montand, nicht ein banaler Dupond. Die Familie billigt die Namenswahl:

„Montand, das ist gut: mit einem solchen Namen wird er immer aufsteigen.“

Nach einigen Wochen der Vorbereitung kommt der Abend der wirklichen Prüfung. Montand hat ein Chevalier-Chanson einstudiert, *On est comme on est* (Man ist, wie man ist), dazu zwei Titel von Trenet, wobei er *Boum* mit sehr „jazzigen“, lautmalerischen Wörtern würzt, die er entfernt von Louis Armstrong entlehnt.

Die Wanduhr macht tick tack, tick tack
Die Wasservögel pick pick pick pick
Alle Puter machen glu glu glu
Und das Glöckchen macht ding ding dong
Aber dann ...
Bumm
Wenn unser Herz bumm macht ...

Berlingot hatte einen kleinen, nur zehn Meter langen Saal im „Vallon des Tuves“, im Viertel Saint-Antoine, ergattert. Als sich der Debütant in dem als Künstlergarderobe dienenden Kabuff aus Gipswänden wiederfindet, das durch einen zweifelhaften Vorhang in je eine Hälfte für Männer und eine für Frauen abgeteilt ist, wird er von einer Panik ergriffen, die ihm die Beine weghaut und seinen Kopf leer werden läßt. Plötzlich spürt er, daß er es nicht schaffen wird. Er schaut sich im Spiegel an, vor Angst ist er ganz grau. Aber da klammert er sich an die kleinen Details. Er überprüft sein Äußeres: den hellgrauen, etwas zu knappen Anzug, den er hat umnähen lassen, das weiße Hemd und den blauen Schlips. Um einen falschen Zahn aus Metall zu kaschieren, hat er sich bei „Hollywood Cosmétic", einem Laden in der Rue Sainte-Barbe, ein wenig weißen Mastix gekauft. Ob diese Zahnblende auch zuverlässig kleben bleibt? Weit davon entfernt, sein gewaltiges Lampenfieber zu zerstreuen, legt sich dieser plötzliche Schreckgedanke noch darüber.

Sein Garderobennachbar, ein Imitationskomiker, der mit seiner Nummer eines an dem amerikanischen Akrobaten Al Sherman inspirierten Gummimenschen vor ihm dran ist, spricht ihm Mut zu – aber vergebens. Als Berlingot auftaucht, um ihm seine letzten Ratschläge zu verabfolgen, erklärt Montand, er werde passen. Aber da kennt er seinen Impresario schlecht. Der schüttelt ihn, schnauzt ihn an und schubst ihn schließlich mit einem Puff auf die Bühne. Montand sieht zunächst nichts weiter als ein schwarzes Loch, in dem allenfalls dreißig Zuschauer Platz genommen haben. Später wird er sein Schwindelgefühl mit dem vergleichen, das die Lausejungen aus La Cabucelle verspürten, wenn sie im Tunnel ihrer Kindheit mit aller Kraft vor der Lokomotive herwetzten. Später ...

Tatsache ist, Montand weiß bis heute nicht, wie er es geschafft hat zu singen. Er hat keinerlei Erinnerung an diesen ersten Bühnenauftritt behalten, jegliches Gedächtnis daran ist verflogen, bis zu dem Moment, da er nach getaner Arbeit begriff, daß die Nummer gelaufen war.

Er hat sie abgeliefert, seine Nummer. Seine Lebensgeister kehren zurück, erschöpft und schweißgebadet sinkt er auf einen Stuhl in der „Garderobe". Berlingot ist da, überströmend und herzlich; er umarmt ihn:

„Fabelhaft! Mach dir keinen Kopf, ich laß dich nicht

mehr aus den Krallen. Du wirst sehen, ich bring dich ins ‚Alcazar'."

Montand hat gar nicht gemerkt, daß er gesungen hat, das Publikum des Viertels Saint-Antoine aber hat es sehr wohl bemerkt: es hat tosenden Beifall gespendet. Der Debütant hat seine Prüfung bestanden.

Es ist schon merkwürdig. Kann man von Persönlichkeitsspaltung sprechen? Hat mein Körper vielleicht als Hülle für einen andern hergehalten? Wer ist das, dieser Kerl, der da die Bühne betritt? Ist das wirklich der Sproß einer toskanischen Bauernfamilie? Was treibt ihn dazu, den Possenreißer zu spielen? Ich betrachte ihn von außen, denn mein ganzes Ich, alles, was ich selbst bin, lehnt eine öffentliche Zurschaustellung ab. Mein Leben lang habe ich versucht, diesem widersprüchlichen Phänomen auf die Schliche zu kommen, aber es ist mir nicht gelungen.

Selbstverständlich hatte ich durchaus irdischere Motivationen. In meiner Phantasie träumte ich von Sketchen, Liedern, Rollen, malte mir großartige Erfolge aus. Ich kannte die Legenden von jenen Beleuchtern und Bühnenarbeitern, die von einer amerikanischen Filmgesellschaft entdeckt und zum Film- oder Revuestar am Broadway geworden waren. Es trieb mich, aus meinem Milieu herauszukommen, hochzukommen. Es waren Glitzerträume: Champagner, Mädchen, Apartments, tolle Autos ... Singen war vielleicht ein Mittel, um zu Erfolg zu gelangen und dabei seinen Spaß zu haben. Aber ich hatte keine Ahnung von dem fürchterlichen Leiden, das dir das Innere um und um wühlt, von diesem Verlangen zu kotzen, dieser Panik, die dir die Kehle austrocknet, dir ins Fleisch schneidet, dich lähmt. Diese Krankheit ist nicht zu beschreiben. Und sie ist unheilbar.

Gleichzeitig ist die Angst auch ein Stachel. Da du sie überwinden mußt, mußt du mit ihr oder besser gegen sie arbeiten. Sie zwingt dich, aus den Tiefen deines Ichs zu schöpfen, dich selbst zu übertreffen. Und schließlich kommt aus dir eine Kraft, eine Echtheit, die das Publikum spürt und die du selbst nicht in dir vermutet hattest. So etwas muß sich bei jenem ersten Auftritt im „Vallon des Tuves“ abgespielt haben. Ich bin mit hundertzwanzig Sachen auf die Bühne gestürmt, erfüllt von einer fürchterlichen Energie, die der absoluten Lebensnotwendigkeit entsprang, meine Angst zu überwinden.

Wenn man in Anwesenheit von Lydia die Frage erörtert, woher diese plötzliche künstlerische Berufung kam, die der kleine Bruder in sich verspürte, so ruft sie unweigerlich die Manen der Vorfahren auf: Onkel Giuseppino, der eine so schöne Stimme hatte und in der ganzen Gegend rings um Monsummano sang ... Oder aber die Urahnin mütterlicherseits, Olympia, das Findelkind aus Florenz, das ganz bestimmt einer Künstlerfamilie entstammte ... Demnach hätte sich eine Gabe des Himmels im Generationensprung auf Ivo vererbt. Lydia hat sich diesen Glauben bewahrt.

Ermutigt von der Veranstaltung im „Vallon des Tuves“, die auf einen Samstagabend im September 1938 zu datieren ist, produziert sich Yves Montand nun in kleinen Vorstadtsälen. Das Friseurhandwerk hat er endgültig aufgegeben, und Berlingot verschafft ihm etliche Verträge. Montand heimst ein wenig Geld ein, das er als guter Sohn zu Hause abliefert. Lydia: „Wenn er von einer Vorstellung kam, bei der er 50 Francs verdient hatte, dann holte er sein kleines Bündel Zehnerscheine hervor und breitete diese einen nach dem andern auf dem Tisch aus, und dabei sagte er zu unserer Mutter: ‚Schau, Mama, noch einer ...‘ Und Mama fiel aus allen Wolken. Der kleine Ivo brachte Geld ins Haus! Und durch nichts weiter als Singen! Darauf konnte er sich was einbilden, denn anfangs hatten ihn die Eltern für verrückt erklärt. Daß mit Liedchensingen irgend etwas auszurichten wäre, wollten sie ganz und gar nicht glauben, das war nichts Seriöses. Ich aber habe stets zu ihm gehalten.“

In einem Brief, den Lydia ein halbes Jahrhundert später ihrem Bruder schreibt, erinnert sie ihn an die Episode: „Du warst von einem kleinen Auftritt zurückgekommen und hattest den Küchentisch mit Zehnfrancs-Scheinen bedeckt. Mama wurde gar nicht wieder, und du warst ganz geschwellt vor Stolz und Glück. Deine Augen in dem Moment werde ich immer vor mir sehen ...“ Um einen Vergleich zu haben: das Filmmagazin *Pour vous* beziffert zum selben Zeitpunkt das Monatsbudget einer Pariser Filmdiva mit 17 120 Francs (davon 2000 für Miete und 240 für den Friseur).

Reich? Nicht wirklich. Berühmt? Noch nicht. Aber er erfreut sich nun einer kleinen Bekanntheit im Viertel, dank der man ihn mit anderen Augen anschaut ... Bruna, die unnahbare Bruna, Kellnerin in der „Bar des Mûriers“, die den Friseurgehilfen Ivo Livi ohne viel Federlesens abfertigte, erliegt nun dem Charme von Yves Montand, dem Star von La Cabucelle.

Während der Weihnachtsfeiertage 1938 ist Montand die Attraktion des Kinos „Ritz“ in Saint-Antoine. Die Anschlagtafel verkündet: „Ein wundervoller Film, Clark Gable und Mirna Loy in *Testpilot*, dazu, auf allgemeinen Wunsch, im Vorprogramm Yves Montand, ein aufsteigender Star, am Klavier begleitet von Mademoiselle Mado Fancelli.“ Die Direktion gibt bekannt, daß „die Eintrittspreise für dieses Sonderprogramm 5 und 6 Francs betragen“. Der Künstler singt am Abend des 24., am 25. in einer Matinee und wiederum am Abend, und dasselbe noch einmal am 26. Erfahrungen dieser Art sammelt er im Laufe des Winters 1939 etliche in Kinosälen, die bis zum Bersten gefüllt sind von Zuschauern aus dem einfachen Volk, die er in- und auswendig kennt und die mit Hochrufen ebenso schnell bei der Hand sind wie mit Pfiffen.

Bei den Zuschauern der Samstagabendvorstellungen,

die vor allem Zerstreuung suchen, kommen Montands Talente als Imitator großartig an, seine Nummern sind glatte Erfolge. Bald aber ist er nicht mehr damit zufrieden, auf so leichte Art zu reüssieren. „Mit Lydia zusammen bin ich abends in seine Vorstellungen gegangen", erzählt Elvire, seine künftige Schwägerin. „Im Prinzip als Claqueusen, aber die brauchte er gar nicht. Sobald er auf die Bühne kam, waren die Leute wie aus dem Häuschen. Und das ging so weiter und wurde immer stärker. Er hat nie einen Flop erlebt. Aber er hatte sein Leben verändert, das machte uns gewaltigen Eindruck: er unterwarf sich einer Disziplin, die uns aus der Fassung brachte. Er war nicht mehr derselbe Junge."

Montand arbeitet unermüdlich; sobald er eine freie Minute hat, sucht er vor dem Spiegelschrank in Lydias Zimmer seine Bewegungen zu vervollkommnen. Er bemüht sich, gegen die schreckliche Angst, die ihm das Gedärm zusammenkrampft, anzukämpfen oder sie zumindest zu kaschieren. Auf diesem Weg sucht er nach Vorbildern, nach Anhaltspunkten. Ein Künstler, ein „Kollege", beeindruckt ihn stark. Yves Montand geht mehrmals am Sonntagnachmittag in die Brasserie am Boulevard Oddo, wo jener seine Talente zur Schau stellt. Der Mann stolziert mit wiegenden Schultern und selbstsicherem Gang zwischen den Tischen umher und singt ohne alle Komplexe:

> Sex-appeal, so was wird nicht verkauft
> Es ist nirgends zu kaufen
> Es ist was ganz Persönliches ...

Der Neuling ist neidisch auf diese gelassene Kraft, diese Dreistigkeit, von der die Zuschauer hingerissen sind. Vor allem aber läßt er sich vom Kino inspirieren. Er beobachtet genau die Haltungen und das Gebaren der Akteure auf der Leinwand. Das Chanson ist für ihn nur Ausgangspunkt, Vorwand. Seine höchste Ambition ist und bleibt es, Schauspieler zu werden. Bei seinen Darbietungen schöpft er ohnehin mehr aus dem Reservoir eines Komödianten als aus dem des reinen Sängers, auch wenn er sich hundert Meilen von den Hollywoodstars entfernt wähnt, deren verliebter Doppelgänger er nur ist. Der Lust an der Stimme, der Schönheit der Melodie, dem Hochgefühl der Eroberung, all dem ist er noch nicht begegnet.

Berlingot hatte ihm am Abend seines ersten Auftritts im „Vallon des Tuves“ versprochen, er würde ihn ins „Alcazar“ bringen. Das hieß soviel wie einen beinlosen Krüppel fürs Olympische Finale zu nominieren. Bevor er derart vermessenen Träumen nachhängt, muß er zunächst sein Liedrepertoire erweitern, muß neue Titel finden. Francis Trottobas gibt Montand die Adresse von Charles Humel, einem blinden Komponisten, der in der Nähe der Rue Sainte-Barbe wohnt. (Humels Frau ist ebenfalls Kundin in Lydias Salon, und so ist der kleine Ruhm des jungen Mannes zu Humels Ohren gedrungen.) Er empfängt Montand und schreibt ihm ein munteres, wiewohl etwas dürftiges Liedchen:

Ist mir schnurz, ist mir schnurz
Ist mir schnurzegal
Ist mir schnurz, ist mir schnurz
Das verkraft ich allemal ... Yeah!

Der „Klient“ ist nur halbwegs begeistert und möchte etwas, das mit Cowboys, mit dem Far West der Vereinigten Staaten zu tun hat. Da der Musiker blind ist, hat er nicht die geringste Vorstellung von einem Western, und Montand erzählt ihm von den Büffelhirten, die sich abends um die Lagerfeuer versammeln, berichtet ihm, wie sie sich ausstaffieren. So entsteht unter Mithilfe von Vander, einem mit Charles Humel befreundeten Liedtexter, jenes Sesam-öffne-dich, das es dem kinobesessenen Chansonnier erlaubt, seine Begeisterung für den amerikanischen Mythos auszusprechen und zu vermitteln: *Dans les plaines du Far West* (In den Weiten des Wilden Westens).

Das „Alcazar" in Marseille ist ein Monument, eine Institution, die obligatorische Ausgangs- und Durchgangsstation für jeden, der eine Laufbahn als Chansonsänger antreten will. Am Cours Belsunce Nr. 42 erbaut, bietet der – 1857 eingeweihte – schmale und lange Saal 1600 Plätze, verteilt auf das Parkett und zwei Ränge. Der eindrucksvolle Kronleuchter läßt die von Purpur und Gold strotzende Dekoration der Säulen, Bögen und Täfelungen (der Architekt hat hier viel vom „maurischen Stil" entlehnt) erglitzern. An der die Bühne beherrschenden Frontseite stellt eine plumpe Allegorie das Stadtwappen dar, ein azurblaues Kreuz auf weißem Grund, umgeben von einem Kranz aus Ungeheuern, nackten Frauen und Engeln.

Die festverankerte Tradition fordert, daß die Hauptproben nachmittags in aller Öffentlichkeit stattfinden. Eine schreckliche Prüfung für angehende Chansonniers, die sich einem wilden, wie losgelassenen Saal stellen müssen.[4] Maurice Chevalier muß bei seinem Debüt 1905 – er ist gerade siebzehn – die Prüfung mit tonloser Stimme über sich ergehen lassen, er wird von einem respektlosen Radau einfach übertönt. Der Auftritt hier, so meint er, „riecht nach Schlachthof". Am Abend, bei der eigentlichen Vorstellung, vermag er nach mühseligem Beginn die Situation freilich umzukehren. Und Franck, der Geschäftsführer, ruft ihm zu:

„Ist dir klar, daß du die gesamte Provinz erobert hast, Kleiner? Denn das ‚Alcazar', mußt du wissen, ist sozusagen die Oper der Konzertszene."

Das Publikum führt das Ritual des Krakeelens Generation um Generation fort. Ein sozial übrigens höchst gemischtes Publikum. Das Parkett ist das Reservat der Marseiller Großkaufleute, der Herren von Ölmühlen und Seifenfabriken, die oftmals auch Aktionäre des

Theaters sind und sich in der Pause hinter die Bühne begeben, um den jungen Sängerinnen nachzustellen. Im 1. Rang finden sich Handwerker und kleine Kaufleute ein, dazu aber auch die finsteren Gestalten der Ganoven vom Alten Hafen. Maurice Chevalier erzählt in seinen Memoiren, daß „verfeindete Banden sich von Rang zu Rang mit Revolvern beschossen". Tatsächlich wurde einmal ein Gangsterboß mitten unter den Zuschauern niedergeschossen ... Ganz oben auf dem Olymp drängt sich das ärmere Volk in liebenswertem Durcheinander, mit einem nie verstummenden Hintergrundslärm.

Ist das „Alcazar" Sprungbrett oder schwarzes Loch? Sein mit tausend Anekdoten untermauerter Ruf, die Grausamkeit seines Publikums, das in der Regel mit Autohupen und Gipsbeuteln bewaffnet erscheint – das alles ist geeignet, Yves Montands Alpträume zu nähren. Hatte ihm nicht Berlingot in aller Herzlichkeit vorausgesagt:

„Im ‚Alcazar' machen sie dich kaputt, ehe du dich dessen versiehst ..."

Elvire, Juliens „Versprochene", hat nicht vergessen, welch ein Hauch des Schreckens La Cabucelle durchwehte: „Als wir erfuhren, daß er im ‚Alcazar' singen sollte, hat die ganze Familie gezittert. Das ‚Alcazar' war für einen Anfänger fürchterlich." An dem schicksalsschweren Abend begibt sich eine ganze Schar von Kumpeln zum Cours Belsunce hinunter, um „ihrem" Star eine Stütze zu sein. Lydia, die in panischen Ängsten schwebt, hat ihrem Bruder Lindenblütentee eingeflößt, um ihn zu beruhigen.

Das Plakat vom 21. Juni 1939 verdient eine eingehendere Betrachtung. An diesem ersten Abend des Kalendersommers organisiert die Zeitschrift *Artistica* wie alljährlich einen Wettstreit von Amateursängern. Das „Alcazar", der „Tempel der Music-Hall", „der kühlste Saal", bietet in seinem ersten Programmteil zum Anfüttern ein Dutzend „Varietékünstler, reine Sänger, Charaktertenöre und Steptänzer". Sie heißen in diesem Fall Lyne, Jo Dejean, Princelle oder Henriet' Lys.

Im zweiten Teil präsentieren sich: „die anmutige Diseuse Lina Cora", „der namhafte Diseur Jean Denain", „Mitsi Ray, die Gummipuppe", „der erregende Fantaisiste Sergeot" und, zur Eröffnung, „der lustige Imitationsfantaisiste Yves Montand". In nur wenigen Monaten hat letzterer erreicht, daß sein Name in ziemlich dicken Lettern gedruckt wird, deutlich abgehoben von den Anfängern des ersten Teils. Der Star der Show ist eine aus Paris „nach unten" gereiste junge Sängerin, die gerade den Durchbruch schafft, Renée Lebas. Beinahe auf den Tag genau fünfzig Jahre später wird sie Montand schreiben: „Ein fünfzigjähriges Jubiläum, das muß man feiern. Ich habe nie den feurigen jungen Mann mit dem so vielversprechenden Talent vergessen ..."

Sie hat es tatsächlich nicht vergessen: „Ich sang gerade erst seit acht Monaten. Ich erinnere mich an diesen von der Zeitschrift *Artistica* veranstalteten Abend, als ob es gestern gewesen wäre. Es war eine Art Wettbewerb für Amateurkünstler; für den zweiten Teil waren junge, ganz junge Berufskünstler geladen. Der Saal war brechend voll, die Stimmung wie im Tollhaus, denn die Marseiller krakeelen gern. Viele Berühmtheiten waren anwesend: in den ersten Parkettreihen erkannte man Alibert und Darcelys. Der erste Teil lief unter Pfiffen und Gelächter ab. Die Amateure ernten unentwegt lautes Geschrei und Spottrufe. In der Pause drängen sich alle Künstler des Programms hinter der Bühne zusammen. Und währenddessen liefert das entfesselte Publikum seinen Lieblingen eine Ovation. Man hört Rufe im Chor, von rhythmischem Getrampel begleitet: ‚Alibert, Alibert!', ‚Darcelys, Darcelys!' Wir sind vor unserem Auftritt ohnehin vom Lampenfieber gelähmt, und unsere Beklemmung verstärkt sich. Der erste, der im zweiten Teil raus muß, ist Montand. Der Ansager versucht die Bühne zu betreten, um seine Nummer anzukündigen. Er kommt nicht zu Wort, so sehr randalieren die Zuschauer. Da gibt er in seiner Verzweiflung die Anweisung ‚Vorhang auf' und stößt Montand auf die Bühne. Das Toben geht weiter, aber dann passiert ein Wunder. Er schafft es, durchzukommen. Die Leute bereiten ihm einen triumphalen Abgang. Ja, Montand hat es gekriegt, dieses unmögliche Publikum."

Mit der peinlichen Sorgfalt, die er stets walten lassen sollte, hat der Debütant seine Darbietung bis in die letzte Einzelheit ausgefeilt. Er hat sich einen akzeptablen Cowboyhut besorgt und selber weiß bemalt. Dazu trägt er ein kariertes Hemd und ein Tuch um den Hals geschlungen. Die Illusion ist perfekt, sobald er mit seinem Lied einsetzt:

Wenn in den Weiten des Wilden Westens
Die Nacht herniedersinkt, so ungeheuer,
Dann scharen sich die wilden Cowboys
Um ihre roten Lagerfeuer ...

Montand hat den Einfall gehabt, mit krummen Reiterbeinen aufzutreten, wie ein Mann, der in seinem Leben zuviel auf Pferden gesessen ist, und er hat diese Haltung bis zum Schluß beibehalten.

Über zwei Strophen und drei Refrains mit gebogenen *Beinen dazustehen, das war eine lange Zeit, aber am Ende gab es tobenden Applaus. Einen Cowboy auf der Bühne zu sehen, das war etwas ganz Undenkbares. Das Publikum war an das „Varieté"-Chanson gewöhnt, und ich war mit meiner kleinen Inszenierung aus dem Üblichen ausgebrochen. Ich bin hinausgegangen, noch einmal wiedergekommen, um mich zu verneigen. Das Publikum verlangte, ich sollte weitersingen, aber ich hatte nichts anderes drauf, und ein Dacapo wollte ich nicht bringen. Ich hatte es nur in einem eilig: wieder bei mir selbst zu sein und diese tolle Aufnahme durch das Publikum zu verkraften. Und in dem Augenblick habe ich mir gesagt: Das will ich von jetzt an machen; es gibt keinen Grund, weshalb das jetzt nicht ankommen sollte (meine Angst war weg; hinterher ließ sich das leichter denken als vorher). Mein Impresario, dem ohnehin die überschäumende Art der Südländer eignete, war vollkommen aus dem Häuschen. Ich hätte „die Bude geschmissen", sagte er, und immer wieder: „Die Bude geschmissen, verstehst du?" Ich aber blieb verwirrt: Wie hatte ich nur die Bühne betreten und diesem Publikum trotzen können? Vor Erregung schlief ich die ganze Nacht nicht. Ich fragte mich, war das wirklich ich, der Typ, der da gesungen hatte?*

„Wenn du im ‚Alcazar' gesungen hast, kannst du überall singen." Berlingots euphorische Voraussage sollte sich als zutreffend erweisen. In der Tat berechtigte eine solche Leistung eines jungen Burschen, der am ersten Sommertag 1939 noch keine achtzehn war, zu allen Hoffnungen. In Vitrolles steht Yves Montand am 6. August ganz oben auf dem Plakat und wird als „der großartige Imitationskünstler" präsentiert. Der Eintritt beträgt 4 Francs, für Kinder und Militärangehörige die Hälfte.

Die Militärs machen sich während des Sommers 1939, als der junge Montand von seiner Karriere träumt, lautstark bemerkbar. Zu Anfang des Jahres ist der Spanienkrieg mit der Niederlage der Republikaner zu Ende gegangen. Ein junger Mann von vierundzwanzig Jahren, der tschechische Kommunist Artur London, der in den Internationalen Brigaden gekämpft hat, überquert die Pyrenäen und findet Zuflucht in Frankreich. Er kann natürlich nicht ahnen, daß ihm bei dem Prozeß, der ihm in der Nachkriegszeit in der kommunistischen Tschechoslowakei gemacht wird, seine Teilnahme am Spanienkrieg zur Last gelegt werden sollte. Dreißig Jahre später wird Montand Artur London auf der Leinwand verkörpern. Was aber den echten London im März 1939 bekümmert, das ist die Annexion Böhmens durch Deutschland. Die westlichen Demokratien, die jetzt ermessen, wie sehr sie durch Hitler in München geprellt wurden, suchen nach Allianzen im Osten. Es ist sehr spät. Die Welt treibt auf das Schlimmste zu.

Fünf Tage nach Montands Abend in Vitrolles, am 11. August, treffen die anglo-französischen Unterhändler in Moskau ein, um ein Verteidigungsabkommen auszuarbeiten, Stalin aber hat bereits Geheimverhandlungen mit Hitler aufgenommen, die in den Donnerschlag des deutsch-sowjetischen Paktes münden.

Am frühen Morgen des 24. August besiegeln im Kreml die sowjetische und die deutsche Delegation ihren Bund euphorisch mit Champanger. Stalin erhebt sein Glas und bringt einen Trinkspruch aus: „Ich weiß, wie sehr die deutsche Nation ihren Führer liebt, deshalb freue ich mich, auf seine Gesundheit zu trinken." Der Text des Paktes wird im Laufe desselben Tages veröffentlicht, nicht aber das Geheimprotokoll, das die Aufteilung Polens vorsieht. Die ganze Welt erstarrt in Angst: nun ist der Krieg unvermeidlich. Am 1. September überschreitet die Wehrmacht, die an ihrer Ostflanke freie Hand hat, die polnische Grenze. Am 3. September treten Großbritannien und Frankreich in den Krieg ein. Die Zeit für „Imitationskünstler" ist vorbei.

An jenen Tag bewahrt Montand eine lebhafte Erinnerung. Er ist mit einem Freund, Raymond Saritz, ins Kino gegangen, dann die Rue d'Aix hinaufgeschlendert, wo er zum erstenmal in seinem Leben, mit fast achtzehn Jahren, ein Speiselokal betreten und eine Pizza bestellt hat. Aus dem Radio erfahren die Gäste, daß Frankreich Deutschland den Krieg erklärt hat. Montand nimmt die Nachricht mit Besorgnis auf, er erinnert sich der pazifistischen Lehren seiner guten Lehrer Florian und Bondu in der Volksschule von La Cabucelle. Gleichzeitig drängt sich dem jungen Mann aber auch der Gedanke auf, daß unerwartete und vielleicht aufregende Geschehnisse der allzu vernünftigen Ordnung der Dinge einen Stoß versetzen werden.

Die Sirenen heulen, Cafés und Restaurants leeren sich, bald auch die Straßen – ein Probeluftalarm. Die Männer gehen nach Hause, machen ihr Bündel fertig, hören die Nachrichten im Rundfunk. Auch Montand begibt sich zur Impasse des Mûriers. Das Haus Nummer 8 ist in Dunkelheit und Stille getaucht. Verwundert ruft er:

„He, seid ihr da?"

Niemand gibt Antwort. Er ruft noch einmal, ein wenig lauter. Da hört er aus dem Schlafzimmer der Eltern eine gedämpfte Stimme flüstern:

„Wir sind hier."

Der junge Mann geht in das Zimmer und dreht den Schalter. Das grelle Licht der Deckenlampe beleuchtet ein ungewohntes Bild: hinter Giovanni sitzen am Kamin zusammengeduckt Lydia und ihre Mutter, beide zittern vor Angst. Montand kann gerade noch den Schrecken in ihren Augen erkennen, bevor sie ihn, beide mit gebrochener Stimme, anflehen:

„Spegni, spegni!" (Mach aus!)

Als Kommunisten und Italiener haben die Livis vortreffliche Gründe, sich vor dem Kommenden zu fürchten. Nachdem die französischen Kommunisten bei der Bekanntgabe des zwischen Hitlerdeutschland und Sowjetrußland unterzeichneten Pakts zunächst fassungslos waren, haben sie nun Gleichschritt aufgenommen mit dem „genialen" Stalin. Ihre Zeitung, *l'Humanité*, jubiliert: „Wir begrüßen mit Freude den soeben von der Sowjetunion errungenen Erfolg, denn er dient der Sache des Friedens."[5]

Dieser Kommentar, der das Vorspiel zu einer rückhaltlosen Zustimmung in den darauffolgenden Wochen darstellt, ruft im ganzen Lande vehemente Entrüstung hervor. Viele, bei der Linken wie bei der Rechten, haben ein Abkommen zwischen Frankreich, Großbritannien und der UdSSR erhofft. Die sowjetische Kehrtwendung macht diese Hoffnung zunichte, und ein fast allgemeiner Zorn richtet sich gegen die Kommunistische Partei.[6]

Schon am Nachmittag des 25. wird die *Humanité* beschlagnahmt, drei Tage später wird die gesamte kommunistische Presse verboten – darunter auch das Marseiller Blatt *Rouge-Midi*, das Yves Montand recht häufig las. Es werden Hausdurchsuchungen der kommunistischen Parteilokale und Organisationsgebäude angeordnet. Die Ausschankräume, in denen für gewöhnlich die Treffs der kommunistischen Zellen stattfanden, werden geschlossen.

Die Repression verschont auch die Kommunistische Partei Italiens nicht. Am 26. August hat die Regierung die Publikation der von der IKP in Paris herausgegebenen Zeitung *Lo Stato operaio* unterbunden, welche auf den gleichen Kurs wie die *Humanité* eingeschwenkt war. Am 1. September wird Palmiro Togliatti, der Führer der IKP und einer der wichtigsten Würdenträger der Kommunistischen Internationale, in der französischen Hauptstadt verhaftet. Weitere Funktionäre und Hunderte italienischer Parteimitglieder werden interniert.

Giovanni Lvi ist nicht sonderlich besorgt. Seine Aktivitäten spielen sich seit langem so diskret ab, daß es hinreicht, wenn er seine normale Verfahrensweise mit ein paar Vorkehrungen der Illegalität verfeinert. Doch wie sich sein jüngster Sohn erinnert, hat er wohl zum Zeitpunkt des Paktes gewisse Stimmungsschwankungen durchgemacht. Bereits die großen Moskauer Prozesse, die „Geständnisse“ der historischen Führer der Bolschewiki hatten ihn verwirrt. Er begriff nicht, wie Helden dazu imstande waren, sich derart in Verräter zu verwandeln. Diesmal wird die Verwirrung akut; das faktische Bündnis zwischen Hitler und Stalin zu Lasten der Demokratien verletzt den Antifaschisten, der in einfachen Kategorien denkt: mit dem Teufel diskutiert und verhandelt man nicht.

Aus jenen Tagen extremer Spannung hat Montand

das Bild eines zutiefst deprimierten Vaters zurückbehalten, der um jeden Preis eine rationale Erklärung für einen Vorgang sucht, der ihn aus der Fassung bringt. Gute zehn Tage lang ist er innerlich zerrissen, niedergeschmettert, dann erst fängt er sich wieder und klammert sich an die paar Brocken einer Rechtfertigung, die man ihm liefert: Stalin war gezwungen, den Pakt zu unterzeichnen, weil die westlichen Demokratien sich nicht an seine Seite stellen wollten. Es ist ein Manöver, um Zeit zu gewinnen. Am Ende triumphiert die Treue zu der Partei-die-immer-recht-hat, selbst wenn sie im Unrecht zu sein scheint, über seine Vorbehalte, fegt seine Bedenken beiseite.

Montand mag Zeuge der Ängste seines Vaters sein, doch er teilt sie nicht. Ohne jeden Zweifel heißt der Feind Hitler, Franco oder Mussolini – das hat man ihm zu Hause oft genug erklärt. Worum er sich am Vorabend dieses Krieges, der manchen als ein „komischer" erscheint, am meisten sorgt, das ist immer noch das Varieté. Sein Freund und Impresario Francis Trottobas ist eingezogen worden, und Montand sucht ihn in seinem Quartier auf. Er benutzt die Gelegenheit, um in der Gegend von Juan-les-Pins ein paar Vorstellungen vor Muschkoten zu geben, und er posiert sogar auf einem Werbefoto für Hüte der Marke Filios. Aber er ist sich im klaren darüber, daß er zur Zeit nicht von der Bühne leben kann.

An der „Front", die gar keine richtige ist, langweilen sich die Soldaten, weil „der Generalstab Defensivhaltung mit Untätigkeit verwechselt"[7]. Obwohl sogar ein Maurice Chevalier sich freiwillig meldet, um vor den desorientierten Landsern zu singen *Et tout ça, ça fait d'excellents Français* (All das, das bringt vortreffliche Franzosen hervor), verschärft die allgemeine Unschlüssigkeit das bange Warten auf einen Krieg, der erklärt ist, aber nicht ausbrechen will. Mit dem Winter sinkt die Moral der Truppen noch um ein paar Grad. Julien Livi ist im Elsaß eingezogen und leidet fürchterlich unter der Kälte. Das Thermometer sinkt bis auf dreißig Grad unter Null, und die in ihrem persönlichen Schützenloch, das sie selbst gebuddelt haben, tiefgefrorenen Soldaten haben nichts weiter als eine Zeltbahn, um sich vor der beißenden Kälte zu schützen. Mehrere erfrieren.

Als das Frühjahr1940 anbricht, wird Ivo Livi als Metallhilfsarbeiter auf der Werft Chantiers de Provence am Chemin de la Madrague 130 eingestellt. Am 11. Mai wird ihm ein Passierschein (Nr. 3835) ausgefertigt, mit dem er die Hafenanlagen betreten darf. Die französische Armee bricht unter den Schlägen des „Blitzkrieges“, dessen Speerspitze die deutschen Panzer bilden, zusammen; verstörte Menschenmassen ergießen sich in einem jammernswerten Exodus über die Landstraßen. In dieser Untergangsstimmung tritt Montand, nun neunzehneinhalb, den Weg in die Fabrik an.

Am 17. Juni spricht Marschall Pétain, der tags zuvor vom Präsidenten der Republik den Auftrag zur Bildung einer neuen Regierung erhalten hat, zu den Franzosen. Montand hört die Ansprache des „Siegers von Verdun“ im Zimmer seiner Schwester vor einem alten Rundfunkempfänger. „Beklommenen Herzens erkläre ich Ihnen heute, daß wir den Kampf einstellen müssen“, spricht der Achtzigjährige mit zittriger Stimme. Das Ersuchen um einen Waffenstillstand löst bei der Familie Livi, in der Impasse des Mûriers, im ganzen Viertel La Cabucelle augenblicklich eine trübselig getönte Erleichterung aus. Das ist zumindest der Eindruck, den Montand davon bewahrt hat: immerhin wird der Krieg unterbrochen, der Mann, der Sohn, der Bruder werden nach Hause zurückkehren. Die Kapitulation, die de Gaulle von London aus in einsamer Position als Verrat bezeichnet, wird vom Volk der Eingezogenen als das kleinere Übel betrachtet, als eine Möglichkeit, zu retten, was zu retten ist. Und so baut der Marschall seine echte Popularität auf der von ihm abgegebenen Verpflichtung auf, er wolle der Schutzschild der unglücklichen Franzosen sein.

Während des Debakels lösen sich Armee, Staat, Verwaltung, das soziale Geflecht, die ökonomischen Strukturen auf. Das Land ist in zwei Teile zerschnitten, Millionen von Flüchtlingen bleiben südlich der Demarkationslinie hängen. Verschreckt von dieser Unsicherheit, dieser plötzlichen gähnenden Leere, klammert sich die Mehrzahl der von Gerüchten heimgesuchten Bürger an den Greis, der Sicherheit verspricht und „seine Person Frankreich schenkt".

In den Chantiers de Provence arbeitet Ivo Livi in einer riesigen Halle, in der Drucklufthämmer, Kompressoren und hydraulische Pressen in ohrenbetäubendem Krach miteinander wetteifern. Die in Blaumänner gekleideten Arbeiter laufen zwischen Gleisanlagen, aufgestapelten Blechen und Schrotthaufen umher, die von gewaltigen Kränen transportiert werden. Der Hilfsarbeiter Livi geht einem Kesselschmiedemeister zur Hand, einem König an diesem Ort, der sich ungezwungen auf dem gesamten Werksgelände bewegen kann. Er hat den Auftrag, Bojen für die Aufhängung der Unterseekabel herzustellen, mit denen die Hafeneinfahrten abgesperrt werden. Es sind Zylinder von einem Meter Durchmesser und zwei Metern Länge, die an beiden Enden von zur Weißglut erhitzten und anschließend verschweißten Deckeln verschlossen werden. Montands Arbeit besteht darin, ins Innere des Behälters zu kriechen und in zusammengekauerter Stellung die rotglühende Eisenplatte so zurechtzuhämmern, daß sie ihre endgültige gekrümmte Form erhält. Unter den Hammerschlägen splittert der Rost, und er schluckt einen scharf schmekkenden Staub. 1988 wird Montand in einem Film von Jacques Demy, *Trois places pour le 26*, der Fiktion und autobiographische Bruchstücke verschmilzt, singen:

Ich war einst Zuschläger auf dem Bau,
Ein richtiger Zuschläger, der es verstand,
zuzuschlagen mit Geist und Verstand ...

Als er am ersten Abend nach Hause kommt, sinkt er vor Erschöpfung abgestumpft zusammen, ganz besoffen von dem Höllenlärm, der noch in seinen Ohren dröhnt. Um die schädliche Wirkung des Roststaubs zu mildern, wird ihm empfohlen, Milch zu trinken, viel Milch. „Wir hoben die ganze Milch für ihn auf", erinnert sich Lydia.

Obwohl er eine so schwere Arbeit tun muß, ist Montand gern dort. Das für den Uneingeweihten stets rätselhafte Ineinanderwirken von Menschen und Maschinen, dessen Wirrwarr sich schließlich als produktiv erweist, nimmt ihn gefangen. Er staunt, wie aus einer Anhäufung von unförmigem Blech am Ende ein schönes, auf den Millimeter genau gearbeitetes Werkstück entsteht, das zu einem anderen, ebenso vollkommen geformten paßt. Er bewundert die Aristokraten der Werkhalle, die Einrichter, die auf ihre Qualifikation und ihr Werk stolz sind. Eine Kultur, deren Regeln jenen sehr nahekommen, von denen sich der Mann der Music-Hall dereinst wird leiten lassen. Wenn Montand später die Welt der Metallarbeiter besingt, braucht er seinem Talent keine Gewalt anzutun.

Er ist froh, sich nützlich zu fühlen, und genießt – auch das ist eine Entdeckung für ihn – die menschliche Wärme des Milieus, die Solidarität der Arbeiter untereinander. In späterer Zeit, als er einer der herausragenden „Weggefährten" der Kommunistischen Partei ist, wird er mit gewisser Rührung dieser seiner proletarischen Vergangenheit gedenken. Selbst heute, wo ihn die Mythen vom klassenstolzen Arbeiter weidlich ärgern (weil sie nicht die wahre Situation der Arbeiter widerspiegeln), hat er sich die sehnsüchtige Erinnerung an das, was man durchaus Brüderlichkeit der arbeitenden Menschen nennen muß, unversehrt erhalten. Einer der

Montand-Biographen hat es treffend in diese Worte gefaßt: „Man hat Skrupel, diese Art von Worten zu gebrauchen, denn so schlicht man sie auch fassen mag, sie klingen stets ein wenig rhetorisch, ja demagogisch, und das ist dem Inhalt, den sie bezeichnen, gänzlich fremd.“[8]

Wir wollen dennoch darauf beharren. Wenn Montand die „populäre“ Manier mit so glücklichem Erfolg genutzt hat, dann darum, weil es seine eigene ist.

Und davon hat er nichts widerrufen.

1987 präsidiert Montand der Jury bei den Filmfestspielen in Cannes. Eines Tages wird ihm mitten in die Juryberatungen eine Mitteilung gereicht: „Die älteren Arbeiter von Normed, einer von Stillegung bedrohten Schiffswerft, bitten Sie, ihre Abordnung zu empfangen. Sie sind selbst Arbeiter gewesen. Sie allein können ihre Probleme verstehen.“ Der Schauspieler ist tief berührt davon, daß Arbeiter, die Opfer von Entlassungen geworden sind, ihn, gerade ihn sehen wollen. Er empfängt sie also, und sie berichten ihm über ihre Situation: mit fünfzig werden sie „zum alten Eisen geworfen“, sie laufen Gefahr, zu „Clochards“ zu werden, sie suchen einen Gesprächspartner, die Regierung bleibt taub. Montand erklärt sich bereit, ihr Ersuchen weiterzuleiten, unter dem Vorbehalt, daß er über keinerlei Macht verfügt, daß er nichts weiter sein kann als ein Bote, ein Mittler. Und die Arbeiter applaudieren dem früheren Zuschläger der Chantiers de Provence, zu dem er in ebendiesem Augenblick wieder geworden ist.

Im Sommer kündigen die Chantiers de Provence einem Teil ihrer Belegschaft. Frankreich hat kapituliert, die Produktion für Zwecke der nationalen Verteidigung hat ihre Dringlichkeit eingebüßt ... Ivo Livi findet sich drei Monate nach seiner Einstellung als Arbeitsloser wieder. Die Lage der Familie ist insgesamt nicht eben erfreulich. Julien ist Kriegsgefangener, wie 1 850 000 weitere Soldaten, die ohne Weisungen und ohne Befehlshaber zurückgelassen wurden. Yves hat seinen Bruder zum letztenmal bei einem Fronturlaub gesehen. Julien kam am 1. Mai, hat am 4. Elvire geheiratet und ist am 13. wieder fort. Ein Foto hat die Gesichter am Tag der Hochzeit festgehalten. Liegt es an den unsicheren Zeiten oder an der bevorstehenden Abreise des Bräutigams – jedenfalls sind die Mienen ernst, nur Giovanni zeigt ein offenes Lächeln. Die Männer tragen alle Anzug mit einer weißen Nelke im Knopfloch. Eine Kriegsheirat, die nicht gerade Frohsinn erweckt. Ehe Julien wieder an die Front geht, hat er immerhin Zeit gehabt, ein Kind zu zeugen. Er wird von der Geburt seines Sohnes Jean-Louis erst mit drei Monaten Verspätung erfahren, Gefangener in einem Lager in Norddeutschland. Er wird einsame Tränen weinen über diesen Jungen, den er nicht wird aufwachsen sehen und den er fünf Jahre später, als er aus der Gefangenschaft heimkehrt, zum erstenmal erblickt.

Juliens erzwungenes Fernsein in diesen fünf Jahren – insgesamt sieben, denn er ist schon seit 1938 Soldat – ist eine Prüfung für die ganze Familie. Giuseppina, die Mutter, verzehrt sich vor Sorge. Yves vermag ein Schuldgefühl, das ihn brennt, nicht zu ersticken, weil er ja frei ist, praktisch ohne Zwänge lebt, während sein Bruder in einem Stalag verkümmert. Es frustriert ihn, daß er seine glücklichen Momente nicht mit ihm teilen kann. Gleichzeitig veranlaßt das Fernsein des Älteren den Jüngsten, seine Pflichten gegenüber der Sippe zu erfüllen, die Attitüde des Nesthäkchens, dem man alles durchgehen läßt, abzulegen. Diese Verantwortung gedenkt er sobald wie möglich wahrzunehmen.

Vorerst steht er vor dem Arbeitsamt Schlange, um das bißchen Arbeitslosenunterstützung in Empfang zu nehmen, und er erlebt diesen fatalen Zwang als demütigend; er ist empört, daß er die Hand vor einem Beamten aufhalten muß, der über sein Los absolut gleichgültig mit einem Stempeldruck entscheidet.

Zum Glück für seine verletzte Würde dauert dieser Zustand nicht lange. Im Herbst 1940 tut er einen neuen Job auf: Verladearbeiter beim Frachtverkehr. Er ist nicht im Hafen bei der Entladung der Schiffe beschäftigt, sondern muß die Speditionslastwagen beladen, die ihre Fracht zu den Betrieben der Region befördern. Jeden Morgen in aller Frühe fährt er zur Avenue Camille-Pelletan, wo er ein Fahrzeug mit Holzgasgenerator für die tägliche Fuhre vorbereiten muß. Er reinigt es, lädt die Holzkohle auf, die er mit der Hand aussortiert. Wenn der Chauffeur kommt, fahren beide zu den Kaianlagen, wo sie ihre Fracht laden: Kisten, schwere Pakete mit Papier, die auf dem Kopf getragen werden und sich dabei leider nach beiden Seiten durchbiegen. Die Arbeit ist ein Plage. Wie zuvor schon Julien erlernt Yves die Technik, eine Last gut zu verteilen, beim Laufen das Gleichgewicht zu halten, richtig zu atmen.

Der Lagerhilfsarbeiter bildet seine Schultern und seine Muskeln aus, nimmt jenen eigentümlichen Gang der Lastträger an, die über den Boden zu gleiten, zu schweben scheinen. Er merkt sich die Reaktionen seines Körpers, benutzt sie. Bald versteht er es, sich richtig zu bewegen. „Niemand läuft so gut über einen Filmschauplatz wie er", bemerkt Catherine Deneuve.[9] Diese künftige Leichtigkeit der Bewegung verdankt Montand zum Teil den Säcken, die sich der Hilfsstauer Livi aufbukkeln mußte.

Bisweilen, in der Pause, erinnert sich der Sackträger, daß er Sänger gewesen ist, und stimmt ein Liedchen an. Ein früherer Mitschüler Montands in der Schule von La Cabucelle bescheinigt es: „Yves hat zusammen mit meinem Vater als Stauer gearbeitet. Mein Vater erzählt, er war immer obenauf, trotz der schweren Arbeit. Die Dokker forderten ihn auf, etwas zu singen. Es munterte sie auf, denn er besaß schon seine schöne warme Stimme, und die Kumpels sagten zu ihm: ‚Bleib nicht hier hängen, Kleiner, mach weiter mit deinen Chansons!'"[10]

Wenn der Arbeitstag vorüber ist und er staubverschmiert, dreckig und niedergeschlagen in seine „Tram" steigt, dann denkt Montand an den springlebendigen Jungen, der sich im Vorjahr vor dem Publikum des „Alcazar" verneigte. Und er wagt nicht zu hoffen, daß diese Zeit wiederkehren wird.

Das Regime, das in den Luxushotels von Vichy Einzug gehalten hat, vollzieht eine üble Wendung. Seine ersten Zielscheiben sind die Ausländer, die Einwanderer, die Juden. Schon am 22. Juli, zwölf Tage nach der Erteilung von Sondervollmachten für Pétain, wird eine Kommission damit beauftragt, die per Gesetz von 1927 gewährten Einbürgerungen (auch die Livis sind in ihren Genuß gekommen) zu überprüfen. Gleichzeitig untersagt ein weiteres Gesetz allen Franzosen mit ausländischem Vater, eine Anstellung in der öffentlichen Verwaltung auszuüben. Auf diese Weise will die Regierung auf die unglaublich heftige Kampagne von Fremdenfeindlichkeit reagieren, von der die Presse überschwemmt ist. Am 3. Oktober verläßt Vichy, ohne daß die Deutschen den geringsten Druck in diesem Sinne ausgeübt hätten, eine Ordnung für Juden – es ist eine Art von Rache an den *métèques* (dreckigen Ausländern), die Frankreich angeblich in die Katastrophe geführt haben. Die „Israeliten" werden aus dem öffentlichen Dienst, aus der Armee (mit Ausnahme ehemaliger Frontkämpfer) und aus dem Justizdienst entfernt. Ausländische Juden aber werden vorläufig in Sammellagern untergebracht – die sich als Vorzimmer zu ganz anderen Lagern erweisen sollten.

In den Augen des greisen Marschalls ist nichts dringlicher, als die „moralische Wiederaufrichtung" des durch Jahrzehnte eines „Genußlebens" erschlafften Landes in Angriff zu nehmen. Aus den Ruinen der Republik steigt mit Macht die offizielle Ideologie auf, die als Fundament für die neue Ordnung dienen soll, eine Mischung aus altbackenem Moralismus, verbissenem

Antiparlamentarismus, technokratischem Elitedenken und erbittertem Nationalismus. Der Dreiklang „Freiheit, Gleichheit, Brüderlichkeit" erlischt unter der Parole „Arbeit, Familie, Vaterland". Der Familie als Grundzelle der Gesellschaft gilt jedwede Aufmerksamkeit.

Im Oktober 1940 werden auch diejenigen, die noch an ein Doppelspiel Pétains geglaubt hatten, durch den in Montoire zwischen dem Marschall und dem Reichskanzler getauschten Händedruck aus der Fassung gebracht. Und das um so mehr, als Pétain kurz darauf bekräftigt: „Zwischen unseren beiden Ländern ist eine Zusammenarbeit *(collaboration)* ins Auge gefaßt. Ich habe ihr grundsätzlich zugestimmt ... Ich begebe mich heute auf den Weg der Kollaboration."[11] Wegen dieses Glaubensbekenntnisses wendet sich allerdings die gewaltige Mehrheit der Franzosen durchaus nicht vom Vater des Vaterlands ab.

Geschürt von der Propaganda des Vichy-Regimes, wird ein wahnwitziger und alberner Kult ins Werk gesetzt. Das meistgesungene Lied in diesem Jahr 1940, das Chevalier, Trenet und Fernandel verdrängt, geht so:

> Maréchal, nous voilà ...
>
> Marschall, wir stehen hier,
> Vor dir, dem Retter Frankreichs.
> Wir sind deine Männer und schwören,
> Dir zu dienen und deinen Schritten zu folgen ...

Der Autor, André Montagnard, hatte sich bereits früher schon mit einem erlesenen Dichtwerk hervorgetan: *Un pastis bien frais* (Ein schöner kühler Pastis).[12] Kardinal Gerlier, Primas von Gallien, bringt dem neuen Regime den Segen der kirchlichen Hierarchie dar und verkündet: „Pétain, das ist Frankreich; Frankreich, das ist Pétain." Der Staatschef wird zum Gegenstand eines wahrhaften Götzendienstes, der in der Jugend systematisch propagiert wird. So entwirft zum Beispiel ein Geschichtsbuch das folgende vielsagende Porträt: „Er ist ein schöner Greis, kernig und aufrecht wie der Baum der Druiden; ein klarer Blick erhellt sein unerschütterliches Antlitz, klar wie das ruhige Wasser seines Landes, wenn sich ein Zipfel Himmel in ihm spiegelt ... Das ist Marschall Pétain, unser Marschall, der Vater aller Kinder Frankreichs. Als Oberhaupt und Vater hat er mit Ergebenheit, Klugheit und Glauben den einzigen Balsam herbeigeschafft, der Frankreich seinem hohen Geschick zurückgeben kann: das von Herzen kommende Heilmittel der Wahrheit."[13]

Schulkinder schreiben ihm Briefe, Frauen beten für ihn, Frontkämpfer beweihräuchern ihn. Man sollte indes nicht glauben, daß diese irrwitzigen Beschwörungslitaneien nur so leer dahinklappern und aus sich selbst genährt werden. Sie stoßen auf einen Widerhall im Lande, auf eine tiefsitzende Strömung spontanen „Marschallglaubens". Pétain kann sich übrigens von seiner Popularität auf seinen Reisen in die Provinz überzeugen. Am 3. und 4. Dezember 1940 besucht der Marschall Marseille. Schon bei seiner Ankunft auf dem geschmückten, blumenprangenden Bahnhof Saint-Charles empfängt ihn eine eindrucksvolle Menge mit Jubelrufen. Alle Glocken der Stadt läuten, und als der Staatschef vor der Präfektur eintrifft, jauchzen ihm Tausende von Menschen zu, die seit Stunden gewartet haben. Eine Menschenmenge – das Blatt *Marseille-Matin* schätzt sie auf 15000 – leistet ihm wie ein einziger Mann den Eid, schwört ihm in dreifacher Reprise Treue.

Trotz dieses leidenschaftlichen Volksjubels, der die Reise des Staatschefs an die Küsten des Mittelmeers begleitet, ist Marseille im Jahr 1940 keineswegs durch und durch pétainfromm. Es wirkt ganz im Gegenteil wie abseits des Krieges, ziemlich weit entfernt von den aus Vichy erlassenen Ukasen. Tausende ausländischer Flüchtlinge, Juden zumal, die vor der Repression geflüchtet sind, sind hier gestrandet und hoffen, noch ein Schiff nach Nordafrika besteigen zu können. Letzte Zwischenstation zur Freiheit, sammelt Marseille die Emigrationswilligen. Abermals ist es eine Stadt der Zuflucht, aber in entgegengesetzter Richtung: den Ausreisebewerbern kündet es von den Düften Algiers. Es ist eine Stadt ganz eigener Art, die wie in Klammern lebt. Von dieser Stimmung berichtet der Schriftsteller André Roussin, der als Demobilisierter an die Canebière zurückgekehrt ist: „Es gab in Marseille diesen Überschwang der Freude über ein wiedererlangtes Leben. Freie Stadt, freie Zone … Alles, was im übrigen Frankreich tragische Wirklichkeit blieb, schien hier fast vergessen oder schien zumindest diejenigen nichts mehr anzugehen, die das Schicksal mit jenem blauen Himmel und jener scheinbaren Freiheit beglückt hatte. Das Leben kam mit wilder Raserei wieder in Gang …“[14]

Der anbrechende Winter wird jedoch außergewöhnlich grimmig, selbst im Süden, und infolge der beschränkten Kohlezuteilungen ist es unmöglich, wirksam gegen einen eisigen Mistral anzukämpfen. Es herrscht bitterer Mangel an Lebensmitteln: „la bouffe“, das „Fressen“, wird zur Hauptsorge der Franzosen. In Marseille zweifellos weniger als anderswo. Verglichen mit den übrigen Städten, bleibt Marseille fröhlich und lebhaft. Viele Künstler und Schriftsteller haben sich in Richtung Mittelmeer abgesetzt. Auf der Canebière begegnet man Blaise Cendrars, Paul Valéry, Max Ophüls, Chevalier oder der Mistinguett.[15] Die Theater machen wieder auf.

Im Dezember 1940, gleich nach der unter donnerndem Getöse verlaufenen Reise von Philippe Pétain, spielt Fernandel im Theater „Variétés-Casino“ eine Operette von Vincent Scotto, *Hugues.* In der Städtischen Oper wirbelt Josephine Baker in *Die Kreolin* über die Bühne, während im „Capitole“ Raimu als Star einer Revue mit dem Titel *C’est tout le Midi* (So ist der Süden) auftritt. Inszeniert hat sie Alibert, und ein gewisser Gérard Dury erlebt in ihr sein Debüt.[16] Zu Anfang des Jahres 1941 spielen die Kinos an der Canebière noch immer amerikanische Filme – die aus Paris seit langem verbannt sind. Die Marseiller bedienen sich dieser Freiheit unter Kuratel, sie gehen aus, sie laufen in die Theater und Varietés. Unter diesen günstigen Umständen kann der Hilfsstauer Ivo Livi wieder bei dem „Imitationskünstler" Yves Montand anknüpfen.

Dies vor allem, weil Francis Trottobas dem Zivilleben zurückgegeben ist und seine Tätigkeit als Zuckerbäcker wiederaufnimmt. Und als Impresario.

4

Yves Montands Karriere nimmt einen neuen Anfang im Frühjahr 1941, und sie sollte nie mehr abbrechen. Er ist noch keine zwanzig Jahre alt. Die Spuren seiner wirklichen Debüts, ausgenommen den unechten Start im „Alcazar“ 1939, hat er sorgfältig aufbewahrt. Ein Fotoalbum mit blaukartoniertem Einband und gleichfarbiger Kordel enthält jene Goldbatzen, von denen alle Memoirenschreiber träumen: Montand hat hier frisch nach der Tat die Presseartikel, Programme, Fotos eingeklebt, die jene Jahre, in denen er sich zum Künstler bildete, als Marksteine begleiten. Wenn man dieses Bordtagebuch durchblättert, die immer enthusiastischeren Kritiken liest, sieht, wie der Name auf den Plakaten in immer dikkeren Lettern erscheint, dann kann man ermessen, wie rasch sich der Sänger durchgesetzt hat.

Berlingot hat eine Tournee in der Umgebung von Marseille auf die Beine gestellt. Sein Ziehkind produziert sich in Miramas, Aubagne, Istres. Als Montand zum erstenmal in *Artistica* erwähnt wird, einer Art Führer durch die Bühnenkunst Südfrankreichs – der zwar nur beschränkte Verbreitung hat, aber bei den Leuten „vom Bau“ viel gilt –, da endet sein Name mit einem t. Unter dem Foto (auf dem der Sänger mit brav pomadierter Haartolle und einer aufregenden Krawatte zu bewundern ist) bringt das Artikelchen den folgenden vorteilhaften Kommentar: „Ein für die Imitation ‚geborener‘ Künstler. Gerade neunzehn Jahre alt, groß, sympathisch, elegant, vom modernen dynamischen Schwung beflügelt, bietet dieser ausgezeichnete Showsänger eine Folge vollendeter Imitationen dar. Als einer der besten Steptänzer erklimmt Yves Montant die Leiter der Stars mit Riesenschritten … Weiter so!“

Bei dem Programm in Istres tritt Montand im ersten Teil auf. Glanzpunkt des Abends ist Reda Caire, ein Music-Hall-Star ägyptischer Herkunft, der mit der Stimme eines schmachtenden Crooners[1] *Swing, swing, madame* hinhaucht. Sein Debüt hat er im Pariser Theater „Mogador“ erlebt, wo er in russischen Operetten aufgetreten ist. Kraft seines rasanten Erfolgs steht sein Name ganz oben auf dem Plakat, und er wird zum Nebenbuhler Tino Rossis bei den kleinen Midinetten, die hinsinken, wenn er mit verliebter Stimme trällert:

> Ich hab keine Gitarre, um Sie zu bezaubern,
> Ich hab nur mein Herz, um Sie zu lieben …

Seine Perücke trägt ihm den Spitznamen „das Mädchen mit den Haaren des andern“ ein. Das Spottwort rührt auch daher, daß er homosexuell ist und dies keineswegs zu verbergen sucht. Im Gegenteil. Nach der Vorstellung bietet Reda Caire dem jungen Montand liebenswürdig an, ihn im Auto nach Marseille zurückzubegleiten. Der junge Mann zögert: in diesen Kriegszeiten sind die öffentlichen Verkehrsmittel wahrhaftig keine reine Freude, aber er kennt den Ruf seines Kollegen. Schließlich willigt er ein und muß während der ganzen Fahrt mit dem Ellbogen Reda Caires Hand zurückdrängen, die vergeblich seinen Hosenschlitz zu ertasten sucht. Einer der großen Hits des abenteuerlustigen Stars heißt: *Wenn du wiederkehrst, bitte mich nicht um Verzeihung …*

Und er kehrt wieder. Trotz dieses aufregenden Vorfalls kommt Montand zu den letzten Proben für die neue Revue des Spitzenstars und nimmt ein paar Tage später eine Einladung in sein Domizil an. Hier kostet er in Gesellschaft eines Trüppchens amüsanter, verfeinerter und kaustisch-bissiger Homosexueller von unvergeßlichen, einzigartigen Leckereien.

Bei der Heimkehr von einem seiner Auftritte, am 22. Juni 1941, erfährt er auf der Terrasse des Hauses seiner Familie, Impasse des Mûriers, vom Einmarsch der Wehrmacht in die Sowjetunion. Sein Vater wirkt endlich erleichtert. In seinem Innersten hatte der italienische Antifaschist niemals den deutsch-sowjetischen Pakt verdaut. Ahnte Montand, daß der Verlauf des Krieges sich damit tiefgreifend ändern würde? Drei Tage später sollte er auf der Bühne des „Alcazar" auftreten, und wahrscheinlich waren seine Gedanken ganz von der Aussicht in Anspruch genommen, die große Prüfung ein zweites Mal bestehen zu müssen.

Im Juni 1939, als er den Saal zu seinen Gunsten „gekippt" hatte, stand der Abend unter der Schirmherrschaft der *Artistica*, die ihren traditionellen alljährlichen Talentewettstreit veranstaltete. 1940 findet der Ausscheid nicht statt, ein Zugeständnis an den Krieg. Die 16. Folge des Wettstreits aber, die für 1941, wird ganz normal geplant. *Le Petit Provençal* bringt ein Bild von Yves „Montant", auf dem er in Gänze zu sehen ist, in einem hellen Anzug und schwarzweißen Schuhen. Da er Trenet parodiert, trägt er den Hut weit nach hinten gedrückt und rollt mit den Augen wie sein Vorbild.

Montand besteht seinen zweiten Probelauf im „Alcazar" über alles Erwarten gut. Man urteile nach dem Bericht in *Artistica*: „Kann man sich vorstellen, wie schwierig es ist, allgemein bekannte Spitzenkünstler wie Charles Trenet, Fernandel, Maurice Chevalier zu imitieren? Nun, dieser *fantaisiste*[2] erzeugt die vollkommene Illusion, daß wir sie vor uns haben. Und wir können versichern, daß nichts dabei fehlt, denn Yves Montand treibt die sorgfältige Beobachtung des Details und die Nachahmung auf die höchste Spitze … So kann man sich vorstellen, welch sensationellen Erfolg Yves Montand vor allem bei den jungen Leuten hatte, die ihn mit

Bravorufen überschütteten. Sie ließen diesen brillanten Fantaisisten, der ganz im Trend des Jahres 1941 liegt, kaum von der Bühne."

Dieses Imitationstalent, von dem das Publikum begeistert ist, lenkt auch das Augenmerk der Profis auf ihn. Weniger als eine Woche nach dem Auftritt im „Alcazar" unterzeichnet Montand einen Vertrag mit Audiffred, einem Pariser Impresario, der sich wie so viele nach Marseille abgesetzt hat. Der „Wechsel" geht nicht harmonisch vonstatten; Francis T erachtet diesen Bruch als einen „Verrat": er meint, daß er, Berlingot, Montand entdeckt und lanciert hat und daß dieser just in dem Augenblick, wo ihm der Erfolg lächelt, das Weite sucht.

Aber der Künstler ist nicht dieser Ansicht und bleibt stur. Er hat seine Chance gepackt und gedenkt nicht, sie sich entwischen zu lassen. Angesichts von soviel Starrsinn sucht Berlingot Vater und Mutter Livi auf, mit denen er seit langem bekannt ist. Als er mit seinen Argumenten am Ende ist, verlangt er eine finanzielle Entschädigung. Der Junge ist wütend: sein früherer Wohltäter knöpft den Eltern zweitausend Francs ab, was keine unbeträchtliche Summe ist.

Von jetzt ab vertraut sich Yves Montand den guten Diensten Audiffreds an. Das erste Engagement wird am 1. Juli 1941 (auf einem rosa Kopfbogen) unterzeichnet. Es betrifft zwei Vorstellungen am Sonntag, dem 6. Juli, im „Colisée-Plage"; der als „fantaisiste" eingestufte Sänger wird 100 Francs erhalten – für beide Vorstellungen zusammen.

Ja, er ist gut im Geschäft. Mit ein paar Auftritten erwirbt sich der junge Mann, der ein halbes Jahr vorher noch unter der Last der Grießsäcke schwitzte, einen solchen Grad von Bekanntheit, daß man sich um seine Mitwirkung streitet. So fordert ihn das „Alcazar" abermals für den 13. August 1941 an. Am 15., 16. und 17. August ist Montand die Attraktion im Casino von Hyères, wo er, seiner eigenen Einschätzung nach, einen „sehr großen Erfolg" einheimst. Und schließlich empfängt er gleich darauf die Weihe: er wird ins „Odéon" eingeladen, die Music-Hall am oberen Ende der Canebière, die in der Rangordnung der Marseiller Säle dem „Alcazar" gleichkommt.

Diesmal handelt es sich nicht mehr um Nummern, die in Vorstadtsälen zurechtgebastelt werden. *Le Petit Marseillais* kündigt „den Musiker Philippe Brun und seine 15 Virtuosen" in Begleitung von „Yves Montand, der großen Offenbarung der Saison", an. *Le Petit Provençal* benutzt die gleiche Terminologie: „Offenbarung der Saison".

Das „Odéon" ist ein tolles Sprungbrett für jemanden, der springen kann. Der junge Mann ist sich dessen klar bewußt: „Hier beginnt", so schreibt er in sein Tagebuch, „meine wahre Bestimmung – wohin? ..." Am auffälligsten ist nicht, daß der Erfolg anbricht – immerhin mußte er ja wohl einige Talente besitzen –, auch nicht, daß sich dieser Aufstieg im Eiltempo von weniger als sechs Monaten vollzieht, sondern daß Montand bemüht ist, sich von diesem plötzlichen Ruhm nicht blenden zu lassen. Selbst wenn er mit naivem Stolz die ihn betreffenden Artikel sammelt, bewahrt er sich einen kühlen Kopf und fürchtet immer wieder, der Schlagrahm könne in sich zusammenfallen. Je höher er klettert, um so mehr nagt die Unruhe an ihm. Sie wird eine Konstante seines Lebens bleiben: um Sicherheit zu finden, muß er sich ihrer immer wieder neu versichern. Und so läßt er weder in seinen Anstrengungen noch in seiner Wachsamkeit nach.

Er konsultiert eine Pianistin, Madame Fancelli. Der Sänger zweifelt an ihrer Kompetenz, meint, sie habe kein sicheres Gehör und ihr Urteil sei unzuverlässig. Doch Madame Fancelli ist die Mutter einer sehr blonden und sehr reizenden Tochter, Mado, die selbst auch Pianistin ist, und deren „Argumente" sind schlagkräftig genug, ihn zu halten. Dreimal wöchentlich schult er sich an der Seite des Fräuleins. Es ist nicht bekannt, ob diese Privatstunden von entscheidenden Fortschritten in rhythmischer Hinsicht gekrönt wurden.

Und weiter bemerkt der „großartige fantaisiste", daß seine Verrenkungen auf der Bühne eine vollkommene Geschmeidigkeit seines Körperapparats erfordern. Er entschließt sich, Tanzunterricht zu nehmen. Man hat ihm die Adresse eines alten Professors in der Rue Fortia gegeben, von dem der Ruf ausgeht, er habe einst in Sankt Petersburg, vor der Oktoberrevolution, Wunder im Ballett vollbracht. Der Mann, dessen Gesicht von einem wilden Schnurrbart quergeteilt ist, hat tatsächlich sein Leben seiner Kunst geweiht und setzt voraus, daß kein Dilettant vor ihm erscheint. Zu seinen jungen Eleven ist er hart, ja gnadenlos. Mehr als einmal schnappt Yves Montand grausame Dialoge zwischen dem Lehrer und einer Mutter auf, die sich nach den Anlagen ihres Töchterchens erkundigen kommt:

„Sie hat nichts, keinerlei Begabung. Tanzen ist eine unbarmherzige Kunst. Nehmen Sie sie wieder mit, Ihre Kleine. Sie ist nicht dafür gemacht."

Dieses Bärbeißige mißfällt Montand durchaus nicht. Er geht an die Übungen mit einem solchen Elan, daß die aufgewandte Energie seinen Mangel an Erfahrung mildert. Der Russe schont ihn keine Sekunde, weiß aber die außergewöhnliche Entschlossenheit seines Klienten zu schätzen. Nach einigen Monaten Bagno erwirbt der junge Artist eine Elastizität der Bewegungen, eine Biegsamkeit der Glieder, die es ihm erlauben, den Reichtum seiner gestischen Einfälle zu verhundertfachen. Der alte Professor ist mit seinem Eleven zufrieden. Er läßt sich sogar zu dem brummenden Eingeständnis herab, daß letzterer trotz seines hohen Wuchses keinen üblen Tänzer abgeben würde.

Montand hat begriffen, welch einen Trumpf eine solche Investition darstellt. Er wird niemals von der Arbeit an der Ballettstange lassen, da er weiß, daß ebendiese schmerzenbringende, undankbare und auslaugende Disziplin, die ihm von dem Folterknecht in der Rue Fortia eingetrichtert wurde, die Eleganz, die Leichtigkeit, die Ungezwungenheit, den Glanz des szenischen Spiels heranbildet. Als er, zu internationalem Ruhm gelangt, auf den Brettern des Broadway, von Tokio oder Rio einen der von ihm beherrschten Tanzschritte eben nur andeutet, da sieht das Publikum das Ergebnis der Arbeit, kann sich aber nicht vorstellen, welche Mühsal an Vorarbeit eine einzige Pirouette erfordert. Und das eben ist der Beruf: die Gerüste abbauen und eine harmonische und „ganz einfache" Fassade vorzeigen, deren geduldigen Aufbau man vergißt.

Um sein Rüstzeug zu komplettieren, setzt sich Yves Montand in den Kopf, mit gleicher Verbissenheit Englisch zu lernen. Er kauft sich ein Lehrbuch für Autodidakten und käut, sobald er Muße dafür hat, seine Mustersätze wieder. Das Lernen ist eine Mühsal, und die Ergebnisse sind mittelmäßig. Dieser Liste großer Entdeckungen sind noch einige Gesangsstunden hinzuzufügen. Der „Fantaisiste" möchte auch gern Jazztrompete spielen, aber das gibt er bald wieder auf: die inneren Gesetze des musikalischen Uhrwerks sind nicht seine Stärke, und sie sollten es nie werden.

Gleich nach dem Erfolg im „Odéon" engagiert Audiffred seinen jungen Renner in einem Varieté-Programm, in dem Rina Ketty den Clou bildet, eine in der Music-Hall schon wohletablierte Sängerin. Montand ist die Schlußnummer des ersten Teils, in dem Joe Laurin, der Robbenmann, und Thot, der Bauchredner, auftreten. Sein Name erscheint fettgedruckt auf dem Programm, er fällt fast so sehr ins Auge wie der von Rina Ketty. Die Truppe spielt ab 11. September 1941 vier Tage hintereinander im Casino von Aix-en-Provence. In seinem Bordbuch hält Yves Montand am 18. fest: „Donnerstagabend: gar nicht zufrieden, Publikum sehr kühl.

Freitagabend: zufrieden. Samstagabend: großer Erfolg. Sonntag: zufrieden, schöner Erfolg. Daraus ziehe ich folgenden Schluß: kein Publikum ist kühl. Alle haben einen schwachen Punkt. Aber welchen? Darin liegt das Geheimnis, das ein guter Schauspieler auf der Stelle entdecken muß."

Die „Offenbarung des Jahres" reiht nun Vertrag auf Vertrag aneinander. Für die letzten vier Septembertage des Jahres 1941 fährt Montand, wiederum mit Rina Ketty, auf Tournee nach Lyon, ins „Théâtre des Célestins". Am ersten Abend nach der Vorstellung verirrt er sich in der großen Stadt des „Nordens", läuft im Kreise, findet sein Hotel nicht wieder. Die Nacht ist lau, und er schläft schließlich auf einer Bank ... Wenn man der Lyoner Presse Glauben schenken darf, macht der Frischling dem Star schon den Glanz streitig. Einer der Kritiker verhehlt unter der vielsagenden Überschrift „Yves Montan*t* und Rina Ketty" seine Begeisterung nicht: „Mit seinem so persönlichen Stil, seiner funkelnden Verve, seinem spürbaren Humor hat er einen Saal gewonnen, der auf dieses neuartige Genre doch kaum vorbereitet war. Dieser Mann wird es weit bringen. Und er verdient es." Alle Zeitungsausschnitte sind von diesem Tenor, und wenn man sie durchsieht, stellt man, sei es in der Wiederholung auch ermüdend, fest, daß Montand, der doch vorerst nichts weiter als ein begabter Imitator ist, einen unglaublichen Eindruck hinterlassen hat. „Yves Montand hat einen Triumph erlebt", berichtet einer. Und ein anderer ruft aus: „Eine Offenbarung, so hießt es? In der Tat, das Wort ist nicht übertrieben!" Renée Lebas, die bei der Show im Saal war, bestätigt, daß der junge Mann Rina Ketty in den Schatten gestellt hat.

Das Publikum hat ihm sicherlich kräftig applaudiert, denn der Künstler notiert in seinem Tagebuch: „Riesenerfolg, tolle Stimmung. Selbst in Marseille habe ich keinen so großen Erfolg gehabt. Darüber bin ich um so mehr froh, als das Publikum von Lyon, wie es scheint, dem Pariser ähnelt." Sollte er schon Absichten in Richtung Hauptstadt hegen? Während dieses Aufenthalts ist Montand zum erstenmal im Radio zu hören, und er freut sich, daß er kein besonders schlimmes Lampenfieber gehabt hat.

Er kehrt nach Marseille zurück, steht die ganze erste Oktoberwoche im Kino „National" auf der Bühne, wird dann angefordert, bei einem Galaabend für die Marine in Toulon mitzuwirken. Ein Lokalchronist berichtet: „Der Vorstellung ging die Zeremonie der Fahnenehrung voraus, und als der Vorhang aufging und ein riesiges Bildnis von Marschall Pétain sichtbar wurde, gab es eine großartige Ovation für den Staatschef." Die illustre Silhouette in seinem Rücken hindert Montand nicht, mit allem Brio zu singen.

Giovanni Livi begleitet seinen Sohn nach Toulon. Er steht hinter der Bühne, mit strahlenden Augen, zuerst sorgenvoll, dann hingerissen. Aus Kippen, die er vom Boden aufliest – Tabak ist ein rarer Artikel –, hat er liebevoll eine Zigarette gedreht, um sie Ivo nach seinem Abgang von der Bühne zu offerieren. Nach der Vorstellung wird ein Wohltätigkeitsbasar veranstaltet; man reißt sich um einen Spazierstock, der dem Marschall gehört hat. Zum Abschluß spielt die Marinekapelle ein paar Märsche vor passendem Bühnenbild: dem mit dem Porträt Admiral Darlans geschmückten Geschützturm eines Schlachtschiffs...

Zwei Tage später feiert Yves Montand seinen zwanzigsten Geburtstag.

Als ausgepichter Impresario schätzt Audiffred ein, daß seine Neuerwerbung nunmehr ausreichend ausprobiert ist, daß er genug Lorbeeren gesammelt hat, um einen Platz in der ersten Reihe einzunehmen. Für das Jahresende bereitet er eine große Revue vor, eine Show von mehr als drei Stunden Dauer, mit Yves Montand als dem Topstar. Der ist auf dem Umschlag des Programms zu sehen: weitschwingende Hose mit tadellos scharfer Bügelfalte, hellkariertes Jackett, dunkles Hemd und weißer Schlips. Das karierte Jackett, von Cab Calloway entlehnt, hat Montand mit dem Geld seiner ersten Gage bei „Thierry – dem Geschäft für den schicken Mann" gekauft, einer der renommierten Firmen an der Canebière. Das Foto zeigt ihn, den rechten Arm zu einem freundlichen Gruß erhoben und mit einem *Cheese*-Lächeln, bei dem er alle Zähne entblößt.

In sein blaues Heft notiert Montand: „Nun habe ich *meine* Revue." Sie heißt *Un soir de folie* (Ein verrückter Abend) und nimmt ihren Ausgang im „Casino an der Mole" von Nizza, vom 30. Oktober bis zum 5. November 1941. Das „Casino" ist ein Luxusetablissement und auf einem Pfahlbau inmitten der Engelsbucht errichtet. Montand bestreitet mit dem Philippe-Brun-Quintett den musikalischen Teil des Abends, der Hauptdarsteller der komischen Einlagen ist eine Größe des „Casino de Paris", Harry Max, der sich an die Côte d'Azur geflüchtet hat. Montand schließt Freundschaft mit ihm. *Un soir de folie* wird ein Triumph, und nun begrüßt auch *Le Petit Niçois* die „Offenbarung des Jahres". Auf Nizza folgt eine Tournee entlang der Küste: Monaco, Antibes, Grasse ... Obwohl er genaugenommen nur etwa dreißig Minuten von den drei Stunden singt, die die Revue dauert, wird Montand allenthalben mit Lobesworten überschüttet, die aufzuzählen langweilig wäre.

Die Côte d'Azur noch mehr als Marseille hat die Crème der Künste und der Literatur angelockt. Aragon, Emmanuel Berl, Malraux haben hier Zuflucht gesucht. In den Theatern der Region brillieren Madeleine Robinson, Michel Simon, Françoise Rosay, während der Sohn eines Hoteliers aus Cannes, Gérard Philip, seinem Namen ein *e* anhängt und seine Chance in einem Film mit dem Titel *Une grande fille toute simple*[3] erhält. Ein Jahrzehnt später werden Gérard Philipe und Yves Montand, die sich auf der Promenade des Anglais hätten über den Weg laufen können, einander sehr nahestehen.

Am 14. November schließlich zieht *Un soir de folie* ins Marseiller „Odéon" ein. Die Direktion hat beschlossen, für Montand zu werben, und sie scheut keine Kosten. Die Canebière ist geschmückt mit einer riesigen Anschlagtafel: sie präsentiert den Künstler in zwei Stellungen, einmal, ähnlich wie auf dem Programmfoto, in kariertem Jackett und mit geblähten Hosen, das andere Mal in Cowboykluft. Quer über die Tafel läuft ein einziger Name in sehr großen Lettern: YVES MONTAND. Die regionalen Blätter, *Le Petit Provençal* oder *Le Petit Marseillais*, sind voll von Werbeanzeigen. Es läuft. *Artistica* bringt ein paar Einwände betreffs der „mangelhaften Aussprache" des Sängers vor. Das bleibt der einzige Mißklang in einem triumphalen Konzert. Die Einnahmen belaufen sich auf 184 000 Francs.

Und die Revue zieht weiter nach Nîmes, Saint-Rémy-de-Provence, Istres, Sète, Orange und abermals Aix. Abend für Abend wiederholt sich das Wunder, die Zuschauer applaudieren, die Nummer ist perfekt durchgestaltet. Die Imitationen lösen zuverlässig Gelächter und *Les Plaines du Far West* Begeisterung aus. Als Montand auf die Bühne kommt, verkündet der Conférencier mit emphatischem Überschwang: „Aufgepaßt, Mesdames et Messieurs, Sie bewundern Gary Cooper oder Maurice Chevalier. Heute abend haben wir Ihnen noch Besseres, noch Stärkeres zu bieten. Heute abend präsentieren wir Ihnen Dynamit auf der Bühne: Yves Montand!"

Die Säle sind brechend voll. Den Franzosen fehlt es an allem. Sie frieren, sie hungern, sie sind unglücklich, also gehen sie aus und amüsieren sich. Auch Montand ist es nicht jeden Tag nach Lachen zumute. Nach der Vorstellung muß er oft in ein erbärmliches, kaltes Hotelzimmer (Audiffred ist nicht verschwenderisch, wenn es um Spesen geht). Und die Reisen selber sind strapaziös. Oft heißt es stundenlang auf entlegenen Bahnhöfen Anschlüsse abwarten, überfüllte Züge erstürmen. Zwanzig Jahre später wird Simone Signoret einen Film von René Clément, *Le Jour et l'Heure*, drehen, der von der Besetzungszeit handelt. Eine Szene spielt in einem Waggon, der so von Reisenden vollgestopft ist, daß es unmöglich ist, sich einen Weg vom einen Ende des Gangs zum andern zu bahnen. Diese Szene wird Yves Montand auf beunruhigende Weise an seine einstigen Expeditionen erinnern.

Ende 1941 entdeckt Montand beim Durchblättern der *Cahiers du film* eine kleine Anzeige: der Schriftsteller und Cineast Marcel Pagnol sucht Statisten für Dreharbeiten zu einem Film. Es handelt sich um *La Prière aux étoiles* (Das Gebet zu den Sternen), mit Josette Day, Pierre Blanchar, Carette, Pauline Carton; die szenischen Aufnahmen waren im August begonnen und dann mangels Filmmaterials unterbrochen worden. Montand dringt in die „Studios du Prado" vor, in einem Köfferchen hat er sein Outfit für die Bühne mit. Er wird engagiert. An diesem Tag wird ein Volksfest in einem Vorstadtcafé nachgestellt. Die beiden Hauptdarsteller sitzen an einem Tisch im Gespräch. Yves Montands „Rolle" besteht daran, auf sie zuzugehen, während die Kamera ihn, vorwärtsfahrend, von hinten aufnimmt. Wenn er bis auf einen Meter an den Tisch heran ist, muß er abschwenken und von der Bildfläche verschwinden. Die Kamera fährt ohne ihn weiter und verweilt in einer Großaufnahme der Stars. Das ist alles, eine flüchtige Erscheinung, die ein paar Sekunden lang über die Leinwand flimmert, aber Montand schmilzt hin vor Glück. Die Scheinwerfer strahlen ihn an, das Objektiv ist auf ihn gerichtet. Da fühlt, da glaubt er sich dazugehörig.

Und in seinem Album jubiliert er: „Heute, am 21. Januar 1942, habe ich mein Debüt vor der Kamera, unter Regie von Monsieur Marcel Pagnol, gehabt. Es war, wie es scheint, eine sehr gelungene Probeaufnahme." Bei der

Montage sollte nicht viel davon übrigbleiben. Ein Assistent jedoch, der „die Offenbarung der Saison“ wiedererkannt hat, weist Pagnol auf ihn hin, und der fordert den Statisten auf zu singen. Montand kennt kein Zögern, er schlüpft in sein Kostüm und gibt in dem viel zu kleinen Vorführraum drei Chansons zum besten. Der Regisseur überschüttet ihn mit den üblichen ermutigenden Worten. Etwa zehn Jahre später sollten Montand und Pagnol Freunde werden.

Montands Leben formt sich solcherart in Kreisen, die sich immer wieder neu berühren. Als er fast ein halbes Jahrhundert später *Jean de Florette* dreht, erlebt der „Papet“ die Überraschung, daß er von einem alten Herrn angesprochen wird, welcher ihm Fotos zeigt, die an jenem Januartag 1942, als er vor Pagnol sang, aufgenommen wurden. Diese Bilder hatten die *Cahiers du film* in ihrer Nummer vom Februar 1942 als Illustration zu einem Artikel mit dem Titel „Sie sind alle *swing*“ verwendet.

Die vom Jazz inspirierte *Swing*-Musik wird zu Beginn dieses Jahres 1942 tatsächlich zu einem wahren Phänomen. Lanciert durch das Chanson *Je suis swing* des früheren Charles-Trenet-Partners Johnny Hess, gibt sich die neue Mode leicht protestlerisch gegenüber dem Vichy-Regime. Dergestalt, daß die am deutlichsten auf Kollaborationskurs fahrende Presse darauf reagiert. *La Gerbe* wettert gegen das „Gift des Amerikanismus“, gegen den „Negerjazz-Wahnsinn und nun diesen *swing*“ und überhaupt gegen die „Ansteckung unserer Jugend durch Cocktailpartys“ ... Die Krankheit wird mit einem Neologismus bezeichnet: der „Amerikanitis“.

Les Cahiers du film schlagen einen ganz anderen Ton an und schildern „die Verrücktheit des Tages“ als eine Lebensart, die sich vor allem in der Kleidung ausdrückt: breitkrempiger Hut, schmale Krawatte, extralanges Jakkett und ziemlich kurze Hosen. Unter der Etikette *swing* werden Charles Trenet und Django Reinhardt eingeordnet, und dann natürlich Montand. „Und nun gibt es einen Profi des *swing*: Yves Montand, der seine Gaben als exzentrischer Sänger auf den großen Bühnen darbietet. Da er ohne Partner auftritt, grimassiert er, verrenkt er sich, schreit, schwebt, hampelt er für zwei. Er ist *swing* von Kopf bis Fuß, und da er einen Meter sechsundachtzig mißt, hat sein *swingendes* Gezappel und Durchschütteln sozusagen kein Ende.“ Und im Landesmaßstab widmet ihm das Magazin für Bühne und Show, *Vedettes*, ebenfalls einen Artikel[4], in dem es fragt: „*Swing* sein oder nicht sein, das ist gegenwärtig die Frage! Sind Sie *swing*? Das heißt, befinden Sie sich, nein, nicht in Bewegung, das ist ein alter Hut, sondern im Rhythmus?“

Montand wird noch im selben Monat einen strenger getakteten Rhythmus kennenlernen, und nicht in dem Sinne, wie es seine Lieblingsblätter verstehen. Die steile Karriere des jungen Mannes, den die Regionalpresse als den ersten aller Swing-Sänger bezeichnet, wird brüsk unterbrochen durch eine Einberufung zu den Chantiers de la jeunesse, dem Jugendarbeitsdienst.

In ihrem Bemühen um „Wiederaufrichtung der Nation“, darum, einem Land, das sich moralisch entwaffnen ließ, neue Werte einzuimpfen, widmet die Regierung von Vichy besonderes Augenmerk der Jugend, die sie disziplinieren und in Reih und Glied bringen will. Eines der am weitesten gediehenen Unternehmungen in dieser Richtung waren die Chantiers de la jeunesse. An ihrem Anfang steht General de La Porte du Theil, der im Juni 1940 den Befehl erhält, sich um die während des Debakels in aller Eile eingezogenen 100 000 Rekruten zu kümmern. Sie haben nicht die Zeit gehabt zu kämpfen, und so werden sie zum Trost in Lager mitten in der grünen Natur expediert. „Das erzielte Resultat – vor allem der bei diesem ersten Kontingent junger Männer eingetretene physische und moralische Wandel – wirkte so ermutigend, daß der Marschall die Chantiers zu einer ständigen Einrichtung erhob und sie per Gesetz vom 18. Januar 1941 mit einem endgültigen Statut versah." Diese stolze Bilanz zieht die Zeitschrift *Espoir français* in einer Sondernummer vom Dezember 1942.

Alle jungen Männer, die in der Süd-Zone wohnen, sind damit zu einer Art von nationalem Arbeitsdienst von acht Monaten Dauer verpflichtet. Sie werden in der Region, wo sie wohnhaft sind, erfaßt, nach Lagern in Marsch gesetzt und zu Arbeiten von gemeinnützigem Interesse herangezogen, hauptsächlich in der Forst- und Landwirtschaft.

Ivo Livi erhält die Aufforderung, sich bei der Abteilung 17 von Hyères-Stadt einzufinden, und bricht am 13. März 1942 dahin auf. Das Lager von Hyères ist in der Nähe des Strandes von Centurion eingerichtet, auf einem trockengelegten einstigen Sumpfgelände – das heißt, es bietet nicht eben einen außergewöhnlichen Komfort. Die Szenerie besteht im wesentlichen aus schilfrohrumstandenen schlammigen Wasserlachen. Die Eingezogenen schlafen in ungeheizten Holzbaracken, die von Flöhen und Wanzen verseucht sind. Montand, dessen Ruhm auch den Militärs des Lagerkommandos zu Ohren gekommen ist, wird gleich bei seinem Eintreffen der Gruppe 8 zugeteilt, der „künstlerischen Sektion", die mit der Gestaltung der Abende am Lagerfeuer betraut ist.

Die Jungen im Chantier lernen, im Gleichschritt zu marschieren und geordnete Schwenks in Formation auszuführen. Körperliche Ertüchtigung ist reichlich angesagt. Eine Reihe von Fotos aus der Zeit zeigt Montand inmitten eines Trupps junger Männer, die Zugübungen am Boden ausführen. Er steht mit verschränkten Armen daneben und betrachtet das Schauspiel.

Von Zeit zu Zeit versammelt man die Lagerteilnehmer vor einer gewaltigen Streitaxt aus Pappe und preist ihnen die Tugenden der „nationalen Revolution". Ein

Offizier verabfolgt ihnen eine kraftvolle Rede, gewürzt mit erbaulichen Gedanken des Marschalls: Frankreich hat sich im Übermaß „Schändlichkeiten" und „Vergnügungen" hingegeben und dadurch verweichlicht; es gilt, Herz und Leib seiner Söhne wieder zu stählen. Die Sektionen von Hyères hantieren darum mit Schippe und Kreuzhacke, heben Erdlöcher aus, vernichten Unkraut, legen Moore trocken. Es scheint, als ob Montand sich diesem männlichen Tun nur so lasch wie eben möglich gewidmet hat.

Die Wahrheit ist, er wie alle andern langweilen sich zu Tode. Die Ödheit dieses verlorenen Sumpfzipfels, fern vom Rampenlicht, bringt ihn um. Der „lustige Fantaisiste", der Sänger und Mime, der „Dynamit auf der Bühne" war, erduldet, koste es, was es wolle, das langsame Dahinkriechen dieser Tage, indem er mit seinen Kumpels allerlei dumme Witze und böse Streiche ersinnt.

Denn der Chantier de la jeunesse ist weder ein Konzentrationslager noch ein Bagno. Worunter Montand am meisten leidet – neben dem Gefühl, zu absolut nichts nutze zu sein, das durch blödsinnige Befehle mancher Vorgesetzter noch bestärkt wird –, ist der Hunger. Das Essen, das den jungen Männern in dieser Zeit des Nahrungsmangels verabreicht wird, ähnelt gar zu sehr den Mahlzeiten, die einst der kleine Ivo Livi vorgesetzt bekam: dünne Suppen, gekochtes Gemüse, undefinierbare Ragouts. So sieht ein jeder, wo er was zu futtern auftreiben kann, hofft auf Pakete von seinen Nächsten. Vor allem Montands Barackennachbar Mourchou, ein Bauer aus Carqueiranne, ist dank der Produkte vom elterlichen Hof ein Segen für seine Kameraden. Ein zweiter Nachbar, der Armenier Derderian, versichert, Yves Montand habe mehrfach Lebensmittelpakete von einer Bewundererin erhalten, einer Hebamme, die ihn sogar im Lager besuchen kam.

Etwas zu beißen zu beschaffen bleibt die Hauptsorge,

bis zu dem Tag, als Montand und sein Kumpan Derderian, abgekürzt „Der“, mildtätige Bundesgenossen finden.

„Eines Tages“, erzählt Derderian, „strolchen wir durch das Lager und kommen zufällig an der Küche vorbei. Der Küchenchef warf gerade einem Hund Brotbrocken vor. Wir nähern uns und sehen durch das offene Fenster auf dem Tisch Kanten von altbackenem Brot liegen. Montand stößt mich mit dem Ellbogen an:

‚Los, verlang ein Stück.‘

‚Trau ich mich nicht.‘

Aber er drängt mich weiter, und ich ringe mich dazu durch.

‚Chef, könnten wir nicht einen Kanten Brot kriegen?‘

‚Brot? Wozu denn, es ist altbacken.‘

‚Wir haben Hunger.‘

Er dreht sich zu seinem Gehilfen um:

‚Die haben Hunger.‘

Er wurde gar nicht wieder. Er ließ uns in die Küche ein und machte das Fenster zu. Er hatte an dem Tag einen Schmorbraten auf dem Feuer, davon setzte er uns mehrere Kellen voll vor. In der Folgezeit hat er uns regelmäßig ‚Brot‘ zugesteckt.“

Die Anekdote wurde gründlich aufgebauscht und später in etlichen Artikeln oder Büchern in eine heroische nächtliche Razzia verwandelt, bei der sie angeblich die Küchentür aufbrachen.

Außer den Krämpfen ihrer leeren Mägen fürchten die Dienstverpflichteten vor allem den Ansturm der kleinen Viecher, von denen es auf diesem ungesunden Gelände wimmelt. Die Flöhe und Wanzen kriechen überallhin, und abends heißt es, in den „Fleischsäcken“ (die alle vierzehn Tage gewechselt werden) binnen Sekunden einschlafen, bevor der Juckreiz einsetzt, auch wenn man dann am Morgen die zur Nachtzeit entstandenen Pusteln zählen muß. Montands Gruppe ist es müde, solcherart zu Beutetieren zu werden, und beschließt eine weiträumige Gegenoffensive. Die Jungs stellen zwei Bettgestelle dicht aneinander und legen sie mit Brettern in der erforderlichen Breite aus. Dann brennen sie mit einer Kerze sämtliche Ritzen aus, um den Feind zu vernichten, und stellen anschließend die Füße der Betten in Wasserbecken. Auf der solcherart abgeschirmten Plattform haben sie fortan vollkommene Ruhe: kein kriechendes Insekt kann sich zu ihr hinaufwagen, es sei denn, es hätte zuvor schwimmen gelernt.

Am 22. Juni, dem ersten Jahrestag des Überfalls auf die Sowjetunion, gibt Pierre Laval, der Regierungschef von Vichy, einen unvergeßlichen Satz von sich: „Ich wünsche den Sieg Deutschlands, denn ohne ihn würde sich der Bolschewismus überall breitmachen."

Im Sommer 1942 wird das Geschick des Krieges auf mehreren gigantischen Kriegsschauplätzen entschieden. Das Reich glaubt sich noch zu einem militärischen Sieg imstande: die Atlantikschlacht wendet sich zu seinen Gunsten, da die U-Boote der Kriegsmarine Hunderttausende Tonnen Kriegsmaterial auf dem Grund des Ozeans versenken. In Nordafrika rückt die Wehrmacht vor bis vor El-Alamein – der Weg nach Kairo steht offen. In den weiten Ebenen vor dem Kaukasus haben die Panzerdivisionen mit dem Hakenkreuz Stalingrad im Visier. Die Russen weichen auf Hunderten Kilometern Front zurück. In Hyères verhehlt die Mehrzahl der Lagervorgesetzten nicht ihre Sympathien und verkündet den jungen Männern:

„Die Rote Armee ist im Eimer, hinweggefegt. Rußland hat verloren."

Diese – zu jener Zeit wie ein augenscheinliches Faktum wirkende – Feststellung aber weigert sich der Montand/Livi von Monsummano und La Cabucelle, der in einer kommunistischen Umgebung geborene und aufgewachsene Junge, zu schlucken. Selbst wenn er in den Filmwochenschauen Tausende sowjetischer Soldaten tot oder gefangen vor sich sieht, ist er überzeugt, daß das Propagandabilder sind. Ohne irgendeine Kenntnis davon, was sich an Ort und Stelle abspielt, geht er die Wette ein, daß die Rote Armee den Krieg gewinnen wird. Es ist keine Analyse der Situation, es ist ein Glaubensartikel, den er vor langer Zeit angenommen hat.

Der Sommer zieht sich endlos hin. Auch die so feinsinnigen Streiche (sich ein paar Streifen auf die Schulterstücke kleben und die frisch angekommenen Rekruten nachts wecken und zu Strafmärschen nach draußen befehlen) locken Montand nicht mehr aus seiner Untätigkeit heraus. Die letzten Wochen sind die schlimmsten, sie schleppen sich nutzlos dahin. Sobald er im Oktober in die Freiheit entlassen ist, legt er grüne Mütze und Golfhosen ab. Er hat die Volljährigkeit erreicht.

Nach dem Krieg sollten durch eine Verordnung vom 10. Oktober 1945 die in den Chantiers de la jeunesse verbrachten Monate als Zeit aktiven Militärdienstes angerechnet werden. Die betroffenen jungen Männer werden aufgefordert, sechs Monate unter der Fahne zu dienen, um danach jeglicher Verpflichtung ledig zu sein. Zu der Zeit erhält Yves Montand sonderbarerweise keine Einberufung. Erst 1957 laden die Militärbehörden den Bürger Livi, genannt Montand, vor, der den Anforderungen der Armee nicht vollständig nachgekommen ist. Der Künstler ist unterdes sechsunddreißig Jahre alt, sein Ruhm erstrahlt allenthalben, und er muß sich nun einer Musterungskommission vorstellen, splitternackt neben jungen Männern, die zwanzig Lenze weniger auf dem Buckel haben und sich ein wenig wundern, ihn in ihrer Mitte zu sehen. Als er den Raum betritt, in dem eine Schar Tressenträger versammelt ist, wird er aufgefordert, sich in einen auf den Boden gezeichneten Kreidekreis zu stellen. Montand ist für einen Augenblick verwirrt durch die Lächerlichkeit der Situation, dann aber beschließt er, sie ins Gegenteil zu verkehren. Er dreht sich langsam um sich selbst, als ob er im Zeitlupentempo tanzte oder aber eine Luxusmodenkollektion vorzuführen habe, dann fixiert er den Blick der Offiziere mit einem Lächeln, bis es ihnen peinlich wird.

Sobald er ins Zivilleben zurückgekehrt ist, kümmert sich Audiffred wieder um ihn. Just ein paar Proben, und schon kündigt das „Odéon“ seine Rückkehr an. Als Topstar. Der Aufenthalt beim Arbeitsdienst hat Montands Einstufung keineswegs geschadet, es geht erneut mit Fanfarengeschmetter los. Audiffred hat sich inzwischen in Marseille erstklassig installiert – er hat Büros an der Canebière Nr. 82 gemietet. Er unterzeichnet mit dem jungen Mann phantastische Verträge: 500 Francs pro Tag für eine zehntägige Tournee durch den Süden, vom 5. bis 15. Dezember 1942: Perpignan, Béziers, Montpellier, Nîmes, Avignon ... und am Ende Lyon, wo sich die Gage auf 800 Francs erhöht.

Die Einzelklauseln des Vertrages legen unter „Werbung“ folgendes fest: „Monsieur Montand wird auf den Anschlägen als Spitzenstar *(vedette américaine)* genannt, sein Name wird größer gedruckt als der aller anderen auf dem Plakat erwähnten Künstler oder Attraktionen, mit Ausnahme von Monsieur Max Régnier, der als großer Spitzenstar auftritt.“

Im Laufe eines einzigen Abends, am 23. Dezember 1942, kassiert der Künstler 1500 Francs, und die „Sonderkonditionen“ legen fest, daß „Monsieur Yves Montand das Recht hat, als erster Spitzenstar auf allen Plakaten und bei jeglicher Werbung genannt zu werden. Sein Name muß in mindestens dreimal so großen Lettern wie der aller anderen mit ihm im Programm auftretenden Künstler vermerkt werden“.

Schließlich singt Montand vom 29. Dezember bis zum 3. Januar 1943 abermals im „Théâtre des Célestins“ in Lyon, für 800 Francs pro Abend. Er hat das Recht, „bei jeglicher Werbung und auf allen Plakaten als Spitzenstar genannt zu werden". Für jene Zeit und für den Sohn von Giovanni Livi sind das sehr respektable Summen. Ivo hat seinen Traum verwirklicht und seinen Vertrag mit sich selbst erfüllt: sein Brot durch Singen zu verdienen. Diese großzügige finanzielle Situation verleitet ihn zu einigen Fehltritten. So in Lyon. In seinem blauen Album gesteht er ein fehlgeschlagenes Abenteuer ein, das nicht das letzte sein wird: „Es ist sehr gut gelaufen für mich, aber zum erstenmal in meinem Leben lasse ich mich auf ein Pokerspiel ein; in ein und einer viertel Stunde knöpft man mir 2500 ab. Ich hatte 800 Francs pro Tag verdient. Ich bin mit 400 Francs nach Marseille zurückgekehrt ... Wenn ich meiner Mutter unter die Augen trete (...!)."

Seit November 1942 ist es aus mit der relativen Ruhe, deren sich Marseille erfreute. Drei Tage nach der amerikanischen Landung in Nordafrika informiert Hitler Pétain, daß er „zu seinem großen Bedauern" den Befehl gegeben habe, „zeitweilig" die südliche Zone zu besetzen.[5] Vichy gehorcht, die Armee bleibt brav in ihren Kasernen, die Hochseeflotte versenkt sich am 27. vor der Reede von Toulon. Marschall von Rundstedt stellt den Besiegten von 1940 ein uneingeschränkt lobendes Zeugnis aus: „Die französische Armee unterstützt loyal die Truppen; die französische Polizei ist beflissen und von gutem Willen erfüllt; das Verhalten der Bevölkerung ist zumeist gleichgültig, mit Ausnahme der offen feindseligen Gebiete von Marseille und Roanne."[6] Der Französische Staat ist nur noch eine Fiktion, sein Weiterbestehen hängt voll und ganz von Hitler ab. Marseille wird die Besetzung kennenlernen.

An einem der letzten Novembertage 1942 bekommt Montand zum erstenmal deutsche Soldaten zu sehen. Oder vielmehr zu hören. Er steigt gerade die menschenleere Straße zum Haus von Mado Fancelli empor, der Pianistin, bei der er für eine bevorstehende Tournee mit

Max Régnier probt, als er hinter sich Stiefelgestampf auf dem Pflaster vernimmt. Und sofort erfüllt martialischer Gesang die Straße:

„Heidi, heido, ha ha ...“

Montand denkt, dieser Chor mache ja durchaus was von sich her. Gleichzeitig aber nimmt er eine starre Haltung an, zwingt sich dazu, sich nicht umzudrehen. Er will geradeaus weitergehen, in ganz natürlicher Haltung, so tun, als ob er nichts hörte. Das *Ha ha ha ha ha ha* der Sieger klingt wie Hohngelächter, wie eine unverschämte und warnende Provokation (der „Chor“ ist offenbar im Lastwagen durch das ganze Stadtgebiet gekutscht worden, um den Einheimischen den Eindruck einer absoluten Allgegenwart zu vermitteln).

Mit den Deutschen ändert sich das Klima in der Stadt. Aufblasbare Ballons, „Würste“ genannt, sollen den Hafen vor Luftangriffen schützen. Die Invasoren sind nicht gewillt, die „Feindseligkeit Marseille“, die von Rundstedt vermerkt hatte, lange zu dulden. Die Stadt bezahlt für ihre mangelnde Unterwürfigkeit einen unerhörten Preis. Kaum zwei Wochen nach der Ankunft der Wehrmacht auf der Canebière, am 2. Dezember 1942, richten zwei Bomben Schäden in den Hotels „Astoria“ und „Rome et Saint-Pierre“ an – ein Deutscher wird getötet. Am 3. Januar wird das vom deutschen Stab requirierte Hotel „Splendid“ aufs Korn genommen. Die Explosion verursacht den Tod von zwei Menschen. Am selben Tag wird ein Bordell zur Zielscheibe erwählt: hier hatten sich die Feldgrauen in Scharen getummelt.

Haben diese wiederholten und präzise geplanten Attentate den Zorn des Führers hervorgerufen? Am 5. Januar entsendet Berlin den General Karl Oberg, Befehlshaber der deutschen Polizei in Frankreich, nach Marseille, um die Vergeltungsmaßnahmen einzuleiten. Der verkündet seine Absichten am 14. Januar seinem „Kollegen“ Bousquet, dem Generalsekretär der Polizei von Vichy, sowie den Präfekturbehörden: „Marseille ist ein Schlupfwinkel internationaler Banditen. Diese Stadt ist das Krebsgeschwür Europas, und Europa kann nicht leben, solange Marseille nicht gesäubert wird. Die Attentate vom 3. Januar, bei denen Soldaten des Großdeutschen Reichs den Tod gefunden haben, sind der Beweis dafür. Deshalb will die deutsche Behörde die Altstadtviertel von allen Unerwünschten säubern und sie mit Feuer und Minen zerstören." [7] Die französischen offiziellen Stellen erklären, daß sie die deutschen Besorgnisse verstehen, und sie erhalten die Genehmigung, die Operationen selbst durchzuführen.

Im Visier hat man also das Viertel um den Alten Hafen, das historische Zentrum von Marseille, ein Gewirr schmaler, von hohen Häusern gesäumter Gäßchen, in dem seit Jahrhunderten das einfache Volk der Arbeiter des Meeres lebt, die Fischer und Docker. Wie die meisten ärmeren Stadtviertel ist der Alte Hafen eine Art Dorf, pittoresk, menschenwimmelnd, strotzend von verschiedenartigen Akzenten und Anekdoten. Er hat sich auch den Ruf eines „heißen Pflasters" erworben – in der Gegend um die Rue Saint-Laurent finden die Matrosen auf Kneipentour alles vor, um ihren Weltschmerz vorübergehend zu vergessen. In diesem Umkreis (aber nicht nur hier) wimmelt es von Prostituierten und Zuhältern. Eine städtische Gazette beklagt dies ohne Umschweife und bezeichnet den Ort als eine höllische Spelunke. „Eine der schmutzigsten Kloaken, wo sich der Abschaum des Mittelmeerraums zusammenrottet, ein trauriges Ruhmesblatt von Marseille, das sich in einem Grad von Verfall und Verkommenheit befindet, von dem man schon bei flüchtigem Hinsehen eine Vorstellung gewinnen kann; es scheint, als seien hier selbst die Steine vom Wundbrand der Verderbtheit, vom Aussatz angefressen ... Es ist das Reich der Sünde und des Todes." [8]

Die Okkupanten sind also entschlossen, „die Kloake

zu säubern". Der Ruf der Sittenlosigkeit, der dem Alten Hafen anhaftet, ist nicht die einzige Erklärung für diese Absicht: in diesem Labyrinth von Gäßchen und ineinander verschachtelten Häusern halten sich Juden, Widerstandskämpfer, Untergetauchte, ja sogar Deserteure der Wehrmacht versteckt. Eben hier bestätigt sich die „kosmopolitische" Bestimmung der Stadt, hier, wo ein – den Nazis verhaßtes – Gemisch verschiedener Rassen den Präzepten der neuen Herren die Stirn bietet. Am 23. Januar wird eine Operation eingeleitet, die in ihrem Umfang der Razzia auf die Juden in Paris ähnelt, die im Juli zuvor in der Winterrennbahn Vel'd'Hiv' zusammengepfercht worden waren. Ein SS-Regiment umstellt den Alten Hafen mit Panzerwagen und sperrt die Straßen mit Stacheldrahtverhauen ab.

Am folgenden Tag beginnt die französische Polizei mit der kompletten Räumung der Wohnquartiere. Die aus ihrem Haus vertriebenen, nur ein Minimum an Gepäck mit sich führenden Bewohner werden zwei ganze Tage unter die Lupe genommen: 40 000 Personen müssen eine „Überprüfung" über sich ergehen lassen, etwa 6 000 werden festgenommen (und davon 4 000 beinahe sofort wieder freigelassen). Die übrigen werden in requirierten Trambahnen abtransportiert: nach einem Zwischenaufenthalt in einem Sammellager bei Fréjus sollten viele von ihnen nach Buchenwald oder Mauthausen deportiert werden. Am 1. Februar verminen deutsche Pioniere die leeren Häuser. Was dann folgte, berichtet die Zeitung *Signal*: „Um 12 Uhr ertönt am Kai ein Hornsignal: ein deutscher Offizier im Stahlhelm entfernt sich rennend aus einem der Gäßchen. Ein paar Sekunden bleibt der Kai menschenleer. Dann eine gewaltige Detonation: die Glocken des alten gotischen Baus zu Füßen von Notre-Dame-de-la-Garde fangen an zu läuten: der Luftdruck hat sie in Schwingungen versetzt. Eine weiße Staubwolke steigt zum Himmel. Kleine schwarze Schatten flitzen davon: die flüchtenden Ratten. Vom Himmel hagelt es Steine: sechs Häuser sinken auf einen Schlag in sich zusammen."[9]

Im Laufe von zwei Wochen werden 1 500 Gebäude zerstört. Von dem alten, buntscheckigen Marseille bleiben nur 14 Hektar Ruinen übrig. Die Deutschen verschonen in ihrem Jähzorn auch die 1905 erbaute berühmte Verladeanlage nicht, ein Meisterwerk der Stahlkonstruktion, das der Sonderberichterstatter von *Signal* für „ebenso berühmt wie den Eiffelturm oder Greta Garbo" erachtet. Als sich Montand an Ort und Stelle ein Bild von dem Ausmaß des Unheils machen will, ist er erschüttert von dem riesenhaft gähnenden Loch. Man könnte es für das Ergebnis eines Bombenangriffs halten. Unter dem Vorwand, „das Krebsgeschwür mit der Wurzel auszureißen", wollten die Besatzungsbehörden, knechtisch unterstützt von denen aus Vichy, demonstrieren, daß sie die ehemalige Freie Zone voll unter Kontrolle haben. Diesmal ist der Krieg wirklich bis an die Gestade des Mittelmeers vorgestoßen. Doch im gleichen Augenblick, in dem Nazis vor den Trümmern des Alten Hafens paradieren, kapitulieren andere im Schutt von Stalingrad. Am 30. Januar 1943 ergibt sich General von Paulus (dem Hitler unmittelbar zuvor noch den Feldmarschallstab hatte abwerfen lassen) den Sowjets. Die Schlacht um Stalingrad hat sechs Monate gedauert und 147 000 deutsche sowie 46 700 russische Soldaten das Leben gekostet. Der Sieg der Roten Armee markiert den Wendepunkt des Krieges. Er markiert auch Montands Dasein mit einem unauslöschlichen Mal: er erklärt zu einem guten Teil sein späteres politisches Engagement – von nun an wird es eine „Generation von Stalingrad" geben.

1943 wohnt Yves Montand noch immer bei seinen Eltern. Aus Furcht vor Bombardierung (aus der Luft, La Cabucelle liegt dicht beim Hafen) und um der Sicherheit des kleinen Jean-Louis willen hat die Livi-Sippe eine

Wohnung in der Gegend von Notre-Dame-des-Limites gemietet. Abends zieht die Familie zum Schlafen da hinauf, tagsüber indes arbeitet Lydia weiter in ihrem Frisiersalon in der Impasse des Mûriers. Montand kommt dieses Arrangement sehr zupaß: es gestattet ihm, seine weiblichen Eroberungen nachts ins Haus der Familie mitzunehmen. Die Erfolge im „Odéon“ und anderswo bringen ihm auch sonst Erfolg ein, wie seine Schwägerin Elvire bezeugt: „Also, er hatte dauernd eine andere. Und wenn wir nicht da waren, brachte er die Mädchen mit. Er hat wahrhaftig ein wildes Leben geführt.“ Auch Lydia Ferroni erinnert sich eines langen Zugs junger Fräulein, die sich im Friseursalon einstellten, um sich nach ihrem Bruder zu erkundigen. Der Betroffene leugnet es zwar nicht, gibt sich aber bescheidener.

Ich hatte keine feste Freundin, keine dauerhafte Beziehung. Natürlich, im Laufe der Tourneen machte ich so meine Bekanntschaften. Es war Krieg, ich war knapp über zwanzig, ich fing an, ein bißchen bekannt zu werden, und das hab ich ausgenutzt. Einmal hab ich in einem Nachtlokal namens „Le Maxim's“ gesungen, da war eine reizvolle Blonde ... Ich erinnere mich auch noch an eine hinreißende, zärtliche Ansagerin mit Netzstrümpfen. Das war in Cannes: ich war so fiebrig, so frustriert von all den Frauen, die mir gefehlt hatten, daß ich mich während der Nacht fünf- oder sechsmal ins Gefecht gestürzt habe und sie doch nicht befriedigen konnte. Dabei hat sie mich liebevoll ermuntert. Aber ein Übermaß an Begierde ruft oftmals den entgegengesetzten Effekt hervor. Selbstverständlich war das für einen lateinischen Macho eine äußerst peinliche Situation.

Obwohl sein Name nun fett auf den Plakaten erscheint, obwohl er ein kariertes Jackett trägt und einssechsundachtzig mißt, bleibt Montand für die Familie der kleine

Ivo, den man beschirmen muß. Er ist einigermaßen stolz darauf, daß er jetzt, wo er Geld verdient, zum Wohlergehen des Haushalts beisteuern kann (wenn er nicht gerade seine Gage beim Pokern verschleudert). Bei Anbruch des Krieges haben die Livis kümmerlich von Lydias Dauerwellen gelebt, die sie im Tauschhandel gegen Fleisch oder Öl fabrizierte, während Mutter Giuseppina Brot buk. Doch es kam soweit, daß die Suppe aus den Hülsen von Saubohnen gekocht werden mußte. Danach werden die Mahlzeiten dank Yves' Auftritten besser, obwohl die Rationierung kaum irgendwelchen Überschwang gestattet. Nun fallen auch die an Julien verschickten Pakete substantieller aus.

Der große Bruder läßt dann und wann auf wortkargen Postkarten, wie sie die Zensur passieren, von sich hören. Er hat auf einem großen Bauernhof an der Ostsee gearbeitet, dann in einer Zuckerraffinerie und wurde schließlich in ein Flugzeugwerk versetzt. „Eines Tages", so erzählt Julien Livi, „bekam ich in einem Paket einen Presseausschnitt mit Foto, auf dem mein Bruder auf der Bühne zu sehen war und dazu ein Teil des sehr großen Publikums. Ich hatte schon gehört, daß er Sänger geworden war, aber ich hatte keine Vorstellung, was das wirklich bedeutete. Und als ich nun sah, wie ihm die vielen Leute zuschauten, da fiel ich aus allen Wolken. Ich habe den Artikel meinen Mitgefangenen gezeigt. ‚Könnt ihr euch das vorstellen, das ist mein Bruder, ist doch nicht die Möglichkeit, das kleine Luder!' Kurz und gut, ich war bewegt."

Später, bei den alliierten Luftangriffen auf Hamburg, die 140 000 Menschenleben kosten, wird der Kriegsgefangene angefordert, um aus den Kellern die Leichen von Zivilisten zu bergen. Giuseppina, die *mamma*, leidet unter der Trennung von ihrem Ältesten; sie tröstet sich damit, daß sie ihr Enkelkind Jean-Louis aufzieht und streng darüber wacht, daß ihre Schwiegertochter Elvire abends nie allein ausgeht. Ins Kino wird Elvire von Lydia als „Anstandswauwau“ begleitet. Giovanni hingegen hat andere Sorgen.

Als Yves Montand eines Abends in die Impasse des Mûriers heimkehrt, geht er in das Eßzimmer im ersten Stock hinauf, das in den Wintermonaten mangels Heizung nur äußerst selten benutzt wird. Hier bewahrt die Mutter in einem Glasschrank die Kostbarkeiten der Familie auf, so das Speiseservice, das Lydia als Hochzeitsgeschenk erhalten hat und das nur zu großen Gelegenheiten (in Kriegszeiten also nie) benutzt wird. Als er das eiskalte Zimmer betritt, wundert sich der junge Mann sehr, seinen Vater beim friedlichen Kartenspiel mit drei Männern anzutreffen, auf dem Tisch eine Flasche Wein. Das Auftauchen des Jungen scheint die Spieler fast gar nicht zu stören. Montand wird erst später kapieren, wessen er da Zeuge geworden ist: die Karten, der Wein, die Gläser, das alles sind nur Köder, mit denen ein möglicher Eindringling hinters Licht geführt werden soll. Was er da aufgestöbert hat, ist ein illegaler Treff.

Giovanni hat während der Okkupation seine politische Tätigkeit nicht unterbrochen. Wieder aufgemuntert durch den sowjetischen Kriegseintritt, elektrisiert durch den Sieg der Roten Armee bei Stalingrad und die Landung der Alliierten in Nordafrika, gehört der Kommunist Livi einer illegalen Gruppe italienischer Antifaschisten an. Verschwiegenheit in all diesen Dingen ist ihm zur zweiten Natur geworden, es fällt äußerst schwer, herauszubekommen, was er getan hat, man kann lediglich die von ihm selbst nach Kriegsende nur spärlich gelieferten Anspielungen und Bruchstücke zusammensetzen. Demnach hat er auf einem illegalen Abzugsapparat Flugblätter gedruckt und sie in der Marseiller Region verteilt. Das wurde durch eine Anekdote bekannt: Er hatte einen Stapel subversiver Literatur nach Martigues zu bringen und hat die Fahrt, weil der Autobus schon voll war, mitten im Winter außen auf dem Fahrzeug zugebracht; er ist von hinten daraufgeklettert und hat sich über 35 Kilometer mit froststarren Händen festgeklammert. Die Impasse des Mûriers ist ein sicherer Zufluchtsort. Das Haus der Livis dient als Treffpunkt, als Übernachtungsort, als Briefkasten. Lydia Ferroni: „Wenn ich im Frisiersalon bei der Arbeit war, kam oftmals ein Mann herein und fragte: ‚Ist Marie-Louise schon da?' Ich antwortete: ‚Ja, ja, sie erwartet Sie.' Dann ging er nach oben. Es war eine Parole, mehr wußte ich nicht. Sie hätten mich foltern können, ich hätte nichts weiter aussagen können."

Die Nummer 8 besitzt zwei Eingänge (oder Ausgänge). Und da sich zudem im Erdgeschoß ein Geschäft befindet, entzieht sich das Gehen und Kommen auch dem argwöhnischsten Auge. Außerdem haben die Livis noch immer Zutritt zu ihrem ersten Haus in der Nummer 7: normalerweise ist es nicht belegt, aber hier läßt sich leicht ein Besucher unterbringen. Montand entsinnt sich, daß er zweimal für durchreisende *compagni*, die auf einer Matratze zu ebener Erde schliefen, Suppe und Brot hinübergebracht hat. Er ahnte wohl, daß diese Männer, die ihm durch ihre angespannten Mienen und ihre unruhigen Augen auffielen, Illegale waren, doch ebenso wie Lydia stellte er keine Fragen.

Nach Aussage von Julien Livi, der von seinem Vater nach der Befreiung einiges Vertraüliche erfuhr, waren die in La Cabucelle beherbergten Illegalen hochrangige Funktionäre der Italienischen Kommunistischen Partei (darunter auch einmal ein direkter Stellvertreter Togliattis). Giovanni Livi hat sich auf jeden Fall einen soliden Deckmantel zugelegt: einen Posten in der Verwaltung der Casa d'Italia, einer mit allen Segnungen des Mussoliniregimes versehenen Einrichtung, der ganz offiziell die Betreuung der in Frankreich wohnhaften Italiener obliegt. In dieser Eigenschaft ist er Inhaber eines kostbaren Passierscheins.

Der Piemontese Garone, Besitzer der „Bar des Mûriers“ und Schwager der Kellnerin Bruna, der Mann mit dem sagenhaften Vorderradantrieb, ahnt wohl, daß sein Nachbar Livi krumme Wege eingeschlagen hat. Von seinem Café aus hat er schon dann und wann beobachtet, wie Besucher an den Wänden entlangschlichen, bevor sie an der Tür Nummer 8 anklopften. Garone ist ein Bewunderer der *Fasci*, aber er schweigt, ob nun aus Solidarität wegen der gemeinsamen italienischen Herkunft oder um des Zusammenlebens im Kiez willen. Als er nach der Befreiung wegen seiner ideologischen Neigungen behelligt wird, tritt Giovanni Livi als Entlastungszeuge für ihn auf.

Das Familienoberhaupt hat sich sorgfältig gehütet, Mitarbeiter unter dem eigenen Dach anzuwerben. Als Julien aus der Gefangenschaft heimkehrt, wundert er sich darüber. „Ich hab meinen Vater gefragt: ‚Im Grunde hattet ihr doch im Hause selbst eine ganze funktionsfähige Zelle, du, André (Ferroni), Yves ...‘ Er hat erwidert: ‚Da irrst du dich. So einfach geht das nicht. In der Illegalität müssen um jeden Preis die einzelnen Gruppen konspirativ und abgeschlossen voneinander arbeiten, und damit muß man an der eigenen Tür anfangen.‘ Natürlich hatte er recht.“

Während des Sommers 1943 kehrt Montand auf die Bühne des „Odéon“ zurück. Er ist vom 28. Juli bis 2. August der Star einer (wie immer von Audiffred organisierten) Show. Wiederum ein glänzender Erfolg, wie die Kritik des *Petit Provençal* bezeugt: „Nach jedem der zwölf oder fünfzehn Chansons bereitet ihm der Saal einen triumphalen Abgang ...“ In Marseille braucht er sich nicht mehr zu beweisen. René Monduel, einer der ständigen Mitarbeiter von *Artistica*, trifft ins Schwarze, wenn er schreibt: „Solange er nicht auf einer großen Pariser Bühne aufgetreten ist, wird er seinen Platz als echter Star nicht bekommen, denn nur die Hauptstadt, die dieses Privileg zu haben scheint, bringt einem Talent endgültig den Durchbruch. Ich weiß – eine Indiskretion –, daß Yves Montand Verträge für Paris unterschrieben hat. Lediglich die gegenwärtigen Ereignisse haben die Erfüllung auf einen unbestimmten Tag verschoben.“ Die „Ereignisse“ werden ihn erst direkt in die Mangel nehmen müssen, damit Montand sich entschließt.

Während er in diesem Sommer 1943 im „Odéon“ singt, bemerkt er ein Mädchen, das in aller Heimlichkeit eine emsige Tätigkeit entfaltet. Es ist eine wunderschöne Griechin, und sie scheint von dem Sänger fasziniert. Monsieur „Dynamit auf der Bühne“ gibt sich nicht lange philosophischen Überlegungen hin, ob dergleichen Anziehung seiner äußeren Erscheinung oder seiner Berühmtheit zu verdanken ist: eines schönen Nachmittags liegen sie miteinander im Bett. Als die Griechin ihn nackt und in voller Erektion erblickt, stößt sie einen Schreckensruf, fast einen Schrei aus, den Yves Montand als unwillkürliche Bewunderung seiner körperlichen Beschaffenheit deutet. Für einen Moment außer Fassung, versucht er seine Partnerin zu beruhigen. Aber sie schreit weiter und springt aus dem Bett.

Ein paar Tage nach dem Vorfall hat er ein Rendezvous mit dem Mädchen in einer Marseiller Kellerbar. Im Halbdunkel erspäht er seine schöne Freundin, wie sie, auf die Theke gelehnt, mit der Besitzerin und einem Gast plaudert. Als Montand nähertritt, erkennt er diesen Gast, es ist ein Deutscher in Zivil, wahrscheinlich ein Polizist, den er schon bei zwei, drei Gelegenheiten in der Nähe der Griechin bemerkt hat. Diese stellt die beiden einander vor. Es kommt ein Gespräch in vertraulichem Ton in Gang; der Gestapoagent verlegt sich darauf, ein großes politisches Fresko zu entwerfen. Er wendet sich Montand zu und streckt ihm seine beiden zur Faust geschlossenen Hände entgegen, die Fäuste gegeneinander gelegt.

„Hier ist der Kommunismus. (Er deutet auf seine linke Hand). Und hier ist der Nationalsozialismus. (Er weist auf die Rechte). Wir sind ganz dicht beieinander und können uns nicht verbinden. (Er macht eine Pause). Oder aber wir müssen es so machen. (Er führt mit beiden Händen eine weite Kreisbewegung aus, bis die Hände sich endlich begegnen). Aber es ist ein weiter Weg, um dahin zu kommen!"

Montand empfindet ein sonderbares Unbehagen. Er begreift nicht, wieso dieser Deutsche ihm, gerade ihm etwas vom Kommunismus erzählt. Der Gestapomann deutet ein Lächeln an und betrachtet den andern mit einem Blick voll unterschwelliger Bedeutung. Plötzlich sagt er, immer noch lächelnd:

„Sie sind Jude."

Verblüfft, aber keineswegs aus der Fassung gebracht, erwidert Montand mit dem natürlichsten Ton, so als ob er etwas Offensichtliches verkündete:

„Nein, ich bin kein Jude."

„Haben Sie Ihren Personalausweis mit?"

Der Sänger zieht seine Papiere hervor. Der andere reißt sie ihm aus der Hand. Und auf einmal verwandelt sich seine Miene, wird beängstigend. Das gezwungene Lächeln gerinnt zu einer schmalen, haßerfüllten Linie, die Augen sind nur noch zwei harte Kugeln, zwei Geschoßkugeln.

„Sie sind Jude. Sie heißen Lévy und nicht Livi. Sie haben in Ihrem Namen zwei Buchstaben verändert."

Die Antwort kommt prompt:

„Ach was, das ist ja absurd. Wenn ich etwas hätte verändern wollen, dann gleich alles, und dann hieße ich Dupont."

Nach ein paar Sekunden bricht der Deutsche in ein sardonisches Lachen aus. Montand läuft ein Schauer über den Rücken. Doch der andere entkrampft sich und schlußfolgert, beinahe lustig:

„Natürlich, ich bin ein Idiot."

Er dreht sich zur Theke herum, greift nach seinem Glas und trinkt ihm ostentativ zu. Die Griechin hat kein Wort gesprochen.

Es ist nicht das erstemal, daß Ivo Livi diesen Gedankengang vernimmt. Als er ein Junge war, in La Cabucelle, hatte er zweimal Gelegenheit, in ein Ferienlager für Arbeiterkinder zu fahren. Bei seiner ersten Reise hatte ihn sein Vater zum Busbahnhof gebracht. Der kleine Junge – er war da wohl acht oder neun – war ganz verzweifelt bei dem Gedanken, sich von den Seinen trennen zu müssen. Als die Gestalt des Vaters immer kleiner wurde und dann in der Ferne entschwand, brach er in Schluchzen aus. Während der drei Wochen Ferien kam er trotz der Spiele und seiner Kameraden fast nicht aus der Trübsal heraus. Er erhielt zwei oder drei Briefe von seiner Familie, und er verzog keine Miene, wenn der mit der Postverteilung betraute Ferienhelfer seinen Namen mit „Lévy" aufrief. Er verbesserte den Irrtum nicht einmal, so groß war seine Freude, von daheim zu hören; aber die Sache prägte sich tief in sein Gedächtnis ein, so daß sie plötzlich, sehr viel später, wieder vor ihm auftauchte.

Die gleiche Verwechslung wiederholte sich auch im Chantier de la jeunesse. Unter dem Vichy-Regime stand freilich weitaus mehr auf dem Spiel. Eines Tages wird der Jugenddienstler Livi zusammen mit drei Kameraden ins Büro des Kommandanten bestellt. Ein Chargierter hinterm Schreibtisch liest eine Liste von Namen vor, die alle jüdisch klingen. Montand ist der letzte.

„Also du, du bist Lévy?"

„Nein, nicht Lévy, Livi."

Der Offizier überprüft und korrigiert. Der Vorfall spielt sich im Frühjahr 1942 ab: die Deutschen haben die „Endlösung" beschlossen und bereiten die massenhafte Deportation der Juden aus Frankreich vor. In der Südzone haben unter der Kontrolle des Französischen Staates großangelegte Razzien eingesetzt. Montand begreift in jenem Augenblick nicht, daß er soeben dem Schlimmsten entronnen ist. Selbst als die drei zusammen mit ihm vorgeladenen Juden aus dem Lager mit unbekanntem Ziel verschwinden, kann er sich das Drama noch nicht vorstellen. Und selbst ein Jahr später, als er vor dem Gestapomann die Schreibweise seines Familiennamens richtigstellt, ahnt er nicht, daß er wegen zweier Vokale Gefahr lief, sich eine Fahrkarte nach Auschwitz ohne Rückfahrt einzuhandeln.

Viel, sehr viel später, als er vom ganzen Ausmaß des Holocaust erfuhr, ergriff ihn, rückschauend, eine furchtbare Angst. Die Leichtfertigkeit seines Alters, die Unkenntnis der grauenhaften Realität und, bis Ende 1942, die Tatsache, daß man an der Mittelmeerküste die Juden relativ in Ruhe ließ – all das ist der Grund, weshalb Yves Montand – und da ist er nicht der einzige – sich nicht vorstellen konnte, daß den Juden die methodische Ausrottung drohte. Mehr als die orthographische Vetternschaft hat zweifellos diese schuldbewußte Erinnerung an die kollektive (und in seinem Fall unwillkürliche) Gleichgültigkeit bei Yves Montand einen tiefen und unwiderruflichen Philosemitismus erzeugt.

Schließlich mußten noch dreiunddreißig Jahre vergehen, bis er den wahren Grund für den Schrei der Griechin beim Anblick seiner triumphierenden Nacktheit erfaßte. 1976: Montand ist mit Catherine Deneuve in München; die beiden Stars erhalten für die Interpretation ihrer Rollen in *Le Sauvage* das „Goldene Bambi“ verliehen. Abends im Hotel läuft ihm eine junge Deutsche, hübsch und einsam, in der wohlbekannten Rolle der Nachbarin, die sich im Zimmer geirrt hat, über den Weg. Die nachfolgende Szene ist nicht minder klassisch: die Besucherin hat da Erfolg, wo Reda Caire gescheitert war. Aber der Schauspieler ist überrascht von der Beharrlichkeit, mit der die Frau sein Geschlechtsteil mustert. Da durchfährt ihn der Blitz der Erkenntnis: seine Gefährtin fragt sich, ob er beschnitten, also Jude ist. Die aus seiner Pubertät zurückgebliebene akzidentelle Vorhautschrumpfung stiftet Verwirrung.

Und da fällt ihm die Reaktion der Griechin in Marseille ein. Nein, nicht das Format seiner männlichen Attribute hatte sie so verstört. Sie hatte sich in Gesellschaft eines Beschnittenen geglaubt. Das Zusammentreffen mit dem Gestapomenschen in der Bar beruhte also keineswegs auf einem Zufall: das Mädchen arbeitete für die Nazis und überprüfte „vor Ort" die wahre Natur dieses oder jenes Verdächtigen. Montand ist überzeugt, daß die blonde Brandfackel, die sich in München auf ihn stürzte, ebenfalls zu der Aufgabe abkommandiert war. Einen Beweis dafür wird er niemals bekommen ... Zumindest aber fühlt er sich als ein „Jude ehrenhalber".

Nach diesem beängstigenden Quiproquo ist der Sänger mit den Nazis noch immer nicht fertig. Ein vom September 1943 datiertes Papier verkündet ihm, daß er zum Pflichtarbeitsdienst *(Service du travail obligatoire – STO)* angefordert ist und einer Vorladung nachzukommen hat, bei der über seine Verwendung entschieden werden soll.

Die Vichy-Regierung hat den STO am 21. Februar 1943 eingeführt: alle jungen Männer über achtzehn sind damit gezwungen, sich zur Arbeit nach Deutschland schicken zu lassen. Die Propaganda der Kollaborateure reitet auf den materiellen Vorteilen herum, mit denen die jungen Franzosen belohnt werden sollen. In Wahrheit werden die 650 000 Opfer, die den Rhein überqueren, in Lagern ähnlich denen für Kriegsgefangene untergebracht und müssen unter prekären materiellen Bedingungen mühselige Tagewerke verrichten.

Montand hat, wie sich vorstellen läßt, keinerlei Lust, nach Deutschland zu gehen, aber er stellt sich zu dem Vorladungstermin ein, weil er meint, es handele sich um eine bloße Kontaktaufnahme, bei der ihm seine Verwendung mitgeteilt werden soll. Er findet den Bahnhof

Saint-Charles von Deutschen in Zivil wimmelnd und meldet sich bei der angegebenen Stelle. Eine „graue Maus“ empfängt ihn und beginnt, seine Akte auszufüllen. Dann wirft sie ihm einen Blick zu, in dem der junge Mann ein gewisses Mitgefühl herauszulesen glaubt – oder bildet er es sich ein? –, und sagt mit müder Stimme:

„Schlesien, Salzbergwerk.“

Statt ihm seine Papiere zurückzugeben, weist sie mit der Hand auf einen Raum zur Linken. Und da findet sich Ivo Livi zusammengepfercht mit einem Dutzend junger Männer seines Alters, unter der Aufsicht von drei gutmütigen, ja entgegenkommenden französischen Polizisten: sie versuchen ihren wegen des alsbald drohenden Abtransports niedergeschmetterten „Gefangenen“ Trost zuzusprechen. Der eine der Polizisten nähert sich, wirft einen argwöhnischen Blick zur Tür und flüstert ihnen zu:

„Wenn ihr im Zug seid, versucht nicht, sofort auf der andern Seite rauszuspringen und zu flüchten. Die Deutschen erwarten die Geflohenen auf dem andern Gleis und liquidieren sie. Aber wenn der Transport sich Dijon nähert, dann fährt er langsamer. Da könnt ihr rausspringen und zu den Jungs im Vercors stoßen.“

Montand hat keine Ahnung, was im Vercors vor sich geht. Seine Gefährten und er werden in eine Art Lagerhaus auf dem Verschiebebahnhof der Rue Honorat gebracht. Lydia daheim in der Impasse des Mûriers merkt, daß ihr Bruder nicht zurückkehrt, und gerät in Panik. Sie weiß nur eines: sie muß um jeden Preis seine Abreise nach Deutschland verhindern. Aber wie? An welche Tür klopfen? Zunächst muß sie sich die Familienpapiere beschaffen. 1929, als Präsident Doumergue das Dekret über die Einbürgerung der Livis unterzeichnete, war Giovanni ein Originaldokument ausgehändigt worden. Der zuständige Beamte hatte ihm deutlich erklärt, daß die Behörden niemals ein Duplikat einer Einbürgerungsurkunde ausstellen. Zehn Jahre später indes hatte der Kommunist diese Empfehlung vergessen und diesen Türöffner einem italienischen Genossen geschenkt, der in die Sowjetunion ausreisen wollte. Jetzt konnte die Familie Livi ihre französische Staatsbürgerschaft nicht mehr nachweisen. Lydia eröffnete ihr Problem einer ihrer Kundinnen, einer Bordellbesitzerin, zu deren Dauerklienten ein Polizeikommissar gehörte. Der Mann arrangierte die Sache und beschaffte ein neues Zeugnis.

Lydia erwirkt die Genehmigung, ihren Bruder zu sehen und ihm ein paar Sachen zu bringen. Sie findet einen finster entschlossenen Yves vor, der ihr von dem Ausweg berichtet, den ihm sein Wächter gewiesen hat: er wird kurz vor Dijon fliehen. Lydias Besorgnis wächst, sie klappert alle Personen ab, die ihr vielleicht helfen könnten, vor allem die Schwarzmarkthändler, die „einen langen Arm" haben. Ohne Resultat. Dann fällt ihr ein befreundetes Ehepaar ein, die Frau hat sie immer frisiert. Der Mann, ein früherer Kaffeehauskellner, arbeitet jetzt bei der Zensurbehörde. Er schlägt vor, Montand seine eigenen Papiere zu überlassen oder ihm falsche zu besorgen: so kann der Flüchtling bei den Kontrollen durchschlüpfen. Lydia dankt ihm, aber sie ist nicht zufrieden. Was sie will: ihr Bruder soll Marseille gar nicht erst verlassen. Da erinnert sie sich noch einer weiteren Bekannten, die ebenfalls auf dem Schwarzmarkt zu Gange ist und in der Rue d'Italie wohnt. Sie ist nicht zu Hause. Lydia kehrt auf die Straße zurück und bricht in Tränen aus.

Der Anblick der weinenden jungen Frau zieht das Augenmerk eines Mannes um die Vierzig, von respektablem Äußeren, auf sich, er tritt zu ihr und fragt, ob er helfen kann. Erschöpft, mit den Nerven am Ende, erzählt Lydia diesem Unbekannten all ihren Jammer: der große Bruder kriegsgefangen in Deutschland, der kleine dienstverpflichtet zum STO, die materiellen Sorgen der Familie ... Der Mann spricht ein paar tröstende Worte, schimpft auf die grausamen Zeiten ... und geht davon. Nach ein paar Metern indes bleibt er stehen und kehrt zu ihr zurück. Was dann folgt, ist so unglaubwürdig, daß kein Drehbuchautor die Dreistigkeit besäße, sich davon inspirieren zu lassen. Und doch war es so! Lydia: „Ich habe diese Geschichte niemals erzählt. 1987 jedoch rief Yves mich aus Amerika an und bat mich um eine ausführliche Schilderung, die habe ich ihm am 22. Mai 1987 geschickt." In diesem Brief enthüllt Lydia Ferroni, wie sie Montand vor dem STO gerettet hat: „Ein Wunder. Der Mann gibt mir ohne jedes überflüssige Wort einen Zettel mit seiner Unterschrift für Sabiani und nennt mir dessen Adresse in der Rue Pavillon. War es Mitleid? Oder meine Jugend? Ich werde es niemals erfahren. Ich sagte mir, dorthin zu gehen ist nicht gut (Sabiani war für mich der größte Faschist auf Erden), aber ich dachte nur an dich. Papa hatte mir immer gesagt: wenn man gar nicht mehr anders kann, dann muß man sich seine Ideen bewahren, aber die Leute, die die Macht haben, benutzen."

Simon Sabiani hat sich seit Kriegsbeginn ostentativ an die Seite der Deutschen gestellt. Als Chef des PPF in Marseille ist er einer der Stützpfeiler der Kollaboration. Lydia überwindet ihre Abneigung und begibt sich in die Rue Pavillon, zum Sitz des PPF, ganz in der Nähe des Friseursalons „Chez Yvonne et Fernand", wo Montand vor Ausbruch der Feindseligkeiten arbeitete.

Sie betritt die Halle, in der es von Typen mit weichem Filzhut wimmelt, deren Jacketts eine charakteristische Ausbeulung unter der Achsel aufweisen. Sie bekommt die Auskunft, Sabiani sei nicht da. Sie zieht das Zettelchen hervor, das der Mann auf der Straße – sie wird nie erfahren, wer es war – für sie gekritzelt hatte. Beim Anblick der Unterschrift gerät der Empfangswächter ins Schwanken, nimmt das Blatt und berät sich mit zwei anderen Männern, die Lydia mustern (zweifellos schätzen sie die Distanz ab, die den hochrangigen Unterzeichner des Briefchens von dieser namenlosen kleinen Person trennt, die vor Unruhe zittert). Schließlich kommt der Empfangsbulle wieder zu ihr und gibt ihr das Papier mit der Mitteilung zurück, sie werde am nächsten Tag um 9 Uhr auf der Kommandantur empfangen.

Sechzig Minuten vor der Zeit überquert Lydia die Schwelle zu dem großen Gebäude unten an der Canebière, der ehemaligen Verwaltung der Gemischten Schiffahrtsgesellschaft, das beschlagnahmt und in den Amtssitz des deutschen Stabes umgewandelt worden ist. „Du wirst lächeln, aber ich erinnere mich noch, was ich anhatte, um auf die Kommandantur zu gehen: einen weißen Plisseerock und eine Bluse mit feinen Streifen! Was ist daran schon wichtig, wirst du denken. Aber ich war jung, und wenn es einen wichtigen Schritt zu tun gilt, dann spielt die Jugend eine Rolle ... Die Leute sind dann viel freundlicher."

Lydia muß den ganzen Tag ausharren. Erst am späten Nachmittag führt man sie zu einem deutschen Offizier, einem Prototyp arischer Schönheit nach den Kriterien des Dr. Goebbels. Er behandelt sie mit äußerst kühler Höflichkeit. Lydia haspelt ihr Plädoyer ab. Der Deutsche verlangt mit unverändert eisiger Miene ihr Familienstammbuch. Sie reicht ihm das Duplikat des Einbürgerungsdokuments, das ihr der Polizeikommissar verschafft hat, und eine handgeschriebene Notiz des letzteren, in welcher er erklärt, daß das Original verlorengegangen ist. Der Offizier beginnt zu lesen und unterbricht sich sofort:

„Livi, Livi. Das heißt nicht Livi, sondern Lévy."

Wie sein Kollege in der Bar ist er mißtrauisch gegenüber den Vokalen und fragt Lydia des langen und breiten nach der Familiengeschichte aus. Die Empfehlung von Sabianis Bütteln scheint ihn dann umzustimmen. Lydia zieht aus ihrer Handtasche Zeitungsausschnitte, in denen von Montands Glanzleistungen auf der Bühne die Rede ist. Das Gesicht wird freundlicher. Der Mann nimmt ein Blatt Papier, schreibt ein paar Worte darauf und stempelt es ab. Lydia zerfließt in Dankessprüchen und eilt zur Rue Honorat. „Ich war wie berauscht vor Müdigkeit, Angst und Freude, aber ich flog geradezu." Es ist nach 18 Uhr, der Transport soll am nächsten Morgen abgehen.

Sie kommt in dem Lagerhaus an, schwenkt ihr Papierchen, das ihr alle Türen öffnet, und stürzt ihrem Bruder in die Arme. Der aber, als er die Nachricht von seiner Befreiung hört, protestiert wütend. Lydia: „Er wollte in den Widerstand gehen, wollte aus dem Zug springen, das war romantisch, das war seinem Alter gemäß." Montand bestreitet heute diese Version, oder er hat sich keinerlei Erinnerung daran bewahrt. Lydia Ferroni aber beharrt auf der Darstellung, die sie ihm 1987 geliefert hat: „Ich komme an diesen stinkenden Ort, und du, du bist maßlos enttäuscht. Du bist so zornig, wie nur du es sein kannst. Du hast mich angeschnauzt. Ich seh dich noch vor mir. Kurz und gut, du drückst deinen Kumpels die Hand und sagst: Auf bald. Ich vergaß deinen Zorn, wenn ich an die Erleichterung zu Hause dachte." Schwägerin Elvire bestätigt das: „Er wollte gar nicht, daß Lydia ihn dort rausholt. Er wollte los, er wollte den Helden spielen. Er wußte nicht, was ihn erwartete."

Bis heute sind Lydias Demarchen bei Sabiani und auf der Kommandantur, um Montands Abtransport nach Deutschland zu verhindern, ein Tabuthema geblieben. War es entehrend, daß eine kommunistische, im Widerstand tätige Familie vom Kurs abwich und auf bloße Sicht hin steuerte, um einen der Ihren – übrigens nur provisorisch – aus dem Wasser zu fischen?

Ab Herbst 1943 verstärken die deutsche und die französische Polizei die Razzien auf junge Männer, die versuchen, sich dem Arbeitsdienst zu entziehen. Montand tritt weiter in Varieté-Veranstaltungen auf, aber er ahnt, daß er bei einem zweiten Fischzug nicht durch die Maschen schlüpfen wird.

An einem Januarabend 1944 veranstaltet die Miliz eine Haussuchung in der Impasse des Mûriers Nr. 8. Es ist ernst gemeint: das Viertel ist abgeriegelt, weitere Häuser werden durchsucht. Die Helfershelfer der Deutschen scheinen sehr gut unterrichtet, denn sie dringen bei den Livis gleichzeitig durch die Eingangstür (zur Impasse hin) und durch die Hintertür ein (die zum Garten führt und von dort zum Boulevard des Mûriers). Paradoxerweise wird Montand gerade durch diesen doppelten Eingang gerettet. Denn als der Milizionär die hintere Tür mit heftigem Schwung aufdrückt, um das Erdgeschoß zu betreten, verdeckt er mit ihr eine schmale Tür im Winkel, kaum breiter als der Flügel eines Wandschranks: sie führt in ein winziges Zimmerchen, wo der junge Mann gerade schläft. Die „abendlichen Besucher" durchforschen vergebens das ganze Haus. Von den Eindringlingen nach Ivo befragt, antwortet die Mutter mit vollkommener Geistesgegenwart:

„Mein Sohn gibt eine Vorstellung in der Gegend von Toulouse."

Ein letzter Blick in die Runde, und die Miliz verzieht sich.

Elvire war da, als die Tür brutal aufgerissen wurde. Mit einer ganz natürlich wirkenden Bewegung ist sie zur Seite gewichen und hat damit den Eingang zu der Kammer noch vollständiger verdeckt. „Yves hat wirklich großes Schwein gehabt. Die aufgeklappte Tür verdeckte die zu seinem Zimmer. Er hat geschlafen und ist nicht mal aufgewacht. Denn das hatten wir befürchtet. Nachdem die Milizionäre fort waren, ist er mit verdutzter Miene, seine Gitarre in der Hand, aufgetaucht und hat sich erkundigt, wo der ganze Lärm herkam."

Montand hat Glück, *baraka.* Aber er weiß, daß es nicht treu ist. Früher oder später wird er bei einer Kontrolle geschnappt werden. Er ist gewungen zu handeln, so oder so.

Ein paar Tage nach der Durchsuchung unseres Hauses durch die Miliz haben mich heimlich Freunde aufgesucht und mir gesagt: „Du mußt in den Maquis gehen." In den Maquis? Was für einen Maquis? Es war das erstemal, daß ich das Wort auf diese Weise ausgesprochen hörte. Ungläubig habe ich zurückgefragt, ob sie wollen, daß ich nach Korsika gehe. Der Maquis, das war für mich das wilde, kräftig duftende Gestrüpp auf Korsika. Da haben sie mir von der Résistance erzählt, von den Arbeitsdienstverweigerern, die in der Gegend von Saint-Raphaël in die Berge geflüchtet waren, um Partisanengruppen zu bilden. Ich hatte im Januar 1944 keine Ahnung von alledem, was unglaubhaft erscheinen muß, da mein Vater selber in der Résistance war. Aber er hat mir nie ein Wort davon erzählt! Der Maquis von Saint-Raphaël, das erschien mir – sehr zu Unrecht – einfach nicht seriös. Ich habe ihnen gesagt: „Ich bin Künstler, versteht ihr, euer Maquis, das kommt mir vor wie Folklore." Ich hatte nicht die geringste Lust, mich in den Bergen zu verstecken. Ich sang, ich war gut im Geschäft. Ich wollte weitermachen.

Giovanni Livi, der alte Kommunist, versucht zu keiner Zeit, seinen Sohn zu beeinflussen. Ebensowenig wie er ihn für seine illegale Gruppe angeworben hat, versucht er, ihn in den Maquis zu schicken. Montand selber fühlt sich zwar hinlänglich als Nazigegner, um sich dem STO zu entziehen, aber nicht genug einbezogen und auch nicht genug informiert, um tatkräftig gegen die Okkupanten zu kämpfen. Unter solch verworrenen Umständen genügt ein Zufall, eine Begegnung, um über ein Schicksal zu entscheiden. Diese Gelegenheit brauchte Montand nur zu ergreifen.

Seit mehreren Monaten hatte Audiffred seinem Schützling vorgeschlagen, „rauf nach Paris" zu gehen.

(Auch *Artistica* vertrat diese Meinung.) Im selben Augenblick, da Montand sich fragt, wie er der Dienstverpflichtung entkommen kann, hat sein Impresario für ihn einen Vertrag für das „ABC“, die angesehenste Pariser Music-Hall, an Land gezogen. Audiffreds Vorschlag kommt wie gerufen. Montand hat die Lösung für sein Problem gefunden. Er wird sich im hellsten Licht, auf der Bühne des „ABC“, verstecken! Sein Freund Harry Max, mit dem er bei der Revue *Un soir de folie* durch Südfrankreich getingelt ist, hat ihm seine Adresse hinterlassen, für alle Fälle ... Nur seinen Vater muß er noch überzeugen. Das Abenteuer ist nicht ungefährlich: er muß mit seinen echten Papieren, denen eines Arbeitsdienstverweigerers, die Demarkationslinie zwischen den beiden Zonen überschreiten. Und dort in der Hauptstadt, weit weg von der Familie, kann alles mögliche passieren. Schließlich stellt sich auch ein finanzielles Problem. Die Einnahmen aus seinen Gagen gibt er aus, wie es sich gerade trifft, er hat keine großen Ersparnisse. Giovanni ist stärker bewegt, als er blicken läßt, er ahnt, daß diese Abreise eine Trennung markiert: der Kleine ist flügge geworden.

„Hör zu, mein Sohn, ich geb dir sechs Monate, um es in Paris zu schaffen. Sonst gehst du in die Fabrik wie jeder andere auch. Und merk dir, hier findest du jederzeit für dich den Tisch gedeckt.“

Lydia hat diese Stunden nicht vergessen. Ein paar Jahrzehnte später wird sie sie dem Bruder in einem Brief ins Gedächtnis rufen: „Wir waren in großer Angst. Du fuhrst allein los, auch wenn du den Vertrag von Audiffred und die Adresse von Harry Max in der Tasche hattest. Du trugst deinen komischen Anzug und hattest fast kein Geld ...“

Am 16. Februar 1944 besteigt Yves Montand auf dem Bahnhof Saint-Charles den Zug nach Paris, in der Hand seinen braunen Pappkoffer.

5

Am Morgen des 17. Februar 1944 steigt der Provinzler Yves Montand aus dem Zug, der die ganze Nacht durchgerattert ist, und taucht an der Gare de Lyon in die Metro ein. Harry Max hat ein Hotel für ihn aufgetan („Da wirst du dich nicht so fremd fühlen, die Familie kommt aus Marseille!"). Zunächst einmal aber gilt es, Harry Max selbst ausfindig zu machen, er wohnt in der Rue Fontaine, am Fuß der Butte von Montmartre. Betäubt vom Rasseln des gelben Waggons, verdutzt von den automatischen Türen, die mit der Grausamkeit eines Hackmessers zusammenschlagen, erkundigt sich der junge Südländer (der durchaus „Dynamit auf der Bühne" sein mag, in öffentlichen Verkehrsmitteln aber von einer hartnäckigen Ängstlichkeit befallen ist) bei seinem Nachbarn nach irgendeiner Station in der Nähe jener Rue Fontaine. „Bonne Nouvelle!"[1] ruft der Mann in freundlichem Ton, „Bonne Nouvelle!" Er sieht nicht aus wie ein Quäker oder Baptist oder sonst ein Prediger, und Montand folgert daraus, daß seine Zielstation wohl so heißen muß.

Als aber auf den blauen Kacheln hinter der Glastür die erwartete Botschaft zu lesen ist, rührt er sich nicht vom Fleck. Der gute Samariter ist verblüfft: „Heda, los, Sie sind da ..." Montand bleibt in Habachtstellung vor der Tür stehen. Da begreift der andere: sein Reisegefährte erwartet, daß die Tür von alleine aufgeht, da sie ja auch von alleine zuging. Und so hebt er, Lehrmeister vom Anfang bis zum Schluß, den Sperriegel an und schiebt die beiden Türhälften auseinander ...

Montand springt auf den Bahnsteig. Das ist genau die Art Situation, die er abscheulich findet. Nicht, weil sie Unkenntnis enthüllt: die Unkenntnis selbst ist unvermeidlich, sie läßt sich beheben, und übrigens wird sie von vielen geteilt. Sondern wegen der ein wenig demütigenden Tolpatschigkeit, Albernheit, die eine solche Unwissenheit erzeugt. Eben das kann er, der aus freiem Antrieb zwischen zwei Welten auf Reisen ist, nicht mehr ertragen.

Die Anekdote wäre wirklich nur von anekdotischem oder vielmehr gar keinem Interesse, wenn sie nicht etwas bewirkt hätte. Noch am selben Nachmittag stürzt sich Montand erneut ins Labyrinth der Metro, lernt die Stationen und Anschlüsse auswendig, dekliniert: „Pigalle – Notre-Dame-de-Lorette – Havre-Caumartin – Saint-Lazare – Opéra – Concorde", vorwärts und rückwärts, verirrt sich absichtlich im Gewirr der weißen Schläuche und spielt das Spiel, sich wieder zurechtzufinden. Als er vier Stunden später wieder ans Freie emportaucht, kann er einem Kartenknipser den Posten streitig machen.

Die Bühne des „ABC" wird der „fantaisiste", in dessen Namen Audiffred einen „offenen Vertrag" unterzeichnet hat, auf gleiche Weise erstürmen, wie er sich in die Tiefen der Metro gestürzt hat. Mit der wilden Entschlossenheit, sich hier ganz ungezwungen zu bewegen. Es ist dieselbe wilde Endschlossenheit, die ihn heute noch, wenn ihm bei dem einen oder anderen Chanson Gedächtnislücken drohen, anstachelt, das Lied fünfzehnmal hintereinander von vorn bis hinten durchzunehmen, während ihm dabei das Radio in den Ohren gellt und ihm mit anderen Liedern, Nachrichten, Werbung, allem möglichen das Gehirn verwirrt, so daß die Übung zu einer Herausforderung wird.

So steht er denn am Metroausgang Pigalle, den Magen mit einem kalten Stück Fisch gefüllt, und läutet bei dem frohsinnigen Harry Max. Gegenseitiges Klopfen auf den Rücken, brüderliches Wiedersehen; dann machen sie sich auf den Weg zur Rue Blanche. Das „Palace Hôtel“ ist ein bißchen aufgemotzt, und der Patron, „Monsieur Albert“, der ebensowenig Monsieur Albert heißt, wie Monsieur Livi Monsieur Montand heißt, ist genausowenig wie sein Klient ein waschechter Marseiller. Er ist Grieche, ein leutseliger Mann und ein bißchen auch Zuhälter (im Salon sitzen einige Herren beim Kartenspiel, umringt von unbewegt wartenden Damen, zum Gruß tippen sie mit einem Finger an ihre Hutkrempe, wie im Kino). Monsieur Albert ist beeindruckt, daß er einen Künstler beherbergen soll, der in so jungen Jahren bereits im „ABC“ auftreten wird; er ist bereit, sich für seinen erlesenen Gast in Stücke reißen zu lassen, und dann expediert er ihn unters Dach.

Die Gelegenheit, all diese Tugenden der Gastfreundschaft unter Beweis zu stellen, läßt nicht auf sich warten. Kaum hat Harry Max seinen Kameraden allein gelassen, kaum hat Montand seine Hemden ausgepackt, da donnert es an die Tür.

„Deutsche Polizei!“

Zwei Männer, zwei Kolosse mit einem deutschen Schild *Feldgendarmerie* auf der Brust, das allein einen Menschen in Angst und Panik versetzen kann, noch bevor er daran denkt, daß er Arbeitsdienstflüchtiger ist, also gesucht wird und ebenjene furchteinflößenden Männer den Auftrag haben, die Verweigerer zu suchen …

„Papiere?“

Da taucht Monsieur Albert auf, lachlustig, schnatternd, mit seinen Armen herumwirbelnd, deren er so viele zu haben scheint wie eine indische Göttin.

„Das ist mein Cousin! Ach, das konnten Sie nicht wissen, mein Cousin, Cousin, Cousin von mir, gekommen nach Paris, Spaß haben, *ja*, viel Spaß, *jawohl*, Paris sehen, mir ein bißchen helfen, mir helfen, helfen mir, ein klein wenig, ich haben viel Arbeit, so ein Hotel, das machen Arbeit, *ja, viel Arbeit*, er wird mir ein bißchen helfen und Spaß haben in Paris, ist Sohn von meiner Tante, *jawohl*, groß ist er, was? ..."[2]

Und Monsieur Albert ertränkt den Diensteifer der Büttel in zwei Glas Kognak.

In Paris gleich im „ABC" einzusteigen, wenn einer dreiundzwanzig ist und bislang nicht mehr als eine regionale Berühmtheit war, das ist so, als ob er eine politische Karriere im Rang eines Staatssekretärs begänne oder nach ein paar Monaten Novizentums zum Kardinal erkoren würde.

Das „ABC"[3], am Boulevard Poissonnière Nr. 11 gelegen, war „die Comédie-Française der Music-Hall", ein Saal mit 1200 Plätzen, silbernen Säulen, einem Foyer und zwei Rängen, mit einem reichen Vorrat an verschiedenen Vorhängen, einer sehr schicken Mischung aus Gold und Blau-Weiß. Der Herr und Schöpfer des Ortes, der Rumäne Mitty Goldin – zur Zeit „nicht in Paris anwesend", weil sein wahrer Familienname Goldenberg lautet –, pflegte gern zu sagen, daß es eine „Ehre", eine Weihe bedeute, bei ihm aufzutreten, und sei es gleich nach Öffnen des Vorhangs, und daß ein gutes Programm (es wechselte alle zwei Wochen und wurde zu der Zeit zweimal täglich gespielt) durch das Aufeinandertreffen von Persönlichkeiten mit eigener Prägung nur gewinnen und nichts verlieren könne. So war er im April 1938 nicht davor zurückgeschreckt, in einer Show mit Charles Trenet als Mittelpunkt zugleich Edith Piaf und Marianne Oswald zu präsentieren – unter anderen. Im „ABC" ist der „singende Narr" Trenet zu Ruhmesehren gekommen. Im „ABC" hat Mayol seine Abschiedsvorstellung gegeben und Tino Rossi sein Debüt. Im „ABC" hat „die Miss" – Mademoiselle Mistinguett – 1937 einen Triumph gefeiert, im Alter von vierundsechzig Jahren ...

Und an die Pforte des „ABC" klopft nun auch, am 18. Februar 1944, Yves Montand. In seinem Vertrag ist ihm weder die *vedette anglaise* noch die *vedette américaine*[4] zugesichert: er muß sich als der Letztgekommene einreihen, auf freundliche Weise erdrückt von der Lokomotive der Show, dem gurrenden André Dassary, der mit seinem Bravourstück *Quand les prisonniers reviendront* (Wenn die Gefangenen heimkehren) auch die Hartgesottensten weich stimmt. Ein ordentliches Pariser Varietéprogramm vermischt zu jener Zeit Tänzer, Sänger, Diseure und zirkusähnliche Attraktionen; eine normale Nummer dauert kaum mehr als zehn Minuten, ein auf dem Programm ganz oben genannter Sänger hat auch nicht mehr als zwanzig (das heißt sechs oder sieben Chansons), und der Sänger XY hat höchstens Anspruch auf drei oder vier Titel.

Bei der Probe sieht sich Montand umgeben von der Jongleurtruppe Gasty, von dem Akrobatikensemble Canova, dem Tanztrio Daresco, dem Clownspaar Renatis, dem Komiker Roméo Carlès und so fort, alles hervorragende Profis und für ihn in keiner Weise Rivalen. Hingegen verzweifelt er beim Gedanken an die „feurige Fantaisistin“ Betty Spell, die als *vedette américaine* angekündigt ist. Sie gefällt ihm, die Betty Spell, sie ist mit ihren Löckchen und ihrer gestreiften Korsage herrlich „feurig“ und „fantaisistisch“, aber sie wird den ersten Programmteil beschließen mit einem Lied, *Venez, venez dans mon rancho!* (Kommt, kommt auf meinen Rancho), mit dem sie Montands *Plaines du Far West* auf tragische Weise die Jungfräulichkeit rauben könnte. Sicher, *rancho* ist nicht *ranch* und *olé!* nicht *hello!*, aber trotzdem ist Montand überzeugt, daß er mit einem schrecklichen Handikap ins Rennen geht. Der Regisseur läßt sich auf keine Abänderung ein. Ein Bühnenarbeiter hört sich seine Beschwerden mitfühlend an, aber so ist nun mal das harte Gesetz der Kulissen: wer zuhört, kann nichts tun, und wer etwas tun kann, will nichts hören. „Ach was, mein Junge, das hat gar nichts miteinander zu schaffen ...“

Ich war nichts, absolut nichts. Man rief mich Jacques Morand oder Yves Montana ... André Dassary oder Betty Spell, die ja, die waren sehr bekannt. Aber mich haben sie nicht beeindruckt. Betty Spell hatte so die Art der flotten, lustigen Pariserin drauf, dieses „Hoppla!", von dem ich nicht gerade begeistert war, das aber gut ankam. Vom Äußeren her gefiel sie mir. Dassary kam von der Operette. Er, André Claveau und Guétary waren die samtweichen Schnulzenstimmen der Stunde. Aber ehrlich gesagt, mochte ich die „reinen Sänger" nicht. Ich betrachtete sie ein bißchen boshaft wie wirbellose Tiere. Ich liebte die wirklichen Interpreten, Chevalier, Fred Astaire, Armstrong.

Ich höre Dassary noch: „Wenn sie heimkehren, die Gefangenen, da werden alle Glocken in Paris läuten ...", und so weiter und so fort ... Ein enormer Hit! Dann kündigt die Ansagerin die nächste Nummer an: „Und jetzt kommt Yves Montand ..." Ich dampfe raus auf die Bühne, in meinem langen karierten Jackett, der Dirigent taucht für einen Augenblick aus dem Orchestergraben auf, um mir den Einsatz zu geben, dann leg ich los: „Ist mir schnurz, ist mir schnurz, ist mir schnurzegal; ist mir schnurz, ist mir schnurz, das verkraft ich allemal ..." – ein unsterbliches Werk von Charles Humel. In dem Nebel vor mir erkenne ich, daß viele Leute schon aufstehen, unterwegs sind zum Ausgang. „Ist mir schnurz, ist mir schnurz, die Hauptsache, es klappt, yeah!" Ich steppe einen Schlag. Treibe ich die Leute zur Flucht? Oder haben sie nach Dassary an nichts mehr Interesse? Ich gehe ab, wechsle das Jackett, stülpe mir meinen Cowboyhut über, komme krummbeinig zurück. „Wenn in den Weiten des Wilden Westens die Nacht anbricht, so ungeheuer ..." Da bleiben die Leute auf einmal stehen, setzen sich wieder, sind gespannt, was dieser magere, schlottrige, gummiweiche Typ anstellt (jawohl, „gummiweich": ich hab mich danach in der Wochenschau gesehen, wie ich Luna Park *sang, und hab mich selber gefragt, was für eine komische Spargelstange da auf der Bühne stand).*

„... Die Cowboys am Lagerfeuer, sie schlafen jetzt – ils sont endormis ...“ Ich hab das letzte iii extra lange angehalten, ich ließ es ganz langsam ausklingen. Und dann plötzlich kein Laut mehr. Es gibt Augenblicke der Stille, die geräuschvoller sind als eine tobende Menschenmenge. Es war eine Stille, die Gutes verhieß – das wußte ich noch nicht –, aber sie war zugleich schrecklich, weil dieses leise Knistern, das Murmeln, die verhaltene Spannung des Publikums nicht zu hören war. Nichts. Alle sitzen bewegungslos da. Ich habe Zeit – endlos lange Zeit –, mich zu befragen, mir zu sagen, es hat ihnen nicht gefallen. Und dann geht es los, ein rasendes Geklatsche, ich schwöre es. Sie hörten nicht mehr auf mit Klatschen.

Es war kein Erfolg, es war ein Triumph: ein glatter Triumph. Ich hatte nicht kapiert, daß die Leute, die weggingen, sich nicht verdrücken wollten, sondern Angst hatten, sie könnten die letzte Metro verpassen. Und ich hatte ebenfalls nicht begriffen, jedenfalls nicht gleich, daß sie ihre Ovationen gar nicht oder nicht nur einem Sänger darbrachten, dessen Timbre ihnen zusagte, sondern einem, der öffentlich Amerika besang, der das Wort ranch *aussprach und nicht* rancho. *Heutzutage ein lächerlicher Unterschied, damals aber enorm wichtig.*

Audiffred ist vor Freude aus dem Häuschen. Der dritte Titel, *Und er zog seinen Revolver* (nochmals die USA, nun aber die gangsterhafte Seite), wird ebenso begeistert aufgenommen wie der zweite. Debütanten, die „die Bude schmeißen“, reißen sich die Bühnen gegenseitig aus den Händen, sie machen sie sich streitig, von den „Folies-Belleville“ bis zum „Européen“, vom „Alhambra“ bis zur „Fête Foraine“. In der Rue de la Gaîté brauchen erstklassige Talente nur auf den andern Bürgersteig zu wechseln, um zwischen dem „Bobino“ (Nr. 20) und dem „Casino-Montparnasse“ (Nr. 35–37) hin und her zu pendeln. Yves Montand hat just mit drei Liedern wohl nicht den Mond vom Himmel geholt, aber zumindest seinen Einzug auf den Markt geschafft, wie die Börsenmakler sagen: ein Wertpapier, „das Beobachtung verdient, Voraussetzungen für raschen Anstieg gegeben". Kurz und gut, er hat für jeden Tag einen Vertrag abgesahnt, manchmal sogar zwei Verpflichtungen am selben Tag. Alles in Butter …

Eben nicht. Montand ist zuinnerst so gebaut: Wenn „alles wie geschmiert" läuft, wenn der Erfolg eingetreten, wenn er offensichtlich ist, dann weist er das Offensichtliche zurück und sucht pedantisch nach einem Defekt, einem Fehler, einem falschen Ton, einer plumpen Geste. Selbst nach der unglaublichen Welttournee von 1982 bleibt sein Reservoir an Ängsten unversehrt, quillt über. Das Publikum ist ein skeptisches Wesen, es hat schon alles mögliche erlebt, es hat tausenderlei Dinge im Kopf und denkt, in seinen Sessel gelümmelt: „Na los, Künstler, nun laß mich mal staunen, aber es sollte mich erstaunen, wenn du das schaffst …" Selbst wenn der Saal tobt, selbst wenn ein ganzes Stadion aufgesprungen ist und nicht zulassen will, daß der Vorhang endgültig fällt, dann bleiben – nach Schätzung von Montand – 6 bis 8 Prozent der Anwesenden übrig, die nicht an der allgemeinen Begeisterung teilhaben und sie nur von außen beobachten: das ist der harte Kern, den Montand unermüdlich anzuknabbern sucht, obwohl er weiß, daß das von der Natur der Sache her unmöglich ist; und doch hindert er ihn daran, auf seinen Lorbeeren auszuruhen.

Schon in der Garderobe des „ABC", noch unter dem Eindruck des tosenden Saals, erfaßt ihn wieder die Angst vor dem läppischen Detail, das nicht stimmt. Als er ins Scheinwerferlicht trat, hatte eine Stimme gerufen: „Zazou!", und die Ironie, die da mitschwang, hat den Künstler eine Sekunde lang zu Eis erstarren lassen.

„Zazou" ist ein Wort, das Johnny Hess und Irène de

Trébert 1942 erfunden haben, es ist der Schlachtruf einer Jugend, die gegen die wackere Ordnung des Marschalls, gegen die guten Sitten à la Vichy revoltiert. Es ist eine Art sich zu kleiden und eine Vorliebe für bestimmte Rhythmen. An sich sehr sympathische Zeichen von Widersetzlichkeit. Aber in den Augen des aus La Cabucelle Geflohenen, der erst später begreifen wird, daß diese Revolte bisweilen einen hohen Preis gefordert hat, sind diese Erkennungszeichen die einer privilegierten Jugend, die sich den Luxus ungezwungenen Verhaltens zu leisten gedenkt zu einer Zeit, da dies eine selbst auf dem schwarzen Markt nicht zu erstehende Ware ist. Ivo Livi empfängt das Beiwort wie eine Ohrfeige, es klingt für ihn ganz nach vornehmem XVI. Arrondissement, nach Neuilly. Um sich *swing* kleiden zu können, ist er sogar bereit, seine Kohlrübensuppe zu opfern. Wenn aber schon sein Karojackett an „Zazou" denken läßt, dann muß er es schnellstens ablegen. Das ist eine Sache des Geschmacks, der Ehre, eine „Klassenfrage".

Im Gespräch mit dem ziemlich verwirrten Audiffred, der ihm rät, das unpassende Jackett durch ein anderes zu ersetzen, kürzer, schlichter, dunkler, kaut Yves Montand lange an dem Problem herum, wie es seine Art ist: die Gestirne halten inne in ihrem Lauf, das Jackenproblem wird zu einem dringenden, erstrangigen, ebenso komplex und folgenschwer wie der deutsch-sowjetische Pakt. Dieses Jackett legt er ab. Mehr noch, er legt jegliches Jackett ab. Audiffred schreit auf: das mag ja noch angehen für die Cowboynummer, aber während des gesamten *tour de chant*, das wäre unschicklich. Das hat man noch nie erlebt? Also wird Montand obendrein noch seine gepunktete Krawatte weglassen. Er kommt mit Hose und Hemd, Ton in Ton, und offenem Kragen: die „Zazous" werden sich anders kleiden müssen. Wegen der Farbe schwankt er ein Weilchen. Weiß trägt auf, Schwarz erinnert an die „Schwarzhemden" und Marineblau an die Uniformen der „Miliz". Am einfachsten und am wenigsten mißdeutbar wäre es, den „Mohrenkopfton“ der *Plaines du Far West* beizubehalten.

Gleich am nächsten Tag erprobt Montand die intuitiv ersonnene Lösung. In der Menge keine Reaktion. Er hat recht gehabt. Dank dem Publikum und gegen das Publikum – das ist die ganze Frage.

Am 10. März wechselt das Programm, an die Stelle von André Dassary, Betty Spell und Kompagnons tritt Francis Blanche. Nach der Hälfte der Zeit fällt die Presse ihr Urteil. Yves Montand wird überflutet von einer Lawine aus Lobsprüchen und freundlichen Ratschlägen betreffs gewisser Charakterzüge, die jeder Kritiker zu erfinden, ja ins Leben zu rufen vermeint. Louis Blanquie vom *Matin*[5] gibt den Ton an: „Man muß den Mut dieses Künstlers bewundern, der die Bühne betritt, während noch der Beifall für den Vorgänger rauscht.“ Eine „hübsche Karriere“ wird ihm vorausgesagt, falls er es schafft, sich ein wenig in die Zucht zu nehmen. Françoise Holbane (*Paris-Midi*[6]) rät ihm, „Ordnung in eine äußerst buntscheckige Phantasie zu bringen“. France Roche bescheinigt dem Neuling im *Echo de la France*[7], daß er „Persönlichkeit“ habe, vermutet jedoch, daß es vielleicht nicht „diejenige ist, die er selbst von sich annimmt“. Ivo Livi läßt die Fachleute geblendet und ein wenig ratlos zurück. Er liest das alles sehr gewissenhaft. Eines weiß er jedoch: bei den zwölf wöchentlichen Vorstellungen im „ABC“ erschallen jedesmal Bravorufe.

Die Begeisterung der Redakteure wird durch das Repertoire des jungen Mannes gedämpft. Es braucht eine gewisse Kühnheit, rückhaltlos eine Nummer zu loben, die bestimmt wird vom Rhythmus und von den Stereotypen aus Übersee, während doch der Jazz und weitere „dekadente“ Produkte zur Zeit verbannt sind. Die am schärfsten auf Kollaboration eingeschworenen Blätter gewähren dem ungestümen Montand den mildernden Umstand fortdauernder Adoleszenz, empfehlen ihm jedoch, bald ein Ende zu finden. *Le Petit Parisien*[8] spießt Betty Spell auf und knüpft daran die folgende Bemerkung: „Auch ein – im übrigen durchaus nicht talentloser – Debütant, Yves Montand, gibt sich dem deplazierten Spiel (der Amerikawütigkeit) hin. Unserer Phantasie werden nichts als Gangster, Policemen, *chewing-gum*, elektrischer Stuhl, Wolkenkratzer und sonstige Artigkeiten vorgesetzt. Wollen wir nicht mal ein bißchen über ihre Kampfbomber reden?"

So ist beim „ABC" niemand überrascht, als der unvorsichtige Cowboy zur Propagandastaffel, dem Zensurbüro auf den Champs-Elysées, befohlen wird. Der Vorgang ist normal und durchaus gesetzlich. Alles, was publiziert, gesungen, gefilmt wird, muß von den Besatzungsbehörden freigegeben werden. Auf dem Gebiet des Varietés kommen die Künstler dem freilich wohl mehr als anderswo zuvor, auch mit dem heimlichen Einverständnis eines Publikums, das die modischen Schlager nach Art von *Sombreros et Mantillas* in sich hineinschlürft. Der vorherrschende Ton ist schnulzig, und die bekanntesten Chansonniers können sich ihm nolens volens nicht entziehen.

Montand tanzt dabei auf ganz harmlose Weise aus der Reihe. Gewiß, er ist ein Gegner der Nazis, doch wenn er loslegt: *Ich verkaufe Hot dogs in Madison* oder trällert: *Hübsch wie eine Rose* – ein Lied von Georges Ulmer zu einer Melodie, die Bing Crosby parodiert –, dann kaum aus der Überzeugung oder mit dem Anspruch, einen heroischen Ungehorsam an den Tag zu legen. Er verfolgt schlicht und einfach weiter den Traum, den er mit siebzehn schon hatte, er bewegt sich tanzend auf Hollywood zu, und wenn diese Bestimmung den derzeitigen Herren mißfällt, dann hat er halt Pech gehabt – oder Glück. Bei keiner Gelegenheit wird er den Widerständler letzter Stunde spielen oder sich vorbedachter tollkühner Taten rühmen.

Doch die patriotische Fronde drückt sich bisweilen in

Verhaltensweisen aus, die aus der Ferne belanglos oder lächerlich erscheinen mögen. So ist es zum Beispiel im Kino Vorschrift, die Wochenschauen niemals in völliger Dunkelheit abzuspulen. Ein Pfiff, ein Ausruf, eine höhnische Bemerkung kann Festnahme durch die Miliz bedeuten. Nicht weniger Argwohn aber kann auch eine zum falschen Zeitpunkt bekundete Begeisterung erregen. So, als die Deutschen auf die Idee kommen, die Yankeekultur dadurch lächerlich zu machen, daß sie einen von Armstrong herausgerülpsten Blues präsentieren, einen Ausschnitt aus *Scarface* mit Paul Muni oder einen Catcherkampf zum Sound einer gestopften Trompete. Es erzielt einen totalen Bumerangeffekt: der Saal rast, und die begeistertsten Zuschauer werden von Spitzeln ausgeguckt.

Der Arbeitsdienstverweigerer Yves Montand befindet sich also ziemlich in der Klemme, als er sich seinen Zensoren stellt. Kurioserweise ist der Verantwortliche für das Gebiet „Schlagerlied“ ein Kanadier. Ein Hitleranhänger gewiß, aber doch zu moderatem Verhalten geneigt.

Seit der Landung in Sizilien wird der Druck der Alliierten immer stärker. Ihre Luftangriffe häufen sich, zielen selbst auf Berlin; in der Ukraine sind die Sowjets zu einer neuen Offensive aufgebrochen, Leningrad ist aus der Umklammerung befreit; die Schlacht um Montecassino ist im Gange. Trotz der Berichte über Gemetzel in der Dordogne oder im Jura gibt sich der Conseil national de la Résistance ein „Programm“. Algier und Brazzaville brodeln, an den Küsten des Ärmelkanals und des Atlantik schauen sich die Späher die Augen aus dem Kopf. Nur die Unbeirrbaren und Hartgesottenen oder aber die, die rein gar nichts mehr zu verlieren haben, bleiben angesichts der Niederlagen unbeugsam. Gewaltige Ursachen, minimale Effekte: Montands Gesprächspartner macht sich daran, seine Texte gewissenhaft zu zerpflücken, befindet, daß die Figur des Gangsters der des Cowboys eindeutig vorzuziehen sei („der wirkt viel zu sympathisch"), ermuntert den jungen Sänger, er solle sich, wenn ihn der Kontinent Amerika schon so anziehe, doch eher den mexikanischen Klangwelten zuwenden und sein *„Hello boys!"* und *„Oh baby, oh sweetheart ..."* ein wenig einschränken. Doch er läßt keine beunruhigenden Drohungen oder Exkommunikationsgedanken hören. Vorerst.

Yves Montand singt weiter, was ihn gut dünkt, weniger aus Verwegenheit denn aus Leichtsinn. Und die künstlerischen Leiter der großen Bühnen wünschen sich ebendies.

Keine Arbeitslosigkeit, kein Zwangsurlaub. Dem jungen Südfranzosen eilt sein Ruf voraus, er gilt als „dynamisch". Die von Audiffred verbreiteten Fotos setzen auf ein breites, offenherziges Lächeln (blendend weiße Zähne, markante Grübchen, unter dem rechten Auge ein munteres Fältchen, das linke Auge ist leicht zugekniffen, deutet ein vertrauliches Zwinkern an) sowie auf eine hohe, schimmernde Frisur, welche die Stirn freiläßt. Ein gesunder, fröhlicher, geschmeidiger, kraftvoller, sehr männlicher Junge, dessen Unerfahrenheit einen zusätzlichen Trumpf bedeutet. Denn die Gebieter über das Showgeschäft haben die Mission, die Stimmungen weit im voraus zu erschnuppern. Und sie ahnen mehr oder weniger deutlich, daß das Publikum schon bald Köpfe fordern wird – zum Abschlagen, aber auch zum Lieben. Montand ist ein ganz Neuer: in dieser Zeit ein Vorteil.

So frisch er auch erst auf dem Pflaster der Hauptstadt angekommen ist, es öffnen sich ihm die Türen der besten Häuser. Renée Lebas, einst Zeugin seiner frühen Stimmübungen im Marseiller „Alcazar", gibt die Rangordnung der Pariser Kultstätten des Chansons wie folgt an: „Das ‚ABC' war das wichtigste Theater des Chansons. Danach kam das ‚Européen' in der Rue Biot im XVII. Arrondissement, sehr angenehm, es hatte ein treues und munteres Stammpublikum aus seinem Stadtviertel – Clichy. Das ‚Alhambra' in der Rue de Malte, riesig und prachtvoll, war anfangs ein Kino, meine Kollegen und ich traten hier als Pausenattraktion vor den Vorhang. Das ‚Bobino' und das ‚Casino-Montparnasse' hatten ein Image von Rive Gauche[9] und zugleich einen populären Touch. Eine Winzigkeit darunter waren die ‚Folies-Belleville'. Was die Cabarets, die Nachtlokale, anging, so lagen die nobelsten an den Champs-Elysées oder in deren Umkreis: das ‚Beaulieu', das ‚Baccara', der ‚Night Club'."

Innerhalb von drei, vier Monaten sollte Montand fast alle diese Adressen und dazu noch einige andere kennenlernen. Die Engagements sind zu jener Zeit immer von sehr kurzer Dauer (in der Regel zwei Wochen); die Programme, die, koste es, was es wolle, auf dem allzu raren Papier gedruckt werden, tragen keine Daten; Montands Spuren lassen sich am ehesten nach den Presseberichten verfolgen.

Die Nummern sind kurz, aber sie werden in häufiger Folge dargeboten. Sonntags finden oft zwei *matinées*, (gegen 14 und 16 Uhr) statt, vor der *soirée* (die 19 Uhr oder 19 Uhr 30, kaum je später beginnt). Die Beleuchtung macht den Regisseuren das größte Kopfzerbrechen. Im Untergeschoß der Cabarets treten namenlose Athleten in die Pedalen, um ein paar schwache Dynamos anzutreiben. Die Theater, deren Ausrüstung dies möglich macht, klappen ihr Dach auf und arbeiten, wenn die Tage länger werden, bei natürlichem Licht. Kein ausgepichter Direktor, der nicht eine Garage für Fahrräder eingerichtet und das Verzeichnis der nächstgelegenen Luftschutzräume angeschlagen hätte. Seltsames Fest im Dämmerlicht, zerbrechliche Parenthese, in der das Fahrradtaxi den Zuschauer dem Schweigen der Verschollenen entreißt, den Lügen von Radio-Paris, dem Gedanken an Butter, der Angst vorm Geheul der Sirenen.

Das Wort „Relax" ist Montand unbekannt. Zwischen

zwei Verträgen für eine Music-Hall singt er in Cabarets: im „Beaulieu", in der „Fête Foraine" an der Place Blanche, im „Night Club", Rue Arsène-Houssaye. Oft hat er sogar doppelten Auftritt an einem Abend, rennt von einem Haus ins andere. Immer ohne gültige Papiere, streift er des Nachts aus dem mit seinen verdunkelten Straßenlaternen unheimlich wirkenden Pigalle-Viertel nach den Champs-Elysées, wo sich eine im Aussterben befindliche Spezies versammelt: die betuchten Nachtwandler, die deutschen Offiziere, für die Paris – wer weiß, wie lange noch – eine Belohnung darstellt, die sie in Zivil auskosten.

Saint-Germain-des-Prés, das „Café de Flore", kurz, die Galaxis der subversiven Intellektuellen ist Montand gänzlich fremd. Was er in seiner eigenen Welt kennenlernt, das ist die im Music-Hall-Betrieb geltende Höflichkeit (man hält untereinander auf strenges Siezen), im Kontrast zur schrecklichen Küche der Nachtlokale, selbst der schicksten, wo ein fürchterlicher, fetter Fraß zubereitet wird. Er hat seine ursprüngliche Schüchternheit durchaus nicht verloren und graut sich davor, daß Gäste ihn an ihren Tisch einladen könnten. Aber das Geschäft läuft, jeden Abend.

Ein hochaufgeschossener magerer Kater, so verletzt er Nacht für Nacht die Ausgangssperre. Ein komischer Kater, wie Prévert ihn gemocht hätte – aber Prévert existiert für Montand noch nicht –, ein Kater, der mit einem Köfferchen umherläuft, das, sorgfältig zusammengelegt, sein Bühnenkostüm enthält, ein Kater, der auf verbotenen Straßen verbotenen *blues* vor sich hin pfeift, mit keinem anderen Papier als einem Taufschein in der Tasche, mit einer Selbstsicherheit, die ans Ungeheuerliche grenzt. So pfeift dieses Tier an diesem Ort und zu dieser Stunde vor sich hin, so laut es kann, teils, um sich selbst Mut zu machen, teils, weil es schön ist, und das ist so ungeheuerlich, daß keine Patrouille sich in die lächerliche Situation begeben mag, nachzuprüfen, ob dieser Passant mit seinem Koffer vielleicht dem STO entflohen ist, oder die aufmerksam gewordenen Patrouillengänger zumindest erst einmal Erkundigungen einholen, ehe sie schießen.

Place Blanche, Rue de Rome, Boulevard de Courcelles. Boulevard Poissonnière, Rue des Martyrs, Rue Fontaine. Montparnasse-Belleville. Clichy-Neuilly. Vom 17. Februar 1944, dem Tag seiner Ankunft in Paris, bis zum 24. August, an dem Leclercs Panzer – auf sehr viel auffälligere Weise – in die Hauptstadt einrollen, hat Montand auf seinen unerlaubten Wanderungen durch Paris niemals Gefahr gewittert. Die Deutschen haben andere Sorgen, denkt er, in Nordafrika, in Italien, dann in der Normandie. Der Krieg umhüllt ihn, ohne seine Existenz wirklich zu beeinträchtigen.

Doch die Stunde des Untergangs rückt näher, eine Zeit, wo auch die jungen Männer aus guter Familie ihre Protektion einbüßen, die sie vor dem Zwangsarbeiterdienst bewahrte. Es riecht nach Ende, und wenn es nach Ende riecht, dann riecht es nie gut. „Es blühen Gewehre auf" – wie Louis Aragon später schreiben sollte. Vier Tage nachdem Montand aus der Provence fort ist, erzeugt ein hastig und in großer Zahl an die Mauern gekleisterter roter Anschlag Trauer im Lande: er verkündet die Hinrichtung Manouchians und seiner zweiundzwanzig Kameraden, alles Immigranten, Pioniere der Résistance. Obwohl die Fotos abstoßend wirken sollen, findet Montand die Gesichter edel und schön. Aber dieser Kampf, mit dem er instinktiv solidarisch ist, spielt sich außerhalb seiner ab.

Gleichgültigkeit gegenüber den Zeiten? Mit Sicherheit nicht. Er hat den Antifaschismus mit der Muttermilch eingesogen, und die Erinnerung an Julien, den großen Bruder in Gefangenschaft, ist allgegenwärtig – verbunden mit einer Spur Schuld. Leichtsinn? Auch nicht. Er ist frohgemut, zweifellos, noch ganz verblüfft, daß er es so weit gebracht hat, getragen von seinem Schwindelgefühl wie vom wachsenden Tempo seines Lebens. Und doch ist er ernst, ernst wie der künftige Papst des leichten Chansons, zu dem er allmählich werden sollte: gesammelt, verzehrt von der geleisteten Anstrengung, verwirrt und befriedigt vom täglichen Erfolg, entsetzt bei dem Gedanken, dieser Erfolg könnte lediglich auf einem Mißverständnis beruhen, einem Glückstreffer, vom Bewußtsein erfüllt, daß er nichts weiß, sich weder in der Musik noch auf dem Theater auskennt, doch zugleich auch von der Gewißheit erfüllt, daß andere, die meisten anderen, mögen sie noch so gebildete Leute sein, nicht imstande sind, auch nur ein Drittel vom Viertel dessen zu schaffen, was er leistet, sei es durch einen Kraftakt, sei es mit lockerer Hand. Und wie er das macht, ist sein Geheimnis, er muß es erforschen, ihm bis auf den Grund gehen.

So schwebt Montand zu mitternächtlicher Stunde auf seinen Leinenschuhen durch Paris, am „Empire", dem Kino der Deutschen, vorbei, den Kopf voll von verbotenen amerikanischen Klängen und *cartoons*, während es seine Beine juckt, ein paar Steppschritte hinzulegen.

Auch wenn ich in der Presse die Niederschlagung des Maquis in Glières oder die Anfänge der Affäre Petiot verfolgte, so zeigte ich dafür doch nur ein relativ geringes Interesse. War es Leichtsinn oder Egoismus? Zu meiner Entlastung kann ich sagen, daß es kein Leben war, was ich damals führte. Zwangsläufig dreht sich alles um dich selbst: du bist dein eigener Rohstoff, und diesen Rohstoff mußt du unermüdlich bearbeiten und polieren. War es diesmal gut oder nicht? Und wenn ich das Far West *nun zuerst brächte? Müßte ich mal versuchen. Unsinn, das ist ein schlechter Einfall. Dann muß ich noch dem Gitarristen sagen, daß er die Begleitstimme zu schnell spielt ... Ich war, wenn ich von einer Vorstellung nach Hause ging, ganz und gar allein. Nicht ein Auto auf der Straße, absolut nichts. Und ständig diese Art Prüfung ...*

Ja, ich war schrecklich allein. Der warmherzige Harry Max hatte selber seine Probleme. Allein mitten im Winter 44, ohne Heizung, ohne Freunde. Bei jeder Razzia war ich geliefert. Ich wollte auf keinen Fall zum Arbeiten nach Deutschland. Das hatte nichts mit Tapferkeit zu tun: es kam einfach nicht in Frage.

Wenn der Saal des „ABC" leer ist, proben auf der Bühne die Akteure des nächsten Programms. Montand ist buchstäblich fasziniert von einer sehr jungen Frau dunklen Typs, sie hat einen außerordentlich sanften Blick, ist klein, zierlich, so klein und hübsch, daß man Lust bekommt, sie zu umfassen, zu umschlingen. Sie heißt Louise Carletti und ist ein aufsteigender Star, ein Kind der Bühne, aus einer Familie von Trapezkünstlern stammend. Er hat sie schon geliebt in Jacques Feyders Film *Les Gens du voyage*, dann in *Macao, die Spielhölle*, mit Erich von Stroheim, in *Patricia* und letzthin in *Le Carrefour des enfants perdus*, einem sozialen Melodram, in dem ein Anfänger, Serge Reggiani, außergewöhnliche Anlagen für Gaunerrollen an den Tag legt. Die Carletti aus Fleisch und Blut verwirrt den jungen Montand nicht weniger als die Carletti auf der Leinwand. Sie bereitet unter der Leitung eines angehenden Regisseurs, Raoul André, einem Freund von Francis Blanche, einen Sketch vor.

Fünfundvierzig Jahre nach dieser Episode teilt Raoul André mit Louise Carletti ein Appartement in Boulogne-Billancourt, unweit der Studios, wo er mit mehr oder weniger Erfolg die ersten Gehversuche von Jean Lefebvre, von Poiret und Serrault und weiteren Darstellern gedreht hat, die später zu sicheren Werten in der Filmbranche aufsteigen werden.

„Wir arbeiteten immer dann, wenn keine Nachmittagsvorstellung war. Eines Tages bemerkte ich im Hintergrund des großen leeren Saals einen Schatten, der sich bei Probenschluß verzieht. Am nächsten Tag ist der

Schatten wieder da. Ich frage Félix Vitry, den späteren Chef des ‚Bobino', der damals für das ‚ABC' tätig war. ‚Sag mal, was ist das für ein Kerl da hinten?' – ‚Sei nett, das ist ein Bursche, der gerade frisch aus Marseille angekommen ist. Er spielt im laufenden Programm, du solltest ihn dir übrigens mal anschauen: wahrhaftig nicht übel.' Wir beenden die Probe, und der Schatten nähert sich, hochgewachsen und sehr höflich: ‚Ich danke Ihnen, Monsieur, daß Sie mir erlaubt haben, zuzuschauen. Ich hege tiefe Bewunderung für Mademoiselle Carletti ...' Am übernächsten Abend sind wir beide in seine Vorstellung gegangen und haben gefunden, daß er wirklich »was hatte«. Bei der folgenden Probe hat er sich ein Herz gefaßt und uns vorgeschlagen, zusammen auf ein Glas irgendwohin zu gehen. Anschließend begleitet er uns nach Hause. Louise verabschiedet sich in der Rue Copernic. Montand folgt mir bis zu meiner Wohnung, Rue Chalgrin 7, jenseits der Avenue Foch. Inzwischen war die Sperrstunde angebrochen. Er hat bei mir übernachtet. Ich fand ihn sympathisch, drollig, verloren, linkisch. Bald ist er mit seiner Zahnbürste wiedergekommen. Und dann mit seinem Koffer."

So läßt Yves Montand, der gerade seinen Erfolg im „ABC" ausgekostet hat, Monsieur Albert und das Palace Hôtel hinter sich zurück und richtet sich (gratis) in dem gastfreundlichen Logis von Raoul André ein. André ist fünf Jahre älter als er und in allem das ganze Gegenteil seines Gastes: Kategorie Federgewicht, Sohn aus guter Familie (sein Vater, Radikalsozialist und hoher Staatsbeamter, war einst Gouverneur von Rabat und hat die „Sûreté" in Hanoi reorganisiert), mit anständigen oder zumindest regelmäßigen Einkünften versehen (eine „Studentenrente", die Papa überweist, dazu hin und wieder ein Salär als Regieassistent). Seine Bibliothek ist reich bestückt, und er redet von morgens bis abends über Kino – eine Wegkreuzung, an der die beiden als Gleichgesinnte aufeinanderstoßen.

Ein wirklich brüderlicher Austausch entwickelt sich zwischen ihnen. Montand ist berührt von so viel aufrichtiger Gastfreundlichkeit, auch angezogen von dem leicht bohèmehaften Flair dieser Erdgeschoßwohnung mit den niedrigen Sofas, geschmückt mit Reliquien aus dem Maghreb und aus Indochina, frequentiert von Bühnenbildnern und Schauspielern. „Yves", so erinnert sich Raoul André, „war noch sehr unbehauen, wenig poliert. Ein Talent im Rohzustand. Er war von heiterem Naturell, kriegte es fertig, nach Mitternacht laut in der Badewanne zu singen, so daß sich die Conciergen aufregten. Höchst ungern schrieb er etwas nieder, und auch das Telefon reichte er mir weiter, wenn das Gespräch ein bißchen schwieriger wurde, eine gewähltere Sprache verlangte. Doch er kleidete sich mit großer Sorgfalt und arbeitete ständig daran, seine Lücken zu schließen."

Dennoch schwebt zwei, drei Wochen lang ein Mißverständnis über der Freundschaft. Montand ist geblendet von „der" Carletti (hin und wieder promeniert er unter ihrem Balkon entlang, in der Hoffnung, ihr zu begegnen); sie ist von gleichem Rang wie Danielle Darrieux oder Michèle Morgan – die sich aber beide zu jener Zeit außerhalb Frankreichs aufhalten. Und er begreift erst mit viel Verspätung, daß sie und ihr Lieblingsregisseur mit großer Vorsicht eine leidenschaftliche Beziehung verbergen. Als er ins Vertrauen gezogen wird, hört er auf, die Rue Copernic auf und ab zu wandeln, und wird zum vertrauten Freund des Paares. „Ich hatte im Théâtre Saint-Georges eine Hauptrolle in *Monsieur et Madame Roméo*, einer Parodie auf *Romeo und Julia*", erzählt Louise Carletti. „Raoul und Yves holten mich fast jeden Abend mit dem Fahrrad ab. Yves sang anschließend in einem Cabaret, der ‚Fête Foraine', oder häufiger noch im ‚Night Club'. Wenn es sich ergab, brachte er uns aus der Küche der Lokale etwas zu essen mit, manchmal sogar einen Klumpen Leberpastete ..."

Etwas zum Essen und zum Heizen zu finden, das sind

die vordringlichen Probleme der Pariser. In der Rue Chalgrin schwitzen die Wände Feuchtigkeit aus, der Gasdruck ist so schwach, daß es sich empfiehlt, die normalen Brenner zu ersetzen durch eine Vorrichtung aus zwei Metallrohren mit drei ausgebohrten Löchern, wenn man vorübergehend ein gelbes Flämmchen zum Leben zu erwecken hofft.

Das Gefühl der Unsicherheit war niemals so lebhaft, zugleich aber auch niemals mit einer solchen Gewißheit von der bevorstehenden Niederlage der Deutschen gekoppelt. Die Waage schwankt wie toll zwischen Angst und Hoffnung hin und her. Am 26. April jubelt man Pétain in der Hauptstadt zu, Ende Mai aber werden fünfundzwanzig der größten französischen Städte von angelsächsischen Luftangriffen getroffen. Am 4. Juni wird Rom eingenommen, am 6. die Operation „Overlord" (die Landung in der Normandie) gestartet, am selben Tag aber werden in Tulle angebliche Maquiskämpfer gehängt, und am 10. Juni verbrennen in der Kirche von Oradour-sur-Glane eingeschlossene Frauen und Kinder.

Montand pendelt weiter zwischen größeren Sälen und eleganten Cabarets hin und her. Er hat kaum Zeit gehabt, im „Beaulieu", Faubourg Saint-Honoré, auf das gestylte Publikum, die glitzernden Frauen zu starren (aus der Bourgeoisie oder aus dem Kurtisanenstand? das wird er sich ewig fragen) oder für Irène de Trébert zu entflammen, wenn sie in der „Fête Foraine" ihr *Mademoiselle Swing* singt, da ist er vom 14. bis 17. Juli schon wieder die „vedette américaine" in den „Folies-Belleville", der „Music-Hall des Lachens und des Liedes", wie Direktor Robert Dorfeuil sie präsentiert. Ein mittelgroßer Saal – kaum mehr als 500 Plätze –, der Rang wird durch eine Galerie von kleinen Pfeilern gestützt.

Der Name des jungen Sängers aus Marseille erscheint nun in größeren Lettern auf dem Programm, seine

„Cowboylieder“ tragen ihm Fettdruck in Großbuchstaben, mit dickem Balken darunter ein. Angekündigt von „der charmanten Ansagerin Yolande Cartis“, begleitet vom Orchester Georges Courquin, tritt er unmittelbar vor Jean und Georgette Tissier auf, die einen Sketch von Maurice Donnay (Mitglied der Académie française) aufführen. Ihm gefällt die vielleicht dreizehnjährige, locker und witzig wirkende Conciergentochter, die ihre Gaben später unter dem Pseudonym Régine bestätigen sollte. Weniger gefällt ihm die brutale Razzia, die die Deutschen in der Rue de Belleville veranstalten – und der er sich entziehen kann, indem er sich hinter dem eisernen Gittervorhang des Theaters duckt, den die Direktion in großer Hast niedergehen ließ. Von der Metallwand geschützt, hat er alles gesehen und nichts vergessen.

Ein Feldgendarm versetzt dem Mann, dessen Papiere er gerade kontrolliert, eine schallende Ohrfeige. Caen ist befreit, in Vichy ist zum letztenmal das Kabinett zusammengetreten: und doch muß Paris noch immer zittern.

Yves Montand aber geht weiter durch das Ungewitter, in der Überzeugung, daß der Wind, ob im guten oder bösen, ihn schon tragen wird. Und so geschieht es auch. Sobald er seinen Vertrag in den „Folies-Belleville“ erfüllt hat, ist er schon wieder im „Bobino“. Dieses Haus liebt er mehr als alle anderen: ein gemischtes Publikum, eine warme Atmosphäre, wie in einer kleinen gemütlichen Wohnung, dazu das Prestige einer berühmten Bühne. Und ein ausgewogenes Programm, bei dem niemand vom Ruhm eines gefährlichen Konkurrenten an die Wand gedrückt wird. Hillios Carletti, Louises Bruder, ist mit von der Partie. Vor allem aber wird noch und noch Georgette Plana herausgerufen, die ihre hübschen Beine unter einem sehr kurzen roten Rock zur Schau stellt. Sie muß ein zweites Mal *Dominico* und *Les Danses espagnoles* bringen und tut es mit kecker Munterkeit. Montand in den Kulissen kann nicht umhin, vor Behagen zu lächeln, wenn sie mit zappelnder Gebärde zwitschert: „Auf dem Trottoir trottete ein kleiner Schlingel mit rebellischer Miene an einem Sommermorgen, als die Trauerweiden trauerten ..." Und so fort.

Auch ihm selbst mangelt es an Lorbeeren nicht. So läßt Françoise Holbane, die scharfe Kritikerin des *Paris-Midi*, die ihm noch fünf Monate zuvor empfohlen hatte, „ein bißchen Ordnung in seine Phantasie zu bringen", von nun an ihrer Begeisterung freien Lauf: „Was für Möglichkeiten – die bei weitem noch nicht alle zum Ausdruck gekommen sind – stecken in dieser langen Gestalt, die zugleich athletisch und zerlegbar erscheint, in dieser ungezwungenen, soliden und beschwingt daherkommenden Komik! Zu alledem besitzt er noch eine schöne Stimme und ein Gefühl für die Bühne, Vortragstalent und die Gabe der gelungenen, persönlichen Geste ... Er ist die offensichtlichste unter unseren jüngsten ‚Hoffnungen'."[10]

Alle weiteren Einschätzungen, die auf den Sänger Montand niederregnen, bilden, grob gesprochen, eine Variation auf dieses Thema, selbst den letzten Satz eingeschlossen ...

Wenn er weitere Fortschritte machen will, muß er jetzt auf einen starken Gegenpart, auf eine Mauer von Erfahrung stoßen. Er ahnt, daß sein derzeitiger Erfolg sich auch auf vergänglichen Momenten aufbaut – der augenblicklichen Stimmung, der dem Novizen aus der Provinz gewährten Duldung, der so leicht zerbröckelnden Immunität, die sehr junge Menschen genießen. Was er vor allem fürchtet, ist, ebenso rasch zu erlöschen, wie er erstrahlte.

Daher die fast manische Rigorosität, mit der er seine tägliche Gewissensprüfung betreibt. Er weiß, daß seine Aussprache unvollkommen ist und die Pariser Zuschauer irritiert, er spricht als Südfranzose ein geschlossenes *o*, zum Beispiel in *harmônica*, ein Mangel, der liebevoll sarkastische Kommentare hervorruft. Vorerst noch liebevolle ... Er weiß das alles und arbeitet verbissen daran, sich aus eigener Kraft zu korrigieren, mit einer halsstarrigen Mischung aus Stolz und Bescheidenheit. Louise Carletti: „Sein südfranzösischer Akzent war ein Problem für ihn. Ebenso ein Mangel an Zungengewandtheit. Sein Zungenbändchen war ein wenig kurz, er mußte es lockern, dehnen, damit seine Sprechweise nicht mehr oder weniger schwerfällig wirkte. Raoul besaß eine kleine Hausbar mit Spiegel. Davor stellte er sich hin, nahm einen Bleistift in den Mund und sagte oder sang sein Repertoire her, immer wieder von neuem."

In diesem Zeitraum zwischen den „Folies-Belleville" und dem „Bobino" geschieht es, daß der wackere Emile Audiffred ihm von einem möglichen Engagement erzählt, das ihn in eine ganz andere Höhe und Ferne katapultieren könnte. Das „Moulin Rouge", berühmtestes Lokal an der Place Blanche, das vor dem Krieg in den Augen der Fremden Paris im gleichen Maße versinnbildlichte wie der Eiffelturm, soll nicht länger ein Kino unter vielen anderen bleiben, sondern wieder zu der legendären Music-Hall werden, die es einst war. Die Einweihung, denn nach so vielen Jahren ist es eine, ist auf Sonnabend, den 30. Juli, festgesetzt. Und der Topstar heißt Edith Piaf. In letzter Stunde aber tritt eine Komplikation auf: der „fantaisiste" Roger Dann, der als „vedette américaine" vorgesehen war, steht nicht zur Verfügung. So hat die Direktion beschlossen, ein „Übergangsprogramm" mit Charpini und Brancato zu improvisieren. Edith Piaf wird erst am darauffolgenden Sonnabend starten. Und wer soll Roger Danns Platz einnehmen? Yves Montand.

Eine aufregende Chance. Die schmächtige Edith Piaf bekommt künstlerisch immer mehr Gewicht und hat sich schon eine eigene Aura erschaffen. Im Frühjahr 1944 war sie drei Wochen lang der Clou einer Revue im „Moulin de la Galette", mit dem Titel *Album d'images* (Bilderalbum).[11] Die Reporter haben in Fülle Fotos von ihrem Besuch – zusammen mit Charles Trenet – bei den Gefangenen des Stalag III D verbreitet, dessen „Patenschaft" sie übernommen (und für die sie am 11. Juli eine Vorstellung im Cabaret „Le Beaulieu" gegeben hat, die auch Sacha Guitry mit seiner Anwesenheit beehrte). Schließlich hat sie gerade erst, am 22. Juli, ein spektakuläres Recital in der Salle Pleyel gegeben, begleitet von einem Riesenorchester unter Leitung von Claude Normand und einem gewaltigen Chor. Piaf, das ist ein Komet, an den sich nicht anzuhängen geradezu töricht wäre.

Doch Montand und Audiffred haben dabei beide zugleich einige Hintergedanken, die sie nur zur Hälfte laut werden lassen. Der Musikagent traut sich nicht, seinem Schützling zu gestehen, wie wenig begeistert Mademoiselle Piaf war, als man ihr als „Anheizer" für den ersten Teil einen lärmigen, heftig gestikulierenden Südfranzosen mit Cowboysongs schmackhaft zu machen suchte. Sie hat protestiert: Ach, diese Marseiller Vulgarität, das Großmaul aus dem „Alcazar", der Komiker mit dem Knoblauchgeruch, die mit Lautmalereien – „Ya-ho! Ya-ho!" – hantierende billige Exotik ...? Kurz und gut, sie mißtraut der Sache und möchte den knatternden Wunderknaben erst einmal in Aktion besichtigen.

Was ihn selber angeht, so weiß er zwar Edith Piafs „Kragenweite" einzuschätzen, hat aber fast gar keine Vorstellung von ihrem Talent, da er sie niemals gesehen und auch kaum gehört hat. Die Piaf ist für ihn a priori im Schubfach „Weltschmerzheulsusen" eingeordnet, in der Tradition der Damia, Marie Dubas, Fréhel, Berthe Sylva und weiteren „Tragödinnen des Chansons", die zwar beim Publikum sehr gut ankommen, aber für den Geschmack des lachlustigen Ivo Livi etwas zu trübselig sind. Dies zu ihrem Timbre. Was die Texte angeht, so hat er nur zwei davon vage in Erinnerung. In den Chantiers de la jeunesse hatte ein Kamerad aus der „Künstlerischen Abteilung", der in dem Trüppchen als der „Pariser“ galt, eine Aufnahme der Piaf mitgebracht. Als er herauszuhören meinte: „Ca lui entre dans la peau, par le bas, par le haut …“ (Das geht ihr unter die Haut, von unten und von oben), war Yves Montand schrecklich überrascht, fast schockiert gewesen. Das andere Lied, das er eines Tages aufgeschnappt hat, ist *Le Grand Voyage du pauvre nègre* (Die Große Reise des armen Negers), ein Chanson über das Sterben eines „mageren Negers“ (nègre maigre), der aus dem Laderaum des Frachtschiffes, in dem er eingesperrt ist, flüchtet und, die Küste vor Augen, ertrinkt. „Ça y est, fini, Monsieur Bon Dieu, adieu pays, tout l'monde adieu, Ohooo! … Ohoooo! …“ (Das war's, es ist aus, Herr Herrgott, adieu, Land, alle Welt adieu …). Die Piaf keuchte bis zum letzten schluchzenden Ton.

So kann man sich vorstellen, daß sowohl der Impresario als auch sein Klient ihre Worte wägen. Edith Piaf möchte Sie besser kennenlernen, erklärt ihm Audiffred diplomatisch. Das Engagement ist schon im Kasten, es ist mehr eine Frage der Höflichkeit. Montand hat, gereizt und verärgert, sehr wohl begriffen, daß ein Vorsingen „aus Höflichkeit“ doch immer ein Vorsingen bleibt. Doch er beruhigt seinen Mentor: es steht zu viel auf dem Spiel, als daß es eine Laune wert wäre. Die Piaf will ihn testen, na gut, soll sie. Und er wird ihr zeigen, was er kann.

Es ist 10 Uhr, ein herrlicher Sommertag. Edith Piaf ist in einem leichten Kleid, weiß mit blauen Blumen, erschienen, darüber ihr blondes Haar, eskortiert von ihrer „Sekretärin“, Andrée Bigard …

Wenn der Faden bei der Schilderung der nachfolgenden Szene auch im großen und ganzen der gleiche bleibt, so variieren doch von einem Buch und einem Interview zum andern zahlreiche Nuancen. Das Vorsingen wird hier zu einer bloßen Probe; dort wiederum liegen etliche Wochen zwischen ihm und der Vorstellung. Letztere Hypothese ist wenig überzeugend: Montands Engagement ist im Augenblick höchster Angst, nach dem Ausfall von Roger Dann, vereinbart worden, und alles deutet darauf hin, daß der „Schockeffekt“, der die beiden Künstler einander näherbrachte, plötzlich und heftig einsetzte.

Yves Montand selbst zögert, wenn er den genauen zeitlichen Hergang, ja selbst die Verknüpfung der Geschehnisse benennen soll. Mehrere Male hat er ihr Duett auf den Mai datiert; in Wahrheit haben die beiden hier vom 5. bis zum 11. August zusammen gesungen. In seinem ersten Erinnerungsband *Du soleil plein la tête* berichtet er, daß das „Vorsingen“ (er benutzt dieses Wort) bei seiner Richterin Begeisterung auslöste. Heute indes ist ihm so, als ob diese Begeisterung erst nach der Premiere geäußert worden wäre.

Edith Piaf ihrerseits spricht in der einzigen autobiografischen Veröffentlichung, die Glaubwürdigkeit verdient,[12] ebenfalls von einem „Vorsingen“ und schildert ihre Gefühlserregung als unmittelbar einsetzend: „Ich war sofort von ihm eingenommen. Eine umwerfende Persönlichkeit, ein Eindruck von Kraft und Festigkeit, beredte, kraftvolle, wunderbare Hände, ein schönes, aufgewühltes Gesicht, eine ernste Stimme und, o Wunder, fast gar kein Marseiller Akzent mehr ... Als er sein viertes Lied beendet hatte, bin ich aufgestanden und an den Bühnenrand gegangen. Ich werde mich immer noch so dastehen sehen, klein und wie erdrückt von der Riesengestalt dieses großen, ganz in die Länge geschossenen Jungen, zu dem ich mein Gesicht erhob, das sich ungefähr in Höhe seiner Knöchel befand. Ich habe ihm gesagt, daß er großartig war und daß man ihm ganz bedenkenlos eine prachtvolle Karriere voraussagen könnte.“

Wie dem auch gewesen sei, auf der leeren Bühne des „Moulin Rouge“ – wir schreiben ein Datum zwischen dem 31. Juli und dem 4. August 1944 – hat Yves Montand, mochte er noch so verärgert und vielleicht insgeheim gedemütigt sein, daß er sich dem großen, scharfen Auge einer winzig kleinen Diva aussetzen mußte, gefunden, was er vordem noch nie bei einer Frau fand: Leidenschaft und Lachen, hohen Anspruch, Unerbittlichkeit, Strenge, Bewunderung, Solidarität und Rivalität – alles auf einmal. Er trägt eine Melone, auf der „Hot dogs“ geschrieben steht, und wirkt doch in keiner Weise lächerlich. Er wird geliebt und ist verliebt. Fast augenblicklich.

Ich habe erst hinterher erfahren, wie stark Edith gegen mich voreingenommen war. Roger Dann hatte sich für mich eingesetzt, Audiffred konnte es nicht hinnehmen, daß ich a priori abgelehnt werden sollte. Eine große Rolle hat gespielt, daß man damals leichtfertig mit Superlativen bei der Hand war. Jemand hat zur Piaf gesagt: „Montand? Bloß nicht den, du bist verrückt, du kennst ihn nicht. Wenn er vor dir auftritt, macht er dich tot!“ Genau das, was man Edith Piaf niemals sagen durfte. „Na dann, her mit dem Kerl, der mich totkriegen wird ...“ Am Ausgangspunkt unserer Begegnung ist eine Menge Herausforderung im Spiel. Die Kapelle des „Moulin Rouge“ war recht groß (zwölf oder vierzehn Musiker, glaube ich). Ich habe den Pianisten und Arrangeur des „ABC“ gebeten, meine Orchesterarrangements zu überarbeiten, und dann bin ich los zu dem Rendezvous.

Sie saß da, reizvoll in ihrem geblümten Kleid, sehr hübsch, sehr zart, mit ihrem Seitenscheitel. Sie hatte eine eigentümliche Art, einem die Hand zu reichen, mit eingezogenem Daumen (ich habe dieselbe Geste, durch die sich die Hände in flatternde Vögel verwandeln, dann später bei Marilyn und bei Isabelle Adjani wiedergefunden). Ich habe gesungen In den Weiten des Wilden Westens, Ist mir schnurz, Ich verkaufe Hot dogs in Madison *und* Great Central Park, *und sie ist aufgestanden. Meiner Erinnerung nach aber hat sie mich erst später, nach der ersten Vorstellung, mit Lobesworten überhäuft. Damals hat sie mir nur einfach ein paar anerkennende Worte gesagt: „Sehr gut, bravo, es war sehr gut." Sie erschien mir süß, hübsch, mit dieser großen Stirn, den großen blauen Augen, diesem so anmutig proportionierten Körper – ganz kleine Brüste, schmale Hüften …*

Das Dach des „Moulin Rouge" wurde geöffnet, damit wir das Tageslicht ausnutzen konnten. Wir sangen das erstemal in der Nachmittagsvorstellung. Als ich meinen Auftritt hinter mir hatte – ich folgte auf eine Truppe von Kaskadeuren –, haben die Leute wie wild geklatscht. Und Edith Piaf ist zu mir hinter die Bühne gekommen. Zunächst machte sie mir eine Menge Komplimente, wirklich nette, aufrichtige Worte waren das. Und dann hieß es: „Sind Sie Kanadier, oder was? Sie sprechen mit einem komischen Akzent." Ich habe einen vieldeutigen Satz hingebrummelt, durch den der Zweifel nicht ausgeräumt wurde (mein Vater wäre mehr oder weniger kanadischer Herkunft). Sie gefiel mir immer noch, aber ich fand sie ein bißchen weniger nett. Und gleich darauf legte sie los: „Ich will Ihnen was sagen. Sie haben zur Zeit einen Heidenerfolg, weil die Leute die Amerikaner erwarten. Aber verlassen Sie sich nicht darauf, das hält nur eine Zeitlang vor. Ihnen fehlt es an guten, echt französischen Chansons. Doch keine Sorge, die wird man für Sie schreiben." Dann wandte sie sich ab: „Gut, jetzt bin ich dran. Auf jeden Fall war das toll. Sehen wir uns nachher? Wir gehen was essen."

Bis zu dieser Minute hatte man mir immer nur Blumen, nichts als Blumen serviert. Niemand hatte mir, Auge in Auge, gesagt: „Ist sehr gut, mein Alter, aber …" Ich habe mich verkrampft, ich wollte es abschmettern. In unsere heutige Sprache könnte man das, was ich empfand, so übersetzen: „Quassel nur, du interessierst mich doch!" Sie sind verheerend, diese Frauen, die einen einwickeln, aber Widerstand entgegensetzen. Aber dank irgendwem, ich weiß auch nicht wem, bin ich an solche verheerenden Frauen gebunden gewesen!

Ich steige in den 1. Rang hinauf. Keinerlei Ansage. Das Orchester von Claude Normand spielt wunderbar, aber es ist aus dem Graben geklettert, hat im Bühnenhintergrund Platz genommen und bildet keine Wand mehr zwischen dem Sänger – ohne Mikro – und seinem Publikum. Edith trippelt mit ganz kleinen Schrittchen herein; es kommt mir vor, als ob sie eine Viertelstunde braucht, um die Bühne zu überqueren. Sie tritt ins Sonnenlicht und singt De l'autre côté de la rue *(Auf der anderen Straßenseite). Schon dieses Timbre ... Dann kommt* Dans ma petite vie, il y a deux garçons *(In meinem kleinen Leben gibt es zwei Jungs), und ich höre all das, wovon meine Kindheit getragen war, den Rhythmus, den Jazz. Ich werde ganz niedergeschlagen. Das vierte Chanson heißt* Il riait*: „Er war ein Kerl, den eines Tages das Pech beim Arm nahm und nach Fresnes führte, zum Schlafen, das sind so Dinger, die man nie vergißt ... Er lachte ... Später fand man ihn tot auf ... und er lachte." Also da, da geriet ich innerlich absolut in Hochspannung, und mir liefen die Tränen. Ich heulte, ich schmolz vor ihr hin, ganz und gar. Dann kam: „Ich habe mit der Liebe getanzt, immer im Kreise, im Kreise ..." Ihre Chansons waren ganz außergewöhnliche Blues, Walzer oder Blues oder beides auf einmal. Ich hätte nicht mehr weggekonnt, ich war wie erschlagen.*

Ich hab mich verliebt, ohne es selber zu merken, ein Opfer von Ediths Charme, ein Opfer ihrer Bewunderung und ihrer Einsamkeit. Sie hatte gar nichts an sich von jener zerbrochenen Frau, kaputtgemacht durch Drogen und Krankheit, die man später kannte – diesen gräßlichen, rührenden Bildern, in denen man sie eingesperrt hat. Sie war frisch, kokett, lustig und grausam, von Leidenschaft für ihren Beruf besessen, ehrgeizig, midinettenhaft, treu, solange sie verliebt war, begierig, an ihre Liebesgeschichte zu glauben, aber imstande, mit unerhörter Kraft den Bruch herbeizuführen. Und wenn sie eine Liebe fand, dann sang sie besser, und ebenso, wenn sie eine verlor.

Wir waren, der anerkannten Formel gemäß, binnen einer Woche ein Liebespaar. Ich entsinne mich, wie sie sich beim Aufwachen an unserem ersten Morgen, in ihrer Wohnung in der Avenue Marceau, die Hand auf die Stirn legte und sich gleichsam ratlos fragte: „Was ist mir denn da passiert?“ Und dann geht es sofort um mein Repertoire. „Du mußt dies machen und das machen ...“ Während des Frühstücks sage ich ihr, daß ich ein paar Lieder in Vorbereitung habe. Eines ist sogar fast fertig, es heißt Luna Park. *Und schon singe und tanze ich ihr* Luna Park *vor, an der Fußseite des Bettes. Ganz allein für sie. Sie hat gelacht, in die Hände geklatscht und gesagt: „Du bist verrückt, warte nicht ab, das mußt du sofort singen.“ Wenn ich mich recht erinnere, wurden die Arrangements für das Orchester im Affentempo auf die Beine gestellt; ich habe das Lied schon vierundzwanzig Stunden später auf der Bühne gesungen.*

Ich war dreiundzwanzig Jahre alt. Es war meine erste wirkliche Liebe. Edith war jemand, der dich glauben machte, daß du Gott wärst und durch niemanden zu ersetzen.

Das weiße Programmheft des „Moulin Rouge“ – kaum größer als ein Notizbuch, acht Bogen schlechtes Papier – zeigt beim Aufschlagen ein Foto der Piaf, im Gegenlicht aufgenommen, der Bogen der Augenbrauen straff gespannt, die Augen wie hingezogen zu irgendeinem Paradies, einen etwas bitteren Zug um die Lippen unter der zarten Nase. Ihr Name ist eingerahmt und füllt die ganze Breite der Doppelseite in der Heftmitte aus. Yves Montand, der „komische fantaisiste“, ist, typographisch gesehen, zweitrangig behandelt, sein Name steht in dreimal kleinerem Schriftgrad. Unter den weiteren Attraktionen sind Pauliane Lhotte, „die Tirolerin aus Paris“, sowie Joë und Fani, „die kaskadierenden Trunkenbolde“, zu finden. Täglich ist um 15 Uhr 30 die Nachmittags- und um 19 Uhr 30 die Abendvorstellung.

Für Sonntag sind zwei Nachmittagsvorstellungen vorgesehen, für 15 Uhr und 17 Uhr.

Am 5. August 1944, anschließend an jene Matinee, bei der Montand vom Liebesblitz getroffen wird, nimmt ihn die Piaf mit zum Essen in ein Lokal hinter dem „Moulin de la Galette“, auf der Butte von Montmartre. In seinem ganzen Leben, nicht bloß während der Kriegsjahre, hat er noch keinen so reich gedeckten Tisch und kein so üppiges Festmahl gesehen. Entrecôte, verschiedene Käsesorten, Wein, ein Tischtuch über dem andern, eine ganze Garnitur von Messern und Gabeln, die ihn in unauflösliche Verwunderung stürzen.

An denselben Tisch hat Edith auch ihren Textdichter geladen, Henri Contet, mit dem sie eine halbwegs heimliche Liaison unterhält. Contet, ein brillanter Journalist bei *Paris-Midi*, hat sich aus Liebe dazu überreden lassen, sich auf ungewisses Gelände zu wagen. Seit drei Jahren ist er der Baumeister des neuen Repertoires, das die Piaf sich geschaffen hat: *Y'a pas de printemps, C'est toujours la même histoire, Coup de grisou, Les Deux Garçons, Il riait, Celui qui ne savait pas pleurer, Bravo pour le clown* … „La môme“, „die Göre Piaf“, als Edith Gassion im Zeichen des Absinths geboren, das Mädchen von der Straße, das von den Halunken fasziniert war und dem im Jahr 1936 zu Unrecht der Mord an Louis Leplée angelastet wurde, dem Direktor von „Gerny's“ – dem ersten Nachtlokal, in dem sie für ihre Auftritte bezahlt wurde –, die Môme Piaf, die in Ménilmontant um Geld bettelte und die Zuhälter glorifizierte – sie gibt es nicht mehr. Sie hat den Platz geräumt für Edith Piaf, die Varietékünstlerin, deren Ruf sich bald schon jenseits des Atlantik verbreiten wird.

Und dieser Wechsel des Status oder besser der Statur ist ganz „selbstverständlich“ mit einem Männerwechsel einhergegangen. Die Periode von Raymond Asso, der sie endgültig aus der Gosse holte, ist vorbei: *Mon légionnaire, Browning, C'est toi le plus fort, Le Chacal, Made-*

leine qu'avait du cœur oder das berühmte *Grand Voyage du pauvre nègre* … Die Periode Contet, das bedeutet Abschied von Pigalle, von den ätzenden Melodramen, von den Mythen der Unterwelt, vom Schluchzen der unterwürfigen Dirne. Die Motive, die Mademoiselle Piaf besingt, haben noch immer einen düsteren Anstrich, sie fabriziert noch immer schmachtende Gassenhauer, doch dank der Intuition ihres letzten Inspirators hat sie nun eine subtile Note aus „Romanze" und Humor hineingewebt:

> Es ist stets dieselbe Geschichte
> Ich trau mich kaum, sie Ihnen zu erzählen
> Aber ich hab so getan, als glaubte ich dran
> Drum tun auch Sie so, als hörten Sie mir zu …

Henri Contet erinnert sich sehr deutlich an das Einführungsmahl für Yves Montand und an das erste Bild, das er sich von ihm gemacht hat: „Er war von außerordentlicher Schüchternheit, vollbrachte einen Lapsus und eine Ungeschicklichkeit nach der andern. Er suchte mühsam nach Worten, kippte sein Glas um. Dem Anschein nach schlug er sich wacker, er war keck, ein hübscher Junge, und er hatte die Figur genau ausgetüftelt, die er vor Frauen spielen konnte. Kurz und gut, er wirkte sehr stattlich mit seinen großen Armen, seinen wundervollen Händen. Aber ich habe recht bald herausgefunden, daß er bei seiner Ankunft in Paris nichts weiter konnte als eben singen. Wenn man ihn aufforderte, ein paar Zeilen aufs Papier zu werfen, dann kam dabei etwas ziemlich Erschreckendes heraus, was Form und Orthographie anbelangt. Was mich aber am meisten beeindruckt hat, das war die Schnelligkeit, mit der Yves alle diese Handicaps erkannte und sich daranmachte, sie abzustellen."

Der da spricht, ist kein gewöhnlicher Erzähler. Contet ist auf doppelte Weise berufen, das Funktionieren des Paares Piaf-Montand zu beobachten (für letzteren hegt er nach wie vor große Achtung und Zuneigung, worauf er sich einiges einbilden darf).

Zunächst einmal, weil er das erste Opfer der blitzartigen neuen Liebe ist, die den Neuankömmling mit der Frau vereint, die er selber liebt. Ein paar Monate wird die zweideutige Situation, mehr oder weniger durchschaubar und undurchschaubar, fortbestehen. „Edith", so berichtet der Autor von *Ma gosse, ma petite môme* mit gebrochener Stimme, „hatte ein so liebenswertes Gesicht, einen Kindermund und eine Art, den Mann anzuschauen, den sie liebte, daß man wie vom Donnerschlag getroffen wurde. Sie war von einer irrsinnigen, fröhlichen Vitalität, geistreich und komisch. Die Piaf mit dem zerbrochenen Herzen, der die Zuschauer Beifall klatschten, das war die professionelle Künstlerin. Im Leben war sie durchaus nicht so oft zerfetzt. Sie kam sehr leicht über Kummer, über Brüche hinweg. Yves hat den Mut gehabt, mir die Wahrheit über ihr Verhältnis zu sagen, das war im Februar 1945 in seiner Garderobe im ‚Etoile'. Aber man hätte blind sein müssen, um es nicht zu bemerken. Edith war in seiner Gegenwart in Ekstase. Ich habe sie eines Abends hinter der Bühne eines Kinos in der Rue d'Alésia gesehen, wo Montand im Pausenprogramm auftrat. Er sollte gerade auf die Bühne, sie hielt ihre beiden Hände auf seine Unterarme gelegt und blickte ihn stumm und fest an, vor Bewunderung zum Standbild erstarrt."

Man könnte nicht beschwören, daß der alte Herr, der uns dieses Bild schildert, dabei ganz unberührt bleibt von einem schmerzlichen Stich früherer Eifersucht.

Henri Contet ist aber auch der bevorzugte Zeuge der Fron, die Edith Piaf ihrem Partner auferlegt. Jeden oder doch fast jeden Vormittag seit September 1944 schließt sie sich mit ihrem Pianisten und mit Montand ein. Und dann hat sie ihre Zärtlichkeit an der Garderobe abgelegt. Dann bekommt der „Schüler" (er ist nur sechs Jahre jünger als sie) ihre Zuchtrute zu spüren, ihre Kritik, ihre Unerbittlichkeit, ihre Rigorosität, ihre festen Überzeugungen. Contet berichtet: „Yves hat niemals über einen ‚Befehl' von Edith diskutiert – denn Ediths ‚Ratschläge' verwandelten sich rasch in Befehle. Ich nehme an, daß er mehr als einmal die Zähne zusammengebissen, seine Erschöpfung, seinen Stolz hinuntergeschluckt hat, weil er sehr wohl ermaß, daß der Nutzen, den er aus diesem Exerzitium zog, größer war als das Leiden. Er sog alles mit einer solchen Gier in sich ein und setzte es so effizient um, daß man nur staunen konnte. Und sie wiederum war erstaunt über die Verbindung von so vielen Talenten und einer derartigen Willenskraft."

Wenn ein Beiwort schlecht auf Yves Montand passen will, dann das Adjektiv „leicht" im Sinne von „oberflächlich", „es sich leicht machen". Und es wäre ganz widersinnig, sich den jungen Künstler etwa vorzustellen als widerspruchslos entgegenkommend, formbar, „wirbellos" (um das von ihm für die Schnulzensänger bestimmte Kompliment an ihn zurückzugeben). Der Piaf hätte das übrigens auch kaum zugesagt. Für sie muß ein Mann stark, fest, eventuell brutal sein, und er hat nicht zu heulen. Dem Südländer Montand ist derlei Auffassung ganz und gar nicht fremd. Er nimmt das „Gesetz" der Piaf hin, weil es ihm in beruflicher Hinsicht oftmals als das richtige erscheint. Und weil ihn am Ende der Prüfung eine Belohnung erwartet: das Staunen seiner Gefährtin, die ganz außer sich ist, wenn sie feststellt, in welchem Tempo er aufholt und sich die Früchte dieser Sitzungen aneignet, anverwandelt. Sie sind wechselseitig so voneinander bezaubert, daß sie einander bald ebenso fürchten werden, wie sie sich lieben.

Gemeinsam ist ihnen, daß sie ihrer Karriere absolute Priorität einräumen. Piaf kann sich nicht genug wundern, daß eine bloße „vedette américaine" ebensolchen Erfolg einheimst wie eine „vedette" an sich, ein richtiger

Star. Und Montand hat es nur in einem eilig: der Tatsache bald auch den Rang beizugesellen.

Die Zeitungen verheißen es ihm quasi einhellig. Am dicksten aber trägt Contet in *Paris-Midi* auf, in einem Artikel unter der Überschrift „Offenbarung im Moulin Rouge“[13]. Er verdient zitiert zu werden, weil er gleichermaßen die Piaf wie Montand beleuchtet. Henri Contet schreibt: „Edith Piaf hat mir gesagt: ‚Abgemacht, ich singe diese Woche im »Moulin Rouge«, aber ich habe mein Programm gerade erst an allen vier Ecken von Paris vorgestellt; also lassen Sie mich diesmal beiseite und geben Sie dafür Yves Montand eine Chance, einem Debütanten, wie man ihn selten erlebt …‘ Also habe ich Yves Montand aufmerksam zugehört und zugeschaut … Und er ist wahrhaftig des Anschauens wert. Er hat ein Lachen, das aus Dubouts Zeichnungen herzustammen scheint, Arme wie Windmühlenflügel und Hände, die einem Lust machen zu singen. Hände eines Holzfällers, der ein Dichter ist. Außergewöhnliche Hände voller Musik, Hände, die nach Bluesrhythmen tanzen, die sich an Trompetenschreien festhaken oder das Kichern des Saxophons zerfetzen und hinwegfegen. Und dann hört man ihn selbst. Er hat eine Stimme, die einen die Augen schließen läßt, sobald sie einen nicht mehr zum Lachen bringt …“

Das ist schon keine Kritik mehr, das ist ein Komplott. Gefeiert, mit Ovationen überschüttet, muß Montand nun auch beweisen, daß er auf der Höhe der eingeheimsten Lobeshymnen ist. Und wie das? Indem er ein paar Ticks abstellt. „Du gestikulierst zuviel. Wenn du deinen Arm so weit ausschwingen läßt, mußt du ihn anschließend wieder einziehen, und das sieht blöd aus. Gewöhn dir auch ab, im Laufschritt auf die Bühne zu stürmen. Du kommst ganz langsam, sie erwarten dich ja. Je mehr du dir Zeit läßt, um so mehr Zeit haben sie, zu klatschen, werd nur nicht nervös …“ Montand steckt das ein, schnaubt widerwillig, verdaut es, nimmt nicht alles ganz ernst, adaptiert es, arbeitet es nach eigener Vorstellung um.

Vor allem braucht er ein Repertoire, das auf ihn zugeschnitten ist. Aus Marseille ist ein Imitator in Paris gelandet; durchsetzen aber muß sich ein Interpret. Er hat die gewisse Übelkeit, die Verärgerung des jungen Männchens, des Wunderknaben überwunden, die ihn überkamen, als die Piaf ihn zuerst so schroff abfertigte. Mag bei ihm auch die Verletzlichkeit des Schüchternen, des Autodidakten, des aus ärmlichen Verhältnissen Stammenden zu der weitaus gewöhnlicheren der Bühnenmenschen kommen – was an sich schon eine stattliche Addition ergibt –, so ist er doch keineswegs unzugänglich für kritische Vorhaltungen. Er gesteht gern ein, daß sein Talent anspruchsvollerer Nahrung bedarf. Übrigens hat er keine Sekunde geschwankt, als ihm der Komponist Loulou Gasté und der Textdichter Jean Guigo zwei ihrer Werke antrugen: *Luna Park* und *Battling Joe.* Der „ausgebeutete“ Boxer und der Prolet auf Vergnügungsbummel – sie kündigen eine Reise durch die Welt an ... Wenn zu jener Zeit ein Sänger dabei ist, seinen „Durchbruch“ zu schaffen, dann antichambrieren Autoren und Komponisten bei ihm. Auch die vertraglichen Verhandlungen sind schnell abgewickelt. Es kommt vor, daß er innerhalb nur einer Woche seinem Programm eine Novität hinzufügt. Kein Marketing und keine raffiniert ertüftelten Orchesterarrangements: das Publikum selbst bestätigt sehr rasch, ob die Wahl richtig war, oder es verwirft den Titel.

Edith Piaf liebt diese Rhythmen und diese Worte, so wie sie *Les Grands Boulevards* lieben wird, deren Melodie von einem ihrer engsten Freunde, dem Musiker Norbert Glanzberg, auf einen Text von Jacques Plante geschrieben wird. Und sie zögert auch nicht, ihre neue Liebe in den Genuß ihrer eigenen Talente als Textdichterin kommen zu lassen, und schenkt ihm – Schreiben ist ihre Sache nicht: die Sätze kommen ihr einfach über die Lippen – zwei Chansons, *Mademoiselle Sophie* und *Le Balayeur* (Der Straßenkehrer). Der ersten Strophe des zuletzt genannten Liedes sitzt der Schalk im Nakken, sie läßt sich doppelsinnig verstehen:

Ich bin so schrecklich schüchtern
Obwohl ich mich benehme wie ein Haudegen
In der Schule riefen sie mich Candide
Und der Spitzname ist mir geblieben
Beten mochte ich nicht so gern
Gern aber Schuleschwänzen
Darum wundern Sie sich nicht allzusehr
Über den Beruf, den ich erwählte …

Mit einem derartigen „Rohstoff" hat Montand auf einmal kraftvolle, volkstümliche Lieder in seinem Gepäck. Für den Anfang.

Edith Piaf wünscht, daß er die beiden Extremlagen seines Registers systematischer entwickelt: das Liebeslied – die Romanze – und das sketchartige Kabarettchanson, mit dem er seinen erstaunlichen Bühneninstinkt hervorzulocken vermag. Denn Montand ist tatsächlich in der Lage, zwischen sanftem Liebesgeflüster und visuellen Gags hin und her zu wechseln. Nur daß sein Schmelz niemals nachlässig wirkt: er läßt eine starke Sinnlichkeit ahnen, angedeutet, doch offenkundig. Und daß der Gag niemals zu stark betont ist, sondern mit der Promptheit, der Leichtigkeit eines Zeichentrickfilms mit seinen 24 Bildern pro Sekunde abläuft. Und schließlich hat Edith Piaf begriffen, daß die „proletarischen" Wurzeln des jungen Livi in diesen Zeiten ein kostbares Herkunftszeugnis darstellen (oder alsbald darstellen werden), einen zusätzlichen Faktor, durch den er Sympathien zu gewinnen vermag. Sie selbst hat es, besser als jedermann sonst, verstanden, das Vorurteil wegen ihrer Herkunft aus der Misere ins Gegenteil „umzupolen", sich als Mädchen aus dem Volk darzustellen; Yves, so meint sie, kann nicht anders handeln.

Sie überhäuft ihren schönen Geliebten mit Geschenken, bedeckt ihn mit Gold, in Gestalt eines Ringes, einer Uhr, alles zu seiner hellen Verwirrung. Vor allem aber schenkt sie ihm immer neue Chansons, Texte, die urplötzlich aus ihr hervorsprudeln und von ihren Getreuen, Glanzberg, Louiguy, Marguerite Monnot oder Paul Durand, in sangbare Musik umgesetzt werden. Manche davon werden Montand auf immer „anhaften". So *Mais qu'est-ce que j'ai à tant l'aimer?* (Was ist es nur, daß ich sie so sehr liebe?), vor allem aber *Elle a* (Sie hat):

Elle a des yeux
C'est merveilleux
Et puis des mains
Pour mes matins ...

Sie hat Augen
Das ist wundervoll
Und dazu Hände
Wenn ich morgens erwache ...

Diese liebkosenden morgendlichen Hände haben die Prüderie der einfachen Leute ein wenig verletzt. Zumal *Liebe* sich auch durchaus nicht immer auf *ewig* reimte:

Sie ist da
Ganz allein für mich
Zumindest ... glaube ich's ...

Edith wird sich das Lied *Il fait des ...* ausdenken, die Geschichte von einem Jazzfanatiker, dessen Stimmbänder heiser werden und dessen Füße sich verkrampfen, sobald das Orchester klassische, feierliche oder Kaffeehausmusik spielt, während beim Klang des *boogie-woogie* alles aus ihm hervorbricht.

Sie wird dem Proletariersohn auch *La Grande Cité* (Die große Stadt) widmen, eine der herausragenden Kreationen der Nachkriegsjahre:

Ich bin geboren in der Stadt
Die Fabriken gebärt
Wo Männer kreiseln wie Turbinen
Ohne Pause, ein Leben lang
Mit ihren hohen Kaminen
Die zum Himmel sich strecken
Als ob sie ihren Rauch ausspeien wollten
Als künstliche Wolken …

Und der liebe Gott betrachtet das alles von sehr weit oben:

Wie komisch das ist
Die Liebe läuft auf der Straße
Wie komisch das ist
Zwei Herzen, in der Menge verloren …

Sie weiß nichts von Kompositionslehre und noch weniger von Harmonie. Obwohl ihr Englischlehrer über ihre Leistungen staunt, macht ihr jede schriftliche Äußerung schwer zu schaffen. Ihre Hand zittert (das alkoholische Erbteil ihres Vaters Louis Gassion), der Federhalter rutscht bisweilen heftig aus, zerkratzt das Papier. Wovon sie umgetrieben wird, das ist in der Tat eine Art entfesselter, wilder Grazie. Sie findet ihre Worte, wie sie ihre Gesten findet, scheinbar ohne danach zu suchen, mit einem Schlag; der Notwendigkeit quälenden Nachdenkens und Wiederkäuens scheint sie nicht unterworfen zu sein. Ihre Disziplin versteckt sich hinter tausend Einfällen, Witzen, Launen und tyrannischen Forderungen. Als sie von einer jungen Sängerin, Marianne Michel, um Rat gebeten wird, kommt es ihr ganz plötzlich über die Lippen (Yves Montand hat die Szene berichtet): „Ich weiß nicht … Wart mal, man könnte es so versuchen: ‚Wenn er mich in die Arme nimmt, wenn er leise zu mir spricht, dann sehe ich die Dinge rosa …‘ Sie verbessert: ‚Nein, das Leben rosa, *la vie en rose* …‘ Und dann macht sie sich an die nächste Strophe: ‚… *Un rire qui se perd sur sa bouche ...'* (Ein Lachen, das sich auf seinem Mund verliert)."

Yves' Lachen.

Edith Piaf, die von zugleich weitherziger und verschlingender Natur ist, begnügt sich nicht damit, selbst für ihn zu produzieren. Sie tritt ihrer Eroberung auch die Schöpfungen anderer ab. Als Contet ihr am Telefon den Text vorliest, den er gerade für Maurice Chevalier ausgedacht hat („Ma môme, ma petite gosse, on va faire la noce, je t'emmène en carrosse jusqu'à Robinson ..." – Meine Môme, meine Kleine, komm, wir machen einen drauf, ich nehm dich mit in der Kutsche, nach Robinson raus ...), da fleht Edith ihn an: „Heb das auf für Yves, heb das auf für Yves!" Und so sieht sich Montand von glücklichen Funden überhäuft, überschwemmt. Contet bietet ihm sein *Gilet rayé* (Die gestreifte Weste) an: das akrobatische Abenteuer eines Nachtwächters mit gestreifter Weste („rayé, rayé"), der in die schöne Lola verliebt und genötigt ist, endlos viele Stockwerke zu ihr hinaufzukraxeln, um ihr Champagner zu servieren, den sie in Gesellschaft von Männern trinkt, auf die er eifersüchtig ist. So eifersüchtig, daß er die Dame und den abscheulichsten ihrer Spießgesellen umbringt, um dann im Bagno von Tausenden Lolas zu träumen – in seinem Anzug, der so gestreift, so gestreift ist ... Das ist geistreich, „fantaisiste", nicht singbar. Und Montand singt sie, diese verrückte Geschichte, findet heraus, mit welchem Requisit er die Erschöpfung des Helden vorführen kann (einem Stuhl), und illustriert mit einem falterhaften Flattern seiner Finger die irre Jagd von Etage zu Etage. Eine wahre Tragikomödie von dreieinhalb Minuten Dauer. Ein Chanson, das man aus der Nähe erleben muß.

Henri Contet verschlägt es noch immer den Atem: „Was Yves nicht wußte, war, daß die Piaf mich ausdrücklich gebeten hatte, für ihn ‚experimentelle Chansons‘ zu schreiben, die für ihn ebenso schwierig waren wie für das Publikum. ‚Du mußt ihn wegkriegen von all diesen *fa-la-la-la, fa-fa* und von den amerikanischen Sachen.‘ Sie wollte, daß er die gewaltige Bühnenpräsenz, die er mit seinen riesigen Armen besaß, voll ausspielte. Ich neigte eher dazu, nach etwas runderen Geschichten zu suchen, aber sie blieb unnachgiebig.“

So ist das unmögliche *Gilet rayé* entstanden, mit dem Montand sogleich Triumphe feierte. „Wir waren ganz verblüfft“, fährt Contet fort. „Und da haben wir die Dosis noch gesteigert mit *Ce monsieur-là.* Das war noch ärger. Irgendeiner bekommt einen anonymen Brief, ertappt seine Frau mit ihrem Liebhaber, bringt den Liebhaber mit einem Gegenstand vom Kaminsims um und wandert sodann von Schlafzimmer zu Schlafzimmer (‚C’est difficile d’être criminel, faut tous les jours changer d’hôtel ...‘ – Verbrecher sein, das ist die Höll, jeden Tag muß man in ein andres Hotel). Zum Zeitpunkt der Befreiung *Ce monsieur-là* zu singen, das war selbstmörderisch, es war unerhört. Das Lied dauerte fast fünf Minuten, die Leute waren wie vom Blitz getroffen. Und doch, Montand hat sich vor diesen Karren gespannt. Er hat sich eine ganze Inszenierung dafür ausgedacht und hat hartnäckig an ihr festgehalten, selbst wenn der Saal offensichtlich angeödet war. Und eines Tages hat er mir aus Toulouse telegrafiert: ‚Geschafft, ich hab sie gekriegt mit *Ce monsieur-là.* Es läuft, Henri, es läuft!‘“

Von einer Herausforderung zur nächsten erkundet der Interpret der *Plaines du Far West,* was er in sich hat. Die Piaf „macht“ ihn nicht, sie modelt ihn nicht: sie „beutet ihn aus“, in dem Sinne, wie man sich an die Ausbeutung einer Erzader, einer Mine, einer Lagerstätte macht. Es ist ein Akt der Liebe, ein Akt des Glaubens und auch eine Art und Weise, den anderen festzuhalten, an sich zu fesseln. Yves Montand ist zu verliebt, um ihr sein Vertrauen zu versagen. Selbst wenn er die Kröten, die ihm seine geliebte Despotin verabreicht, nur mit mehr oder weniger Grazie schluckt, so besänftigt doch ihre Zärtlichkeit all seinen Ärger, und mit der kargt sie gleichfalls nicht. Und ebensowenig gebricht es ihr an Scharfsinn. Edith besitzt die Klugheit, die Exerzitien abzuwandeln. Nachdem sie ihn angestachelt hat, sich den Raum der Mimik, der Zeichen, der Bewegung auf der Bühne zu erobern, ermutigt sie ihn das nächstemal, es mit dem Gegenteil zu versuchen, treibt irgendein neues Chanson auf und rät ihm, es ohne eine einzige Geste, ganz unbewegt zu interpretieren. Und Montand erprobt auch das. Er erduldet Marterqualen, aber er zeigt, daß er auch dazu fähig ist.

Was er bei diesem Hin und Her entdeckt, das ist die professionelle Rigorosität. Er „erlernt" sie nicht wie eine Fremdsprache, er empfängt sie nicht von anderen, so wie man ein Geschenk oder eine Botschaft empfängt, er ererbt sie nicht aus einem früheren Kenntnisschatz. Er wird zu Montand. Er legt die Hülle des Fernandel-Imitators ab und kreiert den Entertainer, dessen außergewöhnliche Langlebigkeit sich (falls ein solches Phänomen überhaupt erklärbar ist) aus der Kunst erklärt, ein Chansonrepertoire zu komponieren, Zärtliches und Rauhes innig zu verschmelzen, Lärmendes und Verhaltenes, populäre Ader und Avantgarde.

Edith Piaf und Henri Contet erachten den Wandel für abgeschlossen, als sie sehen, wie ihre „Entdeckung" *Ma môme, ma petite gosse* interpretiert. Montand singt das Lied träumerisch, unbewegt. Doch dann kommt die letzte Strophe:

> Die Sonne trödelt am Himmel
> Ein paar Walzer schwingen
> Zu Melodien von Verliebten
> Davon wird das Herz mir so schwer
> Wir brauchen nichts mehr zu reden
> Komm, laß uns glücklich sein ...

Als das Finale einsetzt, dreht er langsam, im Walzertakt, den Zuschauern den Rücken. Eine Hand – seine eigene, aber man würde das Gegenteil beschwören – schlingt sich um seinen Hals und zieht ihn sanft von der Bühne.

Dunkel.

Das ist perfekt.

In den Wochen, die auf das „Moulin Rouge" folgen, erhält Raoul André in der Rue Chalgrin ungewöhnliche Anrufe. „Edith Piaf rief zu sehr später Stunde an und fragte: ‚Ist Yves nicht zufällig da?' Zufällig war Yves da, aber er beschränkte seine Antworten am Telefon auf ein sehr dürres ‚Oui. Oui. Oui.' Und dann sagte er irgendwann mit gleichgültiger Miene: ‚Hm, ja, ich weiß noch nicht, wann ich nach Hause komme …'" In diesem Monat August streift Montand so häufig wie noch nie in den Sperrstunden durch Paris. An einem dieser lauen Morgen, kurz vor Tagesanbruch, verläßt er wie gewohnt das Appartement von Edith Piaf in der Rue Marceau 71 (Edith wagt es noch nicht, Henri Contet ihre Untreue zu gestehen), um sich in seine „Höhle" in der Rue Chalgrin 7 zu begeben. Die Place de l'Etoile ist menschenleer, als er an der Ecke zur Avenue Victor-Hugo auf die Leiche eines toten Soldaten stößt. Der Deutsche liegt bäuchlings hingestreckt. Aus seinem aufgeplatzten Schädel quellen Gehirnfetzen. Hier zu sein ist gefährlich. Montand bleibt stehen, betrachtet die Nagelstiefel des Toten, denkt sonderbarerweise an die Millionen gleicher Stiefelpaare, die das Reich hat produzieren müssen, und macht sich auf und davon.

Am 15. August feiert die Piaf mit ihrem Schützling bei Champagner die unmittelbar bevorstehende Vereinigung der alliierten Armeen, die auf dem Wege über Le Mans und Alençon auf Argentan vorgestoßen sind und den feindlichen Kessel mehr und mehr einschnüren. Am selben Tag, dem 15. August, beschließt die Pariser Polizei durch Abstimmung, den Streik auszurufen und gegen die Besatzer zu meutern. Und am selben 15. August rattert auch – ohne daß die Franzosen, die nur noch Ohren für die baldige Befreiung haben, etwas davon erfahren – ein Zug in Richtung Deutschland los: der letzte Transport von Deportierten in die KZs …

Alle die bekannten Zutaten, mit denen sich auf dem Theater dramatische Konfliktsituationen lösen ließen, verströmen auf einmal ihre ambivalenten Gerüche. Heroismus, Hohn, höllische Angst, Mißverständnis, Farce, Tod, Lüge, Wahrheit, Rache – sie sind an jeder Straßenecke zu finden. Ab 19. Juli, dem Beginn des Pariser „Aufstands“, wird jeder Bewohner der Stadt beim Knurren seines leeren Magens Akteur oder Augenzeuge ungewöhnlicher Geschehnisse.

In der Wohnung von Raoul André ist dies zunächst eine verschwommene Gestalt, die nach Einbruch der Dunkelheit klingelt. Durch die schmiedeeisernen Ranken und das Milchglas der Tür erkennen Wohnungsinhaber und Gast mit Mühe eine feldgraue Uniform, wie sie ihnen nur allzu vertraut ist. Montand bewaffnet sich mit einer Flasche, die er beim Hals packt, und macht vorsichtig auf. Der eintretende Soldat spricht kein Wort Französisch. Er mag fünfundvierzig sein, wirkt erschöpft, verirrt, ohne Zeitgefühl, und geht schweren Schrittes ans hintere Ende des Raums, den beiden Franzosen den Rücken kehrend. Seine Gesten deuten an, daß die anderen, die Seinen, ihn im Stich gelassen haben. Dieser tolpatschige Kerl, der ein Bein nachzieht, trägt die Hoheitszeichen und die Instrumente der Unterdrükkung. Sonderbarerweise aber sieht seine Handgranate ganz deplaziert, wie entschärft aus. Ohne recht zu begreifen, was er da tut, schenkt Montand unter Raouls tadelndem Blick dem Fremden ein Glas billigen Kognak ein, den sie für teures Geld auf dem Schwarzmarkt erfeilscht haben. Dann setzen sie den Eindringling vor die

Tür, und er entfernt sich widerwillig, langsamen Schrittes.

Eine Woche später sollten sie schlußfolgern, daß sich der Deutsche ohne Zweifel gefangennehmen lassen wollte. Sie erinnern sich, mit welcher Hartnäckigkeit er ihnen den Rücken zukehrte. Eine Woche später ist ein Soldat der Wehrmacht jemand geworden, den man beschimpft, festsetzt, entwaffnet. Dieser da hat zu früh geklingelt.

Eine zweite spannende Episode, teils komisch, teils traurig, ereignet sich am nächsten oder übernächsten Tag. Jacques Baudry, ein mit Raoul André befreundeter Produzent, der mehr oder weniger offen bei den FFI tätig ist (den Forces Françaises de l'Intérieur, der bewaffneten Widerstandsorganisation im Lande selbst, die von Minute zu Minute zahlreicher wird), schneit in der Rue Chalgrin herein und zeigt ihnen stolz seine Waffe, einen bescheidenen Revolver Kaliber 6,35. Fast ein Taschenspielzeug, so sagt er, und außerdem nicht geladen. Und um zu zeigen, daß das Magazin leer ist, drückt er auf den Abzug. Eine Kugel prallt vom Tisch zurück und dringt Yves Montand in die rechte Hand, unterhalb des Daumens. Der Überraschungseffekt ist so vollkommen (und die Angst im nachhinein so gewaltig: die Hand des Sängers, der mit den Ellbogen aufgestützt dasaß, war nur drei, vier Zentimeter von seinem Gesicht entfernt), daß das Opfer einen Moment der Stille vergehen läßt, ehe es seinen Schreck herausschreit. Sie waschen ihm die Wunde aus und warten auf einen Arzt aus dem Widerstand, der ihm das Projektil entfernt.

Im Théâtre Saint-Georges wird Louise Carletti inzwischen unruhig, weil ihr gewohnter Begleitschutz nicht auftauchen will. „Schließlich sind sie bei mir in der Garderobe erschienen. Yves war ganz blaß und hatte eine verbundene Hand. Er mußte gleich anschließend im ‚Night Club' singen, und es war für ihn eine Sache der Ehre, nicht abzusagen." Tatsächlich betritt Montand die

Bühne des Cabarets, den Arm in der Binde. Während er seine vier Chansons abliefert, so gut es geht, spürt er im Saal eine eigentümliche Spannung. Der Beifall ist noch eine Spur lauter als sonst, und er selber ist eingehüllt von einem Geräusch, einem respektvollen Gesumm. „Das ist einer vom Bois de Boulogne, das ist einer vom Bois de Boulogne ...“, kann er aufschnappen, ohne jedoch den Sinn dieser geheimnisvollen Anspielung zu erraten.

Erst die Nachricht, die ihn am nächsten Morgen erreicht, erhellt ihm das Mißverständnis und läßt seinen Kaffee-Ersatz noch bitterer schmecken als gewöhnlich: 42 junge Widerstandskämpfer, kaum älter als siebzehn, sind in einen Hinterhalt geraten, den ihnen ein französischer Gestapomann gestellt hatte; 35 von ihnen sind vor dem Wasserfall im Bois de Boulogne füsiliert worden. Jemand im „Night Club“ hatte das Gerücht ausgestreut, der verletzte Chansonnier gehöre zu diesen Märtyrern und sei durch ein Wunder davongekommen (in Wirklichkeit entkam nur einer der jungen Männer, den man totgeglaubt hatte, dem Massaker). Ein seltsames Klima, das in dem fast schon befreiten Paris herrscht: die Stadt, die kaum vier Monate vorher noch den Marschall feierte, bringt nun mit verdächtiger Geschwindigkeit Helden hervor.

Yves Montand schmückt sich in dieser Hinsicht mit keinerlei Lorbeer. Immerhin hat auch er „zu den Waffen gegriffen“. Doch unter Umständen, die ihn darüber erzählen lassen, als sei es eine Münchhausiade gewesen. Ein Komitee zum Schutz der Comédie-Française hatte sich gebildet, bereit, das Haus Molières in ein „Fort Chabrol“ zu verwandeln. Edith Piafs Freundin Madeleine Robinson ruft an und erklärt, daß sie Freiwillige sucht, die sich in dreistündigem Wechsel bei der Wache ablösen. Montand begibt sich sogleich an die Front. Es ist Dienstag, der 22. August. Nach einer Feuerpause sind in Paris wieder sporadische Kämpfe aufgeflammt. Im

Théâtre-Français, gegenüber dem Louvre, muß er zweimal lang und viermal kurz klopfen und dann eine Losung hersagen, ehe er in das Hauptquartier eingelassen wird, dessen Waffenarsenal aus drei Handgranaten und einem Gewehr besteht. Während er in dem Säulengang unter den Augen von Musset Wache hält, bekommt der Interpret von *Und er zog seinen Revolver* nicht die geringste Möglichkeit zum Blankziehen. Damit enden seine kriegerischen Werke.

Die eigentliche Befreiung, La Libération mit Großbuchstaben, die sich drei Tage nach dieser Heldentat vollzieht, erlebt Montand zumeist an der Seite von Edith Piaf. Er steht mit auf der Place de l'Etoile, als Leclercs Panzer am oberen Ende der Avenue Foch auftauchen. Um ihn herum eine vor Begeisterung rasende, schreiende, singende Menge. Über die Köpfe flitzen Kugeln hinweg.

„Hinlegen, alles zu Boden, Gottverdammich!" schreit ein Unteroffizier.

Die Passanten werfen sich auf den Asphalt, ohne ihre Fahrräder loszulassen. Montand sucht Schutz hinter einem Baum. Ein in der Nähe haltender Panzer schießt auf das Dach eines Gebäudes auf der anderen Seite der Champs-Elysées.

„Hör auf mit dem Blödsinn!" brüllt ein anderer Chargierter, „du hast mir gerade drei Leute abgeknallt!"

Das Fest beginnt noch mitten im Krieg. Und es befreit nicht von den Obsessionen all dieser Jahre: etwas zu essen finden, einen Laden, einen Stand aufstöbern, an dem noch irgend etwas zu beißen zu haben ist. Harry Max ist zu Montand gestoßen, und die beiden grasen vergebens alle versteckten Hinterbudiken ab. Die einzige Ware, die man in Atempausen kaufen kann, ist das Blatt des Widerstands, *Franc-Tireur*, das in größter Hast auf beschlagnahmten Rotationspressen gedruckt wird.

Der Ausdruck „vor Freude toll" erfaßt diesen Zustand einer heiteren, kollektiven Ausgelassenheit treffend. Er verrät auch, wieviel Wirrnis, wieviel überschäumender Haß in einem solchen Ausbruch stecken kann. Montand gesteht es heute mit einem peinlichen Gefühl ein: damals blickte er vom Fenster in Ediths Wohnung an der Avenue Marceau über eine Kolonne haltender Lastwagen, auf denen zusammengedrängt erschöpfte deutsche Soldaten saßen – einer hatte einen Verband ums Knie –, und da brüllte er ihnen zu: „Haut ab, *raus*! ...“, wobei er die kehlige Sprechweise der „Boches“ nachahmte. Gerechte Vergeltung? Legitimer Zorn? Der Gedanke, daß er solcherart seine Stimme der Meute beigesellt hat, um die Besiegten herabzuwürdigen, und sei es für einen flüchtigen Augenblick, verfolgt ihn und deutet für ihn darauf hin, daß in jedermanns Innern ein stets verfügbarer Vorrat an Feigheit lauert.

Dabei ist das Schlimmste gerade noch verhütet worden. Während die Fahrzeuge mit den zusammengeduckten Siegern von gestern noch dort halten, nähert sich ein der Piaf bekannter Junge, er trägt die Armbinde der FFI, dem Fenster, auf dessen Sims er vier Handgranaten abgelegt hat, und greift nach einer. Er will sie entsichern, da fällt ihm Edith in den Arm.

„Mach keinen Blödsinn, sie hauen doch schon ab!“

Der Luntenzündler hält inne. Die „Hinrichtung“ einer Herde entwaffneter Männer hat von kaum mehr als einem Nichts abgehangen, einem Einspruch, einem Sekundenbruchteil der Wachsamkeit.

1944 sieht Yves Montand die Welt in Schwarz und Weiß geschieden. Einige Jahrzehnte später mißtraut er mehr als allem sonst jenen „einhelligen Massen“, die sich ihres guten Rechts so gewiß sind, daß sie Tod verordnen, die Lüge zulassen, sich für allzu offizielle Doktrinen und allzu erniedrigende Prozesse als Bürgen hergeben. Seine Ansicht über das Dritte Reich hat sich nicht geändert, aber jedesmal wenn er aus seinem Haus an der Place Dauphine kommt und den Pont-Neuf überquert, bedauert er, daß auf der an der Brüstung angebrachten

Gedenktafel, die an die Aufopferung eines illegalen Kämpfers gemahnt, die Worte „erschossen von den Deutschen“ stehen und nicht: „erschossen von den Nazis“. Eine Nuance ... Ebenjene Nuance, die die ersten Nazigegner von jenseits des Rheins, jene, die das „Privileg“ hatten, die Hitlersche Repressionsmaschinerie einzuweihen, von den braven, gewerkschaftlich organisierten Pariser Busfahrern scheidet, ohne die die Razzia im Vel'd'Hiv' am 16. Juli 1942 nicht in diesem Umfang hätte durchgeführt werden können – 13 000 festgenommene Juden. Der Codename der Operation hieß: „Frühlingswind“.

Doch am 25. und 26. August 1944 (dem Tag von Charles de Gaulles Triumph) sind so feine Unterschiede nicht an der Tagesordnung. Im Schwung jener Tage, in der nebulösen Atmosphäre der Säuberung läßt die Enthüllung des absoluten Schreckens all die tausend kleinen Gemeinheiten und tagtäglichen kompromittierenden Handlungen, die das Fundament für das Regime von Vichy bildeten, auf das Maß kleiner Sünden schrumpfen. Die Barbarei auf der Gegenseite war so gewaltig, daß ihre vollständige Aufdeckung zu einem Gedächtnisverlust, einer kollektiven Verdrängung führt: Frankreich ist urplötzlich bevölkert von gänzlich unvermuteten Widerstandskämpfern, die bereit sind, den Nachbarn, der sich als „collabo“ erwiesen hat, zu zerschmettern und die selbst um so unverdächtiger sind, als ihre eigene Tapferkeit sich gerade jüngst erst offenbart hat. Vergessen all die kleinen Spitzel, die mit ihrem anonymen Gift allmorgendlich die französischen und deutschen Amtsstuben überschwemmten. Das Vaterland hat nur noch Patrioten. Die Hölle, das sind die andern.

Noch Mitte August wurden im Jardin du Luxembourg die verstümmelten Leichen von Partisanen entdeckt, denen man sämtliche Haut von den Händen abgezogen hatte.

Das ist die Wahrheit. Und sie verlangt, daß Rechnungen beglichen werden. Als aber die Okkupanten geschlagen sind, schlägt die Säuberung mitunter recht zufällig zu. Wenn man da eine junge Frau, geschoren und halbnackt, in aller Öffentlichkeit der Schande preisgibt, weil sie sich mit einem feindlichen Soldaten „vergangen“ hat, dann verdeckt das den Umzug begleitende wirre Geschrei oft genug die Straflosigkeit, deren sich nicht wenige „Kriegsgewinnler“ und effiziente Rädchen in der Maschinerie der Kollaboration erfreuen.

In der Welt der Bühne sind Künstler, deren Karriere in den düsteren Jahren zum Durchbruch kam, einem mehr oder weniger berechtigten Argwohn ausgesetzt: ihre „zweideutigen“ Handlungen waren deutlicher sichtbar als die der Industriellen, Schieber oder Spitzel. Ins Visier geraten selbst Leute wie Chevalier (der von Aragon gezwungen wird, vor der „Mauer der Föderierten“[14] die *Internationale* zu singen) oder Trenet (der sich für ein gutes Jahr zu einer Art Zwangsurlaub veranlaßt sieht). Über André Claveau, dessen Gage beim Regimesender Radio-Paris besonders hoch war, ist zeitweilig ein Berufsverbot verhängt. Ganz oben auf der schwarzen Liste stehen die – allesamt sehr offen kompromittierten – Namen von Fréhel, Annette Lafon, Raymond Legrand, Léo Marjane, Jean Tranchant, Suzy Solidor (letztere hatte in ihrem Cabaret in der Rue Sainte-Anne die französische Version von *Lily Marlen* kreiert). Selbst Edith Piaf wird wegen der Besuche bei ihren in deutscher Kriegsgefangenschaft sitzenden „Patenkindern“ kritisiert (doch nach kurzem Hin und Her werden ihre „patriotischen“ Empfindungen anerkannt, die sie nach bestem Glauben und Gewissen handeln ließen).

Der Hauptschock kommt später. Montand trifft es wie einen für ihn persönlich bestimmten Schlag, als er Anfang 1945 zusammen mit Edith in der Wochenschau die ersten Bilder aus den Todeslagern sieht, die Verbrennungsöfen, die Pritschen mit den zu Gerippen abgemagerten Zombies, die ihren Müttern entrissenen Kinder, die Leichenhaufen. Als sie aus dem Kino kommen, schnauzt er die Gefährtin an. Piaf besitzt jenen im tiefen Innern des Landes, bei den „einfachen Menschen“ so verbreiteten Köhlerglauben, jenes unerschütterliche und buntscheckig durchwachsene „Volksempfinden“, freimütig und abergläubisch, bestückt mit allerlei Amuletten, Heiligen und fertigen Klischees. Vor dem Schlafengehen verfehlt sie niemals, zum Beten niederzuknien. („Können Sie sich eine Messalina vorstellen, die im Nachthemd ihr Gebet verrichtet?“ hat ihr früherer Lebensgefährte in einer Rundfunksendung[15] einmal gesagt.)

An diesem Abend aber zeigt er mit dem Finger auf ihr kleines goldenes Kreuz, und dann bricht es aus ihm heraus: „Er hat es recht schlau eingerichtet, dein lieber Herrgott. Er vermag nichts für uns zu tun. Verdien dir nur dein Paradies schön selber. Wie kannst du an ein Wesen glauben, das ein solches Grauen duldet?“ Darauf erwidert Edith Piaf etwas, das Montand noch heute nicht weniger aus der Fassung bringt als damals, als er sich mitten auf der Straße empörte: „Aber Yves, wer weiß denn, was diese Menschen in einem früheren Leben alles angerichtet haben mögen?“ Ja, die alte Leier von der „Blutschuld“, vom Volk der „Gottesmörder“, das zu ewiger Wiedergutmachung verurteilt ist, daß selbst bei Piaf nicht weniger tief als die Tugenden des *Je vous salue, Marie …*

Simone Signoret hat in ihrem Erinnerungsbuch *La Nostalgie n'est plus ce qu'elle était*[16] berichtet, daß Montand eines Tages im Jahr 1959, als sie in Beverly Hills mit Filmproduzenten über eine mögliche Bearbeitung von Simone de Beauvoirs *Mandarinen von Paris* und dabei insbesondere über eine Liebesszene sprachen, die in den USA spielt, einwarf: „Im Grunde sind wir doch Überlebende!“ Und sie setzt hinzu: „Damit meinte er nicht uns beide.“

Er meinte die polnischen Juden, die Zigeuner, die entwurzelten Verwurzelten und die verwurzelten Entwurzelten, die alle im selben Krematoriumsofen verkohlt waren. Von diesen Jahren der Okkupation, die er gleichsam im Überflug hinter sich gebracht hat, ganz seinem Ehrgeiz und seiner Arbeit hingegeben, hat Yves Montand eine Art Taumel zurückbehalten: den – Schuldgefühle erweckenden – Gedanken, daß es möglich ist, den Rand des Abgrunds zu streifen und dennoch weiterzuleben, den Gedanken, daß die Grenzscheide zwischen dem Verlangen, zu wissen und dem, nichts wissen zu wollen, schmal ist und daß es gilt, sie zu durchbrechen.

Er hat die Gewohnheit, in einer seiner Innentaschen Fotos bei sich zu tragen, die ihm besonders lieb oder besonders wichtig sind, er führt sie überall als heimliche Sinnbilder eines inneren Halts mit sich, eine kleine Galerie der Liebe und der Trauer. Das Bild des Knaben aus dem Warschauer Ghetto, der mit verstörtem Blick die Hände erhoben hält, war lange Zeit das Hauptstück in diesem intimen Museum.

Das Leben mit Edith Piaf, die morgendlichen Proben, die Suche nach einem neuen Repertoire – all das kommt unmittelbar nach der Befreiung in einen geregelten Gang. Raoul André fällt nicht mehr auf Ediths nächtliche Anrufe herein (und da er Henri Contet kennt, ist ihm die Situation genierlich). Montand bezieht also wieder eine Wohnung für sich, in einem Hotel in der Rue Richelieu, wo Edith Piaf des öftern zu ihm kommt. Ein bescheidenes Hotel von schlichter Gemütlichkeit – das Liebespaar teilt sein Zimmer mit einer Maus, die Montand mit Sardinen ernährt, damit sie satt wird und die Bewohner nicht belästigt. Eine Mischung aus Phantasie und Kargheit, Diskretion und Jubelrufen, Heimlichkeit und öffentlichen Auftritten.

Von Ende September bis Ende Oktober 1944 sind sie beide auf Tournee durch die Kinos der Pariser Vororte, treten in Benefizvorstellungen zugunsten der FFI-

Kämpfer, der Angehörigen von Gefangenen, verschiedener wohltätiger Einrichtungen auf. So singt Montand zum Beispiel am 20. September in einem Kino am Boulevard Mortier für die amerikanischen Flieger. Edith Piaf ist beteiligt an Veranstaltungen der Spitzenklasse: so am 23. September im „Rex", am 7. Oktober im „Moulin Rouge", mit der Damia und der Mistinguett, eine Woche danach in der „Mutualité".

Edith führt zwar keineswegs ein mondänes Leben, aber sie nimmt „ihren Kerl" mit in eine ihm unbekannte Welt. Hier begegnet er Michel Simon oder dem Bühnenbildner Christian Bérard. Auch Sacha Guitry, der nicht gerade im Ruch der Heiligkeit steht (man wirft ihm vor, daß er Göring empfangen und mehr Kohle verbraucht hat als ein gewöhnlicher Sterblicher) und darum den „Kommunisten" Yves Montand um wohlwollende Fürsprache ersucht. Und dieser wird sich tatsächlich für ihn verwenden. Edith Piaf, das Mädchen von der Straße, ist auch der Fetisch von Jean Cocteau und eine frühere Leidenschaft des feinsinnigen Paul Meurisse (mit dem zusammen sie in *Le Bel Indifférent* spielt). Montand setzt seinen Fuß verschüchtert, aber auch angelockt auf diesen Planeten, in einer Weise, wie ein bei nassem Wetter von draußen Kommender vorsichtig den feinen Teppichen im Salon ausweicht.

„Yves", so erinnert sich Henri Contet, „hat recht schnell allerlei Komplexe abgestreift und Lücken geschlossen. Edith und ich, wir waren überzeugt, daß er zu einem ganz großen Star werden würde – das erkannte man mit bloßem Auge –, und wir erklärten ihm, was für Zwänge das auch mit sich bringt. Wir nannten ihm das traurige Beispiel der Damia, die eine wirklich große Sängerin war und doch kaum ihren Namen schreiben konnte. Die Piaf hatte dafür einen Satz, den sie wie einen Kanon herbetete. Sie sagte zu ihm: ‚Du mußt das Volk ebensosehr interessieren wie einen Sacha Guitry oder Cocteau. Und zu dem Zweck mußt du die Schriftsteller, die Dichter kennen.' Ich hatte ihm ein Buch von Apollinaire in die Hand gedrückt, aber der sagte ihm nichts. Verlaine hingegen gefiel ihm ungemein. Sofort wollte er sein Niveau verbessern, sich bilden, und das hat er mit verbissener Energie betrieben, es ist zu einer fixen Idee geworden bei ihm. Er gab sich lieber mit Dichtung als mit Romanen ab. Ich werde nie den Tag im Jahr 1946 vergessen, als wir uns auf dem Pont de l'Alma verabredet hatten und er mir mit weit geöffneten Armen und in aufgekratzter Laune entgegenkam und rief: ‚Henri, ich kapiere Prévert, ich kapiere Prévert!'"

Es ist das Drama aller Autodidakten: Wo beginnen? Welchen Weg einschlagen? Da es Montand an Wegweisern mangelt, faßt er aufs Geratewohl zu, wirft sich auf einen Titel, den er im Gespräch aufgeschnappt hat. Er kauft sich Bergsons *Lachen* und frißt sich hindurch, koste was es wolle. Ja, eines Nachts um elf schneit er bei Raoul André herein.

„Entschuldige, ich such was. Hast du nicht zufällig ein Buch mit dem Titel *Lob der Torheit*, von Erasmus?"

Raoul André reibt sich die Augen, wühlt in seiner Bibliothek und kramt zu seinem eigenen Erstaunen tatsächlich ein *Lob der Torheit* hervor. Sein Freund bedankt sich höflich und macht sich mit dem Buch unterm Arm davon ...

Lydia Ferroni war unmittelbar Zeuge, wie Edith Piaf ihren Gefährten auf liebevolle Weise mit himmlischer Speise versorgte. Einmal übernachtet sie auf der Durchreise in Paris bei dem Paar: „Edith und Yves logierten in einem x-beliebigen, ganz einfachen Hotel, das voll belegt war. Sie hatten ein kleines Klappbett für mich aufgestellt. Als ich aufwache, höre ich Edith sagen: ‚Willst du uns nicht Guten Morgen sagen?' Ich drehe mich um. Sie lag in Yves' Achselhöhle geschmiegt, und so lasen sie miteinander laut Molière."

Montand selbst hat das Gefühl, daß diese „literarischen" Annäherungen nur diskontinuierliche, zusammenhanglose Präludien waren. Erst nach dreißig Jahren, so schätzt er, als er in der Welt des Showbetriebs zur Spitze vorgestoßen war, hatte er endlich Muße, seine Bildung wirklich zu verbessern. Bis dahin hat er hier und da etwas aufgelesen, erschnuppert, ertastet, aber sich nichts gründlich angeeignet. Nicht aus einem Mangel an Appetit, so rechtfertigt er sich, sondern weil Balletttraining, Sprechübungen, Steptanz, Warmsingen, Kontrolle des Rhythmus, Auswahl der Texte, Gestaltung des Programms und Ausleuchtung des Auftritts seine Zeit auffraßen und ihn gänzlich in Anspruch nahmen.

Das ist der hohe Preis, der für jede Spitzenleistung zu zahlen ist. Darbietende Künstler, zumal im Music-Hall-Betrieb, und in gesteigertem Maße gilt dies für alle, die sich der One-man-show verschrieben haben, kennen ein Problem der „Konzentration“ ähnlich jenem, mit dem sich olympische Champions abplagen. Montands Jugendjahre wurden buchstäblich von dieser beruflichen Disziplin verschlungen. Er beklagt sich nicht darüber und bildet sich nichts darauf ein. Er hatte schlicht und einfach keine andere Wahl.

6

Edith Piaf geht auf ein Angebot ein, vom 29. Oktober bis zum 9. Dezember 1944 eine Tournee durch Südfrankreich zu unternehmen. Die wichtigsten geplanten Etappen sind Lyon, Toulon, Marseille und Toulouse (mit einer nochmaligen Rückkehr nach Marseille am 7., 8. und 9. Dezember, wo sie im „Theater am Hafen" vor amerikanischen Soldaten singen wird). Die musikalische Leitung hat Edward Chekler, und den ersten Teil der Show übernimmt Yves Montand.

Das Programm zusammen mit der Frau zu bestreiten, die er liebt, das ist eine Gnade, ist göttliches Manna. Alle beide sind versunken in Musik, im selben Traum. Nun also sind sie fest, öffentlich, dauerhaft miteinander verbunden.

Montand stürzt sich leichten Herzens in das Abenteuer. Zweifelsohne ist er kein Anfänger mehr und weiß, daß er in der Rolle des „Anheizers" vor der großen Piaf nicht von vornherein gewonnenes Spiel hat. Aber er ist optimistisch, denn seine Beziehung zu Edith beruht keineswegs auf einer banalen Verwandlung infolge eines Pygmalioneffekts – obwohl manche Exegeten just in dieser Richtung ihre Mutmaßungen anstellen.[1] Wenn er die aufgeklärte Tyrannis seiner Gefährtin erdulden muß, so ist doch der Austausch zwischen ihnen weit weniger einseitig, als die Chronisten häufig behaupten. In seinem ganzen Dasein hat sich Yves Montand niemals gleichermaßen bewundert gefühlt. Er packt seinen Koffer frohgemut und recht zuversichtlich. Bislang war seine Karriere ein einziger ununterbrochener Aufstieg.

Was ihn in Wirklichkeit erwartet, ist „der größte Kummer" dieser ganzen Zeit, wie er es selbst nennt. Nicht alles daran ist beruflicher Natur. Henri Contet (der vorerst der „offizielle" Freund der Piaf bleibt), begleitet die Tournee auf einem Stück ihres Weges. An manchen Abenden muß Montand mit seiner Eifersucht in der Einsamkeit eines Hotelzimmers fertigwerden, und er denkt an jenes Chanson von Edith, das ihn auf seinem Platz im Rang des „Moulin Rouge" so aufgewühlt hatte: „In meinem kleinen Leben gibt es zwei Jungs, der eine ist groß, und der andre ist blond, und jeder liebt mich auf seine Weise …" Ein Text aus der Feder von Contet. Als die Piaf ihm eines Morgens sagt: „Weißt du, gestern abend beim Essen (einem Essen zu dritt) habe ich auf deine Haare geschaut, und ich hätte sie küssen mögen", dann macht dergleichen es natürlich nur noch schlimmer.

Das Schlimmste aber ist wahrscheinlich nicht dieses Problem seines Intimlebens. Es beginnt in der Salle Rameau in Lyon, vom 25. bis 27. Oktober 1944 (das Programm kündigt Edith Piaf „mit den Chansons von Henri Contet" an, und Yves „Montant" wird wieder einmal mit einem Druckfehler bedacht). Er ist kein Unbekannter in der Stadt. Man hat ihm hier bereits zugejubelt, hat Gefallen gefunden an seinem frischen Ungestüm, seinen Imitationen. Nun aber stimmt der Cowboy der *Plaines du Far West* auf einmal in verhaltenem Ton *Mademoiselle Sophie* und *Sie hat Augen* an … Der Saal ist nicht gerade feindselig, nein, nur kühl, höflich und verdutzt, er applaudiert mit den Fingerspitzen. Yves Montand erlebt einen ordentlichen Flop, und Edith Piaf fällt der ganze Spieleinsatz zu. Seine Erscheinung, seine Statur kommen noch ebenso an wie früher. Doch wen das Publikum da vor sich hat, das ist er und zugleich ein anderer.

Aber das Ärgste kommt in Marseille. Piaf und Montand produzieren sich vom 8. bis zum 21. November mitten auf der Canebière, im „Variétés-Casino“, dessen Besitzer, Monsieur Franck, zugleich der Inhaber des „Alcazar“ ist. Edith hat gegenüber dem Direktor darauf bestanden, daß Yves Montands Name auf der riesigen Schautafel über dem Eingang der Music-Hall ebenso groß erscheint wie der ihre. Sie oben (dunkle Lettern, links ein Porträt mit nachdenklichem Gesicht), er unten (helle Lettern, rechts ein Porträt mit heiterer Miene): da wird ein regelrechtes Duo angekündigt.

Ich kam in meine Heimat zurück, nachdem ich in Paris „triumphiert“ hatte. Ich dachte, kein Saal würde mir vertrauter sein als ebender. Ich war gewöhnt an die mal überschwenglichen, mal grausamen Reaktionen der Südländer, ich wußte, daß sie es ebenso fertigbrachten, einem Anfänger zuzujubeln wie einen Künstler mit faulen Eiern zu bewerfen, der sein Renommee ihrer Meinung nach zu Unrecht erlangt hatte. Glauben Sie mir, an der Mittelmeerküste findet man zwar stets Sonnenschein, aber nicht unbedingt Wärme.

Ich beginne mit Sophie, *in einer ungewohnten Stille, da höre ich es zu meinen Füßen leise klingeln. Sie schmissen mir Münzen vor die Füße, Kleingeld! Das war mir noch nie passiert. Und noch dazu in Marseille! Ein glatter Durchfall. Ich habe mir nichts anmerken lassen, habe bis zum Ende durchgehalten, habe so getan, als ob nichts gewesen wäre.*

Edith war verzweifelt. Sie hat mir geraten, meinen Wein mit ein wenig Wasser zu verdünnen, ein oder zwei zugkräftige Nummern einzuschieben.

„Hör, Yves, setz ihnen das wieder vor, was sie gern mögen, du bietest ihnen mit einem Schlag gar zu viele neue Lieder an, die Leute sind verwirrt. Geh ein bißchen vorsichtiger ran.“

Ich aber war halsstarrig, festgefahren in meinem Stolz. Da ich mir nun mal – und um welchen Preis! – ein Repertoire aus französischen Chansons aufgebaut hatte, würde ich sie auch durchkriegen, diese französischen Chansons. Edith beharrt auf ihrem Rat. Und ich, ich will nicht. Ihretwegen nicht (ich tat es in erster Linie ihretwegen) und meinetwegen nicht. Nach und nach, im Laufe der Tournee, habe ich dann meinen Rhythmus, meinen Stil gefunden. Den Leuten hat Luna Park *gefallen, danach* Battling Joe *und dann* Ma gosse, ma petite môme. *Ich lerne es, einen „Grundstock" an Nummern beizubehalten, die immer gehen, und auf dem Wege dahin andere Titel auszuprobieren, denen, die ankommen, noch den letzten Schliff zu geben, diejenigen zu erschnuppern, die zwar momentan nicht ankommen, aber eines Tages ankommen werden, und schließlich die zu verwerfen, die niemals ankommen werden.*

Die Marseiller Presse flicht der Sängerin Kränze und vergißt aus Anhänglichkeit nicht, Montand eine Portion Trost zuzusprechen. „Er mengt ein bißchen amerikanischen *slang* in seine Lieder, zum höchsten Ergötzen der anwesenden alliierten Soldaten", räumt *Le Méridional*[2] ein. Er „bekam Beifall, wie auch die übrigen auf dem Programm stehenden Fantaisisten mit ihren Nummern", wirft *Le Provençal*[3] mit spitzem Mund hin. *Midi-Soir*[4] schließlich stellt fest: „Yves Montand, der anfängt, Cowboys und Pampa zu vergessen, hat zu einer neuen Persönlichkeit gefunden." Keinerlei Bosheit in alledem. Aber auch keine Spur von dem früheren Enthusiasmus.

Wenn einer sich von derartigen wechselhaften Stimmungen so gut wie nicht aus der Fassung bringen läßt, so sind es die Bewohner der Impasse des Mûriers in La Cabucelle. Probleme des Repertoires hin und her, in ihren Augen sind diese Tage glorreich. Montand hat seit langem seinen Besuch anläßlich dieser Tournee angekündigt. Und, was noch mehr zählt, in Begleitung von Edith Piaf. Schon allein Ivo Livis Aufstieg läßt das ganze Viertel Bauklötzer staunen, aber daß nun auch noch Edith

Piaf persönlich in den Staub ihrer Straße tritt, ist eine unerhörte Sache. In Erwartung der beiden Berühmtheiten (die selbstverständlich in einer Limousine anrollen) flitzt die Bande der Straßenjungen, allen voran der noch kleine Jean-Louis Livi, Yves Montands Neffe – er wird später sein Filmagent werden –, unablässig zwischen der Impasse und der Straßenecke an den Schlachthöfen hin und her, wo die Karosse der Gäste auftauchen muß.

Man muß lange nach ihnen Ausschau halten. Als die beiden Helden des Abends auf den Plan treten, verbergen sie ihre Sorgen. Aber die freudige Erregung ihres Umkreises ist zu stark: sie lassen sich vom Überschwang der Sippe anstecken. Es wird gefeiert. Der Tisch ist wider alle Regeln im Eßzimmer gedeckt. „Das Essen verlief in froher Laune", erzählt Elvire Livi. „Edith Piaf langte tüchtig beim Wein zu. Yves sagte zu ihr: ‚He, paß auf, Pupuce!' Er gab auf sie acht, weil er wußte, daß sie Alkohol nicht vertrug. Ein Glas, und sie verlor den Kopf."

Was die Bande betrifft, durch die beide Gäste miteinander verknüpft sind, so ist nichts „Offizielles" bekanntgegeben worden (Henri Contet ist auf der Heimreise nach Paris). Aber Lydia Ferroni kann man nicht hinters Licht führen, und sie ist ganz bewegt, weil sie ihren jüngeren Bruder so offensichtlich verliebt sieht: „Ich las die Fachzeitschriften für das Varieté und habe Yves zugeflüstert: ‚Ist sie nicht mit ihrem Textdichter Henri Contet zusammen?' – ‚Was geht dich das an?' gab er ziemlich schroff zurück. Sie war seine erste Frau. Ich hatte ja schon eine Reihe junger Mädchen kennengelernt, die Blumen anbrachten, angeblich mir – die aber natürlich nicht wirklich für mich bestimmt waren. Früher hatte sich Yves immer gewundert: ‚Ich liebe, und dann liebe ich nicht mehr. Wie bin ich bloß gebaut?' Bei Edith handelte es sich wirklich um Liebe. Sie war ein wenig benommen von unserer lärmenden Ausgelassenheit, schien verdutzt, daß wir so viel, so schnell und so laut redeten.

Aber die herzliche Familienatmosphäre zog sie auch sehr an. Das gefiel ihr mächtig. ‚Und du hast dich beklagt, du hast dich beklagt!' hielt sie Yves vor. ‚So eine Familie zu haben! ...'"

Zwischen der Marseiller Friseuse und dem Star aus Paris spinnt sich eine Freundschaft an, die die Liebe von Yves Montand und Edith Piaf überlebt. Bis zu Ediths Tod 1963 sollte Lydia eine zwar nur episodisch auftauchende, aber diskrete und teure Vertraute bleiben. Und Edith selbst sollte viel später, nachdem sie sich längst von Yves getrennt hatte, mehrere „Männer ihres Lebens" in den Süden führen und diesen oder jenen – namentlich Jacques Pills, den sie 1952 in den USA heiraten wird – sogar „Papa und Mama Livi" vorstellen. Lydia zeichnet von der äußeren Gestalt der Piaf ein zärtliches, sensibles Bild, das jenem Eindruck sehr nahekommt, den Montand selbst, wie er erklärt, im „Moulin Rouge" von ihr empfing: „Wenn man sie sah, wirkte sie zunächst wie eine unansehnliche, spillerige Frau. Aber wenn man sie sich genauer anschaute, dann war viel Hübsches an ihr: eine kleine Nase, blaue Augen, ein sehr sinnlicher Mund, ein rosiger Teint. Ich habe sie frisiert. Sie besaß, obwohl sie ja ein dunkelhaariger Typ war, die zarte Haut einer Blondine, eine Engelshaut."

Simone Berteaut, Ediths angebliche „Halbschwester" – in Wirklichkeit nur ihre Gefährtin aus der Zeit der Misere –, behauptet in dem von ihr 1969 veröffentlichten Bestseller[5] beharrlich, Montand sei vom Gedanken an eine Heirat „gequält" gewesen. Er selbst gibt an, Edith habe diesen Gedanken gehegt. Eines ist sicher, diese achtundvierzig Stunden einer Heimkehr ins elterliche Nest, dieses Vorstellen bei der Familie (genauso sollte es mit Simone Signoret zugehen) – in der Kultur der Livis, nach der Tradition der Sippe kommen sie einem Verlobungsritus gleich. Es ist kein Duo, das die Tournee fortsetzt, es ist ein wirkliches Paar.

Trotz der Mißlichkeiten, die er mit seinem neuen Repertoire erleidet, überwindet Montand diese ersten Enttäuschungen. Die Tournee endet besser, als sie begonnen hat. („Er ganz allein auf der Bühne läßt diese recht klein erscheinen!“ ruft *La Victoire de Toulouse*[6] aus ...) Seine Intuition hilft ihm, zurechtzurücken, was er an allzu „Piafschem“ in der Klangfarbe, an allzu Kontrastreichem in der Beleuchtung aufgenommen hat. Das Jahr 1944 war das Jahr seines „Abhebens“. 1945 wird das Jahr seines Höhenflugs werden.

Bis dahin zählte er zu den „Hoffnungen“ des Chansons. Aber die Kategorie „Hoffnungen“ umfaßt junge Sänger, deren aufsteigende Kurve immer noch Gefahr läuft, brüsk abzubrechen. Die Titelblätter der dem Showgeschäft gewidmeten Magazine sind ein Friedhof solcher erloschenen „Hoffnungen“. Montand wird sich sehr bald von einer derartigen Vergänglichkeit freimachen. Er rechtfertigt seinen Künstlernamen und wird zu „dem Mann, der aufsteigt“ und bei dem man sich nicht mehr fragt, ob er dauern und seine Epoche prägen, sondern bis zu welcher Höhe er klettern und wie tief die Spuren sein werden, die er hinterläßt. In wenigen Monaten wird jenes Paris, das Paris ausmacht, sich an den Türen seiner Garderobe drängen, nicht weil er bereits zum Gipfel vorgestoßen wäre, sondern weil man als sicher voraussetzt, daß dies geschehen wird, und man sich dann zugute halten will, das Phänomen „gerochen“ zu haben, bevor es sich endgültig kundtat. Ein „Großer“ der Bühne ist es sich schuldig, ohne langes Zögern dem sich ankündigenden künftigen „Großen“ seine Aufwartung zu machen. Das ist nicht nur eine Frage von Paternalismus und edlen Gefühlen: der Star von heute beschwört vermittels dieser Patenschaft jene Bedrohung, die der Star von morgen für ihn darstellt.

Mit anderen Worten, 1945 ist das Jahr, in dem Yves Montand – am 27. September – von Maurice Chevalier zum Essen in dessen Wohnung in der Avenue Foch geladen wird, zusammen mit Edith ...

Was die Piaf angeht, so kennt sie diese Art Musik auswendig. Die paar Jahre, die sie von ihrem Geliebten trennen, haben ihr beigebracht, daß das Gerede das beste aller Dinge ist: nichts ist schädlicher für einen Künstler, als wenn die Zeitungsspalten über ihn schweigen. Besser als jeder Agent weiß sie um ihre „Entdekkung" das geschäftige Treiben der Journalisten zu entfachen, durch das Aufsehen erregt wird, ohne den Klatsch zu nähren. Am 15. Januar 1945 veranstaltet sie im Cabaret „Le Mayfair" am Boulevard Saint-Michel einen Empfang, zu dem sie nicht wenige Journalisten einlädt; der mehr oder weniger eingestandene Zweck besteht darin, *promotion* für Montand zu machen.

Um einen spitzfindigen Vorwand ist sie nicht verlegen. Der Empfang wird kurz vor ihrer beider Auftritt im „Théâtre de l'Etoile", Avenue de Wagram 35, gegeben, wo sie sich vom 9. Februar bis 8. März mit ihren jeweiligen, gemeinsam in der Provinz getesteten *tours de chant* präsentieren werden. Das Publikum der Hauptstadt reagiert freundlich (im übrigen ziehen die beiden Künstler, als das „Etoile" nicht mehr frei ist, ins „Casino-Montparnasse" um, wo sie noch bis zum 22. März gastieren). Die Presse vergißt beim Lorbeerenverteilen auch den „Anheizer" nicht.

Das „Etoile" hat es verdient, daß wir zu einem kurzen Besuch in ihm verweilen: es wird für den Zeitraum eines Jahrzehnts *der* Saal von Yves Montand sein. Es ist ein 1928 eingeweihtes Theater mit 1 500 Plätzen, erbaut nach Plänen des Architekten Farge, dem geistigen Vater des „Empire": ein von Arkaden überwölbter Eingang, rote und silberne Farbtöne, ein rosa Bühnenpodest. Zunächst der Operette gewidmet, wechselte das Etablissement von einem Genre zum anderen (1935 wurde hier von Antonin Artaud, Julien Bertheau und Roger Blin eine Stendhal-Adaption inszeniert) und wurde schließlich vom früheren Direktor des Marionettentheaters „Grand Guignol", Camille Choisy, übernommen. Bei Kriegsbeginn wird es dem Chanson wiedergegeben (die Ansagerin hieß zu jener Zeit Suzanne Flon).

Als die Piaf und ihr Schützling die Stätte in Beschlag nehmen, setzt der künstlerische Leiter namens Arnaut (er wird für einige Zeit die Vertragsangelegenheiten für Piaf und Montand in die Hand nehmen) auf eine allmähliche Wandlung des Nummernrepertoires zum geschlossenen, durchkomponierten *récital*, und er setzt mehr auf die Zugkraft großer Stars als auf die Operette.

Die Geschichte jener Periode quillt über von gewaltigen Ereignissen. Außerhalb der französischen Grenzen befreien am 27. Januar die Sowjets das Lager Auschwitz. Vom 4. bis zum 11. Februar schreibt die Konferenz von Jalta die Aufteilung des Planeten in Einflußsphären fest, welche für mehrere Lustren in ihrer Erstarrung fortbestehen sollten. Auf französischem Boden ist die Kommunistische Partei (deren Generalsekretär Maurice Thorez Ende November 1944 aus der Sowjetunion heimgekehrt ist) auf dem Höhepunkt ihrer Popularität. Am 16. Januar sind die Renault-Werke durch Verordnung verstaatlicht worden, und am 6. Februar wird ein Robert Brasillach als Exempel erschossen. Die Nationalversammlung ist nur eine „beratende", und General de Gaulle bemüht sich, mit knapper Not einen Kurs zwischen Christdemokraten, Sozialisten und den Kommunisten zu steuern, die bei jeder Gelegenheit die blutroten Banner ihrer Märtyrer schwenken.

Ja, die Geschichte quillt über. Aber dieser Ernst, diese Schwere der Zeiten füllen um so mehr die Wandelhallen und roten Sessel der Theater: die gemeinsame Empfindung, daß man wie durch ein Wunder auf einem provisorischen Wellenkamm treibt, die Erleichterung, so viele Schiffbrüche überlebt zu haben, laden ein zum Vergnügen und erklären es für heilsam. Nicht daß man vor Kinoleinwänden oder Orchestern Vergessen fände – als ob ein leichtes Chanson die Toten aus dem Wege räumen würde! –, doch man findet etwas anderes: Messe und Kirmeß zugleich. Während des ganzen Krieges waren die einzig denkbaren und erlaubten Formen von Versammlung Gottesdienst und Theater. Während man darauf wartet, daß erneut Parteien, Gewerkschaften und Vereine ins Leben treten, kann man nach wie vor in den verfügbaren Zufluchtsstätten Stallwärme genießen. Es fehlt den Menschen an Milch und Fleisch, aber sie haben das Recht, am späten Abend auszugehen, und von diesem Recht Gebrauch zu machen ist auch eine Art und Weise, sich den Sieg anzueignen.

Kurz, die Geschichte quillt über, und das „Théâtre de l'Etoile" füllt sich. Edith Piaf hat ihren bevorzugten Pianisten, den Bretonen Georges Bartholé, zurückgewonnen, er begleitet sie (und Montand) zusammen mit dem Orchester Henri Poussigue. Bartholé ist auch der Vertraute bei den morgendlichen Proben. Und er gibt ihnen den Einsatz bei ihrer zweiten Tournee durch die Provinz: sie beginnt am 30. März in Villeurbanne und endet am 3. Juni in der Arena von Bordeaux. Vom 19. bis 30. April treten beide Sänger neuerlich in den Marseiller „Variétés" auf. Am Tag zuvor kündigt die Zeitung *La Marseillaise* die Veranstaltung mit der Bemerkung an: „Kartenvorbestellung wird empfohlen." Die Titelseite überspannt ein gewaltiger Balken: „Shukows Armeen östlich von Berlin im Vormarsch." Und weiter unten: „Dante hatte noch gar nichts erlebt – das Lager Buchenwald."

Diesmal „läuft" das Programm besser, Montand hat immer weniger Mühe, sich durchzusetzen (*La Grande Cité* oder *Elle a des yeux*, das er zu dieser Zeit kreiert, werden mit herzlicher Zustimmung aufgenommen). Aber ein Manko entsteht, das durch nichts zu beheben ist. Selbst wenn Edith Piafs Geliebter-Sozius-Kamerad jetzt Herr über sein Repertoire ist, bleibt ein unlösbares Dilemma bestehen: entweder ist das Publikum der Piaf wegen gekommen, und Montand spielt eine Nebenrolle; oder aber er erzielt einen echten Erfolg, dann ist Piaf beunruhigt.

Henri Contet bezeugt es: „Zu der Zeit hat Edith Angst gehabt, erst nach ihm aufzutreten. Sie war besorgt und hat mit mir darüber geredet: ‚Weißt du, Henri, es ist zuviel. Ich glaube, es ist zuviel.‘ Yves' körperliche Wirkung war außerordentlich, er war ein Bühnenlöwe, man kriegte den Vorhang nicht mehr runter, die Leute wollten ihn nicht rauslassen.“ Monique Lange gibt ein vertrauliches Geständnis Edith Piafs wieder, das in die gleiche Kerbe haut: „Auf meinen Tourneen mit Yves“, soll die Piaf geseufzt haben, „zog er den Vorhang auf, und ich schloß das Programm ab ... Ich mußte allabendlich mein Kreuz bis zum Ende tragen.“

Dieses halbe Jahr wird ein recht gediegener Cocktail aus heiterer Zärtlichkeit, gereizten Konflikten, einer unablässig lodernden Flamme sein. Die beiden befinden sich nach wie vor in der Schwebe zwischen dem geregelten Dasein eines festen Paares und dem Niemandsland des Lebens im Hotel. Zwischen zwei Kontrakten für eine größere Bühne singen sie in Cabarets. An den Mauern des befreiten Paris blinken neue Leuchtreklamen. Jene Lokale, die in den Besatzungsjahren (und zwangsläufig mit Billigung der Deutschen) den Markt beherrschten, spielen jetzt mit gedämpfter Lautstärke oder wechseln ihren Direktor. Die, welche sich nun die vordersten Plätze erobern, unterscheiden sich von den früheren durch ihre Adresse, aber auch durch ihren anderen Geist.

Es wird erneuert, ausprobiert, aus der Reihe getanzt. Der von Freunden des Boxers Marcel Cerdan in der Rue Montmartre gegründete „Club des Cinq“ setzt sich rasch durch als der Ort, in dem „etwas los“ ist. Das Orchester wird geleitet von dem frisch aus den USA zurückgekehrten Michel Emer, und wenn man eintritt, dann tiriliert die Klarinette mit der Behendigkeit eines Benny Goodman, und die Posaunen schmettern wie die von Glenn Miller. Der glühendheiße Hauch der Blechinstrumente brennt, betäubt den Zuhörer.

Fünf Jahre lang waren die Jazzmusiker nicht an die Noten von jenseits des Atlantik herangekommen und gezwungen gewesen, in Einsamkeit selbst etwas zu erfinden oder veraltende Themen endlos nachzuspielen, wobei sie sich als „Rhythmus"-Liebhaber ausgaben, die wohl die Sache praktizierten, sie aber nicht beim Namen nannten. Der „Klub der Fünf" gibt sich nicht als der Tempel des Jazz aus (viele andere Lokale widmen sich nun dieser Art Musik): er will das Cabaret sein, wo das von seinem Staub befreite „Varieté" in Texten und Musik nach dem Sound, der Klangfarbe der Nachkriegszeit sucht und sie findet.

Bei „Carrère", am Eingang der Champs-Elysées, herrscht eine andere Atmosphäre. Ein sehr intimer, prunkvoll ausgestatteter Salon, alles in Weiß: Vorhänge, Wandschirme, die Sessel im Direktoriumsstil, der Flügel. Männer ohne Krawatte bleiben an der Bar. Man speist zunächst, und gegen Mitternacht „bemerkt" der Hausherr, daß Mademoiselle Piaf, Monsieur Montand, ein russischer Cellist und zwei englische Tragöden anwesend sind, dazu Sacha Guitry, der überall zu finden ist. Die Türen werden geschlossen. Und nun folgen – als ob es sich um einen improvisierten Abend unter Freunden handelt, bei dem der mit ein wenig Talent Gesegnete etwas zur Zerstreuung der Gesellschaft beiträgt – Mademoiselle Piaf, Monsieur Montand, der russische Cellist, die englischen Tragöden oder der geistreiche Sacha Guitry der Aufforderung ihres Gastgebers, der sie alle höchstpersönlich vorstellt. Die Bühne ist winzig und niedlich (Bourvil hat hier sein Debüt gegeben, die Gréco wird auf ihr großwerden). Monsieur Carrères Schlafzimmer dient als Garderobe. Stille, Luxus und Qualität …

Edith Piaf hat seit Louis Leplées Lokal „Gerny's" die gesamte Skala der Nachtlokale durchprobiert und festgestellt, wie schwer man gegen essende Gäste ansingen kann, beim Geräusch leicht schwipsigen Gelächters, knallender Korken und klappernder Bestecke, zwischen fünf Girls, die ihre Beinchen schwingen, und einem Witzeerzähler der pikanteren Sorte. Seit sie Karriere gemacht hat, hat sie auf Nachtlokale verzichtet und ist nur durch den Haupteingang in sie zurückgekehrt, vom 14. Juni bis 11. Juli 1944 ins „Beaulieu".

Als Montand ein Engagement im „Klub der Fünf" annimmt (bei Carrère sind dergleichen Vorkehrungen nicht vonnöten), läßt ihn Edith von ihrer Erfahrung profitieren: „Du kannst jetzt verlangen, daß die Bedienung unterbrochen wird, während du auftrittst. Kein Klappern der Registrierkassen, kein Verkauf von Zigaretten." Und tatsächlich ist in Yves Montands Vertrag festgelegt, daß nach Ansage seines Auftritts der Restaurantbetrieb zugunsten der Show in den Hintergrund zu treten hat.

Doch trotz schriftlicher Garantien kommt es zu manchen Reibereien. Bis zu dem Punkt, da Montand, bei dem heitere Gelassenheit nicht eben zu den hervorstechenden Zügen zählt, sich die unvermeidliche Frage stellen muß, die sich jedem robusten Mann mit friedfertigem Gemüt früher oder später einmal stellt: dreinschlagen oder nicht dreinschlagen?

An einem Abend jenes Sommers 1945 singt er im „Club des Cinq", vor einer Tischreihe mit dinierenden Gästen in ausgelassener Stimmung. Mit einer Ausnahme indes: zu seinen Füßen, unmittelbar an der Bühne, sitzt ein Mann ganz allein an einem Tisch und leistet sich eine Languste. Eine Languste für einen Mann allein, das ist eine Menge. Und in diesen Zeiten grenzt es geradezu an Provokation. Obwohl er zu beiden Seiten des Mikrofons die Arme schwingt, wird Montands Blick, es ist einfach stärker als er, von dem Krustentier angezogen. Der Zahn beginnt ihm zu tropfen.

Noch ein Lied, und er senkt abermals den Blick: der Freßsack hat das halbe Tier übriggelassen. Schlimmer noch, er ist gerade dabei, seine Zigarre auf dem teuren Krebsfleisch auszudrücken, mechanisch, als ob es sich um irgendeinen Aschenbecher handelte. Der Sänger spürt, wie ihm eine Welle ehrlicher, elementarer Entrüstung über die Haut läuft.

Nun kommt *Battling Joe*. Doch Achtung, der Bühnenbelag ist auf einmal glitschig. Ein Blick nach unten: der Mann hat das ebenfalls bemerkt. Mit nachlässigem Griff faßt er in den Kübel, in dem sein Champagner kühlt, und wirft Montand, einen nach dem anderen, Eiswürfel unter die Füße. Und der spürt nun nicht mehr bloß eine Entrüstung aus „Klassen“empfinden, sondern einen Haß von Mann zu Mann. Er bringt seine Nummer zu Ende und spricht dann beiseite, mit tonloser Stimme:

„Monsieur, wenn Sie kein Feigling sind, dann folgen Sie mir, bitte sehr, in meine Garderobe.“

Und er kommt auch, der Lümmel.

„Weshalb das?“ fragt Montand knapp.

„Weil es mir Spaß gemacht hat.“

Die Faust des Sängers schnellt los. Für die Eiswürfel. Für die Languste. Für die Zigarre. Für die Verachtung.

Ein andermal ist Edith die Königin des Abends. Yves Montand hat sich an die Bar gesetzt und klappt das goldene Zigarettenetui auf, das sie ihm geschenkt hat. Gleich neben ihm schlägt ein Gast ein lautes Gelächter an. Montand beugt sich zu ihm hin:

„Monsieur, bitte, seien Sie nicht so laut. Sie stören Mademoiselle Piaf.“

„Was?“

„Ich sagte: sprechen Sie nicht so laut, bitte.“

„Gehen Sie nach draußen.“

„Gehen Sie nach draußen“ bedeutet in einem solchen Fall nicht, man solle sich wegscheren, sondern rauskommen, um den Streit auszutragen.

Montand geht die Treppe hinauf, seinem Gegner voran, denkt, daß er ja überhaupt keine Lust hat, sich zu prügeln, und fragt sich, wie er sich da herauswinden kann. Ihm fällt nur ein Weg ein, den Kampf abzukürzen: indem er auf der Stelle selber die Initiative ergreift, als erster und mit aller Gewalt. Noch ehe er oben am Treppenabsatz angekommen ist, dreht er sich um und klatscht dem Flegel eine fürchterliche Backpfeife.

„Wenn Mademoiselle Piaf singt, hält man den Mund."

Das Opfer krümmt sich, will zurückschlagen, aber da kommen die Kellner herzugelaufen, trennen die Faustkämpfer, schlagen den Streit nieder.

Yves Montand schwört sich, sobald wie möglich nicht mehr in Cabarets aufzutreten (er wird fünf Jahre brauchen, bis er dieses Ziel erreicht). Er mag sie ja, die eleganten Barkeeper, die reizvollen Mädchen, die ihren Reichtum zur Schau stellenden Damen, die Männer im Smoking, die laue Gemütlichkeit der kleinen Säle. Und doch mischt sich für seinen Geschmack eine unvermeidliche Dosis ordinären Milieus darein: das Glucksen allzu angesäuselter Gäste, verdächtige Küchengerüche in den Garderoben und sogar auf der Bühne. Sosehr er sich brodelnde Säle, ein vor ihm hinschmelzendes Publikum erhofft, so sehr ist er auch überzeugt, daß ein solches Gemeinschaftserlebnis sich nicht ohne einen gediegenen Abstand des Künstlers zu den ihm Applaudierenden erreichen läßt. Ein Übermaß an Vertraulichkeit rückt den Entertainer seinen Getreuen nicht näher, sondern versetzt ihn in den Umkreis des Banalen, löst seinen Zauber auf.

Überdies ist Montand bei Gelegenheit solcher Raufereien verstört von der Welle an Energie, die ihn dann durchströmt. Der Schwall ist so mächtig, so unbezwingbar, daß er in ihm selbst einen Argwohn, ja fast Angst auslöst. Diese (mit einer Spur Stolz einhergehende) Angst vor sich selber, die er dreißig Jahre später noch einmal verspürt hat, in Saint-Paul-de-Vence, nach einer für ihn verheerend ausgegangenen Partie Boule: in der Gewalt des Jähzorns hat er die Sitzfläche einer Steinbank gepackt und sie mit einem gewaltigen Ruck angehoben – ist das die urplötzliche Entladung einer auf der Bühne gespeicherten Hochspannung?

Aus diesen sportlichen Kraftakten schlußfolgert er jedenfalls, daß sich ihm brutale Gewalt, auch wenn er und gerade weil er zu ihr fähig ist, verbietet, außer im Falle unbedingter Notwendigkeit. Es wird ihm noch einmal, gut zehn Jahre nach dem Krieg, passieren, daß er in der Öffentlichkeit einen Schauspieler und Chansonnier ohrfeigt, der ihn im Radio beleidigt hatte. Das hatte er sich vor Zeugen geschworen. Der Zufall will es, daß sie sich alsbald Auge in Auge in einem Restaurant begegnen, und da fühlt Montand sich verpflichtet, sein Gelöbnis einzulösen. Er ist auf den andern zugegangen, ganz kaltblütig, einfach so. Eine Erinnerung, die ihm peinlich ist.

Er bleibt der Mann der homerischen Zornesanfälle, der donnerdröhnenden Ausbrüche, aber nicht der linken Haken.

Vom 14. September bis 4. Oktober 1945 tritt Edith Piaf als Star im „Théâtre de l'Etoile“ auf. Sie wird wiederum begleitet vom Orchester Henri Poussigue (mit einem neuen Pianisten, Robert Chauvigny). Aber Yves Montand ist nicht mehr als „Vorhangöffner“ dabei. Er tritt ab 5. Oktober an Ediths Stelle, auf den Plakaten gleichrangig angekündigt: nun spielt er die Hauptrolle. Er reduziert den Prolog auf ein Minimum und bestreitet selber den Löwenanteil: zwölf bis vierzehn Chansons, sechzehn, wenn man die geforderten Zugaben mitrechnet. Die Grenzen des Nummernrepertoires sind überschritten, es handelt sich schon um ein echtes Récital. Noch ist es nicht das, was man bald darauf eine One-man-show nennen sollte, aber es kommt ihr nahe. Außer

Maurice Chevalier hat sich in der Sphäre des Varietés noch niemand so lange hintereinander unter die Scheinwerfer gewagt. Mancher Berufskollege erachtet so viel Ehrgeiz als anmaßend.

Eineinhalb Jahre sind vergangen, seit er Paris, die Metro und die Kulissen des „ABC“ entdeckt hat. Eine winzige Zeitspanne, um derartige Etappen zurückzulegen.

Muß man klarstellen, daß Montand gearbeitet hat wie ein Vieh, mit Unterstützung von Guy Luypaerts, der am Klavier sitzt und sich manches Arrangement ausgedacht hat, und von Edith Piaf, die während ihrer eigenen Auftrittsperiode täglich an seinen Proben teilgenommen hat? Von den Titeln des Vorjahres hat er nur einen als sichere Nummer beibehalten: *Und er zog seinen Revolver*. Bei den übrigen wechseln kraftvolle und zärtliche Momente einander ab: *Elle a ..., La Grande Cité, Luna Park, Ma gosse, ma petite môme, Battling Joe, Gilet rayé, Ce monsieur-là, Le Fanatique du jazz, Les Grands Boulevards*, kurzum, die vollständige Serie der zu Herzen gehenden und der trotzig-herausfordernden Lieder, die als Ecksteine aus zwölf Monaten tastender Versuche zurückgeblieben sind. Es ist auch ein kleiner Text darunter, den Montand sehr liebt und zu dem Norbert Glanzberg einen rebellischen Blues geschrieben hat: *Moi je m'en fous, je m'en contrefous* (viel besser und frecher als Charles Humels *Je m'en fous – Ist mir schnurz* –, das er im „ABC“ gesungen hatte). Er kommt auf den Einfall, es in ganz lässiger Haltung vorzutragen, ironisch schaukelnd, mit gespreizten Ellbogen, die Hände im Nacken verschränkt. Eine liebenswürdige Provokation. Aber es wirkt bei ihm schon gar nicht mehr als Provokation.

Dieses *Ist mir piepegal* ist kein Hymnus auf den bedenkenlosen Leichtsinn. Es ist vielmehr ein Gegengift gegen die düstere Stimmung der *Grande Cité*. Es ruft das Recht auf Vergnügen, das Recht auf Muße selbst in finsteren Zeiten ins Gedächtnis. Das Recht, jung zu sein, auch wenn der Planet von schrecklichen Furchen gezeichnet ist. Für Montand gibt es keine thematische Alternative zwischen heiterer Phantasie und ernstem oder „sozialem" Sujet: er nimmt das eine wie das andere für sich in Anspruch und fügt sie systematisch ineinander, womit er das Publikum ein wenig verstört, nach dessen Orientierung eine Vermischung der Register zu unterbleiben hat (der eine Sänger „macht auf" Romanze, der andere ist immer dramatisch, und der dritte, der Komiker vom Dienst, albert herum, was auch immer geschehen mag, weil er halt der Komiker vom Dienst ist ...).

Unabhängig von seinen Überzeugungen oder seiner Herkunft weigert sich Montand, sich auf eine einzige Tonlage festlegen zu lassen. Intuitiv stellt er sich den Künstler als einen Experten des Widerspruchs vor. Das Publikum erwartet ein gehaltvolles Werk? Nun, so wird er ihm eine Ulkszene servieren. Es will eine sanfte Melodie? Also kommt er mit *Battling Joe*! Ein akrobatischer Sketch, ein Bravourstück ist angesagt? Da stellt er sich bewegungslos mitten in den Lichtkegel eines einzigen Scheinwerfers und trägt mit flüsternder Stimme ein Gedicht vor, das allein von der aus seinen Lungen strömenden Luftsäule getragen wird. Es kommt bei der Komposition eines Showprogramms natürlich darauf an, zu überraschen, behutsam anzufangen, den Zuschauer zu ruhigem Atem kommen zu lassen und ihm dann plötzlich den Atem zu verschlagen. Aber es kommt auch darauf an, sich selber vielseitig zu wollen, sich nicht zum Gefangenen eines Erfolgs oder eines Flops, eines Images oder einer Gewohnheit zu machen.

Die erste Atombombe der Geschichte hat am 6. August Hiroshima verwüstet. („Eine wissenschaftliche Revolution", kommentiert *Le Monde* nüchtern in seiner Schlagzeile). Philippe Pétain ist am 15. vom Hohen Gerichtshof – klammheimlich – zum Tode verurteilt worden. Pierre Laval wird den gleichen Schuldspruch vernehmen und bald darauf hingerichtet werden. Der X. Parteitag der Kommunistischen Partei nimmt die Pose ein, den Sozialisten und Katholiken „die Hand entgegenzustrecken“. Sartre gründet seine Zeitschrift *Les Temps Modernes* … „Ist mir egal, ist mir piepegal …“ Montand ist durchaus nicht gleichgültig gegenüber den Ereignissen, die ihn erreichen (allerdings raubt die verheerende existentialistische Mode ihm nicht den Schlaf). Er stellt jedoch auf der Bühne jene Gestalten, die das Rampenlicht dem äußeren Glanz vorziehen, neben solche, denen das Getöse der Epoche auf beängstigende Weise zu schaffen macht. Vielleicht ist es darum nicht *ein* Publikum, das ihm zujubelt, sondern es sind mehrere, sehr unterschiedlich zusammengesetzte, die sich in seinen Liedern wiederfinden.

Sein Erfolg ist so groß, daß er am 30. November, nach sieben Wochen allabendlichen Auftritts im „Etoile“, bei dem das Theater jedesmal prallvoll war, umzieht und sein Récital im „Alhambra“ fortsetzt. Die Kritik ist begeistert. „Es besteht kein Zweifel, Yves Montand ist seit den schon recht fernen Zeiten von Charles Trenet die stärkste Persönlichkeit, die in der Music-Hall ans Licht getreten ist“, schreibt Max Favalelli.[7] *Les Nouvelles littéraires*[8] geben noch einen drauf: „Wir können von nun an sicher sein, daß er jene Periode ‚zwischen zwei Kriegen‘, welche die unsere ist, zutiefst geprägt hat.“ Hubert de Malafosse bescheinigt: „Montand hat sich jetzt die Rangabzeichen eines Spitzenstars verdient.“[9]

Doch so heiß auch die – fast einhelligen – Lobessprüche ausfallen, hie und da kommt doch ein Fragezeichen vor: wer ist eigentlich dieser Sänger, der vergißt, daß er nichts weiter als ein Sänger ist? Mehrere Schreiber gestehen, daß sie überrascht sind von der Intensität, der Schärfe einer Aussage zwischen zwei Gags, zwei Stepnummern. So stellt Véra Volmane[10] fest, daß sein Programm „im tiefsten Innern eine vage Unruhe, ein undefinierbares Malaise hinterläßt". Jean Barreyre, der Kritiker von *Opéra*[11], analysiert besagtes „Malaise" genauer: „Dieser junge, so erstaunliche Sänger ist der Türöffner zu einer neuen Welt. Was er uns bringt, ist nicht nur eine ganz persönliche Art, die Chansons der Swing- und der Hot-Generation zu interpretieren ... es ist auch der Ausdruck einer Jugend, die von der Existenz – und den Philosophen – mit schmerzlich zu lösenden Problemen und mit Mißtrauen überhäuft worden ist ..." Yves Montand, so schließt der Verfasser des Artikels, ist „der Sänger einer Generation, die über ihre Stadt und ihr Land hinausblicken muß".

Darin liegt kein Tadel. Nur eine Entdeckung: Eine der „geringeren" Kunstgattungen, das Varietéspektakel, wäre also imstande, mit leichter Hand sowohl schwerwiegende Sujets aufzugreifen und über das Timbre und die Mimik eines vereinzelten Sprachrohrs die Schrecken, die Begierden, die Raserei einer Gruppe, eines Teils der Gesellschaft zu artikulieren, der durch Ideologie, Alter oder Lebensweise zusammengehalten wird? Maurice Chevalier mit seiner echt volkstümlichen Ader, Charles Trenet mit seinem modernen Tempo und seiner Freisetzung der Traumsphäre – sie verbreiteten zweifellos ebenfalls kollektive Gefühlsströmungen, von denen sie durchflutet waren. Montand aber, der mit einer eigenartigen Mischung aus Strenge und Energie dem Krieg entsprungen ist, erscheint plötzlich als ein „Phänomen" unbekannter Spezies.

Blättert man die Zeitungen durch, so stellt man fest, daß Yves Montand im gleichen Maße wie durch seine tänzerische Leichtigkeit und die Beweglichkeit seiner Hände nunmehr durch seinen „sozialen Aspekt" (der Ausdruck kommt mehrfach vor), durch sein „tragisches Empfinden" in Erstaunen versetzt. Wo ist der „fantaisiste" aus dem „Alcazar", der nachgemachte Amerikaner aus dem „ABC" geblieben? Inmitten der Lobreden wird er als ein „schwieriger" Künstler geschildert, dem es widerstrebt, den Zuschauern die netten Refrains zu servieren, die sie auf dem Nachhauseweg vor sich hin pfeifen können. Mit anderen Worten, Montand gilt von nun an, wenn nicht als Sänger einer Avantgarde, so doch als ein Neuerer, dessen Weg man verfolgen muß.

Die Presseschau wäre unvollständig, wenn die bereits früher erwähnten Vorwürfe hinsichtlich eines bis zum Exzeß getriebenen Perfektionismus unerwähnt blieben. „Es ist ein Junge, der studiert hat, viel studiert, zuviel studiert", bemerkt François Gousseau in *Paroles françaises*[12], und er tadelt „das Automatische seiner Gesten". An dergleichen wird sich der junge Montand gewöhnen müssen: in zahlreichen Artikeln – dies wird ihn noch bis in die sechziger Jahre verfolgen – feiert man wohl die Treffsicherheit, die Ausgefeiltheit seiner Selbstinszenierung, man preist seine Fähigkeit, sich in den Raum zu projizieren, doch man glaubt dahinter eine gar zu beflissene, ausgetüftelte, uhrwerkhafte Präzision zu erkennen.

Wenn es ein Leitmotiv gibt, das Montand zu verdrießen vermag (wobei es ihm an Gegenständen des Verdrusses gemeinhin nicht mangelt), dann ist es diese teils herablassende, teils bewundernde Gerührtheit ob seiner „großartigen Professionalität": „auf den Viertelmillimeter genau!", „regelmäßig wie eine Wanduhr!" Wenn man die ihm im Laufe von fünfundvierzig Berufsjahren gewidmeten kritischen Äußerungen durchforstet, so taucht mit der Konstanz eines Metronoms diese zwiespältige – jedenfalls empfindet er sie so – Bemerkung auf: wohl eine Würdigung der verbissenen Arbeit, aber stillschweigend auch ein Bedauern über eine bis zum Übermaß „fleißige" Natur, die ungenügendes Vertrauen in ihre spontanen Ressourcen setze und von einem Verlangen nach Perfektion in Zaum gehalten werde, das eine enorme Verletzlichkeit, einen besessenen Zweifel an sich selbst verrate.

Wenn ich ein paar Tanzschritte hinlegte, selbst wenn sie bloß angedeutet waren, dann sollten sie perfekt sein, sollten gelöst und ganz leicht wirken. Das kann man nur durch tagelanges Probieren erreichen. Auch dann, wenn es sich nur um einen ganz kleinen Schritt handelt. Das Talent – pardon, wenn ich so große Worte gebrauche – besteht keineswegs darin, alles vorzuführen, was man kann, sondern dem Publikum den Eindruck zu vermitteln, daß es nicht alles gesehen, gerade nur etwas von dem erspäht, erahnt hat, wozu der Künstler fähig ist.

Aber diese Auffassung rief eine gewisse Irritation hervor: zu „mechanisch", sagte der eine, zu „perfekt", der andere. Ich habe darüber nachgedacht, denn wenn eine Bemerkung häufig wiederholt wird, dann steckt immer etwas dahinter. Ich glaube, was diesen Eindruck erweckte, war der Ablauf des Récitals in seiner Gesamtheit, der systematische Wechsel zwischen kraftvollem und schwachem Tempo (Battling Joe *und anschließend* Mirettes). *Das Adjektiv „schwach" bezieht sich nicht auf die Qualität des Chansons, sondern allein auf den Rhythmus. Heutzutage, bei der Lasertechnik, ist der Beleuchter fast ebenso wichtig wie der Sänger. Diese Leute, die sich in Geschrei austoben, die Vibration – das macht es möglich, von den klassischen Normen abzuweichen. Man kann sich gut und gern acht oder sechzehn Takte instrumentales Vorspiel leisten – oder noch mehr, wenn der Saal mitgeht –, ehe man auf die „Kiste raufspringt", oder man kann eine vollkommene Schleife drehen, indem man zum Anfangschorus zurückkehrt. Wenn man aber die Genres geschickt mischen will – und genau das ist meine Spezialstrecke und mein Vergnügen –, ist es unerläßlich, ganz strikt nach Plan vorzugehen, und sei es auch nur für den Beleuchter …*

Man kann das Publikum nicht über lange Zeit durch Tricks mitreißen, sondern nur durch Persönlichkeit, Ausstrahlung. Man schaue sich nur die Piaf oder Brel an, um lediglich von Leuten zu reden, die schon tot sind.

Innerhalb dieses Rahmens aber, egal ob es sich um kraftvolles oder schwaches Tempo handelt, muß die Wahrhaftigkeit total sein, total der Instinkt – vor allem der Instinkt –, total die Unmittelbarkeit. Sonst wäre ich nicht über die Zeiten gekommen, hätte ich keinen Menschen überzeugt.

Man darf zweierlei nicht vergessen:

Erstens bin ich ausschließlich Interpret. Ich habe nicht das kleinste Chanson geschrieben und das auch gar nicht gewollt (das ist nicht bloß eine Bildungsfrage: ich besaß nicht die Begabung eines Brassens oder eines Trenet). Meine Freude – stets begleitet von Angst – besteht darin, allabendlich auf der Bühne jene Lust wiederzufinden, von der meine Wahl bestimmt war: frei zu sein in seiner Wahl, das ist etwas Ungeheures. Dafür gebe ich mich aus: um die Lust weiterzuvermitteln, die ich selbst empfangen habe. Und da ist nichts mit Tricksen zu machen. Frische, Unmittelbarkeit läßt sich nicht imitieren.

Das zweite ist meine italienische Abstammung. Was in meinem Spiel Geste ist, habe ich nie erlernt. Ich habe zwar vor dem Spiegel Tanzschritte, das Schwirren des Spazierstöckchens, Hüteschwenken erlernt, aber nicht die kleinste Handbewegung, nicht den einfachsten natürlichen Ausdruck. Wir reden halt so, wir Lateiner, wir unterstreichen mit Gesten, was an sich schon deutlich ist, noch ehe das gesprochene Wort hinzutritt, denn der Blick ist sehr viel schneller als das Wort. Die Schwierigkeit liegt darin, tiefe Gefühle auszudrücken, sie „einzufangen" und im gegebenen Augenblick „wiederzuerfinden". An dem Abend, an dem man nicht gut war, hat das „Wiedererfinden" nicht geklappt. Man hat ihn nicht hochgekriegt.

Der Kritik im Jahr 1945 fielen meine großen Hände sehr auf, die dadurch noch mehr zur Geltung kamen, daß sie aus dunkelbraunen Ärmeln herausragten. Das war natürlich. Es war der lateinische Überschuß, den ich bisweilen selber mit einigem Ärger in manchen „meiner" Filme erkenne. Ich würde gern das mitbekommen haben, was ich eine englische Erziehung nenne, diese distanzierte Zurückhaltung. Im Film hat man sich hingegen gerade meinen „populären Reichtum" zunutze gemacht. Genau das, was manchmal die andern nervt, ohne daß sie ahnen, wie es mich selber nervt, wenn es im Übermaß oder schlecht angewendet ist.

Und schließlich: wenn ich auf die Bühne trete und einen Stuhl hinter mir herziehe, um den Nachtwächter in Gilet rayé *zu verkörpern, der sich gleich hinsetzen und seine verzweifelte Liebesgeschichte erzählen wird, dann ist das schlicht und einfach ein Cartoon. Vor allem Tex Avery. Und Walt Disney. Und Grimault. Ich gehöre zu der Generation mit den Zeichentrickfilmen …*

Am Abend der ersten Vorstellung im „Etoile" empfängt Yves Montand eine Abordnung der Seinen. Lydia und Julien (der im Frühsommer aus Deutschland heimgekehrt ist) sind aus Marseille nach Paris „heraufgekommen", um ihrem „kleinen Bruder" Beifall zu klatschen.

Lydia ist bereits eine emsige Anhängerin, Julien aber – die beiden Livi-Jungen haben sich sieben Jahre nicht gesehen – ist ziemlich verwirrt. Er hat eine Gattin vorgefunden, mit der er, psychologisch gesehen, ein zweitesmal die Ehe schließen mußte, er hat einen unbekannten Sohn kennengelernt. Und nun ist da auch noch das „Brüderchen", das anscheinend alle Leute kennen – außer dem Heimkehrer. Montand wiederum ist ihm gegenüber zwischen zwei Gefühlen hin und her gerissen. Er hat sich häufig eingeschüchtert gefühlt in Gegenwart dieses stämmigen, unerschütterlichen Älteren, dieses kämpferischen Proletariers, und er hat noch immer gewisse Schuldgefühle, weil er den Krieg ohne ernsthaften Schaden überstanden hat. Doch es macht ihm auch ein gewisses Vergnügen, Julien zu zeigen, daß seine jugendlichen Träumereien nicht nur die Hirngespinste eines unreifen Bengels waren.

Das Wiedersehen ist also heikel, gefühlsbeladen, komplex, verwickelt, zwiespältig. Wo ist der Große, wo ist der Kleine? Wo der Beschützer, wo der Schützling? Wo der Starke, wo der Zerbrechliche?

Edith Piaf besteht darauf, daß die beiden Sendboten aus Marseille in ihrer Loge Platz nehmen, unweit von Max Dalban und Henri Contet. Dieser Abend, an dem Yves „aus eigener Kraft fliegt", ist ein wenig ihr Werk, so gibt sie zu verstehen. Ebenso legt sie Wert darauf, das grandiose Souper auszurichten, das Yves Montands „Weihe" begleiten soll. Lydia Ferroni hat ebendies auf der Menükarte vermerkt, die sie aufbewahrt und die ihr die Piaf mit einer sehr liebevollen Widmung verziert hat. Es gab doppeltes Consommé nach Madrider Art, pochiertes Ei Valençay, Suprême de poularde in Weinbrand, Salade gauloise, Käse und als Dessert Délices de São Paulo und einen Korb mit Obst. Das alles wurde begossen mit einem Meursault-Charmes 1941, einem Corton 1929 und einem Champagner brut Veuve-Clicquot von 1934 …

Ihr Leben lang hat Lydia solchen Luxus nicht erlebt. Doch als scharfe Beobachterin merkt sie dem Helden des Abends eine gewisse Verlegenheit an. Edith beansprucht, die Rechnung zu begleichen, und sie unterbricht ihren Gefährten, ohne Widerspruch zu dulden. Kurz und gut, Edith hat das Kommando, und Yves läßt sich trotz der Freude über seinen Erfolg zeitweilig eine gewisse Gereiztheit anmerken. „Edith Piaf", so sagt Julien Livi heute über jenen Abend, „wirkte, als ob sie auf alles höllisch aufpassen würde." Bruder und Schwester schreiben diese leichten Schönheitsfehler der Feierlichkeit des Augenblicks und den ausgeprägten Charakteren der beiden Sänger zu. Lydia hat nicht den Eindruck, daß Edith weniger verliebt wäre als bei ihrem Besuch in La Cabucelle, aber sie begreift, daß Yves' Soloabend für seine Gefährtin gleichzeitig einen Sieg und eine Prüfung bedeutet. Von diesem 5. Oktober 1945 an tritt das Paar Piaf–Montand nur noch in getrennten Programmen auf.

1, 2 Giovanni und Giuseppina Livi im Jahr 1921

3 Ivo Livi, 1933

4 Die Rue Edgar-Quinet im Crottes-Viertel von Marseille. Rechts im Vordergrund das Haus, in dem die Familie Livi von 1927 bis 1929 wohnte

5 Giuseppina, Ivo (sitzend), Julien und Lydia in dieser Zeit

6 Julien, Lydia, Ivo im Jahr 1931

7 Die Impasse des Mûriers, rechts im Vordergrund das Haus der Livis. Der Frisiersalon „Coiffure Jacky“ hieß vor dem Krieg „Salon Lydia“ und war nichts anderes als eine ausgediente kleine Garage

8, 9 Ivo Livi mit siebzehn Jahren

10 In den Chantiers de la jeunesse (Montand in der hinteren Reihe, vierter v.r.)

11 Berlingot und Mademoiselle Fancelli, 1938

12, 13 Montands Debüt als Imitator von Maurice Chevalier und Charles Trenet

14 Montand und Edith Piaf im befreiten Paris, 1944

15 Fünfzehn Jahre später

17 Montand in Antibes (Provence), 1949

18 1950. Mit seinem Gitarristen Henri Crolla bei einem Auftritt in Vence

19 Montand und sein Pianist Bob Castella in Autheuil, 1959, bei einer Probe für die Amerika-Tournee

20 1958. Probe im „Etoile“

21 1952. Während der Dreharbeiten zu *Lohn der Angst*: Simone Signoret, Montand, Charles Vanel

22 August 1949. Die Begegnung von Simone Signoret und Montand in der „Colombe d'Or"

23 21. Dezember 1951. Das Hochzeitsessen in der „Colombe" (links im Bild Jacques Prévert, rechts Marcel Pagnol)

Da es sich um Menschen handelt, deren berufliche Existenz eng mit ihren privaten Leidenschaften verflochten ist, muß man sich nicht wundern, wenn sie dieses Kap nicht gefahrlos umschiffen.

Während Edith am nächsten Tag zu einer Tournee durch Belgien aufbricht, ist Montand ganz damit beschäftigt, Details seiner Soiree zu verbessern – so den Schlußeffekt bei *Battling Joe*. Er läßt den Boxer für zwei Sekunden in absoluter Dunkelheit verharren, ehe grell die Lichter angehen. Der Effekt kommt beim Publikum gut an: der Beifall rauscht im richtigen Augenblick auf, wenn es wieder hell wird. Ein Detail indes hat Montand übersehen. *Battling Joe* befindet sich bestens, sein Interpret aber geht leichten Schrittes einem schmerzlichen k. o. entgegen.

Es war im zeitigen Frühjahr 1946. Edith kehrte aus Griechenland zurück, und ich fand sie ein bißchen ... distanziert. Sie zog wieder los, ins Elsaß und nach Deutschland, mit den Compagnons de la Chanson. Und ich wartete in der Wohnung, die sie kurz zuvor gemietet hatte, Rue de Berri 26, auf ihre Rückkehr. Es ist zwei Uhr nachmittags. Drei Uhr. Vier Uhr. Ich rufe Madame Bigard, Piafs Sekretärin an, und begreife, daß sie sie beherbergt, daß Edith nicht zu mir kommen will. „Weil sie keine Lust hat, Sie zu sehen“, erklärt mir die Sekretärin. Ich reagiere hochfahrend. Ich erwidere, daß ich das nicht hinnehme, daß ich auf und davon gehe. Ich packe meinen Koffer und miete mich im Hotel „Surène d'Aguesseau“ ein, in der Nähe der Madeleine. Ich habe größte Lust, loszurennen und Edith zu befragen, eine Erklärung zu verlangen. Aber mein Vater hat mir beigebracht, daß man, wenn man einer Frau wegen leidet, Festigkeit zeigen muß ... Das war zweifellos der Fehler, den ich nicht begehen durfte, so schnell wegzulaufen, das hieß, sich im Unumkehrbaren einzurichten. Mein Vater hatte recht gehabt.

Simone Berteaut[13] schildert einen Montand, der rast wie ein Verrückter (was wahrscheinlich ist), der vor Schmerz schreit, an die Tür der Unnachgiebigen hämmert – das aber leugnet er.

Unglücklich war ich, ja; heulen hätte ich mögen, ja. Aber ich habe mich nicht an ihre Türklingel gehängt. Acht Tage habe ich durchgehalten, ohne mich zucken, ohne etwas von mir hören zu lassen. Das ist eine lange Zeit. Dann hab ich den Hörer abgenommen, hab sie angerufen. Edith wirkte ganz toll vor Freude. Wir haben uns noch für denselben Abend beim „General" verabredet.

Der „General" war kein Militär, sondern der Inhaber unseres bevorzugten Restaurants, in der Nähe der Rue de Richelieu. Edith hatte ihn so getauft, weil er ein kleines Kinnbärtchen trug und seine Kundschaft mit unerhörter Autorität herumkommandierte. Sein Lokal hatte kaum mehr als ein Dutzend Tische. Wenn ihm das Gesicht eines Ankömmlings nicht gefiel, dann sagte er: „Alles belegt, Monsieur, aber ich kann Ihnen eine Adresse empfehlen ..." Dort war unser eigentliches Eßzimmer. Dort habe ich das Vergnügen kennengelernt, Burgunder aus einem kugelförmigen Glas zu trinken ... Und der „General" war ganz aus dem Häuschen, sobald er die Piaf sah.

Als der Abend heran war, ging ein Unwetter über Paris nieder, ein fürchterliches Unwetter. Ich mopste mich allein in dem Restaurant. Edith ließ Bescheid geben, daß sie kein Taxi bekommen könnte. Alle Taxen waren besetzt, auch die Fiaker, die damals noch auf den Champs-Elysées fuhren und die sie so liebte. Es war schrecklich. Wir haben uns verfehlt; dieses Hindernis hat der Piaf die Kraft gegeben, sich wieder zu fassen, Abstand zu gewinnen. Sie hat die Courage und die Hellsicht gehabt, einen klaren Schnitt zu machen, fortzugehen.

Eines Morgens, drei Wochen später, bin ich in der Rue de Berri vorbeigegangen, um sie zu sehen. Mit sehr gelöster Miene, ganz auf „Kumpel". Sie sagte: „Ich bin beschäftigt, aber ich habe ein tolles Chanson für dich, nimm es mit!" Und da stand ich wieder auf dem Trottoir, in der Hand die Partitur zu La Légende du boogie-woogie, *ein kleines, mittelmäßiges Ding, das ich trotzdem im „Club des Cinq" zu singen versucht habe. Die Geschichte eines Zuges, der entgleist … Genaugenommen war ich es, der drei Jahre lang aus dem Geleise war. Ein wahrer Abgrund, ein schwarzes Loch, ein langwieriger Kummer.*

Der Tratsch hat von diesem Abenteuer nur übriggelassen, daß ich von Edith „lanciert" worden bin. Gegen Gerede kann man nicht viel ausrichten. Man kann sich noch soviel Mühe geben, die Sache etwas nuancierter zu sehen, ein bißchen von Liebe zu reden, da hören die Leute nicht mehr hin … Diese Lesart gefällt mir. Wenn ein Junge ein bißchen auffiel, dann kam Edith und setzte sich neben ihn, und der „Spot auf Piaf" beleuchtete auch den Jungen. Sie klatschte Beifall, suchte ihn in seiner Garderobe auf, und in der Presse erschien ein Foto, das aller Welt ihren neuesten „Fund" offenbarte. Dann wanderte sie weiter, der Spot wanderte mit, sie fand einen anderen … und immer so fort.

Beruflich verdanke ich Edith Piaf viel. Aber sie hat mich nicht „gemacht". Sie hat mich nicht kreiert. Sie hat mir geholfen – danke, Edith –, und vor allem hat sie mich geliebt, hat mir den Rücken gestärkt und mich verwundet, mit so viel Aufrichtigkeit, so viel Lachen und Anmut, daß ich mehrere Jahre gebraucht habe, um davon zu genesen.

Warum? Warum zumindest mit solcher Plötzlichkeit, solcher Brutalität? Weil Edith Piaf so war, antworten die, die sie gekannt haben. Und weil sie ahnte, daß sie in einer Gefahr schwebte.

Einen Augenblick bei diesem Bruch zu verweilen bedeutet nicht, dem naiven Voyeurismus der Regenbogenpresse zu frönen. Außer ihrem Gehalt an Gefühl und

Romantik illustriert die Episode auch die eigentümliche Situation der darstellenden Künstler, die durch das Auge anderer leben und genötigt sind, ihre wechselseitige Sicht aufeinander nach diesem öffentlichen Blick auszurichten, nach dieser Gefräßigkeit, die sie verschlingt.

Die Aussagen der Zeugen und die Erinnerung der Nächsten decken sich weitgehend. Henri Contet, der seinem Freund Montand ins Tal der Tränen vorangeschritten war, in dem dieser sich nun verlassen findet, meint, daß bei Edith Piaf Leidenschaft und Ambition eine tödliche Mischung eingingen: „Wenn es um Liebe, um Eifersucht ging, dann war Edith gewissenlos. (Der Mann, der da spricht, hat die Erfahrung selber durchgemacht.) Das war einer ihrer Hauptfehler. Montand hat viel gelitten. Er hat es mir sehr diskret gesagt, aber ich habe begriffen, daß er einen schweren Schlag abbekommen hatte, daß nicht bloß sein Stolz verletzt war. Er liebte Edith, und Edith vergötterte ihn. Aber das Wetteifern im Beruf hat ihrer Beziehung sicherlich Abbruch getan. Für Edith Piaf stand obenan immer der Beruf. Die Öffentlichkeit delektiert sich an ihren Liebesaffären. Trotzdem: vor allem anderen kam bei ihr das Chanson. Daß ihr Liebhaber ihr einen Teil des Erfolgs abspenstig machte, konnte sie nicht hinnehmen. Das führte nicht zu Szenen, aber Edith verschloß sich wieder in sich selbst. Und wenn Edith sich einmal verschloß ...“

Einige Zeit nach der Trennung vertraut die Piaf sich Lydia Ferroni an. „Man darf das Ende einer Liebe nicht abwarten“, erklärt ihr Edith, „das ist gräßlich, verstehst du. Man muß den Mumm haben, Schluß zu machen, wenn man sich noch liebt. Sonst fängt man an, sich zu hassen, oder bleibt aus Mitleid zusammen. Man muß immer weggehen. Das ist meine Rache an den schönen Frauen ...“ Und Julien setzt hinzu: „Ich glaube, daß die Piaf, je mehr Yves sich durchsetzte, immer mehr fühlte, daß ihr die Luft wegblieb. Es war keine banale Eifersucht. Sie fürchtete vielmehr, daß eines Tages sie seine Gefangene sein könnte."

Hat Yves Montand, nachdem vier, fünf Wochen vergangen waren, die Rückkehr seiner Geliebten erhofft? Durchaus nicht. Sie ist zu heftig, zu sehr ganze Person, als daß sie schwach werden könnte. Als Sohn des Mittelmeers ist Ivo Livi der Ansicht, daß den Männern Kraft und den Frauen Macht innewohnt. Er selbst wäre bereit, die Sache auszuräumen, zu vermitteln. Er hegt keinerlei Neigung zur Tragödie und würde wünschen, daß die Dinge am Ende ins Lot kommen. Doch in seinen Augen ist die grenzenlose Zärtlichkeit des angeblich schwachen Geschlechts gekoppelt mit einem Potential an Entschiedenheit, an schneidender Entschlossenheit, an Tapferkeit gegenüber dem Irreparablen, an Todesbereitschaft. Er ballt die Fäuste und schwört sich, er werde sich nie wieder verlieben.

Was „verdankt" er der Piaf wirklich, außer diesen Tränen, die er herunterschlucken mußte? Alles, so bescheinigt die Legende. Die Lehrzeit an der „großen" Bühne, das gut komponierte Repertoire, die morgendliche Selbstkritik, das aus dem Graben geholte Orchester, die Bewegung und die Unbewegtheit. Alles. Die Legende hat sich so rasch verbreitet (und Edith hat sie, wenn vielleicht auch widerstrebend, beflissen genährt), daß er nicht zu leugnen wagte und auch nicht leugnen wollte. Zweifellos aus der Befürchtung, daß eine solche Richtigstellung ihn in den Ruch schamloser Undankbarkeit oder auch der Rüpelhaftigkeit eines verlassenen Liebhabers bringen könnte. Im Gegenteil, da er keine andere Wahl hat, schwingt auch er sich in den Sattel dieser Legende, macht sie sich zu eigen und erklärt, beispielsweise in einem Interview im Herbst 1946: „Mit Edith Piaf habe ich wie ein Verrückter gearbeitet. Ich verdanke ihr fast alles, was ich weiß ..."[14]

Vier Jahrzehnte später indes verhehlt Montand nicht, daß er sich vorkam wie in einer Falle. Die ihm indes nicht von Edith Piaf gestellt wurde: von ihr spricht er mit unangefochtener Zärtlichkeit und betörter Dankbarkeit. Sondern von jener berüchtigten Legende: er hat den Eindruck, als sei er in ihr eingesperrt worden. Sie ist so fest etabliert, diese Legende, sie verbannt jedes Korrektiv so gebieterisch, daß es beinahe unschicklich wirkt, zu bekennen, was doch auf der Hand liegt: Montand wäre mit Sicherheit immer Montand geworden, auf diesem oder einem anderen Wege. Mit verhaltenen Worten, immer noch befürchtend, daß sein Narzißmus ihn zu Ungerechtigkeit verleiten könnte, drückt er aus, daß Edith ihm geholfen hat, Etappen zu überspringen; seine tiefere Wesensart aber hat sie nicht erfunden. Übrigens hat Piaf nahezu die gleichen Worte gegenüber Lydia Ferroni gebraucht: „Dein Bruder, weißt du, hat durch mich lediglich drei oder vier Jahre gespart."

Bescheidene Worte, die diesmal vielleicht sogar hinter den Tatsachen zurückbleiben. Denn Edith Piafs Beitrag ist, sofern ein Schluß gewagt werden darf, nicht allein mit der Elle der verlorenen oder gewonnenen Zeit zu messen. Yves Montand und sie haben die Herkunft aus ärmlichen Verhältnissen, ja aus dem Elend gemeinsam. Ihrer Begegnung wohnten sicherlich nicht nur die „pädagogischen" Tugenden der Herausforderung inne, die ein solches Zusammentreffen bedeutete; hat sie Montand geholfen, sein Repertoire anzusiedeln in der Mitte zwischen einer etwas betont „populären" Masche und einem avantgardistischen Touch, dem immer auch etwas Snobistisches angehaftet und der ihn von seinen Wurzeln abgeschnitten hätte. Er hat zu seinem Flug eben nicht in der „Rose Rouge" oder anderen Örtlichkeiten rings um Saint-Germain-des-Prés abgehoben, sondern im „Etoile" und im „Club des Cinq". Er hat sich verfeinert und geschliffen, ohne sich zu verleugnen. Das Resultat: ihm applaudiert sowohl das Publikum der Rive gauche wie das der Rive droite, die Arbeiter von Billancourt nicht zu vergessen.

Simone Signoret, die ihre Worte mit äußerster Treffsicherheit wählt, hat in ihrem Buch[15] die Debatte ein für allemal so beschlossen: „Sie wollte von dem Augenblick an nichts mehr von ihm wissen, als er ihr in beruflicher Hinsicht praktisch gleichrangig geworden war. Am Anfang war er der, dem man etwas beibringt. Sie hat ihm nicht alles beigebracht, denn es gibt Dinge, die niemand einem anderen beibringen kann, die hat man in sich. Dann, sobald er anfing, aus eigener Kraft zu fliegen und seine Chansons selber auszuwählen, oder als er nicht mehr die singen wollte, die sie wollte, da hat Edith ihn verlassen."

Dennoch sind sie, just zum Zeitpunkt ihres Bruchs, noch einmal gemeinsam auf einem Plakat zu sehen, und das sogar zu einem Film. 1942 hatte Edith sich mit dem kinobesessenen Journalisten Marcel Blistène befreundet (einem in die südliche Zone geflüchteten Juden, der eine Zeitlang bei Ediths Sekretärin Andrée Bigard eine Zuflucht gefunden hatte) und ihm versprochen, wenn er ein Drehbuch für sie schriebe, dann würde sie die Rolle übernehmen und sich für die Realisierung einsetzen. 1945 liegt das Drehbuch vor, der Titel lautet: *Stern ohne Licht.* Es ist die Geschichte einer Stummfilmdiva, deren von Natur kreischige Stimme bei Anbruch der Tonfilmepoche gedoubelt wird von einem unbekannten jungen Mädchen mit melodischem Kehlorgan. Eines Tages kommt der Betrug heraus, und das unbekannte Mädchen wird zum Star (derselbe rote Faden wie etliche Jahre später in dem Film *Singing in the Rain*). Piaf setzt beim Produzenten durch, daß der Neuling Blistène den Film drehen darf, und erwirkt sogar, daß dieser noch eine winzige Rolle für Yves Montand einfügt: Pierre, einen Automechaniker, den täppischen Verlobten der Heldin in ihrer Provinz. Sie kehrt zu ihm zurück, nachdem sie sich zunächst von der verdächtigen Welt jener Fabriken, wo Stars gemacht werden, hat blenden lassen.

Letztere werden versinnbildlicht von dem eleganten und zynischen Pariser Gaston Lansac (Serge Reggiani, ein Widerling, wie er im Buche steht).

Für Montand war es weder ein atemberaubendes noch ein erhebendes Abenteuer. Er ist zwischen Scheinwerfern umhergeirrt, über Kabel gestolpert, hat Anweisungen befolgt, alles ohne Spaß, aber neugierig und emsig. „Ich habe ihn viel am Drehort gesehen“, berichtet Marcel Blistène, „viel mehr, als es seine Rolle erforderte, die recht zweitrangig war. Er begleitete Edith, die ihn vollkommen unter ihrer Fuchtel hatte. Ich erinnere mich an ihn als an ein Muster von Gefügigkeit und Beflissenheit und als an einen, der ständig entzückt war von der Maschine Kino ...“

Der Film kommt am 3. April 1946 heraus, wird herablassend (gegenüber dem jungen Regisseur) aufgenommen. Vor Piaf zieht die Presse den Hut ob der dramatischen Rauheit, die sie ausstrahlt, Reggiani wird beweihräuchert, Yves Montands „Versuch“ als „ermutigend“ oder „sympathisch“ bewertet.

Solche Etikettierungen erfreuen ihn nicht und kratzen ihn nicht. Als *Etoile sans lumière* in den Kinos an den Großen Boulevards herauskommt, ist er zweifach mit den Gedanken woanders. Zum einen ist das schöne Idyll, das ihn daran band, zerstoben. Zum andern hat er unterdes weit gewichtigere filmische Verpflichtungen übernommen. Er ist soeben zu einer selbstmörderischen Mission ausersehen worden. Und er stürzt sich mit Leib und Seele in dieses Abenteuer.

Die Begegnung ist auf Ende Januar 1946 zu datieren. Montand singt im „Club des Cinq“, wo er nun schon zu den gewohnten Gästen gehört. Nach seinem Auftritt bitten zwei Herren dringlich um ein Gespräch. Sie heißen, so verkünden sie, Marcel Carné und Jacques Prévert. Montand steht noch voll unter dem Eindruck seines Erfolgs im „Etoile“ und im „Alhambra“. Die äußere Welt dringt nur in Gestalt unregelmäßiger Signale zu ihm. Charles de Gaulle legt den Vorsitz der Provisorischen Regierung nieder, in London ist eine Versammlung der Vereinten Nationen einberufen worden, die Pariser Presse streikt ... Er, Montand, hat von alledem gehört, er besitzt ein Radio. Aber seine innere Uhr ist entscheidender als der Lauf der Planeten.

Über seine beiden Gesprächspartner weiß er nur wenig. Er weiß, daß Jacques Prévert der Autor eines Gedichtbandes mit dem Titel *Paroles* ist, der im Dezember des vergangenen Jahres veröffentlicht wurde und den er mit instinktiver emotionaler Bewegung durchblättert hat. Er weiß, daß Carné – zusammen mit diesem Prévert – einen Film, *Les Visiteurs du soir*, gedreht hat, den auch er gesehen und gemocht hat. Und er weiß schließlich, daß diese Equipe berühmt ist, eine der berühmtesten im damaligen französischen Kino. *Komisches Drama, Hafen im Nebel, Der Tag bricht an, Die Kinder des Olymp* sind für ihn nichts weiter als Titel auf Plakaten. Immerhin aber ist die Kunde zu ihm gedrungen, daß ebendiese Plakate die begehrtesten Visitenkarten sind, die man sich vorstellen kann. Carné ist siebenunddreißig, Prévert sechsundvierzig. Sie sind weder Novizen noch Pensionäre. Die einflußreichsten Filmstudios setzen auf sie.

Und sie möchten nun auf Montand setzen. Ein dringlicher Fall. Eine Rolle, die er aus dem Stand übernehmen soll. Würde er sich darauf einlassen, eine Probeaufnahme zu wagen? Montand geht sogleich auf das Angebot los, so beklommen ihm auch ums Herz sein mag: die Chance seines Lebens, der Vertrag, den er nicht zu erhoffen wagte.

Diese „Chance“ ist das Ergebnis eines langen Irrwegs. Am Anfang steht ein Ballett, *Le Rendez-vous*, zu dem Jacques Prévert das Sujet geliefert hat. Roland Petits Truppe tanzt es im Théâtre Sarah-Bernhardt zu einer Musik von Joseph Kosma und vor einem Bühnenbild des Fotografen Brassaï. Zur Premiere wird Prévert von Carné, aber auch von Jean Gabin und Marlene Dietrich begleitet. Das Paar kehrt nach fünf Jahren Exil aus den USA zurück. Gabin sucht nach einem Stoff für ein glorreiches Comeback. Marcel Carné und sein Produzent Raymond Borderie (von der Filmgesellschaft Pathé) möchten ihm den liebend gern bereitstellen. Allzu vieles verbindet sie: der Deserteur aus *Hafen im Nebel*, der Verfolgte aus *Der Tag bricht an* ... Schon im Juni 1945, ehe ein Drehbuch auch nur konzipiert ist, vereinbaren sie prinzipiell eine Zusammenarbeit.

An dem Ballettabend macht es Klick. Dargeboten wird die Geschichte eines Mannes, dem das Schicksal verspricht, er werde für den Zeitraum einer Nacht dem „schönsten Mädchen der Welt" begegnen, der ihm tatsächlich begegnet und es am Morgen verliert. Ein dünner Faden, aber Gabin willigt ein. Ja, mehr noch, er bringt den Gedanken ins Spiel, daß „die Große" – die große Marlene, versteht sich – ebenfalls eine Rolle übernimmt. Ein paar Tage später wird der Pakt in der Bar des Hotels „Claridge" besiegelt. Die verschiedenen Macher des Projekts gehen ans Werk. Verträge werden formuliert (Marlene Dietrich bekommt 30 000 Dollars angeboten), das Drehbuch gewinnt Gestalt. Für den musikalischen Part wird Joseph Kosma gewonnen. Prévert und er bringen eines Abends in einem stillen Bistro in der Rue Dauphine Gabin, Marlene, Brassaï und Carné zusammen. Im Hinterzimmer steht ein Klavier, auf dem Kosma das Lied für den Film anspielt, das er, wie es sich gehört, zusammen mit Prévert geschrieben hat: *Les Feuilles mortes*.

Bis zum Herbst verzieht sich Prévert zum Schreiben nach Südfrankreich. Seine Nachbarn sind Joseph Kosma und Alexandre Trauner, der Filmarchitekt, dessen Einfälle die „Atmosphäre" der Werke von Carné so stark mitgestaltet haben. Der Autor sucht in einer „schwarzen", grimmigen Richtung, die Mut erfordert, in

Gabins Augen aber recht aus dem Rahmen fällt. René Clément hat einen großartigen Erfolg errungen, als er in *Schienenschlacht* ein Frankreich schilderte, das aufrührerischen Geist, Heldenmut und Zähigkeit bewiesen hat. Prévert hingegen siedelt sein Liebesdrama, die Geschichte eines unrealisierbaren „coup de foudre", in einem Milieu von Feiglingen und Spitzeln, Kollaborateuren, Lügnern und Geschäftemachern an. Düster ist die Nacht, düster die Stadt, düster sind die Stunden der ersten Nachkriegszeit, wo das Treiben fröhlicher Biedermänner ein Gewimmel schändlicher Erinnerungen kaschiert und verdrängt. Zwar wird es darin einen Tanz des Liebesverlangens, einen harmlosen Pas de deux zwischen weißen Statuen geben. Doch wird das Weiß in den *Portes de la nuit* (so lautet der inzwischen gefundene Titel: *Die Pforten der Nacht*) als Farbe eher den Statuen als den Menschen anhaften.

Und dann kommt alles in Schlingern. Finanzierungsprobleme. Probleme mit dem Zeitplan: Gabin hat den Vertrag für ein Filmprojekt in der Tasche, von dem er felsenfest überzeugt ist, und er verlangt, daß die Dreharbeiten an den *Pforten der Nacht* so rechtzeitig abgeschlossen werden, daß er sein doppeltes Programm einhalten kann. Filmstudios aber sind rar: die von Joinville stehen zur Zeit nicht zur Verfügung. Dann wirbelt „die Große" ihrerseits die Karten durcheinander. Ihr Vertrag räumt ihr das Recht ein, sich das Drehbuch anzuschauen. O weh! Der Blick, den sie darauf wirft, ist kein heiterer. „Dieser Film", so erklärt sie kurz und bündig, „würde im Ausland eine negative Propaganda bedeuten."[16] Prévert ist ohnehin im Verzug und ist weder willens, noch hat er die Muße, seinen Text umzuarbeiten. Das fehlte gerade noch ...

Im Januar 1946 beschließt Carné, mit den Außenaufnahmen zu beginnen, ohne die friedliche Regelung des Konflikts abzuwarten. Prévert und er durchstreifen zur Nachtzeit die verlassenen Straßen der Viertel Barbès und La Villette, machen Bretterwände mit zerfetzten Plakaten, Fensterläden mit abblätternder Farbe ausfindig. Sie haben die Absicht, ausgiebigen Gebrauch von einer Technik zu machen, die man als „Rückprojektion" bezeichnet: vorher aufgenommene Bilder werden auf eine Spiegelwand ohne Belag projiziert, vor der die Schauspieler agieren. So werden denn um drei Uhr in der Frühe die Anwohner des Canal de l'Ourcq und die Nachtschwärmer, die den Weg zum Pont de Crimée einschlagen, überrascht von grellen Scheinwerfern, von Technikern, die das Pflaster mit Hilfe von Schweißbrennern trocknen, und von heroisch ausharrenden Gaffern, die auf das Eintreffen der Schauspieler warten. Die Presse hat Gabin und Marlene versprochen. Wo sind sie? Werden sie auftauchen?

Mitte Januar ist Marlene Dietrichs Pauschalgage aufgebraucht. Jean Gabin seinerseits stellt immer unannehmbarere Bedingungen. Die Unterhandlungen verlaufen im Sande, trotz der Vermittlung von André Malraux in höchsteigener Person. Alles durchgerechnet, erscheint es nicht mehr denkbar, zu den Terminen fertig zu werden, die durch Gabins Dreharbeiten zu *Martin Roumagnac* vorgegeben sind. Gabin bleibt halsstarrig (zu Unrecht, denn seine fixe Idee sollte sich als ein Fiasko herausstellen). Man delegiert noch den jungen Reggiani zu einem letzten Versuch ins „Claridge". Aber Marlene versteift sich in ihrer Meinung, sie erträgt es nicht, daß in einem Film Kollaborateure auftauchen. So kommt es zum Bruch, einem bitteren Bruch, der durch juristische Händel noch weiter kompliziert wird. Deshalb klopfen in der letzten Januarwoche Prévert und Carné an Yves Montands Garderobentür.

Das hatte Marcel Blistène vermittelt. „Carné war ganz verzweifelt, weil Jean Gabin und Marlene Dietrich abgesprungen waren. Er hat mich angerufen und gefragt, was der Typ tauge, der in meinem Film sein Debüt gegeben habe. Ich habe ihn in den höchsten Tönen gelobt und für Carné die Vorführung eines montierten Streifens organisiert, alle die Szenen aneinandergereiht, in denen Montand auftauchte.“ Blistène versichert, „Carné war sofort von ihm angetan und hat seinen Entschluß, ihn zu engagieren, binnen weniger Minuten gefaßt.“

Im Grunde genommen ist die Krise so zugespitzt, daß den beiden Filmschöpfern nur noch ein Mittel bleibt: zu pokern. Die Rollen neben Gabin und Marlene sind blendend besetzt: Pierre Brasseur (der Mann der Heldin, ein Geschäftsmann, der sich in der Okkupationszeit bereichert hat), Serge Reggiani (ein Lump von Milizionär), Jean Vilar (ein Neuling beim Film, er wird die Figur des Schicksals verkörpern), dazu noch Carette, Raymond Bussières, Saturnin Fabre ... Wer wird es unter den Augen solcher Profis wagen, Rollen zu übernehmen, die auf zwei geheiligte Monster zugeschnitten sind? Der einzige Ausweg liegt darin, eine komplette Überraschung zu riskieren: zwei (auf der Leinwand) Unbekannte. „Die schönste Frau der Welt“ wird Nathalie Nattier verkörpern, über die niemand etwas weiß, außer daß sie hübsch ist. Und Diego, den warmherzigen Proletarier, der aus der Résistance kommt, den wird Montand spielen.

Die Fabel vermischt extremen Realismus mit traumartiger Phantasie. Montand stellt bald fest, daß die ihm zugewiesene Aufgabe in der Rolle des braven, anständigen und tapferen Jungen besteht, der dazu bestimmt ist, unter der menschlichen Bösartigkeit und der Grausamkeit seines Geschicks zu leiden. Er ist das genaue Gegenteil von Reggiani, dem kleinen Schweinehund, dem Spitzel – er hat während des Krieges Leute verpfiffen und wird in jener schicksalsschweren Nacht welche verpfeifen. Aber die kurze Liebesbegegnung, die bei Tagesanbruch in einem Selbstmord und einem Mord endet, ist überdies noch mit recht schwachen poetischen Freiheiten gewürzt: Montand-Diego und Nattier-Malou sollen angeblich einst ihre Namen in einen Stein der Osterinsel geritzt haben. Das mag ja noch angehen bei einem Gabin, der einigermaßen weltbefahren ist ... Aber dem jungen Chansonnier von fünfundzwanzig wird es äußerst schwerfallen, ein solches Vorleben glaubhaft zu machen.

„Ich kann mich nicht entsinnen", berichtet Marcel Carné, „daß die Atmosphäre bei den Dreharbeiten sonderlich aufgeregt war. Mühselig war es, ja, aber nicht übertrieben nervös." Montands Erinnerung klingt recht ähnlich. Mühselig. Er muß sich zwischen präzise markierten Positionen bewegen, muß aufpassen, daß seine Hand nicht aus dem Bildrahmen verschwindet, muß in dem Augenblick abbrechen, wo ihn die Emotion überkommt. Seine Bereitwilligkeit ist grenzenlos. Er möchte lernen, er bittet um Ratschläge, um Kritik. Doch wenn eine Aufnahme abgedreht ist, vernimmt er allenfalls irgendeine Stimme, die in klinischer Sachlichkeit bemerkt: „Für mich ist es in Ordnung!" Obwohl er von Licht erschlagen wird, kommt ihm das Plateau als ein kalter Ort vor, das Gegenteil einer Bühne. Wo sind nun Fred Astaire und die Western seiner Träume geblieben? Er tastet sich mit schlafwandlerischen Schritten auf widrigem Terrain ohne jeden Anhaltspunkt vorwärts.

Er könnte ein wenig Bestätigung gebrauchen. Aber Carné ist nicht von dieser Schule. Er „führt" die Schauspieler, indem er zugleich auf Distanz zu ihnen hält. Er verlangt von ihnen, zu spielen, nicht zu sein. Vor allem hat er die Gewohnheit, ihnen solange Widerstand entgegenzusetzen, bis sie die Waffen strecken. Das ist nicht allein eine Frage des Charakters, der Schule oder der Epoche. Carné ist einen Gabin oder eine Arletty gewohnt: außergewöhnliche Naturen, die aber auf den „Chef" einen bedrohlichen Druck ausüben. Montand hat sowohl in der ihm zugewiesenen Rolle als auch in der Art, wie er herumkommandiert wird, den Eindruck, daß man ihn seiner Sensibilität beraubt, daß er nichts weiter ist als eine große Puppe, die man herumschiebt und deren inwendiger Bewohner letztlich niemanden interessiert.

Serge Reggiani, mit dem er eine Art eifersüchtiger Freundschaft anknüpft, bei der auf beiden Seiten eine Portion Hochmut im Spiel ist und das komplizenhafte Verhältnis im Widerstreit liegt mit Rivalität („Das ist kein Italiener", sagt der Emilianer Reggiani über den Toskaner Livi, „das ist ein Marseiller ..."), Reggiani also war der aufmerksame und ironische Zeuge dieser tastenden Versuche. „Wir waren uns schon einmal, in *Stern ohne Licht*, über den Weg gelaufen (ich erinnere mich, daß Edith nicht ‚Auditorium' sagte, sondern ‚Torium'; das fanden wir hübsch und ließen sie es weiter so sagen). Das hier war eine ernsthaftere Sache. Yves war wirklich ein Anfänger – im Film, selbstverständlich. Als großer Profi des Chansonrécitals war er es gewohnt, allein zu arbeiten, und fühlte sich unbehaglich unter uns allen. Er hatte eine Neigung, sich dadurch Sicherheit zu verschaffen, daß er mit den Ellbogen schlenkerte, was Carné und auch einigen unserer Kollegen auf die Nerven ging. Allmählich hat er sein Verhalten korrigiert. Dennoch mußte er noch ein paar Handgriffe erlernen. Wenn ich von Handgriffen rede ... da denke ich an die Serie von Ohrfeigen, die er mir zu verabreichen hatte und durch die ich in vergitterte Verhörzellen geschleudert wurde. Ja, er hat mir die Backpfeifen wirklich, mit aller Wucht, verpaßt, mit seinen riesigen Tatzen und den Unterarmen eines Ringkämpfers! ..."

Montand hat seinem alten Kumpan Reggiani niemals eingestanden, daß Carné ihm heimlich gesagt hatte: „Hab keine Angst, hau nur kräftig zu, die Szene drehen wir bloß einmal!" Und er hat kräftig zugehauen. Dagegen fällt es ihm äußerst schwer, dem „Milizmann" Reggiani, mit dem er vor der Aufnahme gerade noch herumgeflachst hat, ins Gesicht zu spucken.

Zusätzliche Beklemmung verursacht ihm die Tatsache, daß die Produktionsfirma alle Scheinwerfer voll auf die Neulinge richtet. Da die Stars sich aus dem Staube gemacht haben, verlegt man den Akzent nun auf die Unverbrauchtheit der beiden Neugewonnenen, deren Frische und Spontaneität man preist, wobei man obendrein noch eine „Entdeckung" verheißt. Während der Dreharbeiten ist die Presse voll von Vorabmeldungen, parallelen Porträts von Yves Montand und Nathalie Nattier. „Ein großer Junge, der so genommen werden möchte, wie er ist, mit seinem sympathischen Gesicht, einem sehr jungen Lächeln, Haaren ohne alle kosmetische Behandlung" – so steht als Kommentar unter Montands Foto.[17] Das läßt sich übersetzen mit: charmant, gut gebaut und ein klein bißchen unbeholfen ... „Die schönste Frau der Welt" hat sogar Anspruch auf das Titelfoto: ihr Profil ersetzt die fehlende Filmographie.[18] Marcel Carné wird während der Schnittphase mit Fragen bombardiert; kurz, der Kinofan wird in Atem gehalten. *Les Portes de la nuit* sollen das künstlerische Ereignis des Jahres 1946 werden.

Selbstverständlich erliegt der Schauspielernovize der Verführung durch die wundersame Maschinerie, die zum Einsatz kommt. Alexandre Trauner hat die Metro-Station Barbès-Rochechouart unter einem gewaltigen Hangar nachgebaut, groß genug, um ein Luftschiff zu beherbergen. Eine ganze Kohorte von Handwerkern hat eine Scheinkulisse aus Abschnitten des Canal de l'Ourcq, aus Ecken ärmlicher Straßen mit Bäckerei, Tabakwarenladen, Werbeplakaten und Zeitungskiosken errichtet. So einschüchternd die Männer vom Bau auf ihn wirken, so sehr wirkt auf ihn der Zauber der Dinge.

Doch in vertraulichen Äußerungen gegenüber Reportern läßt Montand seine innere Unruhe durchblicken. Er „stapelt tief", würde man heute sagen, gibt sich bescheiden und konziliant, verwischt die Unebenheiten seines wahren Charakters, läßt sich ein auf die Stereotype des fröhlichen Naturburschen, der alles gar nicht fassen kann: „In der Music-Hall habe ich einen Erfolg erzielt, mit dem ich nicht gerechnet hatte“, bekennt er der Journalistin Michèle Nicolai.[19] „Und dann vertraut mir plötzlich der Mann, den ich als den ersten Filmregisseur unseres Landes ansehe, eine großartige Rolle an. Ich will versuchen, immer noch weiter und höher zu kommen. Aber das Kino beunruhigt mich auch … Anfangs habe ich mich verheddert. Ich war von Gabin beeindruckt und wollte auf ‚grimmig‘ machen. Marcel Carné hat mir gesagt: ‚Sei der, der du bist, ein großer heiterer Junge.‘ Also bin ich der Kerl, der das Leben liebt. Aber das Leben vergilt es mir schlecht … Im Film, meine ich.“

Das Leben vergilt es ihm derzeit auch im Leben schlecht. Während der in diese frohsinnige und nur scheinbar durchschaubare Filmgestalt eingesperrt ist, ist sein Herz in Fetzen. Die Piaf fehlt ihm. Er ist allein, und das um so mehr, als das Publikum in ihm so etwas wie den von einem sozialen Wunder Gesegneten erblickt. Er klettert derart rasch, derart hoch hinauf, daß niemand es begreifen würde, wenn er auch nur die kleinste Beschwerde, die leiseste schwermütige Note anklingen ließe. Er hat Talent, er hat Erfolg, er hat Glück (ist er nicht von Carné an einem Freitag, dem 13., seinem Geburtstag, engagiert worden?), also hat er alles. Dieser Frühling 1946 gleicht nicht weniger einer Scheinkulisse als Trauners Filmbauten. Montand geht insgeheim durch eine übervölkerte Wüste.

Eine Katastrophe. Der kleine Kreis der Experten hat ja wohl meist einen scharfen Biß, aber das Allerweltspublikum mildert solche Pariser Grausamkeiten in der Regel. Doch als *Les Portes de la nuit* in die Kinos kommt, bleibt den Filmschöpfern auch dieser Trost von seiten des Mannes auf der Straße versagt. Die Fachleute tragen eine skeptische oder mörderische Grimasse zur Schau. Die Zuschauer pfeifen den Film regelrecht aus. Das allgemeine Urteil läßt sich ungefähr in diese Worte fassen: „*Die Pforten der Nacht* markieren das Ende des fruchtbaren Tandems Prévert-Carné.“[20]

Die Schwächen in den Hauptrollen fallen dabei schwer in die Waagschale. Brasseur, Bussières, Carette, Saturnin Fabre kommen noch mehr als gut weg. Serge Reggiani heimst für seine Gestaltung eines ausgekochten Schweinehunds sogar armeweis Blumen ein. Yves Montand und Nathalie Nattier aber bezahlen die Zeche, und die ist gesalzen. „Die schönste Frau der Welt“ wird auf der Stelle ins Nichts zurückbefördert („Mademoiselle Nattier hat den nichtssagenden Typus kreiert“[21]). Und Montand, den man zwar für sein rührend linkisches Auftreten lobt und zu weiteren Versuchen ermuntert, kassiert schroffe und lapidare Urteile. „Man erwartete sein großes Debüt voller Ungeduld. Man wird weiter warten müssen ...“[22] – „Weder photogen noch phonogen, mangelt es ihm mehr an Erfahrung als an Talent ...“[23]. Selbst *L'Ecran français*, ein glühender Anhänger der Equipe Prévert-Carné, der wenigstens die bewegliche Habe zu retten versucht, setzt den jungen Sänger, den er lauthals als große Hoffnung proklamiert hatte, in boshaftem Ton herab: „Montand ist am rechten Platz, wenn er tanzt, trällert oder schweigt.“[24] Das Schlußwort gibt Henri Jeanson, der in *Cinémonde* von „der größten Enttäuschung des Jahres“ spricht ...

Unmöglich. Unmöglich, die Angelegenheit einfach unter Gewinn und Verlust abzubuchen. Denn für den Betroffenen war es ein Schock von seltener Heftigkeit. Bislang hatte er den Erfolg in einem Zuge erzwungen. Ohne musikalische Bildung, ohne eine wirkliche Lehrzeit im Bühnenmetier, ohne Bildung überhaupt hatte er auf spektakuläre Weise die große Treppe der Music-Hall erstiegen. Ein geheimnisvoller Cocktail aus Talenten, Fieber, Jubel, Verbissenheit rief beim Publikum des „ABC“ oder des „Etoile“ eine souveräne und vor allem unmittelbare Wirkung hervor (und das trotz der Mißlichkeiten bei der ersten Provinztournee zusammen mit Edith Piaf, Mißlichkeiten, die eher technisch bedingt als wirklich alarmierend waren). Da gab es keinen Grund zu der Annahme, daß es vor der Kamera – die, vergessen wir nicht, noch immer sein wichtigstes Ziel war – nicht ebenso laufen würde. Gewiß, es war schwierig, Préverts Dialoge umzusetzen, in Gabins Kostüm zu schlüpfen. Das Angebot, das ihm gemacht worden war, käme heutzutage etwa der Idee gleich, Gérard Depardieu in *Cyrano de Bergerac* durch einen blutigen Anfänger ersetzen zu wollen ...

Aber Montand hat zuviel Stolz, um sich mit gutgemeintem Trost in Sicherheit zu wiegen. Ein Fiasko ist ein Fiasko. Und dieses Fiasko schmettert ihn ebenso nieder, wie ihn der Erfolg aus dem Häuschen gebracht hatte. „Es geht nicht darum, zu wissen, ob ich gut oder schlecht war", hat er einmal gesagt.[25] „Ich war gar nichts. Ich kapierte weder, was ich sagte, noch was ich tat ... Seit jener Zeit finde ich es so gefährlich, eine Entdeckung zu beweihräuchern. Man kann sie umbringen damit."

Wenn Montand ein paar Freunde in dem kleinen Theater versammelt, das an sein Haus in Autheuil in der Normandie angrenzt, und beginnt, *Les Portes de la nuit* vorzuführen, dann wiederholt sich unwandelbar der gleiche Gag: nach der ersten Spule wird aus diesem oder jenem zwingenden Grund das Spektakel abgebrochen, die Vorstellung beendet. Montand-Diego hat unter diesem Fehlstart so gelitten, daß er es immer noch nicht fertigbringt, über diesen Film, der unterdes zu einem klassischen, wo nicht zu einem meisterlichen Film befördert wurde, ein gelassenes Urteil abzugeben.

Der Cowboy aus dem „Alcazar" ist zusehends gewachsen. Der Schauspieler aber hat sich Schritt um Schritt, unter Schmerzen aufgebaut. Mit viel Geduld. Von der Furcht verfolgt, noch ein weiteres Mal überheblich zu wirken.

Der Mißerfolg von Portes de la nuit *hat mich lange Zeit tief getroffen. Es tat überall weh. Um so mehr, als die Kritik glaubte, mich für eine Art Selbstherrlichkeit züchtigen zu müssen, wo ich doch gefügig nach den Anweisungen eines Carné agiert hatte, der über seine Schauspieler herrschen wollte, der sich anheischig machte, sie dahin zu bringen, wo er sie hinhaben wollte (das Ergebnis war, daß ich gar nicht erfaßte, was er wollte, sondern nur den Gehorsam lernte). Ich bin wie zerstört daraus hervorgegangen und doch überzeugt, daß ich fähig war, Dinge auszudrücken; nur wußte ich nicht, warum sie nicht herauskamen. „Machen Sie sich keine Sorgen", sagte Prévert, „wir haben etwas Anständiges gemacht." Und Hervé, der Kritiker von* Action, *schrieb feierlich: „Die Kommunistische Partei wird, wie Yves Montand, die Pforten der Nacht aufstoßen ..." Davon abgesehen war es überall das reinste Schlachtfest!*

Die Therapie ist bekannt. Wenn die Liebe stirbt, wenn die Träume sich zerschlagen, dann bleibt nur das Singen. Vom 4. Januar 1947 an ist Yves Montand der Topstar im „ABC", vor ihm treten auf Robert Rocca und Betty Spell (dieselbe Betty Spell, deren „Rancho" ihn dreißig Monate vorher in Verzweiflung gestürzt hatte). Und auf den Brettern vollzieht sich, wie gewohnt, das Wunder. Mitty Goldin, der Direktor, muß Zuschauer abweisen, die Logen und die Wandelhalle sind überfüllt, die Rufe nach Zugaben branden durch den Saal. Montand hat am Prolog zu *Gilet rayé* noch gearbeitet, hat zwei Chansons von Michel Emer hinzugefügt, hat für *La Grande Cité* eine neue Mimik erfunden, die das Publikum stark beeindruckt – er nimmt ab der dritten Strophe die Haltung eines Gekreuzigten ein, der über dem menschlichen Glutofen schwebt.

Es läuft alles gar nicht schlecht, aber Yves Montand ist doch auf der Suche nach seiner wahren Gestalt. Oder vielmehr, er verkörpert sie, ohne es selbst zu wissen. Bei den letzten Parlamentswahlen haben die Kommunisten knapp 29 Prozent der Stimmen erzielt. Und auch ihre Gegner, die Christdemokraten des MRP[26], reiten gern auf der mit dem Wort „Volk“ arbeitenden Komponente ihres Parteinamens herum. Einer späteren Formulierung von Lucien Rioux zufolge „vollzieht Frankreich seine Kommunion mit dem Gott Arbeiter“. Es ist der Arbeiter aus der Résistance (der Held der *Schienenschlacht*, aber auch das Opfer in den *Pforten der Nacht*), der Arbeiter, der das Land wiederaufbaut, der Arbeiter, der nach Gerechtigkeit ruft, der Arbeiter, der im Luna-Park seinen Flachs und seine Witze macht. Der Mann der Fabrik und der Kirmeß, der Mann, der (nach dem Wunsch von Maurice Thorez, derzeit Minister) „die Ärmel hochkrempelt“ und die Kohle zutage fördert, der Mann, der viel gibt und wenig empfängt. Der Mann, den man einsperrt und der aus dem Gefängnis flieht. Der Mann des Glücks und des Leids, der einfache Mann, der Mann von nebenan, der warmherzige Mann. Der Proletarier.

Montand ist noch nicht zum Filmstar geworden. Kalifornien ist weit. Aber Frankreich hat seinen singenden Proleten entdeckt.

7

Dieses „positive“ Bild des lyrischen Proletariers, das seiner Gestalt anhaftet, wird Montand erst im nachhinein, in den fünziger Jahren, wahrnehmen, und zwar mit einem gewissen Unbehagen, mit dem Gefühl, das man ihn auf diese Weise in ein Gelegenheitsstereotyp, eine festgelegte Rolle einzwängt. Ohne irgend etwas von seiner sozialen Prägung oder seinen familiären Bindungen zu verleugnen, hat er doch zu sehr den Eindruck, daß er aus eigenem Antrieb und ohne Gepäck zu einem einzigartigen Abenteuer aufgebrochen ist, als daß er bereit wäre, seinen Erfolg als Sänger einem „Klasseneffekt“ zugute zu halten. Er sieht sich im Augenblick mehr als das Produkt seiner mühseligen Arbeit denn als Wortführer von wem auch immer – seine Nächsten eingeschlossen. Um er selbst zu werden, hat er sich, wie ein jeder, der sich mit der Kunst und dem Schicksal einläßt, von den Seinen abnabeln müssen. Der Gekreuzigte in *La Grande Cité* ist in seinen Augen ein szenischer Einfall, nicht Ersatz für eine Petition. Der Interpret von *Luna Park* ist im gleichen Maße ein Liebhaber des Rhythmus wie einer Geselligkeit mit sozialem Impetus.

Daß er das Kind armer Leute ist, aus dem Arbeitermilieu stammt, ist eine offenkundige Tatsache, und auf sie ist er stolz (vor allem zu einer Zeit, als die Heilserwartung eines „singenden Morgen“ die „Massen“ in Begeisterung versetzt – um das Wort einmal zu gebrauchen, das Montand gar nicht liebt, selbst dann nicht, wenn sein Vater es im Munde führt). Dies vorausgesetzt, ist er um so stolzer darauf, daß er aufsteigt, ohne seine Erinnerung einzubüßen. Niemand wird ihm einreden, daß eine „bürgerliche" Erziehung eine zu vernachlässigende Größe wäre: nicht die heuchlerischen Konventionen des Wohlverhaltens im Rahmen der Sippe, sondern die Kunst, sich zu kleiden, sich zu kultivieren, sich zu „benehmen". Da er aus der „Gosse" kommt, graust es ihn vor vulgärer Gewöhnlichkeit mehr als vor allem andern. Der „Prolet", das ist für ihn nicht der Metallarbeiter, der der etepeteten Korrektheit der *Figaro*-Leser seine groben Witzeleien entgegensetzt, das ist vielmehr der Gründer von Gewerkschaften, der „Verdammte dieser Erde", der eine Kundgebung in erster Linie als das Kundtun der eigenen Würde begreift. Es ist der Mann, der am 1. Mai ein weißes Hemd anzieht, ehe er die *Internationale* singt.

Aber er liest die Presse und hört Radio. Das Jahr 1947 ist ein bedeutender Markstein, was offene Brüche, zorngeladene Eruptionen, erkaltete Lavaströme angeht. Europa wird zerrissen durch das, was Winston Churchill den „eisernen Vorhang" getauft hat. Die französischen Kommunisten treten im Mai aus der Regierung aus und werden zur treibenden Kraft bei zahlreichen Streiks oder lassen sich von deren Impetus tragen. Der Marshall-Plan verteilt auf begrenzte Zeit ein mehr oder weniger zweckberechnetes Manna. Unter den sarkastischen Kommentaren einer reinen und unerschütterlichen Linken erklärt Viktor Krawtschenko, ein in den Westen geflüchteter sowjetischer Funktionär, daß er „die Freiheit gewählt" hat. In dieser Zeit, die nur zwei Farben kennt, ist es schwierig, sein ganz Persönliches zu wahren, der Etikette, die man angeheftet bekommt, einen Pastellton beizufügen. Schwierig, den langen Marsch nach dem gelobten Kalifornien mit aller Zähigkeit fortzusetzen, wenn man in die vorgeschriebene Arbeitskluft der echten Werktätigen gezwängt wird.

Montand spürt mehr denn je, welch weiter Weg ihn von Hollywood trennt. Ihm tun noch all die Beulen weh, die das Fiasko der *Portes de la nuit* ihm eingetragen hat. Langsam erholt er sich von seinem K. o., wirft sich vor, daß es ihm an Kaltblütigkeit mangelte, als er sich auf das Unannehmbare einließ, daß er vorschnell handelte, daß er das Theaterpublikum, bei dem es keineswegs abwegig ist, sich bei kraftvollem Einsatz Hoffnung auf Erfolg zu machen, verwechselte mit den Zuschauern der Kinosäle, die nur das geisterhafte Abbild des Schauspielers empfangen, den Reflex einer abgeschlossenen Arbeit, eine abgesandte und unwiderrufbare Kopie seiner selbst.

Aber wozu sich mit ernsten Grübeleien beschweren, wenn das Dasein selbst urplötzlich den besten Absichten, den gewissenhaften selbstkritischen Prüfungen entgegentritt? Er befindet sich gerade mitten in seiner Gewissensprüfung, der angehende Schauspieler, bereit, seine naiven inneren Triebkräfte zu züchtigen, als ihn einmal mehr das Unvorstellbare mit explosiver Wucht überfällt.

Der 14. Januar 1947 sollte auf Yves Montands Merkkalender kein alltägliches Datum bleiben. Zunächst einmal, weil er sich weigert, im „ABC" auf die Bühne zu gehen. Seit geschlagenen drei Tagen schon ist das Klavier verstimmt, und er verlangt, daß dringend ein Klavierstimmer herbeigeholt wird. Vergebens. An diesem 14. Januar nun befragt Montand am frühen Nachmittag den Inspizienten:

„Ist es gemacht worden?" (Der Ton ist milde.)

„Es wird zwischen der Nachmittags- und der Abendvorstellung passieren."

„Gut. Dann werde ich also nur heute abend singen." (Der Ton ist noch immer milde).

Der Inspizient glaubt an eine bloße Schmollgeste. Indessen, als die rituelle Ansage erfolgt ist, bleibt die Bühne leer. „Geld zurück!" skandieren die Zuschauer. Mitty Goldin persönlich muß auf die Bühne, um die Menge zu beruhigen. Das Engagement des Chansonniers wird auf der Stelle gekündigt, und Lys Gauty übernimmt es stehenden Fußes, das Programm wieder zu füllen. *France-Soir*[1] beklagt, daß ein „arrivierter" Künstler „es derart an Respekt gegenüber einem Publikum, das auf ihn wartete, fehlen" ließ. Eben der „Respekt vor dem Publikum", so wendet Montand sogleich ein, verlangt, daß alle Voraussetzungen für eine qualitätvolle Darbietung geschaffen werden. Wenn er „arriviert" ist, dann befindet er sich in einer Situation, die es ihm erlaubt, nein zu sagen, falls es erforderlich ist, und das schafft für ihn eine Art Pflicht zur Unerbittlichkeit. Ende der Episode …

Aber nicht wegen dieses Krachs ist dieser Dienstag, der 14. Januar 1947, ein denkwürdiges Datum. Statt an diesem Abend seinen *tour de chant* abzuschließen, schließt Montand nämlich einen Vertrag mit Jack Warner.

Rückblende: in Marseille, ganz am unteren Ende der Canebière, war Berlingots und Audiffreds Ziehkind des öfteren an den Fenstern einer Agentur vorbeigelaufen, die den Verleih für die großen amerikanischen Filmgesellschaften besorgte: Fox, MGM, Columbia, Paramount, Warner Brothers … Und Ivo Livi geriet ins Träumen vor diesen Schildern mit den kabbalistischen Namen, malte sich jene ätherischen Mächte aus, jene mythologischen Gottheiten, die auf irgendeinem Olymp thronen und einen Gary Cooper, einen Frank Capra oder Fred Astaire in die Welt setzen. Er hatte sich sogar vorgestellt, daß man dort in jenem Marseiller Büro künftige Stars engagierte.

Es ist indes ein ganz irdischer Mensch, der die drei Treppen zu Yves Montands Garderobe erklommen hat. Mr. Warner schleicht nicht lange wie die Katze um den heißen Brei. „Ich nehme Sie mit nach Hollywood. Ich schlage Ihnen einen Siebenjahresvertrag vor, Mindestverdienst 200 Dollar pro Woche." Und die Verpflichtungen? „Sie haben sich dem Studio zur Verfügung zu halten. Bei einem Talent wie dem Ihren werden wir Sie sehr oft brauchen. Trotzdem räumen wir Ihnen nach einundeinhalb Jahren die Möglichkeit zu einem sechsmonatigen Aufenthalt in Europa ein." Und dann schmeichelt Jack Warner seinem Gegenüber ganz systematisch: es ist das erstemal seit 1928 (als er Al Jolson anwarb), daß er sich bereitfindet, höchstselbst einen Vertrag abzuschließen. Überdies sei Montand der zweite französische Varietékünstler, nach Maurice Chevalier, den Amerika „entführen" möchte.

„O. K., Yves?"

O. K., und lieber zweimal als einmal! Er hat nur ein Wort vernommen: Hollywood, und dieser Name erschlägt ihn.

Die Frau, die er liebte, Edith Piaf, hat sich entfernt, und er findet nur schwachen Trost bei netten Kolleginnen. Er wohnt im Hotel. Für sein filmisches Debüt hat ihm die französische Kritik Nierenschläge verpaßt. Er wird in regelmäßigen Abständen heimkehren, um ein Récital zu geben. Was hat er schon zu verlieren? „Drüben" wird er Umgang mit den Besten pflegen. „Drüben" wird er das Metier wirklich erlernen. Und außerdem, wenn „sie" „drüben" einen Schauspieler filmen, dann präsentieren „sie" ihn schön, dann bringen „sie" ihn zur Geltung, dann kleiden „sie" ihn, dann leuchten „sie" ihn perfekt aus.

Sie sind sich einig. Für Mitte Juli ist ihm auf einem Ozeandampfer eine Kabine reserviert. Erster Klasse. „Sie" da „drüben" schauen nicht auf die Spesen, wenn „sie" jemanden haben wollen. Ab Ende Januar gibt die Fachpresse bekannt, daß Yves Montand alsbald nach Hollywood gehen wird.[2]

Er ist sechsundzwanzig.

Montand hat diese Gnadenfrist bis zum Sommer erbeten, um eine bereits vertraglich vereinbarte Verpflichtung zu erfüllen. Der Regisseur Alexandre Esway, der nicht zu den Spitzenkönnern im Fache zählt, aber einige Publikumserfolge mit Aktionsfilmen errungen hat (der letzte erzählt eine Geschichte von Fallschirmspringern im Kriegseinsatz), möchte ihm eine Rolle anvertrauen, in der er sich weniger fremd fühlen sollte und in der er auch dem Publikum weniger fremd erscheinen wird. Die Rolle eines Boxers, eines „Battling Joe“ aus der westfranzösischen Provinz Les Landes, der durch seinen Trainer mit einer Serie von getürkten Kämpfen bis zur Weltmeisterschaft hochgepusht wird und, als er endlich die Machenschaft bemerkt, um des Prinzips willen dennoch den Kampf antritt und sich dem Massaker stellt. Die nach einem Roman von Louis Hémon entworfene Handlung ist nicht eben von berauschender Exzentrizität, aber es ist eine ordentliche Gelegenheit, das Temperament und das Image eines „Punchers“, die dem Helden des „Etoile“ anhaften, auszunutzen. Keine nebelverhangenen Kanäle und keine gewundenen Dialoge: eine einfache, wirkungsvolle Intrige, die nach Schweiß und Sägespänen riecht. Heißen wird sie *Das Idol*.

Montand nimmt die Sache natürlich ernst. Während er weiter im Cabaret oder im Theater singt, besucht er täglich den Trainingssaal Mansart in Montmartre, wo er sich all die Schindereien der Berufsboxer abverlangt: Arbeit am Sandsack, an den Ringen, mit den Hanteln, Seilspringen usw. Nach der Besetzung ist sein Gegner für das Weltmeistermatch – die Szene des schrecklichen Kampfes soll zwanzig Minuten dauern – Stéphane Olek, ein echter Profi.

Die Dreharbeiten sollen im Mai beginnen. Im März und April verwendet der Boxerlehrling jeden Tag mehrere Stunden darauf, seine Muskeln zu stärken und seine Technik zu verfeinern. Harry Max begleitet ihn voller Bewunderung zum Training (kleinwüchsig und kahlköpfig hebt er sich von diesem Milieu auffallend ab), und der Boxer Marcel Cerdan – ohne den der

„Club des Cinq“, in dem Montand seit langem regelmäßig auftritt, niemals das Licht erblickt hätte – ermutigt ihn. An der Tür der Salle Mansart steht geschrieben: „Turnhalle, Massage, Körperkultur“.

Als die Probe für die berühmte Schlußszene beginnt, wird das Publikum nur von einem gemalten Hintergrund und einer Handvoll Statisten dargestellt, und einem Gebläse entquellen dichte Rauchkringel, welche natürlich auf Tausende von Zigaretten hindeuten sollen, um den Trick zu verschleiern (das Budget ist knapp bemessen). Dennoch glauben die Akteure, daß sie sich in einem richtigen Match befinden. Stéphane Olek greift behutsam an, wie abgemacht, aber er stößt auf einen so sorgfältig vorbereiteten Gegner, daß aus dem gespielten ein wirklicher Boxkampf wird. Die beiden Männer schlagen aus vollen Kräften zu, während der Regisseur um den Ring herumläuft und sich die Lunge aus der Brust schreit. Montand bemerkt das und senkt den Blick zu ihm hinab. Ein verhängnisvoller Fehler: ein Uppercut landet an seiner Nasenwurzel und wirft ihn zu Boden, wo er geschlagene zwanzig Minuten liegenbleibt.

Yves Montand hat das Wort „Spielen“ niemals gemocht – und er mag es heute nicht mehr als damals.

Wieder an Deck, schließt er Freundschaft mit dem Regisseur, dessen leutselige, herzliche Wesensart Sicherheit einflößt. Als Alexandre Esway von dem Vertrag mit Hollywood hört, schaltet er sich ein.

„Du begehst einen Fehler, wenn du weggehst. Du malst dir aus, daß du sofort eine große Rolle bekommst, aber das ist nur Mache. Diese Leute werden dich zusammen mit anderen Typen, die die gleiche Chose unterschrieben haben, in einem Hotel einsperren. Eines Tages lassen sie dich zu einer kleinen Probeaufnahme kommen, und wenn es so aussieht, als ob es hinhaut, noch zu einer zweiten, ein bißchen länger. Aber sie haben Hunderte von jungen Männern und Mädchen, die sie so in der Hand behalten, sie bilden ihr Zuchtreservoir, die Reserve, aus der sie dann und wann einmal schöpfen. Glaub mir, es ist ein Fehler.“

Die Attacke trifft ihren Empfänger unvorbereitet, aber sie verwirrt ihn. In seinem Hirn ist die Abreise schon beschlossene Sache. Jean-Charles Tacchella, damals noch ein blutjunger Journalist, der ihn mehrfach für *L'Ecran français* interviewt,[3] fällt auf, daß er seinen Besuchern nun schon ein „glass“ anbietet, nicht mehr „un verre“. Montand beschließt, in der Sache Klarheit zu erlangen, und unternimmt einen Schritt, den er besser vor als nach dem Vertragsabschluß unternommen haben sollte: er verlangt die ausführliche Übersetzung der fremdsprachigen Vertragsbögen, unter die er seinen Schnörkel gesetzt hat.

Das Dokument besitzt unleugbar einen soziologischen Wert. Es legt nämlich fest, daß der potentielle Star

– nicht konsultiert wird hinsichtlich der Auswahl von Drehbüchern;

– den Künstlernamen zu tragen hat, den ihm der Public-Relations-Service zuweist;

– in gefährlichen Szenen durch ein Double ersetzt oder auch nicht ersetzt wird, ganz nach dem Gutdünken des Produzenten;

– seine Abende dem Studio nach dessen Gutdünken zur Verfügung hält, um sich, falls erforderlich, an diesem oder jenem Ort in Begleitung dieser oder jener Person zu zeigen (eine Klausel, die auch im Falle einer Heirat keiner Änderung unterliegt);

– einwilligt, daß sein Bild zu Zwecken der Werbung für Produkte jeglicher Art verwendet werden darf: Zahnpasta, Schuhe, Rasierklingen, und so fort …

Gefesselt an Händen und Füßen …

Montand verlangt Erläuterungen, Abänderungen, schickt ein Telegramm nach Los Angeles. Er bekommt zur Antwort, dies seien die üblichen Klauseln, die alle Künstler bei ihrem ersten Engagement akzeptieren, und an Ort und Stelle würde sich alles auf gütliche Weise regeln.

Nun schleicht sich Argwohn in seinen Geist, ebenso rasch, wie ihm argloses Vertrauen die Feder geführt hatte. Vielleicht sollte er sich dennoch nach Amerika einschiffen. Vielleicht war dieses Ritual eine obligatorische Durchgangsstation, die er zu Unrecht geheimer Hinterlisten verdächtigte. Aber nichts wäre schlimmer, als mit einem Gefühl stechender Frustration ganz nahe an einem Sieg vorbeizugehen, in der zweiten Reihe geparkt zu werden, vor den Pforten zum Paradies. Hin und her gerissen zwischen Stolz und Naivität, beschließt Yves Montand, daß er, sollte er eines Tages in Hollywood Einzug halten, dies auf dem Königswege tun will und nicht inmitten der fast namenlosen Kohorte, die die transatlantischen Produzenten auf der Suche nach Frischfleisch angeheuert haben. Er verfaßt ein langes und kostspieliges Telegramm, in dem er höflich erklärt, daß es besser sei, dieses Mißverständnis aufzuklären und das fatale Papier in Fetzen zu reißen.

Und da entdeckt er die amerikanische Hartnäckigkeit in Sachen Business. Er hat mit beiden Händen unterschrieben, ohne daß der geringste Druck auf ihn ausgeübt wurde. Der Streit wird vor die Gerichte gebracht. Ein ungerecht einseitiger Vertrag, so lautet das Plädoyer von Montands Anwalt Maître Lévy-Oulmann, der als symbolische Entschädigung für verletzte Interessen einen Franc fordert. Nichteinhaltung eines in aller Form geschlossenen Vertrages – so wendet Maître Suzanne Blum für Warner Brothers ein und verlangt nicht weniger als 20 000 Francs Entschädigung pro Tag gekündigter Laufdauer …

Klagen, Abweisungen, Berufungen. Der Streitfall zieht sich in die Länge. Es ist der kalte Krieg, der Montand schließlich rettet. Die Einwanderungsbehörde der Vereinigten Staaten erteilt mit jedem Monat weniger Visa – selbst für einen zeitweiligen Aufenthalt. Und da

es sich um eine wegen ihrer kommunistischen Sympathien bekannte Person handelt, sollten sie Montand alsbald kategorisch verweigert werden. Ab 1948 ist der noch nicht vor Gericht verhandelte Streitfall nicht mehr verhandelbar. Yves Montand wird Jack Warner erst zwölf Jahre später wiedersehen, im Haus von Kirk Douglas, dessen Ehrengast er an jenem Abend sein wird.
In Hollywood.

Es läuft immer schlechter. Die Dreharbeiten zum *Idol* sind zwar ganz zufriedenstellend verlaufen, aber das ist nicht genug, um das Gemüt eines verlassenen Liebhabers, eines auf dem Kai stehengebliebenen Filmkandidaten, eines Kinoversessenen, dessen Quotierung gefallen ist, zu befrieden. Montand ist dabei, ein Grundgesetz seiner Existenz zu erlernen: die Music-Hall ist bei ihm keine vorübergehende Tätigkeit, sie ist der Sockel seines Metiers, der goldene Fundus, ohne den er keine Einsätze anderswo placieren kann. Er ist nach den *Pforten der Nacht* zum Chanson zurückgekehrt; und so kehrt er wieder zu ihm zurück, nachdem er sich mit Jack Warner überworfen hat. Da Amerika im Nebel entschwindet, prüft er ab dem späten Frühjahr 1947 die beste Art und Weise, wieder Fuß zu fassen. Für den Sommer fehlt es nicht an Gelegenheiten, sich an sonnenhellen Golfstränden zu produzieren. Die klassische Tournee beginnt in Le Touquet und endet in Beaulieu, unterhalb von Monte-Carlo, dazwischen liegen die Stationen Deauville, La Baule, Arcachon, Biarritz-Cannes usw. Der Sänger und seine Musiker wechseln alle zwei, drei Tage von einem Casino ins nächste und heitern allabendlich in einer mehr oder weniger eleganten und lauten Umgebung die reichen Dauergäste der großen Hotels mit Seeblick auf. Sie selber wohnen in Zimmern nach hinten hinaus, in denen ihnen bisweilen diese oder jene schöne Müßiggängerin Gesellschaft leistet.
Montand erhält ein Angebot vom Casino Les Ambas-

sadeurs in Deauville, sehr schick, sehr teuer, geradezu perfekt – abgesehen vom Geklapper der Bestecke. Aber ihm fehlt ein Pianist. Mario Bua, derselbe, dessen Instrument im „ABC" im Januar so verstimmt war, hat seine Anstellung bei Mitty Goldin aufrechterhalten. Jean Marion, der inspirierte Gefährte bei verschiedenen Gelegenheiten, möchte sich auf Filmmusik orientieren. Montand ist auf der Suche nach einem Mann für alle Gelegenheiten: Begleiter bei den Proben, Arrangeur und Partner auf der Bühne. Marion hat ihm geraten, sich mit einem gewissen Bob Castella zu verständigen, er ist bekannt in der Jazzwelt, aber seine Wege haben sich mit denen Montands noch nie gekreuzt. Castella seinerseits ist mehr im „Bœuf sur le toit" oder in „Jimmy's Bar" zu Hause als in den Music-Halls (er hat seinen eventuellen Sozius nur ein einziges Mal, im „Club des Cinq", gehört).

Er ist ein großer Mann auf seinem Gebiet, dieser Monsieur Castella. Zwischen dem reinen Jazz und dem Varieté schwankend – oder besser pendelnd –, bewegt er sich im Fahrwasser eines Ray Ventura und Aimé Barelli. Mit fünfzehn Jahren hat er wie so viele auf privaten Abendgeselligkeiten debütiert, hat dann seine eigene Band formiert und schließlich, während des Krieges, gespielt, wo immer es möglich war, vor allem in der Salle Pleyel und mit den Besten des Fachs. Die Pioniere und glühenden Fans der „Negermusik", die sich nach der Befreiung in ihrer Monatszeitschrift *Jazz Hot* die Noten von Charles Delaunay, Hugues Panassié, Frank Ténot oder Boris Vian aus den Händen reißen, haben schon seit den ersten Ausgaben[4] sein Foto zu Gesicht bekommen: dies ist eine Auszeichnung, die nur den Klassenbesten gewährt wird.

Von seinem Hotelfenster sieht Montand ein wundervolles Renault-Kabriolett mit roten Sitzen anrollen (es ist ein strahlender Tag im Spätmai 1947, und das Verdeck ist zurückgeklappt). Prachtvoll und in die Augen stechend. Monsieur Castella erscheint ihm als ein kleiner Mann, geschniegelt – Krawatte und Ziertüchlein, sorgfältig gelegtes Haar mit einem Linksscheitel – und mißtrauisch: er inspiziert den Sänger ganz langsam vom Kopf bis zu den Füßen, als ob er ihn von weit oben musterte. Und das mag Montand nun gar nicht, daß man ihn von oben herab betrachtet – zumal wenn das forschende Auge auch noch von unten her zu ihm aufblickt. Noch heute erinnert er sich dieser ausgiebigen Musterung mit einer Mischung aus Geniertheit, Irritation und Amüsement.

„Es war ein Residenzhotel", erzählt Bob Castella. „Montand belegte darin ein Mini-Appartement: ein schmales Arbeitszimmer gleich am Eingang, ein Schlaf- und ein Wohnzimmer, in welchem er einen Flügel aufgestellt hatte." Kein Bild bedeckt die geblümte Tapete an den Wänden. Das Schlafzimmer ist nicht weniger nüchtern möbliert (ein Tisch mit Marmorplatte neben dem Bett, eine rosa Bettdecke, ein weißer Lampenschirm). Allein die Bibliothek durchbricht die bescheidene Ausstattung des Gemachs. Hier stehen nicht ohne eine gewisse Anmaßung nebeneinander Bergsons *Lachen*, Gides *Theseus*, Malraux' *Condition humaine*, Murphys *Stalin* und Sartres *Der Existentialismus ist ein Humanismus*. Dazu ein Band *Englisch ohne Mühe* aus der Reihe Assimil, der zur Zeit weniger dringend benötigt wird. Der „Sekretär", der Montand zur Hand geht, heißt Jean-Claude, das Dienstmädchen Mercédès, und der Kater ist auf Figaro getauft.

Argwohn gegen Argwohn. Da er sich wie auf dem Prüfstand fühlt, gibt Yves Montand seinem Besucher das Kompliment zurück:

„Spielen Sie mir doch mal etwas vor ..."

„Ich habe ein paar Ausschnitte aus der *Rhapsody in Blue* angespielt, dann ein bißchen Jazz", erinnert sich Bob Castella. „Er hat mir ein Zeichen gegeben, das sei genug. Und so hat unsere Geschichte angefangen." Eine

Geschichte fürs Leben. Maurice-François Castella (Robert ist sein Taufname), väterlicherseits von neapolitanischer, mütterlicherseits von römischer Abstammung, wird sich von Ivo Livi – der um ein Dutzend Jahre jünger ist als er – nicht mehr trennen. Metronom, Berater, Märtyrer, Buchhalter, Majordomus, Getreuer, Kritiker, Therapeut, Krückstock, Freund – zu alledem wird er für Montand, und all das wird er bleiben. „Leporello oder Sganarell", sagt Pierre Bouteiller, der seine Leute kennt.

Nach und nach wird „Bob" zu „Bobby", und dieser Name kann ausgesprochen werden mit einem Hauch unverbrüchlicher Zuneigung, mit unbeherrschtem zornigem Gebrüll, mit einem Anflug neckenden Augenzwinkerns oder einem Ausbruch von Ungeduld. Bobby weiß alles und schweigt über alles. Bobby verwaltet die Noten und unterzeichnet die Schecks. Bobby schickt Blumen und bekommt selbst nicht immer welche. Bobby läßt das Unwetter sich austoben und setzt seine Rede mit flötenweicher Stimme fort, unerschütterlich, scheinbar unterwürfig, aber in Wirklichkeit unentbehrlich. Inmitten eines Getöses von Beschimpfungen, gewürzt mit äußersten Nettigkeiten, ist Bobby – die Eiche, die sich als ein Schilfrohr gebärdet – ohne Zweifel das weniger verletzliche Element in dem Paar, das er mit dem Mann bildet, der niemals sein Chef gewesen ist.

Das Funktionieren dieses Paares hinter der Bühne stellt nach den Worten Charley Marouanis, des gegenwärtigen Impresarios von Yves Montand, die „beste Music-Hall-Nummer" dar, die man auf dem Pariser Pflaster bewundern kann. Und Jorge Semprun, der zwei Jahrzehnte lang Zeuge dieses Schauspiels sein wird, bestätigt es: „... wenn Montand in der genialen Unaufrichtigkeit, die sich auf dieses unzerstörbare Band beruft, beschließt, Bob Castella für das eine oder andere Ärgernis, Scheitern oder Mißverständnis verantwortlich zu machen. Und Bobby trägt die Verantwortung mit einem Lächeln – einem unauffälligen allerdings: es darf nicht sein, daß Montand sich einbilden kann, Bob könnte seine Schmähung entbehren! –, das keineswegs das der Resignation ist, sondern das der unwandelbaren Zuneigung.“ [5]

1948 ist in Yves Montands Karriere ein Jahr des Übergangs. Wenn man sich die Erfolgsliste des Champions ansieht, ist es zunächst ein leeres Jahr, verglichen mit den vorangegangenen. Als am 13. Februar *Das Idol* in die Kinos kommt, ist es weder ein Ereignis noch ein Mißerfolg. Der Film wird als ein achtbarer Ansatz beurteilt. Der boxerische Endkampf jedoch trägt dem Hauptdarsteller recht lobende Attribute ein. *L'Ecran français* korrigiert seine harten Vorhersagen nach den *Pforten der Nacht*; *l'Humanité* findet Montand herausragend innerhalb eines banalen Umfelds; und *Le Figaro* findet ihn ziemlich banal, wie das nicht weniger banale Umfeld. Der Saldo ist alles in allem nicht gar zu belastend. Der Behelfsboxer kommt mit der Note „sehr anständig“ weg. Nach dem, was er fünfzehn Monate vorher einstecken mußte, ist das ein Sieg nach Punkten.

In der zweiten Jahreshälfte indes muß er noch einen Flop verkraften, diesmal aber ohne jede Schockwirkung. Er hat sich Mitte Oktober darauf eingelassen, in einer Operette, *Le Chevalier Bayard*, aufzutreten, einem ziemlich verrückten Ausstattungsspektakel. Als Testpilot wird Montand vermittels einer spiritistischen Sitzung in die Zeiten des Ritters Bayard zurückversetzt, des Rächers der Witwen und Waisen, und erscheint in dessen Rüstung. Der Anachronismus und die Satire sind so überspitzt, daß sich das Publikum vor Lachen biegt und die Kritik ebenfalls. Aber der Besucherzustrom hält nicht lange vor, das Stück muß abgesetzt werden: Nonsens ist noch nicht in Mode, oder nicht mehr. Montand nimmt es gelassen, es ist nicht sein persönlicher Mißerfolg.

Zwischen Film und Operette geht das Leben seinen alltäglichen Gang. Cabarets, Schallplatten, Galas. Liebschaften ohne Liebe. Montand ist kein Mann, der angesichts einer weiblichen Präsenz kalt bleibt: Sinnlichkeit und Unsicherheit verbinden sich bei ihm in einer Weise, daß Perioden sexuellen Fastens dünn gesät bleiben und schmerzlich empfunden werden. Er spricht gern und mit Dankbarkeit von seinen Partnerinnen und schildert diese niemals als „Eroberungen", die ein Mann, der einigermaßen „gelebt" hat, sich an sein männliches Knopfloch heftet. Er fürchtet, daß eine Anspielung auf sein Glück bei Frauen ihn unter jene Leinwandgrößen einreihen könnte, die, wenn sie ins rechte Alter gekommen sind, auf selbstgefällige und verdächtige Weise den Leporello ihrer galanten Abenteuer entrollen. Er gibt zu, daß er einer hübschen Frau nicht nein sagen kann, unterscheidet aber zwischen Liebelei und Liebe.

Vorerst hat er beschlossen, sich nicht mehr zu verlieben. Die Piaf hat ihm zuviel Schmerz bereitet. Nie wieder das. Nie wieder dieses wehrlose, besessen machende Leiden. Er liiert sich ohne Überschwang mit der schönen Gisèle Pascal, teilt vorübergehend sein Intimleben mit einem der Filmstars des Augenblicks. Die Welt der Bühne und des Films stellt in jenen Jahren, wo offiziöse Liebschaften auch solche zu bleiben haben, ein weniger rigides Milieu dar als die Welt ringsum. Und wenn die Bühnenmenschen erst einmal größere Bekanntheit erlangen, dann ist die Außenwelt leicht von ihnen fasziniert. Eine sanfte Geliebte, in diesem Fall einmal keine Kollegin aus den Studios, an Bildung und Jahren Montand deutlich voraus, regt ihn dazu an, zwischen zwei Schäferstündchen einen Thomas Mann und einen Brecht zu entdecken ...

So trudelt Montand durch das Jahr 1948, ohne so richtig zu wissen, wohin er will, ohne zu wissen, ob sein Geschick darin besteht, zu sein wie jedermann oder aber nicht. Durch eine Begegnung findet er wieder einen

Kompaß. Der Zufall will es, und der Autor von *Paroles*, daß der Mann seines Lebens ihm über den Weg läuft.

Dank ihm habe ich wieder Tritt gefaßt. Henri Crolla war ein Zigeuner aus Neapel, der vor dem Krieg auf den Straßen Gitarre spielte und von Paul Grimault und Jacques Prévert aufgenommen worden war und als ihr Adoptivsohn betrachtet wurde. Auf Empfehlung von Prévert sehe ich bei mir diese Gestalt aufkreuzen, die einem Zeichentrickfilm von Grimault entsprungen scheint, ein unglaublicher Mann, der ganz wundervoll spielt, allein nach dem Gehör. Er hat Lust, mit mir zu arbeiten, wir sind uns sofort sympathisch, und er bringt mich zum Lachen, endlos zum Lachen. Einer der Marx-Brothers, könnte man sagen, der mittlere, Chico, ein Kleiner mit Krauskopf. Musikalisch ist er von gleichem Rang wie sein Freund Django Reinhardt – die besten Jazzmusiker sind Schwarze, Zigeuner, Juden, Italiener … Und im Leben vermengt er auf tolle Weise Takt, Feingefühl mit einem ungewöhnlichen Humor, einer ständigen Lust zum Herumalbern. Wenn die Champs-Elysées von einer Autoschlange verstopft sind, dann öffnet er die hintere Tür irgendeines Autos, durchquert es unter Entschuldigungen und steigt in aller Ruhe auf der anderen Seite wieder aus. Wir sind Kumpels geworden und dann viel mehr als das. Über ihn könnte ich endlos Geschichten erzählen.

Freilich könnte er das, Montand. Aber er tut es nicht. Wenn er von Henri Crolla spricht, der 1960, mit nur vierzig Jahren, eines sogenannten natürlichen Todes gestorben ist, dann gerät er in Feuer, reiht drei ihrer tausend lustigen Streiche aneinander und bricht dann plötzlich ab, so daß die Worte wie abgeschnitten wirken. Es ist nicht das getragene Schweigen beim Gedenken an die edlen Kameradschaften unter Männern. Das sitzt tiefer. Zwischen dem Sänger und seinem Gitarristen kam es zu einer Art leidenschaftlicher Freundschaft, einer Leidenschaft, die der Krebs nicht ausgelöscht hat. „Mit Crolla", so sagt Bob Castella, „ist es so ähnlich wie mit Simone [Signoret]: sie sind nicht mehr sichtbar, aber sie sind nicht tot." Gibt es Worte, um das Gedächtnis der Abwesenden aufzurufen, die hartnäckige Anwesenheit jener, die bei den anderen ringsum als verstorben gelten, während sie doch nur „hinübergegangen", uns nur ein paar Schritte voraus sind? Wenn Yves Montand über diese Worte verfügt, dann behält er sie für sich. In ihrer Autobiographie hat Simone Signoret einige davon aufbewahrt: „Es ist der einzige Tote, den ich kenne, der es von da, wo er ist, schafft, daß seine Freunde zugleich Tränen vergießen und Tränen lachen."

Es erstaunt nicht, daß der Einwanderer Livi und der Einwanderer Crolla (der erst 1946 die französische Staatsbürgerschaft erwirbt) mancherlei Affinitäten untereinander entdecken. Zwischen Montand und seinem „Neuen" kommt es nun zu dem, was „Crolette" (Henri Crollas Frau Colette) als ein „fast gemeinsames Leben" bezeichnet. Und sie fährt fort: „Nach dem Bruch mit der Piaf führte Yves ein ziemlich einzelgängerisches Dasein. Er hatte seinen Umkreis, seine Familie noch nicht gefunden. Er hatte eher Beziehungen als eine Familie (zum Beispiel zu den Bretons, Chansonverlegern). Und diese Familie hat er sich mit Crolla aufgebaut."

Tatsächlich kommt in der neuen Wohnung, die der Sänger in der Rue de Longchamp 80 in Neuilly gemietet hat, eine Art Leben zu dritt in Gang. Es ist kein herrschaftliches Wohnhaus, aber das Stadtviertel ist ein sehr feines. Wenn Bob Castella sonst eifersüchtig auf seine Vorrechte pocht, in der Freundschaft tut er es nicht. Henri Crollas Eindringen wirkt stimulierend auf ihn: seine professionellen Qualitäten sind ihm wohlbekannt. Die Jazzinterpreten sind mehr als andere eingestellt auf kollektives Erfinden, auf fruchtbare Improvisation. Und außerdem sind alle drei italienischer Abstammung. Jeden oder doch fast jeden Tag „machen sie einen Ochsen", wie der geheiligte Ausdruck lautet, sie jazzen improvisierend eine ganze Nacht durch, verbunden durch brüderliches Einverständnis und die Freude am Erfinden.

Montand ist nicht nur zwei guten Kameraden begegnet, auch nicht nur zwei guten Beratern. Seine Freunde „begleiten" ihn, das steht außer Zweifel, aber sie entscheiden zugleich auch mit über die Richtung des Weges. Es kommt zu einer ganz natürlichen Rollenverteilung. Bob ist der Architekt, Henri der Innenraumgestalter. Ersterer hört ab, korrigiert, baut Stützen ein; letzterer schmückt aus, beleuchtet – und selbstverständlich besteht jederzeit die Möglichkeit, die Funktionen zu vertauschen. Crolla komponiert außerdem; Castella ebenfalls, aber seltener. Acht Monate wird Crolla brauchen, um sich eine Musik auszudenken, die „wie angegossen" zu Jacques Préverts Gedicht *Le Petit Cireur de souliers de Broadway* (Der kleine Schuhputzer vom Broadway) paßt. Andere, geschmeidigere, einschmeichelnde Themen fallen ihm hingegen fast spontan ein: *J'aime t'embrasser* (Ich küsse dich so gern) oder *Car je t'aime* (Denn ich liebe dich), zu denen er auch den Text schreibt. Montand verdankt ihm den wundervoll sinnlichen Blues zu *Sanguine* (Blutorange), den er niemals aus seinem Repertoire weggelassen hat, weiterhin die Musik zu: *Dis-moi, Joe, Du soleil plein la tête, Donne-moi des sous, Saint-Paul-de-Vence, Monsieur p'tit Louis* oder *Calcutti-Calcutta* …

Edith Piaf hatte ihm geholfen, sich von den „dynamischen", aber etwas simplen Liedchen seiner Anfänge loszumachen. Bob Castella und Henri Crolla sollten dem populären Touch und der intuitiven Gestaltung von Minidramen, spaßigen oder tragisch gestimmten Ein-Mann-Sketches einen originellen Sound hinzufügen, den man in der Music-Hall noch niemals gehört hatte. Es ist nun schon geraume Zeit her, daß „Rhythmus" und „Varieté" zu einem Einklang gefunden haben. Trenet hat sich als erster darauf verlegt. Diesmal geht es um eine vergleichbare Etappe: Yves Montand wird sich nach und nach mit einem echten Jazzorchester umgeben.

Die „Neueinstellungen“ verteilen sich über ein Jahrzehnt, doch anläßlich großer Récitals gewinnt das ursprüngliche Trio die Besten ihres jeweiligen Fachs für eine Mitwirkung: den Bassisten Emmanuel Soudieux, Bandsozius von Django Reinhardt und Grappelly; die Akkordeonisten Freddy Balta und Marcel Azzola, die es fertigbringen, mit ihrem Instrument von Pigalle nach Buenos Aires via New York auf die Reise zu gehen; den Schlagzeuger Roger Paraboschi („Para“ für die Eingeweihten); den Klarinettisten und Komponisten Hubert Rostaing. Alles Kumpels von Kumpeln. Und da die Kumpels bei den Studiomusikern die begehrtesten ihres Fachs sind, läßt sich eine sichere Wette eingehen, daß ihre Kumpels wiederum nicht von kleinerem Rang sein werden …

Wie oft wohl hat Roger Paraboschi (*rein zufällig* ein Italiener, dessen Vater, ein Berufsmusiker, aus dem Heimatland geflüchtet ist, weil er im falschen Augenblick „auf der Liste“ stand) die Schläge von *Battling Joe* markiert? Wie oft hat er den Haken von Battling Montand um eine Zwölftelsekunde verfehlt und anschließend einen jener Wutausbrüche über sich ergehen lassen müssen, die, so sagt er, „eine Form von Angst zum Ausdruck bringen und freisetzen“? Als junger Bursche hat er zunächst in Gesellschaft des jungen Azzola (ganz zufällig wieder ein Italiener) die Tasten des Akkordeons befummelt, dann in Kinos, in Tanzlokalen seine Klöppel geschwungen, bevor er Zutritt fand zum „Club Saint-Germain“, zum „Schubert“, bevor er im Quintett des „Hot Club de France“ Django Reinhardts Weg kreuzte und, ganz verwirrt, an der Seite eines Charlie Parker, eines Miles Davis, eines Sidney Bechet auf der Bühne der „Salle Pleyel“ landete. „Es war Crolla, der mich für Yves angeworben hat, Crolla war ein Großer, und Montand war in ihn verliebt – das ist das richtige Wort dafür. Azzola, Crolla oder ich – wir hatten alle den ‚Django-Sound‘ drauf …“

Und dann noch Hubert Rostaing, ein alter Freund von Bob Castella, der im Laufe der Jahre und der Récitals zur wichtigsten Kraft bei den Orchesterarrangements werden sollte. „An erster Stelle steht Bob. Montand und er bilden ein Paar, ihre Anschnauzereien sind nur gespielt. Und ich bin für das Arrangieren zuständig – in jedem Sinne des Wortes.“

Als Sohn eines Lyoner Schneiders, der „in die Kolonien gegangen“ ist, hat Hubert Rostaing die Musik dank der Fanfaren von Algier entdeckt. Und er hat sie so gut gelernt, die Musik, daß Django Reinhardt ihn 1941 bat, das Saxophon zugunsten der Klarinette beiseite zu legen und in seinem Quintett mitzuspielen, das sich durch den Krieg aufgelöst hatte. Er erinnert sich an sagenhafte Tourneen durch Belgien: in Brüssel mietete Django mehrere Kutschen hintereinander, weil es so schön war, durch die Nacht zu fahren … Zum Zeitpunkt der Befreiung ist Rostaing unbestritten Frankreichs größter Klarinettist. Eine perfekte Blastechnik, ein zurückhaltendes, poetisches Anblasen. Boris Vian feiert seine „unglaubliche Leichtigkeit, die es ihm ermöglicht, ein Tenorsaxophon in die Hand zu nehmen, nachdem er es vier, fünf Jahre nicht gespielt hat, und dann darauf zu spielen, besser als die Besten, die schwierigsten Läufe im Glissando, ohne auch nur eine einzige Note auszulassen, und so leicht, daß man es erst hinterher bemerkt …“[6]

Zu Henri Crolla erklärt Rostaing: „Daß wir uns trafen, war schicksalhaft vorherbestimmt.“ Diesen Ausspruch erweiternd, könnte man sagen, daß die Begegnung zwischen Montand, Castella und Crolla den Sänger schicksalhaft dazu bestimmte, sich den „Django-Sound“ zu eigen zu machen – ohne dabei seine eigene Domäne, das „Varieté“, zu verlassen.

Das Piano schlängelt sich überall hinein, mal zart, mal gebieterisch. Die Blasinstrumente heizen die Stimmung an. Das Schlagzeug bestimmt die sehr visuellen Szenen, es markiert die Gesten der Figur, akzentuiert sie. Das Akkordeon liefert die nostalgische Note, es ist Paris und Panama. Und der Baß ist das Fundament, er ist gewaltig, auf ihm ruht alles. Man hat mir immer wieder gesagt, daß die „Großmutter", der Riesenkontrabaß, von dem die Musiker fürchterliche Schwielen an den Fingern kriegen (heutzutage benutzt man ein elektronisches Instrument), die gleiche mächtige Klangfülle besitzt wie eine muhende Kuh: nichts Durchdringendes, aber du hörst es einen Kilometer weit. Du hörst ihn, ohne ihn zu hören. Und wenn du ihn wegnimmst, fällt alles übrige in sich zusammen.

Die Familie, die Yves Montand allmählich um sich sammelt – oder in die er sich allmählich integriert –, überschreitet bei weitem die Grenzen eines musikalischen Zirkels. Mag Henri Crollas Netz beruflicher Kontakte auch die Pariser „Spinndüse" des Jazz sein, so sind Montands Schutzengel – sicherlich mehr Engel denn Beschützer – doch die Leute des ehemaligen Groupe Octobre geblieben, das heißt, um die Reihen etwas dichter zu schließen, die umfangreiche Prévert-Bande. 1948 weiß Montand nicht, was im engeren Wortsinn ein Intellektueller ist, außer, daß es sich um ein fernes Wesen von andersartiger Natur handelt. Der einzige Vertreter dieser merkwürdigen Spezies, mit dem er tatsächlich nähere Berührung gehabt hat, ist Jacques Prévert.

Trotz der Qualen, in die ihn die *Portes de la nuit* gestürzt hatten, hat er ihm seine Bewunderung ungebrochen bewahrt. Und Prévert seinerseits hat sich keine Sekunde lang den Gesetzen der Solidarität verweigert. Ein anderer von der Presse mißhandelter Drehbuchschreiber hätte vielleicht die Versuchung verspürt, den jungen Schauspielern die Verantwortung für das Fiasko zuzuschreiben (und sich selbst nur die zuzugestehen, daß er allzu große Hoffnungen in sie gesetzt hat). Nichts dergleichen. Prévert erklärt, und zu wiederholten Malen, daß Montand seinen Vertrag in Ehren erfüllt hat. Und er setzt witzelnd hinzu: „Kunst ist leicht, aber Kritik ist schwer …“

Das ist genug, um Wertschätzung zu nähren, nicht aber Vertrautheit. Montand braucht auf dem verminten Gelände, über das er sich vorwärtstastet, einen „Pfadfinder“. Und er findet ihn in Gestalt von Henri Crolla. Nicht, daß der ein Intellektueller wäre. Eben nicht: Der „Tausendfüßler“ – wie man ihn wegen der ungeheuren Behendigkeit seiner Finger auf dem Griffbrett getauft hat – hat alles *„on the job“* gelernt; er ist nicht weniger schüchtern und sensibel – von jener wachsamen, schnell zum Rückzug blasenden Sensibilität – als der Abkömmling von La Cabucelle. Trotzdem ist in seinen Augen der Umgang mit hochgebildeten Künstlern, mit Literaten, Theaterleuten, Malern etwas ganz Alltägliches. Er sieht sie nicht als feierlich in ihre Kultur gewandete Leute, wie sie Montand (oder jedem anderen Autodidakten) in seinem abschreckenden Klischee erscheinen: er sieht sie an den Tischen des „Café de Flore“ oder des „Café aux Deux Magots“ sitzen, entspannt, scherzend, leutselig oder mit erhabener Miene, dem Alkohol zugetan oder auch nicht, außergewöhnlich und banal.

Im Mai 1948 schleppt Crolla seinen Freund mit nach Saint-Paul-de-Vence. Das Hinterland von Cannes und Nizza, die Ausläufer der Berge zur Côte d'Azur hinab, sind seit langem das Refugium von Künstlern auf der Suche nach Ruhe, Schönheit, Licht, Düften … und nach einem gesellschaftlichen Leben, das jenes der Hauptstadt durchaus aufwiegt: Braque, Matisse, Giacometti, Picasso, um nur die Männer des Pinsels zu nennen, wohnen kaum weiter voneinander entfernt als von Montmartre bis Montparnasse. Saint-Paul, das auf einem jäh aufragenden Felsen kreisförmig angelegte und befestigte Dorf, wurde 1940 von Jacques Prévert als

Fluchtpunkt entdeckt, als er sich mit seinen Freunden Kosma und Trauner in den Süden zurückzog. Der zwei Jahre später unter der Regie von Marcel Carné entstandene Film *Les Visiteurs du soir* wurde zu einem großen Teil in dieser Gegend gedreht.

„Wir gehen Jacques besuchen", verkündet Crolla. Montand fährt ein Schreck in die Glieder und Blei in die Füße. „Na los, immer aufwärts, da oben wohnt er!" Und sie machen sich auf den Weg zur „Zahnklempnerei" (von dieser Firmenbezeichnung ist Jacques Prévert nicht eben begeistert), dem Schlupfwinkel des Dichters, einem Haus mit Tonnengewölbe an der Ecke der Kapelle, so genannt, weil es vorher den Zahnarzt des Ortes beherbergte – Prévert hat von ihm den Tisch und sogar den gewaltigen Sessel übernommen, in den er sich gern zum Lesen vergräbt. Auf den Putz der Hauswand zeichnet bisweilen nach dem Essen Picasso mit Kohle oder Kreide seine schwungvollen Arabesken, die vom Staub verwischt und vom Regen abgewaschen werden. Die Wände im Innern sind über und über mit Fotos bedeckt: Prévert mit seiner Frau Janine, mit Carné, mit Trauner, mit Gabin.

In Yves Montands Landhaus im normannischen Autheuil hängt neben dem hohen Kamin ein großes Foto des Dichters. Prévert sitzt barfüßig, in einem kurzärmligen gestreiften Trikot, auf einem Rohrsessel und liest mit ruhiger Aufmerksamkeit seine Zeitung; dank der hervorragenden Bildqualität zeichnet sich sein Profil scharf ab. Es finden sich mancherlei Kunstgegenstände in diesem riesigen Wohnraum, darunter ein Teller von Picasso, und viele Erinnerungsstücke (die erste Goldene Schallplatte, die Odéon 1954 für Montand pressen ließ, als eine Million Scheiben mit den *Feuilles mortes* verkauft waren, sowie die drei Simone Signoret verliehenen „British Film Academy Awards"). Aber nur ein Porträt ist darunter: das von Jacques Prévert.

Man leite daraus nicht ab, daß zwischen dem Autor

der *Feuilles mortes* und seinem wichtigsten Interpreten eine wirklich enge Vertrautheit bestanden habe. „Montand freute sich, Jacques zu kennen, etwa so, wie der sich freute, Picasso zu kennen", bezeugt Paul Grimault, der die erlesene Gesellschaft sonntags gemäß einem unwandelbaren Ritual empfing: gemeinsamer Einkauf auf dem Markt, Aperitiv bei der „Bougnate" in der Rue Abel-Hovelacque, am Boulevard des Gobelins, und anschließendes brüderliches Essen. „Es war eine große Freundschaft zwischen Prévert und Montand", bescheinigt Colette Crolla, „aber Jacques schüchterte Yves auch ein, er war ein Monument." Die Annäherung hat sich Schritt um Schritt vollzogen – der Sänger ist beeindruckt von dem Literaten, aber der Literat seinerseits auch voll bewundernden Staunens angesichts des Bühnenmenschen, der zum Dolmetsch einer großartigen populären Empfindung geworden war.

Sosehr feinfühlige Zurückhaltung zwischen Individuen unergründlich und bisweilen auch endgültig sein mag, so sehr erschließen sich Préverts Texte dem Sänger mit absoluter Evidenz. Und zwar augenblicklich. Montand weiß nicht, daß mit der Verbindung der Farben Rot und Schwarz auf dem Einband von *Paroles* die Fahne der Anarchie geschwenkt wird. Die Schlüssel, die Codes werden erst später ihr Geheimnis für ihn verlieren. Doch alles an dieser Art zu schreiben erscheint ihm zugänglich. „Schrecklich kracht ein hartes Ei, das man auf der Theke zerschlägt"[7] – das ist eine Obsession seiner Jugendjahre. „Soldaten, die ihr fielt in Fontenoy, ihr seid nicht in taube Ohren gefallen" – welch ätzende Macht des verdichteten Wortes. Montand ist hingerissen – und wird es immerfort sein, er, der Tag und Nacht in sein Notizbuch Aphorismen einträgt, die ihm selbst eingefallen sind oder die er woanders aufgelesen hat –, daß harmlose Wörter durch einfache Vermischung plötzlich auf verheerende Weise auflodern können. Das also ist Kultur, diese Fähigkeit, die „schrecklichen

Fruchtkerne der Realität“ auszuhülsen, die Dinge zu sagen und auch das, was unter ihnen liegt, einen Satz zu beenden und ihn zugleich offenzulassen.

In seinem Band *Spectacle* wird Prévert, drei Jahre nach jenem ersten Besuch in Saint-Paul, mit seiner großen, gut lesbaren Schrift „diesem großen Jungen, der so lebendig, naiv und scharfsichtig ist, so männlich, zärtlich und komisch“, seinen Gruß entbieten.

Zwei Verse aus einem langen Gedicht, das auf dem von den Platzanweiserinnen des „Etoiles“ verkauften Programm prangt:

Kaum ist er auf der Bühne
ist er auch schon im Saal
mitten unter den Zuschauern
Kaum ist er im Saal
läßt er die Romanze tanzen
und sie sind auf einmal woanders
die Romanze und er und
alle Zuschauer ...

Im Prinzip bedurfte Montand keinerlei Stütze, um Prévert näher kennenzulernen: die Aufmerksamkeit des Schriftstellers und Drehbuchautors war ihm gewiß. Aber hätte er sich ohne einen ihm nahestehenden Mittler wie Henri Crolla so weit vorgetraut? Es ist eine Sache, in seiner Garderobe aus Höflichkeit literarische Berühmtheiten zu empfangen: der Austausch geht dann kaum über die üblichen Komplimente hinaus, man hat sich beschnuppert, das ist alles. Etwas anderes ist es, als ein Gleichrangiger in die intellektuelle Gesellschaft aufgenommen zu werden und in ihr mehr zu sein als nur bekannt: anerkannt. Das hätte Montand sich nicht erträumt. Sein Glück und die Freundschaft bringen es mit sich, daß er Partnern, frei von Dünkel, begegnet, die eine Persönlichkeit, welche durch keinerlei Schule, außer durch die eigene, gegangen ist, mit Respekt, ja mit einer besonderen Hochachtung aufnehmen.

Es stellt sich heraus, daß diese neue Familie auch ein Domizil besitzt, das all ihren Mitgliedern gemeinsam ist, ein Hauptquartier: das Gasthaus zur „Colombe d'Or", zur Goldenen Taube, mit dem Eingang zum Marktplatz von Saint-Paul gelegen. Ockerfarbene Mauern, ein Hauptgebäude, das auch Florenz nicht von sich weisen würde – und das dennoch ganz dörflich bleibt –, dazu Nebengebäude, die sich so vortrefflich ineinander schachteln, daß die Dachziegel von oben nach unten ineinander übergehen. Dahinter erstreckt sich zwischen Zypressen und Feigenbäumen eine unendlich sanfte Terrasse über dem tiefer gelegenen Tal. Bereits vor dem Krieg hielten sich Churchill und Chaplin gern hier auf. Aber der Inhaber, Paul Roux, und seine schöne Frau „Titine" (eine „Fremde", die sich Paul aus dem vier Kilometer entfernten La Colle geholt hat, will sagen, von jenseits aller Meere) haben darüber gewacht, daß ihr Haus nicht zu einem x-beliebigen Hotel wurde, mochte es selbst ein Luxushotel sein: die Stammkunden bewahren das Gefühl, daß die Besitzer für immer mal wieder durchreisende Freunde des Hauses zur Not auch ein Gästezimmer zur Verfügung stellen. Hier herrscht weder trivial wirkende hemdsärmlige Formlosigkeit noch der blasierte Service wie an den allerfeinsten Adressen: gerade der rechte Abstand, herzlich und diskret, gut funktionierend und dabei wie improvisiert wirkend. „Es ist das einzige Vier-Sterne-Hotel, dessen Bar zugleich ein dörflicher Ausschank ist", sollte Simone Signoret schreiben.

Am Anfang stand ein bescheidenes Lokal namens „Robinson", eine freundliche Gartenwirtschaft mit vier Pavillons – gekennzeichnet mit Herz-, Pik-, Karo- und Kreuz-As – an den vier Ecken der Terrasse, wo getanzt wurde. Dann wurden Steine herzugebracht, Klettergewächse vor den Mäuerchen gepflanzt, ein halbgeneigter „italienischer Garten" angelegt. Sieben oder acht Zimmer wurden den Gästen zur Verfügung gestellt, ein jedes mit anderem Gesicht, ausgestattet mit provenzalischen Möbeln. Paul Roux bereitete selbst seine „artichauts farigoule", Artischocken mit Thymian, zu. Und der Erfolg stellte sich ein, nicht in Gestalt von Horden, sondern von kleinen Abordnungen renommierter Gäste. Als Montand zum erstenmal in der „Colombe" übernachtet, hat dieser Aufenthalt etwas von einer Weihe (ebenso wie seinerzeit sein Besuch bei Prévert).

Er schließt Bekanntschaft mit Eugène, dem Faktotum, der die Kasse führt und Anrufe beantwortet, mit Madame Blanche, die schon so vielen illustren Pärchen so viele Frühstücke serviert hat und über so lange Zeit Zeugin der Fluktuationen bei besagten Pärchen war, daß ihre Memoiren die Rubrik „Leute" in den Klatschmagazinen überschwemmen würden. Er wird auch bekannt mit nicht weniger achtbaren Persönlichkeiten wie Picasso und Braque – zwischen denen man ein gewisses Unbehagen, etwas eifersüchtig Steifes erahnt – oder mit Marcel Aymé sowie Marguerite und Adrien Maeght, die den Traum hegen, ihrer Pariser Galerie durch eine Stiftung ein längeres Dasein zu verleihen, mit Joan Miró, Marc Chagall. Paul Roux tut sich selbst etwas auf sein Können als Maler zugute und hat recht hübsche Sachen vorzuweisen, zwei Fische, eine Vase und ein Messer, Blumen – was alles ihm die getreue Ermunterung durch seine legendären Stammkunden einträgt. Francis, der Sohn des Hauses, wird für die Terrasse eine Arbeit bei Fernand Léger in Auftrag geben, und als nach hinten ein Swimmingpool ausgehoben wird, schmückt man ihn mit einem Mobil von Calder und einer Keramik von Braque.

Es ist weder das „Bateau-Lavoir"[8] noch die Place du Tertre: nichts da von hungerleidenden jungen Genies und von Malerstatisten, die für die Touristen posieren. Saint-Paul-de-Vence ist in jeder Hinsicht eine Stätte von hoher Würde; der Kitsch wurde in jenen Anfangsjahren aus ihr verbannt. Montand argwöhnt, daß der brave

Wirt die Rechnung derjenigen, die das Zahlen schwer ankommt, erleichtert und dafür im umgekehrten Falle einiges draufhaut. Die gekrönten Häupter, die Filmstars, die vergnügungsreisenden Snobs begleichen mehr oder weniger die Zeche mit für die Ergötzen bringenden Schriftsteller.

Gewiß, Saint-Paul und die „Colombe“ sind nicht die Welt für alle Welt. Aber sie sind die Welt von Prévert. Übrigens beschließt er, gänzlich hier unten zu leben, nachdem er am 12. Oktober 1948 Opfer eines schweren Unfalls geworden ist (ein Sturz aus dem Rundfunkgebäude an den Champs-Elysées, nach dem er lange Zeit im Koma liegt). Hier unten, wo man sich Sorgen macht, wenn er sich den ganzen Tag nicht auf der Terrasse gezeigt hat. Hier unten, wo 1949 Henri Crolla heiraten wird: seine beiden Trauzeugen unterzeichnen nach ihrer Gewohnheit, Prévert mit einem Blümchen und Grimault mit einer schelmischen Katze; der Gitarrist selbst zeichnet eine Sonne unter seinen Schnörkel. „Meine kleine Sonne von der Porte d'Italie“, wie Prévert gern liebevoll sagte.

Er ist eine Sonne, Jacques, mit seinem runden Gesicht, der runden Nase, den runden Augen, blauen Clownsaugen, und seinem stets nach hinten geschobenen runden Hut. Er könnte auch eine Blume sein, eine Margerite –, der stets eine Zigarette aus dem Mundwinkel hängt. Untadelig gekleidet, nach englischer Manier, aber mit Farbtupfern: beispielsweise ein schwarzer Anzug, der durch ein gelbes Hemd, ein Tüchlein einen heiteren Touch bekommt. Er spaziert mit seinem Hündchen durch die Gegend. Ich hasse Leute, die mit ihrem Hündchen herumspazieren. Prévert aber, den bewundere ich sehr, und später liebe ich ihn geradezu.

Ich bewundere ihn so, wie ich nie aufgehört habe, die Leute zu bewundern, die schreiben können, die ein sehr großes Wissen besitzen oder klüger sind als ich. Ich be-

wundere diese Herzensklugheit, die feine, durchdringende, tadellose Intelligenz ohne Angabe, voller Humor (und vor allem nicht kalt: die Kultur ist etwas, das guttut, es kommt nicht darauf an, sich um jeden Preis zu bilden, Bildung um ihrer selbst willen zu erwerben, den Schatz in eine Last zu verwandeln). Ich bewundere seine Art, Geschichten zu erzählen, mit einer Zungenfertigkeit, daß man kaum folgen kann. Ein bißchen wie Chris Marker, den ich so sehr mag: wo ich acht Worte brauchen würde, verwendet er fünfzehn, und es ist interessant. Anstrengend, aber interessant.

Wenn Jacques in Bestform war, das war ein Fest. Er kriegte es beispielsweise fertig, während er mit unerschöpflichem Genuß aß und trank oder an der Rinde seines Käses knabberte, ohne sie abzuschneiden (ja niemals eine Käserinde abschneiden!), uns zu erläutern, daß das Erlernen von Fremdsprachen nutzlos wäre, denn er sei von tschechoslowakischen Hirten vollkommen verstanden worden, wo sie doch Tschechisch sprachen und er Französisch. Der Beweis: er hatte mit dem Finger auf einen Geistlichen gezeigt und dazu gesagt: „escroc, gangster", und die Hirten hatten ihre Zustimmung bekundet …

Die Begegnung mit Prévert war für mich – was den Einfluß betrifft, meine ich – entscheidender als die mit Edith Piaf. Ich war achtundzwanzig, ich hatte Lust, mit Leuten wir Jacques oder Picasso zu verkehren, nicht weil sie berühmt waren, sondern weil sie für mich (obwohl älter als ich) die Jugend verkörperten, die ich nicht gehabt hatte, eine andere Form von Jugend. Bei den ersten Kontakten mit Jacques Prévert bin ich wie rohe Materie. Ich erfasse nicht, was mir Prévert taktvoll, ohne darauf herumzureiten, über das sowjetische Regime andeutet. Aber ich begreife auf der Stelle: „Die Kinder die sich lieben, umarmen sich im Stehn / An den Türen der Nacht …" In Marseille hätte man gesagt, die frottadous. *Diese Gedichte, diese „Lieder, die uns gleichen" und die ich nur mit viel Mühe beim Publikum durchsetzen kann, sie er-*

scheinen mir nicht nur zugänglich, sondern glasklar. Und am meisten erstaunt mich, daß so berühmte Ältere den Leuten von der Music-Hall eine unzweifelhafte Achtung entgegenbringen.

Jacques Prévert, der vielbewunderte Einzelgänger, fröhlich auf einem Hintergrund von Tristesse, liebenswert mit seinen rätselvollen Glubschaugen, seinen Monologen, seinen schrecklichen Kopfschmerzen und seinen Flanellhemden, kann – auch unter dem Vorwand nicht, daß die Schullesebücher ja seine versifizierte Prosa unterdes geschluckt haben – nicht allein in der Rubrik Umweltschützer avant la lettre untergebracht werden, schwebend im Azurblau, ein Freund der Vögel. Der „naive" Montand verabscheut alle Künstelei. Was ihn an der „Prévert-Bande" vor allem besticht, das ist neben der ungezwungenen Phantasterei eine grell hervorbrechende gesunde Spottlust. Sich raushalten, das ist sentimental. Gegen die „Herren mit ihren Priestern ihren Ministern ihren Ministranten ihren Intriganten" bleibt nur, den Pfeil des Geistes abzuschießen, der sich nicht von „guten Worten" nährt, sondern von Worten, die mit guter Absicht wehtun sollen. Es ist, im politischen wie im privaten Leben, die Antwort der wachsamen Wehrlosen.

Die gegenwärtige Epoche wird von so kräftigen Schauern geschüttelt – der „Prager Putsch", der die Tschechoslowakei den Kommunisten ausliefert, die Blockade von Berlin, die Geburt des Staates Israel, der Bruch zwischen Stalin und Tito –, daß der einfache Bürger keinen anderen Kraftquell mehr hat als seine inneren Kräfte. Was die moralischen Autoritäten betrifft, so gehen sie reichlich angeschlagen aus dem letzten Krieg hervor. Muß man da einen wütigen Antiklerikalismus in sich nähren, um den guten Papst Pius XII. mißtrauischen Blickes zu mustern, der sich einer ausgesprochenen Neigung für Deutschland und eines dröhnenden Schweigens gegenüber der „Endlösung" schuldig gemacht hat? Muß man den Antimilitarismus mit der Muttermilch eingesogen haben, um einer Armee zu mißtrauen, die die Maginotlinie für unüberwindlich hielt? Bedarf man einer marmornen Ideologie, um sich zu wundern, daß niemand im „Mutterland“ sich über das Massaker an Tausenden von Algeriern im Aurès-Gebirge entrüstet hat? Der liebenswürdige Prévert, der die Schnecken zum Begräbnis eines toten Blattes geleitet, er weiß auch in den bösen Wind zu schreien.

Vom Bruch zwischen Stalin und Jugoslawien oder anderen wechselvollen Ereignissen, die die ehemaligen Kämpen der Groupe Octobre verwirren, wird der junge Sänger in keiner Weise gequält: er ist politisch zu leichtgläubig und zu grün, um sich wegen solcher gerechtfertigter „Diskussionen“ zu beunruhigen. Seine Ironie, seinen rettenden Humor, seine „gesunde Spottlust“ wendet er im wesentlichen auf die Wechselfälle der täglichen Existenz an. Und Henri Crolla erweist sich auf dieser Schiene als ein unschlagbarer Gefährte. Beide trainieren sich darauf, die Kunst des Veralberns auf Äußerste zu treiben.

Es ist natürlich die Lust am Ulk, an der miteinander in Szene gesetzten Farce, die sie antreibt. Aber die letzte Intention, die dahintersteckt, ist subtiler, „poetischer“, hier findet man Prévert wieder: das Veralbern ist eine Form von Widerstand gegen die allgemeine Blödheit, eine Art einsam beschlossener Flucht, eine aristokratische Weise, andern eine Nase zu drehen, denn die wirklich Gemeinten kapieren kaum etwas davon. Ein Exempel unter tausend, das Montand mit großen Vergnügen erzählt: Henri Crolla kannte eine der wichtigsten Personen in der „Bande“, Marcel Duhamel, Übersetzer von Hemingway, Steinbeck, Peter Cheney und Vater der berühmten Krimireihe *Série noire*, deren erste Titel 1947 bei Gallimard erschienen. Über ihn hatte er sich einen Blindband mit dem berühmten schwarzen Umschlag in gelber Schrift beschafft, der innen aber makellos weiße

Seiten aufwies. Abends auf der Plattform des Autobusses las er diese weißen Seiten, wendete sie mit regelmäßiger Beflissenheit um, brach in Lachen aus, schüttelte den Kopf, gleichgültig gegenüber der Verwunderung, die nach und nach die Umstehenden erfaßte. Oder aber er setzte sich in einen Metrowagen, musterte mit unverwandt inquisitorischem Blick den Mann oder die Frau, die das Unglück hatten, ihm gegenüber zu sitzen, und machte sich eifrig Notizen. Natürlich geriet das Gegenüber ganz außer sich über dieses Benehmen.

Mehr als einmal hat Crolla wegen seiner Experimente mit der Polizei Bekanntschaft gemacht. So hat er einst einen ehrenwerten Passanten, der, einen Voltaire-Sessel umgekippt auf dem Kopf tragend, den Pont-Neuf überquerte, bis aufs Blut gereizt.

„Oh, Monsieur, Sie machen das falsch, man benutzt Sessel nicht so."

Der andere stellt verdutzt sein Möbel ab. Und Crolla setzt sich hinein, führt ihm den rechten Gebrauch besagten Sessels vor. Der Mann lächelt, er hat kapiert, es handelt sich um einen Witz, er lädt sich seinen Sessel wieder auf und marschiert weiter.

„Aber nein, Monsieur", und der Gitarrist heftet sich an seine Fersen. „Nicht auf dem Kopf, hier wird er getragen." Er zeigt auf seinen Hintern. „Sie machen das falsch."

Und er beharrt, beharrt so inständig und mit solcher Überzeugtheit, einem solchen Verlangen, daß man auf ihn höre, daß der Sesselmann es mit der Angst zu tun bekommt und einen Polizisten herbeiruft. Auch diesem erklärt Crolla nun, ganz Pädagoge, daß die Sessel für das Gesäß konzipiert wurden, nicht für den Kopf. Nun fährt die Angst dem Polizisten in die Glieder, und er ruft einen Kollegen zu Hilfe. Crolla läßt nicht ab. Er wird aufgeladen und verficht sein Anliegen noch in der Grünen Minna. Auch auf dem Kommissariat weigert er sich, nachzugeben: er hat recht, er meint es ehrlich, Tatsachen bleiben nun mal Tatsachen, Sessel sind keine Hüte, und so weiter und so fort.

Dazu braucht er kein mitspielendes Publikum, keinen eingeweihten Augenzeugen. Im Gegenteil, die Übung ist um so reiner, wenn die Spielregel geheim bleibt. Eine lächelnde Rache an den Knausern, den Bösartigen, den Pedanten.

Der Ulk ist eine witzige Art und Weise, das eigene Selbstempfinden zu überprüfen. Montand nimmt seine Zuflucht zu ihm oftmals aus einer Art Hygiene, weil er in seinem Innersten die Lust erzeugen will, kein Opfer des gegenwärtigen Moments zu sein, nicht auf Phrasen, auf Masken hereinzufallen. Bei Dreharbeiten in Rom sollte er sich einmal eine ganz zweckfreie Unterhaltung ausdenken, aus der er allein seinen Spaß zog. In der Nähe seines Hotels liegt ein sehr gepflegter Park, durch den nachmittags elegante Damen flanieren, ihre Sprößlinge in weichgefederten Kinderwagen vor sich herschiebend. Montand selbst ist sehr erlesen gekleidet, sehr schick, peinlich vorschriftsmäßig. Und er geht den Spaziergängerinnen voraus, ein paar Minuten vorher. Am oberen Ende einer Allee legt er in einen an einer Gaslaterne befestigten Müllkorb einen Apfel, in sauberes Papier gewickelt. Dann wartet er und berechnet seine Schritte.

Zwei Damen tauchen auf, respektabel, parfümduftend. Sie sehen, wie ihnen ein gleichfalls respektabler Mann in dunklem Anzug und feinem Schuhwerk entgegenkommt. Und in anderthalb Metern Entfernung von den würdigen Römerinnen taucht der würdige Herr unversehens mit der Hand in einen Müllkorb, wühlt mit plötzlicher Begierde darin herum, zieht leuchtenden Auges, mit ungläubiger Miene, einen Apfel hervor und beißt mit gierigen Zähnen hinein, wobei sein Blick wirr, verzückt, beunruhigend umherschweift. Er geht, ganz seinem Festmahl hingegeben, direkt an ihnen vorbei, wobei er rechts und links argwöhnisch nach einem eventuellen Dieb späht, der ihm seinen Griebs streitig machen könnte.

Vorhang. Diese kleine Komödie, die Montand „Apfel im Müllkorb“ nennt, spielt er sich selbst, seinem Freund Crolla vor, der gar zu gern dabeigewesen wäre. Um eines Nichts oder Fast-Nichts willen. Um des unendlichen Vergnügens willen, einen falschen Schein zu erwecken ... Vierzig Jahre später erzählt sich der politische Montand, der Mann, der unablässig von Ökonomie, von Ost-West-Beziehungen spricht, immer dann, wenn ihn seine Freunde eines Übermaßes an „Ernst“ zeihen, den Gag vom „Apfel im Müllkorb“.

Im Laufe ihrer Tourneen erproben Montand und Crolla ein paar Bravourstücke. Die Intrige beruht stets auf einer Geistesverwirrung oder einer plötzlichen Erkrankung des Musikers. Er verfällt auf einmal in Taubheit, Stummheit oder Wahnsinn und verläßt den Saal mal mit den Füßen voran, mal von seinen verstörten Freunden umringt. Oder er sitzt zu Tisch, wo er sich für gewöhnlich anständig aufführt, legt plötzlich die Gabel beiseite und schaufelt seine Bohnen mit vollen Händen in sich hinein. Wie viele Hoteliers haben ernsthaft geglaubt, daß der Zustand dieses sonderbaren Gastes gewisse ungewöhnliche therapeutische Maßnahmen erforderte (ein Lied vor dem Zubettgehen)! Wie viele Bühnenarbeiter haben sich bereitgefunden, ihre Jacke auszuziehen und sie vor der Nase des Gitarristen zu schwenken, welcher erklärte, er sei nicht imstande zu spielen, wenn nicht symbolisch ein Vorhang aufgezogen würde.

Die gewagteste ihrer Episoden ereignet sich indes in der „Colombe d’Or“. Saint-Paul-de-Vence hat Montand ganz für sich gewonnen; er liebt es, zwischen zwei Engagements hier Atem zu schöpfen, und nutzt die kleinste Vorstellung im Süden, um bei der „Familie“ vorbeizuschauen. Wenn er eintrifft, kauft er Feuerwerkskörper, die er bei Einbruch der Nacht mit Francis Roux und

Adrien Maeght auf der Terrasse zündet. Eines schönen Morgens findet er die Auberge in großer Aufregung. König Faruk von Ägypten hat für Mittag desselben Tages das Restaurant reservieren lassen, und die Männer seines Vertrauens sind dabei, die Örtlichkeiten zu kontrollieren, um jedem Risiko eines Attentats vorzubeugen. Die Sicherheitsvorkehrungen sind so vielfältig, daß dem Sänger und dem Sohn des Hauses eine perverse Idee kommt. Sie haben noch zwei oder drei „Kanonenschläge" übrig, enorm laute Knallkörper, deren Detonation spektakulär (und völlig harmlos) ist.

Die Stunde des Mittagmahls kommt heran. Der König thront neben einem Feigenbaum. Sein Gefolge hat die übrigen Tische belegt. Montand und Francis Roux liegen in einem Zimmer unter dem Dach im Hinterhalt. Francis wählt einen Kanonenschlag starken Kalibers aus, zündet ihn, reicht ihn seinem Komplizen, damit der ihn in den Garten unterhalb der Terrasse wirft. Aber Montand hat seinen Wurf schlecht berechnet: die „Bombe", die abseits der Tischgäste vorbeifliegen sollte, landet auf dem Tisch des Königs. Einer von Faruks Zerberussen ist so geistesgegenwärtig, sie ins Tal hinabzuschleudern – das Echo verstärkt noch die Detonation. Entsetzen, allgemeiner Wirrwarr: große Revolver werden gezückt, das gesamte Gebäude wird peinlichst durchsucht. Die beiden Schuldigen kommen ziemlich beschämt, aber mit gelöster Miene nach unten und erkundigen sich nach den Ursachen des ganzen Durcheinanders.

Um ein Haar hätte Yves Montand Gamal Abdel Nasser des Monarchen beraubt, den er mit seinen Freien Offizieren im Juli 1952 stürzen sollte …

Es ist wohl deutlich geworden: die düstere Zeit geht zu Ende. Nicht nur, daß die Stimmung sich aufhellt, die Isolierung durchbrochen wird, die Arbeit selbst gewinnt ihre anregende und trostbringende Kraft zurück. Außer

Auftritten in Cabarets und Einladungen in die Provinz ist für den Herbst 1949 auch ein neuerlicher Einzug ins „Etoile" geplant. Montand, Bob Castella und Henri Crolla machen sich daran, das frühere Repertoire komplett zu überarbeiten. Die sicheren Werte bleiben: *Battling Joe, Luna Park, La Grande Cité* und andere. Eben dieser solide Grundstock macht es möglich, auf Neuland vorzustoßen. Da sind zunächst die Lieder von Freund Jacques. Montand ist fest entschlossen, die beiden wunderbaren Chansons, die ihm bei den Dreharbeiten zu den *Portes de la nuit* seltsamerweise „abspenstig gemacht" – da von anderen gesungen – wurden, für sich zurückzuerobern. Zu seiner großen Überraschung ist die Reaktion des Publikums, als er die beiden Titel an ein paar Abenden testet, enttäuschend. *Les Enfants qui s'aiment* (Die Kinder, die sich lieben) schläfern die Zuhörer ein. Und *Les Feuilles mortes* versinken in eisigem Schweigen. Zu gesucht, zu gekünstelt all das, zu wenig „swing", wendet der Saal unabänderlich ein.

Montand bleibt hartnäckig. Wenn seine literarische Bildung auch gleich Null ist, so verfügt er doch jetzt über eine solide Bühnenerfahrung. In fünf Jahren, seit er zu einem nationalen Star geworden ist, hat er vor allem eines begriffen: der Respekt vor dem Publikum ist die goldene Regel in diesem Beruf, nichts setzt sich durch, das nicht aus ehrlichem Herzen kommt; aber Respekt heißt nicht Gehorsam, heißt nicht, nicht eine Kopie seiner selbst zu liefern, um dem instinktiv konservativen Geschmack getreuer Anhänger zu schmeicheln, die in einem natürlichen Reflex dazu neigen, die Sehnsucht nach einmal erlebten Emotionen zu befriedigen. Man liebt nicht wirklich, wenn man nicht auch ein wenig Unruhe erzeugt. Montand beharrt somit auf seinem Vorsatz.

Er schiebt *Die toten Blätter* zwischen *Luna Park* und *Les Grands Boulevards* ein, damit dieses „schwache" Tempo von zwei starken aufgewogen, mitgezogen wird.

Die Zukunft wird zeigen, ob er recht hatte. Schließlich haben ihn 1944 auch die Marseiller im „Casino-Variétés" ausgepfiffen und später sein neues Repertoire angenommen. Sosehr er auch zögert, Préverts pittoresken *Plombier zingueur* (der in *Paroles* unter dem Titel *Und das Fest geht weiter* erscheint) beizubehalten, so sehr bleibt er überzeugt, daß die Rangordnung der schwachen und der starken Tempi sich eines Tages ändern wird. Seine Intuition gibt ihm ein, daß insbesondere den *Feuilles mortes* jene „Rundung", jene Einfachheit innewohnt, dank der gute Chansons auch Ländergrenzen überschreiten, Zuhörer anrühren, die lediglich das Thema oder den Refrain verstehen (wie bei *La Mer* oder *La Vie en rose*). Diese Intuition ist nicht unfehlbar. Aber gemeinhin erweist sie sich als begründet.

Andere Textdichter und Komponisten treten auf den Plan, angefangen mit einem wortreichen Debütanten, dessen Texte an nichts Bekanntes erinnern: Léo Ferré. Edith Piaf schickt ihn zu Montand (er hat ihr *Les Amants de Paris* geschenkt). Im Hotel „Surène-d'Aguesseau" und dann in der Rue de Longchamp sieht Montand regelmäßig diesen sonderbaren, wie gemarterten Typ aufkreuzen, für den er Sympathie empfindet und der stets etwas Überraschendes anbringt: *Le Scaphandrier, La Chambre, Flamenco de Paris* (eine Hommage auf die unbeugsamen spanischen Regimegegner) ... Ihre Beziehungen unterliegen mancherlei Schwankungen. Der „Getreue" der Kommunistischen Partei ist bisweilen ziemlich verärgert über den Anarchisten, der voll Emphase immer wieder neue Glaubensbekenntnisse verkündet und sich einen Spaß daraus macht, seinen Gesprächspartner mit viel Getöse zu verstören. Eine gewisse Rivalität entsteht, als Ferré beginnt, seine Werke selbst zu interpretieren. Und Ablehnungen von Titeln rufen Phasen der Verstimmung hervor (so bleibt ein Zankapfel das Lied *Monsieur Williams*, für das Montand kein „Gefühl" entwickeln konnte). Trotzdem: Ferrés Mitwirkung sollte sich, von *Paris canaille* bis *L'Etrangère* (Die Fremde, nach einem Gedicht von Aragon) als äußerst wertvoll erweisen, um in Yves Montands Récitals jene „literarische", „geschriebene" Tonalität zu verstärken, die zwar in der „Rose Rouge" oder den Cabarets der Rive gauche gut ankam, nicht aber auf der Bühne des „Etoile" oder des „Olympia".

Die fruchtbarste Begegnung jedoch findet auf einem nicht so erhabenen Niveau statt. Es ist Francis Lemarque, der dem Chansonnier, den er mehr als jeden anderen bewundert, die ideale Ergänzung zu seinen kürzlichen Entdeckungen liefert, die denkbar beste volkstümliche Manier: eine vollkommen kadenzierte Melodie, eine Sprache, die sofort zugänglich ist, weil sie aus einer unbestreitbaren musikalischen Ader und aus äußerst sorgfältiger Arbeit entspringt.

Um sich von der Echtheit dieser Ader zu überzeugen, braucht man sich nur die Biographie des Mannes zu vergegenwärtigen, der *A Paris, Je vais à pied, Bal, petit bal, Le Chemin des oliviers, Mathilda, Les Routiers, Toi tu ne ressembles à personne, Vieux Canal* und noch zwei-, dreihundert weitere Perlen der Music-Hall-Literatur der Nachkriegszeit geschrieben hat. Kein Drehbuchautor würde es wagen, dergleichen zu erfinden: Die Behausung, in der Francis Lemarque geboren wurde, lag über einem Musette-Ballsaal, dem „Bal des trois colonnes", in der Rue de Lappe 51 ... „Ich heiße in Wirklichkeit Nathan Korb", erklärt er, „und bin Sohn von Einwanderern, die als Staatenlose aus Polen oder Litauen gekommen waren. Eine komische Familie ohne Erinnerungen: kein Papier, kein Bild war mehr vorhanden. Bis zum Alter von drei Jahren habe ich Jiddisch gesprochen und Französisch erst in der Schule gelernt. In dem Stadtviertel kroch die Musik aus allen Ritzen. In meiner Straße reihten sich gut zwanzig Musette-Säle aneinander, gleichsam Wand an Wand. Ich ging so gern zur

Place de la Bastille und lauschte den kleinen Kapellen, die in den Bistros spielten, in ‚Le Clairon', ‚Le Tambour' ... Wenn ich gegen Mitternacht heimkam, dann war der Trubel in den Sälen auf dem Höhepunkt. Meine Eltern sangen mit, damals sangen die Arbeiter noch. Singen, das gehörte zum Leben."

Wieder ist es Jacques Prévert, der Lemarque seinem Freund Montand vorstellt. Und nicht zufällig. Der junge Nathan Korb (geboren 1917, im Revolutionsjahr par excellence) ist dem Schriftsteller schon sehr früh, einer Gesetzmäßigkeit folgend, begegnet.

Als Bengel sang er auf den Straßen Romanzen, um ein paar Sous zu verdienen und der schulischen Zucht zu entfliehen. Als junger Bursch hat er sich zusammen mit seinem älteren Bruder einer Sektion des Verbandes Französischer Arbeitertheater angeschlossen. Ihre Gruppe, die nicht so berühmt werden sollte wie die Groupe Octobre, aber ganz hübschen Erfolg hat, heißt Groupe Mars. Und das Duo der Brüder, „Les Frères Marque" (ihr Vorbild ist ein damals sehr beliebtes anderes Duo, „Gilles et Julien", dessen Repertoire sie plündern), behauptet darin eine ansehnliche Position. Die Nummer der beiden Brüder ist allenthalben begehrt: und sie werden mutiger, versuchen sich auch im chorischen Rezitieren. Eines Abends spielen Groupe Mars und Groupe Octobre zusammen im Turnsaal Japy, und Prévert erscheint und gratuliert diesen lebensfrohen Jungen, die ihn auf der Stelle um ein paar Texte bitten. Und sie bekommen *La Chasse à l'enfant, Familiale, Le Petit Cheval* ... In der Zeit der Volksfront erzielen sie, am Klavier von einem Unbekannten namens Joseph Kosma begleitet, enorme Erfolge bei streikenden Arbeitern. So erinnert sich Francis Lemarque namentlich, daß sie im Warenhaus Galeries Lafayette am oberen Ende der großen Treppe gesungen haben oder auch bei den Arbeitern der Pariser Verkehrsbetriebe.

Nach der Befreiung kehrt Lemarque auf die Bühnen

zurück, tingelt durch die Cabarets. Sie sind drei in der Hauptstadt, die denselben Einfall hatten, nämlich sich selbst auf der Gitarre zu begleiten – eine Neuerung, die den Klavierspieler erspart: Jacques Douai, Stéphane Goldmann und Francis Lemarque. Das geht eine Weile, bis es ihn allmählich auslaugt, immer einer neuen „Gage" hinterherlaufen zu müssen.

Und plötzlich ein Schockerlebnis: „Ich war schon über dreißig und fühlte, daß ich im Begriff stand, als totaler Versager zu enden. Ich stellte mich zur Essenszeit bei meinen verheirateten Freunden ein, ich wurde zum Schmarotzer. Eines Tages bin ich nach Montmartre in den ‚Club des Cinq' gegangen. Auf dem Programm standen Mado Robin und ein Sänger, den ich nicht kannte, Yves Montand. Nach dem Abend war ich ganz verzweifelt, niedergeschlagen, neidisch, verbittert. Dieser Kerl schaffte das, wonach ich so lange gesucht hatte. Schon seine Gestalt hatte es mir angetan in ihrer Schlichtheit, dem ganz Ungekünstelten – wo sich die Bühnenkünstler doch sonst die Haare glattpomadierten und aussehen wollten wie Mannequins. Und seine Hände. Und sein Repertoire. Er hatte mich auf meinem eigenen Feld geschlagen. Dem Neid folgte das unbändige Verlangen, mich ihm zu nähern. Ich habe mir gesagt, er braucht Chansons ...

Dann habe ich mich fast einen Monat lang in dem kleinen Zimmer am Boulevard Saint-Germain eingeschlossen, das mir ein Freund zur Verfügung stellte. Ich habe Notenlinien gezeichnet und darin halbe Noten eingetragen (ich hatte keine Ahnung von Kompositionslehre). Ich habe mir gesagt: Du mußt ein Chanson zustande kriegen. Du mußt an seiner Arbeit teilhaben. Damit er für dich nicht bloß ein Vorüberkommender bleibt, den du nicht wiedersiehst. So habe ich *Ma douce vallée* geschrieben, *Le Tueur affamé, Bal, petit bal* und auch *A Paris* schon skizziert. Sechs oder sieben Monate lang hielt ich meine Chansons für den letzten Mist. Ich war damals Laufbursche bei den Editions de Minuit und hatte vor, eine Anstellung bei ein paar Cousinen von mir anzunehmen, die einen Laden an den Champs-Elysées betrieben. Doch bevor ich alles hinschmiß, beschloß ich, Préverts Meinung einzuholen. Ich bin mit meiner Gitarre zu ihm hin. ‚Mir gefällt das', hat mir Jacques gesagt, ‚aber du bist ja ein Kumpel von mir. Es wäre besser, jemanden zu fragen, der sich darin wirklich auskennt.' Und dieser ‚jemand' war Montand, den er auch sofort angerufen hat. Prévert wußte nicht, daß diese Lieder in meiner Vorstellung für ihn bestimmt waren."

„Er soll gleich kommen", gibt der Sänger zur Antwort. Lemarque saust nach Neuilly. Montand empfängt ihn im Morgenmantel. Und der junge Mann legt los, mit *Ma douce vallée* zunächst, dann die erste Strophe von *Bal, petit bal.* Die Reaktion, die darauf folgte, wird Francis Lemarque wohl nie vergessen, denn sie hat sein Leben verändert.

„Er hat mich brüsk unterbrochen:

‚Hast du noch mehr solche Sachen?'

‚Soviel, wie Sie Lust haben zu singen.' "

Das Dasein des Besuchers nimmt eine entscheidende Wendung. Ohne langes Schwanken macht Yves Montand eine Aufnahme von *Ma douce vallée.* Und der Lemarque-„Sound" verführt die Verantwortlichen in den Rundfunkanstalten augenblicklich. Der Laufbursche der Editions de Minuit bemerkt, daß sich im Büro die Haltung zu ihm ändert: sein Werk kommt fünf-, sechsmal am Tag im Radio, er kassiert Tantiemen, man betrachtet ihn mit anderen Augen. So bescheiden wie er ist, wundert er sich über diesen Wandel. Music-Hall-Direktoren ermuntern ihn, die besten Cabarets wollen ihn haben, und vor allen anderen die „Rose Rouge" in der Rue de la Harpe. Tanzorchester spielen seine Titel. Im „Clairon", im „Tambour" an der Place de la Bastille, im Viertel seiner Kindheit, an dem sein Herz hängt, hört man nun seine Melodien. Hochrangige „Kollegen“ erkennen ihn als ihresgleichen an: Léo Ferré, Philippe Girard, Marc Heyral, Eddie Marnay tragen Francis Lemarque an, eine (kurzlebige) Kooperative zu gründen …

Montand schüchtert ihn ein – wenn zwei Schüchterne aufeinanderstoßen, geschieht dies unausweichlich –, aber Lemarque hat seinen Traum wahr gemacht: er ist in Montands Kreis aufgenommen. Ein bißchen aus der Fasson bringt ihn Henri Crolla, der ihm mit todernster Miene erklärt: „Wenn du zu Vermögen kommen willst, das ist ganz einfach. Du schreibst ein Chanson, das gut geht. Du fährst in die USA, stellst dich beim Verband der Autoren vor. Dort geben sie dir auf der Stelle 25 000 Dollar. Dann fährst du später nochmals hin. Sie geben dir wieder 25 000 Dollar …“ Dem Autor und Komponisten Lemarque will es scheinen, daß dieser ansonsten erstklassige Gitarrist an betrüblicher Naivität leidet. Monate, Jahre werden vergehen, bis er sich in Gegenwart des Schalks die Frage stellt, wer von beiden nun eigentlich der Naivere ist.

Mit seinem Idol (das er alsbald duzt) verbindet ihn eine herzliche Beziehung. Der Toskaner aus La Cabucelle und der Aschkenase aus der Rue de Lappe besitzen im Grunde eine sehr ähnliche Kultur. Sie teilen die gleichen Ideen: Lemarque steht wie Montand „der Partei“ nahe, obwohl er kein eingetragenes Mitglied ist. Und vor allem schöpfen sie aus denselben Quellen: dem Frankreich der kleinen Leute, die stolz sind auf ihren „Kleineleutestand“, dem arbeitenden Frankreich, dem republikanischen und buntgemischten, dem gutherzigen Frankreich der Sonntagsvergnügungen, dem Frankreich der Pflasterstraßen und der Flußkähne, der Liebespaare am Ufer, des Akkordeons und der Kirschenzeit. Vielsagendes Privileg: Freund Francis ist stets willkommen in der Garderobe seines Hauptkunden, im „Etoile“ oder anderswo. In einer Atmosphäre fröhlicher Flachserei schneit er herein mit seiner Gitarre, ein paar neue Entwürfe in der Tasche, und packt seine „Ware“ aus. Insgesamt sollte Montand ihm sechzehn Chansons verdanken, von denen einige noch vierzig Jahre später Evergreens geblieben sind, trotz des wirbelnden Wandels im Publikum, trotz des Wandels der Stimmlagen, der Instrumente, der Genres, trotz goldschwerer Investitionen.

„Yves Montand ist der erste, dem es gelungen ist, ein ganzes Récital allein zu geben, ohne daß man ermüdete“, erklärt Francis Lemarque heute voll ungebrochener Bewunderung. Als er 1981 erfuhr, der Sänger seines Lebens habe das „Olympia“ für ein neues Programm gemietet, hat er sich gemeldet, hat angerufen. Nichts. Monsieur Montand ist nicht erreichbar. Lemarque ist gekränkt und zögert, ob er die ihm mit der Post zugegangene Einladung annehmen soll. Schließlich geht er zur Generalprobe. Eine gespannte, kitzelige Atmosphäre: Montand hat seit sieben Jahren nicht mehr gesungen, man erwartet ihn mit gespitzter Feder. Und Lemarque fühlt sich so allein, wie ein Mann in den Kulissen nur allein sein kann, der ihm dazu verholfen hat, sich selbst zu finden. Und da kommt Montand. Er gebietet dem höflichen Beifall Schweigen und beginnt:

Ich kam hierher zu Fuß
Ganz langsam, ohne Hast
Ich bin gelaufen, zu Fuß, zu Fuß
Ich wußte ja, Sie wären da
Also hatte ich keinen Grund zur Hast
Hab zu Fuß mich auf den Weg gemacht
Auf der Straße, die Sonne schien
Ich trällerte ein Liedchen vor mich hin
Und klopfte mit den Hacken den Takt …

Dieses Lied hatte Yves Montand bereits zur Eröffnung seines Programms im Frühling 1949 gewählt. Er mochte seine langsame Gangart, das schaukelnde Tempo, das es ihm erlaubte, auf der Stelle gehend mit den Hacken zu „klappern“ und sich so heiteren Gemüts in die Welt des Publikums zu begeben, den Übergang zu vollziehen zwischen draußen und drinnen, zwischen Leben und Show. Ein Konzertabend darf nicht mit voller Tube anfangen, mit allem Getöse, sondern halb im Traum, ohne etwas zu forcieren. Lemarque hat Tränen in den Augen. Es ist stärker als er: wenn Montand singt, muß er weinen.

Ein Glück, daß er dicht beim Wasser gebaut hat. Denn seine Tränendrüsen werden am Schluß noch viel heftiger beansprucht. Das Chanson, mit dem Montand sein Programm beschließt, ist wohl jenes, auf das Lemarque am stolzesten ist, *A Paris*. Es ist auch Bob Castellas Lieblingstitel. Die New Yorker kennen es und die Japaner, die Australier, die Mexikaner und die Russen:

Ärger, den gibt es
Nicht nur in Paris
Den gibt es überall
Auf der Welt
Aber nicht überall
Auf der Welt
Gibt es ein Paris
Und das ist ein Ärger …

Hier steigert Montand seine Stimme zu voller Wucht, leert seine Lunge:

Seit die Bastille gestürmt wurde in Paris
Sind an jeder Ecke, in jedem Faubourg
Auf jedem Pflaster Burschen und Mädchen
Die wandern und streifen ohne Ruh
Bei Tag und bei Nacht
Durch Paris

Und da steht Francis Lemarque nun wieder mit feuchten Augen vor der Garderobentür und klopft an. „Du hattest wohl gedacht, ich hätte dich vergessen?“ wirft ihm der Gefährte aus vergangenen Tagen, in einen weißen Morgenmantel gehüllt, mit schalkhafter Miene hin …

Aber hat er selber, Montand, die Geschichte des Chansons *A Paris* vergessen? Lemarque hat die besten Gründe, sich ihrer genau zu erinnern. „Er hatte vorher schon von mir *Ma douce vallée* und *Mathilda* übernommen, als ich ihm diesen Walzer brachte (vorsichtshalber hatte ich ungefähr achtzig Verszeilen dazu geschrieben, die sich nach Maß zurechtschneidern ließen). ‚Was ist denn das nun?' fragt Montand, ‚noch eine Schnulze über Paris?' Crolla wirft einen Blick auf die Noten: ‚Vorsicht! Das geht sehr tief runter und dann wieder hoch hinauf.' Ich bin ganz ratlos und frage: ‚Und was mach ich nun damit?' – ‚Schmeiß es weg', antwortet Montand. Einige Zeit später verabredet mein Verleger für mich einen Treff mit Edith Piaf im ‚Claridge'. Ich singe ihr meine ersten Chansons vor. ‚Haben Sie nicht noch was andres?' Ich versuche es mit *A Paris.* Und sie: ‚Da haben Sie ja einen Schatz versteckt, und den zeigen Sie mir nicht!' Nun bestand zwischen Montand und mir die moralische Abmachung, daß er immer alles zuerst kriegen sollte. Aber da er das Lied abgelehnt hatte, gab ich es Edith Piaf. Sobald Montand das erfuhr, wurde er tückisch und wollte es auf der Stelle selbst haben."

Der Liedermacher ist in größter Verlegenheit. Seine Musikerfreunde erklären ihm zu allem Unglück auch noch, daß sein Walzer nicht so richtig rund läuft, daß er in dreizehn Takten geschrieben ist und doch besser vierzehn hätte. Deswegen zuckt er mit keiner Wimper. Aber er begibt sich in diplomatischer Mission zu Edith Piaf. Die regt sich fast gar nicht auf: „Typisch Yves", bemerkt sie ironisch, „kaum nimmt man ihm ein Spielzeug weg, will er es unbedingt haben." Rückkehr nach Neuilly zwecks Lösung des dramatischen Knotens. Francis Lemarque gibt seinem zum Fetisch erwählten Interpreten zu verstehen, daß das einzige Mittel, wenn es ihn denn so heftig nach diesem abgelehnten Chanson verlange, darin besteht, Edith anzurufen. „Er hat in meiner Gegenwart den Hörer abgenommen, und zu meiner totalen Überraschung endete das Gespräch mit den Worten: ‚Du bist lieb, ich danke dir!‘ Sie hatte ihm *A Paris* abgetreten ...“ Wozu Montand mit einem Lächeln im Mundwinkel anmerkt, daß eine solche Konzession durchaus nichts Außergewöhnliches war: Léo Ferré hatte Edith bereits seine *Amants de Paris* geschenkt ...

Montand singt im „Club des Champs-Elysées“, als ihm von seinem Agenten ein nicht gerade alltägliches Angebot überbracht wird: am 28. Mai wird Prinz Ali Khan, der Sohn von Aga Khan, in seiner Villa in Vallauris Rita Hayworth heiraten; ob Monsieur Montand wohl bereit wäre, dem glücklichen Brautpaar und seinen Gästen ein wenig Zerstreuung zu bieten? Das Angebot ist amüsant. Der „singende Prolet“ hat bis zur Stunde noch keine Gelegenheit zum Verkehr mit gekrönten Häuptern gehabt. Die Fachpresse schwirrt und schwärmt von dem Ereignis. Seine Neugier ist geweckt (auch ist eine sehr ansehnliche Gage damit verbunden). Aber wie soll er am selben Abend seinen Vertrag in dem Pariser Cabaret erfüllen? Kein Problem: am Morgen wird in Le Bourget eine Sondermaschine starten und den Künstler und seine Musiker an Ort und Stelle bringen. Auf demselben Wege werden sie am Abend wieder zurück sein.

Ein absoluter Luxus, der grell absticht vom gewöhnlichen Hin- und Hergerumpel auf seinen sonstigen Tourneen. In einem Interview für *France-Soir*[9] vermag Montand nicht zu verhehlen, wie sehr er geschmeichelt ist – und wie sehr auch erstaunt über das Milieu, in das er für ein kurzes Zwischenspiel eintaucht. Sehr einfach, diese Leute, jawohl, sehr einfach, so berichtet er nach seiner Rückkehr. Ein reizendes Paar, nicht für einen Heller snobistisch, eine echte Liebesheirat. Fast so etwas wie eine Hochzeit auf dem Lande: „Ich war der Cousin

Victor, der zum Nachtisch für die Familie ein Liedchen zum besten gibt.“

Der Mann der Music-Hall segelt auf einer sanften Wolke dahin. Bald wird auch der Mann Montand zu ihm hinaufschweben.

8

Mai 1989. Die Terrasse der „Colombe d'Or" ist an diesem frühen Abend kaum besetzt. Drei Japaner, ein italienisches Paar, einige erschlaffte Pensionäre, die leise miteinander reden, und der offizielle Fotograf von Saint-Paul-de-Vence, ein berühmter Sammler, der in die Auberge gekommen ist, um das Neueste zu hören. Francis Roux, der magere, lebhafte Hausherr, beobachtet seine Gäste vom Eingang zur Bar aus. Eine Gruppe junger Amerikanerinnen kommt herein, zehn oder zwölf Damen, sichtlich betucht – dezenter Schmuck, sündhaft teure Kleidchen – und ebenso sichtlich begeistert, Europa zu entdecken. Geführt werden sie von einer redseligen, belehrenden Frau. „Wir befinden uns hier", so erklärt sie ihren Schäfchen auf englisch, „an einem Ort, der für Südfrankreich dasselbe darstellt wie das ‚Café de Flore' für Saint-Germain-des Prés. In diesem Dorf hat Marc Chagall gewohnt und Teller bemalt. Picassos Atelier lag nicht weit entfernt. Und genau an dieser Stelle sind sich Yves Montand und Simone Signoret begegnet ..." Sie zeigt auf einen Tisch, der längs zur Hauswand steht. Den Tisch, an dem das Paar immer saß und an dem Montand nach dem Herbst 1985 nie wieder Platz genommen hat.

Das amerikanische Organisationstalent verdient Bewunderung. Just in dem Augenblick, da die tüchtige Reiseführerin Montands Namen ausspricht, stößt dieser die Eingangstür auf. „It's him! Sure, it's him!" Die Damenschar ist aus dem Häuschen. Schon nähern sich schüchtern drei Autogrammsammlerinnen, bald ist der Künstler umzingelt.

Die Legende. Die Legende will, daß Yves Montand am 19. August 1949 auf einer Tournee an der Côte d'Azur in der „Colombe“ Station gemacht und sich auf den ersten Blick in Simone Signoret verliebt habe. Immerhin, er selbst hat diese Legende (der die Hauptbetroffene auch nicht widersprach) geliefert oder bestätigt. Drei Jahre nach dem Geschehen wurde dem Publikum eine „offizielle Version“ in gehobenem Stil geboten: „In der Hofmitte ist eine junge Frau, umringt von Tauben. Sie trägt eine blaue Hose und ein Hemd mit offenem Kragen. Sie lächelt wie die Mädchen auf den Bildern der alten italienischen Maler. Ich weiß, daß sie Simone Signoret heißt, ihre Filme habe ich nicht gesehen, ich bin nicht mit ihr bekannt, aber ich weiß, daß ich auf sie zugehen und dabei versuchen werde, die Tauben nicht aufzuscheuchen ...“ [1]

Das Datum stimmt. Die Szenerie stimmt, mit Ausnahme der Kostüme. Und beide haben gute Gründe, hier zu sein. Montand muß am 20. August in Nizza und am 21. in Cannes singen. Und Simone Signoret ist Eigentümerin eines Häuschens im Dorf, das sie dank der Gage für *Four Days Leave* von Leopold Lindtberg für ein „Butterbrot“ – eine Million Centimes – erstanden hat. Sie erholt sich in der Provence zusammen mit ihrer vierjährigen Tochter Catherine und ihrem vierzehnjährigen Stiefsohn Gilles. Der Filmregisseur Yves Allégret, ihr Mann, soll in einigen Tagen zu ihr stoßen. Weiterhin trifft zu, daß Montand nicht einmal über diese elementaren Informationen verfügt. Er weiß nicht, daß Simone Signoret genauso alt ist wie er – achtundzwanzig. Er weiß lediglich, daß es sich um eine bereits anerkannte Schauspielerin handelt, die schon etlichemal als Titelfoto auf Filmmagazinen zu sehen war. Ja, all das stimmt. Alles übrige aber erfordert ernsthafte Retuschen.

Die Szene der Begegnung („Ich habe Simone inmitten von Tauben erblickt, und wir sind aufeinander zugegangen“, usw.) ist nach dem Muster eines Bilderbogens gemalt, und wir haben sie niemals dementiert, um vor den Journalisten unsere Ruhe zu haben. Es gibt, wie um die Geschichte zu beglaubigen, tatsächlich ein Foto, auf dem Simone, hingehockt, Tauben füttert und dabei jemanden (vielleicht mich, aber im Off) fest anblickt. Die Wirklichkeit aber ist einfacher und schöner.

Ich bin nach dem Mittagessen bei den Roux angekommen. Ich war müde von der Fahrt (Bob Castella und Henri Crolla kamen mit mir). Ich bin zum Ausruhen in mein Zimmer im Anbau gegangen und erst zum Abendessen wieder erschienen. Ich saß mit Bob und Henri an meinem Tisch im Speisesaal. Da kam Jacques Prévert mit einer Frau herein. Sie war barfuß und auf „Zigeunerart“ gekleidet, mit einem rauschenden, geblümten Rock und einem knappen Jäckchen. Sie war grell geschminkt, so wie man sich damals schminkte, mit übermäßig viel Lippenstift; ich dachte, es sei schade, einen solchen Mund so anzumalen. Sie traten zu uns. Crolla war seit langem mit ihr befreundet. Er hat uns einander vorgestellt.

Damals stand ein Klavier im Saal der „Colombe“. Die Atmosphäre war sehr locker, sehr heiter. Bob hat sich ans Klavier gesetzt und My Solitude *angeschlagen, das spielte er göttlich. Dann wurde ich aufgefordert, ein Chanson von Jacques zu singen.*

Während ich sang, schaute ich diese Frau an – ohne aufdringlich zu werden – und spürte, daß ich ihr nicht gleichgültig war. Und plötzlich tauchte vor mir eine Erinnerung auf, ein akustischer Eindruck. Ich war mit Henri bei Carrère aufgetreten und hatte vom Saalende eine ganz eigenartige Stimme gehört, die „Bravo, ihr Itaker!“ rief, und ich hatte mich gefragt, zu wem wohl diese Stimme gehören mochte, die man nicht wieder vergißt. Ich war so neugierig, daß ich hinter der Bühne Crolla fragte, und er hatte mir bloß geantwortet: „Das ist eine

Freundin von mir, Simone Signoret, die Schauspielerin, die mit Yves Allégret zusammen ist ..." Nach dem Ende der Show waren Simone und Allégret zu uns gekommen, um Henri zu gratulieren, und sie hatten mir die üblichen Komplimente gesagt: Wir haben Sie schon lange im Blick, wir haben Sie im „ABC" gesehen, wir mögen Sie sehr, und so weiter. Sie war mir schon bei einer anderen Gelegenheit aufgefallen, bei einem nächtlichen Volksfest in den Tuilerien. Sie hatte Weißwein verlangt, un „coup de blanc", und das hatte mich erstaunt, ein bißchen schockiert: nicht, daß sie Wein trank, aber daß sie ihn mit so lauter Stimme verlangte.

Diese mehr oder weniger verschwommenen Erinnerungsfetzen spulen sich in größter Schnelligkeit in meinem Kopf ab. Ich beende mein Chanson. Dann reden alle durcheinander. Ich tausche mit Simone Signoret Banalitäten aus, trete ein in jenes scheinbar ungezwungene Spiel, bei dem die Blicke sich nicht treffen wollen, bei dem jene Verwirrung aufkommt, die von irgendwoher rührt, man weiß nicht von wo. Jene Verwirrung, die sich aus der Verwirrung des anderen speist.

Am nächsten Morgen fahre ich runter nach Nizza zur Probe, komme aber mittags in die „Colombe" zurück. Simone, Crolla, Prévert und ich essen zusammen auf der Terrasse. Ich trage eine Art T-Shirt, Leinenschuhe und Shorts (was ich gar nicht mag, aber es ist praktisch, weil es auf den Straßen an der Côte in unserem Citroën so heiß wird). Das Essen ist beendet, Henri und Jacques entschuldigen sich. Sie bleibt sitzen. Wir trinken Weißwein. Wir schauen uns an, setzen das Gespräch vom Vorabend, das keines war, fort. Ich fasse „ganz mechanisch" nach ihrem Handgelenk.

„Sie haben sehr zarte Gelenke ..."

Ich hätte sonstwas sagen können, sie hätte es immer als ein Kompliment aufgefaßt (aber es stimmte auch). Davon haben wir noch jahrelang geredet, von ihren „zarten Gelenken".

Sie hat gelächelt, hat ein paar Worte gestammelt, die ich nicht verstanden habe. Sie trinkt ihren Kaffee, ich zünde mir eine Zigarette an. Es ist zwei Uhr vorbei. Da räuspere ich mich und muß ihr erklären:

„Simone" (zum erstenmal nenne ich sie Simone) „es tut mir furchtbar leid, aber ich trete heute abend im Freilichttheater in Nizza auf. Ich muß mich wenigstens eine halbe Stunde hinlegen."

„Sie können sich bei mir hinlegen, wenn Sie wollen. Ich habe ein kleines Haus im Dorf."

Wie immer ist es die Frau, die die Initiative ergriffen hat, und wie immer bin ich davon überrascht – Simones tiefes Schamempfinden habe ich erst später entdeckt. Wir haben das Haus besichtigt, das ich sehr annehmlich fand. Wir haben Siesta gemacht und uns von da an nicht mehr getrennt. Simone kam mit nach Nizza, um mich zu hören, und ich habe sie wieder zurückbegleitet. Die ganze „Colombe" war eingeweiht, jeder hatte gesehen, wie sie aus dem Anbau kam.

Nicht des Tratsches, nicht ihres „Rufes" wegen machte sie sich Sorgen. Sie sah, daß das, was uns gepackt hatte, zu etwas Unumkehrbarem wurde, und ihr war bange beim Gedanken an das Leid, das ihr Mann empfinden würde. Sie war keine von den Frauen, die sich freuen oder Sicherheit dadurch gewinnen, daß sie jemandem Liebeskummer zufügen. Damit Yves Allégret, den sie zärtlich liebte, nicht in eine Schmierenkomödie hineintappte, ist sie ihm entgegengefahren – das war nach meiner Abreise – und hat ihm alles gesagt. In der ersten Gefühlsaufwallung hat er ihr ein paar kräftige Ohrfeigen verabreicht, dann aber hat er sich außergewöhnlich fein benommen.

Nach vier Tagen mußte ich fort: die Tournee ging weiter, nach Dax und Biarritz.

Ich saß in dem großen Wagen mit Vorderradantrieb neben Bob, der fuhr, und war ziemlich durcheinander. Der Bruch mit Edith hatte für mich ein solches Trauma bedeutet, daß ich mir gelobt hatte, mich einem derartigen Schock nicht noch einmal auszusetzen. Aber ich hatte ein Bild von Simone an der Windschutzscheibe befestigt, und auch wenn ich mir immer wieder sagte: Paß auf! Paß auf!, auch wenn ich mich dagegen wehrte, ich sehnte mich nach ihr. In Dax geht die Arbeit wieder los: sie ist noch immer da, ich spüre sie hinter mir. Spät in der Nacht ruft sie mich an, redet zu mir, mit all der Leidenschaft, deren sie fähig ist, und ich schmelze natürlich hin, ich bin glücklich. Wieder in Paris, mußte ich mir eingestehen, wie verliebt ich war.

So etwas, das suchst du nicht selbst, das trifft dich mitten ins Herz.

Selbst Bob Castella, der sich strikt an die Regel hält, vom Privatleben anderer Menschen keine Notiz zu nehmen, keinerlei vertrauliches Bekenntnis abzufordern, sitzt nun plötzlich als Zuschauer ganz vorn, und das besagt alles. „Ich erinnere mich, daß Simone Montand am Tag unserer Abreise bis zur Tür der ‚Colombe' brachte und daß ihr die Tränen in den Augen standen." Henri Crolla aber ist so stark wie überhaupt denkbar in die Geschichte verwickelt; nach und nach, im Laufe der Tourneen, „erzählt" er seinem Freund Montand seine Freundin Simone, offenbart ihm die Vergangenheit der Frau, in die jener so heftig verschossen ist.

Wodurch wir uns aus dem Klatschfeuilleton oder der Rubrik Gesellschaftsnotizen entfernen. Denn die Begegnung zwischen dem Sänger und der Schauspielerin ist nicht nur eine jener aufeinandertreffenden Leidenschaften, an denen sich traumselige „Delly"-Leserinnen delektieren. So viele Verbindungen münden schließlich in diesen Knotenpunkt, daß es schon verwirrend wirkt: hätte Herr Beaumarchais, um einen der raffiniertesten Szenaristen unter unseren Dramatikern zu nennen, eine besser eingefädelte Intrige erfinden können? Hätte er wohl auf ebenso überzeugende Weise darzulegen verstanden, wie sehr die Freunde unserer Freunde der Nährboden unserer Lieben sind?

Jacques Prévert wird im Dezember 1951 Simone Signorets Trauzeuge bei ihrer Hochzeit mit Yves Montand sein, die in Saint-Paul gefeiert wird. Nichts ist „logischer“, sofern man ein solches Beiwort für einen Liebesroman zu verwenden wagt: Prévert ist der „rote Faden“ in dieser Geschichte.

Paul Grimault, Henri Crollas „Wohltäter“, war zu Beginn der dreißiger Jahre bei Etienne Damour, dem Chef einer Werbefirma, angestellt, bei der auch Simones Vater, Monsieur Kaminker, arbeitete; er leitete dessen Zeitschrift *Vendre.* Und so hat Grimault das kleine Mädchen aus Neuilly gut gekannt, das in der Rue Jacques-Dulud wohnte, Klavier- und Englischstunden nahm, pünktlich ihre Besuche bei Onkel Marcel und Tante Irène abstattete (beides Juden, reich und vollkommen integriert, letzteres galt auch für Monsieur Kaminker, nicht aber der Reichtum). Wenn Simone am Luna Park vorbeikam, stand ihr kein begehrlicher Blick nach der *scenic railway* und anderen proletarischen Verlockungen zu, kurz, sie führte das Dasein eines kleinen Mädchens in bescheidenen bürgerlichen Verhältnissen, zwischen einem Papa, der immerfort verschwunden war, und einer Mama, die immerzu heftige Szenen machte.

In der Besatzungszeit ist Simone Kaminker (ein gefährlicher Vatersname) ein großes Mädchen geworden, sie hat das Abitur abgelegt und ist eine Stütze der Familie. Der Vater ist in London, zwei jüngere Brüder leben noch im Hause, die Wohnung in der Rue Jacques-Dulud hat ihr Mobiliar und ihre Bewohner eingebüßt. Es gelingt ihr, eine Anstellung zu finden, als Hilfssekretärin bei einer Kollaborateurs-Zeitschrift, *Les Nouveaux Temps*, deren Herausgeber, Jean Luchaire – er wird nach der Befreiung hingerichtet –, ihr trotz der erheblichen Meinungsunterschiede Schutz gewährt. Mit Beihilfe eines kommunistischen Freundes, Claude Jaeger, eines Kinofans, entrinnt sie dieser Umgebung. Jaeger nimmt sie mit auf Entdeckungsreise ans andere Seine-Ufer und bringt sie in einen guten Hafen: nach Saint-Germain-des-Prés. Im „Café de Flore“ ist sie hingerissen von illustren Tischnachbarn wie Soutine oder Picasso, Simone de Beauvoir und Jean-Paul Sartre, und in Gesellschaft wundervoller Freunde: Roger Blin, Raymond Bussières, Fabien Loris, Mouloudji. Und von Crolla, dem „Tausendfüßler“. Wer nicht in Paris ist, hat sich ins Exil nach dem Süden geflüchtet. Jacques Prévert ist der größte gemeinsame Nenner für alle …

In einem Interview, das Simone Signoret kurz nach Verleihung eines Oscar in Hollywood dem amerikanischen Magazin *Look* gibt, erzählt sie: „Das ‚Flore‘ war unser Klub. Weder die Deutschen noch die Polizei rückten ihm zu nahe, weil es dort weder Prostituierte noch Alkohol vom schwarzen Markt, ja nicht einmal verbotene Musik gab, sondern nur Kaffee mit Süßstoff und Leute, die redeten, redeten, redeten. Ich bin dort einer ganzen Reihe jener Menschen begegnet, die mein Dasein geprägt haben.“ Laura Bergquist, die Interviewerin, zitiert Jacques Préverts Definition für die neu Hinzugestoßene: „Ein großartiges Mädchen, das wußte, daß es etwas wollte, nur nicht, was …“[2]

Paul Grimault: „Simone legte einen außerordentlichen ‚Gruppengeist‘ an den Tag. Das steigerte sich bisweilen auf irritierende Weise zum Gebaren einer Egeria, einer ‚Pasionaria‘.“ In *L’Écran français* wird die Pasionaria des „Flore“ zu dem Zeitpunkt, da ihre Karriere steil ansteigt, wie folgt skizziert: „An diesem Ort krepiert man auf die geistvollste Weise vor Hunger. Sie gab, um ihren Lebensunterhalt zu haben, Nachhilfeunterricht in Englisch, und sie tippte Manuskripte, um sich von Pferdeblutwurt ernähren zu können. Als Kleidung borgte sie sich Hemden von ihren männlichen Kameraden aus, mochte nie zum Friseur gehen und entdeckte eine Welt: die Welt, in der jedermann Genie besitzt, aber nicht das Geld, um sich die letzte Lautréamont-Ausgabe zu kaufen; wo witzig-geistvolles Geplänkel einen vergessen läßt, daß man in einer abscheulich riechenden Brasserie sitzt, nur einheimischen Kaffee trinkt und kalte Füße hat." Soviel zur Atmosphäre.

Der Stil der Signoret ist nicht minder scharf beobachtet: „Sie hat den frechen Ton der Mädchen drauf, die sich in jeder Situation zurechtfinden, die ernste Stimme der Frauen, die als Intellektuelle gelten, und zwischendurch ein anmutiges Lispeln, aber auch die rüde Redeweise, der man huldigen muß, wenn man in den literarischen Cafés verkehrt. Sie hat sich an diesen Stätten aufs Bewundern verlegt. Sie bewundert, sie liebt, sie betet an: ihre Freunde, die neuen italienischen Filme, Raymond Radiguet, Schottenstoffe, die naiven Sonntagsmaler, die Schauspieler, mit denen sie dreht, und die übrigen auch."[3]

Doch bevor sich die Kartenverkäuferinnen an den Kinokassen für sie interessieren, muß die Überläuferin aus Neuilly zuerst einmal einen Krieg und eine Lehrzeit hinter sich bringen. Wovon träumt man, wenn man zwanzig ist und im Künstlermilieu lebt? Davon, den Freunden zu ähneln und sich wenn möglich von ihnen abzuheben. Simone, genannt Signoret, ist beim Film, und das schon sehr früh, obwohl sie infolge ihrer „israelischen" Abstammung keinen Berufsausweis bekommen kann. Zunächst hier und da als Statistin tätig, wird sie bald zur „Kleindarstellerin" befördert. Marcel Carné engagiert sie auf Empfehlung eines Stammgastes von Saint-Germain für die *Visiteurs du soir*, wo sie nacheinander eine Dame mit Turmfrisur, eine von offenem Haar umflossene Bäuerin, eine Küchenmagd darstellt ... Zusammen mit dem Fußvolk der Filmtruppe ist sie in Vence Gast der Pension „Ma Solitude", besucht auch Saint-Paul, wagt aber nicht, über die Schwelle der „Colombe d'or" zu treten.

Sie kennt das englische Sussex, wo sie sich 1937 aufhielt, um ihre Sprachkenntnisse zu vervollkommnen. Sie kannte die Bretagne, wo die Familie die Sommer verbrachte und wo sie vom Krieg überrascht wurde. Was sie nicht kannte, war der französische Süden; und sie nähert sich ihm, wie sollte es anders sein, unter dem Zeichen von Marcel Carné und Jacques Prévert.

Yves Allégret ist sie natürlich auch im „Flore“ begegnet. Sein Bruder Marc ist ein anerkannter Filmemacher *(Lac aux dames, Gribouille, Entrée des artistes).* Yves seinerseits riecht ein wenig nach Schwefeldampf, seitdem er mit den Surrealisten in Berührung gekommen ist, für Leo Trotzki die Post in Ordnung hielt, während der Begründer der Roten Armee in Barbizon residierte; und auch in der „Groupe Octobre“ hat er mitgefochten. Bis zum Krieg ist er nicht über den Rang eines Regieassistenten hinausgekommen (doch unter anderem bei Jean Renoir). Die Besatzungsbehörden suchen nach ihm, um ihn zum Zwangsarbeitsdienst zu schicken: es bleibt ihm nichts anderes übrig als sich bis zum Eintreffen der Amerikaner auf dem Land zu verstecken, im Département Haute-Marne. Während dieser bukolischen Episode befinden sich Simone Signoret und Allégret in vorzüglicher Gesellschaft: Serge Reggiani, Janine Darcey, Danièle Delorme und Daniel Gélin teilen ihre karge Fluchtburg.

Die eigentliche Debütrolle der Schauspielerin ist Frucht dieser Liebe und verknüpft mit Yves Allégrets Durchbruch als Filmregisseur: durch *Les Démons de l'aube* werden sie 1945 beide bekannt. Der eigentlichen Rolle folgt die große Rolle: die Gisèle, ein Freudenmädchen in *Macadam* (1946), bei dem Marcel Blistène und Jacques Feyder gemeinsam Regie führen. Und dann kommt die Starrolle: *Dédée d'Anvers* von Allégret bringt Simone 1947 die Anerkennung als Schauspielerin.

Über ihren Mann und Mentor wird sie sagen: „Ich war in ihn verliebt und geschmeichelt, daß mir ein reiferer Mann Aufmerksamkeit schenkte. In der Beziehung zu ihm stand jedoch das Berufliche im Vordergrund. Wir vergruben uns in die Arbeit, um zu Erfolg zu gelangen. Nun kann aber eine Schauspielerin, die nur arbeitet und arbeitet, zu einem Monster werden. Du lebst Tag und Nacht mit deiner Rolle. Nichts zählt mehr, was nicht mit der Arbeit zu tun hat."[4]

Eine Blitzkarriere, aber eine gefährliche – Simone Signoret sollte niemals eine rosa Periode kennenlernen, nie die Aufgabe erhalten, eine reizende Naive zu verkörpern, deren Küsse sich ein Gary Cooper und ein Clark Gable streitig machen, vor einem Hintergrund aus rötlich schimmernden Wölkchen und himmlischen Geigentönen. Nein, sie spielt Huren, und oft sogar berechnende, bestenfalls zwiespältig angelegte, öfters aber verderbenbringende Huren. Zu einer Zeit, da das Publikum die Filme noch eins zu eins nimmt, ist das eine erhebliche Gefahr.

Montand gibt übrigens zu, daß er in diesem Stadium seiner künstlerischen Bildung kaum viel anders funktionierte als der gewöhnliche Sterbliche. Zum Glück hat er die meisterlichen Auftritte der Schauspielerin Simone Signoret verpaßt. Er wäre weit fortgelaufen, wenn er in den *Démons de l'aube* diese perverse Dirne gesehen hätte, die es fertigbringt, einen an einen Baum gefesselten Mann zu küssen, damit er weich wird und plaudert, oder wenn er die bittere Schärfe von *Manèges* zu Gesicht bekommen hätte, Allégrets neuesten Film, der im Herbst herauskommen soll!

Während er am Atlantik und Ärmelkanal von Casino zu Casino tingelt, sind es weder Gisèle noch Dédée, die sich seiner Vorstellung beharrlich aufdrängen. Es ist Henri Crollas Freundin, das Mädchen, dessen hartnäckige Widerspenstigkeit Paul Grimault amüsierte, und Jacques Préverts Schützling. Sie ist so anders, so erstaunlich, gebildet, provozierend und schüchtern. Ein Mädchen aus der „Familie".

Vom 18. November 1949 bis Silvester nimmt Montand wieder das „Etoile“ in Beschlag. Wie schon zwei Jahre zuvor hat er sich nur den zweiten Teil des Programms reserviert, eine Stunde, zwölf Chansons, und den ersten, die „vedette américaine“, Line Renaud überlassen. Dennoch ist dies kein x-beliebiger Jahrgang des Montandschen Seins, kein neuerlicher Auftritt unter anderen.

Darum nicht, weil er hier das im Laufe des Frühjahrs und Sommers geduldig getestete Programm nun im „wirklich großen Stil“ erprobt. Francis Lemarques Melodien werden sogleich zu klassischen Chansons (*A Paris* erobert zum erstenmal das Publikum eines großen Pariser Saals). Gleiches gilt für die „runden“, die „populären“ neuen Titel wie *Clémentine*. Das Prévert-Register allerdings läßt sich nach wie vor nur mit Mühe ausbeuten. Der schon in der Provinz im Cabaret oder in Vorstadtkinos unternommene Test erbringt auch in der Avenue de Wagram das gleiche Resultat: diese Titel werden recht kühl aufgenommen, nur die linken Zeitungen und die „intellektuellen“ Kritiker ermuntern Yves Montand, in dieser Richtung weiterzumachen. Alle übrigen spenden mitfühlenden Beifall und fügen ein Sätzchen etwa dieses Tenors an: „*Le Petit Cireur de Broadway* geht nur kraft des Talents und der magnetischen Ausstrahlung eines Interpreten ‚über die Rampe‘.“ [5]

Trotzdem: die Gleichung für die künftigen Récitals ist nun endgültig aufgestellt. Und während der Sänger noch darauf warten muß, daß jedes ihrer Glieder gleich große Begeisterung erweckt, trägt das Zusammenspiel des Ganzen ihm doch täglich einen Triumph ein.

Die Lawine von Arbeit mildert nicht das Dilemma, das Yves Montand die Luft abschnürt. Denn seit seiner Rückkehr nach Paris durchlebt er eine Liebesleidenschaft, die ihn gleichzeitig in Verzückung und in Schrekken versetzt. Simone Signoret und er haben, jeder für sich, ehrlich versucht, den Riß zuzunähen, der sich in Saint-Paul-de-Vence aufgetan hat. Vergeblich. Sie haben sich wiedergesehen, sie sehen sich wieder, immer viel zu sehr in Eile, glücklich, zusammen zu sein, unglücklich, es nicht mehr zu sein, verzehrt, erfüllt und frustriert.

Simone Signoret kann sich nicht dazu entschließen, einen Mann zu verlassen, an dem sie nichts auszusetzen, einen Stiefsohn, zu dem sie eine enge Bindung entwikkelt hat, und auch nicht, ihrem Töchterchen Unruhe zu bereiten. Beruflich läßt sie alles sausen. Nun war aber bis zu diesem Augenblick vorgesehen, daß sie nach Hollywood fliegen sollte. Nach dem Erfolg von *Dédée d'Anvers*, der sich auch in den USA fortgesetzt hatte, ist sie wie einst Montand von den „talent scouts“ der großen amerikanischen Filmgesellschaften angesprochen worden. Da sie, im Unterschied zu Montand, einen ausländischen Vertrag im Original lesen konnte, hatte sie die üblichen sieben Jahre Leibeigenschaft abgelehnt. Doch ein von Howard Hughes ausgesandter Agent hatte größere Überredungskraft entwickelt und ihr ein Engagement für vier Filme ihrer Wahl angetragen. Und sie mußte nun abreisen, um ihre Verpflichtung zu erfüllen.

Sie ist nicht abgereist. Ihr Leben lang sollte sich Simone Signoret, der es doch gewiß nicht an Ehrgeiz mangelt und die dies unter Beweis gestellt hat, indem sie sich in ungewöhnlichem Tempo eine herausragende Position eroberte, dieserart als fähig erweisen, mit einer gewissen Ungeniertheit ihre Karriere zu unterbrechen und, was noch ungewöhnlicher ist, sie mit Erfolg wiederaufzunehmen.

Es bedurfte einer besonderen „Leichtigkeit“ in der Ausübung des Metiers und einer ebenso großen Entschlossenheit im Privatleben, um sich auf das Zusammenleben mit einem Mann wie Montand einzulassen. Künstlerpaare füllen nicht nur darum die Spalten der Magazine, weil in ihnen Prominente aufeinandertreffen: da sie ihrem Wesen nach einem ständigen Hochdruck ausgesetzt und Opfer tödlicher Rivalitäten sind, steigern sich bei ihnen die häuslichen Ungewitter, die ein jedes

Paar erlebt, ins Hundertfache, und sie liefern das unerschöpfliche Schauspiel immer neuer Brüche und brutaler Konflikte.

Mit Montand ist dieses Risiko auf ein Maximum gesteigert. Alle Künstler sind egozentrisch. Schauspieler sind es mehr als andere. Music-Hall-Künstler mehr als Schauspieler. Und die drei oder vier wirklichen Spezialisten der One-man-show – und der Interpret der *Feuilles mortes* ist ihrer aller Vater – sind die egozentrischsten Leute im ganzen Music-Hall-Betrieb. Ihr Dasein ist nichts anderes als ein mehr oder weniger lockeres oder verkrampftes Auf und Ab, in dem unablässig Ideen gewälzt, um und um gewendet werden. Sie laufen die schrecklichste aller Gefahren – einsam in aller Öffentlichkeit zu „sterben“ –, und diese absolute Gefährdung berechtigt zu einem extremen Narzißmus, dessen Urheber und Opfer sie gleichzeitig sind.

Seit den Anfängen ihrer Beziehung hat Simone Signoret begriffen, daß mit diesem Mann die Spielregeln noch zwingender gelten, der Spielraum noch beschränkter sein wird. Es ruft bei ihr aber weder Verbitterung noch Unzufriedenheit hervor. „Die Leute haben geschrieben, daß ich ‚meine Karriere opfere‘“, wird sie später schreiben. „Ich opferte überhaupt nichts. Ich war lediglich schlau genug, nicht mein Leben zu opfern …“[6] Wenn sie dennoch lange zögert, so nicht aus diesem Grunde. Sie fürchtet lediglich, ihren Angehörigen eine ungerechte und allzu schlimme Pein zuzufügen. Was sie vielleicht zu der Entscheidung bringt, den Sprung zu tun, ist die Gewißheit, daß Montand selbst sich gleichfalls in Gefahr begibt, daß er keine andere Wahl hat, als mit ihr zu brechen oder zu verlangen, daß sie die Wahl trifft.

Sie berichtet es so: „Montand hat mir ein Ultimatum gestellt. Er hat mir erklärt, Damen, die nachmittags zu ihm auf Besuch kämen, hätte er schon genug gekannt; daß ich mein Bündel packen und zu ihm ziehen müßte oder daß es sonst nicht mehr der Mühe wert wäre, nicht einmal zu telefonieren … Er war herrlich frei von allen Fesseln, und diese Geschichte hat ihn getroffen wie ein Schlag auf den Kopf. Die Leidenschaft beschäftigt einen Menschen. Wenn man jeden Abend zu singen hat, ist es besser, man ist nur mit seinem Repertoire beschäftigt. Bei der Arbeit stört sie ungeheuer, die Leidenschaft."

Bei dem „Ultimatum", von dem die Rede war, handelt es sich nicht um einen Pokerbluff. Die Krise ist tief und langwierig genug, damit jeder der beiden sie sorgfältig analysiert. Montand verwahrt sich dagegen, daß er Simone zu dem Schritt habe zwingen wollen. Er selbst sah sich in die Enge getrieben.

Es war intensiv, heftig, es war eine Freude, ein Fest, und dann abends um sieben ging sie „nach Hause", „zu sich", also zu einem andern. Vielleicht hätte man das ein oder zwei Jahre lang leben können. Ich weiß nicht, ich glaube nicht, es war schon jetzt unerträglich. Ich habe meinen Agenten gebeten, sofort eine Tournee für mich zu organisieren. Er schlägt mir Casablanca, Algier und Tunis vor. Nicht schlecht, Casa, Algier und Tunis. Ich erkläre Simone, die sich immer noch dreht und windet, daß ich für zwei Wochen wegfahre und, wenn sie bis zu meiner Rückkehr keine Entscheidung getroffen hat, endgültig Schluß machen werde. Sie weint. Ich bin selber ganz krank, bin überzeugt, daß unsere Geschichte nun aus und vorbei ist. Am Morgen meiner Abreise läuft mir eine befreundete Journalistin über den Weg, eine Vertraute von Henri Crolla und Paul Grimault. Ich erkläre ihr, daß die Situation nicht mehr haltbar ist, unmöglich, daß sie keine Zukunft hat. Sie ist ganz außer sich vor Empörung, sie protestiert und schnauzt mich an: „Aber man hat nicht das Recht, sich einfach davonzumachen, ein solches Abenteuer abzuwürgen! Glück, das erfordert Zeit – alles kaputtschlagen, ehe man es wirklich versucht hat, das ist viel zu leicht …"

Genau das, was ich fürchtete, mir selber einzugestehen,

und was ich in meinem Innersten hatte hören wollen! Diese Worte gehen mir während der ganzen Reise im Kopf herum. Von Casa aus gebe ich einen Brief an Pierrot Prévert auf, in dem ich ihm all meine Trübsal anvertraue. Doch gleich bei meiner Ankunft in Algier schreibe ich an Simone. Sie antwortet auch, aber die Postverbindung ist zu unzuverlässig, als daß es zu einem Briefwechsel kommen könnte. Jetzt habe ich es eilig, heimzukehren, mein Engagement zu absolvieren und sie wiederzusehen. Diese Tournee, die ich selbst gewollt hatte, kommt mir endlos vor (zwischen Algier und Tunis wird das Flugzeug durch einen Sandsturm aufgehalten, wir sind zur Notlandung gezwungen und müssen in der Maschine schlafen, bis der Sturm sich legt).

Danach ziehen sich die Dinge nicht mehr lange hin. Ich bin wieder in Paris. Acht Tage später zieht Simone zu mir in die Rue de Longchamp. Yves Allégret erklärt sich einverstanden, daß sie Catherine mitnimmt und die Scheidung beantragt. Wir haben angefangen, zusammenzuleben. Fürs ganze Leben. Richtig.

Der „trübselige Brief“, den Montand an Pierre Prévert geschickt hat, ist nicht verlorengegangen. Er hatte ihn eingesteckt, ohne ihn noch einmal durchzulesen.

> Mein lieber Pierrot,
>
> Ach, es geht nicht gerade prächtig, weißt Du? Scheiße … Ich mußte meiner Phantasie gar zu viel Gewalt antun. Weil ich mir sage, daß es nicht sein darf … Daß ich meine Arbeit habe, sie ihr Kind … Und dann, ich sag Dir, dann seh ich sie vor mir, und dann gibt es nichts anderes – nichts anderes als sie … Das soll einer mal kapieren. Wir haben vier wundervolle Tage miteinander verbracht, weißt Du. Und das stimmt, weißt Du, vier herrliche Tage, wo sie entspannt war – lieb. Einfach alles.

Sie war auf dem Bahnhof, als ich ankam, und Du kannst dir denken, daß ich da sehr glücklich war, weil ich gedacht hatte, sie würde draußen im Auto auf mich warten, der Leute wegen; aber keine Spur: sie war auf dem Bahnsteig, in ihrem Regenmantel, ungeschminkt. Und dann hätten wir uns küssen mögen – und wir konnten nicht, weil diese ganze Truppe Blödmänner vom Festival im selben Zug war ... aber wir sind trotzdem nicht auseinandergegangen. Wir haben uns die Hand gegeben, und dann sind wir frühstücken gegangen, an der Place Dauphine, Henri, seine Frau, Bob, sie und ich.

Hier hör ich auf, denn ich will Dich nicht anöden. Bloß, weil ich schon Henri ununterbrochen mit dieser Geschichte in den Ohren liege, hatte ich das Bedürfnis, mich mal bei Dir auszuquatschen.

Ich umarme Dich herzlich, mein Pierrot, und alle übrigen auch.

Yves

Ich frag Dich nicht, wie es bei Dir mit der Arbeit steht, denn es wäre aus reiner Höflichkeit ...

Eine geschiedene Frau, das ist im Jahr 1950 nichts Besonderes mehr, durchaus nicht, aber sie erscheint doch mehr oder weniger als ein Zeichen von Widersetzlichkeit in jenem katholischen und geburtenfreudigen Frankreich, dem die Stabilität der Ehe als ein Schlüssel für den Wiederaufbau des Landes gilt. (Die Kommunisten äußern sich diesbezüglich übrigens kein bißchen anders.) Und dennoch, trotz des „Skandals" – Scheidung mag ja noch angehen, aber nur, wenn die Frau die Hintergangene ist, nicht die Ungetreue – sollte Simone Signoret in den Augen vieler Mitbürger, vor allem aber Mitbürgerinnen zu einem Symbol werden: sie ist schön, sie ist gebildet, sie ist Mutter und Gattin, sie beherrscht ihren Beruf in herausragender Weise, aber sie opfert auf diesem Altar dennoch nicht ihr privates Glück. Das Bild, das sie ausstrahlt, ist weder das der „fatalen“, kurzlebigen Filmdiva noch das des heiter-ausgeglichenen Heimchens am Herd, es ist reich, vielfältig, komplex, es kündigt Wandlungen an, die erst in den siebziger Jahren zu einer sichtbaren Erscheinung werden sollten.

Kein Paar sollte im Laufe von fünfunddreißig Jahren derart von der Presse und der französischen Öffentlichkeit bedrängt werden wie das Paar Montand–Signoret. Das Durchforsten der Zeitungen unter diesem Aspekt offenbart sich als Sturzflut wie als erbauliche Lektüre. Die beiden werden befragt nach Leidenschaft und nach Vernunft, nach Treue und Freiheit, nach Eifersucht, nach Geld, nach dem Altern, nach der beruflichen Verpflichtung und den Pflichten gegenüber den Kindern, nach dem öffentlichen Engagement und der intimen Existenz … Und das vom *Pèlerin* bis zur *Humanité*. Sie antworten – andeutend, aufrichtig, wahrscheinlich geschmeichelt, daß ihnen so viele Blicke gelten, verärgert, wenn diese Blicke indiskret werden, aber sie geben sich auch überhaupt keiner Täuschung darüber hin, welch ein Abgrund das Allgemeine vom Besonderen trennt, die intimen Reibereien von dem öffentlich bekundeten Zusammenhalt.

Selbst die Konfliktmomente in dieser Ehe werden noch ihrer Popularität dienlich sein: man liebt sie, weil sie sich über so viele Tief- und Höhepunkte hinweg geliebt haben bis zum Ende. Man liebt sie dafür, daß sie sich ertragen haben, wo doch ihre Charaktere sich nicht so leicht miteinander vertrugen. Man liebt sie dafür, daß sie sich versteckt und daß sie sich ausgeliefert haben. Man liebt sie in einem solchen Maße, daß Yves Montand sich nach Simone Signorets „Fortgehen“ (so nennen es die ihr Nahestehenden) gewissermaßen dafür entschuldigen muß, daß er weiterlebt, auch wenn niemand sich vorstellen kann, wie sehr er weiter mit ihr lebt.

Ein „musterhaftes“ Paar? Bestimmt nicht. Sehr gewiß aber eines, das Sinnbildcharakter erlangte. Seinen Weg aus der Nähe zu verfolgen heißt nicht, der Anekdote zu huldigen: es bedeutet vielmehr, über alle Unfälle und Schlaglöcher hinweg die Natur und die Kehrseite eines Mythos zu erkunden.

Catherine Allégret ist, das liegt auf der Hand, die erste und beste Zeugin (und das Produkt) dieses neugeborenen gemeinsamen Lebens. Sie erinnert sich daran mit einem Gefühl von etwas Selbstverständlichem. „Wenn ich ganz ehrlich sein soll, so habe ich den Eindruck, daß ich Montand schon immer gekannt habe. Ich habe keine Kindheitserinnerung, die in die Zeit vor der Begegnung meiner Mutter mit Montand zurückreicht. Wenn ich auf der Couch eines Psychiaters läge und als Kindheitstrauma das Eindringen eines Mannes in das Leben meiner Mutter erkennen sollte, so wäre das eine komplette Lüge. Er muß von Anfang an außerordentlich lieb zu mir gewesen sein. Er war es, der mich auf der Welt am meisten zum Lachen brachte. Und er war das Wesen, das ich am meisten gefürchtet habe. Ich hatte große Angst vor seinen Wutausbrüchen – dieser Mann hätte es verdient, Brüllendes Metall getauft zu werden, wissen Sie. Aber Mama und Montand, das war etwas ganz ‚Natürliches‘.“

Weniger „natürlich“ ist der Ort, an dem der Sänger und die Schauspielerin sich zunächst bewegen. Wie alle Orte ist die kleine Wohnung in der Rue de Longchamp mit einer Erinnerung versehen. Und sogar mit einer Archivarin: Monsieur Montands Haushälterin erträgt den dauerhaften Einzug einer Konkurrentin schlecht und rächt sich, indem sie in Simone Signorets Gegenwart die Anrufe von „Mademoiselle Ghislaine“ oder „Mademoiselle Chantal“ vermeldet ... Und die, für die diese liebenswürdigen Pfeile bestimmt sind, folgert unverzüglich: „Da ich schon einmal etwas Neues anfing, hatte ich Lust, es auch in einer neuen Umgebung anzufangen." Das Stadtviertel Neuilly Saint-James ist zweifellos eines der annehmlichsten, aber eine neue Liebe richtet sich lieber an einer neuen Adresse ein.

Doch selbst wenn man über ein komfortables Einkommen verfügt – ohne daß sie „reich" wären, Kapital angehäuft hätten, sind Yves Montand und Simone Signoret nun abgesichert gegen plötzliche Schwierigkeiten –, kommt es einer Herausforderung gleich, im Paris der fünfziger Jahre eine Wohnung finden zu wollen. Wieder einmal funktioniert das Geflecht der Beziehungen. Colette Crolla: „Mein Mann und ich, wir wohnten im Hotel Henri IV an der Place Dauphine. Ich war hochschwanger, und wir brauchten dringend eine größere Wohnung. Eines Abends, im ‚Montana', wohin Henri gegangen war, um Freunde spielen zu hören, hat uns jemand den Tip gegeben, daß eine Buchhandlung gleich neben unserem Hotel zu vermieten wäre. Wir haben sie besichtigt, es war phantastisch, aber zu teuer für uns. Und darum haben wir den Tip an Yves und Simone weitergegeben."

So entsteht die „Roulotte" („der Wohnwagen"), eine enge, reizende Wohnung, eingeklemmt zwischen dem Quai des Orfèvres und jener Place Dauphine, von der André Breton in *Nadja* schrieb, sie sei „einer der verborgensten Orte, die es in Paris gibt". Ein richtiger Platz mit richtigen Bäumen, unter denen in der Mittagspause die Arbeiter aus der Münze im Blaumann Boule spielen, während in den provinztypisch ausgestatteten Restaurants die Richter und Staatsanwälte aus dem Justizpalast speisen, versessen auf echte Andouillette und jungen Beaujolais. Dank dem glücklichen Zufall von Liebe und Freundschaft verwirklicht Simone Signoret einen Traum, der auch eine Herausforderung darstellte. In den Jahren des „Flore", der Misere, ihrer Anfänge als Statistin, war sie einmal mit Roger Blin und Fabien Loris gegenüber der Île de la Cité stehengeblieben, hatte, mit den Ellbogen auf die Ufermauer gestützt, die Häuser gezählt – sechzehn –, die den Bug der Insel schmükken, und ihren beiden Freunden versichert: „Eines Tages werde ich dort wohnen." Dieser Tag hatte gar nicht lange auf sich warten lassen.

Zwischen dem Scheitelpunkt von Montands Schädel und der Decke sind nur fünf Zentimeter Abstand; das winzige Arbeitszimmer des Buchhändlers zur Place Dauphine hinaus nötigt Catherine, sich mit einem Behelfsbett abzufinden; das Schaufenster zum Quai hin wird zum Verandafenster umgestaltet und durch ein paar Eisenstangen abgesichert (eine Konzession an die Prominenz der Inhaber); ein Raum darüber hingegen bietet ein schönes Schlafzimmer mit einem kleinen Fenster zur Seine. Wirklich geräumig ist letztlich nur der Keller. Yves Montand aber, der niemals etwas anderes kennengelernt hat als möblierte Zimmer oder Hotels und bei dem der Ehrgeiz hinsichtlich Wohnungseinrichtung die kleinste aller Sorgen ist (und bleibt), wird gerade durch die gemütliche Enge dieser Zweiraumwohnung verführt. Man kann mit Ach und Krach das Klavier neben der Wohnzimmertür aufstellen, gerade so viel Platz schaffen, daß man um einen rechteckigen Tisch herum essen kann, von der Arbeits- und Eßecke gerade noch eine Wohnzimmerecke abtrennen, dessen graubeigefarbene Sessel an die andere Wand gequetscht stehen. Aber eben das ist das Reizvolle.

Kein Architekt und kein Innenarchitekt werden gebraucht. Simone kramt in den Läden, paßt die Möbel einander an, so wie sie sich gerade aus ihren Funden ergeben, kauft statt hochquotierter Gemälde Bilder von Amateuren, deren Frische sie anrührt. Noch heute macht es den Charme der „Roulotte" aus, daß hier kein schnurgerade ausgerichteter Plan waltet, es ist ein Charme, der nicht mit voller Absicht gestaltet wurde, sondern sich aus aufeinander folgenden Sedimenten ergeben hat. Der Charme und die Spuren des Lebens selbst. An der Wand haben sich nach und nach süße oder weniger süße Reminiszenzen abgelagert – ein Kuß in der „Colombe", „Goldhelm" in all ihrer Herrlichkeit, Madame Rosa, verwüstet und rührend, Montand, wie er die Ovationen von Sowjets oder New-Yorkern entgegennimmt, Montand, den Hals von einem fürchterlichen Strick eingeschnürt, bei den Dreharbeiten zum *Geständnis*: Bilder, Freunde, Momente der Reue, Augenzwinkern und Ulk, der Krimskrams aufgehäufter Penaten, imaginärer Laren.

Die „Roulotte", das ist Luxus ohne Luxus, Chic ohne Prunk, Privileg ohne Zurschaustellung, Mahagoni und prachtvolle Bücher ohne Pose. Sie ist die vollkommene Illustration jenes profunden Geschmacks der beiden Montands, einer Schlichtheit, die nicht vorgetäuscht ist, und auch des mit Schuldgefühlen verbundenen Verhältnisses zum Geld, das sie nie loswerden. Catherine Allégret, die kluge Beobachterin, schildert mit Ironie, welch paradoxen, reichlich zwiespältigen Lebensstil sie damals pflegte: „Ich hatte kein eigenes Zimmer, weil wir auf drei Quadratmetern hausten. Zum Glück hatte ich die Place Dauphine, wenn es nicht regnete. Kein Wintersport, kein Tennis, kein Reiten (das waren alles Sportarten für die Reichen). Ich war in der Schule am schlechtesten angezogen, denn meine Mutter kleidete mich ausschließlich im Kaufhaus ‚La Belle Jardinière' ein. Das Taschengeld wurde mir sorgsam abgezählt. Aber die Einhaltung dieser Regeln half wahrscheinlich meinen Eltern, die Schuldgefühle betreffs ihrer wirklichen Mittel loszuwerden."

In der „Roulotte" formiert sich auch der engere Kreis neu. Ivo Livi ist damit aufgewachsen, daß als letzte Schutzwehr gegen Elend, Unsicherheit und Hunger stets der Zusammenhalt des Familienclans da war, der sich im abendlichen Zusammenfinden um den Eßtisch versinnbildlichte (wobei, wie immer das Menü und die Verpflichtungen der einzelnen aussehen mochten, die Bindung aller an die Familiengemeinschaft durch Pünktlichkeit garantiert wurde). „Für Yves", sagt sein Bruder Julien, „bedeutet die Essenszeit immer noch Marseille, die wieder zusammengeschweißte Familie. Unter der Lampe bleiben die Probleme draußen. Die Stunde gehört vorläufig dem guten Essen, dem Lachen, bis das Leben wieder seinen Lauf nimmt."

Simone Kaminker hat eine solche Tradition nicht als Erbteil mitbekommen und dies anfangs wahrscheinlich als eine Entbehrung erlebt. Ihr ist es vollkommen gleichgültig, wenn sie zu Mittag bloß einen Apfel ißt, und auf feste Zeiten kommt es ihr wenig an. Doch sie hat sich in der Intensität ihres gesellschaftlichen Lebens einen Ersatz geschaffen für das, was sie in Neuilly nicht kennengelernt hatte: für sie war der Freundeskreis ein ebenso zuverlässiger Clan wie der ursprüngliche (ja vielleicht ein zuverlässigerer). Sie hat es gern, wenn sich in ihrer Wohnung die Menschen drängen, pressen, eng aneinanderrücken müssen. Im fünften Stock an der Place Dauphine werden zwei Zimmer und ein Stück Dachboden frei: sie annektiert sie sogleich, aber nicht mit dem Ziel, daß man sich freizügiger bewegen kann, sondern damit sich noch mehr Menschen in der Enge zusammenfinden können. Im Warmen. „Mama hatte beschlossen, dort zu wohnen, und sie suchte nach dem kleinsten Loch, um hineinzuschlüpfen", faßt Catherine Allégret zusammen.

Das hat nichts mit „Bohème" zu tun. Das Paar Montand–Signoret hat keineswegs vor, eine „Künstler-Wohngemeinschaft" zu bilden. Es ist zugleich ungewöhnlicher und banaler: man ist eine Familie, in der freundschaftliche Bindungen ebensoviel zählen wie Blutsbande; man sucht nach Schönem, aber so viel Eleganz verlangt auch nach Bewohnern, sie kann sich nicht auf den Erwerb von Gegenständen und den Schmuck von Wänden beschränken.

Simone Signoret ist eine erbärmliche Hausfrau, aber eine wundervolle Gastgeberin. In dreißig Jahren ehelichen Lebens hat sie nur einmal, ein einziges und einsames Mal selbst ein Essen für Yves Montand zubereitet: Spaghetti (wie unbedacht von ihr!), die zu weich gekocht waren. Aber sie liebt es, Gäste zu empfangen. Und sie, deren Sippe nicht in erster Linie aus der Familie besteht, obwohl sie sehr an ihren jüngeren Brüdern hängt (einer, Jean-Pierre, wird für einige Zeit mit seinen beiden Kindern in den oberen Etagen an der Place Dauphine wohnen), sie ahnt, wie sehr dagegen für ihren Gefährten die Familienzugehörigkeit zählt, und so findet sie sich denn, neugierig und schüchtern, zur Zeremonie des Vorstellens bei der Familie bereit.

Da Montand weiß, daß seine Schwester überarbeitet ist, benutzt er einen Aufenthalt in der „Colombe d'Or", um sie dorthin einzuladen, dabei werden Lydia und Simone miteinander bekannt. Simone Signoret adoptiert ihre Schwägerin so gern, ist so sehr bereit, selbst ein Adoptivmitglied der Livi-Familie zu werden, daß sie es übernimmt, zusammen mit Lydia Erkundungen anzustellen, um ein Haus aufzutun, das Montand seinen Eltern schenken möchte. Gemeinsam grasen sie die Agenturen ab und durchstöbern die Annoncen, und sie werden in La Pounche, oberhalb der Gemeinde Allauch, das geeignete Häuschen finden, bequem und schlicht, in einer ruhigen Umgebung, der aber alles Gekünstelte abgeht. Dieses Haus wird seine Bewohner zufriedenstellen, ohne sie allzusehr aus Vertrautem zu reißen.

Die entscheidende Probe aber besteht darin, sich der vollzählig versammelten Marseiller Sippe auf deren eigenem Terrain zu stellen.

„Seit der Zeit im ‚Flore'", so gesteht Simone Signoret, „hatte ich in einem sogenannten ‚linken' Milieu gelebt und mich darin sehr wohl gefühlt. Aber ich hatte nie Berührung mit dem gehabt, was man die Arbeiterklasse nennt. Ich kannte sie eigentlich nur aus dem, was ich über sie lesen und was man mir über sie erzählen mochte. Ich war geradezu der Typus der ‚linken Intellektuellen', mit all dem ein wenig Lächerlichen, aber auch Hochherzigen, was darin steckt. Seltsamerweise brachte mir die Begegnung mit Montand die erste Gelegenheit, in die Welt der Arbeiter einzutauchen, in die sogenannte Welt der Arbeit, ins Proletariat, um nicht zu sagen, ins Subproletariat ..."

Hier nun entdeckt sie das Universum, das vom Heulen der Gaswerkssirenen geregelt wird, sie wird gepackt vom Gestank der Kutteleien, angerührt von der gewissen Koketterie, die Monsieur Livi der Ältere an den Tag legt, diesem Verlangen, als „jemand" erscheinen zu wollen, was nicht, oder nicht nur, „Mache" ist, sondern eine Art und Weise, die Respektabilität der armen Leute zu beweisen. „Als Montand mich dahin mitgenommen hat, saß ich zum erstenmal an einem Tisch mit Leuten, die allesamt in der Fabrik gearbeitet hatten ..."

Auch Julien läßt an diesem Tag, nach dem Mittagessen, nicht auf sich warten. Seit er aus Deutschland heimgekehrt ist, hat er seine politische Aktivität wiederaufgenommen, ist innerhalb der CGT-Gewerkschaft der Lebensmittelarbeiter rasch „aufgestiegen", zuerst zum hauptamtlichen Funktionär für die Region Marseille, dann gewählt worden zum stellvertretenden Generalsekretär im Landesmaßstab, was ab Sommer 1950 seine Übersiedlung nach Paris erforderlich macht. Juliens Frau Elvire, die ganz und gar nicht davon angetan ist, den Süden zu verlassen, beobachtet die Besucherin: „Oh, meine Schwiegermutter freute sich sehr, diese hübsche Dame zu sehen, die den kleinen Finger abgespreizt hielt, während sie ihr Hühnchen aß. Sie war rührend, Simone, ganz rührend! Sie verbarg ihre eigene Schüchternheit unter einer unglaublichen Wißbegierde, fand ebensoviel Spaß daran, zuzuhören, wie selber zu sprechen. Wenn jemand anfing, ihr seine Geschichten zu erzählen, dann wußte sie nach drei Stunden alles über ihn. Wenn es ihr selber genierlich war, dann merkte man das nicht: indem sie Fragen über Fragen stellte, wurde sie ihre eigene Geniertheit los und ließ auch die der anderen verschwinden."

Yves Montand ist glücklich, den Seinen eine unverhoffte Unterstützung anbieten zu können, aber er macht nun auch die Erfahrung, daß der Status des großzügigen Spenders – den er sein Leben lang beibehält – Zweideutigkeiten zeitigt, ein halbes Schweigen über manche Dinge, unechte Beziehungen. Die reichen Leute pflegen Umgang mit reichen Leuten, aber nicht immer aus Gleichgültigkeit oder Mangel an Vorstellungskraft anderen gegenüber. Vielmehr, weil der soziale Abstand, den das Geld schafft, mag es auch ganz legitim erworben sein und ehrlichen Herzens angeboten werden, mit perversen Symbolen befrachtet, durch Hintergedanken gestört ist, die alles verderben. Montand, der sich unendlich freut, die Ungerechtigkeiten des Schicksals zu mildern, entdeckt voll Verwirrung, daß es ebenso schwierig ist, zu geben, wie zu empfangen.

Wieder einmal ist es Simone, die vorschlägt, Elvire und Julien mitzunehmen in die Wohnung an der Place Dauphine. Das Paar befindet sich in nicht eben beneidenswerter Situation. Sobald er in den Landesvorstand seiner Gewerkschaft aufgestiegen ist, sieht sich Julien Livi, der nur ein bescheidenes Funktionärsgehalt bezieht, in größter Verlegenheit, für sich selber zu beschaffen, was er für andere fordert. „Wir wohnten zunächst in einem hundsmiserablen Hotel, dem Family Hotel in der Rue La Grange-aux-Belles", erzählt Elvire Livi. „Dann haben wir es geschafft, unsere Marseiller Wohnung gegen ein winziges Appartement in Saint-Maur zu tauschen, ohne den geringsten Komfort, nicht einmal eine Dusche gab es. Dort haben uns Yves und Simone nach ein paar Monaten besucht. ‚Hier könnt ihr nicht bleiben!' hat Simone gesagt. Und so fanden wir uns im fünften Stock an der Place Dauphine wieder, in einem großen, in zwei Räume unterteilten Zimmer mit Küche, Bad und Blick hinüber zum Panthéon."

Es ging nicht nur darum, dem Paar aus einer Klemme zu helfen. Eine Zelle gemeinsamen Lebens bildet sich heraus, die fünfzehn Jahre Bestand haben sollte. Jean-Louis stößt zu seinen Eltern (er ist fünf Jahre älter als seine Cousine Catherine, mit der er das Zimmer oben auf dem Dachboden teilt; als das Mädchen größer wird, belegt sie unten im Hause das mikroskopisch kleine „blaue Zimmer" am Ende der „Roulotte"). Julien und Elvire gehen früh am Morgen aus dem Haus, er zur CGT, sie zum Flugzeugmotorenwerk SNECMA, bei dem sie angestellt ist. Jean-Louis besucht das Lycée Charlemagne, Catherine die städtische Schule im Wohnviertel. Und beim Abendessen nimmt ein jeder, wie es sich geziemt, seinen Platz an der Familientafel ein: Montand hat den Vorsitz, Jean-Louis sitzt zu seiner Linken, Elvire zu seiner Rechten, Simone Julien gegenüber, mit Jean-Louis an ihrer Seite; und Catherine, solange sie noch nicht groß genug ist, um ihren Platz unter den Erwachsenen einzunehmen, ißt in der Küche mit der Frau zusammen, die man niemals die *bonne* (das Kindermädchen) nennt.

Die Haushaltsführung geht mehr schlecht denn recht. Mögen die Talente der Köchin, Marcelle Mirtilon, die sich in direkter Linie von ihrem kräftigen Ehemann, der in den Hallen arbeitet, mit Lebensmitteln versorgen läßt, auch eine Reise wert sein, so lassen sich doch die Arbeitszeit, das Temperament und die Zwänge, denen Leute von Bühne und Film unterliegen, nur schwer mit der notwendigen Sorge um die Kinder vereinbaren. Simone Signoret hat sich wohl um eine „nurse" bemüht, aber diese war von träger Gemütsart, sie ernährte Catherine mit Ölsardinen und ließ sie im Regen am Portal des Justizpalastes stehen. Drei Jahre sind so vergangen, da steigt die Schauspielerin eines Tages zu ihrer Schwägerin nach oben.

„Hör mal, du mußt dich um meinen Haushalt kümmern.“

Elvire Livi – von Catherine Allégret „Tatie“ gerufen und von Simone Signoret selbst als „die zweite Mutter“ ihrer Tochter bezeichnet – zögert zunächst, dann aber gibt sie die SNECMA auf und übernimmt die Leitung des „Kibbuz“. Sie sorgt dafür, daß die Haushaltskasse stimmt, sie erneuert jeden Dienstag die Blumen, sortiert die Post und antwortet den Fans (ja sogar den Verfassern von Schmähbriefen), sie notiert die telefonischen Nachrichten, beherbergt Catherine, wenn eine Reise, ein Récital oder Dreharbeiten anstehen (also beständig), und überwacht die gewissenhafte Zubereitung der Diätmenüs, die sich Montand auferlegt, wenn er sich auf ein neues Engagement vorbereitet.

Es wird viel gelacht, viel gearbeitet, man hat sich sehr gern. Das Schiff, das da am Pont-Neuf vertäut liegt, erscheint zuverlässig, gemütlich, solide.

Simone Signorets Filmographie weist für die dreißig Monate, die auf ihren Entschluß folgen, Yves Montands Dasein zu teilen, eine markante Lücke auf. Abgesehen von zwei kurzen, aber brillanten Auftritten in Max Ophüls' *La Ronde* (sie spielt, am Anfang mit Serge Reggiani, am Ende mit Gérard Philipe, die Rolle einer ... Prostituierten), dreht sie nur in zweitrangigen Filmen *(Le Traqué, Ombre et Lumière)*. In Wirklichkeit wird fast ihre gesamte Zeit von ihrer Funktion als *groupie* in Anspruch genommen. Den Beinamen *groupie* wird ihr zehn Jahre später Jean-Christophe Averty ironisch anhängen, als dieses Wort in Mode kommt.

Diese inbrünstige Emsigkeit, allein aufs Konto der Liebe zu sehen, wäre ein halber Irrtum. Simone begleitet Montand, weil sie ihn wahnsinnig liebt. Und sie begleitet ihn, weil sie vollkommen fasziniert ist. Wie viele Schauspieler, die lediglich Filmstudios kennengelernt haben, ist sie verblüfft über die Gewalt und die Zerbrechlichkeit der Beziehung, die sich zwischen dem Music-Hall-Künstler und seinem Publikum herstellt. In den Filmateliers kennt man andere Schrecken, andere Euphorien. Dieser direkte Zugang zum Herzen aber, diese körperliche Umarmung, diese Entkleidung, für die es kein Äquivalent, außer vielleicht ein sexuelles, gibt, sind in anderen Sphären unbekannt. Von ihrer Begegnung in Saint-Paul-de-Vence, von ihrem ersten Abend im „Théâtre de Verdure" von Nizza an ist die Schauspielerin in den gespannten Zustand eines Menschen eingetreten, der das fürchterliche Lampenfieber des ohne Netz auftretenden Sängers teilt.

Simone Signoret hat eine sehr sonderbare Eigenart: Bewunderung zu empfinden verschafft ihr ein ebensolches Glücksgefühl, wie welche zu erwecken. Eine Veranlagung, die nicht frei ist von einem aristokratischen Touch (man ist unter Leuten von Rang). Und die nicht abstumpft. Selbst im Cabaret, wo die Übung weit weniger spektakulär ausfällt, erfüllt sie ihre Aufgabe als Groupie mit strahlender Beständigkeit. Alles amüsiert sie, und alles macht ihr Angst.

Sie wählt einen respektvollen Ton, wenn sie das Zeremoniell schildert, das dem Auftritt ihres Champions in der Arena vorangeht: dieses langsame Sichlösen vom Lauf der Dinge, dieses Intervall der Sammlung, die notwendige Parenthese, die zwischen den Gang der Wirklichkeit und den der Partitur geschoben werden muß. Die Akteure des japanischen No-Theaters sind vom Morgen an in dem Saal, an dem sie sich abends produzieren. Montand möchte es ihnen am liebsten gleichtun. „Wenn er um 9 Uhr singen muß, ist er um 7 Uhr im Theater. Aber bereits ab 6 Uhr nachmittags ist er, wo immer er sich aufhält, nicht mehr da, wo er ist. Er ist woanders und bereits ganz allein. Anfangs war das sehr schwer zu begreifen. Plötzlich war es so, als ob er mich verlassen hätte. Er war noch da, aber er war weit weg. Ich habe eine Weile gebraucht, um zu begreifen, daß man nach 6 Uhr nicht mehr sprechen durfte. Ich mußte verfügbar sein, unsichtbar, aber vor allem nicht woanders."

Dann kommt, was sie, ein Wort aus dem Stierkampfvokabular entlehnend, die *cuadrilla* nennt: die Musikertruppe erweist ihrem „Chef" den Gruß, welcher in diesem Augenblick kein Chef mehr ist, sondern ein seltenes Exemplar, das vor die anderen treten und den ersten Kontakt einheimsen wird, „mit nichts in den Händen, nichts in den Taschen" (so lautet der Refrain eines neuen Chansons). Man flachst herum, aber obenhin, ohne sich lange dabei aufzuhalten. Montand wärmt mit Crolla seine Stimme auf: der Freund und Gitarrist ist vor dem Aufziehen des Vorhangs viel mehr als ein virtuoser Techniker; er dient ihm als Maskottchen, seine Anwesenheit ist das Zeichen, daß alles gut verlaufen wird; der Sänger würde niemals vor die Menge treten, bevor Crolla ihm nicht rasch, mit fast abergläubischer Geste über den Kopf gestrichen hat.

Simone weiß, daß sie sich entfernen, sich in Reichweite, aber im Abseits halten muß. Zweifellos, um die Macher der Show in Ruhe zu lassen. Aber noch aus einem viel komplexeren Grund: wenn Montand in dieses Stadium gelangt ist, dann ist er nicht mehr *einer*, dann ist er auf einmal in Anspruch genommen von der merkwürdigen Doppelexistenz eines *Ich* und eines *Er*. Drei Jahrzehnte später wird Jorge Semprun, als er den Sänger ins „Olympia" und danach auf seiner Welttournee von 1982 begleitet, Gleiches feststellen: „Manchmal wandte er sich an sich selbst. In dem Fall sprach er mit sich in der dritten Person: ‚Hier hat *er* einen Blackout gehabt.' Oder: ‚*Er* hat zu spät eingesetzt.' Irgendeine andere kritische Anmerkung zu seiner eigenen Arbeit am Vortag, aber immer in der dritten Person ... Als könnte er in dem Augenblick, da er er selbst, *Ich*, Montand, wird, von sich selbst nur noch diese dritte Person der Distanzierung, des Risses erfassen. *Er* kommt von hier, *er* bleibt da stehen, *er* geht bis an den rechten Rand."[7] Der Music-Hall-Künstler – auf jeden Fall der Künstler Montand, der der Schöpfer seiner eigenen Inszenierung ist – gehört sich nicht selbst oder ist, genauer gesagt, dazu bestimmt, sich zu verdoppeln, um die Kontrolle über sich zu behalten.

Einige in Wochenschauen gezeigte Filme (namentlich ein 1956 gedrehter sowjetischer Dokumentarstreifen) zeigen Simone Signoret, wie sie ihren Mann umarmt, während die drei Gongschläge hallen, oder wie sie ihn von hinter der Bühne beobachtet. Das Bild ist ergreifend, aber trügerisch. Wenn die Show begonnen hat, zieht es Montand in der Regel vor, daß die Seinen aus dem Hinterhof verschwinden und sich mit der Menge vermischen. Seine Angehörigen haben übrigens bemerkt, daß er genau in dem Augenblick, wenn er in das Spektakel eintaucht, eine Art Abschiedsgeste zur Seite hin vollführt, die niemandem konkret gilt, weder den Technikern noch der Garderobière, sondern die ihm wahrscheinlich hilft, sich loszureißen, sich dem Monstrum zuzuwenden, das ihn erwartet. Zu wissen, daß ihm hier oder da (er muß nicht wissen, wo genau) liebende Blicke zugewandt sind, verändert die Annäherung an das Monstrum auf unglaubliche Weise, macht es vielleicht nicht gefügig, aber zumindest zugänglich. Das Hindernis Bühne erhebt sich so nackt vor ihm, daß dies eine ganz innerlich wirkende Sicherheit bleibt: im Saal selbst nimmt der Sänger nur die nebensächlichsten Vorgänge wahr – eine Platzanweiserin, die im Hintergrund die Tür aufmacht, ein lästiges Hüsteln. Wenn er das Ungeheuer zähmen will, und er ist ja da, um dies zu wollen, so stellt die Unterstützung durch unsichtbare Komplizen einen gewaltigen Trumpf dar.

Wenn schließlich alle Vorhänge ein Ende haben, ist die Mission der Groupie noch nicht erfüllt. Ihr Idol entspannt sich selbstverständlich, verschnauft, empfängt Blumen und Besucher in der Garderobe, läßt sich nach der strengen Anforderung durch das Kostüm in den lose umgeworfenen Morgenmantel sinken. Aber er muß erst noch behutsam, etappenweise, wieder festen Boden unter den Füßen gewinnen.

Simone Signoret erinnert sich, daß sie nach diesem Aspekt später auch Jacques Brel befragt hat. Brel, der an dreihundert Tagen im Jahr Triumphe feierte, hat die ideale Gefährtin wie folgt definiert: „Sie muß vorher da sein, ohne daß man sie sieht; sie muß während des Programms im Saal sein; sie muß am Schluß da sein, aber in dem Moment verschwinden, wenn die Leute in die Garderobe kommen; sie muß flink nach Hause eilen, etwas zu essen machen, muß auf dem Treppenabsatz stehen, wenn ihr Kerl eintrifft, und rufen: ‚Bravo, bravo, es war noch besser als gestern!‘ …“ Und er setzte hinzu, eine solche Frau gebe es nicht. Simone Signoret stimmt dem zu, meint aber, daß sie es zumindest „halbwegs“ war. Ihr Mann urteilt, sie sei es ganz gewesen.

Sie war es zunächst im Cabaret, dem letzten Cabaret, mit dem Yves Montand einen Vertrag abgeschlossen hat. Im April 1950 tritt er als Star im „Baccara“ auf, und Simone, die Unersättliche, die begeistert ist von diesem ethnologischen Abstecher, begleitet ihn allabendlich in seine winzige Garderobe mit Sperrholzwänden, nimmt eilends ihren Platz hinter der Bar ein, wenn der Maître d'hôtel ihr ein Zeichen gibt, ist glücklich, wenn „gute“ Dinergäste im Lokal sind, und unglücklich, wenn dem nicht so ist, und es wird ihr von den Kellnern ein intuitiv erahntes Gesetz bestätigt: ein musikliebendes Publikum ist auch ein gastronomisch interessantes; ein unaufmerksames Publikum verzehrt auch nicht besser, als es zuhört …

Zu dieser Zeit dreht sie in einem Kriminalfilm unter der Regie von Frank Tuttle: *Le Traqué* (Der Verfolgte). Sie kommt erst um drei Uhr morgens ins Bett, steht um sieben wieder auf, um ins Studio zu fahren. Montand holt sie am späten Nachmittag ab, krank vor Eifersucht – es ist stärker als er –, wenn er sie, den Erfordernissen des Films gemäß, in verführerischem Aufzug in den Armen eines Partners überrascht: er muß sich stets selbst überwinden, um die Notwendigkeiten des Berufs einzusehen, die Entblößungen, die ihre Funktion haben, die vorgetäuschten Küsse. Sie schlafen beide wenig, er wie sie, sie sind dreißig, sie zanken sich, sie beten sich an, sie vergnügen sich. Die Groupie löst sich aus jeglichem Engagement und schließt sich seinen Tourneen an (bis nach Rio de Janeiro), genießt das Geschucker des Nomadenlebens, die Witzeleien zwischen zwei Stationen, das Neonlicht der Festsäle, die Musik in den Rohrleitungen der Hotels, die unvorhersehbaren Zwischenfälle in der Provinz oder im Ausland, die Mahlzeiten im Stehen.

Für Simone war der Blick hinter die Kulissen der Music-Hall etwas Traumhaftes. Sie hatte nie Theatertourneen kennengelernt und fand dieses Hasten von Stadt zu Stadt, bei dem du jeden Tag wieder neu dein Nest bauen mußt, komisch und aufregend. Da kommst du in einem x-beliebigen Zimmer an, mit einem geblümten Bettüberwurf, einer von dieser Nachttischlampen, die kein Licht geben, dem kleinen Bad, in dem die ganze Nacht hindurch die Abflußrohre gurgeln. Du packst ganz schnell deine Toilettenartikel aus, deinen Morgenmantel, um dir diesen Ort zu eigen zu machen, damit diese Stadt zu der Stadt wird, in der du singen wirst. Du ißt zu Abend in einem Bistro, und es ist noch immer ein fremdes für dich. Erst nach der Vorstellung hast du dir – vielleicht – den Ort erobert. Außerdem erwartet dich in deinem Zimmer deine Zahnbürste. Tourneen sind strapaziös, aber wenn man jung ist, und wir waren es, ist es auch sehr lustig.

Wunderbar ist es, daß ich nun abends nicht mehr ein leeres, kaltes Nest vorfinde. Davon bin ich jeden Tag neu überrascht, überrascht von der Freude, mit jemandem zusammen zu sein, der mit mir lacht, mit mir weint – ich bringe sie auch zum Weinen, die Simone, ich schnauze sie fürchterlich an, wegen eines Ja oder eines Nein gebe ich mich, wie alle darstellenden Künstler, gereizt, grausam, ich neige zu ungerechten, jähen Stimmungsumschwüngen, mit denen ich meine Bangigkeit vertreibe.

Ich weiß nicht mehr, wer gesagt hat: „Die Frauen sind verliebt, und die Männer sind einsam: und sie rauben sich gegenseitig die Einsamkeit und die Liebe." Diese Neigung zum Alleinsein, die mich anfangs dazu trieb, Simone zurückzustoßen – wo ich doch in sie verliebt war –, begreife ich als das unbewußte Verlangen, mir die Traurigkeit zu erhalten, die mich innerlich zerreißt, aber die mir vielleicht hilft zu singen.

Und dann merke ich, daß das Glück ebenfalls Kraft gibt, daß es wunderbar ist, ein Lied zu singen, das sie liebt, und in dem Augenblick, da ich es singe, das zu empfinden, was sie beim Hören empfindet. Ich sage ihr immer wieder, daß das eine, was ich noch möchte, darin besteht, Erfolg zu haben beim Film. Und sie erklärt mir, das wäre ein Fehler: hier bin ich nur mir selbst und dem Publikum verpflichtet, ich brauche keinen Regisseur und keinen Drehbuchschreiber, das ist toll. Ich beharre auf meiner Ansicht, sie auf der ihren, wir verbeißen uns stunden- und tagelang in diesen Streit.

Während ich singe, bleibt sie nicht in den Kulissen. Ich will nicht, daß die Menschen, die mir lieb sind, an meiner Seite bleiben. Es ist mir lästig. Die Bühne, das ist ein Schiff, sie gehört ganz der Show, den Leuten, sie darf von niemandem belegt werden. Zu Beginn jeder Vorstellung ziehe ich meinen Ehering vom Finger. Doch Simone im Saal zu wissen, das ist eine vollkommene Freude, eine Freude, die mich trägt.

Diese Dialektik aus Einsamkeit und Glück sollte ihm die allerbeste Ernte einbringen. Ab Montag, dem 5. März 1951, steht das „Théâtre de l'Etoile" Yves Montand für seine erste komplette One-man-show zur Verfügung. Keine Jongleure mehr, keine Balancekünstler, keine Ansagerin und keine „vedette américaine“ als Vorprogramm. Er hat beschlossen, das ganze Risiko allein zu tragen, mit zweiundzwanzig Chansons und zwei Gedichten.

Und er hat sogar das Mittel ersonnen, um auf der Bühne noch mehr allein zu sein, als er jemals war. Er hatte im Gedächtnis behalten, wie Edith Piaf seit dem „Moulin Rouge“ im Sommer 1944 Claude Normands Orchester hinter sich Platz nehmen ließ, damit keine Klangmauer sie von den Zuschauern trennte. Montand übernimmt dieses Rezept, vervollkommnet es aber noch: zwischen seinem Quintett und sich selbst läßt er einen wassergrünen Tüllvorhang aufziehen, so daß die Musiker unbehindert seinem Tempo folgen können, ohne daß ein Effekt des Schlagzeugers oder ein Wogen des Kontrabasses das Augenmerk des Saales von ihm ablenkt. Ein paar Miesmacher werfen ihm vor, daß er dieserart seine Mitarbeiter „verstecke“ (die er doch traditionsgemäß alle namentlich vorstellt). Montand läßt sich, im Einklang mit Bob Castella, davon nicht irremachen: sein Récital ist ebensosehr eine visuelle wie eine gesungene Show; die Methode vergrößert sogar noch die Wirkung – später ist die Verwendung des Tülls dann zu einem klassischen Mittel geworden.

„Ich glaube, ich habe, was mich betrifft, die Formel auf den Punkt gebracht“, äußert Montand vor der Generalprobe einem Journalisten von *France-Soir*[8]. „Und was heißt das?“ fragt der andere zurück. „Kein Blablabla. Chansons.“ Mehr als hundert Vorstellungen danach, Ende Juni, als sich der Vorhang über diesem Programm endgültig senkt, beharrt er auf dieser Ansicht und präzisiert sie noch: „Was mich an einem Chanson vor allem interessiert, ist der Text. Ich arbeite vor allem andern mit dem Text.“[9] Die Presse stellt fest, daß zu dem Zeitpunkt, als er sein Récital zu beenden beschließt, die Theaterkassen noch immer gestürmt werden. Zu jeder Vorstellung drängen sich 1700 Zuschauer im Saal, aber Tausende andere wären bereit, ihren Platz einzunehmen. Am 27. Juni prügelt man sich am Einlaß, um mit Gewalt noch eine letzte Chance zu erhalten, dem Helden der Saison zu applaudieren.

Der Erfolg ist von der Premiere an gesichert. Alles, was Rang und Namen hat in der Welt des Theaters, des Films, des Varietés, sitzt dichtgedrängt vor ihm: Georges Auric, Jacques Becker, Bernard Blier, Martine Carol, Marie Daems, Henri Decoin, Suzy Delair, Danièle Delorme, Jean Gabin, Odette Joyeux, Paul Meurisse, François Perier, Madeleine Sologne, Erich von Stroheim ... Montand sagt, daß die mondäne Gesellschaft und ihre ermunternden Zusprüche, von denen manche auch geheuchelt sind, ihn zugleich anrühren und verlegen machen. Gewiß ist er geschmeichelt, anerkannt zu sein, gerührt, daß die Freunde sich herbemüht haben, bewegt, daß er in der dritten Reihe, zwischen Eddie Constantine und Charles Aznavour, Edith Piaf erblickt. Aber er haßt immer den Anfang. Was er mit kennerischer Vorfreude erwartet, ist jenes nach fünf, sechs Tagen sich meldende innere Signal, welches ihm verkündet, daß die Angst sich zu legen beginnt, daß er die Show jetzt voll im Blut hat, daß er von nun an seine „wahre" Lust freisetzen kann.

Wie üblich durchforstet er mit wachsamem Eifer die Presse, hält Ausschau nach Kritik, die ihm eine Anregung geben, zur Korrektur eines schiefen Details veranlassen könnte. Aber diesmal schreitet er unter einer Sturzflut von Lorbeeren über einen endlos langen roten Teppich. Alle Stimmen zusammen ergeben ein Phantombild, das sich ziemlich weit von jenem Bild entfernt, das er in seinen Anfängen zurückgeworfen bekam: er wird einhellig befördert zur „Nummer Eins des populären Chansons"[10], als „modern", „menschlich", „athletisch" bewertet, als zugleich „ernst" und „komisch". Manche meinen, allzu ernst. Die wenigen Vorbehalte gelten diesem Punkt und sind nicht frei von ideologischem Mißvergnügen. „Das Unglück will, daß dieser amüsante Montand auch der feindliche Bruder eines andern Montand ist, der sich bisweilen gar zu ernst nimmt und, mit den *Lettres françaises* in der Tasche, dann sein Langweilerrepertoire hervorkramt ...", murrt *L'Aurore*[11]. „Schade, daß über diesen düsteren Alleen nicht öfter ein Fetzchen blauer Himmel auftaucht, daß der Künstler sich allzuoft im Gestus eines falschen Messias gefällt", predigt ihm *La Croix*[12].

Diese Hiebe gelten dem „roten" Ivo Livi und drücken die Verärgerung eines Teils der Öffentlichkeit darüber aus, daß die linken Künstler immer unübersehbarer in den Gärten der Kultur umherwandeln. 1951 ist das Jahr, in dem Gérard Philipe auf dem Festival von Avignon den *Cid* spielt, in dem Jean Vilar zum Intendanten des Théâtre National Populaire ernannt wird, in dem Hubert Beuve-Méry, der Gründer der Zeitung *Le Monde*, über seine Widersacher von rechts den Sieg davonträgt, in dem Sartre dem Theaterpublikum sein Stück *Der Teufel und der liebe Gott* vorsetzt ...

Trotz alledem ist die Bemerkung nicht ganz unbegründet. So wie Yves Montand zwischen schwachen und starken Tempi wechselt, so vermischt er auch die Genres und die Klangfarben. Die One-man-show erlaubt ihm, weiter in Richtung Rosa und weiter in Richtung Schwarz auszuschreiten als sonst. Neben das *Dis-moi, Jo* von Jean Cosmos (zu einer Musik von Henri Crolla), neben Francis Lemarques *Cornet de frites*, neben die *Clémentine* mit ihren „braven kleinen Brüstchen" setzt er die beunruhigenden *Actualités* von Albert Vidalie und Stéphane Goldmann: „Hundert Bergarbeiter schreien unter der Last eines Kontinents, darüber wälzt sich ein Regiment, nur zehn bleiben übrig am End ...".

Beim Prévert-Register ist die Partie endgültig gewonnen. *Les Feuilles mortes, Les Enfants qui s'aiment, Le*

Petit Cireur de souliers de Broadway werden allabendlich verlangt. Ein Grund mehr, den Sieg zu nutzen und den Nagel noch tiefer einzuschlagen. Ein Jahr zuvor ist *Barbara* mit einem Grand Prix der Schallplatte ausgezeichnet und damit die Popularität des Gespanns Prévert-Kosma anerkannt worden. Marianne Oswald, Yves Robert (in der „Rose Rouge"), Cora Vaucaire, Juliette Gréco, die Frères Jacques und Montand haben das Lied gesungen und das Ohr des Publikums allmählich an diese sich nicht reimenden Reime und diese arhythmischen Rhythmen gewöhnt.

Aber – und das ist typisch für Montand – eben weil *Barbara* jetzt unangefochten ist, sucht er nach einem Mittel, es anders anzugehen. Und er findet seine Lösung: Préverts Gedicht ist durch Kosmas schöne Musik allzusehr versüßt, geglättet. Er wird es einfach rezitieren, ohne eine einzige Note, in die Stille hinein, und er wird ebenso das Gedicht *Le Peintre, la Pomme et Picasso* (Der Maler, der Apfel und Picasso) rezitieren, das ein Theaterstück en miniature darstellt. Im Cabaret ist das bereits gängige Praxis. In der Music-Hall, vor Tausenden von Zuschauern ist es etwas Niedagewesenes.

Die Kritiker heben hervor, daß er seine Kunstgriffe zunehmend sparsamer einsetzt, und sie begrüßen das. Montand bleibt verhalten, gesammelt, bewegt sich nur, wenn die Mimik starke Erregung auszudrücken hat (*Les Enfants qui s'aiment* trägt er mit sorgsam eingehaltener, strenger Unbewegtheit vor). Der grell im Gegenlicht stehende Gekreuzigte aus *La Grande Cité* wird bald aus dem Programm gestrichen: allzu spektakulär, allzu „blutig". Und was in *Clémentines* „leichter Bluse" steckt, wird nur mit einem Finger angedeutet, wo andere die „Melönchen" der Dame mit gerundeten Händen gepriesen haben würden.

Auf diesem Weg behebt der Künster allmählich ein Mißverständnis: das Publikum, an Marcel Pagnol orientiert, hat lange Zeit geglaubt, ein Südfranzose, vor allem wenn er mit Akzent spricht, wenn er tanzt und lacht, sei eine extrovertierte, redselige, überschwengliche Person, die ein bißchen was von der warmherzigen, flinken Großmäuligkeit des Marseillers aus dem Alten Hafen nach dem Norden transportiert. Bei Montand bekommt es das komplette Gegenteil geliefert. Niemand ist verschwiegener als ein Marseiller. Niemand verhaltener als ein Toskaner. Die Mittelmeermenschen genießen den Schatten – und sie haben bessere Gründe dafür als die Engländer. Yves Montand gelingt es endlich, seine wahre Natur zu entäußern, bei der ein sorgsames Bemühen um Eleganz überwiegt, das bloße Andeuten mehr als das Herausstellen der Botschaft. Der schwierigste Schritt wird vielleicht am wenigsten bemerkt. Dies ist letztendlich die Rechtfertigung für seine minutiöse Vorbereitung, seinen „Perfektionismus“: die Askese gestattet es, nur zu skizzieren, wo die spontane Verlockung darin bestünde, zu akzentuieren.

Was die eigentliche Auswahl der Chansons betrifft, macht Montand kein Geheimnis daraus, wovon er sich leiten läßt. Sowohl dem *Figaro* als auch der *Humanité*[13] gegenüber gibt er eine ganz einfache Maxime zum besten: ein gutes, ein „populäres“ Chanson schafft es, das gesamte Publikum zu vereinen, woher es auch stammen mag. Der Fehler bestünde darin, eine Demarkationslinie zu ziehen zwischen den beiden Seine-Ufern, Abstufungen zu markieren in der Vornehmheit des Verses, das eine oder andere Lied jeweils einem bestimmten Teil des Saales zuzugedenken: Prévert dem Parkett und *C'est si bon* dem dritten Rang. Der „singende Prolet“ steht zwar ebenso wie sein Bruder von der CGT für die gerechte Sache der Verdammten dieser Erde ein und sieht die Notwendigkeit einer Befreiung durch Gewalt, aber in ästhetischer Hinsicht gehorcht er instinktiv einem „klassenübergreifenden“ Konzept: das Schöne ist weder bürgerlich noch kleinbürgerlich, noch proletarisch, das Schöne ist subversiv, weil es schön ist, es gehört allen, vorausgesetzt, daß es der Sensibilität aller dargeboten wird.

Parallel zu seinem Récital erkundet Montand neue Pfade. Der Komponist Louis Bessières bringt ihm eine Musik, die für Apollinaires *Saltimbanques* (Gaukler) bestimmt ist. Der Sänger und seine beiden Mitstreiter Bob Castella und Henri Crolla sind begeistert. Ob sich Montand noch erinnert, daß er bei Kriegsende nicht fähig war, die Apollinaire-Bändchen zu lesen, die Henri Contet ihm geliehen hatte, schon gar nicht eins wie *Alcools*? Nun ist ihm klar geworden, daß diese Texte weder avant- noch arrièregardistisch sind, daß sie weder das Schwert zu einem Kreuzzug darstellen, noch daß ihnen der Duft der Privilegierten anhaftet: man muß sie nehmen, weitervermitteln. Dringlich.

Die Show von 1951 ist ein Schlüsseldatum in seiner Laufbahn. Nicht nur, weil sie eine ansehnliche Serie von Récitals bei stets ausverkauften Kassen einleitet. Zum erstenmal ist der Sänger Montand ganz er selbst. Er hat die „richtige Wellenlänge" für sich entdeckt: er kehrt nicht mehr zum Nummernrepertoire zurück. Er hat eine Gruppe von Musikern um sich versammelt, die ganz nach seinem Geschmack jazzen. Er hat sich ein ausgedehntes Repertoire aufgebaut, dank Autoren, die Fährleute sind und von einem zum andern Genre zu wechseln verstehen. Er hat sich an empfangenen Einflüssen bereichert und sich von ihnen abgehoben. Er hat alles. Was sollte er noch erträumen?

9

Er träumt davon, den Durchbruch beim Film zu erzielen. Hartnäckig. Doch er gedenkt nicht, noch ein weiteres Mal die Demütigung zu erfahren, daß man ihn wie einen ungeschickten Anfänger empfängt, wo er doch auf der Bühne als ein gesicherter Wert gilt. Simone Signoret hilft ihm, zu begreifen, weshalb ihm der Sprung von der einen Kunstübung zur anderen so schwerfällt. Ihre Argumentation beruht auf zwei Überlegungen. Erstens schlüpft man auf dem Theater oder vor der Kamera nicht „in die Haut" einer anderen Gestalt – es ist die Rolle selber, der andere, der dir die fleischliche Hülle raubt, das Hirn, die inneren Wirren, er borgt sich von dir die Haut aus. Zweitens, der klassische Schauspieler und ein Experte der One-man-show befinden sich in diametral entgegengesetzter Position: „Eine Persönlichkeit der Music-Hall zu sein", so erklärt sie, „ist das Gegenteil vom Schauspieler-Sein, auf der Bühne bist du du selbst, in einem persönlichen Kostüm, du arbeitest mit einem selbstgewählten Repertoire, mit von dir ausgewählten guten Musikern, mit einer von dir festgelegten Beleuchtung. Du erhebst den Anspruch, ein Publikum zu amüsieren, zu bewegen, zu fesseln, das gekommen ist, dich in *dir selbst* zu sehen ..."

Da er sich an eine so große Kluft zwischen beiden Gattungen nicht gewöhnen kann, ist Montand seit seiner Begegnung mit Simone keinerlei filmisches Risiko mehr eingegangen. Er war nur jeweils in einer Gesangsrolle in einigen zweitrangigen Werken sowie in einem hübschen Episodenfilm, *Souvenirs perdus*, zu sehen, den Christian-Jaque 1950 gedreht hat.

Während seines Récitals im „Etoile“ wird Montand von Henri-Georges Clouzot angesprochen. Der ist gerade aus Lateinamerika zurückgekehrt und hat vor, eine filmische Fassung des Abenteuerromans *Le Salaire de la peur* (Lohn der Angst) von Georges Arnaud zu realisieren. Es ist eine Geschichte von ein paar armen Teufeln, tramps, halb Gauner, halb Bettler, die ohne einen Heller in irgendeinem nicht ganz glaubhaften Guatemala gestrandet sind und sich, vom Elend und der Tropenhitze gepeinigt, darauf einlassen, zwei Lastwagen voller Nitroglyzerin zu einer brennenden Erdölquelle zu fahren – der Sprengstoff soll dazu dienen, die Brandfakkel zu löschen, falls er nicht unterwegs den Bewerbern um den großen Batzen Geld das Lebenslicht ausbläst. Clouzot möchte, daß Montand, der muskulöse, „körperliche“ Montand, der einst Eisenschläger in den Chantiers de la Méditerranée war, die Rolle des Mario übernimmt, des jüngeren der beiden Fahrer, eine der beiden Hauptrollen in dem Film.

Montand lehnt rundheraus ab. Er kennt Clouzots Ruf: ein unerbittlicher Kerl, der seine Schauspieler schindet, obendrein politisch ein Rechter, Intimfreund von Pierre Fresnay. Ein Kinoprofi mit einer respektablen Liste von Filmen, dessen Methoden jedoch abschreckend wirken.

Clouzot hatte geahnt, daß sein Angebot abgelehnt werden würde. Und er macht sich an die Belagerung der „Roulotte“, gemeinsam mit seiner Frau, der nervtötenden, launenhaften und rührenden Véra (brasilianischer Herkunft), die selbst auch eine Rolle übernehmen wird. Er betont das kraftvolle Sujet, die Gewalt des „Klimas“, (Yves Montand und Simone Signoret haben anläßlich einer Tournee mit Zwischenstation in Copacabana Rio besucht und das Gewimmel der Favelas gesehen), die Sachlichkeit der Dialoge. Kurz und gut, er schafft es, seinen Gesprächspartner wankend zu machen, dieser wehrt sich immer schwächer und gibt schließlich zu, was ihn lähmt: er hat Angst vor dem *Lohn der Angst*, Angst, schlecht zu spielen, Angst, sich nicht von seiner Rolle in Besitz nehmen zu lassen, unfähig zu sein zu der berühmten „Persönlichkeitsspaltung“, von der die Theaterleute unentwegt reden.

Der Regisseur bleibt beharrlich: na gut, wir werden das ausprobieren. Er errät, daß Montand jetzt große Lust auf diese Rolle hat und daß ein positiv ausfallender Test ihn zu einem Entschluß bewegen wird. Während das Récital im „Etoile“ weiterläuft, ziehen das Paar Clouzot und das Paar Montand–Signoret in die „Moutière“ ein, den Gasthof von Freund Carrère in der Nähe von Paris, und der Sänger bereitet sich darauf vor, jeden Nachmittag eine Vorsprechprobe zu absolvieren. Voller List gibt ihm Clouzot einen Text in die Hand, der sich denkbar weit von der ihm zugedachten „natürlichen“ Verwendung entfernt, Anouilhs *Le Rendez-Vous de Senlis*, und er bittet ihn, an ihm zu arbeiten, wie ein ordentlicher Schüler der Schauspielschule daran arbeiten würde. Montand verhaspelt sich, bleibt stecken, hat gute und schlechte Momente, ist versucht, aufzugeben. Und dann kommt „es“. „Es“, das ist das Empfinden, sich wie jemand, der man nicht selbst ist, zu bewegen, wie er zu denken und zu sprechen. Nachdem diese Schwelle überschritten ist, treten die beiden Männer ein in eine Phase minutiöser technischer Erkundung: Diktion, Tempo, Bewegungen. Für Montand ist es ein niedagewesener Vorgang: er besucht willig eine Schule, vertraut sich einem anderen Lehrer an als sich selbst.

Nach der letzten Vorstellung im „Etoile“ läßt Clouzot seinen Schüler nicht mehr aus den Fängen. Er folgt ihm nach Saint-Paul, besucht eifrig die „Colombe d’Or“ und befestigt gleichzeitig das Fundament für seinen Film. „Wir drehen in Spanien“, verkündet er Montand. „In Spanien? Dann rechne nicht mit mir. Das kommt überhaupt nicht in Frage." – „Ja, wofür hältst du dich eigentlich, mit deinen hehren Prinzipien?" brüllt Clouzot. Simone Signoret leistet Beistand: solange Franco am Leben ist, werden weder sie noch ihr Mann die Pyrenäen überqueren. Der Regisseur flucht, seufzt, sucht weiter. Er weiß aus bester Sachkenntnis, daß diese verdammten linken Intellektuellen seit der Niederschlagung des Frente popular alle eine Reproduktion von *Guernica* in ihrem Salon hängen haben und sich einbilden, ein hartnäckiger Boykott werde die letzte faschistische Diktatur in Westeuropa schwächen. Da er aber auch von seiner eigenen Frau angegriffen wird, bleibt ihm nach achtundvierzig Stunden kein anderer Ausweg als sich zu beugen: „Einverstanden, Compañero, einverstanden ..."

Am Ende wird das Städtchen Las Piedras, ein montiertes Häuflein unfertiger Holzhütten sowie der grundlegenden „Bauwerke", Kirche und Friedhof, Fabrik und Café, aus dem Nichts heraus in Frankreich errichtet: in der Nähe eines Dorfes in der Camargue, Saint-Gilles. Nur die Stechmücken sind echt. Der Architekt René Roux schafft es, besser als im Studio, vermittels gekalkten Betons, metallener Silhouetten, die im Gegenlicht die Flora Guatemalas heraufbeschwören sollen, und dank der Mitwirkung sonnenverbrannter Statisten, die man in der Gegend von Marseille angeheuert hat, „echtes" mittelamerikanisches *no man's land* auf die Beine zu stellen. Die Nähe zum fünfundzwanzig Kilometer entfernten Nîmes erleichtert die Unterbringung des Filmteams, und die Szenen, in denen die Lastwagen durch die Berge rasen, werden auf Straßen in den Cévennen, in der Gegend von Anduze, gedreht (dessen lokale Sehenswürdigkeit ein exotischer Bambushain mit echtem Riesenbambus ist: etwas ganz Unverhofftes!).

Die Vagabunden in *Lohn der Angst* kommen aus irgendwelchen Löchern, und Clouzot bemüht sich bei der Besetzung, die Nationalitäten so zu mischen, daß der Zuschauer jeden Anhaltspunkt verliert, so wie die Helden des Films ihn bereits verloren haben. Montand-Mario, aus diesem Anlaß Korse, wird einen der Laster zusammen mit Monsieur Jo steuern, einem „Anführertyp", der ihm zuerst Bewunderung und Furcht einflößt, dann aber auf der Strecke schlappmacht. Die rivalisierende Mannschaft besteht aus einem Deutschen (gespielt von Peter van Eyck) und einem Italiener (dem expressiven, rundlichen Folco Lulli). Wegen der Rolle des Jo hat Clouzot Jean Gabin angesprochen. Aber der lehnt ab: er möchte lieber nicht die Rolle eines alternden, nur scheinbar harten Mannes spielen, eines erbärmlichen „Waschlappens" – sie ist ihm zu wenig positiv, zu wenig männlich. Schließlich erhält, nach einigen Proben, Charles Vanel den Zuschlag, und der Antiheld, den zu verkörpern man ihm anträgt, reizt ihn mehr als die soundsovielte Wiederauferstehung des musterhaften Standardabenteurers. Vanel ist eine Legende: er ist über sechzig und war bereits 1912 zum erstenmal in einem Film zu sehen (*Jim Crow*, einem kurzen Stummfilmstreifen). Aber mit seiner unglaublichen Karriere ist es seit einem Jahrzehnt bergab gegangen. Er arbeitet viel, aber es wird allmählich belastend für ihn, daß er noch nicht in einem außergewöhnlichen Film zu sehen war.

Filmschauspieler können ihre Arbeit normalerweise nicht schildern. Alles ist gleichzeitig zu zusammenhanglos, zu ungewiß (erst bei der Montage kommt die Wahrheit des Puzzles heraus), zu affektbeladen und zu sehr in eine chimärische Zeit verlagert. Zu Promotion-Zwecken allerdings schwören sie, es sei eine „wunderbare" Erfahrung gewesen, die Atmosphäre „toll", und jeder verdanke jedem alles, weil jeder einfach vollkommen war. Und dann folgen drei mühselig wiederholte Anekdoten, welche der Eintönigkeit der Nummer ein wenig Würze verleihen sollen. Montand verabscheut diese Übung. Auf lange Sicht verabscheut er auch die aneinandergereihten Anekdoten.

Die Dreharbeiten zu *Lohn der Angst* verdienen dennoch, wenn nicht erzählt, so doch gestreift zu werden. Denn sie waren wirklich pittoresk. Auch darum, weil der Sänger-Schauspieler hier zum erstenmal den Eindruck gewann, daß er „mitbeteiligt" war, wirkendes Teil in einem großangelegten kollektiven Unternehmen. Das Budget für die *Portes de la nuit* war seinerzeit gewiß nicht geringer. Aber Carné hatte nicht die Muße und vielleicht auch nicht das Verlangen, das Terrain zusammen mit den aus dem Stand heraus engagierten Akteuren übersichtlich zu gestalten. Und so war Montand an einem undurchschaubaren Drehort umhergeirrt. „Bei *Lohn der Angst*", so wird er erklären, als der Film herauskommt, „war es anders. Zunächst einmal, und das ist natürlich von kapitaler Bedeutung, habe ich mich in meiner Rolle nicht eingeengt gefühlt. Außerdem hatte ich Zeit und Gelegenheit, das Problem der Darstellung für die Leinwand zu überdenken."[1]

Liest man bei Simone Signoret darüber nach, würde man schwören, daß die erste Etappe der Dreharbeiten, die am 27. August 1951 begann, einem frohgelaunten Erholungsurlaub glich. Die Stimmung war tatsächlich aufgekratzt, und den Abenden im Hôtel du Midi in Nîmes (das von Yves Montands Groupie nach dem Spitznamen des Inhabers in „Toto Hotel" umgetauft worden war) fehlte es nicht an Lebhaftigkeit. Clouzot macht sich einen Spaß daraus, Simone zu provozieren, indem er ein Lob- und Klagelied auf Robert de Brasillach[2], den Dichter und Märtyrer, anstimmt: postwendend erhebt die Pasionaria des „Flore" ihren Protest, und die Auseinandersetzung wird zur hellen Freude des Filmemachers immer lauter und lauter. Oder aber Vanel und Montand tun plötzlich so, als stritten sie sich, und blaffen sich gegenseitig an:

„Ich habe hundertundeinen Film gedreht und werde mir nicht von einem singenden Kaffeehaus-Schwengel sagen lassen, wie ich mein Fach auszuüben habe!" donnert der Ältere.

„Also, ich finde es anstrengend, zusammen mit Stummfilmdarstellern spielen zu müssen!" gibt der „Schwengel" zurück.

Und unversehens zerschlagen sie in ihrer jähen Wut ein Dutzend Teller (vormittags auf dem Markt gekauft), markieren ihre verbalen Ausbrüche mit zerschmettertem Steingut, alles unter dem verstörten Blick des Gastwirts, der meint, sein eigenes Geschirr ginge hier zu Bruch.

Und es ist wiederum Montand, der beim Anblick einer Schar von Lourdes-Pilgern, die im Hôtel du Midi letzte Station vor Erreichen der heiligen Grotte machen, von sündigen Gedanken heimgesucht wird. Der betäubende Weihrauchgeruch kitzelt dem Ulkbruder, der in seinem Innersten niemals ganz zur Ruhe kommt, in die Nase. Eines Abends reitet ihn der Teufel. Angetan mit einer Mütze und einer knappen kurzen Hose, in der Hand ein Eimerchen und ein Schäufelchen, tappt er in die Hotelhalle hinunter und hebt an, zwischen den Grünpflanzen herumzustochern, Erde auszuheben, hier und da ein wenig zu gießen, und dabei brummelt er abgerissene Drohungen und zotige Sprüche vor sich hin. Der Prototyp nicht des friedfertigen Blöden, des glückseligen Trottels, sondern des beängstigenden Idioten, der auch in der barmherzigsten Seele den Reflex auslöst, schmählich das Weite zu suchen ...

Charles Vanel berichtet in seinen Jacqueline Cartier anvertrauten Erinnerungen eine Episode von ähnlicher Couleur: „Eines Tages bekam er [Montand] das Zipperlein und faselte wirres Zeug vor sich hin ... Es verbreitete sich rasch das Gerücht, er hätte einen Sonnenstich weggekriegt oder in den Sümpfen eine Krankheit aufgeschnappt. ‚Ach was, wir sind ja hier schließlich nicht in Guatemala!' sagte Clouzot, ‚wir sind in Saintes-Maries-de-la-Mer!' Doch es steigerte sich zu ungeahnten

Ausmaßen: Montand rannte wie ein Verrückter zwischen den Aufbauten für unser elendes Dorf umher und ballerte mit einer Waffe herum. Dario Moreno kam mit blutender Hand angelaufen und schrie: ‚Er hat auf mich geschossen, er bringt uns alle um!‘ Und ich sagte zu Clouzot: ‚Mit dem Kerl kann man nicht drehen, er hat einen Riß in die Schüssel gekriegt!‘ ...“[3] Der Regisseur glaubte tatsächlich, sein geduldig aufgebautes Werk sei von unmittelbar bevorstehendem Zerfall bedroht – bis der angeblich Verletzte sich das Hämoglobin von der Hand wusch, das ihm der Maskenbildner appliziert hatte.

Immer wieder Ulk und Alberei. Yves Montand erinnert sich einer weiteren Szene dieser Art, diesmal unter Mitwisserschaft von Clouzot ins Werk gesetzt. Borderie, der Produzent des Films, den das ganze Team „Bordepleure“ (Jammer-Borde) nannte, pflegte an jedem Spätnachmittag aufzukreuzen, um – den Zwängen seiner Funktion gemäß – besorgt zu prüfen, wie weit die Arbeit vorangekommen wäre. Diesmal findet er den Drehort in größter Unordnung, Chefkameramann „Titi“ (Armand Thirard) sitzt in seine Zeitung versunken da, Toningenieur Sivel vertritt sich die Füße, und Clouzot rauft sich die Haare.

„Alles wegen Montand.“

„Was ist los mit Montand?“

„Sehen Sie nur selbst.“ (Ein Seufzer.)

Der Schauspieler wirkt ruhig, hat aber einen etwas stieren, verlorenen Blick und lächelt blöd.

„Ja, was hat er denn?“

„Er säuft. Ununterbrochen. Er ist total blau. Nach dem Mittagessen kann man schon nicht mehr mit ihm arbeiten.“ (Clouzot zittert vor Wut.)

Borderie-Bordepleure hat schon so viele saufende Schauspieler erlebt, daß er das menschliche Wrack mit der Schicksalsergebenheit des Weisen betrachtet und murmelt:

„Jetzt trinkt er auch noch.“ (Kopfschütteln.) „Dazu mußte es kommen …“

Ja, man könnte versucht sein, das ganze Abenteuer *Lohn der Angst* in dieser Manier zu schildern, die Jagdausflüge in die Sümpfe auszumalen, auf denen Montand und Vanel, den Kopf wie zwei Bienenzüchter in ein Moskitonetz gehüllt (mit einem Loch für Charles' Pfeife), einem listenreichen Wild nachspürten. Oder die feierlichen Interventionen des Spanischlehrers zu verewigen, der sich bemühte, sein empfangenes Honorar dadurch zu rechtfertigen, daß er Vanel in ernstem Ton immer wieder nachsprechen ließ: *Dos whiskies*. („Aber nein“, erklärte Montand seinem Partner geduldig, „Monsieur hat gesagt: *Dos whiskies*.“ – „*Dos whiskies*“, sprach Vanel noch einmal, genauso wie vorher. „Gib dir Mühe: nicht *dos whiskies*, sondern *dos whiskies* …“)

Am Ende verlor der Mann die Nerven.

Man könnte versucht sein, in diesem Stil fortzufahren. Aber es wäre gelogen. Denn sie waren strapaziös, diese Dreharbeiten.

Die ersten Schwierigkeiten ergeben sich schon aus der Art, wie Clouzot Regie zu führen beliebt. Sein Ruf ist nicht übersteigert: er ist ein Schinder, ein besessenes Arbeitstier, ein pedantischer Folterknecht (die Legende berichtet, daß er einmal so weit ging, Bernard Blier eine runterzuhauen, um seine Wut auszutoben, den Schauspieler zu „züchtigen“ und von ihm zu bekommen, was er bekommen wollte).

Von der ersten Aufnahme an hat Vanel, der weiß Gott kein „grüner Junge“ mehr ist, gerochen, mit wem er es da zu tun hat.

„Hören Sie zu, Clouzot, es ist besser, Sie suchen sich einen andern für mich, denn das wird nicht gehen mit uns beiden.“

„Sie wollen weg? Na, dann hauen Sie doch ab!“[4]

Der Vorfall mündet in eine Einladung zum Essen.

Trotzdem ist das noch lange keine Diskussion, die im Protokoll festzuhalten wäre. Daß ein Regisseur jähzornig ist oder von Ängsten geschüttelt wird, spielt keine Rolle. Was Clouzot auszeichnet, ist seine Technik, nicht sein Charakter. Charles Vanel hat schon ein hinreichend gegerbtes Fell, um seinen Vertrag aufs Spiel setzen zu können. Montand befindet sich in einer verletzlicheren Position und riskiert viel. Er wird handgreiflich werden, falls der andere ihn beschimpft. Was aber das Professionelle angeht, so zittert er vor ihm. Der Zufall will es, daß die beiden größten Herausforderungen seines filmischen Debüts jeweils mit „Terror" verbunden waren und daß Montand auf alles „anspricht", nur darauf nicht. Was ihn bis zum Ende der Prüfung bei der Stange hält, das sind die Wochen der Vorbereitung, während derer er mit Clouzot zusammen war, die persönliche Bindung, die dabei entstanden ist. Diese relative Vertrautheit wird Montand helfen, sich eine Schutzwehr zu schaffen: wenn der Filmemacher brüllt, also häufig, dann setzt der Schauspieler ein gutmütiges, zuversichtliches Lächeln auf und wartet ab, bis der andere sich wieder beruhigt hat. Eine echte Abwiegelungsrolle.

Was ihm ebenfalls hilft, ist das bessere Verständnis für die Technik und die Sorgen eines Dirigenten. Wenn auf dem Papier bereits alles in Ordnung scheint, ist am Drehort alles noch im Vagen. Ein Schauspieler soll in einer Szene von hinten aufgenommen werden. Ergebnis: die „Atmosphäre" schwindet – man sieht lediglich irgendeinen Mann, der von irgendeinem Lastwagen steigt. So fügt denn der Requisiteur eine Blechpalme am Horizont hinzu. „Gut für mich", verkündet der Kameramann. Und dann, bei der Vorführung der Probeaufnahmen (Clouzot will, daß der Hotelbesitzer sie als unbeteiligte Versuchsperson mit anschaut), erweist sich die Einstellung als platt und matt, das Objektiv hat die Entfernungen geschluckt. Verpatzt. Oder es ist vorgesehen, daß von dem brennenden Derrick eine fünfzig Meter hohe Fackel auflodert, aber das Gebläse geht dabei zu Bruch. Verpatzt. Mit hingebungsvoller Neugier und großem Respekt vor dem Tyrannen, der von einer bloßen Wolke abhängig ist, erkundet Montand die kolossale und empfindliche Maschinerie Kino und geht damit weit über seine eigentlichen Verpflichtungen hinaus. Und er mäßigt seine Anfälle von Empörung.

Vanel und er machen Schlimmes durch. Sie haben in Erdöl einzutauchen, Gasausdünstungen einzuatmen, sie ziehen sich eine Bindehautentzündung zu. Dennoch, das Schlimmste ist nicht das Erdöl. Das Schlimmste ist das Wasser – das denkbar reinste Wasser: Regenwasser. Eine Sintflut. Die Gegend von Nîmes war ausgewählt worden, weil die Chancen für sonnenreiche Tage hier am größten erschienen. Das Jahr 1951 straft die Statistik Lügen. Fast vierzig Tage und vierzig Nächte, wie im Alten Testament, regnet es, stürmt es, halten sich Sonne und Mond versteckt. Die Aufbauten gehen aus dem Leim, die Farbe wird abgewaschen, die Fahrzeuge bleiben im Schlamm stecken, die Kräne sacken zusammen. Statisten, Schauspieler, Techniker drängen sich im Hotel und halten Ausschau nach besserem Wetter.

Neun Wochen waren für die Dreharbeiten vorgesehen – bis Ende Oktober. Der November rückt heran, und mit den wichtigsten Szenen, für die die Lastwagen angefordert sind, konnte noch nicht einmal begonnen werden. „Bordepleure“ verdient nun seinen Spitznamen – der niemanden mehr erheitert – ganz und gar: das Budget schmilzt dahin. Véra Clouzot wird krank. Der Regisseur selbst bricht sich einen Knöchel. Am Ende des Monats November ist die Situation katastrophal: die Tage verkürzen sich unwiederbringlich, der Regen hat nicht aufgehört, und in der Kasse fehlen 50 Millionen Francs. Es bleibt nichts weiter übrig, als die Waffen zu strecken, auseinanderzugehen. Sieben Monate werden nötig sein, um die Produktion wieder anzukurbeln und die Gunst des Himmels zu erwirken. Die

Arbeit am zweiten Teil des Drehbuchs (der Transport des Nitroglyzerins) im Gardon-Tal wird sich über den gesamten Sommer 1952 erstrecken. Grob gesagt, hat sich alles verdoppelt: der Finanzbedarf, die Drehzeit, der vergossene Schweiß.

Alles wahr, und dennoch. Auf dem Festival von Cannes 1953 erringt *Lohn der Angst* den Großen Preis, Charles Vanel wird ausgezeichnet für „die beste Darstellung einer männlichen Rolle“, die Kinos werden belagert, die ausländischen Filmmärkte reagieren positiv. Die Kritik wirft Clouzot bisweilen zu große Längen in der Exposition vor (der Film dauert einhundertfünfundfünfzig Minuten) sowie einen beinahe sadistischen Umgang mit den Nerven der Zuschauer, eine absichtliche Bösartigkeit. Solche Vorbehalte aber werden beiseite gefegt vom Strom der Lobessprüche, der Anerkennung für die „effektvolle“ Regie. Vanel, so wird gesagt, habe „die“ Rolle seines Lebens gefunden. Und Montand „eine“ Rolle seines Lebens.

Ist *Lohn der Angst* der „sehr große Film“, als den ihn Simone Signoret in ihren Memoiren begrüßt? Im Abstand und aus der Sicht der Fachleute bleiben die Qualitäten bestehen, und die Mängel treten stärker hervor. Die Bildgebung, die filmische Sprache erscheinen als deutlich zeitgebunden, auch wenn die magische Kraft der Spannung ungebrochen wirkt. Der Rolle des ganz aus Muskeln bestehenden Fahrers Mario fehlt es mit Sicherheit an der menschlichen Feinstruktur: einmal mehr ist der Schauspieler eingeschlossen in den Stereotyp des tapferen „Proleten“, der nicht viel Federlesen macht. So überrascht es nicht, wenn Montand heute hartnäckig die Meinung vertritt, seine eigentliche Filmkarriere habe erst 1964 mit *Compartiment tueurs* begonnen. Aber er erkennt an, daß er Clouzot-dem-Schrecklichen sehr viel schuldet: dank ihm wirkte er mit an einem Welterfolg, der ihm die Türen der Studios und die Herzen der Zuschauer öffnete, und begann er mit einer praktischen Reflexion darüber, was Schauspielerei eigentlich heißt.

Im September 1951 erlebt das Paar Montand–Signoret im „Toto Hôtel“ eine tragikomisch getönte, aber sehr bezeichnende Prüfung. Simone hat zugesagt, in Gesellschaft „ihrer Freunde“ Serge Reggiani, Claude Dauphin, Loleh Bellon und Raymond Bussières in dem Film *Casque d'or* (Goldhelm) zu spielen, den „ihr Freund“ Jacques Becker gerade vorbereitet. Und Ende des Monats schlägt die Stunde, da sie sich zu der Zusammenkunft so vieler Freunde auf den Weg begeben muß. In Nîmes soll sie einen Schlafwagen besteigen, der sie nach dem Norden, nach Annet-sur-Marne bringen soll, wo die Außenaufnahmen geplant sind. In dem Augenblick, da sie den Zug besteigen müßte, sagt sie ab. Es wird Beckers ganze Raffinesse erfordern („Du hast recht, eine Liebesgeschichte, die muß man pflegen wie eine Pflanze, wir suchen nach einem Ersatz für dich ...“), damit nach sechsunddreißig Stunden aufregenden Schwankens ihr Stolz die Oberhand gewinnt. Um ein Haar, nur um den geliebten Mann auch nicht für einen knappen Monat zu entbehren, hätte Simone Signoret die Rolle fallen lassen, die ihr selbst und vielen Kinofans als die bewegendste Rolle ihres Lebens gilt, die der Marie, der unheilbringenden Verführerin Reggiani-Mandas (eine gewöhnliche Liebende wird die Signoret ein für allemal nicht verkörpern).

Diese Trennung, die erste seit zwei Jahren, wird von den beiden Künstlern als ein Schicksalswurf erlebt, als das ungerechte Gesetz ihres Berufs. Samstagabends flitzen sie los, um bis Montagmorgen beieinander zu sein – mit einer solchen Hast, daß sie sich infolge übergroßer Ungeduld mitunter sogar verfehlen (so kreuzen sich einmal, als ein Wochenende bevorsteht, ihre Wege: er im Auto, sie im Zug, glaubt jeder den andern mit seiner Ankunft zu überraschen).

Serge Reggiani erinnert sich, daß seine Partnerin, an der bei den Dreharbeiten nicht das Geringste auszusetzen war, sofort alles und jedes vergaß, sobald sie sich aus dem Atelier entfernte: „In der ersten und der letzten Sequenz von *Goldhelm* mußten wir Walzer tanzen, aber Simone konnte keinen Walzer. Statt es zu lernen, was doch ziemlich leicht gewesen wäre, eilte sie davon, um Montand zu sehen, und als sie zurückkehrte, war sie beim Walzer noch ebenso ungeschickt wie vorher. Schließlich mußte ich sie bei den Dreharbeiten tragen, da ja unter dem langen Kleid ihre Füße nicht zu sehen waren."

Sie sind unzertrennlich, aber nicht das ist der Grund für ihre Heirat. Die Liebe, die sie vereint, erscheint ihnen stark genug, um keinerlei gesellschaftlicher Weihe zu bedürfen. Die Ehe ist für sie eine „bürgerliche" Belanglosigkeit, und wäre da nicht Catherine, die in eine zweideutige Lage geraten könnte, so würden sie die Dinge belassen, wie sie sind.

Aber da sie „es" nun einmal beschlossen haben, soll „es" auch auf fröhliche Weise angegangen werden. Am 21. Dezember wechseln Ivo Livi und Simone Kaminker, von ihren jeweiligen Dreharbeiten zurückgekehrt, Schlag 11 Uhr das rituelle Jawort im Gemeindehaus von Saint-Paul-de-Vence, das im Turm der Stadtfestung untergebracht ist. Marius Issert, der Bürgermeister, würzt die Zeremonie mit einer kleinen Rede. „Ich danke Ihnen", so sagt er, „für die Ehre, die sie unserem kleinen Dorf erweisen." Und es stimmt: noch nie hat die enge Festung, die sich zwischen Schmiede und Friedhof auf der Bergkuppe über dem Mal-Vent-Tal erhebt, einen solchen Troß von Journalisten und Fotografen zu sehen bekommen.

Die Atmosphäre ist ländlich-schlicht. Simone Signoret hat ein „altes" cremefarbenes Seidenkostüm – Marke Balmain – angelegt, darüber trägt sie einen Nerzmantel, das blonde Haar steckt unter einem schwarzen Käppchen, und den Hals ziert ein diamantenbesetztes goldenes Kollier. Yves Montand hat einen blauen Serge-Anzug gewählt. Die Trommler haben Verspätung, ebenso Marcel und Jacqueline Pagnol, doch der Hochzeitszug bewegt sich ohne Warten auf die „Colombe d'Or" zu, wo in der Bar die Tafel gedeckt ist. Die beiden Trauzeugen, Jacques Prévert für die Braut (er trägt eine Mohnblume im Knopfloch) und Paul Roux für den Bräutigam, folgen den Jungvermählten unter ausgestreuten Rosenblättern und beim Klang der Posaunen des Jägervereins.

Der Reporter der kommunistischen Regionalzeitung *La Marseillaise* wird von lyrischer Emotion ergriffen, die eines André Stil oder Fougeron – die offiziellen Künstler der Partei – würdig wäre: „Es war der große Kamerad der Werktätigen, der da, seinen hohen athletischen Körper wiegend, die kleinen Gassen von Saint-Paul-de-Vence emporstieg. Ein gesundes Paar, das der Zukunft entgegenschritt. Mir schien, ich hörte Yves zu der Frau, die nun seine Gattin wurde, wieder sagen: ‚Ich versuche, mit meinen Chansons einen Weg zu verfolgen, der parallel verläuft zu dem des Volkes, aus dem ich komme!' ..."[5] Mehr hätte sich wohl auch eine Jeannette Thorez-Vermeersch nicht erträumen können.

Paris-Match[6] spricht, drei Tonlagen tiefer gestimmt, von der „unerwartetsten Heirat des Jahres". Wie es ihrer beider Neigung entspricht, gelingt es Simone Signoret und Yves Montand, Chic mit Schlichtheit zu verbinden. Die Gäste sind wahrhaftig nicht Hinz und Kunz: außer den schon Erwähnten sind die Schauspielerin Deanna Durbin und der Dichter André Verdet bei dem Fest zugegen. Aber sie sind als „Nachbarn" erschienen. Und gleichfalls als „Nachbar" schickt Pablo Picasso dem jungen Paar eine seiner Keramiken sowie eine Glückwunschbotschaft, die er mit in Frankreich bislang unbekannten Instrumenten, sogenannten Filzstiften, gezeichnet hat. Das Menü (eine Pissaladière[7], Huhn in Tomate und dazu eine flambierte Schnepfe, am Vortag von Montand geschossen) weicht kaum von dem ab, was auf dem Lande Brauch ist. Der Baumkuchen ist von Paul Roux höchstpersönlich „geformt“ worden.

Es ist ein netter Tag (eine Taube ist in das Eßzimmer geflogen und verharrt, gleich Picassos Taube, mit ausgebreiteten Flügeln schwirrend über Simones Kopf). Ein netter Tag, durch den sich nichts ändert. Nach zwei Wochen Ferien startet der Sänger eine Tournee in der Provinz, klappert dann ab Februar 1952 die Pariser Vororte ab und reist anschließend nach der Schweiz und Belgien, und bei alledem ist er kaum je von seiner Groupie getrennt.

In Brüssel wohnen beide an der Place de Brouckère der ersten – der Presse vorbehaltenen – Aufführung von *Casque d'or* bei. Niemals hat Yves Montand auf der Leinwand Simone so schön erblickt. Er ist stolz auf sie, stolz, daß diese Frau die seine ist. Ärgerlich ist nur, daß sich das Publikum sichtlich langweilt. Nach vier Tagen wird der Film aus den Kinos genommen, und der Test kann leider als ein böses Omen gelten: in Paris wird der Streifen nicht minder kühl aufgenommen. Mit Simone Signoret geht die Kritik verhältnismäßig schonend um. Geschlachtet wird Jacques Becker, ihn erklärt man für schuldig (allen voran die *Cahiers du cinéma*), sich auf eine allzu leichtgewichtige Idee eingelassen und diese ungeschickt abgehandelt zu haben. Und Reggiani wird beerdigt. Er, der ein so aufsehenerregendes Debüt erlebte, den man gefeiert hatte für sein urplötzlich erstrahlendes Genie, er wird nun geschmäht, grausam verhöhnt, in Verruf gebracht, zerfetzt.

Kein Filmfan, dem heute die Arbeit Beckers und seines Teams nicht als ein Meisterwerk gilt. Wer aber meint, Fehlurteile seien in der Welt der Künste nicht ebenso unerbittlich wie in den Gerichtssälen, der sei daran erinnert, daß Serge Reggiani nach *Goldhelm* fünf Jahre lang keinen Zutritt zu Filmateliers fand. Er hat sich ans Theater geklammert, während in den Studios das Gerücht umlief, an ihm „klebe das Unglück". Man kann wohl die eigenartige Wesensart von Künstlern nicht begreifen, wenn man nicht ermißt, zu welchen Toden sie verurteilt werden können, und sei es allem Augenschein zum Trotz.

Obgleich der Film in Deutschland und danach in Italien ein ganz anderes Schicksal erfährt, obgleich der Beifall in England so groß ist, daß der Hauptdarstellerin der British Academy Award, der britische Oscar, verliehen wird, verkraftet Simone Signoret eine solche Ungerechtigkeit nicht. Sie erklärt der Presse, daß sie das Filmen aufgibt.

Ein falscher Abgang, aber ein gelungener. Die Nachricht wird in den Magazinen ausgebreitet und sät Rührung in den Hütten der einfachen Menschen. Wie schön, wie edel: ein Elitewesen, ein Star, der auf den funkelnden Ruhm verzichtet, um sich auf das ruhige Dasein „gewöhnlicher" Ehefrauen zurückzuziehen, und sich dabei noch für glücklich erklärt! Die „moderne" Simone, die ihr Metier so glänzend beherrschte, will lieber die Geliebte ihres Mannes sein. Der Chor, der sich darob erhebt, steigert sich zu den höchsten Tönen. Und die Heldin wird eine Zeitlang vom Gefühl des Rausches überspült, daß sie einen scharfen Schnitt vollzogen hat.

Es ist nicht Opfergeist, der sie so berauscht. Vor allem genießt sie den Rückzug ins Friedliche wirklich, ohne etwas vorzutäuschen oder sich anstrengen zu müssen: das Stricken, den Schwatz mit Freunden, die gemütlichen, gemeinsam verbrachten Abende, die Muße, sich ausführlich informieren zu können, die Freude, manche Bücher noch einmal zu lesen. Außerdem mag sie das Exemplarische daran: es gefällt ihr durchaus, daß man ihrer Ehe, ihrer Lebensweise Aufmerksamkeit widmet, sie ausdeutet, den Sinn ihrer Handlungen kommentiert – vorausgesetzt, er ist ihr selber klar.

Bei aufmerksamer Beobachtung lassen sich freilich

einige Widersprüche aufzeigen. So begeistert Montand ist, daß Simone für ihn als Groupie tätig wird, so wenig ist er doch ein grimmiger Verfechter der Anschauung, daß die Frau ins Haus gehöre, und er würde es ihr übelnehmen, ein ungewöhnliches Talent wegzuschenken oder abzuwürgen. Der Beweis: er selbst bringt sie vor die Kameras zurück. Simone Signoret erzählt es mit Humor: „Bei großen Gelegenheiten ist Montand wunderbar. Wenn es brennt, treibt er Wasser auf; und wenn du blutest, dann versteht er es, dir die Wunde abzubinden. Er ist der Mann für die großen Gelegenheiten. Bei kleineren Anlässen aber ist er bisweilen, nun sagen wir, ein bißchen schwierig, wenn nicht gar anstrengend. An jenem Tag saß ich da und strickte, wie es eine glückliche Ehefrau, die unauffällig im Hintergrund bleiben will, gerne tut." Und da verliert der Sänger – mitten in der Probe – auf einmal die Nerven, schreit, daß ihm Noten weggekommen sind, gestikuliert inmitten seiner versteinerten Kompagnons wild herum und legt sich schließlich mit der Strickerin an.

„Und du, was machst du? Du sitzt da und strickst ..."

„Ich sitze da, weil ich mich dabei wohl fühle; wenn ich nicht hier wäre, wäre ich fort, um zu arbeiten."

„Arbeiten, das ist leicht gesagt. Um zu arbeiten, muß einen erst mal jemand haben wollen."

Simone Signoret gibt es einen Stich ins Herz, sie ruft auf der Stelle die Brüder Hakim, die Produzenten von *Casque d'or*, an. Als sie feierlichen Abschied vom Kino nahm, hatten diese ihr gerade angetragen, im nächsten Film von Marcel Carné die Thérèse Raquin zu spielen. Sie weiß nicht, ob die Rolle unterdessen besetzt ist. Aber sie weiß sehr wohl, daß gemeinhin die Regel gilt: um eine Rolle fragt man nicht selber nach. Doch die Brüder Hakim sind nicht nachtragend, und Carné ist eher erleichtert als verärgert: Simone wird Thérèse sein, Vertrag folgt.

„Siehst du?“ sagt sie zu ihrem Mann und legt den Hörer auf.[8]

Die Filmversion des Zola-Romans wird im Winter 1953 gedreht und im Herbst auf den Festspielen in Venedig vorgestellt.

„Ich kam von weither“, bekennt Simone Signoret.

Ein anderes Klischee ist stärker verbreitet, selbst bei manchen Freunden Simones, Leuten mit einem ausgedehnten Bekanntenkreis und einer losen Zunge – aber man begegnet ihm auch auf den Straßen des V. Pariser Arrondissements. In dieser Ehe sei das ganz einfach so: da gebe es auf der einen Seite die „Intellektuelle“, die in den besten Buchhandlungen verkehrt, mehrere Sprachen spricht, aus genauer Kenntnis das passende Zitat anzubringen weiß, geistvoll Salon hält, treffsicher formuliert und jenen beißenden Humor beweist, der sich selten im Ziel täuscht und es niemals verfehlt, die mit den Musikern (deren erwählte Domäne gewiß nicht die allgemeine Philosophie ist) witzelt, aber auch einem Sartre zu entgegnen weiß, und die ihre Schüchternheit hinter einem derb-direkten Gebaren oder der Lebhaftigkeit einer geschmeidigen Rhetorik verbirgt.

Und auf der anderen Seite wäre da der „Mann des Instinkts“, dessen Kultur sich von all dem, was man für gewöhnlich unter diesem Wort versteht, ziemlich unterscheidet, ein Gemenge von Bildungsbrocken, von Zeichen, von empirischem Wissen, hier und da aufgelesenen Formeln, die er in langsamem, besessenem Grübeln zu verdauen sucht, der „Mann des Instinkts“, dessen Triebfeder eine wundersame Quelle von Energie ist, dank der er dem Fehlen ursprünglicher Grazie durch mühselige Arbeit abzuhelfen weiß. Er hat Flair, zweifellos, ein erstaunliches, geheimnisvolles Flair, das aber stets Mühe zu haben scheint, sich selbst zu rechtfertigen, als ob es ein bißchen zufällig in einer weiträumigen Hohlform hause (so wie sich manch blendender Schachspieler als recht matter Gesprächspartner, ja sogar als schlechter Debattierer erweist).

Montand, der „hat etwas“, räumen die bösen Zungen ein; der „Kopf“ aber, das ist Simone.

Um diese manichäische Aufgabenteilung etwas nuancierter darzustellen, sind etliche Anmerkungen zu machen. Wahr ist, daß Montand, gleich vielen Autodidakten (manchmal findet er das Wort passend, ein andermal wieder irritiert es ihn), um die Ideen herumschleicht, zögert, sie sich anzueignen. Er verzeichnet sie zwar in seinen Notizbüchern, auf seiner Schiefertafel, ohne sich doch zu trauen, sie voll und ganz zu den seinen zu machen, eingeschüchtert von der Selbstsicherheit, der Dreistigkeit jener, die sich ihrer bedienen, sie verknüpfen, ablehnen, verkürzen und entfalten. Wahr ist auch, daß rhetorisches Pingpong nicht sein Element ist. Und daß sein Blick oft eine Art träumerische Distanz verrät, ein In-sich-gekehrt-Sein – das, was seine Lehrer einst seine „Zerstreutheit“ nannten –, was den Gesprächspartner verwirrt, der sich, wenn er den andern woanders weilen sieht, fragt, ob er denn überhaupt irgendwo ist.

Wahr ist schließlich, daß die Versuche des Schauspielers-Sängers, sich die patentierte Kultur anzueignen, um ein vertrautes Verhältnis zu ihr zu gewinnen, nicht von Erfolg gekrönt waren. Die Leute um Simone Signoret lesen, lesen viel, lesen ganz „naturgemäß“, und die Echos dieser Lektüren hallen unversehens, im Ton der Selbstverständlichkeit, wider. Roger Pigaut, ein enger Freund Simones und wahrer Bücherfresser (was zahlreiche Schauspieler durchaus nicht sind, die aus Angabe gern Musset oder Claudel zitieren, vielleicht sogar spielen und dabei den Text nur obenhin gestreift haben), Roger Pigaut also spricht mit fiebriger Erregung von *La Condition humaine* (So lebt der Mensch). Und Montand macht sich insgeheim daran, das Gespräch nachzuvollziehen, frißt sich gewissenhaft durch Malraux' Roman.

Das nächstemal ist die Rede von den *Thibault* oder von Maupassant. Er will immer mitkommen, Montand. Aber die *Thibault*, die sind lang …

Sicher ist, daß sie beide ihr Leben lang versucht haben, eine Art gemeinsamer Front zu bilden, wie um zu sagen: nein, diese Frau ist nicht nur eine populistische Intellektuelle, die sich von einem schönen, sympathischen, talentierten und wenig geschliffenen Mannsbild den Kopf und die Sinne verwirren ließ; nein, dieser Mann ist nicht nur ein Sohn des Volkes, der sich von einer Intellektuellen aus Saint-Germain-des-Prés, die zugleich ein Star ist, den Kopf verdrehen ließ. Ihre Geschichte ist reicher, dichter, stürmischer als ein solcherart versimpeltes Abziehbild. Sie haben über den Zeitraum von sechsunddreißig Jahren einen nie unterbrochenen, heftigen Dialog fortgeführt, in dem jeder den anderen „suchte" – und ihn auch fand.

Simone Signoret hat ein viel zu feines Gespür, um nicht zu erraten, welch zwiespältigen Reflex bei Montand der plötzliche Umgang mit Leuten auslöst, deren Sprache, deren Anspielungen, deren Argumentationsweise ihn zugleich verführen und entnerven, in seinem Gleichgewicht stören – aus Furcht, nicht der wahren Kultur Ehre zu erweisen, aber auch aus Furcht, Schönrednern aufzusitzen, theoretisierenden Stubenhockern. Wenn er Simone bei der Auswahl seiner Chansons konsultiert, äußert sie loyal ihre Ansicht. Sie ist sein erstes Publikum, und sie hält sich Montand gegenüber (Montand, den sie Montand nennt, denn Yves, das war Allégret) an die strikte Pflicht zur Freimut. Ihm gegenüber mehr als vor jedem andern. Aber sie sorgt dafür, daß die Kritik streng zweiseitig geübt wird, daß kein Einwand das Paar in eine schiefe Lage bringt. So hart sich manchmal auch der Schlagabtausch vollziehen mag, Zusammenhalt bleibt der grundlegende Artikel ihres ehelichen Gesetzes.

Elvire und Julien Livi waren die bestplacierten Zeugen dieses heiklen Spiels. „Bei einem Mann der Öffentlichkeit, bei einem Schauspieler", erklärt Yves Montands Bruder, „fällt die Unsicherheit des Autodidakten, die Notwendigkeit, dem Mangel an Bildung abzuhelfen, noch schwerer ins Gewicht: die Ausdrucksweise, die Wahl der Worte, die Art, sich zu geben – all das sind für ihn gewaltige Fallstricke. Yves hat es lernen müssen, seine Komplexe zu überwinden, sich klarzumachen, daß die Ursachen dieser berühmten Schüchternheit oftmals nicht eine Charaktersache, sondern eine Sache der Bildung waren. Simone hat ihm beträchtlich geholfen. Dank ihr vor allem hat er diese Fähigkeit entwickelt, Gedanken im Fluge aufzuschnappen, im Laufe eines Gesprächs, er, der doch zum Geschriebenen stets eine unbehagliche Beziehung bewahrt hat." Und Elvire differenziert noch: „Ein Komplex, was Schulbildung, schriftliche Äußerungen, Bildung allgemein betraf, ja. Aber nicht gegenüber Simone."

Hinsichtlich dieses letzten Punktes äußert sich Jean-Louis Livi, Juliens und Elvires Sohn, nicht minder kategorisch. Seine Jugendjahre haben sich im Schatten des Paares Montand–Signoret abgespielt, und er hat lange Zeit die größte Pariser Künstleragentur geleitet, zu deren getreuen Hauptstützen sein Onkel, neben Catherine Deneuve und Gérard Depardieu sowie einigen weiteren „heiligen Monstern" zählt. Jean-Louis erklärt: „Yves Montand besaß auch die Selbstsicherheit des Mannes, der ganz er selbst ist und sich auch so fühlt, der besser singt als die andern, der gut gebaut ist, der unendliche Hochachtung vor Proust hat, aber meint, im Leben gebe es nicht nur Proust. Der gern lacht. Und davon war Simone, so sehr sie ihm auch intellektuell überlegen scheinen mochte, beeindruckt, sie staunte über diesen Mann, der bestimmt weniger gelesen hatte als sie selbst, der aber bisweilen von außergewöhnlichen Geistesblitzen durchfahren wurde. Es vollzog sich bei ihm in anderen Worten, in anderen Zeichen, aber es passierte."

Im Kontakt mit kultivierteren Geistern, als er selbst einer ist, wird Montand jedenfalls etwas intuitiv Erahntes bestätigt finden, auf das er großen Wert legt: in einer Idee, mag sie auch den unverrückbarsten Anschein von Wahrheit besitzen, ist stets eine weitere verborgen. Die frühen fünfziger Jahre sind kaum dazu angetan, tiefer zu schürfen: die „richtigen" Positionen sind klar markiert. Aber für Montand heißt „klug werden", „sich kultivieren" eben nicht in erster Linie, das eigene Bildungsgut anzureichern, sondern allmählich, im Laufe von zwei Jahrzehnten, die Einsicht zu gewinnen, daß eine Überzeugung noch keine Gewißheit begründet.

Er wird so kühn sein, nicht aus falsch verstandener Pflicht einen Geschmack oder eine Wahl vorzutäuschen, wie sie „normalerweise" das Gepäck eines kultivierten Menschen ausmachen. Jahre werden erforderlich sein, bis er sich gestattet, einzugestehen, daß klassische Musik (mit Ausnahme von Mozart) ihn eher einwiegt als verlockt, daß er Jazz oder Rock lieber hat und in der Salle Gaveau bisweilen gähnt.

Im zweiten Quartal des Jahres 1953 sind Yves Montand und seine Frau wiederum für anderthalb Monate getrennt. Die dunkelhaarige, düstere Thérèse Raquin ist in die Haut der blonden, lachlustigen Simone Signoret geschlüpft. Montand dreht in Rom und Florenz einen Episodenfilm mit dem Titel *Tempi nostri*. Das von Alessandro Blasetti inszenierte Werk bildet nicht eben einen Markstein der siebenten Kunst. Der aus diesem Anlaß in einen Volksschullehrer verwandelte Schauspieler spielt Verstecken mit einem kleinen florentinischen Kindermädchen, Danièle Delorme, das er in einem bescheidenen Restaurant kennengelernt, aus den Augen verloren, wiedergefunden hat und so fort. Tändelei und süße Gefühle. Man ist weit entfernt vom *Lohn der Angst*: dieser Vertrag ist für ihn eher ein Vorwand, zwischen zwei Aufnahmen einen halben Sonnenurlaub zu machen und zu seinen Ursprüngen in Monsummano Alto zurückzukehren.

Es ist das erstemal, daß Ivo Livi zum Dorf seiner Geburt pilgert. Ohne ein ausgesprochen lebhaftes Gefühl: er hat schlicht und einfach keinerlei Erinnerung daran bewahrt, und er weiß, mit welchem Leid die Vertreibung Giovanni Livis aus dem Ort verbunden war. Übrigens haben zu Anfang seiner Pariser Karriere die französischen Zeitungen seinen Geburtsort häufig nach Venedig verlagert, allzu häufig, als daß es sich um einen rein zufälligen Irrtum handeln konnte – der sympathische „fantaisiste", der zum Sturm auf die Hauptstadt antrat, meinte wohl, daß es sich besser „verkaufen" ließe, ein Sohn der Dogenstadt zu sein, als aus einem gottverlassenen Nest zu stammen ... Der Aufenthalt bei „den Seinen" geht natürlich nicht unbemerkt vor sich. Ein Schwarm Cousins vierzehnten Grades steht aus naheliegenden Gründen bereit, ihm überschäumende Gefühle zu bekunden. Der Besuch vollzieht sich also im Bummelschritt. Montand ist zwar stolz auf seine bäuerliche, toskanische und antifaschistische Herkunft, doch er verspürt keinerlei Verlangen, sich mit Verspätung ein zwangsläufig künstliches Verwurzeltsein zurechtzubasteln.

Danièle Delorme begleitet ihn auf diesem Ausflug. Sie lachen viel zusammen, bewundern Hügel und Bauernhöfe, kosten vom jungen Wein, und das alles in einem kameradschaftlichen Verhältnis, bei dem auch eine gewisse Gefühlsverwirrung im Spiel ist – zumindest auf seiten Yves Montands. Aber Simone hat die Spielregeln festgelegt: sie ist bereit, eventuelle gefühlsträchtige Vorkommnisse während einer Zeit der Abwesenheit zu ignorieren, unter der Bedingung, daß diese den ehelichen Pakt nicht ernsthaft beeinträchtigen. Dies vorausgesetzt – und Montand hat sich damit im Prinzip einverstanden erklärt –, wünscht sie indes, daß Freundschaften nicht befleckt werden durch heuchlerisches Verschweigen oder unterdrückten Groll und nicht vergiftet durch Tratsch, der früher oder später dank irgendeinem liebenswerten Späher dem „Opfer“ doch zu Ohren kommt. Als Beispiel hat sie zwei Namen genannt, zwei „verbotene“ Namen: Danièle Delorme und Jeanne Moreau. Freundinnen, die ihr so nahestehen, daß sie an ihre Gesichter niemals die kleinste unangenehme Rede geknüpft sehen möchte.

Montand läßt sich dies also gesagt sein. Nicht ohne einige Mühe: es ist Sommer, die Frauen sind schön … Sobald er mit sich allein ist, juckt ihn die Versuchung. Nicht die Versuchung zu kapitaler Untreue, wohl aber zu ein paar tändelnden Eskapaden ohne hochstaplerische Versprechungen und ohne Zukunft. Aber würde er das auch im Gegenzug einräumen? Bei einer Plauderei am Kamin sicherlich. Wie sollte man dem geliebten Menschen, so würde er dann erklären, nicht die Vergnügungen und Emotionen gönnen, die man für sich selber begehrt? So lautet die edle Theorie. Dagegen aber steht die Wachsamkeit des männlichkeitsstolzen Toskaners. Wenn er bemerkt, daß seine Lebensgefährtin eine flüchtige Neigung erfaßt – so wie es ihm selbst häufig passiert –, dann unterdrückt er heroisch den heraufziehenden Wutanfall. „Montand ist stets sehr eifersüchtig gewesen“, stellt Catherine Allégret fest. „Und Mama hielt sich als Ehefrau an die Gesetze, wie sie für die Frauen des Mittelmeerraumes gelten. Als Montand in ihr Leben trat, hat sie darin unverzüglich freien Raum für ihn geschaffen und sich dann bemüht, dieses Vakuum durch Zuneigungen und Freundschaften allmählich wieder zu füllen. Aber die Basis ihrer Beziehung ist eine sehr enge, intime Vertrautheit, wobei er stärker mit Arbeit befaßt und sie an seiner Seite war.“

Simone Signoret kehrt erschöpft von den Dreharbeiten von *Thérèse Raquin* zurück. Die filmische Version von Charles Spaak und Marcel Carné hat Zolas Aussage noch düsterer gemacht. Das Unternehmen ist sehr umstritten, doch der Film erlangt auf der Mostra von Venedig den „Silbernen Löwen“. Aber es sind nicht die Ansprüche der Rolle, die der Schauspielerin zu schaffen machen. Sie ist schwanger und verliert Mitte August das Kind, das sie erwartete. Montand und sie hatten diese Geburt erhofft. Zweimal wiederholt sich das Mißgeschick, und stets nach einer schwierigen Rolle, stets auch in schon vorgerückter Schwangerschaft. Ein Thema, bei dem die Skandalpresse niemals Gelegenheit erhielt, die zurückgebliebenen dumpfen Verletzungen auszuschlachten. Weder er noch sie werden jemals – außer gegenüber wenigen eng Vertrauten – diesen Schmerz und diesen Mangel beklagen, der ein endgültiger bleiben sollte.

Während Simone nach einem Klinikaufenthalt wieder zu Kräften kommt, erfüllt Yves Montand seine traditionellen Verpflichtungen für die Urlaubszeit (die der anderen natürlich). Ab 5. Oktober ist das „Théâtre de l'Etoile“ gebucht, und es bleiben ihm nur ein paar Wochen, um an seinem Repertoire zu feilen. Es ist ein wahrhafter Schlachtenweg, den er vorher zu absolvieren hat: Knokke-Le Zoute, Deauville, Les Sables-d'Olonne, Arcachon, Biarritz, Cannes, Menton, Nizza, Juan-les-Pins, Vichy, Royat, Aix, Chamonix, Evian …

Außer dem täglichen Anruf zu Hause schickt er Catherine und Simone als Botschaft von unterwegs besprochene Tonbänder, in denen er seine Zärtlichkeit und sein Bedauern, so lange weg zu sein, artikuliert. Mutter und Tochter sitzen vor dem großen Magnetophon und hören das Band ablaufen, bis zu dem Punkt, da Montand sich an die Jüngere wendet: „Und nun, Mademoiselle, möchte ich Sie bitten, sich aus dem Zimmer zu entfernen und mich mit Simone alleinzulassen. Ich habe ein paar Dinge ihr speziell zu sagen …“

Am 12. August erfährt er aus den Zeitungen, daß Jacques Préverts von Henri Crolla vertontes Gedicht *Sanguine* (Blutorange) von nun an beim Rundfunk wegen „schlüpfrigen Charakters“ unter Zensur gestellt ist (Francis Claude hatte es in der von ihm moderierten Sendung unvorsichtigerweise ins Programm genommen). *Sanguine* verboten? Der Sänger schwankt zwischen Wut und Verachtung. Ob es nun im Funk kommt oder nicht, ihn wird man trotzdem allabendlich mit diesen Worten hören:

> Der Reißverschluß ist über deine Hüften hingeglitten
> das Glücksgewitter deines liebedurst'gen Leibes
> mit seiner schönen Schattenmitte
> ist plötzlich ausgebrochen ...

Diesen starken, ernsten Blues gibt er mit aller gebotenen Sinnlichkeit. Was kümmern ihn die wohlmeinenden Anstandsapostel, die über die öffentliche Sittlichkeit wachen! Er, Montand, ist sicher, sein nächstes Récital wird das beste sein, das er jemals gegeben hat.

An der Place Dauphine zittert alles dem Montag, 5. Oktober 1953 entgegen.

Elvire Livi: „Man sah ihn im Wohnzimmer, wie er auf und ab marschierte. Er merkte nicht, daß man anwesend war, er ging jeden Text erneut durch. Den Musikern gegenüber wurde er schnell laut, wenn eine falsche Note zu hören war. Das Diätmenü, das er eigenhändig aufgeschrieben und in der Küche angepinnt hatte, legte schon lange im voraus das Gericht des Tages fest: Kalbsleber, Hackfleisch, Huhn, Fisch. Soundsoviel Gramm von jedem, und keine fünfzig Gramm mehr! Kein Tropfen Alkohol, nur ein bißchen Wein, die Zigaretten rationiert. Im Keller war die Ballettstange, daran trainierte er jeden Morgen. Und zu Wutanfällen neigte er! Bis zur Premiere war Simone ganz lieb und gefügig. Und noch danach. Selbst nach der Premiere hieß es noch ein paar Tage warten, bis er sich entspannte. Es war nicht die reine Freude, nein, eine Freude war es nicht ...“

Julien: „Ich rief bloß schnell: ‚Salut, salut!‘ und machte, daß ich in meinen fünften Stock hinaufkam. Über den Indochinakrieg würden wir ein andermal reden.“

Jean-Louis: „Seine Gymnastik bestand vor allem darin, daß er sich auf den obersten Absatz der Kellertreppe stellte und den Rumpf vorbeugte, bis er mit den Händen die ersten Stufen berührte, unterhalb seiner Füße. Absolut rigoros. Zwischen fünf und sechs Uhr nachmittags ging er nach oben und legte sich hin, und er schlief augenblicklich ein, meine Mutter weckte ihn dreißig Minuten später.“

Das ist die „häusliche“ Kehrseite des Schauspiels auf der Bühne.

Die Vorderseite sieht so aus. Christine de Rivoyre, von *Le Monde* auserwählt, um die Premierenstimmung zu schildern, beschreibt den Saal: „Simone Signoret, einst Goldhelm, nun aber schwarz wie die Schwinge des Raben von Thérèse Raquin, saß in der Bugloge rechts. Im selben Schiff waren zu sehen Danièle Delorme, deren Hände nicht zur Ruhe kamen, der wackere Freund Gérard Philipe und die Abtrünnigen der Comédie-Française, vertreten durch Marie Bell und Jean Chevrier. Etwas weiter Erich von Stroheim mit einem goldenen Armreif. Ihnen gegenüber Edwige Feuillère, in einen wolkigen Pelz gehüllt wie Schneewittchen. Weiter Serge Reggiani mit gesträubtem Schnurrbart; Renée Faure, blond wie ein Shakespearescher Page; Madeleine Robinson, ‚das große, einfache Mädchen, mit einer Mütze auf dem Kopf‘; Simone Simon, die in der Pause, rosig und entzückt, Autogramme gab. Und Pierre Prévert, Maurice Druon, Becker, Cayatte, Autant-Lara, Max Ophüls und Pierre Brasseur, der neuerlich den Bart des Goetz[9] trägt; schließlich Aragon und Elsa, deren vielbesungene Augen vor Begeisterung strahlen. All diese braven Leute benahmen sich bewundernswürdig, fast ebenso gut wie die ‚Fans' auf der Galerie, die ihrem „Jungen' in seinem vorschriftsmäßigen schokoladenbraunen Anzug wiederbegegneten ..."[10]

Alle haben das Programm des Abends in der Hand, auf dem Fotos des Sängers aus verschiedenen Blickwinkeln zu sehen sind: auf der Gangway einer Constellation, lächelnd in Großaufnahme, oder in einer Szene aus *Lohn der Angst*. Wenn man es aufschlägt, findet man ein unveröffentlichtes Gedicht von Jacques Prévert:

Ein roter Vorhang geht auf vor einem schwarzen
Vorhang
Vor diesem schwarzen Vorhang
Yves Montand
Mit dem Blick seiner Augen dem Strahlen
seines Lächelns den Gesten seiner Hände dem
Tanz
seiner Schritte
zeichnet er das Bühnenbild
Und die vokale Farbe seiner Stimme erleuchtet
die Landschaft von New Orleans old Belleville
and Vieux Ménilmontant
wo man plötzlich das lebhafte Lied vernimmt
der ältesten schweigenden Echos von Florenz
wenn seine Tagvögel ihm Gutnacht sagen
im Giardino di Boboli
bevor sie zur Porte d'Italie fliegen um
die Seine strömen zu sehen die Paris
durchquert und dann ins Meer fließt um
Harlem zu sehen wo die Woche sieben
Sonntage zählt um zu singen ...

Der Kritiker des *Figaro*, sichtlich von dem Wunsch beseelt, einen Tropfen Galle in den Ozean der Lobessprüche zu mischen, der über dem „Genossen" Montand zusammenschlägt, mag noch so scharf gegen solchen Personenkult wettern,[11] die Flut ist unwiderstehlich. Das dreiundzwanzigste und letzte Chanson ist *A Paris*. Montand verneigt sich. Der Saal (in dem ein jeder, und das ist nicht eben die Regel, seinen Platz aus Prinzip selber bezahlt hat) ruft ihn wieder heraus. Bewegungslos, sehr zart, bringt er *Les Feuilles mortes*. Stille, Gefühlsbewegung. Als „die Schritte des getrennten Liebespaars" verhallen, bleiben die Zuschauer eine Weile atemlos. Und dann wird das Tosen noch lauter. Zu-gabe, Zu-gabe, Zu-gabe!!!

Montand fürchtet die Zugaben ebensosehr, wie er sie genießt (sie sind ihm lieber, als wenn er nicht herausgerufen wird, das liegt auf der Hand, aber er fürchtet, daß durch die Zusätze die Show an ihrem Ende zerfasert: wenn es vorbei ist, ist es vorbei, man muß mit voller Kraft, in bester Form aufhören, darf nicht der Versuchung erliegen, auf schlaffe Weise etwas verlängern zu wollen, das doch unvermeidlich enden und zwar auf dem Gipfelpunkt enden muß).

Er gibt jedoch nach, und es klingt wie ein Geständnis, wenn er dann singt: *C'est si bon* … Vorhang. Verbeugung. Vorhang. Verbeugung. Vorhang. Verbeugung. Vorhang. Er kann unmöglich Schluß machen. Er wirft Simone Signoret, die nach *Barbara* – theoretisch der vorletzte Titel – zu ihm hinter die Bühne gekommen ist, einen Blick zu, in dem sich Triumph und Sorge mischen. Er tritt an den Bühnenrand, reckt seinen Oberkörper, schwenkt die weit ausgestreckten Arme hinauf zu den entfernteren Rängen, zur Galerie, verneigt sich dann zum Parkett, denn es geht ihm darum, zu zeigen, daß jedem Zuhörer der gleiche Respekt gebührt, egal wieviel er für seinen Platz bezahlt hat. Dann geht er endgültig ab. Sein Plan sieht maximal zwei Zugaben vor. Danach ist es kein Theater mehr, dann ist es Radiowunschkonzert oder ein musikalischer Pfadfinderabend. Jenseits des Vorhangs erschüttert rasendes Toben und Trampeln die Saalgewölbe. Zu-gabe! Sie sind noch immer da, sie weigern sich zu gehen. Und nun gellen auch Pfiffe. Die

Galerie schwankt zwischen Ovation und Protestkundgebung. „Yves Montand ist ausgepfiffen worden, weil er nicht die ganze Nacht hindurch singen mochte“, heißt es in der volkstümlichen Presse.

Offiziell steht der Sänger drei Wochen lang auf dem Programm. Tatsächlich wird das Récital über 200 Vorstellungen erleben – zwischen dem 5. Oktober 1953 und dem 5. April 1954. Sechs volle Monate, annähernd 200 000 verkaufte Eintrittskarten, eine Bruttoeinnahme von 118 Millionen Francs. Dazu der immense Erfolg des Live-Mitschnitts der Show (die Plattentasche wird von Jean Effel entworfen). Und dazu noch die Goldene Schallplatte für *Les Feuilles mortes* ...

Absoluter Rekord. Man strömt in Sonderbussen aus ganz Frankreich herbei. Man kommt aus dem Ausland. Die prominentesten Gäste der Hauptstadt lassen es sich nicht nehmen, in Montands Garderobe zu erscheinen und dabei bemerkt zu werden: so werden Simone Signoret und Montand am 31. Oktober 1953 von einem Berichterstatter von *Paris-Match* in Gesellschaft von Maurice Chevalier, Kirk Douglas und Gary Cooper fotografiert – in dieser Garderobe, von der Simone sagt, daß sie allabendlich zur „Kabine der Marx Brothers“ werde, wo sich die Kollegen und Kumpels einstellen und drängen, sobald sie ihre eigenen Verpflichtungen erfüllt haben.

Dieses Récital von 1953 mag aus künstlerischer und musikalischer Sicht vielleicht nicht besser sein als das von 1951, 1958, 1968 oder 1981. In der Erinnerung der Getreuen aber lodert es mit einer einzigartigen Flamme. „Was ich vor allem andern noch einmal erleben möchte, das wäre ein Abend im ‚Etoile‘“, bestätigt Colette Crolla. „Die Angst, die Montand verspürte“, setzt Serge Reggiani hinzu, „war so intensiv, daß er, um sie zu besiegen, ein Übermaß an Kraft brauchte, durch die er das Publikum mit einer unerhörten Inbrunst in die Arme schloß.“ Und Hubert Rostaing: „Ich denke mit Wehmut an das ‚Etoile' zurück. Es war völlig eins mit Montand. Ich würde sagen, alles glich irgendwie Montand, die Garderobe, die Ränge, die Sessel, die Platzanweiserinnen ..."

Die Blütenlese ist unerschöpflich. Catherine Allégret erzählt: „Ich erinnere mich, als Mama das erstemal alle Kinder von der Place Dauphine zusammenscharte, damit sie Montand singen sehen sollten." Die Familie kommt um vor Lampenfieber. (Julien: „Ich litt; er konnte sich wenigstens austun, uns aber war seinetwegen bange bei jeder Note, jedem Stepschritt, jeder Ansage. Wir kehrten ganz gerädert nach Hause zurück!") Für die Kinder aber ist es ein Fest.

Jean-Louis Livi: „Simone hatte uns Plätze neben dem Mann besorgt, der ganz oben die Scheinwerfer bediente. Er hatte vor sich eine große Papptafel, auf der die Anweisungen standen. Zum Beispiel mußte er bei *Les Routiers* alles ausschalten, sowie Montand die Arme hob. Für uns war das Zauberei, und es wirkte auch wie Zauber. Ich habe das Glück gehabt, von Berufs wegen Hunderte von Bühnenaufführungen mitzuerleben, und tue das nach wie vor. Ich kann heute besser als 1951 einschätzen, wie fabelhaft diese Show war. Man betrat kein Theater. Man betrat eine Kathedrale voller Wärme, wo die Leute miteinander kommunizierten. Keine Sekunde lang mußte man sich das Gehirn zermartern, denn es gab unheimlich viel zu lachen: zwischen *Quand un soldat* und *Les Saltimbanques* hatte Montand *Die Jungfer auf der Schaukel* eingeschoben. Zwischen *Flamenco de Paris* und *Le Peintre, la Pomme et Picasso* kam eine Stepnummer und *Il fait des*. Am Ende des Konzerts, als wir zu ihm in die Garderobe gingen, war er noch gar nicht wieder am Boden gelandet, stak noch ganz in der Show. Dann hat er die Musiker herbeigerufen, irgend etwas haute nicht hin, das mußte sofort behoben werden. Oh, ja! Er kriegte es fertig, nach der Vorstellung noch zu proben, im weißen

Morgenmantel. Erst danach wurde er wieder zu dem, den wir kannten."

Im Laufe der Wochen legt sich die Beklemmung ein wenig. Die Bewohner der „Roulotte" können wieder Luft holen. Doch das Leben ist weiterhin streng geregelt. Elvire weiß, daß sonntags, zwischen Nachmittags- und Abendvorstellung, die Ruhe des Künstlers heilig zu sein hat. Der fröhlichen nächtlichen Runde, mit der jede Vorstellung endet und bei der nur Freunde zugegen sind, folgen karge und streng geplante Tage. Um seine Nächsten um Verzeihung zu bitten wegen der Disziplin, die er ihnen abverlangt, sendet Yves Montand unversehens, manchmal mitten in der Show, irgendein vertrauliches Signal an sie aus. Elvire: „Wenn er mich im Saal wußte, dann kündigte er, ohne mit der Wimper zu zukken, bei der Ansage zum Beispiel folgendes an: statt ‚*Gilet rayé* von Louiguy und Henri Contet' sagte er ‚von Elvire Nutini und Henri Contet' (Nutini ist mein Mädchenname). Und ich saß da in meinem Sessel und amüsierte mich köstlich ..."

Die außergewöhnlich gute Aufnahme des „Etoile"-Stars durch die gesamte Kritik ist vielleicht im Aufbau der Show begründet. Montand hat sie in vier Teile „zerlegt". Ein Viertel populäre Motive (Paris eröffnet den Ball und Paris beschließt ihn auch wieder). Ein Viertel „reine" Gedichte (unübersehbar immer wieder Prévert, aber auch Apollinaire). Ein Viertel komische Sketches (unter denen die wichtigste neue Nummer heißt: *Der Kapellmeister ist verliebt*). Und ein Viertel mehr oder weniger „engagierte" Chansons *(Quand un soldat, Flamenco de Paris, Le Chemin des oliviers, C'est à l'aube)*. Woraus sich ein sehr weit gespannter Bogen ergibt:

Da ist die verspielte Phantasie des *Dis-moi Jo*,

Ich habe ein Lied in der Kehle
Einen Mondschimmer in den Augen

Und ein Härchen gleich einem Gerstenkorn
Auf der Hand, es ist nicht zu glauben …

die so ganz überraschende Liebe in *Il a fallu*,

Es brauchte
Sechs bärtige Hüttenwerksbesitzer
Zwanzig Bankiers, die auf Baisse setzten
Eine Unmenge zusätzlicher Steuern
Und zwölf Pressekampagnen …
Es brauchte
Es ist irre, was es alles brauchte
Damit ein Waggon des Mittelmeerexpreß
Durch die unbekannte Nacht rasend
Mich zu meiner Liebsten bringt

das ein klein wenig sozialistisch-realistisch angehauchte Timbre von *C'est à l'aube*,

Im Morgengrauen
Zur trüben Stunde, da der Tag anbricht
Da schaut man seinem Schicksal
In die Augen …
Doch im Morgengrauen
Doch im Morgengrauen
Erwachen auch die herrlichen
Tage von morgen

schließlich der gefühlsinnige Populismus Francis Lemarques, sobald dieser das Akkordeon und die Feiertagsseligkeit vergißt:

Auf der Straße der Olivenbäume
Ist alles Gras verschwunden
Fortgetragen von der Not
In den Schritten all unserer
gefallenen Brüder …

Yves Montand hat nicht aufgehört, ein akrobatischer, Amüsement bringender Entertainer zu sein, und ist doch zugleich zum Wortführer des braven Volkes geworden, das Frankreich liebt, das Frankreich wiederaufbaut, das gegen die niedrigen Löhne protestiert, von den wankenden Institutionen der IV. Republik keine sehr hohe Meinung hat und die „kolonialen Abenteuer“ mißbilligt. Montand steht auf dem Gipfel seiner „Popularität“ in jedem Sinne des Wortes. Der Kritiker und Romancier Christian Mégret widmet ihm eine kurze, aber sachkundige Biographie (das Erscheinen des Buches im Verlag Calmann-Lévy fällt mit der Premiere im „Étoile“ zusammen). Der Sänger, so erklärt sein Biograph, verkörpert den „Mann der Massen, den Menschen von heute, der sich des düsteren Charakters der Epoche bewußt ist.“ – „Es ist kein Zufall“, betont Mégret, „daß er engagiert ist, wenn nicht in seiner Kunst, so doch zumindest im Leben.“ [12]

Dieses Récital von 1953–54 war eines der gelungensten, weil es von den Werten der Menschen meiner Generation getragen war, aber auch schon von denen der nachfolgenden Werte, die damals als sicher erschienen – die Trennlinie zwischen Gut und Böse schien uns klar gezogen. Mein Repertoire ist kein „politisches“, aber es macht sich diese Wärme einer Gemeinschaft zunutze, absorbiert sie und strahlt sie zurück. Die meisten Texte sind nämlich nicht dem bei der Linken verbreiteten „Jammerton“ verpflichtet, sondern von einem wirklichen Atem durchweht. Ich bekenne mich damals zu einer Art summarischem Marxismus, aber Sanguine *kündigt in meinen Augen ebenso die „künftigen Morgen“ an wie* C'est à l'aube. *Um eine Vorstellung von der Stimmung im „Etoile“ zu geben, will ich nur an ein Bild erinnern: die Pariser Verkehrsbetriebe standen im Streik, aber die Zuschauer kamen trotzdem, und die Eingangshalle des Theaters war vollgestellt, vollgestopft mit Hunderten von Fahrrädern! Und ein Gefühl war das: es war fürchterlich kalt in jenem Winter, sogar im Theater (der Heizungskessel war fünf*

*Tage ausgefallen); die Zuschauer steckten in Mänteln, trugen Fausthandschuhe, und wir wärmten uns gegenseitig. Die Leute kapierten alles auf Anhieb. Als ich ansagte: ,*Barbara*, ein Lied von Jacques Prévert und ... nur von Jacques Prévert', lachten sie sofort. Denn sie hatten begriffen, daß ich das Gedicht lediglich rezitieren würde.*

Montand wird andere, vielleicht sogar spektakulärere Triumphe erleben. Er wird in den USA, in Japan gefeiert werden ... Aber wird er je dieses „Schmelztiegelklima" wiederfinden, das ebenso das Klima einer Zeit wie die Atmosphäre einer Bühnenshow war? Wird er diese vollkommene Übereinstimmung wiederfinden zwischen der „öffentlichen" Liebe, der allabendlichen Umarmung von Tausenden Menschen, und der „privaten" Liebe? Ein Interview, das der Sänger und seine Frau der achtbaren Bühnenzeitschrift *Comœdia*[13] geben, nimmt die Form eines lyrischen Duetts an, in dem sich Simone sehr betont drei Schritte hinter Montand hält:

Simone Signoret: Ich bin nur Schauspielerin ... Er dagegen ist kein Interpret, er ist ein Regisseur. Das Publikum kommt nicht, um eine, sondern um fünfundzwanzig Geschichten zu erleben, die nur durch das, was er einbringt, einen Sinn bekommen. Seit neun Wochen habe ich keinen Film mehr ganz gesehen. Der Zeitplan seines Programms macht es mir nur möglich, entweder den Anfang oder das Ende zu sehen.

Yves Montand: Als ich meine Frau geheiratet habe, war sie Künstlerin. Ich wollte jedoch nicht von ihr verlangen, daß sie auf einen Beruf verzichtet, den sie liebt. Das wäre doch wahrlich schade gewesen! Aber natürlich, wenn man weiß, daß die eigene Frau eine Liebesszene mit einem andern spielt, so kann man sagen, was man will, es ist nicht unbedingt ein Vergnügen! Ich weiß, sie würde das Filmen aufgeben, wenn ich sie darum bäte, aber ich weiß auch, daß sie darunter

24 Sylvesterfeier in Saint-Paul

25 Mit Gérard Philipe in der „Colombe“

26 Simone Signoret als Casque d'or in dem gleichnamigen Film von Jacques Becker (1952)

27 Montand im Schwimmbad der „Colombe"; im Hintergrund das Mosaik von Braque

28, 29 1955. Das Haus in Autheuil

30 Die Familie Livi in den fünfziger Jahren: Julien und Elvire, Simone und Yves, Lydia

31

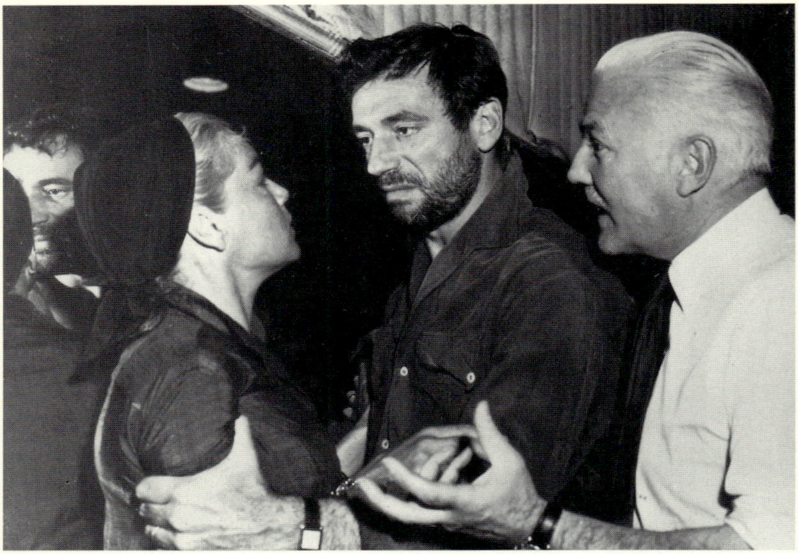

33 1956. Probe zu den *Hexen von Salem* unter der Regie von Raymond Rouleau (r.), Théâtre Sarah-Bernhardt

34 Mit Arthur Miller während einer Pause

35 Ankunft in Moskau, Dezember 1956; links von Simone Sergej Obraszow, rechts von Montand, mit geneigtem Kopf, die Dolmetscherin Nadja

36 Juni 1990, zur Moskauer Aufführung des Films *Das Geständnis*, mit Costa-Gavras auf dem Roten Platz

37 Zu Gast bei Tito, 8. März 1957

38 Im Georgs-Saal des Kreml

39 New York, September 1959. In der Stunde vor dem Auftritt

40 Am Broadway. Montand in einer Fred Astaire-Imitation

leiden würde. Auch ich könnte es ihretwegen ein Jahr lang ohne Singen aushalten …

Simone Signoret: Das verlange ich nicht von dir.

Yves Montand: Wie lange wird das anhalten, eine solche Liebe? Zwei Jahre, fünf Jahre, zehn Jahre … Ich hoffe, das ganze Leben.

Simone Signoret: Ich habe es abgelehnt, Theater zu spielen, und zwar aus einem ganz einfachen Grund: ich will nicht jeden Abend um acht das Haus verlassen müssen. Ich möchte um keinen Preis, daß wir uns nur noch im Treppenhaus begegnen.

Yves Montand: Wir könnten zusammen spielen, aber dann brauchten wir ein Stück, in dem wir bereits Mann und Frau wären.

Simone Signoret: Vorläufig begnüge ich mich, während er dreht, damit, die Ersatzgarderobiere zu spielen. Und in die Chansons mische ich mich überhaupt nicht ein.

Yves Montand: Sag das nicht! Du hst ein sehr sicheres Urteil …

Und so weiter, und so fort.

„Eine solche Liebe“ verlangt nach mehr als einem Nest (das Nest ist die „Roulotte“): sie braucht eine Herberge, einen Raum, wo sie Schutz findet, aber sich auch nach außen kehren, mit anderen geteilt werden kann. Einen Ort, an den ihre besten Zeugen geladen werden können. Montand hat zum erstenmal in seinem Leben ein wirkliches Vermögen verdient. Und zum ersten (und letzten) Mal in seinem Leben verspürt er Lust auf ein Haus. Verschiedenartige, widersprüchliche Gefühle suchen ihn dabei heim. Ein sehr früh schon ausgesprochener Rat seiner Mutter: „Meine Kinder, man kann ja nie wissen: wenn ihr mal zu ein bißchen Geld kommt, dann müßt ihr euch vor allem ein Haus anschaffen.“ Doch damit ist auch ein nicht weniger altes, unwohles Gefühl verbunden, angesichts von Geld und dem, wie man es anlegt. „Aus meinen schweren Jahren“, so bekennt Ivo Livi kurz nach seinem „Mordserfolg“ im „Etoile“, „habe ich ein gewisses Ungeschick im Umgang mit Geld zurückbehalten, über das Leute, die von Geburt an begütert waren, lächeln mögen. Ich kaufe mit einer Art Naivität ein, die mich bisweilen das Maß verlieren läßt. So habe ich mir einmal gleich zwei Dutzend Unterhemden anliefern lassen, als Reaktion gegen eine Art träger Gewohnheit, aus der ich, wie früher, mit einem sehr begrenzten Vorrat umherreiste: vier Stück, gerade genug, daß man zwei davon in die Wäsche geben konnte.“ [14]

„Beppinas“ Rat erweckte bei ihren Kindern damals einen Wunsch nach zierlichen Schlössern, französischen Parks, Türmchen und Statuen. Doch jeglicher Größenwahn wird im Zaum gehalten durch das Unvermögen, die vernünftige Verwendung des plötzlich angehäuften Kapitals (angehäuft zudem von einem geschworenen Feind des „Großkapitals“) einzuschätzen.

Simone Signoret und Yves Montand durchstreifen das flache Land und entdecken schließlich im normannischen Département Eure, in Auteuil-Authouillet (zwischen Pacy-sur-Eure und Louviers) eine Bleibe, die eine ähnliche Kompromißlösung bietet wie einst die „Roulotte“ auf der Île de la Cité. Es ist ein Haus ohne Türmchen und ohne Spiegelgalerie, ein weißer Quader, bedeckt von einem einfachen trapezförmigen Schieferdach, dessen regelmäßige, harmonische Fenster den Blick auf eine Wiese und eine Allee hoher Bäume freigeben. Von außen wirkt das Ensemble majestätisch schlicht. Im Innern ist es warm und hell, die Fußböden sind mit alten Fliesen bedeckt; heimelige Kamine, eine breite Treppe und ein Dachgeschoß mit Mansarden gehören dazu. Das weiträumige Wohnzimmer wird durch schmale Säulen unterteilt. Das Eßzimmer ist recht ausgedehnt und doch intim. Neunzig Kilometer von Paris entfernt (noch ohne die Erleichterung durch die später gebaute

Autobahn) ist es das am nächsten gelegene Ende der Welt.

Ein kleiner Bauernhof, allenfalls zehn Kühe, gehört zu dem Anwesen. Montand hofft, nicht ohne Optimismus, daß seine Erzeugnisse die Unterhaltskosten abdekken werden: er sollte sehr bald feststellen, daß das frische Ei „vom eigenen Hof“ kein Geschenk, sondern ein Luxus ist. Als erstes führen Simone und er ihren Fund den künftigen Verwaltern vor: Georges und Marcelle Mirtilon (die Köchin von der Place Dauphine und ihr robuster Ehemann aus den Pariser Markthallen). Sie stammen vom Lande, aus der bergigen Gegend des Morvan, und haben es eilig, wieder Wurzeln zu schlagen. Sie fügen den zehn Kühen noch etwa fünfzehn Schafe hinzu und übernehmen mit Begeisterung die Bewirtschaftung des Hofes. Die böswillige Presse wird anmerken, daß besagte Schafe mit einem eingebrannten M gezeichnet sind – wie es die Mirtilons in ihrer Heimatgegend stets zu tun pflegten –, und darin ein Anzeichen plötzlichen Größenwahns des zum „Schloßherrn“ aufgestiegenen „Proleten“ erblicken. Simone Signoret gibt eine diametral entgegengesetzte Version des Vorgangs: „Wir haben nicht zuerst das Haus gekauft und dann nach Leuten gesucht, die sich darum kümmern könnten; sondern wir mochten ein paar Leute, die gern auf dem Lande lebten, und so haben wir zum zweiten Besuch in Autheuil, ehe wir es gekauft haben, Georges und Marcelle mitgenommen. Ihnen gefiel es gut. Und da haben wir es gekauft.“

Gegenüber den Freunden verhält man sich ähnlich. Autheuil wird entweder die Behausung für eine Gemeinschaft sein, oder es wird nicht sein. François Perier erinnert sich mit einem Gefühl der Dankbarkeit: „Yves und Simone haben uns alle mit hinaus genommen, Reggiani, Pigaut, José Artur, Brasseur, kurz und gut die ganze Bande, und unsere Zustimmung eingeholt, und dann waren sie so diskret, zum Notar zu gehen und die Rechnung zu begleichen. Wir alle haben von Autheuil Besitz ergriffen – zur Erholung, um zu schreiben oder zu proben, zum fröhlichen abendlichen Beisammensein. Simone und Yves mochten ‚Treulosigkeit' übrigens ganz und gar nicht. Wir waren alle in Autheuil ‚zu Hause'. Wenn wir uns entfernten, begingen wir so etwas wie Verrat. Als der eine oder andere von uns anfing, besser zu verdienen und sein Leben selbständiger zu gestalten, als wir uns selber Landhäuser kauften, da war das für sie fast so etwas wie ein Affront. ‚Aber du hast doch Autheuil!' hielt einem Simone dann entgegen ..."

Was die Einrichtung betrifft, zählt die wackere Gastgeberin wie immer auf die eigenen Kräfte: weiße Wände, Gegenstände, die ebensosehr nach ihrem Erinnerungswert wie nach dem in ihnen steckenden Wert ausgewählt werden (zwei Glasschränke im großen Saal sind mit Krims und Andenken gefüllt, mitgebracht von tausend Reisen). Möbel, „die sehr schön sind, ohne ‚schöne Möbel' zu sein". Bilder, hier und da bei kunstsinnigen Trödlern zusammengekauft, auch wenn ihretwegen kein Drouot in Entzücken geriete (und zu ihnen gesellen sich immerhin Picassos Keramik, ein Wandteppich von Lurçat, ein Bild von Giacometti und zwei „Drucke" von Freund César).

Die Hausherren haben im Prinzip für sich einen Teil des ersten Stockwerks reserviert. Alles übrige steht den Besuchern zur Verfügung, vor allem die Mansarden im zweiten Stock, für die Simone Signoret selbst die Gardinen genäht hat. Die Gage für *Les Diaboliques* verwandelt sich in einen Swimmingpool mit einem extra Bekken für die Kinder (das einen oder zwei Tage in der Woche den Dorfkindern offensteht). In normannischen Landen ist dergleichen ungewohnt. Montand richtet eine Scheune als kleines Theater her, mit Vorführgeräten, einer wachsenden Zahl wertvoller Filmkopien und einer Minibühne, auf der er seine neuen Titel erstmals ausprobiert. Die Wiese hinter dem Haus verwandelt sich in einen Park und bleibt dabei trotzdem noch Wiese ...

José Artur ist seit seinem Buch *Micro de nuit*[15] von den Freunden zum offiziellen Chronisten des Lebens in Autheuil befördert worden. „An manchen Wochenenden waren über zwanzig Gäste da, Vollpension eingeschlossen. Kinder und Hunde waren zugelassen, ja sogar erwünscht. Um ein Zimmer im ersten Stock zu erhalten, mußte man betagt oder sehr bekannt sein oder zum allerersten Mal kommen. Ich schlief im zweiten Stock, denn ich war weder betagt noch bekannt, und ich kam jede Woche. Auf meiner Etage sah ich François Perier, Françoise Arnoul, Roger Pigaut, Serge Reggiani, Pierre Mondy und Jacques Becker. Der einzige, der niemals da hinaufkam, war Pierre Brasseur, aus Gründen der Sicherheit: nach dem Abendessen erwies sich die Treppe zum Dachgeschoß als sehr schmal und sehr steil ..."

In Autheuil entstehen und vergehen Liebesbeziehungen (Jacques Becker wird im Jahr 1959 hier Françoise Fabian heiraten). Hier werden Bücher konzipiert, Filmszenarien erörtert – aus der Feder von Becker, Costa-Gavras, Resnais, Corneau, Dabadie-Sautet, Semprun. Chris Marker handhabt hier den Stift und die Kamera. Luis Buñuel übt sich zur Entspannung des Morgens im Schießen.

Und Simone Signoret wird in diesem Haus sterben.

10

Alljährlich findet im Goldmosaikensaal des Rathauses von Stockholm ein Empfang für die Nobelpreisträger statt. Am 19. März 1950 indes empfängt der Bürgermeister keine berühmten Schriftsteller oder namhaften Wissenschaftler, sondern die Delegierten des Weltfriedensrates. Schnell einigen sie sich auf einen Text, den der russische Schriftsteller Ilja Ehrenburg im Keller eines Restaurants entworfen hat und der unter Beifall angenommen wird: „Wir fordern das absolute Verbot der Atomwaffe als einer Waffe des Schreckens und der Massenvernichtung der Bevölkerung ... Wir sind der Ansicht, daß die Regierung, die als erste die Atomwaffe gegen irgendein Land benutzt, ein Verbrechen gegen die Menschlichkeit begeht und als Kriegsverbrecher zu behandeln ist. Wir rufen alle Menschen der Welt, die guten Willens sind, auf, diesen Appell zu unterzeichnen."

Mit diesem Glaubensbekenntnis, das als „Stockholmer Appell" in die Geschichte eingeht, beginnt einer der größten ideologischen Feldzüge, den kommunistische Organisationen je weltweit geführt haben. Denn hinter einem pazifistischen, humanistischen Text, den jedermann gutheißen kann, entfaltet sich ein riesiges Unternehmen politischer Manipulation, das von der Sowjetunion und ihren Verbündeten gesteuert wird. Natürlich läßt sich das heute leicht sagen. Damals unterschrieben den Appell Millionen Menschen gutgläubig und besten Gewissens, denn sie fürchteten tatsächlich, daß zwischen den Vereinigten Staaten und der UdSSR ein neuer, ein nuklearer Weltkrieg ausbrechen werde.

Keine zwei Jahre nach der Kapitulation Deutschlands und Japans geraten die Alliierten, die gestern noch vereint gegen den Faschismus kämpften, in Europa wie in Asien aneinander. In den osteuropäischen Ländern, die von der Roten Armee befreit wurden, schieben die Sowjets ihre Bauern vor: durch gefälschte Wahlen, durch physischen Druck und „Mobilisierung der Massen". Die nichtmarxistischen Parteien werden an den Rand gedrängt, dann ausgeschaltet. Im März 1946 verklagt Winston Churchill in seiner berühmten Rede in Fulton die „Polizei-Regime", „Westeuropa ihr Gesetz" aufzuzwingen. In Warschau, Budapest, Prag bemächtigen sich die kommunistischen Parteien der Staatsgewalt. Binnen weniger Monate bilden sich zwei antagonistische Blöcke, der eine unter der Hegemonie Amerikas, der andere unter sowjetischer Herrschaft. Und beide ideologisieren diesen Bruch.

Im März 1947 erklärt der amerikanische Präsident vor dem Kongreß, was man die „Truman-Doktrin" nennen wird: „Die Vereinigten Staaten müssen die freien Völker unterstützen, die sich den Unterwerfungsversuchen durch bewaffnete Minderheiten oder durch von außen andringendem Druck widersetzen ..." Auf diese Erklärung, die in der Tat den Anfang des kalten Kriegs darstellt, antwortet einige Monate später Alexander Shdanow, der Chefideologe der sowjetischen Regierung: „In der Welt haben sich zwei Lager gebildet: einerseits das imperialistische und antidemokratische Lager, dessen Hauptziel es ist, die Weltherrschaft des amerikanischen Imperialismus zu errichten und die Demokratie auszulöschen, und andererseits das antiimperialistische und demokratische Lager, dessen Hauptziel der Kampf gegen den Imperialismus ist ..." Hinter der Phraseologie sind die Intentionen klar erkennbar. Die Berliner Blokkade, die Teilung Deutschlands, der Sieg Mao Tse-Tungs in China verschärfen zusätzlich die Spaltung der Welt.

So unterzeichnen denn am 4. April 1949 im großen Saal des State Departements in Washington, den sorgliche Hände mit rosa Hortensien geschmückt haben, die zwölf westlichen Außenminister vor dem amerikanischen Präsidenten den Atlantikpakt. Mit diesem Vertrag verpflichten sich die Vereinigten Staaten, den alten Kontinent zu verteidigen. Die UdSSR reagiert, als sei dies ein Angriff. Die ganze Geschicklichkeit ihrer Propaganda richtet sich nunmehr darauf, das amerikanische Lager als kriegstreiberisch und die Sowjetunion als friedliebend darzustellen. In diesem ideologischen Kampf ist die Ächtung der Atomwaffe ein gewaltiger Motor: wer den Frieden liebt, ist gegen die Bombe; die Bombe ist amerikanisch; friedliebende Menschen also sind gegen die Amerikaner – dieser Syllogismus erweist sich als ungemein wirksam.

Um ihren Kreuzzug mit Erfolg zu führen, mobilisiert die UdSSR die ihr gefügigen kommunistischen Parteien in den westlichen Ländern. Die sowjetischen Führer sind überdies so klug, auch die „progressiven", humanistischen und pazifistischen Intellektuellen einzubeziehen. Daher die Idee, unterderhand weitestgreifende Sammlungsbewegungen zu initiieren, durch die man die westliche Intelligentia anziehen und einwickeln kann.

Im August 1948 wird im polnischen Wrocław auf einem Weltfriedenskongreß der Intellektuellen die Friedensbewegung ins Leben gerufen. Ihr erster Kongreß findet im April 1949 in Paris, in der Salle Pleyel, statt. Dazu hat Picasso eine Lithographie, die *Friedenstaube*, geschaffen. Der Nobelpreisträger für Physik, Frédéric Joliot-Curie, Kommunist seit 1944, Hoher Kommissar für Kernenergie (im April 1950 von diesem Amt abberufen), hält vor 2000 Delegierten aus 72 Ländern die Eröffnungsrede. Er bezeichnet den Atlantikpakt, den Frankreich soeben unterzeichnet hat, als einen Akt der Unterwerfung unter den amerikanischen Imperialismus.

Fünf Tage lang wechseln an hundert Redner einander ab, preisen die Friedensliebe der Sowjetunion und klagen Amerika der Kriegsgelüste an. Der schwarze Sänger Paul Robeson verkündet mit seiner schönen tiefen Stimme: „Erst auf meiner Reise durch die UdSSR habe ich empfunden, daß ich ein Mensch bin.“[1] Eine Anekdote verdeutlicht die politische Blindheit der Kongreßteilnehmer: auf seiner Reise in die UdSSR, wenig zuvor, hatte Robeson seinen alten Freund, den jüdischen Schriftsteller Isaak Pfeffer, besuchen wollen. Die Amtsmächtigen baten ihn, sich eine Woche zu gedulden, Pfeffer sei „in den Ferien am Schwarzen Meer“; nach einer Woche brachte „man“ Pfeffer in Robesons Hotel – und nach dem Besuch zurück in seine Zelle. In wenigen Tagen hatte man den Schriftsteller mit Nahrung und Medikamenten gestopft, damit seine wächserne Hautfarbe nicht verrate, daß er im Gefängnis saß.[2]

Die Friedensbewegung gibt sich den Anschein einer pazifistischen Internationale. Ihre höchste Aufgabe ist es, für den Stockholmer Appell überall berühmte Unterzeichner zu finden: Künstler, Intellektuelle, Geistliche. Jeden Tag, jede Woche veröffentlicht die kommunistische Presse die Ernte an berühmten Unterschriften: Jorge Amado, Aragon, Pierre Benoit, Dmitri Schostakowitsch, Ilja Ehrenburg, Duke Ellington, Thomas Mann, Pablo Neruda. Und dann die Maler Chagall, Gromaire, Matisse, Pignon. Die Film- und Theaterleute stehen nicht nach: Marcel Carné, Noël-Noël, Michel Simon …

In einem Aufmacher gibt die *Humanité* vom 2. Mai 1950 ihren Lesern bekannt, daß der populäre Sänger Yves Montand den Stockholmer Appell unterschrieben hat, mit dem Zusatz: „Ich unterschreibe, damit ich noch lange singen kann“. Von dem Tag an steht Montands Name auf Petitionslisten und in Propagandabroschüren. Die *Humanité* bringt am 25. Mai unter der Überschrift: „Sie alle haben für die Ächtung der Atombombe unterschrieben", auf Seite 2 eine Zeichnung, wo Jean Stock, der französische Boxchampion, Serge Reggiani, Simone Signoret, Gérard Philipe und Pierre Brasseur sich zur Farandole die Hände reichen. „Maurice" sogar, der große Maurice Chevalier, erklärt den *Lettres Françaises*: „Ich möchte die Liste derjenigen sehen, die ihre Unterschrift verweigern! Diese Leute wollen den Selbstmord, damit sie sich nicht selber umbringen müssen." Wenig später widerruft er ziemlich kläglich.

Innerhalb weniger Monate unterschreiben den Stockholmer Appell, nach Angabe der Organisatoren, in Frankreich 12 Millionen. Und die kommunistische Presse enthält sich nicht der Feststellung, daß diese Zahl bei weitem die Anzahl der üblichen Sympathisanten der FKP übertrifft (die zu den Parlamentswahlen 1951 5 Millionen Stimmen erhielt). Sie betont die Unterschiedlichkeit der Persönlichkeiten, die mit den Kommunisten zusammengehen. Groß vertreten in der Friedensbewegung sind die besonders gehätschelten Kirchen. Einer der prominentesten Geistlichen ist Abbé Boulier, ein Pfeiler der christlichen Arbeiterjugend; er nennt die Kommunisten Getreue Christi, die es nur nicht wissen. „Ich spiele das Spiel der Kirche, das Spiel des Evangeliums, das Spiel des Lebens gegen das Spiel des Todes und des grausamen Völkermords. Sie sagen, dies sei das Spiel der Kommunisten? Sie hätten ihnen kein schöneres Lob erteilen können."[3]

Die Politik der den Katholiken „hingestreckten Hand" trägt ihre Früchte. Vom *Figaro* befragt, beruft sich François Perier auf seinen Glauben, um seine Unterschrift zu begründen: „Sie sagen, der Text sei eine Frucht des Kommunismus. Die Frage habe ich mir nicht gestellt ... Ich als Christ hätte es vorgezogen, er wäre eine Frucht des Vatikans; aber leider hat nicht der Vatikan mir vorgeschlagen, ihn zu unterzeichnen." Wie viele „progressive" Christen ist der künftige Interpret von *Der Teufel und der liebe Gott* nicht weit entfernt zu meinen, die Kommunisten von 1950 seien die neuen Christen der modernen Zeit. Heute macht Perier sich darüber lustig. „Simone hatte mich aufgefordert, den Appell zu unterschreiben. Ich antwortete ihr: ‚Einverstanden, aber ich brauche eine gute Begründung!‘ Als sie meine Erklärung gelesen hatte, rief sie mich an: ‚Du Schurke bist ja grandios mit deiner Gläubigennummer.‘ Und ich: ‚Überhaupt nicht. Ich bin absolut aufrichtig. Der Text des Appells ist ein großer christlicher Text: er ist mit guten Absichten gepflastert ...‘ “

Seit der Befreiung ist ein Teil der Intelligenz dem „Stalingrad-Effekt“[4] erlegen. Der Sieg der Roten Armee hat dem Sowjetregime und seinem Führer eine unerhörte Aura verschafft. Viele junge Intellektuelle, die durch die Résistance zum politischen Engagement fanden, sind der „Partei der Antifaschisten“ beigetreten. Denn der Nimbus der UdSSR strahlt auf ihre französischen Jünger ab. Die Kommunistische Partei mit ihren Hunderttausenden Anhängern, beträchtlichen gewerkschaftlichen Staffetten und einem Netz von Freundesvereinigungen eignet sich das Monopol der Résistance an und erklärt sich zur einzigen der Arbeiterklasse entsprungenen Kraft. Die Intelligenz wiederum spricht das Proletariat als die nach der marxistischen Vulgata alleinige revolutionäre Klasse heilig und setzt FKP und „Arbeiter“ gleich. Kurz, das zusätzliche Prestige, die Klasse der Hitlerbesieger zu sein, vervielfacht den kommunistischen Einfluß.

Die Logik des Kampfes zwischen Gut und Böse, zwischen Tag und Nacht, beherrscht die Intellektuellengeneration der Zeit. Für sie ist es undenkbar, gegen das russische Volk zu sein, das sich im Kampf gegen die Nazis aufgeopfert hat. Der Antifaschismus hat seine Heimat in Moskau. Diese manichäische Weltsicht wird wiedergekäut, bis sie unanfechtbare Wahrheit geworden ist. Paul Eluard setzt dieses Credo in Verse:

Brüder, die UdSSR ist der einzige freie Weg,
Auf dem wir zum Frieden gelangen werden ...[5]

Am anderen Ufer des Atlantik hingegen brüten die Kriegstreiber über Plänen zu einem atomaren Präventivschlag gegen die UdSSR, und sie haben gezeigt, daß sie keine Scheu haben, sich der Atomwaffe zu bedienen. Als Simone Signoret sehr viel später ihre Erinnerungen verfaßt, beharrt sie auf der Kraft dieses damals weithin geteilten Arguments: „Es war ein großes Nein gegen die Atombombe. Wenn Leute es ablehnten zu unterschreiben, gab es keine bessere Gegenfrage als: ‚Dann sind Sie also für die Atombombe?' Weil sie sich das nicht zu bejahen getrauten, sagten sie dann, sie kümmerten sich nicht um Politik ... Sie logen, denn genau das taten sie, wenn sie sich nicht gegen Amerika erklären wollten, das damals als einziges Land die Bombe besaß und sie eingesetzt hatte. Schwerlich konnte einer sagen: ‚Ich bin dafür', wenn er Fotos von Hiroshima sah."

Ich bereue nicht, den Stockholmer Appell unterschrieben zu haben, auch wenn wir manipuliert worden sind. Damals, im kalten Krieg, in der Kriegsgefahr, hatte die Verteidigung des Friedens eine unwiderstehliche Kraft. Ich erinnere mich an ein großes Meeting im Vel' d'Hiv', wo Duclos umwerfend war. In unserer Naivität riß uns sein Argument vollständig mit: man verlangt von euch nicht, daß ihr Kommunisten seid, nicht einmal daß ihr Sympathie für die Kommunisten empfindet; man verlangt von euch lediglich, daß ihr mit uns den Frieden verteidigt; retten wir den Frieden, sonst können wir nicht einmal mehr unsere politischen Differenzen austragen. Das war überzeugend, denn die Menschen hatten tatsächlich Angst. Simones Vater hatte zu seiner Tochter gesagt: „Man muß aus Europa auswandern, der Krieg zwischen Russen und Amerikanern steht unmittelbar bevor." Wir machten energisch mit, denn niemand kann gegen den Frieden sein.

Erst viel später haben wir begriffen, daß die ganze Kampagne nur dazu bestimmt war, Zeit zu gewinnen, bis auch die Russen die Bombe hatten. Mit dem Tag hörte die Friedensbewegung auf, hörten auch die Versammlungen und die Demonstrationen auf.

Mit dem Moment, da Montand und Signoret den Stockholmer Appell unterschreiben und auf den Tribünen der Friedensbewegung erscheinen, gelten sie als Weggefährten der Kommunistischen Partei. Die Zeit dieses Engagements ist für den Sänger auch die seiner Begegnung mit Simone. Darf man daraus schließen, daß die intellektuelle Bourgeoisie des linken Seineufers den singenden Proleten auf diesen Weg gebracht hat? Aber die Tatsachen widerstreiten der Hypothese. „Engagiert" war Montand von klein auf, kommunistisch im Herzen durch Erbschaft und Erziehung. „Mobilisiert" war er bereits in bestimmten Liedtexten. Schon bevor er mit Simone Signoret lebte, hatte er sich zwei- oder dreimal auf militanten Galavorstellungen, besonders zur Unterstützung streikender Bergarbeiter, produziert. Seit 1948 nimmt er am alljährlichen Buchverkauf teil, der vom Nationalkomitee der Schriftsteller organisiert wird, das unter kommunistischem Einfluß steht. Kurz, er „gehört dazu". Die Unterzeichnung des Appells macht die Zugehörigkeit nur offiziell. Zum erstenmal fordert man ihn auf, einen öffentlichen Text zu unterschreiben. Zum erstenmal auch wird das Mittel der Massenunterzeichnung als politische Aktionsform benutzt.

Von nun an kämpft das Star-Ehepaar in der Friedensbewegung, die, wie beide meinen, nicht mit der KP identisch ist. Als man den Montands entgegenhält, das sei gleichwohl der Fall, empören sie sich und führen die lange Liste derjenigen an, die die Estraden bevölkern, ohne zur Partei zu gehören. Heute erscheint die Unterscheidung künstlich, aber in den Augen der Beteiligten war sie sehr real. Obschon faktisch die Unterordnung der Sympathisanten-Aktivitäten unter die Generallinie der Partei damals offensichtlich war.

Der Koreakrieg bot den „Freunden" der Kommunisten den ersten Anlaß, die Positionen des sozialistischen Lagers auf internationaler Ebene zu verteidigen. Montand bezweifelt keine Sekunde, daß der Aggressor tatsächlich der „amerikanische Imperialismus" ist. Als General McArthur, nachdem er Südkorea zurückerobert hat, beabsichtigt, den Norden anzugreifen, sieht der Sänger darin die genaue Bestätigung seiner Meinung. Damit steht er nicht allein. Die linke Intelligentia hält Nordkorea die Stange. Die kommunistische Presse füllt sich mit Berichten über die Bombardierung friedlicher Dörfer mit Napalm. Picasso malt ein Bild, *Das Massaker in Korea*, wo Robotersoldaten auf eine Gruppe von Frauen und nackten Kindern schießen. Roger Vailland schreibt ein sehr wirkungsvolles Theaterstück, *Oberst Forster bekennt sich schuldig*. Man klagt McArthurs Nachfolger, General Ridgway, des Einsatzes bakteriologischer Waffen an, was ihm den Beinamen Pest-Ridgway einträgt.

Im Mai 1952 wird derselbe General Ridgway in Paris zum Oberbefehlshaber der Nato-Streitkräfte ernannt. Die Kommunistische Partei organisiert eine Demonstration, die in Tumulte ausartet. Heftige Schlägereien dauern die ganze Nacht. Montands Schwägerin Elvire trägt eine Beinprellung davon. André Stil, Chefredakteur der kommunistischen Tageszeitung, und Jacques Duclos werden festgenommen. Die Regierung versucht ihnen einen Verschwörungsplan anzuhängen, aber die Anklage, die sich auf die Entdeckung von Tauben, angeblich Brieftauben, in Duclos' Wagen stützt (die Tauben waren zum sonntäglichen Festmahl bestimmt), verkehrt sich ins Lächerliche. Die kommunistischen Führer tauchen für einige Tage unter; François Billoux, Mitglied des Politbüros und verantwortlich für Marseille, versteckt sich bei Giovanni Livi, in ebendem

Haus, das Montand seinen Eltern in La Pounche gekauft hat.

Eine zweite Achse prokommunistischer Initiativen ist der Kampf gegen den Krieg in Indochina. Die Friedensbewegung unterstützt die Hafenarbeiter, die sich weigern, Kriegsmaterial zu verladen, verteidigt Raymonde Dien, die sich auf die Schienen gelegt hat, um die Ausfahrt eines Munitionszugs zu verhindern. In Toulon wird Henri Martin zu fünf Jahren Haft verurteilt, weil er an die Matrosen Schriften verteilt hat, die das Eingreifen des Expeditionscorps auf der vietnamesischen Halbinsel verdammen. Er wird zum Prototyp des revolutionären Helden, und die kommunistischen Künstler und Intellektuellen erheben ihn zum Vorbild. Eluard und Aragon widmen ihm Gedichte, realistische Gemälde stellen ihn in seiner Zelle dar, und selbst Sartre schreibt *L'Affaire Henri Martin*, eine Art dokumentierte Anklage, die ein gewaltiges Echo findet.

Zu dieser Zeit, im Februar 1952, bringt Francis Lemarque Montand die ersten Strophen eines Antikriegslieds:

Fleur au fusil
Tambour battant
Il va
Il a vingt ans
Un cœur d'amant
Qui bat
Un adjutant pour surveiller ses pas
Et son barda contre son flanc
Qui bat …

Blume am Gewehr
Mit Trommelschlag
Geht er
Er ist zwanzig
Hat ein liebendes Herz

Das schlägt
Einen Adjutanten, der seine Schritte überwacht
Und sein Gepäck am Hals
Wo's schlägt …

Der Sänger ist begeistert. Francis Lemarque: „Als ich aufhörte zu singen, sagte er: ‚Mach es so schnell wie möglich fertig und gib es mir.' Anderntags hatte ich es fertig. Der Text endete mit der Zeile: ‚Daß die Gewehre für immer schweigen.' Er lehnte diesen Schluß ab, hielt ihn für zu didaktisch, und er hatte recht. Er fand das Lied so gut, daß er es ein paar Tage danach schon auf einer Gala, mit dem Text in der Hand, gesungen hat. Er hatte nicht einmal Zeit gehabt, es auswendig zu lernen." Mitten im Indochinakrieg *Quand un soldat* zu singen war ein kämpferischer Akt. Die Regierung verbot das Werk übrigens im Rundfunk.

Glücklich, in seinem Metier der Sache zu dienen, setzt sich Montand Repressalien aus. Er erhält Briefe mit Morddrohungen. So manches Mal versuchen feindselige Gruppen, seine Auftritte zu stören. In Lyon werfen Radikale kurz vor der Aufführung Stinkbomben in den Saal, die Feuerwehr muß Blasebälge in Gang setzen, um Luft zu schaffen; Künstler und Publikum tränen die Augen während der ganzen Show. Am selben Abend wird die Windschutzscheibe des Materialtransporters mit Flugblättern beklebt, und der Polizeikommissar warnt, er könne den Schutz des Künstlers beim Verlassen des Gebäudes nicht garantieren. Der Schlagzeuger Roger Paraboschi erinnert sich: „Nach der Vorstellung sind die Musiker durch den Hinterausgang verschwunden. Montand bat mich, mit ihm durch das Hauptportal hinauszugehen. Vor dem Theater warteten Gruppen von Paras mit ihren roten Baretten. An Polizisten waren nur zwei, drei zu sehen. Montand ist rausgegangen wie ein Seigneur, er ist mitten durch die drohende Menge gegangen. Und keiner hat auch nur gemuckt."

In Mantes-la-Jolie werden die Plakate, die den Abend ankündigen, mit Teer beschmiert. Ein andermal, Ende 1953, bei der großen Show im „Etoile" besetzt ein von Jean-Baptiste Biaggi, dem Anwalt der extremen Rechten, geführtes Kommando die erste Reihe, die Füße auf dem Bord des Orchestergrabens. Als die Vorführung beginnt, entfalten die Störer die *Humanité*, um sich zu tarnen und den hinter ihnen Sitzenden die Sicht zu nehmen. Montand zögert. Wenn er abbricht und die Störenfriede anspricht, kann das ungut enden. Er beschließt weiterzusingen, überwacht sie aber aus dem Augenwinkel. Nach dem ersten Vorhang stürzt er in die Kulissen und greift sich den riesigen Knüttel, mit dem man zu Spielbeginn die drei Schläge abgibt, und behält ihn bis zum Schluß in Reichweite. Paraboschi: „Er sagte: ‚Dem ersten, der auf die Bühne zu klettern versucht, schlag ich den Schädel ein.'" Bob Castella: „Bei *Quand un soldat* gab es im ‚Etoile' feindselige Reaktionen, doch nur geringfügige. Abgesehen von der Episode Biaggi kam es mitunter vor, daß nach dem Lied ein Zuhörer aus dem Saal rief: ‚Montand nach Indochina!' Dann gab der zurück: ‚Nein, danke, ohne mich ...', und der Saal brach in Beifall aus ..."

Anfang der fünfziger Jahre bekundet Yves Montand im Leben wie auf der Bühne unverblümt seine Überzeugungen. Für sein Publikum, für die Öffentlichkeit ist der „Metaller"-Ton seines Repertoires eins mit seinem Engagement. „Wie sollte er auch etwas anderes singen, als er im Bauch hat?" schreibt Jean-Pierre Chabrol in *L'Humanité-Dimanche*. Und von *Avant-Garde*, der Zeitung des kommunistischen Jugendverbandes, befragt, ergänzt Montand selbst: „Reflex des Lebens aller Arbeiter ohne Ausnahme zu sein, das halte ich für die Rolle eines Sängers."[6]

1952 singt er vor den Arbeitern der Renault-Werke in Billancourt, im November desselben Jahres gibt er einen Abend für das französische Volkshilfswerk in der Mutualité. Auf einer Versammlung der Friedensbewegung, die an der Porte de Vincennes stattfindet, singt er *Quand un soldat*, Gérard Philipe rezitiert Eluards Gedicht *Liberté*, Simone Signoret liest einen eigenen Text. Bei solchen Anlässen steht das Gespann Montand-Philipe häufig auf den Plakaten: den Star der Music Hall und den Erzengel der Bühnenbretter so vereint aufzubieten sichert der FKP einen Massenzulauf.

Wie gesagt, singt Montand auch zum alljährlichen „Buchverkauf“, der vom CNE, dem Nationalkomitee der Schriftsteller, organisiert wird. Der unter kommunistischem Einfluß stehende CNE ruft zum „Kampf der Bücher“ auf; die Schriftsteller, der Partei nahestehend oder deren Mitglieder, werden aufgefordert, die fortschrittliche Kultur gegen die „Literatur der Dekadenz“ zu verteidigen. In Paris sind die Buchtage des CNE in jedem Herbst ein mondän-politisches Ereignis, wo man die Größen von Literatur, Bühne und Leinwand trifft. 1952 spielt sich die Veranstaltung im Vel' d'Hiv' ab, das 30000 Zuschauer faßt. Neben jedem Schriftsteller sieht man einen Künstler in der Reihe der Stände, man erkennt Bernard Blier, Alain Cluny, Danièle Delorme, Juliette Gréco, Jean Marais, Noël-Noël, Micheline Presle, Jacques Tati. Montand und Signoret stellen Paul Eluard vor, der krank ist und bald sterben wird. „Die beiden Stars werden ständig aufs neue glühend bestürmt“, schreiben die *Lettres françaises* zu einem Photo des umlagerten Paares.

Mit der Aufreihung so vieler Berühmtheiten beweist die Kommunistische Partei ihre Anziehungskraft. Auch Yves Montand huldigt dem Widmungsritual und zeichnet sein Buch *Du soleil plein la tête* (Den Kopf voll Sonne), eine Interview-Sammlung von Jean Denys.

Der Weggefährte Montand zahlt zwar keinen Parteibeitrag, gleichwohl zückt er die Brieftasche. Als die *Humanité* zu einer großen Sammlung aufruft, bringt er selbst 1 Million Francs in Banknoten, in Zeitungspapier gewickelt, in die Redaktion. Ein andermal, so bezeugt Elvire Livi, brachte sie auf Anruf ihres damals in Italien weilenden Schwagers 600 000 Francs zum Sitz der Kommunistischen Partei in die Rue Le Peletier 44.

Mit Ausnahme der Parteiführung, die den Unterschied zu schätzen weiß, glaubt alle Welt, das Paar Signoret-Montand gehöre der FKP an. Die berühmten Weggefährten tun nichts, den Irrtum zu korrigieren, als man ihnen das Beiwort „kommunistisch" anhängt. Das ausbleibende Dementi erklärt sich zunächst daraus, daß sie die Anklage keineswegs beschämend finden. Im Gegenteil: „Wir meinten, daß es keine Schande sei, Kommunist zu sein", schreibt Simone Signoret später. Mehr noch, beide halten sich für Kommunisten und sind stolz, daß man sie dafür ansieht, der Erwerb des Mitgliedsbuches war in ihren Augen reine Formsache. Im großen ganzen billigen sie die Positionen der Partei. „Wir stimmten praktisch in allem mit ihnen überein", präzisiert Simone Signoret sogar.

Was sie hindert, sich voll der Partei anzuschließen, betrifft ihr eigenes Terrain, die Auffassungen der KP in Angelegenheiten der Kunst, der Literatur, und die Rolle, die die Kommunisten den Intellektuellen zuweisen. Wie auf allen anderen Gebieten kommt die Inspiration der FKP auch hier aus der Sowjetunion. Die Doktrin des Moskauer Chefideologen Shdanow wird von seinem französischen Sprachrohr, Louis Aragon, dem Diktator der Literaturszene, in höchster Klarheit wiedergegeben, als er die Intellektuellen auffordert, „an der Schwelle einer singenden Zukunft jene melodiösen Ingenieure zu werden, die die menschlichen Seelen und ihre eigenen Irrgänger überzeugen".[7]

Ohne es in die Eleganz des Poeten zu kleiden, tränkt

Laurent Casanova, der Führer der FKP und Zerberus der Intellektuellen, seine Schäfchen mit folgenden strikten Anweisungen: „Alle ideologischen und politischen Positionen der Arbeiterklasse anzunehmen; bei allen Gelegenheiten und mit äußerster Entschiedenheit alle Positionen der Partei zu verfechten; die Liebe zur Partei in ihrer bewußtesten Form: dem Parteigeist, zu kultivieren."[8] Ohne den mindesten Humor stellt Casanova fest, daß ein „unermeßliches Feld freier Initiative und freier Schöpferkraft sich jenen eröffnen wird, die diese aller Wissenschaft und aller Kunst vorrangigen Grundvoraussetzungen zu meistern wissen ..."

Manche, denen das Halseisen noch zu locker dünkt, danken es der KP, ausschließlich ihren Genius zu inspirieren. So vollzieht André Stil, den ein Stalinpreis für seinen sozialistisch-realistischen Eifer belohnt hat, in Demut seinen Kniefall vor der gottgleichen Partei: „Deshalb müssen wir mit aller Inbrunst wiederholen, daß, wenn es uns gelingt, etwas Gutes zu schreiben, wir dies unserer Partei verdanken. Deshalb, und ob es manche stört und spotten läßt oder nicht, bleibe ich dabei, immer wieder hervorzuheben, daß ich nicht allein als kämpferischer Mensch, sondern auch als Schriftsteller alles meiner Partei verdanke ..."[9] Die Kommunistische Partei rechnet es sich zu dieser Zeit zum Ruhm an, Moskaus älteste Tochter zu sein. „Stalinist sein", erinnert uns Jacques Duclos, „heißt der Partei und der Sache, die sie verkörpert, treu zu sein bis in den Tod."

Das Gebot, ihr Schaffen dem Dogma unterzuordnen, zwingt Künstler und Schriftsteller zu jener utilitaristischen Kunstauffassung, wie Thorez sie ohne Umschweife ausgesprochen hat: „Den dekadenten Werken bourgeoiser Ästheten, den Verfechtern des l'art pour l'art, dem ausweglosen Pessimismus und dem rückgewandten Obskurantismus der existentialistischen Philosophen haben wir eine Kunst entgegengesetzt, die sich vom sozialistischen Realismus inspirieren läßt und von der Arbeiterklasse verstanden wird, eine Kunst, die der Arbeiterklasse in ihrem Befreiungskampf beisteht."[10] Die Wissenschaftler sollen die bourgeoise Wissenschaft mit Hilfe der proletarischen Wissenschaft bekämpfen, die Künstler sollen die proletarische Kultur gegen die bourgeoise Kultur behaupten.

Darauf beschränkt, die Verdienste des Kommunismus zu glorifizieren, gleiten die Apostel des sozialistischen Realismus in einen unbändigen Personenkult ab. Der Ex-Surrealist Eluard flicht dem genialen „Führer des Weltproletariats" so den Lorbeerkranz:

Und Stalin ist für uns das Morgen
Und Stalin vertreibt heute das Unglück
Vertrauen ist die Frucht seines liebenden Hirns ...[11]

Die Parteimaler ergreifen statt des Pinsels den Spachtel und klotzen Bergarbeiter und Metaller, wahrer als die Natur, hin. Als Montand die Leinwände von André Fougeron – der seinesgleichen als Vorbild gepriesen wird – das erstemal sieht, ist er nicht gerade überzeugt vom proletarischen Stil. Als er mit Simone Signoret der Vorführung eines sowjetischen Films beiwohnt, wo Bäuerinnen mit leuchtenden Augen und Oden auf Stalin singend Getreide mähen, räumt er gerne ein, daß die Photographie untadelig ist, aber nicht mehr. In der Politik ist er bereit, vieles zu schlucken, er hat den Glauben des Neophyten. Auf einem Gebiet, das sein eigenes ist, wo er seine eigenen Urteilskriterien hat, kann er nicht rückhaltlos einer Auffassung zustimmen, die das Schöpferische dergestalt einschränkt.

Er selber, obschon kein Parteimitglied, ist Gegenstand besorgter Wachsamkeit der Tempelhüter. Und das auf seinem eigentlichen Terrain, dem Chanson. Die „Genossen" beobachten, daß der Puteaux-Arbeiter in *Luna Park*, der, kaum daß er eine Stunde Freizeit hat, sich zerstreuen geht, nicht gerade dem Bild des orthodoxen Kämpfers entspricht. Der Sänger entgegnet, auch Proleten hätten das Recht, sich zu amüsieren. Freilich, freilich, räumen die anderen ein; aber das lenkt sie vom revolutionären Kampf ab: der Arbeiter denkt nicht mehr daran zu kämpfen, er rekonstituiert seine Arbeitskraft zugunsten seines Ausbeuters, des Kapitalisten. Ein bleiernes Argument, das Montand Schuldgefühle einflößen sollte, wenn er im „Etoile" singt:

Überall sonst bin ein Niemand
Im Luna Park, da bin ich wer ...

Ähnlicher Druck wird auf ihn ausgeübt, damit er auf die *Demoiselle sur une balançoire* (Die Jungfer auf der Schaukel) verzichtet, die für die Marmormänner nun wirklich zu leichtfertig ist. Der Chansonnier wehrt sich, läßt sich aber (vorübergehend) bewegen, *C'est si bon* aus seinem Repertoire zu streichen – dabei liebt er gerade den Rhythmus und die wunderbare Leichtigkeit des Chansons:

C'est si bon
De se dire des mots doux
Des petits rien du tout
Mais qui en disent long ...

Es ist so gut
Sich süße Worte zu sagen
Ganz kleine Nichtigkeiten
Die soviel bedeuten ...

Zu „amerikanisch" im Ohr der Zensoren, zugegeben. Montand mag dagegenhalten, wie er will, daß dieser Sound, dieses Wiegen von den Schwarzen erfunden wurde, daß ein Louis Armstrong *C'est si bon* zu einem Welterfolg gemacht hat. Gleichwohl, die Ablehnung ist so stark, daß er nachgibt. Es ist das einzige Mal, aber es ist ein Mal zuviel. Florimond Bonte, ein kommunistischer Funktionär, will ihm ein Lied seiner Produktion über Paris aufdrängen. Das aber lehnt Montand ab.

Die Hauptoffensive schließlich richtet sich gegen *Sanguine*, jenes Gedicht von Prévert, dessen unverhüllte Erotik die vermeintliche Prüderie der breiten Massen verletze:

Oh sanguine joli fruit
La pointe de ton sein
A tracé tendrement
La ligne de ma chance
Dans le creux de ma main
Sanguine joli fruit
Soleil de nuit!

Blutorange schöne Frucht
Die Spitze deiner Brust
Hat zärtlich
Die Linie meines Glücks
Ins Innre meiner Hand gezogen
Blutorange schöne Frucht
Sonne der Nacht!

Montand hält den Sittenpredigern entgegen, auch Arbeiter machten gelegentlich Liebe. Und er singt weiter *Sanguine*, immerhin aber mit gelegentlichen Anflügen von Unruhe: sollte die Partei nicht doch recht haben, eine „revolutionäre Moral" zu predigen?

Der stalinistische Puritanismus, den die Kommunisten vertreten, gründet sich auf die radikale Kritik an einer „bourgeoisen" Moral, die gegenwärtige wie künftige Verfallserscheinungen bewirke. Die kommunistischen Intellektuellen stellen unaufhörlich die Ethik des neuen Menschen, die hochgemute Strenge des Kämpfers der „Verdorbenheit" einer in Auflösung befindlichen Gesellschaft gegenüber. Vorbild bleibt der „positive Held", der tugendhafte Arbeiter, der den Optimismus, das geradlinige Vertrauen in die Zukunft verkörpert angesichts der neurotischen Nabelschauen des gegnerischen Lagers. Die damalige proletarische Presse strotzt von Hellebarden. So rüffelt Annie Besse (bekannter unter ihrem späteren Namen Annie Kriegel) den Autor des *Natterngezüchts*: „Möge Monsieur Mauriac denn versichert sein, daß kein Sowjetmensch versucht sein wird, ihm die Fäulnisse seines schwülstigen und verlogenen Innenlebens streitig zu machen.“ [12]

Jean Kanapa ist schockiert, wieviel Obszönität sich über die Öffentlichkeit ergießt: „Der Gipfel war eine Woche im Jahr 1952: es gab *Sensucht der Frauen*, einen schwedischen Film, es gab *Sensualità*, einen italienischen Film. Es gab *Susana la perverse* und *Die Überraschungen einer Hochzeitsnacht* ... Im Theater spielt man *Eine nackte Frau in der Metro*: man sieht Farbplakate, die all das illustrieren, und natürlich in der Metro ...“ [13] Daß der Lieblingssänger der Partei mitten in der Prüderiewelle es wagt, den „Glückssturm deines liebenden Körpers“ zu beschwören, erscheint als Provokation, zumindest als Verantwortungslosigkeit. Mit der bedeutsamen Ausnahme von *C'est si bon* bleibt Montand indes hart. Er verweigert sich der „proletarischen Linie“, die auf seinem Gebiet nichts als dumme, platte Verse hervorbringt. Bei aller Ergebenheit ist er außerstande, Politik und Ästhetik aufeinander zu reimen.

Mit seiner Ablehnung, Chanson und Kongreßstimme zu verwechseln, sich dem Prinzip der unmittelbaren Nützlichkeit zu beugen, gehört der Sänger nicht zur Kategorie der „integrierten“ Intellektuellen, deren Werk direkt der Erziehung des Proletariats, dem Fortschritt des „Massenbewußtseins“ dient. Hier ist die Grenze zwischen dem Genossen und dem Sympathisanten klar gezogen. Trotzdem strahlt seine Berühmtheit wie die von Simone und anderen Weggefährten auf die Partei zurück. Um so mehr als der feine Unterschied zwischen „Freunden“ und „Genossen“, wie Simone Signoret selbst sagt, den Radius erweitern und auf breiter Front „einfahren“ hilft: „Was wäre kostbarer als Freunde, gerade wenn sie nicht öffentlich betonen, daß sie keine Genossen sind?"

So stellt die FKP ihre „Freunde" Montand, Signoret oder Gérard Philipe auf ihre Tribünen, wohl wissend, daß es ungeschickt wäre, ihnen allzu strenge Regeln auferlegen zu wollen: solche Vorzugsbehandlung, solche relative Autonomie sind eben der Preis größerer Ausstrahlung. In gewisser Weise sind sie, was den erwarteten Nutzen angeht, an der Peripherie sogar nützlicher. Im Verlauf dieser fünfziger Jahre, wo das Paar Montand–Signoret „mit der Partei verlobt" ist, benutzen die Kommunisten Montand mindestens ebenso, wie sie ihm nutzen. Mitunter befragt man die Betroffenen gar nicht erst nach ihrer Meinung. Im Juni 1951 läßt ein von der Sektion des VI. Pariser Arrondissements verbreitetes Flugblatt dank einer Montage von Zitaten vermuten, Gérard Philipe und Yves Montand riefen dazu auf, bei den nächsten Wahlen für André Marty zu stimmen. Empört, daß man seinen Namen ohne sein ausdrückliches Einverständnis benutzt, tobt der Sänger. Julien gibt den Protest nach oben weiter, und man tadelt eine unangebrachte „örtliche Initiative".

Schließlich wird Montand ständig bemüht, Aufrufe zu unterschreiben. Nach einer exakten Erhebung erscheint sein Name zwischen Januar 1951 und Juni 1953 sechzehnmal unter Aufrufen in der *Humanité*, womit er als Champion der Übung dasteht.[14]

Im Grundsätzlichen ist er solidarisch, wenn auch nicht in der Form. Gewisse Fauxpas setzt er auf das Konto der Ungeschicklichkeit, ohne daß Abweichungen im Detail sein globales Einverständnis schwächen. Mit feinen Spitzen, Anspielungen, Scherzen warnt Freund Prévert ihn vor religiöser Verblendung; trotzdem bleibt „Jacques" für ihn der wunderbare anarchische Dichter, dem die Belange der Arbeiterklasse nur sehr fremd sind. Vor einer der häufigen Friedensversammlungen ändert Gérard Philipe etwas an dem Text, den man für ihn zum öffentlichen Vortrag vorbereitet hat: Montand sieht darin kleinliche Koketterie, eine Folge der kleinbürgerlichen Herkunft seines Freundes.

Dabei fehlt es in dieser Eiszeit nicht an harten Tatsachen, die den Bestgläubigen die Augen hätten öffnen können.

So gierig die kommunistische Partei den Intellektuellen die Hand hinstreckt, so in sich selbst vermauert bleibt sie im übrigen, eine belagerte Festung, die mit haßvoller Bissigkeit ihre Pfeile gegen die Gesellschaft schleudert. Wer nicht für die Partei ist, ist gegen sie und wird auch gleich mit einem Hagel von Beschimpfungen überzogen. Camus, Gide, Mauriac oder Sartre sind im Visier. Aus seiner proletarischen Grundierung zieht Montand diesen Urmanichäismus nicht in Zweifel: die „Partei der Arbeiterklasse" weiß besser als die Intellektuellen, was den Arbeitern frommt. Von der Leitlinie weicht er nicht.

Die jungen Leute, die nach der Befreiung, von der Romantik der Résistance getragen, zum Kommunismus gestoßen waren, begannen sich zu befragen, als Tito von einem Tag auf den andern vom Helden zum Verräter wurde. Unter Befehl des Zentralkomitées wurden die Federfuchser plötzlich gewahr, daß der jugoslawische Marschall Gestapomethoden angewandt hatte und in den Volksdemokratien ein amerikanisches Spionagenetz unterhielt. Im Dezember 1949 behauptete ein kommunistischer Funktionär, Georges Cogniot, der jugoslawische Staat sei genau so ein Polizeistaat und so grausam wie Hitlerdeutschland. Stalin hatte Tito exkommuniziert, die französischen Kommunisten stellten ihn an den Pranger. Künftig kam die Anklage des Titoismus der Verdammung gleich.

Wegen „Titoismus" wurde Lázló Rajk, der ungarische Innenminister, verurteilt und hingerichtet, es war die Eröffnung einer langen Reihe von Prozessen in den östlichen Ländern – die französischen Stalinisten billigten sie. Die Argumentation der Leitartikler stützte sich auf die Theorie von der „Verschärfung des Klassenkampfes". Es war logisch, daß Verräter den Aufbau des Sozialismus zu torpedieren versuchten. Als Montand in der Zeitung liest, daß der amerikanische Staatssekretär John Foster Dulles empfiehlt, ...zig Millionen Dollar zu investieren, um die östlichen Länder zu destabilisieren, zweifelt er nicht an der Wahrhaftigkeit der Anklagen, zumal die Angeklagten selbst Geständnisse ablegen. Paul Eluard gibt André Breton, seinem einstigen Gefährten aus der Zeit des Surrealismus, als dieser ihn auffordert, sich für Rajks Verteidigung einzusetzen, die unvergeßliche Antwort: „Ich habe genug mit Unschuldigen zu tun, die ihre Unschuld beteuern, um mich mit Schuldigen zu befassen, die ihre Schuld beteuern."

Auch wenn er es nicht zu erkennen gibt, ist Montand noch mehr erschüttert von den Enthüllungen David Roussets, eines ehemaligen Deportierten, der im November 1949 vorschlägt, eine Kommission zur Untersuchung sowjetischer Straflager zu bilden. Sofort erwidert Pierre Daix in den *Lettres françaises*: „Warum erfindet David Rousset sowjetische Straflager?" Der Autor des *Univers concentrationnaire* strengt einen Prozeß gegen die kommunistische Zeitung an, doch, wie wenig zuvor in der Affäre Krawtschenko, finden sich Überlebende der Todeslager Hitlers, die Daix und die Seinen unterstützen. Sartre und Merleau-Ponty greifen mit einem Artikel in *Les Temps modernes* in die Debatte ein, wo sie die Zahl der Strafgefangenen in der UdSSR auf 10 bis 15 Millionen beziffern. Daix befragt die beiden Philosophen: ob sie „mit dem sowjetischen Volk oder mit seinen Feinden" seien.[15]

Das zwingende Argument, daß man sich entscheiden muß, welches Lager man wählt, fegt alle aufkommenden Bedenken Montands hinweg. Nicht auf seiten der UdSSR zu stehen heißt die Sieger von Stalingrad verdammen. Gleich der überwiegenden Mehrheit der Weggefährten kann Montand sich nicht vorstellen, daß das sozialistische Lager zu wählen das Konzentrationslager zu dulden heißt. Die Hypothese ist zu ungeheuerlich, um begründet zu erscheinen. Und wenn sich Spuren eines Verdachts flüchtig einschleichen, dann muß man sie von sich weisen, bevor sie die Stabilität, die Kohärenz des gesamten Systems erschüttern. Der Glaube duldet nicht das geringste Maß an Ungewißheit, oder er bricht zusammen. So hütet sich Montand, den von Rousset verfaßten Untersuchungsbericht oder das, was der *Figaro* daraus wiedergibt, zu überfliegen. Den Feind lesen heißt schon verraten. Das *andere* Argument anhören heißt schon erliegen. Während eines Abendessens wagt einer der Gäste einen Scherz über die sowjetischen Lager. Simone und ihr Gemahl verlassen auf der Stelle die Tafel. Besser die Wahrheit der Lüge als die Lüge der Wahrheit.

Manchesmal, wenn an der Place Dauphine oder in Autheuil im engsten Freundeskreis über Rousset, über die Prozesse im Osten oder über die „Verschwörung der weißen Kittel" (eine Gruppe jüdischer Ärzte, die angeklagt wurden, sie hätten Stalin ermorden wollen) gesprochen wird, entrüstet sich Montand. „Die Angriffe erreichten ihn nicht", erzählt Julien. „Sie entnervten ihn eher, denn sie widersprachen dem, was er aus aller Kraft glauben wollte." Eine Kritik anzuhören, auch wenn sie partiell und ausgewogen ist, heißt bereits ins gegnerische Lager abzugleiten. Je mehr Montand und seine Frau sich innerlich befragen, desto tauber stellen sie sich nach außen.

Die Haltung des Chansonniers zur Zeit des Slánský-Prozesses ist charakteristisch für diese Schizophrenie. Rudolf Slánský, Generalsekretär der tschechischen Partei, wird im November 1952 wegen „Titoismus und Zionismus" verurteilt. Der Prager Korrespondent der *Humanité* schreibt, der Angeklagte habe zu Ende des Verhörs gestanden, „er wollte der tschechoslowakische Tito werden“. Es sei sein Ziel gewesen, sein Land „in das Lager des Imperialismus“ zu steuern. Das Unbehagen seines Vaters anläßlich der Moskauer Prozesse im Kopf, beginnt Montand die Liste der Renegaten reichlich lang zu finden. Beunruhigt sucht er nach einer Erklärung, als ein Journalist des *Figaro* ihn anruft, um seine Meinung zum Slánský-Prozeß zu hören. Montand bittet um Bedenkzeit – ein Zeichen des Zögerns – und fragt per Telefon seinen Freund Claude Jaeger. Der rät ihm, mit dem Satz von Eluard zu antworten. Montand antwortet also, er habe genug mit Unschuldigen zu tun, um sich mit Schuldigen, die geständig sind, zu beschäftigen.

Auf der Anklagebank in Prag befindet sich unter den vierzehn Mitangeklagten Slánskýs Artur London, der stellvertretende Außenminister. Man begreift den Bußeifer, mit dem Montand sich siebzehn Jahre später in dessen Rolle wirft: er rührt aus seiner damaligen eifrigen Billigung her. Zu der Zeit kann er sich keinen Augenblick vorstellen, daß die Prozesse Schauprozesse sind. Er verzeiht den Funktionären, die es wußten, nicht, daß sie ihn getäuscht haben. Er verzeiht es sich nicht, daß er ihnen geglaubt hat.

Wie hast du all diese Greuel schlucken können? Der Jugend von heute muß das ziemlich unverständlich erscheinen.

Wie haben herausragende Wissenschaftler an eine proletarische Wissenschaft glauben können, wie konnten glanzvolle Schriftsteller, überragende Geister ein solches System stützen? Wenn alle diese Leute, die Intelligenz und Kenntnis besaßen, sich in dem Maße irreführen ließen, warum hätte ich, ein Junge aus La Cabucelle und ohne Bildung, zweifeln sollen?

Wenn ich eine Sekunde zauderte, dachte ich an die Helden von Stalingrad, an die 20 Millionen Sowjets, die im Kampf gegen den Hitlerismus gefallen waren, an dieses vom Krieg verwüstete Land. Hätte ich während des

Kriegs vom Gulag gehört, ich wäre entsetzt gewesen, aber ich hätte trotzdem zur Roten Armee gehalten. Wer den Krieg nicht miterlebt hat, kann eine solche Treue nicht begreifen. Aber für meine Generation war sie das A und O.

Dabei nahm man im Namen dieser Treue das Unannehmbare hin. Der Parteigeist erstickte jedes kritische Denken. Die Furcht, das Spiel des Gegners zu betreiben, verbot einem den leisesten Zweifel. Ich habe ein Beispiel in meiner eigenen Familie erlebt. Eines Abends kommt Julien ganz aufgeregt nach Hause. Mit zugeschnürter Kehle sagt er, die Partei wolle ihn ausschließen. Wir sind niedergeschmettert. Die Partei will ihn ausschließen, weil er im Krieg nicht aus seinem Gefangenenlager geflohen ist. Die Dinge haben sich dann eingerenkt. Aber das Furchtbare an der Geschichte ist, daß kein einziger von uns die Kommunistische Partei in Frage stellte. Im Gegenteil, ich habe im stillen gedacht: die Partei kann sich nicht irren, Julien muß irgendeine Sauerei begangen haben. Unser bedingter Reflex in Kleinigkeiten wie in großen Angelegenheiten war, daß die Partei recht haben mußte, weil sie immer recht hatte.

Diese Verblendung, das war tatsächlich etwas wie leidenschaftliche Liebe. Erklären Sie einem Mann, daß seine Braut oder seine Frau ihn betrügt. Wenn er sie liebt, wird er sich weigern, es zu glauben, er wird es leugnen, sogar wenn man ihm schriftliche Beweise vorlegt, er wird sich trotzdem nicht von ihr abwenden. In diesem Zustand liebender Abhängigkeit, wo der Verstand machtlos ist, haben wir gelebt.

Das Paar setzte sich Angriffen aus, und sie kamen. „Man sah mich periodisch im Bisonmantel die *Humanité* verkaufen, oder, was schlimmer war, meine Bonne dazu ausschicken und von weitem überwachen, ob sie gut verkaufte“, scherzt Simone Signoret. Die üblichste Attacke betrifft den fatalen Kontrast zwischen dem Lebensstandard der prokommunistischen Stars und ihren politischen Ansichten. Im Februar 1952, während eines Transportarbeiterstreiks, publiziert ein „bourgeoises“ Tageblatt ein Foto von Montand vor seinem Wagen, einem wunderbaren Bentley, mit der Unterschrift: „Ihr Autobus fährt nicht? Yves Montand fährt seinen Bentley.“ Der Kommentar ist scharf: „Wenn heute viele Pariser Arbeiter zu Fuß gehen müssen, weil die Kommunistische Partei es so will, haben sie doch einen Trost: Yves Montand, der Volkssänger, der gute Kommunist, der Spitzenmitläufer und Taubenfreund Picassos, darf sicher sein, daß er seine Schuhsohlen nicht auf dem proletarischen Asphalt abnutzen muß.“

Der berühmte Bentley hat eine Geschichte. Sobald Montand Geld zu verdienen begann, hatte er es eilig, die Träume des Jungen aus La Cabucelle zu befriedigen, der einst mit bewundernder Hand über das chromblitzende Gefährt des Caféhausbesitzers Garone strich. Zuerst kauft er sich einen Citroën, dann, um einen Teil seiner Musiker und ihre Instrumente auf Tourneen mitzunehmen, ersteht er einen großen amerikanischen Packard, schwarz und geräumig wie ein Bahnwagen. Eines Tages, als er auf dem Boulevard Saint-Michel, am Steuer seines Autos, bei Rot hält, pfeift ein Student verächtlich durch die Zähne: „Geldsack!“

Montand besinnt sich, daß sein Packard für einen Burschen, der *Je suis venu à pied* (Ich bin zu Fuß gekommen) singt, nicht gerade das Diskreteste ist, und entscheidet sich für ein anderes großes, aber weniger auffälliges Auto. Ein paar Jahre zuvor, als er Gisèle Pascal begleitete, war er Fürst Rainier von Monaco begegnet. Der schien von der Schauspielerin fasziniert, und Montand verliebte sich in den Bentley des Fürsten. Als er erfuhr, daß der Wagen zum Verkauf stehe, raffte er all seine Ersparnisse zusammen und erwarb ihn. Wenn die Presse wüßte, daß Montands Bentley der abgelegte Wagen des Erben von Monaco war!

In einer Zeitung entdeckt der Sänger sein grimassierendes Foto (ein Schnappschuß von *Battling Joe* in der letzten Runde) samt dem ironischen Kommentar: „Montand, alles Leid der Welt im Antlitz", oder ein anderes, wo er einen braunen Kostümanzug trägt, gewürzt mit der Spitze: „Warum kleidet er sich in grobe Wolle? Um sich einfach zu geben", und paradoxerweise ist er nun sicherer, daß er die richtige Wahl getroffen hat.

Übrigens hatte Montand in einem Punkt seine Not, die These der Kommunistischen Partei zu schlucken, und das war kein geringer: der systematische Antiamerikanismus der KP störte den einstigen Jungen aus La Cabucelle, der von New York träumte, den jungen Kinofan, den Bewunderer der Musicals, den Bewunderer der Yankee-Demokratie und des New Deal.

Anfang der fünfziger Jahre nun wurde die Kritik an den Vereinigten Staaten zur Phobie. Das Gefühl ist in Frankreich nicht neu. Seit dem Wall-Street-Krach, dem die große Depression folgte, hatten viele Essayisten, rechte wie linke, die nordamerikanische Zivilisation verachtet und inhuman, profitgierig, mechanisch und seelenlos genannt. Nach dem Krieg stößt sich die nationalistische Strömung in Frankreich an der verstärkten Hegemonie der Vereinigten Staaten über die Welt.[16] Auf diesem alten Boden, den die Kommunistische Partei auszubeuten verstand, wächst mit den Anfängen des kalten Krieges der Antagonismus der Blöcke.

Die „Verteufelung" Amerikas erreicht ihren Höhepunkt mit der Rosenberg-Affäre. Montand und Signoret sind zu glauben bereit, daß in den Vereinigten Staaten eine Saat des Faschismus keimt. Julius und Ethel Rosenberg, die 1950 verhaftet wurden, werden im Jahr darauf hingerichtet; sie wurden angeklagt, zum Nutzen der UdSSR ein Spionagenetz aufgebaut und insbesondere die Geheimnisse der Atombombe ausgeliefert zu haben.

Trotz der Anzeige durch Ethel Rosenbergs eigenen Bruder läßt der Prozeß Skeptizismus aufkommen: wie soll man glauben, daß ein kleiner Ingenieur so wichtige Geheimnisse auf ein bloßes Blatt Papier übertragen haben konnte. Aber die Verhandlung spielt sich in einem internationalen Kontext ab, der Phantasmen begünstigt: kalter Krieg in Europa, heißer Krieg in Korea, kommunistischer Sieg in China. Amerika braucht Sündenböcke, um sich zu vergewissern.

Die Rosenbergs beteuern ihre Unschuld. Das Gericht erklärt sie für schuldig und verurteilt sie zum Tod. Weltweit beginnt eine Rettungskampagne für die „Spione", die weit über die kommunistischen Einflußsphären hinausreicht. Papst Pius XII., Vincent Auriol, Bertrand Russell fordern die Begnadigung im Zweifelsfall. In Frankreich mobilisiert sich die Intelligenz wie zu einer neuen Dreyfus-Affäre. Nicht nur die Kommunisten Aragon, Picasso oder Claude Roy, auch die Schriftsteller Albert Camus, Jean Cau, Colette, Jean Cocteau, Georges Duhamel, Roger Martin du Gard, André Maurois, Roger Nimier, Jules Supervielle, die Verleger Gaston Gallimard oder René Julliard und viele andere Persönlichkeiten richten ein Telegram an den amerikanischen Präsidenten mit der Bitte, die Rosenbergs zu retten.

Wir waren blöd und gefährlich. Ich habe es gesagt, und ich bleibe dabei. Wenn du damals Mitglied der KP warst und in einem „interessanten" Zweig der französischen Industrie gearbeitet hast, hast du es dir zur Pflicht gemacht, sofern die Partei das von dir verlangte, dich genau zu erkundigen, wie das und das hergestellt wird. Das hätte ich auch getan. Ich hätte es keineswegs für Geheimnisverrat gehalten, sondern im Gegenteil gemeint, es diene dem Wohl der Arbeiterklasse und der Menschheit. Ob die Rosenbergs schuldig waren oder nicht, weiß man bis heute nicht, aber wenn sie Geheimnisse verraten haben, dann in diesem Geist, um der Sache des Friedens zu dienen.

Am 18. Juni 1953 veranstaltet die Kommunistische Partei ein großes Meeting im Vel' d'Hiv'. Montand geht mit Simone hin. Julien Livi: „Ich habe sie zu der Versammlung begleitet. Clouzot sprach von der Tribüne. Aber als über Mikro gesagt wurde, Montand sei im Saal, gab es riesigen Beifall." In der folgenden Morgenfrühe starben im Gefängnis Sing Sing die Rosenbergs auf dem elektrischen Stuhl. Die Erregung ist beträchtlich, und ganz Amerika wird wegen des offiziell befohlenen Verbrechens mit Schande bedeckt. Von Venedig kabelt Sartre der *Libération*: „Wundern Sie sich nicht, wenn wir von einem Ende Europas zum anderen schreien: Achtung, Amerika ist tollwütig." Pierre Courtade spricht in der *Humanité* vom „US-Faschismus". Die Hinrichtung der Rosenbergs ruft eine aufrichtige Empörung hervor, deren einseitiger Charakter erst viel später offenbar wird.

Am Tag vor dem Tod der Angeklagten sind Tausende von Bauarbeitern in Ost-Berlin auf die Straße gegangen, um Lohnerhöhungen und freie Wahlen zu fordern. Sowjetische Panzer fahren auf, schießen in die Menge, es gibt über hundert Tote. Die *Humanité* vertritt die These vom „faschistischen Putsch", der von alten Nazis geschürt worden sei. Keiner der Weggefährten, weder Montand noch irgendein anderer, protestiert gegen die Repression. Viel später beklagt Simone Signoret, bei der Verteidigung der Rosenbergs manipuliert worden zu sein, wie immer es um deren Unschuld ausgesehen habe: „Während ich mich mit der ganzen Welt anlegte wegen der Rosenbergs, gab es in der UdSSR Massen von Rosenbergs. Und diejenigen, die hier den antiamerikanischen Zirkus orchestrierten, wußten sehr gut, was in Rußland geschah."[17]

Dennoch: das Grauen, das diese Hinrichtung erregte, verhalf dazu, die Verbrechen auf der anderen Seite des eisernen Vorhangs zu vertuschen. Die fortschrittlichen Intellektuellen waren geneigt, Sartres Worten zu folgen: „Der Faschismus wird nicht durch die Zahl seiner Opfer bestimmt, sondern durch die Art, wie er sie tötet."[18] Ein Land, das eine solche Schandtat beging, war vom Wesen her schlecht. Zumal die Rosenberg-Affäre sich im allgemeinen Klima der „Hexenjagd" vollzog. Am 21. März 1951, demselben Tag, da in New York der Prozeß der „kommunistischen Spione" endete, begannen in Washington die Verhöre des Ausschusses für unamerikanische Betätigung. Auf der Tagesordnung stand: die Unterwanderung im Hollywood-Milieu.

Dieser Ausschuß (House Committee on Unamerican Activities, HUAC), der 1938 vom Repräsentantenhaus geschaffen wurde, um nazistische wie kommunistische Einflüsse in den Vereinigten Staaten zu bekämpfen, hatte sich insbesondere für die unmittelbare Nachkriegszeit interessiert. Er leitete 1947 eine Untersuchung in der Welt des Films ein, wo die amerikanische KP in den dreißiger Jahren einen zwar begrenzten, aber tatsächlichen Einfluß ausgeübt hatte. Außerdem sicherte sich der Ausschuß, indem er Hollywood-Stars vorlud, eine Publizität, die ihm nicht mißfallen konnte. Gary Cooper versicherte, er lehne Drehbücher ab, in denen er kommunistische Ideen wittere, und der Vorsitzende der Schauspielergewerkschaft, Ronald Reagan, beteuerte, man dürfe seiner Wachsamkeit sicher sein. Walt Disney erzählte, daß die Versuche, Micky Mouse umzupolen, gescheitert seien.

Schließlich erbringt der Ausschuß zehn Namen, darunter einige der größten Drehbuchautoren Hollywoods, wie Albert Maltz oder Dulton Trumbo, und der Regisseur Edward Dmytryk. In Washington vorgeladen, beriefen sich die „Zehn von Hollywood" auf das Fifth Amendement (das sie berechtigte, nicht gegen sich selbst auszusagen) und weigerten sich zu bekennen, ob sie Kommunisten seien. Sie wurden zu Gefängnisstrafen verurteilt, trotz der Unterstützung eines Teils ihrer Berufskollegen (Lauren Bacall, Humphrey Bogart). Die wichtigsten Studioleiter, zum Konklave zusammengetreten, verkündeten die Entlassung der „Zehn“ und versprachen, es werde kein Kommunist mehr für den Film arbeiten. Diese erste Hexenjagd rief in Europa keine besondere Reaktion hervor.

Als der Ausschuß für unamerikanische Betätigung seine Verhöre 1951 wiederaufnahm, ging es sehr viel anders zu, denn das allgemeine Klima hatte sich gewandelt. Die Befragung unter den Sunlights vollzog sich nun in einer Art kollektiver Hysterie, die ein seiner Autosuggestion erlegenes, beunruhigtes Amerika erfaßt hatte. Seit dem 9. Februar 1950 war ein unbekannter Senator aus Wisconsin zum Star der amerikanischen Politik geworden. An dem Tag nämlich schwenkte vor dem Club der republikanischen Frauen von Wheeling Joseph McCarthy eine Liste mit 205 Namen von „Kommunisten“, die, wie er behauptete, das State Departement infiltriert hätten.[19]

Die „Information“ erregt Aufsehen. Der neue Kreuzzug zur Reinigung Amerikas beginnt. Ein berühmter Karikaturist, Herblock, erfindet das Wort, das in der amerikanischen Geschichte einen dunklen Fleck hinterläßt: der „McCarthysmus“ ist geboren. Der Kreuzzug weitet sich aus: kein Bereich der Staatsverwaltung, der Unternehmen, des Films entgeht der Bespitzelung. Auf schwarzen Listen reihen sich die Namen derer, die einzustellen verboten ist; graue Listen verzeichnen die zweifelhaften Fälle. Die *„Lettres françaises“* publizieren die McCarthy-Liste der Autoren, deren Werke „verboten, zerstört oder verbrannt“ werden. Der Zeitung zufolge gehören Einstein, Freud, Gorki, Dashiell Hammett, Hemingway, Thomas Mann, Maupassant, Sartre, Steinbeck, Zola – neben vielen anderen – zu den verbotenen Autoren. Aragons Blatt, das über zwei Spalten die Schlagzeile „Die Bücherverbrenner in den Vereinigten Staaten“ bringt, druckt mehrere Artikel der amerikanischen Presse nach, die von Verbrennungen berichten, und verfehlt nicht, die Parallele zur deutschen Besetzung herzustellen. Stand Thomas Mann nicht bereits auf der „Liste Otto“ von 1941?

Yves Montand und Simone Signoret stellen entrüstet fest, daß die Epidemie das Milieu befallen hat, das ihnen teuer ist. Wie können sie weiterhin den amerikanischen Film verteidigen, wenn er Humanisten, Fortschrittliche, Weggefährten ausstößt, die ihnen gleichen? Charlie Chaplin, seit über vierzig Jahren in Amerika ansässig, zieht es vor, nach Europa zurückzukehren; Jules Dassin, John Berry, Joseph Losey müssen fliehen. Ihre Entrüstung steigert sich noch, als sie erfahren, daß Filmleute und Schauspieler, die sie bewundern, sich bereitfinden, mit dem Ausschuß zusammenzuarbeiten. Ist die amerikanische Demokratie, die Montand, bei aller prokommunistischen Sympathie, stets verehrt hat, am Untergehen? Die Erpressung mittels der Arbeit stellt jeden vor eine Gewissensprobe.

Denn diesmal sind mehrere Zeugen – aus Furcht vor Arbeitsverlust oder aus Überzeugung – zur Zusammenarbeit bereit: Lee J. Cobb, der im Theater die Hauptrolle in *Tod eines Handlungsreisenden* kreiert hat, gibt nach zwei Jahren ununterbrochenen Drucks nach. Dmytryk, der 1947 geschwiegen hatte, nennt 1951 sechsundzwanzig Namen und erklärt seine Haltung in einem langen Artikel der *Saturday Evening Post.* Elia Kazan wählt die *New York Times*, wo er sich eine ganze Seite kauft, um seinen „Verrat“ zu rechtfertigen (er hatte von 1934 bis 1937 der Kommunistischen Partei angehört): „Meine persönliche Erfahrung mit der Diktatur und der Herrschaft über den Geist hat in mir einen unabänderlichen Haß darauf hinterlassen. Einen unabänderlichen Haß auf kommunistische Philosophie und kommunistische Methoden sowie die Überzeugung, daß man nie aufhören darf, sich ihnen zu widersetzen.“[20]

Unmittelbar bevor Kazan aussagte, hatte er ein Gespräch mit Arthur Miller. Die beiden Männer hatten oft zusammengearbeitet, da Kazan zwei Stücke seines

Freundes, *Alle meine Söhne* und *Tod eines Handlungsreisenden*, inszeniert hatte. Der Filmmann teilte ihm mit, daß er sprechen wolle, da er seine Karriere nicht für eine Sache, die er ablehne, zu opfern bereit sei; der Dramatiker suchte ihn umzustimmen. Anderntags sagte Kazan in Washington aus, und Miller reiste nach der kleinen Stadt Salem ab.

Seit einiger Zeit suchte Miller nach der Idee zu einem Stück, das diesen inquisitorischen Geisteszustand behandelte. „Was ich suchte, war eine Metapher, ein Bild, das aus dem Innersten käme, verständlich für alle und weithin leuchtend, ein klangvolles Instrument, dessen Widerhall bis ins Herz dieser Miasmen vorstoßen würde."[21] Miller geriet an ein Werk, *Der Teufel in Massachusetts*, das über Hexenprozesse im Jahr 1692 in Salem berichtete. In den Gerichtsarchiven las der Schriftsteller die Protokollakten der Verhöre, die John Proctor an den Galgen brachten, weil er einen Pakt mit dem Teufel geschlossen haben sollte.

Auf der Rückreise nach New York hörte Arthur Miller im Radio einen Bericht mit Kazans Aussagen vor dem Ausschuß. Über drei Jahrhunderte Abstand stellte sich eine Parallele zwischen den Situationen her, auch wenn, wie die Mitglieder des Ausschusses vermerkten, die Hexen ja nicht existiert hatten, während es die Kommunisten gab. Für Miller lag der Zusammenhang woanders: nämlich im Ritual der Befragungen selbst, die Geständnisse erheischten. Dank dem FBI wußte der Ausschuß alles über die amerikanische Kommunistische Partei und ihre Satelliten. Was er erreichen wollte, waren Bekenntnisse, die Angabe von Komplizen, ein Exorzismus in aller Öffentlichkeit. „Was man tatsächlich in Parallele setzen konnte, waren die Schuldgefühle der Menschen, Normen der Gesellschaft, so wie sie von deren orthodoxesten Vertretern festgelegt worden waren, übertreten zu haben."[22]

In dem Klima der Intoleranz jener Zeit verwahrte sich

Arthur Miller dagegen, ein Stück über den McCarthysmus geschrieben zu haben. Aber gewisse Sätze erschienen von einer Aktualität, die 1953 nicht trog: „Ein böser Wind geht über das Land“ oder: „Wir leben nicht mehr in den trüben Zeiten, da das Gute sich mit dem Bösen vermischte, um die Welt zu verderben; jetzt leuchtet durch Gottes Gnade die Sonne.“ In einer solchen Atmosphäre hatte das Stück *The Crucible* (Die Hexen von Salem) in New York nur mäßigen Erfolg.

Ende des Jahres 1953 erhalten Montand und seine Frau durch Elvire Popesco eine wörtliche Übersetzung des Dramas, von dem ihr Freund John Berry ihnen begeistert erzählt hatte. Montand singt im „Etoile“, und nach der Vorstellung lesen beide im Bett den Text, indem sie einander die ganze Nacht die Blätter eins nach dem anderen zureichen. Sie kennen den Namen Arthur Miller nicht, der damals in Frankreich noch unbekannt war, aber in der Frühe sind sie entschlossen, das Stück in einem Pariser Theater zu spielen.

Miller hatte *Die Hexen von Salem* vor der Hinrichtung der Rosenbergs geschrieben, aber für Montand und Signoret, die mit unbedingter Aufrichtigkeit an der Kampagne, die das Paar vor dem elektrischen Stuhl zu retten versucht, teilgenommen haben, fallen die Dramen der Proctors und der Rosenbergs zusammen. Simone Signoret hat erzählt, wie sehr die Lektüre der Gefängnisbriefe Ethel Rosenbergs ihr geholfen hat, die Emotion zu finden, die sie suchte. Jeder konnte bemerken, daß die Schlußszene, die des Abschieds, wo Proctor mit gefesselten Händen seine Frau umarmt, der Photographie der Rosenbergs vor ihrer Exekution glich, die durch die Weltpresse gegangen war.

Signoret schreibt später auch, daß die Identifikation mit dem Opferpaar, das nicht gestehen wollte, weniger groß gewesen wäre, hätte sie gewußt, daß in Prag andere am Strick baumelten, nachdem sie eingeredete Verbrechen gestanden hatten. Ob schuldig oder unschuldig (niemand weiß es bis heute), die Rosenbergs waren die einzigen, die in der Hexenjagd zum Tod verurteilt wurden. Auf der anderen Schale der Waage waren es Millionen Opfer. Und meistens gab es für sie nicht einmal einen Prozeß. Montand, der durchaus nicht bedauert, für die Rosenbergs eingetreten zu sein, wird später, als er *Das Geständnis* dreht, von diesem Ungleichgewicht nicht loskommen.

Die Hexen von Salem werden ein Riesenerfolg. Die Kritik lobt die Qualität des Stückes, die Adaptation, begeistert sich für Raymond Rouleaus Inszenierung und die Schönheit der Bühnenbilder und rühmt die Darsteller. Der Erfolg ist so groß, daß die Aufführungen übers ganze Jahr 1955 dauern.

Die Sommerpause nutzt Montand, um einen Film von Claude Autant-Lara zu drehen, *Marguerite de la nuit*, eine Variation des Faust-Mythos im Montparnasse der zwanziger Jahre. Am Schluß der Vorführung herrscht allgemeine Erschöpfung. Der junge Filmkritiker François Truffaut schreibt einen herzhaften Verriß: „*Marguerite de la nuit* ist ein toter Film, ein seltsames Schauspiel, das uns nichts als peinliche Empfindungen bereitet, zuallererst die der Überflüssigkeit ...“ Montand, der Michèle Morgan zur Partnerin hat, kommt besser weg: mehrere Kritiker vergleichen ihn mit Louis Jouvet.

Im Herbst gehen die *Hexen* weiter, aber zu Weihnachten muß abgebrochen werden. Montand hat Verpflichtungen für einen Film in Italien übernommen. Das Jahr 1956 kündigt sich an.

Das Jahr der großen Brüche.

11

Zu Beginn des Jahres 1956 reist Yves Montand, kaum daß er das Proctor-Kostüm abgelegt hat, nach Italien und dreht *Uomini e lupi* (Menschen und Wölfe). Der Regisseur Giuseppe de Santis, der auch *Bitterer Reis* gemacht hat, ist einer der Begründer des italienischen Neorealismus, der jedem seiner Filme soziale Dichte gibt, was Montand nicht mißhagt. Entzückt steht er Silvana Mangano Rede und Antwort in einer romantischen Intrige, die zum Vorwand dient, die rauhen Lebensbedingungen in den Abruzzendörfern zu schildern. Später kritisiert er den Film als „sehr schwarz-weiß, sehr versimpelt. Ganz im Stil dessen, was man zu der Zeit so machte, und ich muß zugeben, ich war dafür."[1] Bei seiner Ankunft ist Montand enttäuscht, als er hört, daß es die Wolfsjagd, die sich durch das Szenario zieht, in dem Gebiet längst nicht mehr gibt, und er ist nahe daran zu finden, daß die Adepten des Realismus die Realität ein bißchen verfälschen.

Simone Signoret hat ihren Mann begleitet, aber im März muß sie nach Mexiko, wo Luis Buñuel sie zu Außenaufnahmen für *La Mort en ce jardin* (Pesthauch des Dschungels) erwartet. Sie kann sich zur Reise nicht entschließen, will Montand nicht verlassen, erfindet tausend Ausreden und reißt sich schließlich unter einer Flut von Tränen los. Man muß sie mit Beruhigungsmitteln beschwichtigen, um sie ins Flugzeug zu setzen. Schon an Bord, verfällt sie auf eine letzte Ausflucht: sie hat kommunistische Schriften im Koffer und hofft, daß sie bei der Ankunftskontrolle zurückgeschickt wird. In Mexico wird die Señora Signoret von den Zöllnern natürlich mit einem Lächeln empfangen, sie passiert die Kontrollen, ohne durchsucht zu werden. Beiden fällt diese dreimonatige Trennung, die längste, die sie bisher erlebt hatten, schwer.

Der größte Teil des Filmteams ist kommunistisch oder prokommunistisch; abends diskutieren die Techniker, der Regisseur und der Szenarist Tonino Guerra (der später für Fellini und Antonioni arbeiten wird) mit italienischer Beredsamkeit und Leidenschaft über Politik. Ende März fällt in den Gesprächen ständig der Name des *compagno* Chrustschow. Montand wohnt immer heftigeren, immer hitzigeren Wortgefechten bei. Eines Tages entrüstet sich einer der Genossen:

„Jetzt kann ich auf den Petersplatz gehen und zum Papst sagen: Sie hatten recht. Das macht mir nichts aus. Wir müssen die Wahrheit anerkennen."

Bis in das abgeschiedene Abruzzendorf dringt so der Widerhall des Erdbebens, das die kommunistische Welt zu erschüttern beginnt. Die Parteiführung der italienischen Kommunisten hat sich tatsächlich entschlossen, den Genossen den Inhalt der Rede bekanntzumachen, die Nikita Chrustschow auf dem XX. Parteitag der KPdSU gehalten hat. In der Nacht vom 24. zum 25. Februar 1956 legt der Generalsekretär der Partei unter Ausschluß der Öffentlichkeit seinen Bericht über den Personenkult vor. Die fassungslosen Delegierten werden um absolutes Stillschweigen ersucht. In derselben Nacht wird den ausländischen Delegationsleitern ein Exemplar des Textes überbracht, sie sollen ihn andernmorgens zurückgeben, ohne sich das mindeste zu notieren. Aber trotz dieser Vorsichtsmaßregel dringen auf dem Weg über die amerikanische Botschaft Fragmente der Chrustschow-Rede nach draußen. Man beginnt zu flüstern, der Generalsekretär der Partei habe die „Verbrechen Stalins" angeklagt, indem er eine beeindruckende

Reihe von Klarstellungen, Zahlen und sogar Anekdoten vortrug.

Bei seiner Rückkehr nach Italien legt der IKP-Chef Togliatti den Mitgliedern des Zentralkomitees seiner Partei eine erste Erklärung zu den „Irrtümern" Stalins vor. Auf diese Weise, durch die *compagni*, die um ihn sind, erfährt Montand so schnell von der Existenz und dem Tenor der Chrustschow-Rede.

Als er nach den Dreharbeiten zurückkommt nach Frankreich, stellt er fest, daß die FKP es nicht so eilig hat wie ihre italienische Schwester, die „Mißbräuche" des Personenkults anzuprangern. Von Moskau zurück, läßt Jacques Duclos, obwohl gut unterrichtet, die in der Salle Wagram vereinten Pariser Genossen Beifall für den Namen Stalin spenden. Als am 6. Juni *Le Monde* das berühmte Dokument veröffentlicht, entgegnen die stalinistischen Hierarchen, es handele sich dabei um einen dem Genossen Chrustschow „zugeschriebenen" Text. Da die (bekannte) Quelle des Geheimberichts das amerikanische State Department ist, fällt es nicht schwer, die Authentizität des Berichts anzuzweifeln.

Montand zweifelt keine Sekunde daran und fühlt sich zum mindesten verstört. Mit Simone, die aus Mexiko zurück ist, redet er darüber stundenlang, und ihrer beider Reaktion ist zwiefach: sie sind erschüttert über die Größe der „Verfehlungen gegen die sozialistische Gesetzlichkeit"; mit einem Schlage sehen sie ein, daß alles, was sie seit Jahren beiseite zu drängen versucht hatten, alles, was Krawtschenko, Camus oder Rousset berichtet hatten, tragische Wahrheit war. Die Zweifel, die die Gläubigen mit einem Glaubensakt besiegt hatten, verwandeln sich in schmerzvolle Gewißheiten. Gleichzeitig aber meint Montand, ein System, das zu solcher Selbstkritik imstande sei, bewahre seine Gültigkeit. Er beklagt die Verbrechen, die Irrtümer als Auswüchse der Blutgier Stalins; dabei hofft er, die Maschine werde zur Besserung auf neuen Grundlagen fähig sein. Kurz, er erwartet eine Reform des Kommunismus von oben; ein erneuerter, entstalinisierter Kommunismus stellt in seinen Augen immer noch die Zukunft der Welt dar. Auf diesem Weg bestärkt ihn auch seine Familie.

Julien Livi, der Bruder, Gewerkschaftler und Mitglied des kommunistischen Apparats, hat die Echtheit des Berichts zunächst bestritten. Dann hat er sich das von *Le Monde* publizierte Dokument vorgenommen und es, einen Stift in der Hand, ganze Stunden gelesen. Seine Lektüre hat ihn entwaffnet und überzeugt, daß der Kommunismus unter Stalin entstellt worden ist: „Ich habe geheult. Zu erfahren, daß Stalin ein Verbrecher war, war ein grausamer Schock für mich. Als Gefangener in Deutschland rief man ‚Stalin!', um sich Mut zu machen. Wie Millionen anderen hat Stalin mir leben und hoffen geholfen. Als ich 1952 zum erstenmal den Fuß auf sowjetischen Boden setzte, hatte ich Tränen in den Augen. Und ich habe Stalin leibhaftig im ‚Bolschoi' gesehen. Er verkörperte mein Ideal. Als ich den Bericht las, ist dieses Bild zerronnen. Ich weiß noch, wie Yves sagte: ‚Trotzdem, das sind ganze Kerle!' Er gebrauchte einen Ausdruck, der mir in Erinnerung geblieben ist: „Chrustschow hat einen Arsch in der Hose, daß er sich da hineinschmeißt ...'"

Mit Sommersanfang reisen Montand und Signoret nach Ostdeutschland, um die Filmversion der *Hexen von Salem* zu drehen. Raymond Rouleau hat die Regie, aber diesmal ist die Adaptation von Sartre. Im Vorjahr war in Berlin ein Film nach *Mutter Courage* mit Simone Signoret gescheitert, und die staatliche Filmproduktion der DDR, die DEFA, hatte zur Entschädigung einer Koproduktion (mit Pathé) der *Hexen* zugestimmt. Die Dreharbeiten an der Ostsee dauern länger als vorgesehen, der Drehstab kommt erst im September nach Paris, um die Atelierszenen zu drehen.

Die Zeit verrinnt, die Verspätung wird immer größer. Montand wird langsam unruhig, er hat Anfang des Jahres einen Vertrag über eine Tournee durch die Sowjetunion und die östlichen Länder unterschrieben. Der Ablauf steht seit langem fest: der Sänger wird dort in den ersten Novembertagen erwartet. Hunderte von Briefen, die er von sowjetischen Bewunderern erhält, bestätigen ihn in der Annahme, daß sein Empfang großartig werden wird. Montand verdankt seine Popularität in der SU Sergej Obraszow, dem Direktor des Moskauer Marionettentheaters. 1954 hatte Obraszow, als er auf der Durchreise in Paris war, die Gala im „Etoile" miterlebt und, überwältigt, sofort alle Schallplatten, die er bekommen konnte, aufgekauft. Über den Rundfunk erreichten *Les Feuilles mortes* oder *A Paris* Millionen von Sowjetbürgern. Montand scheint das ausländische Idol namentlich der Jugend zu sein, und so sträubt er sich nicht lange, als man ihm Ende 1955 das Angebot macht, im „Vaterland des Sozialismus" zu singen. Er ist stolz darauf, der erste Künstler der Music-Hall zu sein, der dorthin eingeladen wird (die Comédie-Française und das Théâtre National Populaire hatten den Weg geebnet).

Mitte Oktober haben sich die Dreharbeiten der *Hexen* so sehr verzögert, daß Montand es für ausgeschlossen hält, wie vorgesehen am 6. November zu reisen (damit er den Feierlichkeiten zum Jahrestag der Oktoberrevolution beiwohnen kann). Er benachrichtigt also Soria, daß die Tournee um mindestens eine Woche verschoben werden muß. Zwei Stunden später geben die Russen ihr Einverständnis durch: sie tun alles, um einen neuen Ablaufplan ab 12. November zu gewährleisten. Montand kann sich also in den Studios der Rue Francœur ohne allen Zeitdruck den Intimszenen des Ehepaars Proctor hingeben. Der Schauspieler gewinnt Ruhe, aber der Chansonnier ist besorgt: er hat seit zwei Jahren nicht mehr auf der Bühne gestanden und muß die „Maschine" erst wieder anwerfen. Jeden Morgen unterzieht er sich einem intensiven Training. Und abends, nach einem Tag vor der Kamera, probt er mit Bob Castella seine One-man-show – dieselbe wie im „Etoile“ –, die er dem östlichen Publikum darbieten will. Völlig beansprucht von dieser Doppelbelastung (zu der noch die konkreten Reisevorbereitungen kommen), gibt Montand weniger auf die Sprünge des Weltgeschehens acht, die sein Leben gleichwohl hart durcheinanderrütteln werden.

In den sogenannten Volksdemokratien hat die Chrustschow-Rede hohe Wellen geschlagen. Polen zieht daraus als erstes Land Folgerungen und Nutzen. Die Opfer der Säuberungen werden rehabilitiert, vornehmlich Gomulka, der frühere Parteiführer, der 1948 ausgestoßen wurde und nun zur populären Figur der Erneuerung wird. Aber die Polen finden den Prozeß der Entstalinisierung reichlich lang. Im Juni gehen in Poznań Zehntausende von Arbeitern auf die Straße und fordern Brot und freie Wahlen. Die Armee eröffnet das Feuer; fünfzig Menschen werden getötet: die kommunistische Ordnung ist wiederhergestellt. Im Herbst gehen die Demonstrationen von neuem los und weiten sich aus. Unter dem Druck der Straße kehrt Gomulka zurück ins Politbüro. Die Altstalinisten bekommen es mit der Angst. Die Auseinandersetzung zwischen alten und modernen Kommunisten spitzt sich zu, während die Arbeiter in den Fabriken aufbegehren und sowjetische Truppen sich um Warschau zusammenziehen. Jeder fürchtet einen bewaffneten Zusammenstoß, und die unvermutete Ankunft Chrustschows, der sich selbst ins Zentralkomitee einlädt, das in der Nacht vom 19. zum 20. Oktober zur Entscheidung zusammentritt, dramatisiert das Klima zusätzlich.

In der Nacht schläft in der Hauptstadt niemand, aber schließlich geben die Sowjets nach und lassen zu, daß mit Gomulka ein nationaler Weg zum Kommunismus beschritten wird. Am Drehort in der Rue Francœur leben Montand und Signoret zwei Tage mit den Polen mit, dann gewinnen die beruflichen Dinge wieder die Oberhand. Aber nicht lange, denn als die Ereignisse an den Ufern der Weichsel sich beruhigen, nehmen sie an der Donau einen unerwarteten Verlauf.

Wie in Polen, sind in Ungarn die ersten Zeichen der Liberalisierung nach dem XX. Parteitag Rehabilitierungen. Lázló Rajk, 1949 hingerichtet, erhält am 6. Oktober das Recht auf ein Staatsbegräbnis. Neben seiner Witwe und seinem Sohn, denen ein Zug von über 300 000 Menschen folgt, geht Imre Nagy, der zweimal der Macht enthoben worden war, weil er, lange vor der Stunde von Moskau, eine Wandlung des Systems gewünscht hatte. Wie Gomulka, verkörpert dieser Kommunist, der lange sein Pensum im „Vaterland des Sozialismus" absolviert hatte, eine Hoffnung in den Augen der riesigen Menge, die hinter den Särgen der Opfer der Säuberungskampagnen dem eisigen Wind trotzt.

Im Juli hatte der alte stalinistische Apparatschik Rákosi, den die Ungarn zärtlich den „kahlen Mörder" nennen, unter Zwang einem anderen Stalinisten, Ernő Gerő, Platz gemacht. Der Wechsel hat aber den Veränderungsdrang der intellektuellen Schichten nicht besänftigt. Seit kurzem wimmelt es in Ungarn von allerlei Clubs, der einflußreichste darunter, der Petöfi-Kreis – benannt nach dem Sänger der Revolution von 1848 –, gewinnt immer größeres Gehör. Acht Tage nach der Beisetzung Rajks wird Imre Nagy wieder in die Partei aufgenommen. Es gärt in Budapest, und während der angespannten Tage, da es um das Los der Polen geht, sind die Ungarn von Entscheidungen der Sowjets ausgenommen. Gomulkas Sieg in der Frühe des 21. Oktober erscheint ihnen als Signal einer neuen Ära. Das polnische Beispiel, der taktische Rückzug der Russen deuten das Schicksal Ungarns an.

Der Petöfi-Kreis, geistiges Haupt der Bewegung, erarbeitet ein Zehn-Punkte-Programm, das nichts anderes beabsichtigt als eine innere Reform des kommunistischen Systems. Die Studenten, viel radikaler, fordern den Abzug der sowjetischen Truppen, Meinungs- und Pressefreiheit, allgemeine Wahlen und rufen für den 23. Oktober zu einer großen Solidaritätskundgebung mit Polen auf. Zunächst verboten, wird die Demonstration im letzten Moment erlaubt: ganz Budapest geht auf die Straße. Von den Vororten strömen die Arbeiter mit den Rufen: „Es lebe Polen! Es lebe Nagy!“ in die City. Das Emblem der Volksrepublik ist aus den Fahnen herausgeschnitten. Die Atmosphäre ist fröhlich. Der Zug erreicht das linke Ufer und färbt den Kossuth-Platz schwarz. Die Menge ruft: „Nagy! Nagy!“

Eine gedrängte Gruppe von Demonstranten zieht zu der Stalinstatue, die sich sieben Meter hoch inmitten des Stadtparks erhebt. Einige Verwegene werfen Seile hinauf, die von Hunderten Armen ergriffen werden; man holt einen Lastwagen, dessen Motor vergeblich aufheult – der Tyrann will nicht fallen. Aber Metallarbeiter kommen mit ihren Schneidbrennern und attackieren den Koloß an den Beinen. Die riesenhafte Bronzestatue verliert den Stand, stürzt zu Boden, und im Fall löst sich der Kopf des Diktators, ein zusätzliches Symbol.

Gerő begreift das Ausmaß der Bewegung nicht: in einer Rundfunkbotschaft droht er den „Feinden des Volkes“ und rühmt die Verdienste der Sowjetunion. Die Rede wird von den Demonstranten als Provokation aufgenommen. In wütendem Zorn versuchen junge Leute, in das Rundfunkgebäude einzudringen, das von drei Kampanien der politischen Polizei bewacht wird. Schüsse gehen los, aber die Angreifer, zu denen Soldaten überlaufen, halten stand: die Türen werden gesprengt, das Haus in Brand gesetzt. Die gutartige Demonstration ist zum Aufstand geworden.

Das Zentralkomitee, das die ganze Nacht tagt, beschließt in der Frühe, Nagy an die Spitze der Regierung zu stellen, und ersucht wenig später die in Ungarn stationierten sowjetischen Truppen, die Ordnung wiederherzustellen. Die Kämpfe greifen den ganzen Tag weiter um sich. Kádár ersetzt Gerő. Aber nun fruchtet keine Maßnahme mehr, um die demokratische Revolution, die in Gang gekommen ist, einzudämmen; der Aufruhr greift auf die Provinz über; Militäreinheiten unter Oberst Maleter verbünden sich mit den Aufständischen, die jetzt freie Wahlen, die Abschaffung der politischen Polizei, die Institution eines Mehrparteiensystems fordern.

Weil die sowjetischen Panzer sich aus Budapest zurückgezogen haben, glauben die Ungarn, sie hätten die Rote Armee vertrieben. Nagy stellt fest, daß das Regime keine Stütze mehr in den Massen hat und nimmt, nach einigem Zögern, die am weitesten gehenden Forderungen auf seine Kappe. Am 30. Oktober verspricht er die Rückkehr zum Mehrparteienstaat, am folgenden Tag sagt er Ungarns Zugehörigkeit zum Warschauer Pakt auf und proklamiert die Neutralität des Landes. Die Erhebung nimmt mehr und mehr antikommunistische Züge an. Angehörige der politischen Polizei, die sich schlimmster Übertretungen schuldig gemacht haben, Würdenträger der Partei werden mißhandelt und exekutiert, manchmal auf schändliche Weise.

Für die Russen ist die Gefahrengrenze überschritten. Die Kremlführer, überzeugt, daß ein unabhängiges und neutrales Ungarn der Auslöser einer Kettenreaktion im ganzen Ostblock sein würde, beschließen den Gegenangriff. Die internationale Lage kommt ihnen zustatten: am selben 1. November haben Engländer und Franzosen die Suez-Offensive eröffnet.

An diesem 1. November drehen Yves Montand und Simone Signoret, immer noch in den Studios der Rue Francœur, abends eine der schwierigsten Szenen der *Hexen.* Simone–Elisabeth vertraut sich zum erstenmal Yves–John an, bekennt die brennende Leidenschaft für ihren Mann, den „besten aller Menschen“. Montand-Proctor bricht los:

„Den besten? Soll denn die ganze Menschheit an den Bratspieß kommen?“

Unerbittlich läßt Raymond Rouleau die Szene wiederholen, dreizehnmal, bis die Tränen von Simone Proctor echte Tränen sind und der Blick von Montand von wirklichem Haß erfüllt. Das dreizehnte take ist gut, und Montand hat Muße, einem Journalisten der *Humanité*, der ihn nach seinen Eindrücken vor der Reise in die UdSSR fragt, ein Interview zu geben. „Ich habe keine. Ich kann nichts sagen. Erst wenn ich in der Sowjetunion bin und vor allem bei der Rückkehr werde ich vieles zu sagen haben.“ Der Artikel, der die Abreise des Paares für den 12. ankündigt, erscheint am 3. November in der *Humanité*.

Anderntags im Morgengrauen beginnt die zweite sowjetische Intervention in Ungarn. Die Panzer, die sich rund um Budapest gesammelt hatten, eröffnen das Feuer gegen die Aufständischen; Nagy ruft übers Radio zum Widerstand auf, aber zur gleichen Zeit verkündet Kádár die Bildung einer „revolutionären Arbeiter- und Bauern-Regierung“, die sowjetische Truppen um Hilfe gebeten habe, während die längst in Aktion sind. Nagy flüchtet sich in die jugoslawische Botschaft. Die ungarischen Aufständischen kämpfen ebenso erbittert wie verzweifelt. Die Panzer feuern auf alles, was sich regt. Es gibt Tausende Tote. Die Kämpfenden sind Arbeiter – die Statistiken erweisen, daß sie 80 Prozent der 13 000 Verwundeten ausmachen, die in den Krankenhäusern versorgt werden.

Die Kriegsbilder in der Presse rufen im Westen tiefe Erregung hervor. Die öffentliche Meinung nimmt für die niedergemähten Ungarn Partei. Die FKP isoliert sich, indem sie das sowjetische Eingreifen gutheißt. In einem Kommuniqué versichert sie, in Ungarn triumphiere die Sache des Sozialismus: „Mit äußerster Tatkraft hat die ungarische Arbeiterklasse jenen den Weg versperrt, die Hitlers Verbündete waren, den Vertretern der Reaktion und des Vatikans, die der Verräter Nagy in die Regierung eingeschleust hatte, und hat eine Arbeiter- und Bauernregierung gebildet, die die Geschicke des Landes in die Hände genommen hat."[2]

In der Rue Francœur schlägt sich Montand weiter mit John Proctor herum, dessen Qualen, verglichen mit denen der Ungarn, ihm nun lächerlich erscheinen. Budapest bricht in die Dreharbeiten ein. Gérard Philipe, der *Til Eulenspiegel* abdreht, geht mit seinen Freunden Yves und Simone essen. Alle drei starren im Bistrot auf ein Fernsehgerät, das Bilder von der sowjetischen Intervention ausstrahlt; die Weggefährten sehen, die Ellbogen auf dem Schanktisch, schweigend die zerschossenen Häuser, die Aufständischen, die unterm Geschoßhagel rennen, die Toten, die triumphierenden Panzer. Gérard Philipe, der in der Mitte steht, packt Montand und Signoret plötzlich am Hals und flüstert ihnen leise ins Ohr:

„Ihr werdet glücklich sein in der UdSSR, sehr glücklich. Und zwar so."

Und jäh tut er, als erwürge er sie, dann, als schlage er ihnen auf den Schädel. Der Schauspieler, der von einer Polen-Tournee zurückkommt, hat ein gut Teil seiner Illusionen schon in jenem Land verloren. Dienstag, den 6. November, kommt nach Beendigung der Dreharbeiten Sartre ins Studio und trinkt mit Yves Montand ein Glas an der Bar. Der Philosoph wettert gegen die Russen, erklärt sich eindeutig für die Sache der Aufständischen. Montand hört ihm niedergeschmettert, erschöpft, demoralisiert zu. Kann er in dem Land singen, das seine Panzertruppen gegen ein aufrechtes Volk losläßt? Sartre hat sich wohl gehütet, ihm Ratschläge zu erteilen, aber er weiß, daß der andere sich entscheiden muß. Er sieht voraus, daß der Budapester Aufstand nun einen Flächenbrand des Antikommunismus auslöst, der alle treffen wird, die um die FKP kreisen. Aber er ahnt nicht, in welchem Maß der Star Montand die symbolische Zielscheibe dieser Verfolgung werden wird.

Am Abend des 7. November 1956 sammelt sich eine dichte Menge am Arc de Triomphe, um gegen die Aggression, die Ungarn erleidet, zu demonstrieren. Unter den Persönlichkeiten, die sich am Grab des Unbekannten Soldaten einfinden, sieht man den Justizminister François Mitterrand, Paul Reynaud, Georges Bidault, Antoine Pinay. Nach der Zeremonie ziehen 3 000 Jugendliche, von Gruppen der extremen Rechten mitgerissen, die Champs-Elysées hinunter und marschieren zum Sitz der KPF in der Rue le Peletier 44 mit dem Ruf: „Thorez an den Galgen!" Der Zusammenstoß mit den militanten Kommunisten, die ihr Gebäude verteidigen, wird zur regelrechten Schlacht. Die Angreifer drücken die Türen ein, erklimmen die energisch verteidigten Treppen. Bald bricht im Erdgeschoß ein Brand aus. Das gleiche Szenario spielt sich vor dem Sitz der *Humanité* ab, den die Drucker schützen, indem sie mit Bleiplatten und Flaschen werfen. Die Schlägereien halten das Viertel den ganzen Abend in Atem.

In diesen Tagen, da die Welt von Suez bis Budapest aus den Fugen gerät, ist Montand zwischen unmittelbaren Sorgen und umfassenderen Selbstbefragungen zerrissen. Verschiedene, oft einander widersprechende Einflüsse seiner Nächsten und Freunde bedrängen ihn. Die Anfänge einer Entstalinisierung hatten ihn beschwichtigt: er hatte recht gehabt, den Möglichkeiten des Systems zu vertrauen. Aber daß Ungarn die kommunistische Macht abzuwerfen suchte, enthüllte einen solchen Haß, offenbarte so große Irrtümer! Im Augenblick beschäftigt ihn am meisten seine Moskaureise. Abermals bestätigt er in einem vom *Figaro*[3] abgedruckten Interview das Datum des 12. November: „Ich habe vor acht Monaten einen Vertrag geschlossen, und, professionell gesprochen, habe ich meine Verpflichtungen zu erfüllen.

Außerdem habe ich für die Reise Musiker engagiert. Ich fliege also am Montag. Sollte die internationale Situation sich weiter verschärfen, sage ich die Reise ab."

Am selben Abend, als der Aufruhr die Grands Boulevards um das Haus der *Humanité* überschwemmt, ist Aragon, begleitet von Elsa Triolet und ihrer Schwester Lilja Brik, zu Gast bei Simone Signoret an der Place Dauphine.

„Was für eine Epoche, ich war den ganzen Tag voll eingespannt!" klagt der Dichter beim Eintreffen.

Er kommt, Ironie der Zeit, vom Empfang in der sowjetischen Botschaft anläßlich des neununddreißigsten Jahrestages der Oktoberrevolution. Simone Signoret war es, die ihn eingeladen hat; sie hat begriffen, daß es nicht die beste Wirkung hätte, in Moskau zu singen, während Budapest im Todeskampf liegt, und wünscht, daß Aragon sich bei den Russen dafür verwendet, daß sie das Gastspiel absagen oder verschieben – was die Lage entschieden vereinfachen würde. In ihrem Erinnerungsbuch erzählt sie die Reaktion ihres Besuchers: „Aragons blaue Augen wurden traurig. Er verstand natürlich, aber er sei nur ein französischer Dichter, der sich keinesfalls in sowjetische Angelegenheiten einmischen könne ... Kurz, er konnte den Auftrag nicht übernehmen. Selbst wenn er gekonnt hätte, er hätte es nicht getan ... Weil Montand nur die eine Möglichkeit blieb: zu reisen."

Es mag erstaunen, wenn nicht eitel erscheinen, daß mitten im ungarischen Drama, da Tausende Flüchtlinge dem Massaker und dem Gefängnis zu entrinnen versuchen, die Frage, ob Montand reisen wird oder nicht, plötzlich die Aufmerksamkeit der Presse bannt. Doch der Name des populären Chansonniers, des Weggefährten, kristallisiert den Haß und die Schmach. Seine Haltung wird als Barometer der Linken gewertet. Er zögert, wechselt von Stunde zu Stunde die Meinung. Am Freitag, dem 10., passen ihn Journalisten in der Rue Francœur ab, als er gegen 13 Uhr mit abgespannter Miene, traurigem Blick erscheint. Von Fragen bedrängt, sagt er:

„Ich weiß immer noch nicht. Ich weiß, ich muß in den nächsten Stunden einen Entschluß fassen. Rufen Sie mich morgen an.“

Die ganze Nacht erwägt Montand das Für und das Wider. Aus beruflicher Gewissenhaftigkeit ist er versucht zu fahren: Tausende in der SU haben seit Juni ihre Plätze bezahlt, Verträge sind unterschrieben worden, man muß sie einhalten. Simone weint. Sie möchte, daß er alles absagt. Elvire Livi, Montands Schwägerin, sagt: „Die Sache machte Simone physisch krank; sie war gegen die Reise. Sie hörte nicht auf, Montand zu bearbeiten: ‚Wenn du fährst, bis du geliefert, du kannst nie mehr in Frankreich singen ...‘“ Julien Livi, ihr Mann, bestätigt: „Der Druck seiner Frau in jenen Tagen war furchtbar. Ich fragte Simone: ‚Schämst du dich nicht? Siehst du nicht, in was für einen Zustand du ihn bringst?‘“

Montands Bruder agitiert im entgegengesetzten Sinn. Ohne daß etwas davon nach außen dringt, grenzen die Diskussionen in der „Roulotte“ bis hart an den Zank. Julien legt die Analyse seiner Partei über die ungarische „Konterrevolution“ dar, beschwört Montand, dem Druck nicht nachzugeben, nun erst recht standzuhalten, fleht Simone an: „Durch meine gewerkschaftlichen Funktionen war ich kurz vorher in Budapest gewesen, ich hatte gesehen, daß die Forderungen der Studenten ehrlich waren. Ich wußte, daß unter Rákosi viele Irrtümer begangen worden waren. Aber was mich am meisten getroffen hat, das waren die Demütigungen, die die Kommunisten während des Aufstands erleiden mußten, Arbeiter, die gejagt wurden, weil sie zu Hause ein Leninbild hängen hatten, und Lynchungen, Morde. Und dann hörte man die, die den Aufstand verteidigten: es waren dieselben, die von jeher gegen uns waren. Da hatte man den Reflex, vor allem nach dem Angriff auf die *Hu-*

manité: wenn unsere Gegner dafür sind, kann das nur konterrevolutionär sein. Das war zu einfach, aber man muß diese Haltung begreifen, auch wenn man sie nicht teilt."

Yves Montand geht durch alle Seelenzustände, die man sich denken kann. Für Juliens Argumentation ist er nicht unempfänglich: angesichts des Feindes muß man, wie groß immer ihre Irrtümer seien, die Reihen hinter der Partei schließen, um den Gegnern keine Argumente zu liefern. Das Zusammengehörigkeitsgefühl ist stark; Montand ist für einen politischen und gefühlsmäßigen Bruch noch nicht reif. Er bleibt im „Familienschoß", weil es „seiner" ist. Die Anhänglichkeit für seinen Vater bleibt der Kardinalwert, der Grundstein seiner Existenz. Die Panzer von Budapest tragen den gleichen roten Stern wie die von Stalingrad. Aber gleichzeitig weigert er sich, der blutigen Unterdrückung zuzustimmen.

Am Freitag, dem 10. November, bringt der *Express* zwei Artikel zu dem Gegenstand. Im ersten wiederholt Sartre die Worte, die er Montand drei Tage zuvor in der Rue Francœur gesagt hat: „Ich verurteile vollkommen und rückhaltlos die sowjetische Aggression." Der Philosoph kappt die Leinen zur Kommunistischen Partei, er nimmt die Scheidung auf sich. „Die Führenden werden sagen, daß sie seit langem recht damit hatten, mich als Hyäne und Schakal zu bezeichnen ... Aber mir ist es völlig gleichgültig, was sie von mir sagen werden, angesichts dessen, was sie über die Ereignisse in Budapest sagen." Der andere Artikel ist von einem kommunistischen Intellektuellen, Jacques-Francis Rolland, Professor für Geschichte am Lycée Voltaire und ein Freund Roger Vaillands seit der Résistance. Rolland empört sich wütend gegen die „brutale und sklavische Stellungnahme der FKP zu dem Drama von Budapest". Er bekräftigt: „Viele unserer Funktionäre sind überzeugte Stalinisten geblieben ... Für sie muß der Sozialismus notwendig mit dem Schrecken, mit verfälschten Informationen, frisierten Statistiken, der Versklavung der Intelligenz erbaut werden." Montand hat Vertrauen zu Rolland, er hält ihn für einen ehrenhaften Mann – er war auch zwei oder drei Mal ihr Gast in der „Roulotte". Mehr noch als der Artikel von Sartre berührt dieser ihn.

In diesem Stadium der Überlegungen neigt Montand dazu zu reisen, nicht ohne öffentlich die Verantwortlichen des Massakers zu verdammen. Er fragt seine Musiker nach ihrer Meinung. Sie sind nicht eben begeistert. Der eine schützt familiäre Probleme vor, der andere politische Zurückhaltung. Freddie Balta, der Akkordeonspieler, weigert sich. Die Mehrheit äußert ihre Besorgnisse, verläßt sich aber auf seine Entscheidung. Simone Signoret bleibt wild entschlossen gegen die Reise.

Am 11. November nehmen in Budapest die Straßenkämpfe ab, im ganzen Land geht man zum Generalstreik über. An dem Tag, als die Rote Armee Siegerin über die ungarische Hauptstadt ist, gibt Montand ein Kommuniqué heraus, das er mit seiner Frau vorbereitet hat: „Wir, meine Musiker und ich, haben uns gemeinsam entschlossen, unsere Tournee in die UdSSR und die Volksdemokratien nicht anzutreten. Die Ereignisse in der Welt und die Lage innerhalb Frankreichs hindern uns, unser Land und unsere Familien zur gegenwärtigen Stunde zu verlassen und in welches Land auch immer zu reisen."[4] Es ist eher eine Verschiebung als eine Aufkündigung. Der Sänger gewährt sich eine Frist von einigen Wochen, bis die Erregung verebbt ist.

In Ungarn ist mit den Panzern auch Kádár zurückgekehrt, er übernimmt wieder die Kontrolle der Lage, im Westen aber lodern die Leidenschaften weiter. Die Haltung der Kommunistischen Partei, die ohne Einschränkungen die Intervention billigt, stiftet Zweifel unter ihren eigenen Intellektuellen. Eine ganze Generation junger Kommunisten, die aus der Résistance hervorgegangen sind, beginnt mit der Partei zu brechen. Unter den Weggefährten, die sich im kalten Krieg zusammengeschlossen hatten und die weder die Prozesse noch die Enthüllungen hatten erschüttern können, herrscht ein Rette-sich-wer-kann. Die Friedensbewegung wird zum Forum scharfer Auseinandersetzungen zwischen Parteianhängern und denen, die, wie Vercors, sie hart kritisieren. Montand und Signoret wohnen einer stürmischen Versammlung bei, wo der Autor vom *Schweigen des Meeres* seinen Abschied erklärt. Gérard Philipe entfernt sich wortlos, aber ohne Wiederkehr.

In der zweiten Novemberhälfte lädt der Starschauspieler des TNP Yves Montand und Simone Signoret zum Essen ein. Um den Tisch sitzen außerdem Anne Philipe, Claude Roy und Madame Eluard.

Es war schönes Wetter an dem Tag. Wir waren alle traurig und tief bewegt. Gérard fing an von Polen zu reden; er erzählte, was er da erlebt hatte, die Irrtümer, das Elend, und was er sagte, tat mir weh, sehr weh. Weil ich keine Sekunde in Zweifel ziehen konnte, was ein Mann beschrieb, der die Ehrenhaftigkeit selbst war. Er hatte sich an der Seite der Kommunistischen Partei für die Verteidigung des Friedens engagiert, weil er ehrlich an die Ideale von Demokratie und Freiheit glaubte. Dort ist ihm klar geworden, daß er sich getäuscht hatte. Das war um so zerreißender, als er mit großer Trauer, mit Bestürzung sprach und ohne Zorn. Das Gespräch verlief völlig frei. Jeder brachte vor, was er wirklich empfand, und alle waren sich einig, die Positionen der KP zu verdammen.

Simone war schweigsam, sie hörte mit äußerster Aufmerksamkeit zu, aber kein einziges Mal hat sie dem widersprochen, was gesagt wurde. Ich schwieg auch, schwankend zwischen widersprüchlichen Gefühlen. Unglücklich.

Alle diese Reden verletzen mich tief; ich fühle, ich weiß, was meine Freunde sagen, ist richtig und wahr, und zugleich will ich es nicht hören, ich will es nicht annehmen. In mir war keine Klarheit, ich brauchte Jahre, um diese

Abwehr zu analysieren, um zu begreifen, daß ich, wenn ich ihre Worte anerkannt hätte, die meines Vaters verworfen hätte, die des Milieus, aus dem ich kam. Ich fühlte mich noch immer zur Kommunistischen Partei und zur Arbeiterklasse gehörig; ich ließ nicht los. Es war schrecklich: ich wußte, daß Gérard Philipe die Wahrheit sagte, aber ich konnte sie nicht hören.

Je verstörter ich bin, desto mehr sperre ich mich. Innerlich brodele ich, mehr und mehr durch die Spitzen meines Freundes Claude Roy gereizt. Und als er dann, als es um die sowjetische Intervention geht, den proletarischen Internationalismus ironisiert, explodiere ich:

„Hört auf, ich will das nicht länger hören. Ihr alle hier an diesem Tisch habt nicht verstanden, was die russische Revolution gewesen ist; die ist nicht für Leute wie euch gemacht worden. Sie ist gemacht worden für die Arbeiter und Bauern. Das ist nicht unsere Revolution. Es ist ihre."

Ich spreche heftig und mit um so mehr Zorn, als ich im selben Moment, da ich diese Sachen ausspreche, fühle, daß mein Argument nicht standhält – was mich noch mehr verstimmt. Mein Protest hat die Wirkung einer kalten Dusche; Schweigen breitet sich aus, alle sehen mich an, und ich bemerke in ihren Augen so etwas wie ein mitleidiges Licht: der arme Montand, er ist derart bigott, daß es gar keinen Zweck hat, mit ihm zu reden! Trotzdem, nach dem Essen, als wir vom Tisch aufgestanden waren, kam Claude Roy und sagte freundschaftlich:

„Wir müssen uns wiedersehen, willst du?"

Er hatte begriffen, wie zerrissen ich war.

Am 7. November hatte Claude Roy, zusammen mit den Kommunisten Roger Vailland und Claude Morgan, mit Sartre und Simone de Beauvoir, mit Vercors und Prévert, einen Brief unterzeichnet, der den Einsatz von Geschützen und Panzern, um den Aufstand des ungarischen Volkes zu zerschlagen, verurteilte. Er kaut seit langem an seinem Ärger, und er ist ein Mann, den Montand liebt und achtet. Einige Tage nach dem Essen bei Gérard Philipe kommt er nach Autheuil. Das Gespräch hat Montand gehörig beeindruckt, so daß er sich genau daran erinnert: Claude Roy weiß, daß die Anhänglichkeit des Chansonniers an die FKP, die ebenso Gefühlssache wie politisch ist, daher kommt, daß er Kommunismus und Arbeiterklasse gleichsetzt. Der Schriftsteller erklärt Montand also, daß seine zahlreichen Reisen in die östlichen Länder ihn zu der absoluten Überzeugung gebracht haben: die Lebensbedingungen der Arbeiter und Bauern dort sind katastrophal. Es ist illusorisch zu glauben, daß die Regime dem Proletariat dienen. Claude Roy fährt fort, indem er auf die 1918 von Lenin zeitweise – für acht Tage! – angeordnete Zensur verweist, die immer noch herrscht. Schließlich teilt er Montand mit, daß die Söhne Abrahams in der UdSSR in ihren Ausweis „Jude" schreiben müssen (wie die Georgier oder die Ukrainer ihre Zugehörigkeit angeben, nur daß es in der Sowjetunion keinerlei „jüdische Republik" gibt). Der Sänger registriert es ohne Kommentar. Die Wirkungen der Botschaft sind beträchtlich. Später.

Offiziell wird die Intervention der russischen Panzer in diesem November 1956 von Montand weder verurteilt noch gebilligt. Man findet keine Erklärung von ihm oder von Simone Signoret, die die ungarischen Arbeiter verteidigte. Montand ist zerrissen, aber er verbirgt den Riß; im Gegenteil, gegenüber der Öffentlichkeit wahrt er das Verhalten eines treuen Weggefährten. Eine Reihe Anekdoten bezeugen es.

Jean-Louis Livi, Montands Neffe:

„Ich war fünfzehn, aber ich erinnere mich haarscharf an diese Periode. Mein Onkel machte widersprüchliche Phasen durch. Eines Tages rief er meinen Vater an:

‚Hier spricht Imre Nagy. Zu Hilfe! Zu Hilfe!'

Er machte sich lustig über Nagy. Und ein andermal wieder war er auf der entgegengesetzten Seite, schrie meinen Vater an. Es war schrecklich für einen Jungen von fünfzehn Jahren, mitzuerleben, wie zwei Menschen, die man liebt und die man bewundert, sich auf diese Weise beschimpfen. Ich habe meinen Vater sogar zurückhalten müssen, sie sind sich fast an die Kehle gegangen. Und dann ging Montand wieder in die andere Richtung. Eines Nachmittags war ich mit ihm und Catherine im Kino, wir sahen *Rio Bravo*. Die Wochenschau vor dem Film zeigte Bilder von einem Umzug auf dem Roten Platz. Der Saal wurde unruhig, und einer schrie:

,Tod den Roten!'

Da steht Montand auf und brüllt aus vollen Lungen in die Dunkelheit:

,Stalingrad!!!'

Montand bestätigt die Anekdote: er war dermaßen aufgewühlt, daß er das Bedürfnis verspürte, zu den sicheren Werten des Antifaschismus zurückzukehren.

Am 22. November, nach schwierigen Verhandlungen zwischen Belgrad und Budapest, verlassen Nagy und seine Freunde die jugoslawische Botschaft, wo sie Schutz gesucht hatten. Aber entgegen den gemachten Zusicherungen und trotz Titos Protest werden sie verhaftet und nach Rumänien gebracht.

Dieser Wortbruch empört Yves Montand und Simone Signoret ein wenig mehr, sie sprechen darüber vor Julien Livi mit Claude Roy. „Diesmal", erzählt Montands Bruder, „waren sie sehr schockiert, aber was sie in diesen ganzen Tagen noch mehr abgestoßen hat, das war der Artikel von André Stil in der *Humanité*. Sie ließen nicht locker; ich konnte sagen, wie ich wollte: ,Er ist ein Idiot, so was zu schreiben, man lacht nicht, wenn das Pflaster noch voller Blut ist ...', es war nichts zu machen."

Der Sonderberichterstatter der *Humanité* in Ungarn, André Stil, hatte tatsächlich gekabelt: „Budapest beginnt trotz all seiner Wunden wieder zu lächeln."[5] In ganz Ungarn verschärft sich die Repression gegen die an dem Aufstand Beteiligten, immer mehr werden verhaftet. Nach offiziellen Angaben liegt die Zahl der in den Straßenkämpfen Getöteten bei 3 000. Die wahre Anzahl der Opfer ist zweifellos weit höher. Die politische Polizei ist wieder am Werk. Die Ungarn, die sich ihrer für kurze Wochen entledigt hatten, lernen wieder, in Angst zu leben.

Ende November, als in Budapest wieder die kommunistische Ordnung herrscht, werden die Sowjets bei Montand vorstellig. Der erste Botschaftssekretär begibt sich nach Autheuil. Er erklärt dem Sänger, daß er seine Verstörung begreife, gesteht die Gründe zu, die ihn veranlaßt hatten, die Tournee aufzuschieben, bis diese schwierigen Tage vorüber seien, aber er meint, da die Dinge sich nun beruhigten, wäre es an der Zeit, die Frage wieder anzugehen. Der Diplomat schlägt die empfängliche Saite an:

„Sie wissen, als wir in Stalingrad umzingelt waren, hatten wir keine Hoffnung mehr, aber wir haben gekämpft. Auch in düstersten Zeiten darf man die Arme nicht sinken lassen."

Aufs neue stürzt Montand in die Schrecken der Entscheidungsunfähigkeit, er steckt in einem Dilemma, das Sartre grausam benennt: „Wenn Sie fahren, stützen Sie die Russen. Wenn Sie nicht fahren, stützen Sie die Reaktion." (Einige Monate später vertraut Sartre dem ungarischen Schriftsteller Tibor Méray an, daß Montands Reise ein Fehler war.[6]) Am 3. Dezember faßt Montand allein den endgültigen Entschluß zu reisen, es ist ein Kopfsprung oder vielmehr das Ergebnis eines heftigen Impulses. An jenem Morgen nämlich ruft ihn der Produzent Deutschmeister an. Montand hat mit ihm einen Vertrag unterzeichnet, nach seiner Rückkehr einen Film über das Leben Modiglianis zu drehen, den Max Ophüls nach einem Drehbuch von Henri Jeanson inszenieren soll. Der Produzent stellt kategorisch klar: wenn Montand nach dem Osten fährt, kann er den Film nicht machen; die Verleiher und Kinopächter werden aus Furcht vor Publikumsreaktionen keinen Hauptdarsteller mehr wollen, der sich mit den Schlächtern von Budapest solidarisiert hat. Montand horcht auf, dann entscheidet er, ohne die Stimme anzuheben:

„Ich wollte nicht fahren. Aber jetzt ist es klar. Ich fahre."

(Schließlich wird der Modigliani in *Montparnasse 19* von Gérard Philipe gespielt und von Becker inszeniert – Max Ophüls war inzwischen gestorben.)

Am selben Tag schreibt Yves Montand mit Simones Hilfe einen Brief an den Direktor des Moskauer Marionettentheaters, der zitiert zu werden verdient, so sehr entfachte er auf einen Schlag die Polemik:

> Mein lieber Obraszow,
>
> mit Moissejew und dem Moskauer Ballett waren Sie einer derjenigen, die am meisten zur kulturellen Annäherung unserer beiden Länder und folglich zur Entspannung beigetragen haben, und wäre es nur durch den Erfolg, den Sie in Paris ernteten.
>
> Anderseits haben Sie – und das betrifft mich persönlich – dem sowjetischen Publikum dazu verholfen, mich kennenzulernen, und wenn man in der UdSSR die Lieder singt, die ich singe, so verdanke ich das, wie ich weiß, Ihrer Patenschaft.
>
> Aus diesem Grunde also habe ich Sie zum Adressaten meines Briefes gewählt.
>
> Was ich Ihnen heute mitteilen möchte, ist die tiefe Verstörung, in die das ungarische Drama eine große Anzahl Franzosen und insbesondere die Mitglieder der Friedensbewegung gestürzt hat, der einzigen Organisation, der ich angehöre.
>
> Viele Franzosen haben der riesigen und ungeheuerlichen Maschinerie der antisowjetischen Propaganda standgehalten, sie haben es bewiesen,

indem sie dieser Propaganda keine öffentliche Zustimmung erteilten; dennoch haben sie sich jetzt Fragen gestellt und stellen sie noch.

Ich bin einer von ihnen.

Heute, am Schluß des Außerordentlichen Nationalkongresses der Friedensbewegung, auch wenn in der Beurteilung der ungarischen Ereignisse Gegensätze unter den Teilnehmern bestehen bleiben, hat es dennoch unbedingte Einmütigkeit gegen die Fortdauer des Algerienkrieges und des Suezkonfliktes gegeben, und wir Friedenskämpfer aller politischen Richtungen, aller religiösen und philosophischen Konfessionen, ob Arbeiter des Geistes oder der Hand, waren uns einig in dem feierlichen Entschluß, mit allen Mitteln die Rückkehr zum kalten Krieg und folglich zur Möglichkeit eines Krieges überhaupt zu verhindern.

Deshalb bin ich, was mich betrifft, glücklich, Sie zu bitten, dem sowjetischen Publikum meine baldige Ankunft anzukündigen: ich werde damit auf meinem Gebiet dazu beitragen, dessen bin ich gewiß, den Austausch der Kulturen aufrechtzuerhalten und zu entwickeln, der ein Beitrag zur Festigung des Friedens ist.

Auf bald denn, mein lieber Obraszow. Mit bestem Gruß

Yves Montand

Am nächsten Tag wird der Brief in der *Humanité*, in *Libération* und *France-Soir* abgedruckt – auf Betreiben von Montand und Signoret. Was beim Lesen des Textes auffällt, ist seine Zurückhaltung. Offenbar bricht Montand nicht mit der kommunistischen Familie. Er bekennt seine Verstörtheit über Ungarn, betont aber, daß er sich keiner öffentlichen Verurteilung der Intervention angeschlossen hat. Ebensowenig distanziert er sich von der Friedensbewegung, der prokommunistischen Organisation, deren Orientierungen zu folgen er als guter Mitstreiter in Anspruch nimmt. Er zögert nicht, auf den stalinistischen Jargon zurückzugreifen, indem er von der „ungeheuerlichen Maschinerie der antisowjetischen Propaganda“ spricht. Darüber hinaus mißt er der Tournee, über seine künstlerische Berufung hinaus, eine politische Tragweite zu: ein „Botschafter des Friedens“ zu sein. Zu der Zeit und für die Ungarn war es ein sowjetischer Frieden.

Was wunder, daß diese fröstelnde, aus dem Innern kommende Sprache heftige Entgegnungen entfacht. Die plötzliche Abreise, nach der Aufschiebung, wird als zu schnelle Kehrtwendung aufgefaßt. Die Polemik, die durch das Kommuniqué vom 12. November beruhigt worden war, flammt erneut auf. Im *Canard enchaîné* spottet Treno über die Wankelmütigkeit des Sängers: „Diese Budapester Commune, die trotz Tanks und Artillerie, trotz Kádárs Bütteln und trotz Stil-Eulenspiegel nicht sterben will, ist in der Tat genant, das muß man zugeben. Der Zögerwalzer der Intellektuellen, denen sie das Bewußtsein durcheinanderbringt, ist noch längst nicht zu Ende. Das ‚Ich fahre – ich fahre nicht‘ von Herrn Yves Montand – Yves Redescendant[7] und einiger anderer Dreifuser wird vercornelisch.“ Das satirische Wochenblatt, dessen eifriger Leser Montand ist, bringt eine Zeichnung, die den Sänger mit seinen Koffern bei der Ankunft in Moskau zeigt, wo er von den Sowjetführern mit dem Ruf empfangen wird:

„Wir hatten es erwartet ...“

Solche Kritik trifft ihren Adressaten um so mehr, als er immer mehr zu dem Schluß kommt, daß seine Entscheidung eher einem jähen Impuls als der Überlegung entsprungen ist. Noch immer weiß er nicht, ob er richtig daran tut zu fahren: schwankend und unglücklich, hat er nur eine Gewißheit – die, daß er der Ungewißheit ein Ende machen mußte.

An der Place Dauphine treffen Hunderte Briefe mit

Beschimpfungen und Drohungen ein. Rachsüchtige Passanten schreien ihren Zorn vor den Fenstern der Erdgeschoßwohnung. Elvire, die ständig in der „Roulotte“ ist, erinnert sich der Prüfung: „Leute schlugen ans Fenster. Wenn man es nur ein wenig offenstehen ließ, warfen sie irgend was rein und spien Schimpfworte. Montand bekam einen Haufen Post und auch anonyme Anrufe. Die Tage vor der Reise waren sehr hart.“

Zum Glück kann das Paar Montand–Signoret sich auf die Unterstützung seiner nächsten Freunde verlassen. Anne Philipe: „Ich erinnere mich eines sehr gedrückten Montand, der für Augenblicke aggressiv wurde und seine Reise wütend rechtfertigte. Je verwirrter er war, desto mehr verteidigte er sich. Gérard und ich verstanden ihr Dilemma. Die Reise war seit langem organisiert, und sie sagten immer wieder: ‚Wir werden den Russen sagen, was wir denken.‘ Ich habe Yves' Haltung immer geachtet, weil sie in ihm steckte, sie war sein Erbe. Von uns vieren war Yves derjenige, bei dem die Verankerung in der Linken nicht intellektuell war. Bei ihm war sie etwas Natürliches.“ Die ganze Woche kommen Freunde zur Place Dauphine, um ihre Unterstützung zu bekunden. Montand braucht sie dringend: drei Tage vor der berühmten Abreise, die auf den 16. Dezember festgesetzt ist, hat er noch einen Affront zu verkraften.

Jede Woche, am Mittwochabend, bringt Europe 1 eine Sendung, die live im „Olympia“ aufgenommen wird. Für den 13. hat Montand seine Teilnahme an diesem *Musicorama* zugesagt, für ihn die letzte Probe vor Moskau. Wie üblich, kündigt der Sender das Abendprogramm sechsunddreißig Stunden vorher an. Sofort warnen anonyme Anrufer, sie würden verhindern, daß Montand singt. Die Drohungen sind so zahlreich und präzise – anscheinend waren die ersten Reihen von sehr engagierten Zuschauern aufgekauft, Monsignore Biaggi an der Spitze – daß Bruno Coquatrix, der Direktor des

„Olympia“, und die Produzenten der Sendung lieber verzichten. Anderntags üben die Blätter, die sich den geschmähten Weggefährten zur Zielscheibe erwählt haben, keine Schonung.

„Am Samstag fliegt Montand nach Moskau, dort hat er solche spontanen Manifestationen nicht zu befürchten. Da wird Begeisterung wie alles übrige befohlen“, schreibt *Paris-Presse*. Daneben eine Zeichnung von Sennep – Chrustschow am Telefon zu Bulganin: „Yves Montand verlangt, daß wir eine Panzerdivision nach Paris schicken. Ohne unseren Schutz kann er nicht mehr singen.“ In der *Humanité* zürnt André Wurmser und verspricht, das nächstemal werde das Volk von Paris zwei Dutzend Störenfrieden die gehörige Antwort erteilen. Der Vorfall, der Montand sehr verärgert – er war bereit, einem ganzen Saal zu trotzen –, zeigt jedenfalls, in welchem Klima der Feindseligkeit die Reisenden abfliegen. Sogar Aragon läßt Claude Roy bei einem Salongespräch wissen, daß er die Reise für „inopportun“ halte. Als Simone am Abend vor dem Abflug davon erfährt, versucht sie die ganze Nacht, den Meister per Telefon zu erreichen, um ihm ihre Meinung zu sagen.

Im Flughafengebäude am Invalidendom finden sich am Morgen des 16. Dezember 1956 nur die Handvoll Getreuer, die engsten Freunde ein, um Yves Montand und Simone Signoret zu verabschieden. François Perier, José Artur, Danièle Delorme, Yves Robert, Francis Lemarque, Roger Pigaut, Raymond Rouleau, Lila de Nobili, Hubert Rostaing, alle haben Trauermienen aufgesetzt. Crolla, so erinnert sich seine Frau Colette, mit seiner tief ins Gesicht gezogenen Mütze hat den „gehetzten Blick eines Emigranten“. Simone, die nach wie vor keinerlei Lust hat zu reisen, ist den Tränen nahe. Montand zwingt sich ein verzerrtes Lächeln ab. Trotz der Ermutigungen des großen Bruders, der sich zu einem Scherz verpflichtet fühlt, zweifelt er an seinem Entschluß, aber es ist zu spät.

Der Moment des Abschieds kommt. Zu mehreren der Anwesenden sagt Simone bewegt:

„Ich vergesse dir nie, daß du gekommen bist."

Vor den Fotografen schluckt das Paar seine Traurigkeit hinunter. Simone Signoret, im Bisonmantel, die Arme voll roter Rosen, spielt Heiterkeit. Ihr Mann, in elegantem grauem Sportanzug, bestätigt den Journalisten, er werde in Budapest singen. Aber mit sich nimmt er die letzte Nummer der *Temps modernes*, die Zeitschrift Sartres, die Gérard Philipe ihm gegeben hat. Die Nummer, die den Ereignissen in Polen und Ungarn gewidmet ist, erhebt scharfe Kritik an den kommunistischen Regimen. Für die ganze Tournee bleibt das Heft Yves Montands Nachtlektüre.

Es ist längst dunkel, als die Iljuschin 22 im Flughafen Wnukowo, etwa fünfundzwanzig Kilometer vor Moskau landet. Das „Vaterland des Sozialismus" ist den Reisenden tatsächlich begegnet als ein Land, wo man nie ankommt, so lang war der Flug und von unverständlichen Zwischenlandungen unterbrochen, in Prag zuerst, dann in Vilnius, der litauischen Hauptstadt. Trotz riesiger Verspätung werden Montand und Signoret von Hunderten, vielleicht Tausenden Moskauern, die in Taxis oder Autobussen angefahren worden waren, seit Stunden bei einer Temperatur von 15 Grad minus erwartet. Sobald die Maschine steht, strömt die Menge auf die verschneite Piste und stürzt zur Landungstreppe.

„Die Tür des Flugzeugs geht auf. Oben auf der Treppe erscheinen Simone Signoret und hinter ihr ein lächelnder Yves Montand. Er hebt die Hand und ruft: ‚Guten Tag, meine Freunde!'

‚Mein Freund, der von weither kommt', sagt Sergej Obraszow."[8]

Die Helden des Tages werden von einer Meute Fotografen bestürmt, es herrscht dichtes Gedränge. „Fröhlicher Beifall ging von allen Seiten los. Die Leute gebrauchten ihre Französischkenntnisse: ‚C'est si bon, Montand!' – ‚Bravo, daß Sie gekommen sind!'"[9]

Das Paar hatte Paris beinahe wie zwei Missetäter, unter Beschimpfungen und Spott verlassen; es landet als Held der Sowjetunion, und der so deutliche Kontrast kann es seinen Gastgebern gegenüber nur freundlich stimmen. Die *Humanité* jubiliert: „Yves Montand hat alle Rekorde gebrochen. Nicht die Comédie-Française, nicht die französische Fußballschaft, weder unsere Filmkünstler noch das TNP sind mit solcher Begeisterung empfangen worden."

Mit Mühe bahnt sich Montand einen Weg zu den Mikros, die aufgebaut waren, und sagt ein paar Worte: „Ich bin tief bewegt. Ich bin kein Politiker, ich bin nur ein Künstler. Ich komme zu einer Zeit hierher, wo der kulturelle Austausch notwendiger ist denn je, denn er dient der Sache des Friedens unter den Völkern." Obraszow antwortet ihm auf russisch: „Wir haben seit zwei Tagen auf Sie gewartet, und die Blumen, die ich Ihnen heute überreiche, sind schon ein bißchen welk. Aber unsere Herzen brennen in all der Liebe, die wir für Frankreich hegen." Während der Direktor des Marionettentheaters diese Platitüden vorbringt, mit denen die Sowjets bei jeder Gelegenheit aufwarten, und Montand es lernt, mit einem Lächeln zuzuhören, ohne daß er das mindeste versteht, sieht Simone Signoret in den blauen Augen des Redners Tränen, die nicht künstlich sind. Der „Freund", der da spricht, ein kluger, kultivierter, hochbegabter Mann, ist kein befohlener Freund.

Vier Dolmetscher, drei Burschen und ein Mädchen – Nadja –, gut zwanzig Jahre alt, erwarten die Franzosen im Hotel „Sowjetskaja", einem gigantischen Marmorpalast. Außer Montand und Signoret, denen die Fürstensuite vorbehalten ist, besteht die kleine Gruppe aus zwei technischen Assistenten und fünf Musikern. Der Akkordeonist, Marcel Azzola, hat Freddie Balta ersetzt, den die Idee, das Sowjetland zu erkunden, ganz entschieden wenig reizte. Noch ein „Itaker“: Auch Azzolas Vater war einst vor dem Mussolini-Regime geflohen. Azzola, Castella, Crolla, Paraboschi, Soudieux und die anderen sind verblüfft, mit welchem Prunk sie untergebracht sind. Dieses Staunen über die Aufmerksamkeiten, die man ihnen bezeugt und die weit über die einer üblichen Tournee hinausgehen, wird sie nicht mehr verlassen. In Vilnius zeigte der Bassist Soudieux, der sich mehr um Django Reinhardt als um die Klassiker des Marxismus gekümmert hatte, mit dem Finger auf ein Leninporträt und fragte: „Wer ist der Typ?“ Er sollte noch mehr davon sehen.

Montand hat kaum Muße, sich von der Reise zu erholen. Die „Premiere“ findet am 19. Dezember im Tschaikowski-Saal statt. Man prügelt sich, um das Ereignis nicht zu verpassen. „Mehrere Tage vorher“, schreibt der Sonderkorrespondent von *France-Soir*, „hatte eine beträchtliche Menge Schlange gestanden, um Karten zu bekommen. Da gab es Damen mit Limousine und Chauffeur im Astrachanpelz, allerlei jeunesse dorée, Schwärme von jungen Bewunderinnen, alte Damen, Suffragetten des vorigen Jahrhunderts, Militärs auf Patrouille, unzählige Studenten, Burschen und Mädchen, die aus der Fabrik kamen. Nachtwachen wurden organisiert, man hat die Großmütter – geduldige Babuschkas – eingespannt, ihren Enkeln den Platz freizuhalten.“[10] Die Sowjetpresse führt zahlreiche Fälle an, wo Leute eine derart astronomische Wartenummer erhalten haben, daß ihnen keine Hoffnung auf einen Platz bleibt.[11] Um Montand auf der Bühne zu sehen, sind die Moskauer bereit, 20 Rubel, ein Viertel eines durchschnittlichen Monatslohns, für einen Parkettplatz zu bezahlen; der Schwarzhandel kann die Summe noch verdoppeln, verdreifachen.

Am ersten Abend dauert es seine Zeit, bis der Saal auftaut, er ist voll von Offiziellen, allem was in Moskau Rang und Namen hat: der Außenminister Schepilow, der Kulturminister, die Botschafter mit ihren Gattinnen – außer dem Vertreter Frankreichs –, die bei Hofe zugelassene Crème der Künste und der Literatur, ordenbehängte Militärs. Wenige Zuschauer verstehen die Liedtexte, und erst beim sechsten Chanson beginnt Montand, steif vor Lampenfieber, jenes mysteriöse Fluidum zu verbreiten, das sich Präsenz nennt. Jedenfalls beruhigen ihn der endlose Schlußbeifall, die Garben von Blumen und Vivats. Orbraszow kommt auf die Bühne, dem Gast zu danken, der seiner Bewegung Raum gibt: „Lieber Obraszow, ich kann nur wiederholen, was ich in meinem Brief vor dieser Moskaureise geschrieben habe: Es lebe die Freundschaft zwischen den Völkern! Und vor allem: Es lebe der Frieden!“[12] Am Künstlerausgang in der Gorkistraße wartet eine dichtgedrängte Menge in der Hoffnung, das von so weit hergekommene Idol zu sehen.

Montand läßt sich nicht völlig betören. Die Sowjets applaudieren dem Interpreten von *A Paris*, aber sie empfangen auch den „Botschafter des Friedens“, den Mann, der allen Untersagungen getrotzt und die Reise gewagt hat in dieser Periode äußerster internationaler Spannungen, wo der Ost-West-Dialog auf dem Nullpunkt ist, wo nicht einmal mehr das Moissejew-Ballett sich jenseits des eisernen Vorhangs zeigt aus Furcht, feindselige Manifestationen zu erregen. Die Sowjetpresse verfehlt nicht, zu betonen, daß diese Reise eine symbolische Bedeutung hat, die bei weitem die normale Tournee eines Sängers übertrifft. Daß die Autoritäten des Kreml Montands Gala-Auftritten einen bestimmten Wert beimessen, dafür erhält er bald den Beweis.

Bei der vierten Vorstellung bemerkt er, daß die bis dahin geschlossene Loge auf der Vorbühne, rechter Hand vom Saal, von den höchsten Würdenträgern des Regimes besetzt wird, Nikita Chrustschow an der Spitze, wie es das Protokoll befiehlt. Am selben Abend wird Montand durch einen Zwischenfall, kurz vor den ankündigenden drei Schlägen, beunruhigt. Ein Armenier, dem es gelungen ist, alle Sperren zu überwinden, hat sich in seine Garderobe gestohlen und ihn angefleht, ihm zur Flucht aus der SU zu verhelfen. „Man kann in diesem Land nicht leben“, klagte er. Montand, der sich für seinen Auftritt konzentrieren mußte, wies ihn hinaus („Denkst du, woanders ist es leicht?“), aber er vergißt den Blick und die Worte des verzweifelten jungen Mannes nicht.

Nach der Vorstellung wird der Künstler von einem Offiziellen unterrichtet, die Genossen des Politbüros wünschten ihn zu sehen.

„Warum kommen sie nicht in meine Garderobe?“ gibt der Sänger zurück, aus dem Reflex aller Akteure: wenn man einen Komödianten beglückwünschen will, geht man zu ihm, einschließlich gekrönte Häupter.

Aber der Offizielle beharrt: man hat ein Souper vorbereitet, die Genossen wollen ihn nicht stören; sie werden so lange wie nötig warten. Montand und Signoret wechseln einen ungläubigen Blick; sie ahnen, daß sie eine nicht alltägliche Episode erleben sollen.

Diese Soiree ist von Simone Signoret genau und mit Humor erzählt worden, es ist eines der Bravourstücke in ihrem Buch *La Nostalgie n'est plus ce qu'elle était*. Sie erneut zu beschwören heißt bei letzterem Anleihen zu machen, doch ist es unerläßlich, den Blick der Erzählerin mit dem ihres Mannes zu vergleichen, der der eigentliche Ehrengast und Hauptgesprächspartner der sowjetischen Führer war, sowie auch mit den Erinnerungen der Dolmetscherin Nadja Netschajewa[13].

Chrustschow, Molotow, Mikojan, Bulganin und Malenkow erwarteten das Paar am Eingang eines kleinen Raumes, der zu der Gelegenheit in einen Speisesaal verwandelt war.

„Das ist ja wie in der Wochenschau“, flüstert Simone Montand zu, als sie die wie zur Parade aufgereihten Offiziellen erblickt.

Jeder stellt sich vor, und man nimmt an einem langen schmalen Tisch Platz, auf der einen Seite die Franzosen und ihnen gegenüber Mikojan, Molotow, Chrustschow, Bulganin, Malenkow. Nadja sitzt an einem der Enden: „Man hat mir im letzten Moment mitgeteilt, daß ich bei diesem Diner dolmetschen sollte. Ich zitterte vor Angst. Es war wie Simultanübersetzen."

Zur Eröffnung beglückwünscht der Genosse Nikita den Chansonnier zu seinem Liedabend; besonders hat ihm *C'est à l'aube* gefallen. Montand bedankt sich. Mikojan bringt einen Toast auf die Familie Livi aus, deren Mitglieder er einzeln aufführt, angefangen mit Giovanni (Montand wird nicht wieder). Und während man den Borstsch serviert, setzt Mikojan an:

„Also, Monsieur Montand, die Faschisten haben Sie reisen lassen?"

Der Angesprochene sucht eine Sekunde nach Worten, dann faßt er sich. Dies ist der Augenblick, jetzt oder nie, zu sagen, was er auf dem Herzen hat, um vor sich selbst diese Reise zu rechtfertigen.

„Nicht die Faschisten haben mich gehindert zu reisen, sondern die Ereignisse in Budapest. Die Faschisten waren sehr zufrieden mit dem, was in Budapest geschehen ist."

Nadja vervollständigt: „Yves sagte: ‚Budapest, das ist unmöglich, wir sind fassungslos, wie haben Sie das tun können? Was ist da vor sich gegangen? Wirklich, wir verstehen es nicht.' Und Chrustschow scherzte: ‚Wir haben den Ungarn den Marsch geblasen, wir haben die Ordnung wiederhergestellt und wir werden ihnen so viele Ratgeber schicken wie nötig!'"

Montand und Signoret erzählen ihren Gastgebern, die nicht informiert zu sein scheinen, was sich im Oktober in Paris abgespielt hat: die Bestürzung der Genossen, Sartres Empörung („Es darf nicht sein, daß die Partei der Opfer zur Partei der Henker wird ..."), die Demonstrationen und Gegendemonstrationen, die Auseinandersetzungen in der Friedensbewegung, die Gemütsverfassung von Claude Roy, von Weggefährten wie Vercors, Roger Vailland oder Gérard Philipe – alles Freunde der Sowjetunion, die sich nicht damit abgefunden haben, daß die Sieger von Stalingrad auch die Scharfrichter von Budapest sind. Chrustschow hört aufmerksam dem Strom der Worte zu, die von der jungen Nadja geläufig übersetzt werden. Er staunt: nicht nur die Faschisten sollen sich gegen die Intervention ausgesprochen haben?

„Nein, Herr Chrustschow, auch die Kommunisten waren bestürzt."

Der joviale runde, kleine Mann wird auf seinem Stuhl lebendig:

„Um zu verstehen, was in Ungarn passiert ist, muß man auf Stalin zurückkommen."

Und Chrustschow stürzt sich in eine heftige Anklagerede gegen das „Väterchen der Völker". Er wiederholt seinen Bericht vom XX. Parteitag, fügt Präzisionen, Kommentare hinzu, erzählt, auf welche Weise Stalin die Kommunistische Partei Polens liquidiert hat, spricht über die Schauprozesse, die Deportationen, die Millionen Toten. Und er punktiert seine Worte, indem er immer wieder mit der Faust auf den Tisch schlägt.

Ich sah ihn an wie vor den Kopf geschlagen, entsetzt. Er redete von Stalins Verbrechen, und ich faßte es nicht. Es war also wahr! Er war redselig, er spielte Szenen vor, er mimte die Personen. Er war ein großartiger Schauspieler, aber ich spürte die Wahrheit dahinter. Er war erleichtert, vor seinen Kollegen zu sprechen, zu rechtfertigen, zu erklären. Für Augenblicke war er komisch, dann wieder erschütternd. Ich war von diesem Mann beeindruckt. Er schilderte, wie die alten Kämpfer der internationalen Brigaden, die sich nach Moskau geflüchtet hatten, liquidiert wurden. Ich wußte einen Teil davon, seit ich in den Appeninen von seinem Bericht Kenntnis bekommen hatte, aber trotzdem, es aus Chrustschows eigenem Mund zu hören – ich war niedergeschmettert.“

Nadja:

„Während Chrustschow sprach, ließ Yves ihn nicht aus den Augen. Plötzlich unterbrach sich Chrustschow:

‚Warum sehen Sie mich so an? Sie fragen sich sicher: und Sie, Herr Chrustschow, was haben Sie in der ganzen Zeit gemacht?‘

Er lächelte. Yves starrte ihn weiter an. Er fuhr in ernsterem Ton fort:

‚Nichts, ich habe nichts gemacht.‘

‚Und warum?‘

‚Weil wir Angst hatten, Herr Montand.‘

Er schloß:

‚Stalin hatte sich sehr verändert. Er war nicht mehr derselbe Mensch. Am Ende war es so: wer sein Zimmer betrat, wußte nicht, ob er es lebend verlassen würde.‘“

Unmöglich läßt sich dieses Vier-Stunden-Gespräch ganz rekonstruieren, da es weder Stenogramme noch Tonbandaufnahmen davon gibt. Man ist auf die sprunghaften Erinnerungen der wenigen Zeugen angewiesen, die sich zwar weitgehend decken, aber nicht völlig übereinstimmen. Was den Beteiligten von diesem unerhörten Abend im Gedächtnis geblieben ist, sind Bruchstücke, man entsinnt sich der allgemeinen Atmosphäre und des eigenen geistigen Zustands. Der Ton war kameradschaftlich, manchmal warm. Grundsätzlich aber ließ Montand – der, mehr als Simone, gute Gründe hatte zu sprechen – nicht locker. Er wurde vor den Herren des Kreml so kühn, wie er seinen Pariser Freunden gegenüber devot gewesen war. Bei aller Höflichkeit, der es nicht an Festigkeit mangelte, scheute er sich auch nicht, den Mann zu unterbrechen, der – da die anderen Würdenträger Schweigen wahrten – sein einziger Gesprächspartner geworden war.

„Entschuldigen Sie, Herr Chrustschow, aber finden

Sie nicht, daß das ein bißchen viele Irrtümer sind? Aufstand in Poznań, es macht bumm, Aufstand in Budapest, es macht bumm! (Jedesmal wenn Montand ‚bumm' sagt, schlägt er sich vor den Kopf.) Vorher das mit Tito. Da hat es bumm bumm gemacht ... (Er schlägt sich zweimal an die Stirn.) Man kann nicht ewig wiederholen, daß das alles Konterrevolutionäre, Verräter oder Abweichler sind!"

Chrustschow steckt ein, amüsiert sich über Montands Spiel und spürt doch, daß in dem anderen eine Leidenschaft brodelt, die er nur mühsam bezähmt. Der Wortwechsel, den Simone Signoret wiedergibt, enthüllt dessen höchst unprotokollarische Lebhaftigkeit.

„In Budapest", versetzt der Sowjetführer, „haben wir den Sozialismus vor der Konterrevolution gerettet."

„Aber Tito", sagt Montand, „haben Sie früher auch einen Konterrevolutionär und Verräter genannt."

„Irrtum der Vergangenheit."

„Könnte es nicht auch einen Irrtum der Gegenwart geben?"

„Unsere Armee ist in Budapest, weil die Ungarn uns zu Hilfe gerufen haben."

„Das Volk?"

„Ja, das Volk, das vor den ungarischen Faschisten und Agenten des Imperialismus geschützt werden will."

„Und wenn nun vielmehr das Volk sich berechtigt glaubte, mehr Freiheit in dem neuen Sozialismus zu fordern, den Sie, Herr Chrustschow, ihm versprochen haben, und man es nicht verstanden hat?"

„Sie sind es, der nicht versteht", versetzt liebenswürdig der andere.

„Dann sind wir viele, die nicht verstehen."

In diesem Stadium des Gesprächs, das zum Duell wird (es ist die Heftigkeit zweier Gegner erreicht, die sich an den Hals gehen), hält es Montand an der Zeit, deutlich zu machen, daß seine Anwesenheit in der UdSSR nicht als Unterstützung der Repression, die Ungarn erleidet, zu betrachten sei, auch wenn sein Entschluß in Frankreich so ausgelegt wurde. Chrustschow lächelt und dankt dem Sänger für seine Offenheit. Er entspannt sich, nimmt einen scherzenden Ton an:

„Wirklich, Freunde, ihr seid zu sentimental.“

„Daß wir zu Ihnen gekommen sind“, entgegnet Montand, „hat in der Tat sentimentale Gründe. Wenn in den westlichen Ländern Leute wie wir, die komfortabel leben, sich dem Kommunismus zuwenden, so allerdings aus sentimentalen Gründen.“

Das einstige Kind aus La Cabucelle erklärt Chrustschow, daß man sich über das Leben im Westen nicht beklagen kann. Er hat alles, was er braucht, besitzt ein schönes Landhaus, kann singen, was er will. Simone weist auf ihre Armbänder, ihr Haute-Couture-Kostüm. Es ist wahr, bekräftigt sie, unsere Sympathie für den Kommunismus kommt „aus Herzensregungen, die nichts mit persönlichen Interessen zu tun haben“.

„Eben weil wir sentimental sind und keine politischen Kämpfer, haben uns die Bilder von Budapest schockiert. Sie können von uns nicht verlangen, sentimental zu sein, wo es um die Verteidigung der Sowjetunion geht, und es uns angesichts Ungarns zum Vorwurf machen.“

Nach diesem Höhepunkt sinkt die Spannung; Mikojan nützt das, um neue Toasts auszubringen, und die Unterhaltung wendet sich mehr kulturellen Gegenständen zu. Es ist spät geworden, der Austausch nähert sich dem Ende. Chrustschow erhebt sein Glas mit armenischem Kognak und bringt einen Toast aus, sagt, welches Vergnügen es ihm bereitet habe, in einem so freundschaftlichen Rahmen unterschiedliche Standpunkte auszutauschen. Er lächelt kindlich, aufgeblüht, das Gesicht hochrot.

Montand steht auf, um zu antworten.

„Ich bin kein Spezialist in Toasten. Ich will Ihnen einfach danken, daß Sie uns, meiner Frau und mir, erlaubt haben, Dinge auszusprechen, die wir nie öffentlich gesagt hätten. Ich habe gezögert, in die UdSSR zu kommen, aber jetzt bin ich sicher, daß ich recht hatte, denn es hat mir die Möglichkeit gegeben, frei mit Ihnen zu sprechen. Sie haben mich mit Ihren Argumenten nicht ganz überzeugt. Ich hoffe, daß die unseren Sie etwas gelehrt haben. Danke, daß Sie gekommen sind, um mich singen zu hören. Ich erhebe mein Glas auf das sowjetische Volk und auf den Frieden."

Die fünf Würdenträger leeren ihre Gläser à la russe auf einen Zug, wie es sich ziemt. Mikojan bringt noch einen Toast auf die „Prawda", die Wahrheit, aus. „Ja, aber auf die wirkliche Wahrheit, nicht auf die Zeitung", witzelt Simone. Die Genossen wiehern höflich (der Witz kursiert seit Jahrzehnten in Moskau).

Es ist fast Morgen, als Montand und seine Gattin, nachdem sie auf die Wahrheit getrunken haben, vom Alkohol und von dem Ereignis berauscht, sich verabschieden. Sie sind mit der Nacht nicht unzufrieden. Bevor der Chansonnier in Schlaf sinkt, seufzt er voll Behagen:

„Jetzt stehen wir uns mit aller Welt schlecht. Aber wie gut fühlt man sich vor sich selber!"

An dem Tag redet alles, was Moskau an Journalisten, Diplomaten, Künstlern und Nomenklaturkadern hat, über das Diner auf dem Gipfel. Jeder will als erster den Bericht hören, und es regnet Einladungen, die das Paar nicht alle erwidern kann. Das Freizeitprogramm gleicht einem Marathon: Besuche sind vorgesehen in Waisenhäusern, Ballettschulen, Fabriken. Jedesmal wird ein „improvisiertes" Programm geboten, und zur Erwiderung wird Montand freundlich gebeten, doch ans Mikro zu treten, das wie gerufen zur Stelle ist. Und das so oft, daß Montand außer der Abendgala mehrmals am Tag unter technisch ziemlich ungleichen Bedingungen die Kehle wetzen muß.

Am Morgen des 30. Dezember laufen Yves Montand und Simone Signoret durch das Automobilwerk Lichatschow. Auf der Rampe von vier zu einer Bühne zusammengeschobenen Lastwagen singt Montand vor 8 000 Arbeitern *Les Routiers* (Die Fernfahrer) und *Un gamin de Paris* (Ein Pariser Junge). In einem von den Sowjets gedrehten Film über die Tournee ist eine Sequenz dieser proletarischen Show gewidmet. Man sieht Montand im Rollkragenpullover, verloren in einer riesigen Fabrikhalle voll blauer Arbeitsanzüge, wie zu einem Gewerkschaftsmeeting. Die Kamera verweilt auf den leuchtenden Augen der begeisterten Arbeiterinnen, auf den Mündern, die die aufgeschnappten Refrains murmeln, auf den Arbeitern, die mit wogenden Schultern den Rhythmus aufnehmen.

Der Korrespondent der *Humanité* will seinen Lesern diese so wunderbare Begegnung des singenden Proleten mit seinem natürlichen Publikum nicht vorenthalten. „Und wieder war es überwältigend und liebenswürdig ... 16 000 Hände applaudierten in gleicher Bewegung ihrem sympathischen Idol, und zum Abschied schwenkte er mit vor Ergriffenheit brennenden Augen lange einen Blumenstrauß über dem Kopf.“ [14]

Kein Zweifel, Montand ist von einem solchen Empfang aufrichtig bewegt, wenn er sich auch über die Spontaneität der Zeremonien nicht täuschen läßt. Bei dem Besuch im Lichatschow-Werk sind ihm einige gerunzelte Mienen von Metallern, die beim Nahen des vom Werkdirektor angeführten Zuges sich deutlich abwandten, nicht entgangen. Und in der Art, wie der zweifellos bestellte Bestarbeiter ein Gedicht zum Ruhm der Besucher vortrug, meinte er ein Gran Ironie zu bemerken. Flüchtige Eindrücke, die schnell vom Enthusiasmus der Moskauer hinweggefegt werden.

Die UdSSR scheint von einer wahren „Montandmanie“ angesteckt.

Während die Franzosen Moskau durchstreifen, erhalten sie unaufhörlich Zeugnisse der Begeisterung, die sie entfesseln. Am Tag nach ihrer Ankunft überreicht ihnen in der Gorkistraße ein junges Mädchen einen großen Blumenstrauß im Namen der Angestellten des Botanischen Gartens. Meistens rufen die Ausflüge einen Volksauflauf hervor. Vor dem Denkmal, das dem Gründer Moskaus gewidmet ist, bildet sich eine Warteschlange, um ein Autogramm zu ergattern (für den Pariser die Gelegenheit, ein Schlüsselwort zu lernen, *otschered*, die Schlange, eines der meistgebrauchten Wörter der russischen Sprache). Das Untertauchen in der berühmten Metro mit den Marmorwänden ist – angesichts der sich anbahnenden Bedrängnis – Sache eines Augenblicks. Eines Augenblicks, der zu der Feststellung genügt, daß es keine erste Klasse gibt, was diese Metro wahrhaft proletarisch macht. Die sowjetischen Zeitungen bringen Fotos von „Yves und Simone“, wie sie durch Moskau schlendern; eines davon zeigt sie im Schlitten, in Pelzen vergraben – Montand weist mit dem Finger auf irgend etwas in der Ferne. Das Foto erscheint in der französischen Presse mit dem Untertext: „Siehst du den Rauch da, Simone, das ist das brennende Budapest ...“

In ihrem Hotel werden Montand und Signoret mit Hunderten von Briefen, Grüßen, Geschenken, Gedichten überhäuft. „Kinder“, schreibt Simone, „die im fernen Sibirien geboren wurden, erhielten, wie uns Telegramme mitteilten, den Vornamen „Yvesmontand“. Es gab sogar Zwillinge, die so nett waren, Junge und Mädchen zu sein, das Mädchen wurde Simone getauft, der Junge Yves. Nadja führte mich ins GUM, ich kaufte zwei silberne Trinkbecher und ließ sie gravieren ... Die Geste wurde reichlich von der Presse gefeiert und vom Fernsehen gefilmt.“ Die Techniker des „Nordpol 6“, einer weltentlegenen wissenschaftlichen Station, richten einen Gruß „an Yves Montand aus den eisbedeckten Weiten der Zentralarktik, aus der finsteren Polarnacht“. Die Zeitungen sind voll von dieser Art Grußbotschaften, deren Originalitätsgrad unmöglich zu bestimmen ist. Ziemlich fraglich ist er offensichtlich, als die *Sowjet-*

skaja Kultura einen Text junger Arbeiter publiziert, die schreiben: „Wir lieben Ihre Lieder sehr, aber wir lieben Sie noch weit mehr für Ihr Leben als einfacher französischer Arbeiter."

„Alles Kolchos", würde Crolla sagen, der den Scherz übrigens während all der Empfänge, Reden und Besuche sattsam wiederholt. Die sowjetischen Autoritäten, wie Presse und Rundfunk sie wiedergeben, beharren auf Montands politischer Bedeutung; man trifft auf zahllose Lobpreisungen „seines Herzens voller Menschenliebe", „seines wunderbaren Glaubens an den Menschen". Das Publikum indes applaudiert vor allem dem Botschafter des Westens, dem Künstler, der Paris besingt. So auch in der Moskauer Universität, deren schwerfällige Stalin-Architektur zum Muster der Anmut erhoben wird und wo Montand *La Marie-Vison* für Tausende Studenten singt, die den verbotenen „Jazz"-Sound auskosten.

Nach fünf Vorstellungen im Tschaikowski-Saal geht Montand ins Lushniki-Stadion, einen riesigen überdachten Sportpalast mit 18 000 Plätzen. Die technische Ausstattung ist sehr modern, der Sänger braucht die beiden Lautsprecher, die er von Paris mitgebracht hat, nicht zu benutzen. Es ist das erstemal, daß er sich vor einem so großen Publikum produziert. In der letzten Reihe, fast hundert Meter von der Bühne entfernt, sieht der Zuschauer nur noch eine Silhouette. Die Versuchung des Künstlers zu schreien, um alles zu geben, ist stark, unter der Gefahr freilich, die Harmonie zu beschädigen, das Zusammenspiel zu gefährden. Montand findet nach dem zweiten Titel die Lösung: er beschließt, für sich zu singen, ohne die Stimme anzustrengen, so als wäre er allein, und allmählich überträgt sich seine Überzeugungskraft bis in die letzte Reihe. Dieser Erfahrung entsinnt er sich sechsundzwanzig Jahre später, als er in Rio vor die Massen im Maracanàzinho-Stadion tritt.

Das Publikum im Lushniki-Palast ist einfacher, nicht so steif wie das im Tschaikowski-Saal (die Plätze sind billiger und die Stimmung höher). Es ist wirklich großartig. Die Abende in dem riesenhaften Stadion bleiben für den Künstler eines der großen Erlebnisse seines beruflichen Lebens. Sogar der ausgeglichene Bob Castella, der immer in gleicher Tonlage spricht, verliert sein Phlegma: „Da habe ich die außerordentliche Wärme des sowjetischen Publikums voll verspürt. Es war ein unerhörtes Ereignis. Die Zuschauer waren mehr als aufmerksam, völlig konzentriert. Man hatte wirklich nicht den Eindruck, das sei befohlene Begeisterung. Wir haben nicht etwa lauter gespielt: die Resonanz war außerordentlich gut.“ Entgegen seiner Gewohnheit und trotz der Müdigkeit, die ihm dieses Stachanow-Tagesprogramm einträgt, läßt Montand sich immer wieder herausrufen und wiederholt dreimal *Les Grands Boulevards, C'est à l'aube* oder *Les Feuilles mortes*.

Der Korrespondent der *Libération* sitzt neben einem „entzückenden jungen Mädchen mit Immergrün-Augen“. Als Montand die Klage der entzweiten Liebenden murmelt, bricht sie in Schluchzen aus. Der Journalist fragt sie, ob sie den Text verstehe. „Das junge Mädchen hob die Augen, die voller Tränen standen, und sagte, mit dem vergeblichen Versuch zu lächeln, in schlichtem Ton: „Ich verstehe kein Französisch, aber es ist so traurig.“ [15]

Nicht überall ist der Franzose so bereitwillig. Eines Abends nach der Vorstellung ins Haus der Schriftsteller geladen, sagt er von vornherein, es komme für ihn nicht in Frage zu singen, was zuviel sei, sei zuviel. Dennoch ist das erste, was er bei seiner Ankunft entdeckt, das Klavier auf der Bühne und das unvermeidliche Mikro. Die Anwesenden sind ordenbehängte offizielle Schreiberlinge, die auch gleich skandieren:

„Yves Montand, une chanson! Yves Montand, une chanson!“

Der Angesprochene steht auf, geht zum Mikro und stimmt *Un gamin de Paris* an. Doch mittendrin bricht er ab, dreht sich um, zieht Bob Castella von seinem Schemel, faßt Simone beim Arm und befiehlt, düster wie ein Tag des Zorns, den Seinen:

„Kommt, Kinder, hauen wir ab!“

Ein Schwarm von Persönlichkeiten stürzt ihm nach; Montand hält inne und läßt auf sie eine Flut von Beschimpfungen los, wirft ihnen ihre früheren Stalinoden vor, ihre Feigheit, die sie vor allen Säuberungen geschützt hat, stößt ein letztes donnerndes „Dreckige Schweine!“ hervor und verschwindet. Auch dieser „Auftritt“ erregt Moskau bald. Als Jahre später der Dichter Jewtuschenko zu Besuch in Paris ist, erfahren Montand und seine Frau von ihm, daß im Untergrund Pamphlete herumgegangen waren, die den Chansonnier als Kulturapparatschik verspotteten, daß aber der Zwischenfall im Schriftstellerhaus ihm die Achtung der unbekannten jungen Autoren, deren Texte von Hand zu Hand gingen, zurückgewonnen habe. Dies ist das einzige Mal im Verlauf der Tournee, daß Montand sich hinreißen läßt, öffentlich einen Aspekt des Sowjetsystems zu kritisieren.

Der unvorbedachte Ausbruch gibt einem dunklen Gefühl der Bedrückung Raum, das sich von mancherlei Beobachtungen nährt – zum Beispiel der spöttischen Haltung jener Lichatschow-Arbeiter –, die das Gesamttableau sprengen. Es ist kein Zufall, daß Montand auf die rote Intelligenz wütend wurde.

Ich war allmählich sauer auf diese Kohorte von Leuten, die uns überall begleiteten, Leute, die augenscheinlich sehr gut lebten. Sie gehörten zur Nomenklatura; wir waren nicht so dumm, nicht zu merken, daß es Privilegierte des Systems waren und daß sie uns gegen die Russen abschirmten. Aber trotz des Schutzkordons sahen wir, wie Frauen aller Altersgruppen in der Kälte die Straßen kehrten, bei minus 15 Grad Schnee schippten oder in den Fabriken Schwerarbeit verrichteten. Ebenso war ich das erstemal, als ich ins Auto stieg, erschrocken darüber, wie der Chauffeur fuhr. Er steuerte voll in die Menge: ein Parteifunktionär hat immer Vorfahrt. Ich stelle ihn zur Rede, und er macht mir begreiflich, daß, wenn eine Staatslimousine kommt, die Passanten beiseite zu spritzen haben. Die Nomenklatura hatte alle Vorrechte, sogar das, Fußgänger zu überfahren.

Beinahe zufällig, auf der Suche nach dem Haus von Ehrenburg, entdeckten wir die sowjetische Alltagswirklichkeit, die unsere Begleiter uns verhehlen wollten. Wir hatten uns in einem weit draußen liegenden Vorort verirrt, der aus elenden Holzhütten bestand, die von mehreren Familien bewohnt waren. Das alles schockierte mich. Simone und ich sprachen die ganze Zeit darüber, und es geschah etwas Seltsames: ich war erschüttert, ich sah deutlich, dies war nicht das Paradies, aber der alte Reflex funktionierte immer noch. Simone beharrte auf dem, was mich abgestoßen hatte (die Schlangen vor den Läden, die unterschiedlichen Klassen von Restaurants), und sofort ging ich auf sie los, weil ich das, was sie sagte, zwar richtig fand, aber nicht annehmen wollte. Ich antwortete:

„Warte ab, Simone, laß ihnen Zeit. Chrustschow hat den Mut gehabt, es uns zu sagen: sie haben Fehler gemacht, einverstanden, man muß ihnen Zeit lassen, sich zu ändern. Wir wollen doch jetzt nicht alles verwerfen."

Dieses Spiel zwischen uns dauerte fast die ganze Reise über. Ich erinnere mich an einen fürchterlichen Streit in unserem Leningrader Hotel. Ich war in einem merkwürdigen Zustand, weil ich unbedingt glauben wollte und es nicht konnte; ich sah wohl, daß das Ganze nicht funktionierte. Ich spürte es instinktiv, aber ich konnte es nicht ertragen, wenn Simone Öl ins Feuer goß. An dem Abend heulte ich tatsächlich über meine verlorenen Illusionen, wollte aber nicht, daß sie sich vollständig verflüchtigten. Da habe ich Simone gepackt, die eine besonders triftige Bemerkung gemacht haben mußte, ich habe sie geschüttelt und gebrüllt, sie würde niemals irgendwas verstehen.

Dieser Zorn, das weiß ich heute, war eine Form von Verzweiflung.

Wir standen mit unseren Dolmetschern auf sehr vertrautem Fuß, besonders mit Nadja; wir diskutierten viel mit ihr, und sie zitierte ein russisches Sprichwort, das mich verblüffte: Rußland ist Fremden eine Mutter, aber eine Rabenmutter für ihre eigenen Söhne. Trotz allem, was ich beobachtete, obwohl ich es nicht sehen wollte, war ich von den Russen überwältigt, von dem Publikum, von dem Burschen, der meine Garderobe säubern kam, von der Reinemachfrau, die aufwischte. Es fällt schwer, antisowjetisch zu sein, vor allem wenn man nicht antirussisch ist …

Zur Silvesterfeier, am 31. Dezember 1956, sind Montand, Signoret und die ganze Truppe in den Kreml eingeladen. Der Empfang findet im Sankt-Georgs-Saal statt, wo an 3 000 Gäste sich drängen. Zu Mitternacht umarmt Chrustschow Simone Signoret à la russe und küßt sie auf den Mund. Yves Montand bekommt nur einen doppelten Händedruck. Nach einigen Toasts tanzt der Genosse Nikita, und Montand, der das Schauspiel beobachtet, ist dem Gedanken nicht fern, daß ein Staatschef, der sich auf die Absätze hockt wie ein ukrainischer Bauer, nicht von Grund auf schlecht sein kann.

Die Künstleragentur war keine Gefahr gelaufen, Neid zu erregen: alle Bruderländer des sowjetischen Machtblocks durften Montand erleben. Nachdem der Franzose in Polen gesungen hatte, trat er in der DDR auf, in der Tschechoslowakei, in Rumänien, in Bulgarien, in Jugoslawien und in Ungarn. Im Osten wie anderswo auch ist eine Tournee ein erschöpfendes Unternehmen, eine Aufeinanderfolge von Hotels, Sälen, Scheinwerfern, die einzurichten sind, späten Diners und Blitzbesuchen. Eine Tournee im Osten heißt darüber hinaus offizielle Empfänge, unzählige Toasts, endloses Gerede mit den

Genossen, Interviews am laufenden Band, unverhoffte Besucher, Fragen ohne Antwort, unerwartete Galas.

Ein Riesenerfolg. Eine Riesenanstrengung.

Von diesem Kraftakt, der von plötzlichen Hindernissen unterbrochen wurde, bleiben einige starke Erlebnisse, einige lehrreiche Szenen, die der Zeit standhalten.

Von Prag sieht Montand nicht mehr, als was die Autofahrten von dem riesigen Kongreßsaal, wo er singt, bis zum Hotel Alkron, wo er wohnt, zu sehen erlauben. Außerdem empfängt er Besuche. Den von Lise London zum Beispiel, deren Mann Artur, mitangeklagt im Slánský-Prozeß, erst vor einem Jahr aus der Haft entlassen worden ist. „Ein Abend von Montand in Prag war ein Fest", erzählt sie. „Man jubelte dem Sänger aus Frankreich zu, dessen Chansons durch Schallplatten bekannt waren, aber keineswegs dem engagierten Mann. Am Tag nach der Gala sah ich ihn, ich kam mit einer Delegation in sein Hotel; ich war ihm schon einmal 1948 in Paris begegnet, als er, schüchtern und schweigsam, an einem Empfang des französischen Frauenverbandes teilnahm. An dem Tag in Prag hatten wir Simone Signoret ein Bouquet gebracht, sie wußte nicht, was sie damit sollte und ließ es ziemlich achtlos auf einem Kaminbord liegen. Montand wußte nicht, daß ich Londons Frau war, er erzählte mir von seiner Begegnung mit Chrustschow. Aber ich spürte vor allem, daß er durch das ungarische Drama tief verstört war: er hatte das Bedürfnis zu reden. Er litt."

Simone, die stehengeblieben ist, wird ungeduldig, ruft ihren Mann zur Ordnung:

„Montand, wir müssen gehen, sonst kommen wir zu spät."

Hätte sie gewußt, wer die Besucherin war – die sie zwölf Jahre später im Film darstellen sollte –, sie hätte ihr sicherlich mehr Aufmerksamkeit geschenkt. So gibt es in Montands Leben eine Reihe von Zufällen, die keine Koinzidenzen sind. Der Beweis? Einige Tage, bevor Signoret Lise verkannte, provozierte sie einige Aufregung, als sie den Namen von Frau Slánská aussprach, der Witwe des Mitangeklagten von Artur London.

Die Truppe fuhr von Ostdeutschland nach der Tschechoslowakei mit dem Zug. An der Grenze steigen zwei nette Organisatoren ins Abteil und unterrichten Montand über die Einzelheiten der vereinbarten Galas. Zu der vertraglich bestimmten Zahl der Veranstaltungen wünschen sie nur eine kleine Ergänzung: daß der Genosse Montand zwei zusätzliche Chansonabende vorsehe, einen für die Polizei und einen für die tschechische Armee. Der Angesprochene erwidert einigermaßen höflich, er werde nicht in der tschechoslowakischen Volksrepublik damit anfangen, für Bullen zu singen. Simone Signoret fragt weniger diplomatisch die beiden Herren, ob sie Neuigkeiten von der Witwe Rudolf Slánskýs hätten.

Ein Engel aus Böhmen ging vorüber ...

Die tschechischen Militärs sind offensichtlich nicht rachsüchtig. In ihrem Blatt berichten sie über Montands Leistung auf der Prager Bühne: „Der Text des Chansons *Quand un soldat* ist einer der schönsten ... Gleichwohl verdient [Montand] Bewunderung vor allem für eines: es ist der Mut, mit dem er seine politischen Überzeugungen und seinen Glauben an die Idee der Revolution vertritt. Wir bewundern ebensosehr sein Naturell. Aber bei einem Arbeiter, der von Arbeitern erzogen wurde, kann es wohl nicht anders sein.“[16] Dieses rosenrote Pathos, das Montand mit einer proletarischen Aura umkleidet, schwitzt die gesamte tschechische Presse aus, *Rudé právo* zuvorderst. Und wenn den Redaktionspoeten der Stoff ausgeht, erfinden und flunkern sie, legen Montand Worte in den Mund, die er schwerlich gesagt hätte und deren schönste Blüte ist: „Die Tschechoslowakei ist das einzige Land der Welt, wo ich leben möchte.“

Aus dem Grau des wenig erfreulichen Prager Aufenthalts (eines Abends teilt man Montand zwei Stunden vor dem Auftritt mit, der Saal sei wegen einer Sitzung des Zentralkomitees gesperrt) ragen zum Glück einige erfreuliche Überraschungen auf. Paul Grimault, der bei seinem „Kollegen“ Jiří Trnka, dem tschechischen Meister des Trickfilms, zu Besuch ist, taucht im Hotel des Chansonniers auf. Die Prévert-Bande kommt zusammen. Man speist vor der Vorstellung miteinander. Grimault: „Yves war sehr mitgenommen von dem, was er in Rußland erlebt hatte, und wollte sich gerne entspannen. Er und Henri Crolla hatten beschlossen, es ihrem Impresario, Monsieur B., dem Sündenbock für alles, ein bißchen heimzuzahlen. Zuerst taten sie so, als ohrfeigten sie sich. Plötzlich scheint Yves das Gedächtnis zu verlieren und ruft mit irrem Blick: „Was ist denn los? Was ist denn los?“ Crolla stellt sich schwer getroffen, erklärt, er sei taub. Beide behaupten einstimmig, sie könnten heute abend nicht auftreten. Der verdatterte Impresario, der auch noch lispelt, wendet ein: „Aber das wird sson wieder, das wird sson wieder ...“

Mit am Tisch sitzt der Rektor der Prager Universität (die Arbeiten Trnkas und Grimaults sind seiner Ägide unterstellt), ein Gelehrter, der zunächst nicht aussieht, als sei er zum Spaßen aufgelegt, und die beiden krakeelenden großen Bengel ein wenig erschrocken betrachtet. Im Verlauf des Essens zeigt Grimault auf eine Flasche Slibowitz und erklärt mit größter Entschiedenheit: „Sie wissen ja wohl, daß es in der Tschechoslowakei Slibowitzadern gibt.“

Monsieur N.: „Das ist doch nicht möglich.“

Grimault: „Doch, doch, er wird aus dem Boden gefördert. Stimmt es, Herr Rektor?“

Der Rektor, gelassen und in doktoralem Ton: „Messié Grrrimault hat rrecht. Das ist wie mit Errrdöl.“

Der Filmmann setzt vor dem erstarrten B. noch eins drauf.

„Das Vorkommen hier stammt von Pflaumenwäldern

des Quartär. Aber natürlich muß das alles raffiniert und gereinigt werden.“

„Exakt, Messié Grrrimault“, bestätigt todernst der Rektor …

Trotzdem muß danach gesungen werden.

Die erste Beschäftigung der Truppe, als das Flugzeug in Bukarest oder Sofia landet, besteht darin, von der Höhe aus die lokale „Moskauer Universität“ zu suchen, das heißt deren getreuliche Nachbildung, die die Landesarchitekten bis hin zu den für strenge Winter gedachten kleinen Fenstern in fataler Weise kopiert haben. Aber nicht nur die architektonischen Muster sind vom großen Sowjetbruder übernommen. Das wenige, das Montand und Signoret von Rumänien oder Bulgarien sehen, wirkt schwerfällig bombastisch. In Bukarest, wo man von dem Diner mit Chrustschow hat läuten hören, will man nicht nachstehen und organisiert eine Regierungsparty mit den gleichen Süßspeisen, sogar fast den gleichen Getränken. Ohne Belang.

Als die Reisenden am 4. März 1957 auf dem Bahnhof von Belgrad aussteigen, ist der Eindruck anders, die Luft scheint leichter, so als hätte das Dissidententum Titos dem jugoslawischen Kommunismus die Konformität der anderen Länder erspart. Drei Vorstellungen sind geplant, man muß eine vierte dazugeben. Wie überall übertrifft der Erfolg die Erwartung der Veranstalter. Am zweiten Tag nach ihrer Ankunft erhalten Montand und Signoret einen Anruf. Eine Stimme teilt ihnen mit, daß Marschall Tito sie zum Tee einlade. Gegen 15 Uhr holt ein nicht eben brandneuer großer amerikanischer Wagen sie vom Hotel ab.

Vorn saßen zwei Typen in Zivil, die kein Wort französisch sprachen. Die überhaupt nicht sprachen. Der Wagen hatte Belgrad verlassen und fuhr immer weiter. Auf einmal, als wir durch dichten Wald fuhren, kam uns diese

Fahrt sonderbar vor: der Anruf, das Vehikel, die beiden Kerle. Ich sage zu Simone:

„Wo fahren wir hin? Und wer sind die beiden da?"

Wir waren übermüdet, geraten in Panik, eine Sache von Autosuggestion. Die Leibwächter vorne blieben weiter stumm und antworteten auf unsere Fragen mit vagen Gesten. Wir sahen uns schon als Opfer einer Entführung. Ich flüstere Simone zu:

„Wenn was passiert, wenn der Wagen hält, reißt du die Tür auf und rennst."

Endlich, nach einer Dreiviertelstunde, rollt der Wagen auf ein schönes Grundstück und hält vor einer Freitreppe. Tito und seine Frau erwarten uns; er sieht sehr gepflegt aus mit seiner weißen, mit einer Perle geschmückten Krawatte. Der Kontakt ist sofort da, unverstellt, warmherzig. Er ist entzückt, Künstler bei sich zu sehen. Als wir ankommen, sagt er:

„Mir ist, als wär ich im Kino."

Aber er freute sich auch, mit Franzosen zu reden. Er war auf die französischen Kommunisten nicht gut zu sprechen und erinnerte sich der Kampagnen der FKP gegen die „titoistischen Verräter". Ich hatte ein schlechtes Gewissen, denn ich war, wie alle anderen, auf die Verteufelung der Jugoslawen hereingefallen. Eines Tages in Saint-Paul hatte ich auf irgend jemandes Bemerkung erwidert: „Das ist titoistische Propaganda." Jacques Prévert verwies es mir freundlich:

„Was ist das für ein Wort, dieses ‚titoistisch', was soll das heißen?"

Auf frischer Tat der stumpfsinnigen Nachrederei ertappt, korrigierte ich mich in Gedanken. Trotzdem blieb Tito ein „Verräter". Und nun hatte ich den „Verräter" vor mir. Den Mann, der gegen alle anderen kommunistischen Parteien recht behalten hatte. Er war witzig, charmant. Er erzählte uns Geschichten aus der Zeit, da er illegal in Frankreich lebte, in den dreißiger Jahren. Als oberste Regel, erklärte er, galt es darauf zu achten, daß man immer sehr gut gekleidet war. Damals waren die Klassenunterschiede an der Kleidung ablesbar. Die Arbeiter trugen blauen Arbeitsanzug und Mütze, die Bürger Hut und Anzug; Tito, der sich noch nicht Tito nannte, sah immer untadelig aus, immer korrekt. Er führte sogar einen kleinen Hund an der Leine. Wer hätte einen wohlgekleideten Herrn mit einem Hündchen als heimlichen Revolutionär der Kommunistischen Internationale verdächtigt? Tito lachte noch nachträglich darüber.

Nichtsdestoweniger war nicht alles zum Lachen im sozialistischen Jugoslawien des Marschalls. Während Montand und Simone sich über die Scherze ihres Gastgebers amüsierten, saß Milovan Djilas, Titos einstiger Freund, der als erster die Demokratisierung angemahnt hatte, in der Haftanstalt Stremska Mitrovitza, wohin ihn die Auslandsveröffentlichung seines Buches *Die neue Klasse* gebracht hatte.

Von Zeit zu Zeit rufen die Franzosen die Familie oder Freunde in Paris an, um zu hören, wie es zu Hause steht. Francis Lemarque entsinnt sich eines Anrufs von Simone aus Sofia: er wagte ihr nicht zu sagen, daß die Pressekampagne gegen Montand nicht nachließ. Die Angriffe verstärkten sich, als die Truppe am 9. März 1957 in Budapest eintraf. Anwalt Biaggi, der im Jahr 1953 die Vorstellungen im „Etoile" gestört und dafür gesorgt hatte, daß die Übertragung aus dem „Olympia" abgesagt wurde, kündigt an, daß Montand, sollte er in Budapest auftreten, nie mehr in Frankreich singen werde. *Le Canard enchaîné* macht sich über die Erpressung lustig: „Besagter Biaggi, der, weil er nicht Meister seines Standes sein kann, Meister des Knüttels sein möchte, und ein paar Paranoiker seiner Bande haben wissen lassen, wenn Montand in Paris zu singen gedächte, würden sie Randale machen ... Der große Sänger hat den Meistersingern aller Kalibiaggi soeben eine Lektion in Sachen Würde erteilt."[17]

Zur Stunde ist „der große Sänger" indes sehr allein und fragt sich wahrhaftig nach der Zweckmäßigkeit dieses Abstechers. In Ostberlin hatten ihn Vertreter des ungarischen Rundfunks inständig darum ersucht; er bestätigte sein Kommen, wie es vor Monaten vertraglich vereinbart worden war, erklärte aber, sein gesamtes Honorar solle dem ungarischen Roten Kreuz gehören; er stellte klar, daß dieser Aufenthalt nicht als Unterstützung für Kádár gedeutet werden dürfe.

Wie in den anderen „Volksdemokratien", wird Montand in Ungarn seit langem gefeiert. Seine Chansons werden gesendet, und die offizielle Presse bringt regelmäßig Artikel über den Künstler, der in Paris „den reichen Bankiers mit Ironie die Stirn bietet und seine Chansons selbst vor dem elegantesten Publikum im Arbeitsanzug eines Mechanikers singt ..." [18]

Vier Monate nach der Niederschlagung des Aufstands trägt Budapest noch die sichtbaren Spuren der erbitterten Kämpfe, wenngleich die Begleiter behaupten, die Einschüsse in den ausgebrannten Häusern stammten vom Krieg her. Yves Montand und Simone Signoret sind dennoch überrascht, festzustellen, daß im Vergleich zu den anderen kommunistischen Ländern ein relativer materieller Wohlstand herrscht. Die Geschäfte sind besser mit Waren versorgt, die Passanten besser gekleidet. Gleich bei ihrer Ankunft sagt man ihnen, die Ungarn dürften zum erstenmal seit 1945 ihren Nationalfeiertag begehen. Ein Apparatschik setzt mit genüßlicher Miene hinzu, bei der Gelegenheit würden die Chöre der Roten Armee *Kalinka* singen.

Als er hört, daß die Russen sich zu einer solchen „Geschmacksverirrung" anschicken – falls die Ungeschicklichkeit nicht unfreiwilligen Humor bezeugt –, will Montand ins erstbeste Flugzeug springen, um seinen Freund Nikita vor dem anstehenden groben Schnitzer zu warnen. Man bringt ihn davon ab. Noch weist nichts darauf hin, daß Kádár auf den Ruinen des Aufstands den Weg einer gewissen Liberalisierung einschlägt. Es ist ein sonderbares Paradoxon, daß die blutigste Unterdrückung, weit entfernt, das stalinistische System wiederherzustellen, das „sanfteste“ Regime im ganzen Ostblock hervorbringen sollte. Im März 1957 jedoch ist diese Entwicklung noch nicht abzusehen: die Köpfe der Erhebung, Intellektuelle, auch „liberale“ Kommunisten, sitzen in Haft. Bei einer Begegnung mit dem Kulturminister, einem Invaliden, Parteimitglied und unter Rákosi in Haft, fragt Montand, weshalb man kommunistische Intellektuelle in die Zellen stecke.

Er verstehe nicht, wovon er rede, meint der Minister.

Yves Montand kommt in eine traumatisierte Stadt. Ob er will oder nicht, als offizieller Gast der Staatsmacht muß er den Ungarn wie ein Bürge der Normalisierung erscheinen. Kurz vor seiner Ankunft zirkulierten insgeheim Aufrufe, sein Gastspiel zu boykottieren. Sie wurden im *Figaro* abgedruckt, der folgende Übersetzung gab: „Ein guter Ungar geht nicht ins Konzert von Yves Montand. Denkt an die jungen Helden vom Oktober! Kein echter Ungar geht zu diesem Konzert.“ [19]

Da er nun einmal in Budapest ist, will der Sänger sofort eine Klarstellung treffen. Auf Kopfbögen des Grand Hotel Margit-Sziget Nagyszálló, wo er logiert, verfaßt er mit Bleistift den folgenden Text, der seinen derzeitigen Gemütszustand nicht verhehlt:

> Ich habe im Verlauf meiner Reise durchaus gezögert, ob ich in Budapest singen werde oder nicht. Allein die Lektüre eines Artikels, der mir andeutete, daß Herr Biaggi mir mit Tränengasbomben droht, falls ich in Budapest singen würde, hat mich unwiderruflich bestimmt. Es gibt Drohungen, die für mich zum Sprungbrett werden.
>
> Wenn den Ungarn zum Lachen zumute wäre, würden sie wahrscheinlich sehr darüber lachen,

daß sie mein Kommen zu einem Teil Monsieur Biaggi verdanken. Leider ist den Ungarn nicht zum Lachen zumute. Sie haben seit langem nichts mehr zu lachen gehabt. Weder die Deutschen noch Horthy noch das Scheitern des Sozialismus gaben ihnen Ursache zu lachen. Aber sie können die Süßlichkeit von Krokodilstränen sehr gut von der Bitterkeit ihrer eigenen Tränen unterscheiden. Krokodile, die ferne weinen, langweilen sie. Ich hielt es für besser, zu ihnen zu kommen, mit ihnen zu sprechen, ihnen zuzuhören und ihnen meine Lieder zu singen.

Ich, der Sohn eines italienischen Antifaschisten (darauf bin ich stolz), naturalisierter Franzose (auch darauf bin ich stolz), glaube ihren gequälten Herzen mehr Wärme, Freundschaft und Liebe zu bringen, als die Tränengasbomben des Herrn Biaggi ihnen je bringen könnten.

Und obwohl keines ihrer Probleme gelöst ist, obwohl ihre Wunden noch bloßliegen, obwohl die Hoffnungen ihres Oktober gescheitert sind, haben sie mit mir plötzlich für zwei Stunden wieder lachen können, weil ich getan habe, was mein Metier ist, nämlich Menschen zu zerstreuen.

Über diesem Text liegt etwas wie Traurigkeit und Enttäuschung. Montand war ebensowenig wie den Ungarn zum Lachen zumute. Doch trotz der Verdächtigungen, Zweideutigkeiten und Boykottaufrufe war der Erfolg in Budapest wie überall grandios. Wie überall erhielt der Sänger Blumen in Hülle und Fülle. Mehr als anderswo zeigten die jungen Mädchen ihre Begeisterung.

Ich habe in Budapest die herrlichsten Mädchen gesehen, Zwanzigjährige, schön um auf die Knie zu fallen. Und nicht eine …

Simone ist auf der Hut. Die jähe Versuchung entgeht ihrem wachsamen Auge nicht: „Sie waren sehr schön, sie schienen eine große Freiheit zu genießen. Ich spreche von denen, die die „groupies“ jener Woche in Budapest waren. Sie liebten den Sänger sehr; doch zu ihrem, vielleicht auch zu seinem Unglück hockte die Vorgängerin der „groupies“ in ihrer Loge ...“

Auf dem Flugplatz Le Bourget holen Freunde die Reisenden, die aus der Kälte kommen, ab. Julien Livi ist mit Gewerkschaftern da, die er nach einer Versammlung des Büros mitgeschleift hat, aus Furcht, daß die „Faschisten“ seinem kleinen Bruder etwas antun könnten. Sobald er dazu Gelegenheit hat, fragt er:

„Na, wie war es? Was denkst du über die Sowjetunion?“

„Der Empfang war unvergeßlich. Manchmal war es großartig, und gleichzeitig gibt es Dinge, die man nicht akzeptieren kann.“

Die Tournee war für Montand ein Parcours der Aufklärung. Der Montand, der aus dem sozialistischen Paradies zurückkehrt, ist ein anderer Mensch. Seiner Schwägerin Elvire vertraut er an, daß sie aufhören müsse, die SU in den Himmel zu heben.

Aus heutigem Abstand bereue ich es nicht, diese Tournee unternommen zu haben, auch wenn ich damit offensichtlich das Spiel der Kommunistischen Partei gespielt und vielen Menschen Kummer zugefügt habe. Es ist ein egoistischer Standpunkt, weil die Reise vor allem mir genützt hat. Sie hat mir die Augen geöffnet; ich habe an Ort und Stelle vieles gelernt, was man in Paris nicht wußte. Ich hatte geglaubt, eine bessere Welt sei möglich, und war wunderbaren Frauen und Männern begegnet, die das auch glaubten. Für mich war dieser Glaube grundlegend und authentisch. Im Namen dieses Glaubens habe ich durch meine Unwissenheit Verbrechen und Abscheulich-

keiten gedeckt. Diese Tournee von 1957 hat es mir ermöglicht, wieder von mir selbst Besitz zu nehmen. Ich hörte auf, ein gläubiger Gefolgsmann zu sein. Von da an schmiedete ich mein eigenes Urteil über die Dinge. Nie mehr habe ich seitdem gesagt, eine Katze sei schwarz, wenn sie grau war. Die Ereignisse von 1956/57 bedeuten für mich den Verlust des Glaubens. Ein langer Marsch durch mein Inneres beginnt. Ich hoffe weiter; aber ich glaube nicht mehr.

Im Jahr 1957 löst sich Montand vom stalinistischen Kommunismus; er bricht nicht mit ihm. Im Lauf der Monate, nachdem er nach Frankreich zurückgekehrt ist, bezeugen öffentliche Stellungnahmen diese wachsende Entfernung. Im August erklärt er in London, wo er zur Erstaufführung der *Hexen von Salem* weilt: „Jeder denkende Mensch hat im Verlauf der letzten Monate seine politischen Ansichten geändert.“[20] Im Februar 1958 erholt er sich in der „Colombe d'Or“. Einem Journalisten gesteht er: „Ich habe endlich begriffen, daß mein Metier mir verbietet, eine politische Stellung zu beziehen. Ich bekenne öffentlich, daß ein Mensch, der das Gegenteil von dem denkt, was ich denke, nicht automatisch mein Feind ist.“ Der Journalist, der Montand seit zwanzig Jahren kennt, hat ihn nie so nervös, so gespannt und bewegt gesehen. Er weist den Sänger darauf hin, daß er diese Sätze, die einer Bombe gleichkommen, veröffentlichen wird.

Montand fährt fort: „Was ich getan habe, habe ich zu einem großen Teil aus Respekt vor meinem Vater getan. Aber heute habe ich das allzu deutliche Gefühl, daß ich benutzt wurde, daß ich der Reklame für eine Idee gedient habe wie für ein Shampoon oder einen Apéritif. Ich glaube immer noch an Güte, an Brüderlichkeit, aber nicht mehr in einem einzigen Sinn.“ *Paris-Presse* bringt diese Erklärungen auf der ersten Seite, und der früher so bissige *Figaro* räumt ein: „Seine Aufrichtigkeit und Uneigennützigkeit standen nie in Zweifel ... Auf dem Gipfel seiner Popularität erwartet Montand nichts von seiner Geste. Es ist eine Gewissenssache. Auch eine Sache des Mutes. Denn die Kommunisten werden es dem großen Ex-„Genossen" nicht verzeihen, den eisernen Vorhang gelüftet zu haben."[21]

Er ist indes nicht fertig mit dem Kommunismus. Aus einer Agenturmeldung erfährt die Welt, daß am 16. Februar 1958 Imre Nagy und seine Gefährten nach einem Scheinverfahren erhängt worden sind. Zum erstenmal empört sich Montand öffentlich und verurteilt den Mord an dem ungarischen Führer. Sein Bruder wirft ihm vor, diese Erklärung sei „Wasser auf die Mühlen des Gegners". Laut den Zeugen haben sich beide noch nie so angebrüllt.

Einunddreißig Jahre später, als 300000 Ungarn dem rehabilitierten Imre Nagy ein Staatsbegräbnis bereiten und das Zentralkomitee der ungarischen KP den Aufstand von 1956 als „Volksaufstand" anerkennt, ist Montand sehr stolz auf seinen damaligen Zornesausbruch. Bevor die Ungarn im Jahr 1989 die Seite des Kommunismus umblättern, ist es ihnen ein Bedürfnis, ihre Vergangenheit zu exorzisieren, ja sogar buchstäblich zu exhumieren. Auf der Parzelle 301 des Friedhofs von Rákoskeresztur muß man lange graben, um die Gebeine von Nagy und seinen Gefährten zu finden, die man anonym da verscharrt hatte. In die gleiche Grube wurden die Kadaver der Zootiere gekippt ...

Der *compagnon de route* – der Weggefährte – wird zum *compagnon de doute* – zum Gefährten im Zweifel. Vorläufig schließt sich das „Kommunismus"-Kapitel in Montands Leben – in Wahrheit wird er nie damit fertig, so lebhaft bleibt sein Bedürfnis zu büßen – mit einer Anekdote. Der kleine Vorfall liefert ihm Stoff, über die Irrungen der Menschen und die Mäander der Geschichte nachzudenken. Einige Monate nach der Heimkehr klingelt in der „Roulotte" das Telefon. Montand schläft, Simone nimmt ab. Es ist Deutschmeister, der Produzent, derselbe Mann, der durch seine Drohungen die Moskaureise des Sängers provoziert hatte. Simone will ihren Mann nicht wecken und sagt, er sei nicht da, er komme erst morgen wieder.

„Morgen, aber morgen ist zu spät, ich fliege nach Moskau!"

Simone, belustigt:

„Ah, Sie auch! Sehen Sie, irgendwann fliegt jeder nach Moskau."

„Aber bei mir ist es etwas anderes", erklärt Deutschmeister, „ich will dort die erste französisch-sowjetische Koproduktion vorbereiten, einen Film über das Geschwader Normandie–Njemen."

„Ja", meint Simone, „das ist wirklich etwas ganz anderes."

12

„Nein, ich werde in den Vereinigten Staaten nicht singen."

Das ist keine Verweigerung, es ist eine Feststellung. Dabei wünschte er sich mehr denn je, das Theater District von Manhattan zu erkunden, jenes Rechteck, das von der vierzigsten und fünfzigsten westlichen Straße und der 6. und 8. Avenue begrenzt wird und sich Broadway nennt, was derzeit in einem Wort heißt: die Welt des Show-business. Genau eine Meile von Norden bis Süden und ein Kilometer von Osten nach Westen.

Er kennt die Ziegelbauten, die Neonreklame, die Metalltreppen, die zerbeulten Mülltonnen, die Freitreppen, die Markisen, die Zapfsäulen für die Feuerwehr, die Uniform der Polizisten, die Schiebefenster, die Briefkästen, die schmuddeligen Künstlereingänge, die gelben Taxis, die Straßenlaternen. Hunderttausendmal war Montand in New York, ist er über die Quais, die in den Hudson vorstoßen, gestrichen und längs dem East River von Williamsburg bis Queensboro. Hundertmal hat er im Sardi's gefeiert, wo die ewigen Stars sich an *fettuccine* laben und die von der Kritik zertretenen Starlets ihren Gram öffentlich ersäufen. Er hat unter Capras Führung die Sackgassen gesehen, mit Gene Kelly auf den Trottoirs getanzt, sich auf den Alleen des Central Park mit Fred Astaire um Cyd Charisse gestritten. Film auf Film.

Aber er wird dort nicht singen, erklärt er den Journalisten, die ihn am 18. Februar 1958 in Saint-Paul-de-Vence befragen, und zwar aus dem einfachen, wenn schon nicht guten Grund: die amerikanische Regierung will ihm kein Visa geben. Der Stein des Anstoßes, der ihm den Atlantik sperrt, liegt in der Frage Nummer 20, die jeder Einreisewillige zu beantworten hat, beschlossen: „Sind oder waren Sie Mitglied der Kommunistischen Partei oder Mitglied einer Organisation, der gleiche Aktivitäten wie der Kommunistischen Partei zuzuordnen sind?" Die Antwort auf den zweiten Teil der Frage ist zwangsläufig ja, und dieses Ja, wenn es den Einreisebehörden übermittelt wird, erzeugt zwangsläufig ein Nein. „Ich warte nun seit zwei Monaten", fährt der Chansonnier fort. „In der Ungewißheit, in der ich mich befand, habe ich für den Film *La Loi* (Wo der heiße Wind weht) unterschrieben, den Jules Dassin nach einem Roger-Vailland-Szenario im April in Süditalien oder auf Korsika drehen will." [1]

Trotz seiner Vertragsstreitigkeiten mit Jack Warner (sie waren bei *Lohn der Angst* gelegentlich zusammengestoßen), war Yves Montand mehrmals angesprochen worden – für den Film von Gene Kelly, zu Gesangsauftritten von berühmten New-Yorker Cabarets. Letzteres Angebot würde er im Frühling 1958 nur zu gerne annehmen, hätten ihn die amerikanischen Behörden nicht zur persona non grata erklärt. Aber sollte Uncle Sam sich noch eines besseren besinnen, er würde sich nicht sträuben, endlich Kurs auf die States zu nehmen. Doch all die schönen Projekte schwimmen und gehen regelmäßig unter. Montand tröstet sich, indem er am 4. März nach Uruguay zum Filmfestival von Punta del Este fliegt, wo er die *Hexen von Salem* außerhalb des Wettbewerbs vertreten soll. In Orly findet er höchst angenehme Begleitung in Magali Noël und Estella Blain. Auch Jeanne Moreau macht dieselbe Reise (mit dem Film *Fahrstuhl zum Schafott*). Die beiden kehren via Rom zurück – das Verdikt seiner Frau nötigt den Sänger-Schauspieler, die Verwirrung, die seine charmante Kollegin in ihm erweckt, zu unterdrücken …

Simone Signoret selbst schlägt sich mit allerhand Problemen herum. Seit der Osttournee ist ihre Karriere auf dem toten Punkt. Dabei geht es nicht allein um Ideologie. Jede Schauspielerin, die auf die Vierzig zugeht, vermerkt, wie groß ihr früherer Erfolg immer gewesen sei, einen fatalen Kurs, der sie in eine Art Bermudadreieck treibt: auf einmal geht nichts mehr, das Telefon schweigt. Ende der fünfziger Jahre – aber trifft das nur für diese Jahre zu? – verdienen die kritischen Vierzig ihren Namen doppelt. Simone hat nie die glatten, unanfechtbaren jugendlichen Heldinnen gespielt. Dennoch: Die Produzenten sondern entschlossen diejenigen aus, die sie scheinbar einmal angebetet hatten (während ihnen eher um die Anbetung des Publikums zu tun war, dessen Dividendenschwankungen sie fürchten).

So kam das Angebot des englischen Regisseurs Peter Glenville, unter seiner Führung in Hollywood zu drehen, wie ein Geschenk des Himmels. Doch obwohl Mc Carthy tot und begraben war, verwarf Bill Goetz, Glenvilles amerikanischer Produzent, umgehend die „Hexe" von Paris in einem langen verworrenen Telegramm. Da Glenville aber stur blieb, wird *Room at the Top* (Der Weg nach oben) schließlich auf englischem Boden gedreht. Montand und Catherine begleiten Simone zur Gare du Nord, von wo ein merkwürdiger Zug, der „Silberpfeil", sie nach London bringt. Die Regie fällt nach einigem Hin und Her Jack Clayton zu. Im industriellen England will ein ehrgeiziger junger Mann in die herrschende Bourgeoisie aufsteigen und verliebt sich in eine kluge, ältere, verheiratete Frau, die ihn verführt, Alice Aisgill. Als Signoret die Ihren verläßt, ahnt sie nicht, daß diese Come-back-session ihr in den Augen der Welt die größte Rolle ihres Lebens einbringen wird. Und den Oscar für die beste weibliche Darstellerin.

In den Wochen der Trennung erfüllt Montand seinen Vertrag bei Jules Dassin. Auch diesmal ist ihre Begegnung kein Zufall. 1951 von einem exzellenten Kollegen

Edward Dmytryk, dem Regisseur von *Die Caine war ihr Schicksal*, denunziert, hatte Dassin nach Europa ins Exil gehen müssen. Obschon das Festival von Cannes ihm für *Rififi* einen Preis gab, was die Ungerechtigkeit, die den glanzvollen Regisseur von *Night and the City* betroffen hatte, nur unterstrich, bleibt er ein Fremder, ein Geächteter. Als er sieht, daß Montand nach seiner Eskapade bei Chrustschow nicht eben im Ruch der Heiligkeit steht, will er ihm die Rolle des Matteo Brigante geben, eines schnurrbärtigen, narbengezeichneten apulischen Dorfhäuptlings und Rivalen des jungen Marcello Mastroianni im Kampf um Gina Lollobrigida.

Wo der heiße Wind weht wird kein Meisterwerk. Als der Film im Januar 1959 herauskommt, ernten Regie und Adaptation reichliche Kritik. Die italienische Regierung, der die Lage zu gespannt erschien, hatte verlangt, daß in der für Italien bestimmten Fassung die Geschichte auf Korsika angesiedelt wird, um die apulische Bevölkerung nicht aufzustacheln. Vaillands erotisch ungenierte Vorlage wurde unter einer Flut von „Neo-Neo-Realismus" totgemacht. Nachdem Montand den Schnurrbart wieder abgelegt hat, steht er zwar ohne Schaden da, aber auch nicht größer. Georges Sadoul in den *Lettres françaises*[2] und Claude Mauriac im *Figaro littéraire* flechten ihm immerhin warmherzig Kränze, wiewohl sie den Film verreißen.

Ein liebenswürdiger Trost. Aber Montand macht sich nichts vor. Die Außenaufnahmen im Juni 1958 im süditalienischen Carpino waren angenehm. Die Gesellschaft von Dassin, Mastroianni, Pierre Brasseur (der Don Cesare, den Seigneur des Dorfes, spielt) erwies sich als ungemein unterhaltsam. Doch er ist kein Debütant mehr: er hat auf der Bühne genügend Triumphe errungen, um die Stufenleiter der Anerkennung nicht zu kennen. *Lohn der Angst* hat ihn weit nach oben gebracht. Er stellt einen sicheren Wert dar, die Pechsträhne seiner Anfänge ist vorbei. Dennoch steigt seine Quote auf der

Leinwand nicht wirklich. Er erscheint im Vorspann ehrenwerter Arbeiten (so von *Premier Mai*, Regie Luis Saslavsky, ein nettes Melodram, gedreht im Winter 1958, als Partner von Maurice Biraud und Nicole Berger). Auch wenn er nicht die einhellige Zustimmung erfährt, die er von der Bühne her gewöhnt ist, hat er markante Rollen gespielt, vor allem einen John Proctor. Er verdient Geld. Aber Tatsache bleibt: im Bereich des Films ist ihm der Hof der Großen noch immer verschlossen. Doch dahin will er.

Der eine kehrt von Bradford, nördlich von Manchester, aus den Shepperton Studios zurück, der andere kommt aus Italien. Sie ist voller Begeisterung für die Strenge, die Kraft der siebten Muse in England und läßt ihre Rolle nur allmählich – in „kleinen Fetzen", wie sie sagt – hinter sich. Er hat beschlossen, seine Unzufriedenheit nicht weiter anwachsen zu lassen. Er will im Herbst wieder ins „Etoile".

Ein im voraus erobertes Feld? Ja und nein. Ausgenommen Herrn Biaggi und andere Extremisten, verzauberte der Montand von 1953/54 fast alle. Selbst wer den engagierten Chansonnier nur mäßig schätzte, gab sich bei *Le chef d'orchestre est amoureux* (Der Dirigent ist verliebt) oder *Gilet rayé* (Die gestreifte Weste) lachend gefangen. Seither hat die Situation des Sängers sich entschieden zum Zwiespältigen und Gefährdeten hin verändert. Die Kommunisten halten sich nun zurück und betrachten ihn mit weniger liebendem Auge. Die anderen, nicht allein die Rechten, haben den „Weggefährten" nicht vergessen, der auf den Ruinen von Budapest sang. Kurz, Montand ist seit der Moskaureise, weit mehr als früher, zum Zeichen des Widerspruchs geworden. Obendrein trägt er an seinen eigenen Widersprüchen, seinen Zweifeln, seinen Bitterkeiten und weiß nicht wo noch wie er sie aussprechen soll.

Die Zeiten sind, gelinde gesagt, stürmisch. Die gut Informierten (was zu sein gar nicht einfach ist, denn scharf wacht die Zensur), also nur ein schmaler Teil der Franzosen wissen mittlerweile, daß die Folter in Algerien keine Ausnahme, sondern Methode ist. Während die Rebellen des FLN militärisch aufgerieben werden, finden sie bei der UNO und bei maßgeblichen Stellen des Auslands wachsendes Gehör. Charles de Gaulle, der nach einem undurchschaubaren Kraftakt in die Politik zurückgekehrt ist, will dem rücksichtslosen Vorgehen die Legitimation entziehen: das gelingt mit dem 28. September 1958, als acht von zehn Wählern sich für die neue, von ihm vorgeschlagene Verfassung entscheiden, das heißt für das Ende der IV. Republik. Noch nie seit der Befreiung ist die Kommunistische Partei so tief unten gelandet. Die weitgehend diskreditierte sozialistische Linke liegt in Trümmern. Die Entkolonialisierung des Reiches, die Modernisierung des Landes sind von nun an Sache einer heterokliten Partei der Ordnung.

Seiner Gewohnheit getreu, wählt Montand die Überraschung. Man erwartet, daß er den Ton verschärfen, sein Repertoire dem Ernst der Zeit anpassen wird. Er tut das Gegenteil.

Nicht aus Blindheit: als Jean-Louis Livi, sein Neffe, zum Militärdienst jenseits des Mittelmeers soll, kritisiert Montand im Streit mit Julien den ewigen – der Begriff drängt sich auf – bolschewistischen Kanon, nach dem ein Kommunist nicht zu desertieren und Vorbild zu sein habe, sogar in einem ungerechten Krieg. Als unerschütterlicher Orthodoxer vertritt der Bruder das Gesetz der Partei. Yves und Simone finden, man kümmere sich viel zu wenig um die opponierende Jugend, die Deserteure, die Studenten, die sich der „schmutzigen Arbeit“ verweigern, die sie nach Ablauf ihrer Zurückstellungsfrist da unten erwartet. Das bedeutet nun nicht, daß die beiden Stars sich zur Illegalität hingezogen fühlen oder geneigt wären, „den Algeriern die Koffer zu tragen“. Wie der

Hauptteil der Linken, oder was davon übrig ist, begnügen sie sich damit, durch ihre künstlerischen Verpflichtungen ohnehin beansprucht und häufig abwesend, an Meetings und „republikanischen" Demonstrationen teilzunehmen.

Das Programm, das der Chansonnier sich in Autheuil zusammenbaut, läßt politische Taktik außen vor. Er will klarstellen, daß er ein Seiltänzer ist, nichts als ein Seiltänzer. Weder taub noch blind, aber ganz bestimmt ohne jede Heils- oder Ersatzmission. Wenn etwas daran symbolisch ist, dann die Verbannung von *C'est à l'aube*, das „glückliche Morgen" verheißende Lied, das Nikita Chrustschow so sehr gefiel. An dessen Stelle tritt der verspielt anmutende Text eines jungen Busschaffners (der Komponist Philippe Gérard von *C'est à l'aube* hat ihn entdeckt und adaptiert): *Le chat de la voisine.*

Die Attacke ist von vollkommener Harmlosigkeit, so wie bei einem gut Teil der garantiert volkstümlichen Weisen der dreißiger Jahre:

Le chat de la voisine
Qui mange la bonne cuisine
Et fait ses gros ronrons
Sur un bel édredon dondon …

Die Katze der Nachbarin
Die gutes Essen hat
Und laut schnurrt
Auf einem schönen Daunenkissen
Die Katze der Nachbarin
Die sich die Lefzen stopft
Mit Hühnchen, mit Gänseleber
Und keine Ratten jagt
Miau, miau
Wie rührend ist der Katze Gesang
Es lebe die Katz, es lebe die Katz!

Montand genießt schon im vorhinein die Verblüffung

des Saals. Und er arbeitet an der Mimik, als amüsiere er sich wie toll. Dann, unerwartet, wird das Tempo streng:

Je ne dessinerai pas l'homme et son agonie
L'enfant des premiers pas qui gèle dans son nid
Je ne parlerai pas du soldat qui a peur
D'échanger une jambe contre une croix d'honneur
Du vieillard rejeté aux poubelles de la faim
Je ne parlerai pas, mieux vaut ce petit refrain ...
Le chat de la voisine, etc.

Ich schildere nicht den Menschen und seinen Tod
Das kleine Kind, das in seinem Nest erfriert
Ich rede nicht vom Soldaten, der Angst hat
Sein Bein gegen ein Ehrenkreuz tauschen zu müssen
Von dem Greis, der zu den Abfällen des Hungers geworfen wird
Von alledem rede ich nicht, besser ist der kleine Refrain ...
Die Katze der Nachbarin, usw.

Das ist der Tonfall, der aus seinem gegenwärtigen inneren Zustand auf den früheren Messianismus folgt. Ein Lied des „Denkt nicht, ich bin blöd". Ein Lied wie eine Pirouette, das die Grenzen des Berufsunterhalters bezeichnet. So wenig Montand das Gesinge, das niemandem wehtut, liebt, so wenig mag er die singenden Herolde. Nachdem er den Abgrund gestreift hat, wo der Künstler seine Unabhängigkeit einbüßt und jener Mobilisierung der Gefühle, die die Kunst selbst ist, entsagt, stößt er die Schaukel energisch in die andere Richtung. Prévert, der Prévert von *Sanguine*, ist ihm mehr denn je willkommen. Ebenso Lemarque, aber nicht mehr der Empörer des *Chemin des oliviers* oder der Kriegsgegner des *Quand un soldat*, sondern der Freund Francis der *Petits Riens*, des *Quatorze Juillet*, des *A Paris* oder des *Assassin du dimanche*:

L'assassin du dimanche
N'est pas bien dangereux
Il met sa chemise blanche
Pour tuer le temps comme il peut ...

Der Sonntagsmörder
Ist nicht sehr gefährlich
Er zieht sein weißes Hemd an
Um so gut er kann die Zeit totzuschlagen ...

Sechzehn von dreiundzwanzig Titeln sind neu! Und es dominieren die „Romanze", das Fest, die Zärtlichkeit (Montand nimmt Edith Piafs Geschenk wieder auf, *Mais qu'est-ce que j'ai à tant l'aimer?*) und Paris mit seinen *Grands Boulevards.* Nicht daß der „Arbeiter" fehlte, aber er ist wieder der Bummler vom *Luna Park* geworden. Oder der ausgebeutete Mann in der Ferne, der unter mörderischer Sonne Kaffee pflanzt (gebündeltes Licht eines einzigen Scheinwerfers brennt auf den unbeweglich, selber wie „hingepflanzten" Sänger nieder, dessen Gesicht unter einem ausgefransten Sombrero verborgen ist). Weder „Arbeiterklasse" noch „geschlossene Massen" – einfach Frauen und Männer, deren jeder einen eigenen Traum hegt, auf irgendeine Kutsche wartet.

„Ich weigere mich und werde mich immer weigern, ‚Arbeiterlieder' zu singen unter dem Vorwand, das sei der Zug der Zeit", sagt Yves Montand zu Claude Gault für *Témoignage chrétien*[3]. „Wenn ich weiterhin das Volk besinge, so weil ich selbst aus dem Volk komme und es mir nach Herz und Gewissen schwerfiele, die Bourgeoisie zu besingen, ohne unaufrichtig zu werden ... Aber ich will nicht der Gefangene irgendeines Etiketts sein: ich gehöre allen, und meine Entscheidung, dies oder jenes Lied zu singen, treffe ich zuerst danach, was es ausdrückt, dann nach seiner Qualität, und um nichts in der Welt lasse ich mich breitschlagen, Minderwertiges zu singen, ich bin ein freier Mann. Mit meinem Repertoire verteidige ich mich. Ich verteidige mich einzig mit meinen Liedern."

Kein Wunder, daß die Vorbereitung dieser Wiederkehr einem Marathon gleichkommt. Aber er setzt vielleicht auch mehr daran als früher. Es gilt, die „Bekehrung" künstlerisch glaubwürdig zu machen, den richtigen Ton zu finden. Wie das politische Klima, hat sich auch die Welt der Music-hall verändert. Georges Brassens, Jacques Brel, René-Louis Lafforgue und manch andere Liedermacher, deren Talent unstrittig ist, revolutionieren jetzt das Chanson. Montand ahnt, daß sein Status des „reinen" Interpreten bald als altmodisch abgetan sein wird. Anstatt sich jedoch anzugleichen, die Bewegung mitzumachen, besteht er auf seiner Unterschiedlichkeit und kultiviert sie, beweist, daß solche Autonomie eine sorgfältigere Arbeit und eine größere Farbigkeit gestattet.

Überdies muß seine Musikertruppe neu gebaut werden. Bob Castella, Emmanuel Soudieux, Roger Paraboschi, Freddy Balta sind treu zur Stelle. Hubert Rostaing bringt, außer seiner überragenden Klarinette, neue Arrangements ein (Bob und er holen sich eine Posaune, Claude Gousset, dazu). Aber Crolla, Freund Crolla ist nicht mehr zu haben. Sein Ruhm hat sich so sehr verbreitet, daß er immer interessantere Angebote für Filmmusiken erhält: zuerst für Kurzfilme von Georges Franju oder Jacques-Yves Cousteau. Didi Duprat ersetzt ihn an der Gitarre, ohne ihn zu ersetzen – ohne, und aus gutem Grund, die Rolle des Glücksbringers zu übernehmen, die sein Vorgänger mit seiner fröhlichen und leidenschaftlichen Freundschaft erfüllt hatte. Die Truppe begibt sich für den größten Teil des Monats August nach Autheuil. Die kleine Bühne steht nie leer. Zehn Stunden täglich strapaziert der Sänger seine Gefährten. Während die sportlichsten oder faulsten sich am Schwimmbecken entspannen, komponiert Rostaing Walzer für Catherine ...

Ist endlich alles zum Start bereit? Nein. Als letzte Vorsichtsmaßnahme leistet sich der Sänger den Luxus eines Testabends. Am 9. September 1958 nützt er einen vorstellungsfreien Tag des Vargas-Balletts, das im „Etoile" auftritt, um 800 „Versuchskaninchen" einzuladen: der Hauptteil des Publikums besteht aus Arbeitern und Technikern der Firma Philips, die nun sein Plattenproduzent ist. Simone Signoret beobachtet den Saal, notiert, stellt ihre Eindrücke denen von Bob Castella und Hubert Rostaing gegenüber. Das reicht immer noch nicht. Mit jeder Probe wird weiter geschliffen. Vom 20. September an erlauben zehn Test-Galas (der Auftakt wird in Melun gegeben), die Schlacken auszumerzen, die Übergänge zu verfeinern – Grenoble, die Schweiz, Annecy, Lyon ...

Muß man die Liste der Berühmtheiten aus „Kunst und Literatur" aufführen, die zur Premiere kommen? Muß man, wieder einmal, die Urteile einer begeisterten Presse zitieren? „Triumphbogen für Yves Montand", dieser Aufmacher von Claude Sarraute in *Le Monde*[4] resümiert die generelle Tonlage. Zwei Daten genügen: 6. Oktober 1958, 8. März 1959. Fünf Monate „nur", und 200 000 Zuschauer ...

Fünf Monate, in denen Montand zunehmend seine Angst verliert und Simone eine große Freude und einen großen Schmerz erfährt: *Room at the Top* – der Film kommt im November 1958 in London heraus – hat in den angelsächsischen Ländern außerordentlichen Erfolg (während Frankreich sich kaum berührt zeigt) und bringt seiner Hauptdarstellerin einen „British Academy Award" ein, dann in Cannes die Goldene Palme. Und am 10. Dezember ertrinkt ihr Bruder Alain Kaminker, ein begabter junger Filmemacher, vor der Insel Sein, deren Fischer er gefilmt hatte. Dieser Schiffbruch, schreibt Simone Signoret zurückhaltend, bedeutete in ihrem Leben „eine Grenze".

Diese Grenze des Schmerzes, auch wenn sie mehr als

jede andere verwundet, ist freilich nur eine der Demarkationslinien, die Yves Montand und seine Frau bald überschreiten werden. Geographische Grenzen, berufliche Grenzen, Grenzen des Gefühls. In seinem Récital hat Montand, trotz mäßiger Publikumsreaktionen, ein Lied des „kleinen Brel", der immer größer wird: *Voir* (Sehen). In der vorletzten Strophe heißt es: „Sehen, daß man alt wird, und anfangen wollen ..." Das ist ungefähr das Programm, das die beiden sich vorgenommen haben.

In den ersten Dezembertagen 1958 erscheint in Montands Garderobe im „Etoile" ein amerikanischer Agent, Norman Granz. Mr. Granz ist der Impresario von Oscar Peterson und Ella Fitzgerald, der Produzent von *Jazz at the Philharmonic* und Besitzer der Plattenfirma Verve-Record. Es ist ein seriöser Mann, eilig, gastfreundlich und dickköpfig. Was er will? Montand an den Broadway holen, nicht in ein Cabaret, so nobel es immer sei, sondern in ein Theater, wo er seine Show geben soll, seine ganze Show, auf französisch. Doch, das geht. Obwohl die Amerikaner ihn nur von *Lohn der Angst* im Kino und von den *Feuilles mortes* im Radio kennen? Es geht trotzdem: er wird sie aus der Fassung bringen. Aber ist es vernünftig, sich auf das Terrain von Frank Sinatra, Ray Charles, Frankie Laine, Bobby Fisher, Doris Day oder Sammy Davis jr. zu wagen? Es ist supervernünftig, versichert Norman Granz: einen *Frenchman* zu erleben hatten die Staaten seit Chevalier kaum mehr Gelegenheit. Wann? Im kommenden September. Das Visum? Die Atmosphäre erwärmt sich. Das Visum soll kein Hindernis mehr sein.

Im letzten Punkt ist sich Granz allzu sicher. Das Curriculum vitae, das das Ehepaar Livi bei der zuständigen Stelle der amerikanischen Botschaft einreicht, wird abschlägig beschieden, mit dem aufrichtigen Bedauern zweier betrübter Diplomaten, die in der „Roulotte" aufkreuzen. Adieu Manhattan! Mögen Eisenhower und Chrustschow einen noch so regen und widerspruchsvollen Austausch über Atomversuche unterhalten, Verdächtige bleiben verdächtig. Norman Granz nimmt die Kränkung als persönlichen Affront, er setzt Himmel und Hölle, Büros und Konsulate in Bewegung. Ende Januar 1959 werden die Pässe des Künstlerpaares mit dem erwünschten Stempel versehen, begleitet von der Bemerkung „One Entry". Das Minimalvisum, *in some ways*, gültig vom 15. Juli bis 15. Dezember, gerade hinreichend für einen Vertrag auf Zeit.

Im Moskau von 1956 war dem Ehepaar Montand ein Empfang, würdig eines Staatsoberhauptes (und obendrein eines „befreundeten" Staatsoberhauptes) bereitet worden. Am Donnerstag, dem 10. September 1959, stehen Monsieur und Madame Livi, zeitweilig auf amerikanischem Boden geduldet, auf dem New-Yorker Flughafen wie alle anderen vor den Glaskäfigen der Einreisebeamten Schlange. Bob Castella und Hubert Rostaing sind ihre einzige Begleitung: die Gewerkschaft der Musiker in den Staaten betreibt einen verbissenen Protektionismus gegenüber ausländischer Konkurrenz. Catherine Allégret – die eben vierzehn geworden ist – darf den Atlantik erst überqueren, wenn die Show eine annehmbare Schwelle von Abenden übersteht. Denn so ist es am Broadway: das Urteil fällt ohne Aufschub, und ist es negativ, fällt auch der Vorhang ... ohne je wieder aufzugehen. Der Vertrag legt fest, daß die Vorstellungen so lange laufen, wie der Saal, der 1000 Plätze hat, zu mehr als der Hälfte verkauft ist.

Vier Tage vorher hat eine Großanzeige den Lesern der *New York Times* bekanntgegeben, daß Yves Montand, „France's most popular entertainer", für drei Wochen seine One-man-Show mit vierundzwanzig Chansons ab Dienstag, dem 22. September, im Henry Miller's Theatre, in der 43. Straße, bringt. Ein Graphiker hat das Foto des Stars höchst geschickt retuschiert: die Bewegung der Haare ist durch den Pinsel gestrafft und verstärkt den „lateinischen" Touch des Mannes; seine Falten sind harmonisch betont, ausdrucksvoll und männlich. Die Karten kosten von 7,50 Dollar (Orchestersitz) bis 2,90 Dollar (zweiter Balkon). „Mail orders now!" rät die Theaterleitung: Schicken Sie uns schon jetzt Ihre Bestellung. Die übliche Aufforderung, die nichts über das Publikumsinteresse besagt. Niemand kann voraussehen, ob die Empfehlung begründet ist.

Gewiß ist Montand den Professionels bekannt (einige haben ihm in Paris applaudiert). Gewiß haben einige seiner Titel *(C'est si bon)* mittels Schallplatte den Äther der Vereinigten Staaten gekitzelt. Aber auch wenn der Welterfolg von *Lohn der Angst* ihm schon eine gewisse Bekanntheit eingebracht hat, bleibt sein Ruf auf den Brettern hier erst noch zu erwerben. Viel bekannter ist den Amerikanern dagegen Simone Signorets Gesicht: Alice Aisgill, die Heldin von *Room at the Top*, füllt allabendlich Hunderte Kinos. Schon auf dem Flugplatz hat ein Zöllner die Schauspielerin erkannt. In einem der ersten Interviews, die Montand vor der Show gibt, sagt er Ed Wallace von *World Telegram*, indem er auf Biegen und Brechen die Wörter reiht, die ihm seine Frau souffliert und die der Journalist samt den Fehlern belustigt wiedergibt: „Maybe nobody will care for me. In Paris everybody knows Montand. New York, alas! I must even spell my name. Is bad, but is good for the vanity ..."[5] Simone wittert eine „Gefahr". Nicht die Gefahr, ihren Gatten in den Schatten zu stellen und ihn zu verletzen, sondern in dem Moment anfällig zu machen, wo er die größte Anstrengung vor sich hat: „In Paris war Montand Montand, und ich war ich, und wir waren Mann und Frau. In Moskau war ich die Frau von Montand gewesen. In New York war in diesen Tagen vor der Premiere meine große Angst, man werde Montand als den Mann einer Schauspielerin ansehen."

Er hat kaum Zeit, sich das Gefühl eines grandiosen Déjà-vu bewußtzumachen, während der Wagen von Norman Granz durch Manhattan rast: diese Straßen, diese Avenues, diese Fassaden, diese Reklame, diese Menschen ... sie sind die Straßen, die Avenues, die Fassaden, die Reklame, die Gesichter seiner liebsten Filme. *New York is New York*, daran bleibt dem alten Kinofan kein Zweifel. Granz bringt seine Gäste, namentlich seine *jazzmen and women*, traditionsgemäß in einem alten Hotel (in New York stammt ein „altes" Hotel vom Jahrhundertbeginn), dem Algonquin, unter, fast an der Ecke der 44. Straße und der Fifth Avenue gelegen. Die Halle, mit Möbeln verschiedener Stile bestellt, vornehmlich Mahagoni, war zwei Jahrzehnte zuvor einer der wichtigsten Treffpunkte der lokalen Intelligenz, die sich hier um einen berühmten runden Tisch versammelte. Inmitten der Wolkenkratzer eine geradezu provinzhaft anmutende Oase, wo man beiläufig auf Ella (Fitzgerald), Oscar (Peterson), Laurence (Olivier), Peter (Brook) oder Luis (Buñuel) trifft und wo die Küchenmannschaft italienisch ist.

Noch an diesem Donnerstagabend gehen die vier Franzosen in Gesellschaft von Norman Granz zu Fuß bis zu dem dunklen Theater auf der anderen Seite des Times Square – wo sie unter der Kaskade der Neonlichter bewegt innehalten.

Simone ist entzückt. Montand stürzt sich in einen Tunnel. Er hat nur gute zehn Tage Zeit, sich auf neue Musiker einzustimmen. Nur spricht er keine drei Wörter Englisch. Von seinen frühen Versuchen seinerzeit in Marseille ist nur eine Handvoll Ausrufe geblieben: außer „Good morning" und „Hello" ist alles totaler Nebel. In Moskau war die Sache kaum wichtig: seine Truppe umgab ihn, das Publikum war vorbereitet, daß die fremden Künstler seine Sprache nicht kannten, und alles übrige besorgten die Dolmetscher. In den Vereinigten Staaten läuft er, wenngleich mit der besten Dolmetscherin und Ratgeberin versehen, ein ganz anderes berufliches Risiko. Im Osten war es ein Plus, von draußen zu kommen. Die Amerikaner, auch wenn sie für europäischen „exotisme“ schwärmen, begreifen schwerlich, daß es eine Außenwelt gibt, und noch weniger, daß die sie nicht kennt.

Die Show, die Montand zur Premiere, am Montag, dem 21. September, gibt, braucht nicht beschrieben zu werden. Bis auf kurze Einführungsworte und einige Umstellungen ist es die gleiche wie in Frankreich. Und eben das ist das Wunder. Denn in diesem italienisch anmutenden Theater, das so gerundet ist, daß es noch kleiner wirkt, sind es nicht die Seinen, die Getreuen vom „Etoile“, die ihm ihre *standing ovation* darbringen, es sind Marilyn Monroe und ihr Kavalier des Abends, Montgomery Clift, Lauren Bacall, Ingrid Bergman, Sidney Chaplin, Marlene Dietrich, Ketty und Kurt Frings, Martin Gabel, Paulette Goddard, Adolph Green, Frank Loesser oder Sydney Lumet und manch andere, mit denen er in den Filmsälen des „Kontinents“ schon einen Blick gewechselt hat. Richard Maney hat sicherlich gut gearbeitet. Aber wenn diese Nacht von allen New Yorker Berichterstattern als „a Broadway unequalled opening“[6] beschrieben wird, heißt der dafür einzig Verantwortliche Yves Montand – der trotz Simones Hilfe selten so allein gewesen ist.

Auch hinterher noch, während er sich abschminkt in der kleinen Betongarderobe im Keller oder, von geschwätzigen Bewunderern umzingelt, im Algonquin Champagner hinunterstürzt, ist er allein. Er wartet auf die Presse, das Urteil der Experten, der sechs oder sieben „Meinungsmacher“ (der Kritiker der wichtigsten Tageszeitungen), von denen die Dauer des Experiments abhängt. Maney überbringt ihm den aufgeregten Kommentar Marilyn Monroes: „He's so wonderful, he sings with the body!"[7] Hubert Rostaing (der neben Marilyn saß und erstaunt war über ihre fast pflanzenhafte Rundlichkeit) sagt ihm, er habe im Publikum eine echte Wärme verspürt. Eine solche Regung sei nicht bloße Neugier auf den Mann aus Paris: er habe sie mit seiner Kraft gewonnen. Montand ist gerührt, das sei nett, meint er, aber es beruhigt ihn nicht. Er will keine Anerkennung hören, er will sie schwarz auf weiß lesen. Gegenüber Francis Rico gesteht er: „Ich lauerte auf die Reaktionen der Kritik mit dem gleichen Bangen, wie ein Kranker im Blick der Ärzte nach einem Hoffnungsschimmer forscht."

Mitten in der Nacht bringt Maneys Assistent, der die Druckereien abgeklappert hat, die ersehnten und gefürchteten Fahnenabzüge ins Algonquin.

Ein Tadellos. So vollkommen, so beeindruckend, daß man schon im einzelnen zitieren muß. In diesen eilig geschriebenen Artikeln entwerfen die Kritiker, deren Urteil sonst für kalt und höchst anspruchsvoll gilt, ein Porträt von Montand, das erklären hilft, weshalb er im Ausland nach wie vor ein außerordentliches Phänomen bleibt.

Richard Watts Jr. von der *New York Post* vergißt die traditionelle Zurückhaltung, die seine Zeitung sonst pflegt: „Alles was ich im Fall Yves Montand tun kann, ist aufspringen und ihm ein altes Adjektiv verleihen: superb ... Nennen wir es Zauber, einen puren und geradezu animalischen Magnetismus. Aber es ist mehr. M. Montand besitzt die glückliche und sehr wenigen verliehene Gabe, uns banalen und neidischen Männern begreiflich zu machen, warum er die Frauen fasziniert. Und das ist nicht alles. Er singt wahrhaftig gut und verständlich (so verständlich, daß man die Notwendigkeit des Mikrophons beinahe bezweifeln möchte), spielt mit großer Leichtigkeit, zeigt einen scharfen Sinn für Humor und Ironie und bedient sich seines begrenzten Englisch ohne demagogische Malice ... Alle unsere Sänger, einschließlich des großartigen M. Sinatra, könnten sich zu seinen Füßen setzen und aus der Lektion lernen."

Die Atmosphäre des Abends wird unvergleichlich genannt. „Die Intensität der Bravos", schreibt Robert Coleman vom *New York Mirror*, „war einer verheißungsvollen Generalprobe in der Met würdig." Das *World Telegram and Sun* unter der Federführung Fred Astons schwärmt wie die Zuschauer, die er beschreibt: „Am Ende der Vorstellung war die Menge hingerissen vor Begeisterung. Sie hätte ihn gern aufgefordert, weiterzumachen bis zum Frühstück. Und nur zu Recht: es war viel zu gut für einen einzigen Abend."

Kurz, in der Frühe des 22. September 1959, während die Hall des Algonquin sich leert, verbreitet die Agentur Associated Press die frohe Botschaft über alle Fernschreiber der Vereinigten Staaten und anderswo: „Montand ist der variationsreichste und phantasievollste Sänger, den zu sehen und zu hören uns vergönnt wurde, seit Maurice Chevalier einst zu uns kam." Die Großagenturen der Westküste melden Empfang: „Yves Montand ist es gelungen, sogar die New Yorker Kritiker zu bezaubern", titeln anderntags die Blätter in Los Angeles und San Francisco.

Im Klartext bedeutet eine solche Einhelligkeit, daß die Show weitergeht, und bei ausverkauftem Haus. Binnen hundert Minuten hat Montand einen neuen Status erworben und Norman Granz mit Glück überhäuft. Er wird der Unfehlbare. Man reißt sich um die Eintrittstikkets aus bunter Pappe, mit denen man den „wonderful Frenchman" sehen kann. Da das Henry Miller's Theatre für eine andere Aufführung reserviert ist, zieht der Chansonnier nach drei Wochen ins benachbarte Long Acre um. Nicht daß man an die Hunderte von Ensuite-Aufführungen von *My Fair Lady, The Music Man, Gipsy, One upon a Mattress* oder *Fiorello* heranreichte – die Hits der Saison. Wenn Montand nach anderthalb

Monaten aufhört, so nicht weil es keine Nachfrage mehr gibt: Granz, der Vorsichtige, hatte eine Tournee ausgemacht, die ihm im „schlimmsten Fall“ eine zweite Chance ermöglicht hätte, deren Etappen Montreal, Toronto, Los Angeles und San Francisco sind (bevor es von den USA weitergehen soll nach Japan).

Es sind glänzende Ruhmestage, diese sechs New-Yorker Wochen. Im Verlauf der Gespräche, auf Grund deren Simone Signoret ihr Erinnerungsbuch schreiben wird (sein Originaltitel *Die Nostalgie ist auch nicht mehr, was sie mal war* ist einem Graffiti entlehnt, das sie in Manhattan entdeckte), sagt die Schauspielerin: „Wir waren einfach das Prinzenpaar. Wir betrachteten Times Square, indem wir uns sagten: wir haben nicht die mindeste Konzession gemacht, um da anzukommen. Das war unser Stolz und unsere Freude.“

Entspannt sich Yves Montand, nachdem er das Kap der Premiere hinter sich hat? Ergibt er sich voll „dem Stolz und der Freude“? Nur halb. Es genügt ihm nicht, triumphiert zu haben. Er muß seinen Triumph analysieren und wühlt zu dem Zweck die Wochenpresse, die Revuen, die Magazine durch, die bald auf die Tageszeitungen folgen.

Die Begeisterung ist auch da nicht geringer. *Time*[8] rühmt „den brillantesten Künstler der Music-Hall, der seit dem zweiten Weltkrieg die Bühne erobert hat“. *The Reporter*[9]: „Seine Arbeit macht den spektakulären Qualitätsverfall unserer landeseigenen Unterhaltung fürs große Publikum in den letzten Jahren auffällig ... Sehr wenige Amerikaner – im wesentlichen Frank Sinatra und Sammy Davis Jr. – wären fähig, einen ganzen Bühnenabend zu bestehen, ohne den Ton einer Juke-box abzugeben. Dabei sind Sinatra und Davis durch ihr Repertoire noch auf ein Register begrenzt, das nur zwei Dimensionen kennt. Sie vermögen keine Illusion zu schaffen, die darüber hinausgeht.“ *The Commonweal*[10] sieht in Montand einen „Kumpel“ und beschreibt ihn mit vier Epitheta: sophisticated, anbetungswürdig, sanft und sicher. Und *Vogue*[11]: „Er produziert, wie er will, einen Ton, voll und sexy, unendlich verführerisch."

Gleiche Themen gehen durch sämtliche Blätter. Zunächst die scheinbare Einfachheit der Inszenierung, der Accessoires, der Kleidung („Er macht den Eindruck", schreibt *The New Yorker*[12], als habe er tagsüber ein Taxi gefahren ..."). Dann die Spannweite und Vielfalt des Repertoires, die populäre Ader ohne jegliche Plattheit, die Aufmerksamkeit für die „kleinen Dinge" des Lebens. Schließlich die Sorgfalt der Ausführung. Es ist bemerkenswert, daß kein amerikanischer Beobachter den Vorwurf eines übermäßigen „Perfektionismus" erhebt, der in Frankreich regelmäßig wiederkehrt. Im Gegenteil: die äußerste Präzision der Gestik und die arbeitsintensive Vorbereitung, aus der sie resultiert, werden dem Sänger-Schauspieler zugute gehalten. Drei von vier Titeln erweisen einer solchen Meisterschaft Ehre. Yves Montand fühlt sich am Broadway ebenso gut, sogar besser verstanden als in Paris. Besonders die Journalisten heben mit Bewunderung seinen Sinn für Übergänge hervor, den Wechsel sanfter und starker Tempi: „Wie ein guter Liebhaber", kommentiert einer[13], „wacht er darüber, daß nichts zu brutal geht ..."

Le style, c'est Montand: dieser Satz – auf französisch – ist überall zu finden.

Auch wenn er sich darüber sehr freut, läßt ihm ein Element des Pressedossiers – das Simone Signoret geduldig übersetzt und einordnet – doch keine Ruhe. *Attractive, sexy, exciting:* daß solche Adjektive seinem Namen angeheftet werden, ist er nicht eben gewöhnt, und er schwankt zwischen Genugtuung und Verblüffung. Er, der als junger Mann sich so häßlich fühlte mit seiner großen Nase und seinem großen Mund, der bei der Mustervorführung seiner ersten Filme sein scharfes Profil so schwer ertrug, wird nun als ein *sex symbol* geschildert ... Schmeichelhaft, gewiß, aber er fällt nicht darauf herein: der Ruf der Lateiner in Sachen *glamor*, die feurigen Eigenschaften, die man ihnen zuspricht, die romantische Konnotation, die Paris und gewisse französische Wörter umgibt (*bonsoir, bistrot, chéri*, es sind eine ganze Reihe Begriffe, deren Anhören allein einen mehr oder minder schwebenden Duft auslöst), all das trägt zu seinem „virilen" Image bei. Verführen will er, ja. Aber auf das Standardimage des *latin lover* festgenagelt zu sein, nein danke.

Der zweite empfindliche Punkt betrifft sein Englisch. Er weiß Richard Watts von der *Post* Dank dafür, bemerkt zu haben, daß er sich bemüht, seinen französischen Akzent nicht vor sich her zu tragen. Er hat seine Einführungsworte auswendig gelernt und versucht, typische Aussprachefehler zu vermeiden. Sogar die, die Chevalier bewußt betonte *(Hello éveribodi! You no, aïe dou note spike inngliche véri ouelle, beutt aïe ame shoure you eundestande mi …)*, um Rührung zu erzeugen – *so charming, isn't it?* Die Intellektuellen Manhattans hatten Montand gewarnt, daß das Ding mit einem Zuviel an französischer Koketterie nicht mehr zog. Zu meiden war auch die Gefahr, in saloppe Anbiederei abzurutschen (darauf kam er, als er von angelsächsischen Schauspielern genervt wurde, die auf französisch mit ihrem eigenen Akzent hausieren gingen). Es war ganz einfach: wenn er es schaffte, diese Gefahren in den Griff zu kriegen, war er hier König.

Broadway's king! The French „coqueluche" …

An freien Tagen oder nach der Show erkunden Yves Montand und seine Frau die Welt ihrer amerikanischen Kollegen. Sie brauchen sich nicht groß anzustrengen, um Zugang zu ihnen zu finden: jetzt sind es die Vereinigten Staaten, die ihnen ihre Botschafter schicken. Die Garderoben im Henry Miller's oder im Long Acre werden nicht leer. Viele New Yorker Schauspieler klopfen an die Tür. Simone Signoret schildert belustigt das Defilee: „Das Schönste war, es kamen alle die Taxichauffeure, die millionenschweren Väter, die verrückten Tanten, die Stationsvorsteher-von-Streckenabschnitten-diedurch-heranziehende-Indianer-bedroht-sind, die reichen oder verarmten Liebhaber, die Inhaber schiecher Bars, die Zeugen-in-letzter-Stunde, die vertrauten Freundinnen, die skrupellosen Reporter, die komplizenhaften Hoteliers ... Sie traten ein. Sagten: ‚You don't know me. My name is ...'" Montand kennt sie nicht, aber erkennt sie alle: es sind die Helden seiner Lieblingsfilme, jovial tauchen sie einer nach dem anderen auf und betrachten den Sänger-Schauspieler wie ein bedeutendes Mitglied der Familie.

Monsieur und Madame Livi, die wie verschüchterte Provinzler gezögert hatten, die Tür des „Sardi's", Nummer 234 W in der 44. Straße, aufzustoßen, sind nun dort die Ehrengäste, um deren Besuch man sich streitet. In einer Nacht sogar, einer Traumnacht, stellt sich ein großer, eleganter Herr unter dem Namen Henry Fonda vor.

Aber am markantesten ist eine andere Begegnung. Arthur Miller, der unter schwerem Druck ein Skript beendete, hatte zur Premiere der Show nicht kommen können (wo seine Frau, Marilyn Monroe, wie gesagt, in Begleitung von Monty Clift erschien). Am nächsten Abend kommt er mit Marilyn – die also die Vorstellung zweimal nacheinander sieht –, um den Sieger vom Broadway zu begrüßen und „seine" Darsteller der *Hexen von Salem* wiederzusehen.

Sie waren sich Mitte November 1956 kurz in Paris begegnet, fünf Monate nach der Heirat des Schriftstellers und der Schauspielerin. Miller hatte damals um Erlaubnis ersucht, das Gebiet der Vereinigten Staaten zu verlassen, aber die Wachsamkeit des Ausschusses für unamerikanische Betätigung hatte ihm den Paß verweigert und ihm verboten, den Erfolg seines Werkes im Théâtre Sarah-Bernhardt mitzuerleben. Als die Fesseln sich dann ein wenig lockerten, hatte er einen Aufenthalt in London, wo seine Frau unter der Leitung von Laurence Olivier drehte, zu einem Abstecher nach Paris genutzt, hatte die Montands kennengelernt und Raymond Rouleau bei den Dreharbeiten in der Rue Francœur ermutigt.

Er hatte damals wahrlich keinen Grund zu fröhlicher Ausgelassenheit – die ohnehin nicht sein beherrschender Charakterzug war. Am 21. Juni 1956 von dem Ausschuß befragt, hatte er sich nicht auf das Fifth Amendement der amerikanischen Verfassung berufen – nach dem jemand, was immer er getan haben mag, nicht gezwungen werden kann, gegen sich selbst auszusagen. Die an den Vorsitzenden Walter und an den „Befrager" Richard Arens gerichtete message bedeutete, daß seines Erachtens keine Straftat seinen politischen Werdegang befleckt habe. Er hatte sich „natürlich" geweigert, seinen Befragern Namen zu liefern. Was ihm in fine 500 Dollar Buße und eine einjährige Gefängnisstrafe auf Bewährung einbrachte (beides wurde von einem Berufungsgericht annulliert).

In einer Hinsicht hatte Arthur Miller Glück gehabt: wäre er in der Hochzeit des McCarthyismus verhört worden, hätte er seine Geradlinigkeit teurer bezahlt. Doch Ende der fünfziger Jahre lockert sich die Hexenjagd, McCarthy ist selbst diskreditiert (er hat sich im Fernsehen völlig lächerlich gemacht). Die Atmosphäre entspannt sich. Als Miller beschreibt, in welchem Kontext er Yves und Simone in den Vereinigten Staaten trifft, spricht er vom „Fall des antikommunistischen Fiebers"[14]. Er steht derzeit auf dem Höhepunkt seines Ruhms. Als Held der amerikanischen Linken erscheint er mehr als moralische Integrationsfigur denn als Wortführer eines politischen Lagers. Im Bereich der Kunst und des Denkens verkörpert er Mut, Treue und liberale Unanfechtbarkeit. Sein Ex-Freund Kazan (sie erneuern später, nicht ohne Schwierigkeiten, ihre Verbindung), der mit dem Ausschuß zusammengearbeitet hatte, wird als sein böser Doppelgänger, sein Gegenbild betrachtet.

Montand und seine Frau, die um diese Vorgänge wissen, fühlen sich doppelt angezogen von dem Mann, der sie zum Diner in sein Haus lädt. Nicht allein ist er der bedeutende Dramatiker, sondern zugleich die beste amerikanische Version dessen, was man in Paris einen engagierten Intellektuellen nennt, Sinnbild eines Gegners der Intoleranz. In dem schönen weißen Appartement, das die Millers am Sutton Place Nummer 444 bewohnen – ein privilegiertes Viertel, dessen Villen auf den East River hinausgehen –, strahlend und karg (doch immerhin mit Seestücken von Braque geschmückt), beginnt die Unterhaltung in leichtem Ton. Man scherzt, weil an diesem Abend die Kostümhose des Chansonniers einen Makel hatte, der seinem Ankleider Pat Saunders entgangen war: als er die Hände in die Hosentaschen steckte, entblößte der auseinandergezogene Stoff unziemlich blitzende Knöpfe …

Bob Castella, der auch dabei ist, verwundert sich über Marilyns Einfachheit. Er hatte eine affektierte, gezierte, künstliche Person erwartet. Doch die „Sexbombe“ aus dem Hollywood-Bilderbuch, das Geschöpf mit der sirrenden Stimme, dem vibrierenden Wimpernaufschlag und den sahnigen Rundungen, die platinblonde Superschöne, die bei großen Gelegenheiten, wie es heißt, Kleider trägt, die ihr auf den Leib genäht sind (und nicht viel drunter), das aufregende Weibchen, dessen Fotos ein Mmmmm … auslösen, das die ein wenig eifernde Faszination verstörter Puritaner verrät, ist zur Stunde lediglich eine liebenswürdige Gastgeberin mit blauen Augen, ohne jegliches Getue, die ihren Mann „Poppy“ nennt und glücklich ist, Besuch zu haben. Sie schenkt Montand ihr freundschaftliches Lächeln und bewundernde Blicke (die Sperre des Englischen ist entschieden stark). Aber der wahre Star dieser Nacht ist Miller, mit dem Simone in einen leidenschaftlichen Dialog gerät – dessen Tenor sie in gewissen Abständen zusammenfaßt.

„Ich glaube", berichtet Miller,[15] „die beiden fühlten sich hinsichtlich der Legalität ihrer Situation auf amerikanischem Boden höchst unsicher, und ich persönlich hege keinen Zweifel, daß nicht wenige Mitglieder der Administration sie gerne anderswohin befördert hätten, unter welchem Vorwand auch immer." Yves Montand hat gleichwohl nur ein „politisches" Lied in seinem Repertoire, *Flamenco de Paris* von Léo Ferré, wo es um einen spanischen Republikaner im Exil geht. Und die gesamte Presse hat sich gehütet, auf diese Tube zu drükken. Die Zeiten sind so, erklärt Arthur Miller Simone Signoret, die Erblasten des kalten Kriegs sind schwer, aber es gibt auch Hoffnungszeichen: Haben Dwight Eisenhower und Nikita Chrustschow nicht gerade das endlose Schweigen zwischen Ost und West gebrochen und am 25. September lange in Camp David konferiert? Wird der junge demokratische Senator John Kennedy zu den Präsidentschaftswahlen im November 1960 seiner Partei nicht den Sieg bringen?

Nach ihren Eindrücken von ihrem Aufenthalt in der UdSSR und den Volksdemokratien befragt, machen die Montands keinen Hehl aus ihrer Enttäuschung und Verstörtheit. Miller ist selber für solche Betrachtungsweise offen. Er hat sich vom linken Ritual losgesagt, das makellos funktionierte, solange die Nazigefahr tatsächlich drohte, und dafür einstand, daß Rot die Farbe der Hoffnung sei. In seinen Memoiren[16] führt er seine Überlegung dazu aus: „Im Marxismus liegt ironischerweise eine tief verzweifelte Passivität vor der Geschichte, dem Individuum ist die Macht in Wirklichkeit verboten, sie steht rechtlich allein dem Kollektiv zu." Er fährt fort: „Daß ich in den sechziger Jahren mühelos die Angst und Frustration der Dissidenten in den sowjetisch beherrschten Ländern begriff, kam großenteils von meinen

Erfahrungen mit dem Ausschuß für unamerikanische Betätigung in den fünfziger Jahren ..."

Der Sympathiestrom, der sich zwischen den Pariser Gästen und ihrem bezwingenden amerikanischen Gesprächspartner herstellt, das Einverständnis, das sich unter ihnen bildet, sind nicht oberflächlich. Sie befinden sich ungefähr am gleichen Punkt. Und sie bewegen sich zur Stunde in die gleiche Richtung.

Dennoch stelle man sich keinen ideologisch hochgestochenen Abend vor. Man kommentiert die gegenwärtige Lage, aber man amüsiert sich auch und trinkt italienischen Wein. Lena Pepitone, Marilyns „Kammerfrau", ist eine ausgezeichnete Köchin (sie findet, wie sie in ihren Erinnerungen[17] bemerkt, Montand ähnele dem vorigen Gatten ihrer Herrin, dem Baseball-Champion Joe Di Maggio, und berichtet, daß die Schauspielerin ihr nach dem Essen gesagt habe, wie sehr ihr der Sänger gefalle).

Der Dichter und Dramatiker Norman Rosten und seine Frau Hedda, alte Freunde und Beschützer Marilyns – Hedda dient ihr als Sekretärin –, nehmen gleichfalls an dem Souper teil.

Kurz, Yves und Simone holen die durch den kalten Krieg verlorene Zeit auf. Mit Siebenmeilenstiefeln schließen sie sich mit denen zusammen, die in den Vereinigten Staaten wie überall sonst das Salz ihres Lebens sind: mit den Gleichgesinnten, den Kollegen, den Mitverschworenen, den Freunden.

Und mit einem Publikum.

Das so französische Montreal weist Yves Montand kaum ab. Das so amerikanische Toronto noch weniger. In Los Angeles schwirrt ihm der Kopf. Er trifft am Mittwoch, dem 4. November 1959, dort ein, und seine Premiere im Huntington Hartford Theatre, einem großen, ehrwürdigen Saal, ist für den kommenden Montag vorgesehen. Vier Tage Zeit, das ist so gut wie nichts, zumal er von seinen New Yorker Musikern nur noch den Klarinettisten und den Gitarristen hat. Kaum die Muße, sich zu sagen, daß dies nun Hollywood ist, daß nur zwei Blocks westlich von Vince Street (wo das Theater liegt) ihn von den Studios der Paramount trennen und daß die Studios der Columbia dort geradeaus nach Norden liegen, hinter dem Santa Monica Boulevard, und schon hat ihn die Disziplin wieder: arbeiten, arbeiten, arbeiten. Die Disziplin und die Angst. Am Broadway konnte er feststellen, daß zwischen Europa und Manhattan doch eine starke Kontinuität besteht. Hier an der Pazifikküste ist er seinen Bezugspunkten wesentlich ferner und seinen Träumen näher. Die Leute, die am kommenden Montag im Parkett sitzen werden, sind diejenigen, zu denen zu gehören er sich so sehr erhofft.

Trotzdem gab es ihm und seiner Frau einen Stoß, als sie vom Flugzeug aus klar erkennbar die Riesenlettern erblickten: HOLL ...

„Mir tun die Menschen leid", sagt Simone Signoret, „die sich den Geschenken verweigern, die ihre Jugend ihnen ins Gedächtnis gelegt hat. Ich jedenfalls gönnte mir von dem kleinen Madeleine-Keks einen Bissen, so groß wie eine ganze Brioche ..." Und dann diese unveröffentlichte[18] Äußerung: „Dort anzukommen, ohne daß man ihnen das mindeste schuldet von dem, was man gemacht hat, das ist der Gipfel des Luxus. Man mußte den Kopf gut beieinander haben, um nicht völlig durchzudrehen – ich stelle mir vor, was das bei jungen Leuten von fünfundzwanzig bewirken könnte. Das hat etwas, um wahnsinnig anspruchsvoll zu werden. Wenn man nicht weiß, daß es auf der Welt noch anderes gibt, wenn man nicht Tausende Jahre einer Zivilisation, plus vier Jahre Okkupation, hinter sich hat, gibt es keinen Grund, daß man das alles nicht als absolut normal abkauft und zum Zombie wird. Wenn ich schon 1949 dorthin gekommen wäre, hätte ich entweder sehr schnell gebrochen oder ich wäre voll auf diese zuckersüße und wundervolle Angelegenheit hereingefallen und eine Hollywoodfrau geworden ..."

Ja, hätten sie die Angebote angenommen, das eine von Jack Warner, das andere von Howard Hughes, die Genugtuung wäre weniger saftig gewesen.

Diese Genugtuung beginnt bereits vor der Show. Anne Douglas, die Frau von Kirk (sie ist Französin), hatte die Montands noch in New York angerufen und eingeladen, ihre Debüts an der Westküste in ihrem Haus zu feiern. Einfach ein Diner unter Nahezu-Landsleuten? Das hieße Hollywood mit Greenwich Village verwechseln. Montand ist der ruhmvollste der frisch importierten Künstler, eine „Entdeckung", wenn man so sagen darf, und Miss Signoret/Alice Aisgill ist die einzige Pariserin, deren letzte Filmrolle die Staaten mehr beeindruckt als Paris. Es ist also eine jener beispiellosen kalifornischen Partys, die das Ehepaar Douglas am Samstag, dem 7. November, gibt.

Grandios. Das bescheinigt nicht die erstbeste, es ist die füllige und gefürchtete Louella O. Parsons, eine der beiden Großkolporteusen (die andere ist Hedda Hopper) von Gerüchten, Klatsch, Skandalen, Verträgen, Liaisons, Brüchen, Zusammenbrüchen und Prozessen, die in „ihrem" Gebiet so gang und gäbe sind. „Was für ein Wettlauf von einer Party zur anderen letzten Samstag!" stöhnt sie im *Los Angeles Examiner* ...[19] „Zuerst das Fest von Ann und Kirk Douglas zu Ehren von Simone Signoret und Yves Montand: der ganze Erdball kam zusammen. Dann das des Lieblingskindes der Kalifornier, Vizepräsident Richard Nixon, an der Seite seiner entzückenden Pat ..." Louella Parsons hat beste Gründe, den vermutlichen Kandidaten der Republikaner für die nächste Wahl nicht zu übergehen: wie letzterer wetterte sie gegen die „Übelmeinenden" jeglicher Gattung, als die Hexenjagd eröffnet wurde. Sie ist übrigens für Yves Montand keine Unbekannte (aber nicht in der Hinsicht): sie haben vor sieben Jahren zur Hochzeit von Ali Khan am selben Tisch gespeist.

Eigentlich stellt die Party der Douglas' die ländliche Promotionparty Richard Nixons ein wenig in den Schatten. Die Großwesire von Hollywood sind zwar genötigt, ihrem Kalifen den Vorzug einzuräumen, doch schlagen auch sie nachher einen kleinen Haken, um sich zur Konkurrenz zu begeben. Jack Warner, der alle juristischen und politischen Gründe hat, den Mann zu schneiden, den er früher einmal dem „ABC" zu entreißen versucht hatte, kommt trotzdem, that son of a bitch, diesem Hurensohn, die Hand zu drücken – ein Symbol, wenn man will. Denn es muß betont werden, daß die beiden Franzosen, um die an jenem Samstag Gary Cooper, George Cukor, Judy Garland, Henry Hathaway, Gene Kelly, Dean Martin, Kim Novak oder Gregory Peck kreisen (nicht zu vergessen der französische Konsul, Romain Gary, der sich für seine düstere Miene entschuldigt: „Denken Sie nicht, daß ich mich langweile, ich bin immer so, es ist mein Wesen ..."), im Prinzip „Rote" bleiben, die nur ein sehr begrenztes Visum haben. Daß Ganz-Hollywood sie so empfängt, unterstreicht zugleich die professionelle Aura, die sie sich erworben haben, wie den neuen Kurs, der sich abzeichnet.

Montand wird Walt Disney vorgestellt. Von La Cabucelle aus, mit dreizehn Jahren, hatte er an ihn geschrieben, um ihm seine heiße Liebe für seine Trickfilme zu sagen und ein Autogramm zu erbitten. Wie hätte Mister Disney ahnen können, daß er mit der Erfindung von Donald Duck in Ivo Livis Auge mehr oder weniger Yves Montand gezaubert hat?

Am übernächsten Tag, während der Chansonnier in seiner Garderobe des Huntington Hartford Theatre sich zurechtmacht, vereinigt ein Gala-Diner direkt gegenüber im Brown Derby die Berühmtheiten, die anschließend nur über die Straße zu gehen brauchen, um der Vorstellung beizuwohnen. Die Kolumnistin Cobina Wright, die Klatschbase vom *Los Angeles Herald Express*[20] (die sich bemüht, im Fahrwasser der beiden Hauptschrecken zu schwimmen), stellt sorgsam die Liste der Geladenen auf: Lucille Ball, Richard Burton, Gene Kelly, Dorothy Malone, Lloyd Nolan, Bob Osborne, Gregory Peck, Frank Powell, Shelley Winters und hundert andere – es ist wie gehabt, Hollywood ist ein wandelnder Vorspann. Keiner, ob Freund, Feind oder neutral, wollte bei dem Ereignis fehlen.

Im Land der mit allen Mitteln erzeugten Ereignisse, der so appetitlichen wie zerbrechlichen Soufflés, die in den Küchen der major companies bereitet werden, ist dieses Ereignis wirklich eins.

Die Presse und die öffentliche Meinung, die zwar vom Broadway beeinflußt sind, aber nichts mehr genießen, als diesen Einfluß zu negieren, können nicht umhin, das bereits im Einzugsfeld von Times Square Geschriebene und Gesagte, bis hin zu den Epitheta, zu wiederholen. „Unvergeßlich“, posaunt die *Valley Times*, „Montand hat das Publikum verzaubert“, überbietet der *Los Angeles Examiner.* „Heiterkeit stiftend“, bescheinigt die höchst seriöse *Los Angeles Times.* „Die Frauen waren in Ekstase“, bemerkt Dick Williams vom *Mirror News*, der im selben Zustand scheint und berichtet, daß der Saal nicht aufgehört habe: „More, more, more!“ zu rufen. *The Beverly Hills Citizen* ergänzt die kurze Liste der Künstler, die allein eine ganze Show „durchzustehen“ vermögen, um den Namen des Sängers. Es waren drei: Al Jolson, Maurice Chevalier, Victor Borge. Nun sind es vier.

Und aufs neue lobt die amerikanische Kritik – im Unterschied zu manchen französischen Blättern – den Perfektionismus des Chansonniers. „Gute Arbeit, M. Montand“, anerkennt Harrison Carrol im *Los Angeles Express.* Aufmerksamkeit jedoch verdient die Schlußfolgerung des Autors: „Und deshalb wirkt Montand am stärksten auf das Gefühl." Der totale Gegensatz zur Pariser Sprache.

Alles ist wunderbar. Alles wird mit einemmal einfach. Sollte dies das Ende des Tunnels sein?

Offensichtlich nicht. Bei Montand gibt es kein „Ende des Tunnels". Entweder gibt das Schicksal seiner angeborenen Angst die notwendige Nahrung, oder er sucht sie sich selbst, bis dieses mobilisierende Angstgefühl ihn wieder in Gang setzt. Und die Angst vor der Leere ist immer stärker als die vor dem Zuviel.

Simone Signoret ist in diesem Herbst zuerst die Begleiterin ihres Mannes und versäumt keine öffentliche Gelegenheit, es zu betonen. Dabei war ihr Ruhm nie so lebendig, da sie *Room at the Top* vertritt, und so tauchen von überall Angebote auf. Es ist die Rede von einer Verfilmung des *Löwen* von Joseph Kessel in Kenya, Regie William Holden. Die Paramount möchte sie zur Partnerin von Bing Crosby haben. Elia Kazan, heißt es, unternimmt mehrere Annäherungsmanöver wegen einer Filmversion von *Chéri* (aber Kazan, alias Gadge, steht bei Simone auf der schwarzen Liste, sie weigert sich aus Prinzip, sich mit ihm zu treffen). Kurz, der Agent von Miss Signoret geht kaum müßig, um so mehr, als ihr Name schon für die Oscars im kommenden Frühling gehandelt wird.

Der Anruf jedoch, der Simone Signoret in San Francisco erreicht, ist nicht direkt für sie bestimmt. „Yves und Sie möchten nach Hollywood kommen", erklärt der Mittelsmann. „Die Fox ist von dem Erfolg Ihres Mannes im Huntington Hartford und in der Chevvy Show beeindruckt. Sie will, daß er in Marilyn Monroes nächstem Film ihr *leading man* ist."

Sunset Boulevard, der Boulevard der Dämmerung, verbindet durch ein dreißig Kilometer langes Band, glatt wie eine Bowlingbahn, die Pazifikküste mit den Vorbergen der Rocky Mountains und führt mitten durch Be-

41, 42 *Let's Make Love.* Arbeit am Text und Probenarbeit mit Marilyn Monroe

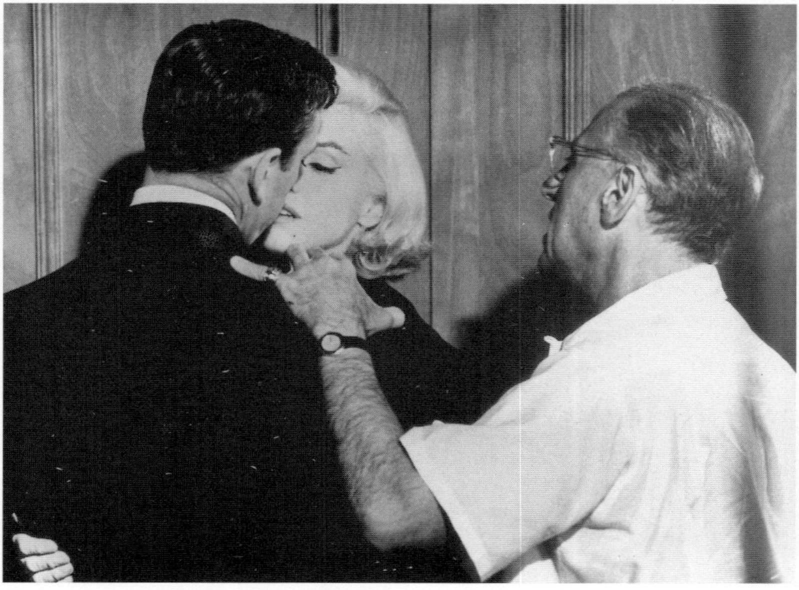

43, 44 Mit George Cukor bei den Dreharbeiten zu *Let's Make Love*

45 1965. Déjeuner mit Serge Reggiani in der „Colombe“ (links im Vordergrund Simones Tochter Catherine Allégret)

46 Montand zwischen Mutter und Tochter

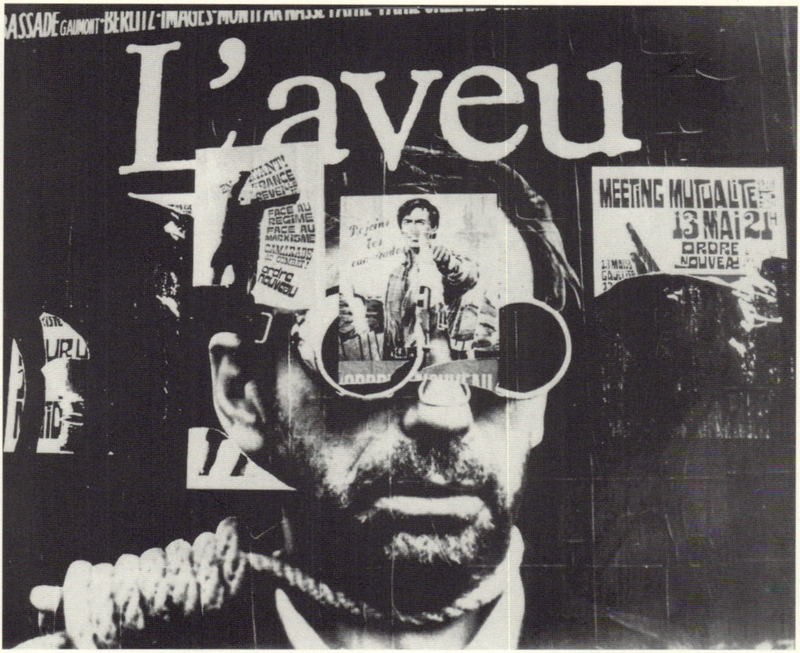

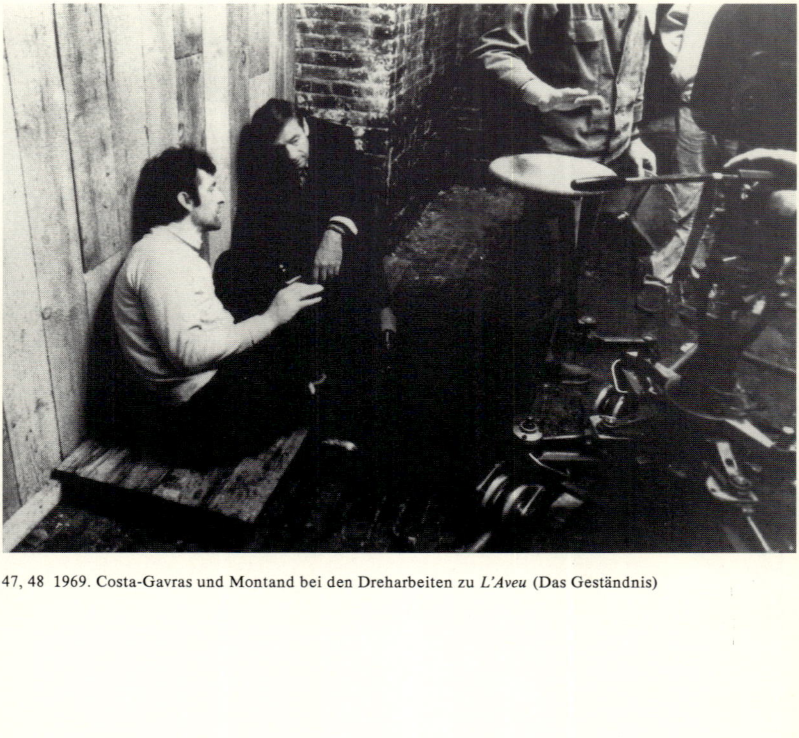

47, 48 1969. Costa-Gavras und Montand bei den Dreharbeiten zu *L'Aveu* (Das Geständnis)

49 Januar 1990. Mit Václav Havel in Prag

50 Mit Jorge Semprun

51 Juni 1986 in Israel, mit Shimon Peres und Anatoli Stscharanski

52 1974. Semprun, Montand, Costa-Gavras, das „Trio“ von Z, nach dem Sturz des Obristenregimes in Athen

53 Hollywood 1968. Obere Reihe (v.l.n.r.): Rock Hudson, John Wayne, Montand. Untere Reihe: Lee Marvin, Robert Evans, Produzent bei der Paramount, Barbra Streisand und (ganz r.) Clint Eastwood

54, 55 1985. Bei den Dreharbeiten zu *Manon des sources*, mit Daniel Auteuil und Claude Berri

56 Festival in Cannes, Mai 1987. Montand, der der Jury präsidiert, erscheint das erste Mal in der Öffentlichkeit mit Carole Amiel

57 Januar 1989. Taufe des kleinen Valentin; neben seinen Eltern die Paten Jean-Louis Livi, Montands Neffe, und Christine Ockrent, eine der namhaftesten Fernsehjournalistinnen Frankreichs

58 Mit seiner Enkelin Clémentine

59 Als Cowboy in *Trois Places pour le 26* (1988), wie einst in *Les Plaines du Far West* (1938)

60

61 Juni 1990. Montand und sein Sohn Valentin

verly Hills und Hollywood. Kommt man vom Meer, erhebt sich zur Linken das Beverly Hills Hotel mit seiner gelbrosa Fassade in maurischem Stil, mehr oder minder andalusisch inspiriert. An dreißig Bungalows stehen über den vier Hektar großen tropischen Park verstreut zwischen Palmen und bunten Beeten. Jeder Bungalow ist in drei oder vier Appartements aufgeteilt. Die Montands erhalten den Schlüssel zur Numero 20, erste Etage. Die Wände ihrer Suite sind mit Krokussen und riesigen Blumen überzogen, der Living-room, mit grünem Plüsch ausgelegt, hat einen Kamin „à la française" (aber die Scheite sind, dank einem diskreten Gasbrenner, mit einem Streichholz anzuzünden), überall Diwans, weiche Polstersessel, abgeklapperte Venedigstiche, und die winzige Küche ist so modern wie überflüssig: ein Anruf genügt, und es wird serviert. Im Schlafzimmer stehen am Bett niedrige Tische, um Skripte zu stapeln. Denn die Klientel des Ortes betreibt die Mono-Industrie.

Mr. Spyros Skouras, ein immigrierter Grieche, seit 1942 der tyrannische Präsident der Twentieth Century Fox, hält sich an eine absolute Regel des Milieus: kein guter Vertrag ohne offenbaren Prunk.

Überdies hat die Unterzeichnung dieses Vertrags äußerste Dringlichkeit, denn *Let's Make Love*[21], wie sich das musikalische Filmlustspiel, für das Montand vorgesehen ist, nicht ohne ein Gran Herausforderung nennt, hat bereits so viele Abfuhren erhalten, daß es mittlerweile zu einem Suspense-Film gelangt hätte. Geschrieben von Norman Krasna, einem der derzeit bekannten Autoren, sollte das Szenario Billy Wilder anvertraut werden. Aber da er ablehnte, wurde George Cukor von der Fox engagiert. Hierauf begann der Reigen der *leading men*, der männlichen Hauptdarsteller, die, falls möglich, das Gegengewicht zu Marilyn Monroe bilden sollten. Cary Grant hatte abgewinkt: die Rolle eines halb naiven, halb überheblichen Milliardärs, der sich vom Charme eines erblühten Girls erschlagen läßt, schien ihm schwerlich das zu sein, was sein Publikum von ihm erwartete. Rock Hudson hätte gern zugesagt, war aber anderwärts gebunden. Charlton Heston fand die Gage unzureichend. Gregory Peck war zunächst versucht, zögerte aber und verzichtete schließlich, weil er meinte, Marilyns Partner sei auf einen Stichwortgeber reduziert.

Was Montand angeboten wird, ist also, milde ausgedrückt, keine unbelastete Erbschaft. Vorausgesetzt, sein spärliches Englisch hätte ihm erlaubt, alle Fallen zu ermessen, wäre er vermutlich dennoch nicht abgesprungen. Simone, die sehr verlockt ist, ermutigt ihn mächtig auf diesem Weg: ein Musical hat noch nie jemanden „umgebracht“, dies ist die Gelegenheit, die man beim Schopf packen muß, um in die Spitze aufzurücken. Dreißig Jahre später äußert Arthur Miller die gleiche Diagnose: „Ich bin sicher, daß er (Montand) aus dem einen und einfachen Grund angenommen hat: es bedeutete, daß er seinen Einzug in den amerikanischen Film mit einer Hauptrolle neben Marilyn Monroe hielt.“[22]

Tatsächlich vergeht nach dem Anruf, der das Ehepaar Montand nach Hollywood zurückruft, und der Zusage an Spyros Skouras nur geringe Zeit. Simone Signoret überfliegt das Drehbuch, stellt fest, daß es keine Verirrungen, keine Vulgaritäten enthält (ab und zu lacht sie sogar, was den Hauptinteressierten beruhigt). Aber der Grund ist klar: es gibt Gelegenheiten, die man nicht ausschlägt. 1973 fragt Pierre Desgraupes den Sänger-Schauspieler, wann er das Gefühl hatte, ein Weltstar zu werden. Nachdem Montand das Wort „Star“, das er nicht mag, zurückgewiesen hat, antwortet er spontan: „In dem Augenblick, als man mich fragte: ‚Monsieur, wollen Sie mit Marilyn Monroe filmen?‘ Stell dir das vor, dieser Junge aus den Marseiller Vorstädten, aus den Crottes, soll nach Hollywood kommen, worauf er sein ganzes Leben gewartet hat! Denn als kleiner Kerl sagst du dir: ‚Ich fang an zu singen, und dann werd ich König von Marseille, und dann geh ich nach Paris, und da spreng ich den ganzen Laden, und dann geh ich nach New York und dann nach Hollywood. Und dann, WAUTSCH …"[23]

Ja, genau in dem Moment ist Giovanni Livis Jüngster der festen Überzeugung, daß er einen Gipfel erklimmt. Vielleicht nicht unbedingt einen Gipfel der Kunst: er weiß so gut wie gar nicht, was ihn erwartet. Aber er weiß, nun wird er an Gene Kelly, Bing Crosby, Frank Sinatra heranreichen, und das auf Kosten einer der Filmgesellschaften, deren Wahrzeichen auf der Leinwand des Marseiller Kinos „Idéal", nahe der Raffinerie von La Cabucelle, mit Pauken und Trompeten für ihn die Wunder der Wunder einleiteten …

Die allmächtige Schauspielergewerkschaft schickt Yves Montand einen ihrer Vertreter, damit der ihm bei der Verhandlung mit den Agenten von Jerry Wald hilft, dem von der Fox bestellten Produzenten. Und es beginnt der Dialog zwischen den Experten (die tun, als bekämpften sie sich, aber derart komplizenhaft, daß Zweifel erlaubt sind), sie beißen sich fest, brechen zum Schein ab, alles im Bungalow von Beverly Hills, im Beisein des verblüfften Schauspielers, dessen Schicksal auf dem Spiel steht.

Der Agent der Fox: „Ist Ihr Klient o. k.?"

Der Agent von Montand: „Er ist o. k. Wieviel bieten Sie?"

„50000 Dollar."

„Das ist nicht Ihr Ernst, wir verlangen 100000."

Der andere, entrüstet: „Well, forget it!" (Gut, vergessen Sie's!) Und hängt auf.

Montand schreit, das sei doch unwichtig. 50000 Dollar sind gut, sind doch viel. „Psst!" macht der Agent gebieterisch. „Die rufen wieder an, keine Bange – let me do it, let me do it …"

Und wirklich klingelt nach dezenter Pause das Telefon erneut.

„Hello!“

„Yes …“

„Well, we thought, maybe, MAYBE, we can go up to 75 000 dollars. (Sie sagen, sie könnten vielleicht bis 75 000 hochgehen, übersetzt Simone.)

Der Sprecher des Franzosen:

„Nein. Wir verlangen 100 000 Dollar.“

„Forget it!“

Und man hängt beiderseits hart auf.

Montand wird hochrot und denkt, der Idiot riskiere aus purem Spaß am Hochtreiben, daß sein Traum stirbt. Er versucht sich eine Zigarette anzuzünden, aber seine Hand zittert. Er zieht Simone beiseite und schüttet sein Herz aus: „Die sind verrückt, diese Amis!“

Es klingelt.

„O. K., it's a deal, 100 000 dollars …“

Simone braucht nicht zu dolmetschen. Man stürzt Champagner hinunter, man tanzt. Der Bungalow Numero 20 ist im Freudentaumel.

Sehr schnell indes wird das Fest durch die Konsequenzen der guten Nachricht selbst gestört. Da ist Catherine in New York, deren Heimkehr sichergestellt werden muß. Und da sind die Japaner in Tokio, die die „gute“ Nachricht mit ostentativer Bitterkeit quittieren. Vergebens verspricht ihnen Montand neun Vorstellungen für Mitte März. Vergebens entbietet er seine Entschuldigungen und verspricht eine einstweilige Entschädigung, fast so hoch wie die Gage für *Let's Make Love*, zu zahlen: die japanische Presse erklärt sich beleidigt. „Herr Montand, Sie sind kein ehrenhafter Künstler“, titelt die größte Zeitungskette. „Yves Montand zeigt sich in erster Linie als businessman“, ist der – ungerechte – Vorwurf des geschätzten Kritikers Ohyo Soichi. Die französischen Tageszeitungen übernehmen die Protestkampagne, verhehlen aber nicht, wie sehr der „Durchbruch“ ihres Landsmanns in den Vereinigten Staaten dem Nationalstolz schmeichelt.

Montand verpflichtet sich, über die Visafrist hinaus, für drei weitere Filme. Die Abfolge wird gemeinsam diskutiert, und die Gage liegt jedesmal nicht unter 100 000 Dollar. Bedenkt man, daß der Staat Kalifornien derzeit lediglich eine Steuer von 5 Prozent erhebt, ist es ein Vermögen, oder der Grundstein zu einem Vermögen, was er einstreicht. Bis dahin hat er in Gelddingen drauflos gelebt, großzügig und durchaus fähig, auf Verlust zu arbeiten (er tut es auch weiterhin), so wie bei seiner Ost-Tournee. Von nun an verändert sich mit seiner beruflichen Spannweite auch sein sozialer Status: er wird „reich“, ziemlich reich jedenfalls, so daß er regelmäßige, von seiner weiteren Tätigkeit unabhängige Einkünfte genießt. Eine neue Sicherheit, von der er gegenwärtig nur die Vorteile sieht.

Von den japanischen Protesten abgesehen – die bei ihm echte Gewissensbisse erzeugen –, endet das Jahr 1959 für Yves Montand in einer Euphorie. Spyros Skouras feiert seine Neuerwerbung mit einem Superempfang im Speisesaal der Fox am Pico Boulevard. Und er begrüßt das Neue Jahr mit Simone bei Romanoff, unter den Größten der siebenten Kunst. Drei Jahre zuvor hatten sie im Kreml gefeiert.

Die Kirmes dauerte indes nicht lange. Als alles unterschrieben, alles im Kasten war, sagte ich zu Simone: „So, jetzt muß ich diesen Film wohl auch machen!“ Ich war gesprungen, damit ich gezwungen war zu schwimmen. Ich hatte keine Wahl mehr, und die Angst kam wieder. Über den ganzen Bungalow waren Dialogstücke verteilt, die ich mir phonetisch einpaukte. Die Fox hatte mir eine Lehrerin gegeben, ein altes Fräulein, Miss Gertrude Faukler, die mich jeden Morgen in einer Straße nahe dem Anwesen meines Freundes Gene Kelly empfing. Der Milliardär Jean-Marc Clément, den ich in Let’s Make Love *spielen sollte, rechtfertigte seinen französischen Akzent durch seine Herkunft, aber er sollte sich auch wie ein Produkt der besten englischen Schulen ausdrücken können, elegant und steif. Und ich schlug mich mit der Artikulation von* I should'nt, I could'nt *herum: das ergab* I shoudöö ... *Mir war zumute, als stünde ich zum zweitenmal vor den* Pforten der Nacht.

Es war ein großartiges Gefühl für mich, als der Wagen der Fox Movie, mit Chauffeur, durchs Portal des Studios rollte. Und dann? Dann habe ich meine Arbeit gemacht, die gleiche Arbeit wie vorher, nur in einer fremden Sprache, also mit viel größerer Angst. Ein Hollywood-Atelier ist auch nur ein Atelier, eins wie alle anderen, vielleicht ein bißchen größer, ein bißchen besser ausgestattet – aber nicht immer. Trotzdem, für den Jungen aus La Cabucelle war es die Erfüllung des fabelhaftesten seiner Träume.

„Cukor abzusagen wäre Wahnsinn gewesen. Wahnsinn war aber auch, daß er zugesagt hatte. Er war verrückt. Und er hatte recht", kommentiert Simone Signoret in ihrem Buch. In Gesprächen zur Vorbereitung dieses Buches fügt sie hinzu – was sie dann jedoch nicht geschrieben hat –, der Titel *Let's Make Love* sei eine Warnung gewesen. Tatsächlich war Montands Hollywood-Aufenthalt (im Gegensatz zu seiner Tournee als Sänger) keine höhere berufliche Etappe, höchstens symbolisch, aber er hat das Leben des Mannes tief verändert. Wegen einer Flurnachbarin.

13

Wir sind an dem Punkt, wo die Legende abhebt, die Erzähler zu faseln beginnen, die Zeugen einander widersprechen. Die „Affäre“ Yves Montand–Marilyn Monroe wird in zahllosen Pressepublikationen und einer ebenso umfänglichen wie leichtgewichtigen Bibliographie[1] mal so, mal so, in allen Arten und Tonlagen beschworen. Hier süßliche Romanze, dort Corneillesche Verstrickung. Der eine schildert Montand als zynischen Typ, der den zarten Star zuerst arglistig verführt und dann der Wüste Nevada und den Barbituraten aussetzt. Der andere beteuert, die Liebenden eines Frühlings dachten an Heirat. Simone Signoret wird bald als eifersüchtig und berechnend, bald als heroisch und überlegen beschrieben. Sie hat Marilyn wirklich gemocht, beglaubigen die Leser ihrer *Nostalgie*, und habe sich eines heiklen Kapitels mit seltener Eleganz entledigt. Aber nein, durch die wohlausgewogene Hülle dringe Herablassung, entgegnen die Liebhaber ewiger Dramen …

Dies Durcheinander ist nicht allein die Frucht des klatschsüchtigen Voyeurismus, der lüsternen Verleumdung, daran die Kolumnisten von Übersee ebenso wie die Pariser Skandalblätter sich mehr als reichlich geweidet haben.

Vielmehr erweist sich, daß die Tatsachen nie öffentlich dargestellt wurden und daß es keine ausdrücklichen Bekenntnisse dazu gibt. Arthur Miller hat in seinen mündlichen Erklärungen wie in seinen geschriebenen Erinnerungen die Episode umgangen: aus Diskretion, Schamgefühl oder Stolz, aus dem Wunsch, dem verhängnisvollen Schiffbruch seiner Ehe keine Woge mehr nachzuschicken, vielleicht auch, um die Polemik nicht aufs neue zu beleben, die sein Stück *Nach dem Sündenfall* entfacht hatte, das er nach Marilyns Selbstmord schrieb und in dem er geheime Triebkräfte eines Verhältnisses, darin Grausamkeit und Ohnmacht miteinander wetteifern, auf die Bühne brachte – was ihm die Gegnerschaft mehrerer einstiger Freunde seiner Ex-Frau, Simone Signoret inbegriffen, eintrug. Yves Montand hat geschwiegen, außer in einigen Gesprächen,[2] in denen er seine Partnerin jedoch eher porträtiert, als daß er über ihrer beider Beziehung Auskunft gibt. Simone Signoret schließlich hat Gefühle für sich behalten, deren Vielschichtigkeit man sich vorstellen mag, und schildert in ihren Memoiren strikt nur die warmherzige Kameradschaft, deren Zeugin und Teilhaberin sie war.

Yves Montand scheut sich, über Marilyn zu sprechen, um keine „Enthüllungen“ zu liefern. Doch findet er sich, wie er sagt, um der zusammenhängenden Darstellung willen dazu bereit. Auch weil er heute darüber sprechen kann, ohne jemanden zu verletzen. Weil diese Geschichte ihm teuer ist. Weil er meint, sie dem Leser anzuvertrauen sei das beste Mittel, um sowohl das Wesen einer oft verratenen, manipulierten, karikierten und verwundeten Frau zu erhellen wie die seltsame Lebenssituation im Licht der Öffentlichkeit stehender Persönlichkeiten darzustellen: ihre inneren Erschütterungen, ihre geheimen Regungen werden ihnen brutal entrissen, um von so notwendigen wie monströsen Druckerpressen entstellt und breitgewalzt zu werden.

Nichts ist banaler und zugleich weniger alltäglich. Wir werden Montand in diesem Kapitel umfänglicher als sonst zitieren: wer wäre in dem Fall eher berechtigt, sich zu äußern?

Wer rasch eingefädelte Intrigen schätzt, möge sich gedulden. Die Redlichkeit erfordert es, zu betonen, daß zwischen dem leading man und der leading woman von *Let's Make Love* lange Zeit nichts als gutnachbarliche Beziehungen und die gemeinsame Arbeit bestanden. Anfang Januar 1960 kommen Arthur Miller und seine Frau nach Los Angeles. Das New Yorker Paar erhält das Appartement Numero 21, es ist dem von Yves und Simone spiegelgleich (die 19 im Erdgeschoß soll der Schlupfwinkel von Howard Hughes sein, hört man, doch bleiben die Fenster geschlossen und die Leibwächter ausweichend). Die Assistenten von Spyros Skouras wissen natürlich, daß man sich beiderseits voneinander angezogen fühlt. Daß die Montands ein Stück von Miller gespielt und daß die vier in Manhattan sympathisiert haben. Sie wissen besser als jeder sonst, welchen Druck Marilyn gemacht hat, damit die männliche Hauptrolle in *Let's Make Love* dem Sieger vom Broadway angetragen wird, so besorgt Cukor auch wegen dessen sprachlichem Handicap war.

Ja, die Fox weiß alles, sieht alles voraus, arrangiert alles. Jerry Wald, der Produktionsleiter (er steht, wie die meisten seinesgleichen, in dem Ruf, brutal und zynisch zu sein) fürchtet in höchstem Maß die Exzentrizitäten, die man von Marilyn kennt. Wenngleich sie im Box-office als sicherster Marktwert gilt – seit 1953 gehört sie zu den zehn ersten *money making stars* –, geht Miss Monroe doch ein fürchterlicher Ruf voraus. Ihre Verspätungen, ihre Paniken, ihre Zustände, ihre Abwesenheiten und Schlaflosigkeiten haben in den Ateliers Schrekken gesät.

Jeder vom Bau hat von den Konflikten und Katastrophen Wind bekommen, die sich bei den Dreharbeiten zu *Some Like it Hot* (Manche mögen's heiß) abspielten: Billy Wilder, der Regisseur, hatte ebensoviel Energie auf die Beruhigung seiner aufgebrachten Truppe wie auf die eigentliche Filmarbeit zu verwenden, und das war um so kraftaufwendiger, als eine Komödie das Maximum an rhythmischer Präzision erfordert; Jack Lemmon und

Tony Curtis warteten stundenlang in Frauenkleidern und auf hohe Absätze gehievt, bis ihre teure Kollegin endlich aus ihrer Garderobe auftauchte. Curtis rächte sich nach dem Abdrehen, indem er erklärte: „Eher würde ich Hitler küssen als diese Frau", ein Wort, das bei normalen Leuten Verblüffung auslöste, nicht aber bei den Leuten vom Fach.

Man kann sich vorstellen, daß Jerry Wald, der sowohl Marilyn „haben" als auch die Überschreitungen, die sie systematisch verursacht, begrenzen will, hocherfreut ist, daß die Wahl von Yves Montand sie fröhlich macht. Seine New Yorker Agenten haben ihm gemeldet, sobald die Sache geregelt war, habe sie wieder angefangen zu tanzen, was sie seit *Gentlemen Prefer Blondes* (Blondinen bevorzugt; Regie Howard Hawks, 1953) nicht mehr ernsthaft praktiziert hatte, und zwar mit Begeisterung und Disziplin. Übrigens kommt sie schon im Januar nach Hollywood, einen Monat vor dem eigentlichen Drehbeginn, um mit Jack Cole, dem George Cukor beigegebenen Choreographen, zu proben.

Der Vertrag mit Montand bedeutet also für die Fox nicht allein, daß man ein neues Talent in seine Register eingetragen hat: sein Kommen rettet den Film oder erlaubt zumindest, an die Arbeit zu gehen. Man verwöhnt ihn, hätschelt ihn, den von der Vorsehung gesandten Frenchman. Man befreit ihn von seiner japanischen Schuld (Spyros Skouras begleicht die Rechnung, indem er einen zusätzlichen Film verspricht).

Man kümmert sich auch um seine Aufenthaltserlaubnis. Ob „Rote" oder nicht, Yves Montand und Simone Signoret erhalten eine Visaverlängerung. „Ich erinnere mich", bezeugt Arthur Miller,[3] „daß namentlich Simone sehr befürchtete, das State Department werde bei ihr die Schraube ansetzen und sie nach Hause schicken – was möglich gewesen wäre, aber meines Erachtens unwahrscheinlich, bedenkt man den Einfluß der Fox. Die Hypothese überzeugt: Simone Signoret wird nur kurz von einem Typ undefinierbarer Zugehörigkeit belästigt. Auf einen Anruf von Miller hin garantieren die Behörden von Los Angeles (übrigens ein gewisser ... McCarthy) die Legalität des Aufenthalts von Monsieur und Madame Livi in Kalifornien.

Für die Bewohner der Bungalows Numero 20 und 21 ordnet sich das Leben. Marilyn geht eifrig ihren Tanzstunden nach und fängt an, den Hit von *Let's Make Love* „hinzukriegen", ein standard von Cole Porter, *My Heart Belongs to Daddy*. Montand sagt bis spät in der Nacht seine englischen „Gebete" her, wie seine Frau es nennt. Arthurs Schreibmaschine hämmert von morgens bis abends. Und Simone, zu der die Equipe von *Room at the Top* gestoßen ist (Jack Clayton und seine Mitstreiter sind von England herübergekommen, um die amerikanische Wunderkarriere ihres Kindes zu beobachten und zu unterstützen), führt ein halbmüßiges Dasein, speist in bester Gesellschaft am Polo Lounge des Hotels, betreibt Laienethnographie unter den vielen farbenreichen Hollywoodstämmen, mustert die Auslagen der Antiquare, genießt den Luxus und die Entspanntheit mit jenem Behagen, jener ihr eigenen Fähigkeit, „Zeit zu verlieren", die ihrem Mann fremd ist.

Sie sind „die Millers" und „die Montands". Mistress Miller bringt Madame Montand eine Winzigkeit aus der Fassung, wenn sie ihr, ohne genauere Gründe zu nennen, gesteht, das Filmen befriedige sie kaum, oder wenn sie sich kämmt, sich anzieht, sich angelegentlich seltener Ausgänge in Marilyn verwandelt – die Operation erfordert zwei bis drei Stunden – oder sich über ihre X-Beine beklagt. Und sie rührt sie, bezaubert sie, belustigt sie manchmal mit ihrem tollen Lachen, wenn sie beide die unnütze kleine Kitchen benutzen, um ein Spaghetti-Essen zu bereiten, oder sich am Samstagnachmittag von einer alten Dame, einer Ehemaligen von der Metro Goldwyn Mayer, die ihre Talente einst auf die Mähne von Jean Harlow verwandte, sich die Haare blondieren lassen …

Die Redlichkeit gebietet es, klarzulegen, daß Montand in der ganzen Zeit von seiner zukünftigen Partnerin durchaus nicht fasziniert ist. Er findet sie freundlich, fröhlich, geschwätziger als ihren Mann. Aber für letzteren empfindet er spontan ein Interesse, gemischt aus Bewunderung, Respekt, Neugier und bald einer Art Liebe. Wenn der eine aus seinen maschinegeschriebenen Blättern, der andere aus seinen phonetisch transkribierten Dialogbündeln auftaucht, ziehen sie gemeinsam die Avenuen von Beverly Hills entlang, Hillcrest, Mapte oder Alpine drive: sie sind dort die einzigen Fußgänger, denn nie kam irgendwem die verrückte Idee, auf diesen Verkehrsadern, die einzig als Zufahrt zu begüterten, umhegten Grundstücken dienen, herumzuwandern. Eines Tages hält sogar ein Polizist sein Motorrad an und erkundigt sich nach dem Wohnsitz der Verdächtigen, da er bezweifelt, daß Bewohner eines Palastes so grundlos ihre Sohlen abwetzen.

Seltsamerweise „versteht" Montand Millers Sprache. Macht es dessen sorgfältige Diktion? Ist es ein gegenseitiger Verständigungswille, der schließlich die Mauer durchbricht? Der Dramatiker zieht mit gerümpfter Nase die sauerstoffhaltige Luft der Privilegierten des Ortes ein (lange vor der Ökologiewelle fliehen die bemittelten Hollywoodbewohner, sowie sie nur können, das verpestete Los Angeles und nehmen Zuflucht in ihren Haciendas von Palm Springs oder in ihren Bungalows am Meer).

„We can't call this place a city. It smells nothing. If you go in Europe, you can smell everything, cooking, garlic …"[4]

Ivo Livi, der die Gerüche von La Cabucelle nicht vergessen hat, stimmt mit einem kleinen inneren Lächeln zu: Knoblauch und Sardinen haben sein Leben reichlich parfümiert. Aber Montand ist vor allem bewegt, daß ein „arrivierter" Mann, ein Prophet seines Landes und anderswo, die aseptischen Zeichen des Erfolgs ablehnt. Norman Mailer meint in seiner recht anfechtbaren Biographie von Marilyn Monroe (die Haltung läßt sich in etwa auf die Frage reduzieren: „Wie hat sie nur andere lieben können als mich?"), der Sänger und Schauspieler habe seinen Gefährten naturgemäß zu beeindrucken vermocht: „Montand entspricht vollkommen der Vorstellung, die Miller sich vom Edelproletarier macht: er stammt von italienischen Bauern ab, sein Vater, ein politisch kämpferischer Mann, hat Mussolini so sehr verabscheut, daß er emigrierte, usw."

Unstreitig spielt die proletarische Herkunft des Franzosen für Miller, den überragenden Wortführer der amerikanischen Linken, eine Rolle. Doch kann die Sympathie, die beide einander nahebringt, nicht allein durch die soziologische Vorgabe erklärt werden. Der gewöhnlich gern schweigsame Dramatiker spricht viel (aber langsam), bestätigt damit das Gefühl geistiger Verbundenheit, das beide Männer von Anfang an empfanden. Er redet von Dreyfus, Mendès France, entwickelt die Idee für ein Drehbuch, erzählt, wie sein achtzigjähriger Großvater, als er im Sterben lag, die Kraft gefunden hat, aufzustehen, um ihm seine Uhr zu schenken. Und Montand hört zu, wie er mit Freuden den Menschen zuhört, bei denen die Worte der Rohstoff und die Überzeugungen das geheime Gerüst sind.

Die Geschichte von Jean-Marc Clément, dem steinreichen Geschäftsmann, der zufällig in die Welt des Showbusiness am Broadway gerät, kennt er nun auswendig: eine Truppe hat ihn (mit der Callas, Elvis Presley und einigen anderen) für das Musical, das sie herausbringen will, zum Prügelknaben erwählt; er will sich das einmal incognito ansehen, wird für seinen eigenen Doppelgänger gehalten und verliebt sich in die entzückende Amanda, die bis zur letzten Szene nicht glauben will, daß er tatsächlich Jean-Marc Clément ist und nicht ein linkischer, arbeitsloser Sosias. Inzwischen leistet sich der echte falsche Industrielle privaten Tanz- und Gesangsunterricht bei Gene Kelly und Bing Crosby, aber am Ende ist er doch „nur“ ein Milliardär ...

Wenn es für Montand auch das Hollywood-Debüt ist, so liest er doch nicht sein erstes Drehbuch. Er hat schnell begriffen, dies ist kein Meisterwerk, außerdem sind alle guten Stücke in Marilyns Korb gepackt worden. Er, der Sänger, Tänzer und Mime, den die Kritik überall in den Vereinigten Staaten gepriesen hat für seine Geschmeidigkeit, seine Präzision, seine Treffsicherheit, wird ins Gewand eines steifen und (da es sich ja um Theater handelt) tolpatschigen Burschen gesteckt, dessen einziges Bravourstück ein ungeschickter Sketch ist. Er darf wahrhaftig nur ganze fünfzig Sekunden der „echte“ Montand sein, wenn seine Figur törichterweise wähnt, Fred Astaire zu sein.

Mit anderen Worten, er spielt den Tölpel. Amerikanische Produzenten, deren weibliche Stars eine starke Konkurrenz fürchten, geben diesen mit Vorliebe einen *Continental* zur Seite, einen *Latin lover*, der eine Aura von südländischer Mythologie verbreitet, ohne den Vorrang des allzu zerbrechlichen Startums der Dame anzutasten. Diese ungleiche Verteilung nimmt Montand hin – er entrichtet auf die Weise seinen Brückenzoll. Dafür hat er sich nun dauernd mit der Natur seiner Rolle herumzuschlagen. Wie kann er sich einen Text einverleiben, wo der Cambridge-Akzent die angeborene französische Tonlage überdecken soll? Wie den Besenstiel ererbter Arroganz schlucken, wenn man Hummeln in den Beinen hat? Wenn Montand sich frei bewegen und singen dürfte, käme alles andere. Aber sein Auftrag ist genau das Gegenteil, und trotzdem muß es werden!

Er weiß nicht, daß Marilyn aus ganz ähnlichen Gründen ebenso heftige Qualen leidet. Das Gewicht des ganzen Films liegt auf ihr – wie sie selbst es wünscht –, aber diese Verantwortung ängstigt sie mehr, als daß sie ihr schmeichelt. Sie hat in der Vergangenheit so große Not ausgestanden, gegen starke Partner zu bestehen (erst kürzlich gegen Laurence Olivier, davor gegen das schreckliche Duo in *Manche mögen's heiß*), sie zweifelt so sehr an ihren wahren Fähigkeiten, sie fühlt sich so wenig als „echte" Schauspielerin, die im „eigentlichen" Repertoire bestehen könnte – obwohl sie in New York regelmäßig das Actor's Studio besucht hat, wo sie mit Brando, Clift, Newman zusammenkam und sich der Autorität des Gurus der Institution, Lee Strasberg, unterworfen hat –, kurz, sie hält den Abstand zwischen dem Star, den die Studios aufgebaut, den sie ins Schaufenster für Liebhaber frischen Fleisches eingesperrt haben, und dem Star, der sie werden möchte – eine Interpretin der *Brüder Karamasow* und nicht ein Pin-up-girl, dessen Höschen das weite Land elektrisiert – für so erdrückend, daß sie alles, was einem Lustspiel gleichkommt, in einem Zustand totaler Angst und Verstörung angeht.

Dieser Film, den sie der Fox schuldet, belastet sie. Der Erfolg von *Manche mögen's heiß* hat sie nicht im mindesten sicherer gemacht noch getröstet (wiewohl sie dort glanzvoll war). Sie führt also widerwillig, mit schleppendem Schritt, diesen Auftrag aus, der ihr mehr oder weniger unwürdig, jedenfalls aber kläglich erscheint. Ihre Niedergeschlagenheit ist so stark, daß Arthur Miller die Arbeit an seinem Drehbuch *The Misfits* (Nicht gesellschaftsfähig), das John Huston drehen soll, unterbricht und wohl oder übel *Let's Make Love* überarbeitet. Er bringt da, wo der Zweitrangigkeit die Puste ausgeht, Züge von Humor hinein, streicht, was auf die Figur der Amanda den leisesten Schatten werfen könnte, kassiert einen Scheck von Spyros Skouras und ist wütend, daß er so, und sei es aus Liebe, seine Kunst prostituiert. Ein solcher Zwang bringt das Paar fatalerweise in ein demütigendes Ungleichgewicht. Arthur Miller, damals auf dem Gipfel seines Ruhms, mit einer Aureole unerreichter Integrität umgeben, hat den Eindruck, über kurz oder lang Mr. Monroe zu werden.

Siebenunddreißig Jahre später berichtet er in seinen Memoiren voll Bitternis über diese schmerzvolle Phase: „Ich hatte sozusagen jede Hoffnung, zu schreiben, aufgegeben. Ich hatte mich entschlossen, ihr (Marilyn) meine Kräfte zu widmen, um ihr die gefühlsmäßige Unterstützung zu geben, die sie überzeugen sollte, daß sie nicht mehr allein in der Welt stand – der Kern ihres Problems, wie ich meinte. Ich ging sogar so weit, gewisse Passagen von *Let's Make Love* umzuschreiben in dem Versuch, sie vor einer völligen Katastrophe zu bewahren, eine Arbeit, die ich um so lustloser machte, als das Drehbuch nicht einmal das Papier wert war, auf dem es getippt war. Es war eine falsche Rechnung, die uns in nichts näherbrachte." Den Autoren dieses Buches sagt er – gewiß um zu betonen, daß sein globales Urteil über das Werk und die Periode nichts mit dem einstigen Groll eines eifersüchtigen Ehemannes zu tun hat –, daß Montand seines Erachtens sich mehr als ehrenhaft aus der Sache gezogen hat: „Ihm ist es gelungen, einer leeren, künstlichen Figur einen Anschein von Charme zu verleihen."

Weder Simone Signoret (die in ihrem Buch ein äußerst pastellenes Bild des Ehepaares Miller gibt) noch Yves Montand ahnen, wie zugespitzt die Lage ist. Montand weiß eigentlich nichts von der Karriere und der Persönlichkeit seiner Partnerin. Er hat den ganzen John Ford, den ganzen Capra, den ganzen Kazan gesehen. Aber nicht gesehen hat er *The Seven Years Itch* (Das verflixte siebente Jahr; Regie: Billy Wilder), das Marilyn 1955 in die Spitze der Stars brachte, noch etwa *Bus Stop* (1956). Er weiß gewissermaßen nicht, daß die kleine Norma Jean Mortenson, Tochter von Gladys Baker, einer Schnittmeisterin, die chronisch unter Geistesgestörtheiten litt, und einem unbekannten Vater, herumgestoßen in Behelfsunterkünften, in Heimen, gekämpft hat, um sich den Tausenden käuflichen Mädchen zuzugesellen, die, um eines Tages auf die Leinwand zu kommen, die kalifornischen Nabobs umschwirren, und daß sie, nachdem sie ins Zauberreich eingelassen war, aufs neue gekämpft hat, um sich vom üblichen Harem abzusetzen.

Elia Kazan, der mit Marilyn Monroe ein mehr als freundschaftliches Verhältnis hatte, bevor die Schauspielerin zum Mythos wurde und, vor Arthur Miller, den Baseball-Champion Joe Di Maggio heiratete, erinnert sich in seinen herben Memoiren[5] mit aufgewühlter Zärtlichkeit an das Starlet, das bei ihren ersten Begegnungen aufrichtige Tränen über den Tod ihres „Beschützers", des Produzenten Johnny Hyde, weinte, dessen Vermögen sie ausschlug und dessen Andenken sie ehrte. „Löschen Sie in Ihrer Vorstellung das Bild, das Sie sich von dieser Frau gemacht haben", schreibt Kazan. „Als ich ihr begegnete, war sie ein unkompliziertes, leidenschaftliches Mädchen, das mit dem Fahrrad zu seinen Kursen fuhr, ein Koboldwesen und ein aufrechtes Herz, das Hollywood mit gespreizten Beinen zur Schau stellte. Sie hatte eine feine Haut und eine gierige Seele, gierig auf die Anerkennung von Leuten, die sie achten konnte. Wie viele andere Mädchen, die gleiche Erfahrungen gemacht hatten wie sie, maß sie ihre Selbstachtung mit der Elle der Männer, denen sie hatte gefallen können."

Diese von den gewohnten Klischees so sehr abweichenden Zeilen sind vielleicht die schönste Hommage an jene Marilyn, die ihre Arbeitgeber, das Publikum und die Presse in die „absolute" Sexbombe der fünfziger Jahre umzumünzen versucht hatten. Sie erklären zugleich, weshalb Marilyn Monroe sich von einer Gestalt wie Miller so stark angezogen fühlte, Miller, der sie als die am wenigsten gekünstelte aller Frauen beschreibt und gegenüber *Life* sagte: „Ihre Schönheit strahlt, weil sich dahinter immer ihre Seele zeigt." Auch legen Kazans Zeilen die Heuchelei des *movies business* bloß, das seine Goldmine zu vergöttern vorgab und ihr doch die mindeste künstlerische Ehrung verweigerte – auf die sie mehr als alles andere hoffte.

Ebensowenig wußte Montand von Marilyns Bemühungen, sich dem Gesetz eines Darryl Zanuck und anderer Fürsten der herrschenden Filmgesellschaften zu entreißen und dank der Ergebenheit eines Freundes, des großen New Yorker Photographen Milton Greene, die Monroe Productions zu gründen. Eine Herausforderung, die den Film von Laurence Olivier, *The Prince and the Show Girl* (1957) zwar nicht überlebt, ihr dennoch aber, als sie wieder bei der Fox unterzeichnet (Zanuck ist als Produktionsdirektor inzwischen abgelöst), mehr Freiraum hinsichtlich der Drehbücher, der Regisseure und sogar der Kameramänner einträgt. Ein sehr begrenzter Sieg. Marilyn möchte, daß Hollywood sie ernst nimmt. Aber Hollywood betrachtet sie als eine aufreizende Puppe (sie ist dreiunddreißig Jahre alt), die ihr fabelhaftes sex appeal verlieren würde, wenn sie, von den verstiegenen Intellektuellen Manhattans angeheizt, weiter darauf bestünde, sich für eine große Tragödin zu halten. Ihre Aktfotos illustrierten früher Reklamekalender. Man möchte ihr dringend raten, nicht das Register zu wechseln, abgesehen von zwanzig Quadratzentimetern Stoff.

Das etwa steht unausgesprochen zwischen Yves Montand und seiner Nachbarin, als Mitte Februar Drehbeginn ist. Um 5 Uhr 30 früh rollt sich Marilyn, noch schlaftrunken, im Fond des roten Ford zusammen, der sie zum Schminken fährt (eine *Life*-Reportage zeigt nicht weniger als sieben Experten, die langsam die Illusion vom Vortag wiederherzustellen befaßt sind: zwei Friseure, ein Perückenmeister, ein Spezialist für falsche Wimpern, einer fürs Pudern, einer fürs Make-up, einer, der die unteren Lider schminkt, ihre Weiße, das Zeichen von Jugend, überwacht und den strahlenden Blick herstellt). Montand, dem solche Prozeduren des anderen

Geschlechts erspart sind, kann zwei Stunden länger schlafen, bis ein – diesmal grauer – Ford vor dem Hotel hält.

George Cukor ist ein angenehmer Mensch, kultiviert, geduldig, humorbegabt. Das menschenfresserische und majestätische Ritual Kaliforniens hat er 1954 in *A Star is Born* ungeschönt skizziert, hat dem Clan einen getreuen und düsteren Spiegel vorgehalten als einer vom Bau, dem man nichts mehr weismachen kann, da er auf die Sechzig zugeht. Er gehört zu den Homosexuellen, bei denen die Frauen einen Hafen finden, und ist dafür bekannt, daß er harmonisch die schwierigsten zu führen versteht (Greta Garbo, Ava Gardner, Katherine Hepburn, Jean Harlow, Judy Holliday, Sophia Loren, Anna Magnani, Lana Turner haben es unter anderen bestätigt). Er empfängt Montand mit Wärme, erzählt ihm tausend Geschichten und tut vor dem freundlich verwirrten Lächeln, das sein Zuhörer vorsichtig aufsetzt, als bemerke er gar nicht, daß der keine Silbe versteht. Er beschließt seine Anweisungen mit Ermutigungen – „Yes, this man is very good ...“ –, setzt auf Geduld – „Don't worry, was nicht gut wird, drehen wir nochmal ...“ – und lockert so nach und nach den von seinen „Gebeten“ besessenen Franzosen.

Marilyn ist zunächst von den Musiknummern in Anspruch genommen. Eines Samstagnachmittags, bevor ihre gemeinsame Arbeit beginnen soll, wohnt Montand einer letzten Probe bei. Schwarzer Hintergrund. An einem Mast gleiten zwei mollige, durch schwarze Seide schlanker erscheinende Beine nieder. Ein langer, überlanger irischer Pullover. Und ein künstlich zerzauster Blondkopf. Das Gesicht rosig und voller Augenzwinkern:

> My name is Lolita and uh
> I'm not supposed to play
> With boys – Ich? Uh uh

Mein Herz gehört Papa
You know seinen Besitzer
Ba da ba da ba da ba da bee a ba da ba da
bee a ba da

Ehrlich gesagt, findet Montand, der diese Kunst und ihre strengen Regeln beherrscht, daß seine Kollegin sich nicht ganz so toll bewegt. Da ist noch etwas Steifes. Sie ist sich dessen auch selbst bewußt und bittet Jack Cole, den berühmten Choreographen mit dem scharfen Profil und dem feinen Bart, noch einmal mit ihr zu probieren. „Sie ist keine große Tänzerin, und sie weiß es“, sagt Cole zu Journalisten von *Life*[6]. „Sie ist ein großer Star, dem die Grundlagen und die Erfahrung fehlen. Aber die Furcht, schlecht zu sein, motiviert sie unerhört. Sie will es, sie möchte ihre Nummer besser als irgendwer sonst machen. Ihr Perfektionismus ist so stark, daß sie immer hofft, noch ein bißchen mehr Zeit zu haben, um sich eine zusätzliche Probe zu leisten.“

Dieser Perfektionismus ohne Perfektion erobert den privilegierten Zuschauer mühelos. Sicher ist Marilyn kein Tanzstar und wird es nie sein. Aber wenn sie mit ihrer hellen Stimme ihr pidu pidu pidu wah macht und dabei ihre köstlichen Rundungen schwingt, ist sie frischer, drolliger, gegenwärtiger als alle Pawlowas der Welt.

Aus dem Abseits bewacht sie ein Schatten. Ist sie Dueña, Mentorin oder Adjutantin? Was immer, Paula Strasberg, die Gattin von Lee, dem „Papst“ des Actor's Studio, weicht keinen Schritt von ihrer „Schülerin“. Ewig in ein schwarzes Sackkleid gehüllt, die spärlichen Haare straff nach hinten, statt jeden Schmucks eine Uhr an der Halskette, zeigt Mistress Strasberg unabänderlich die abweisende Miene des unentbehrlichen *coach*. In ihrer Jugend, bei Anbruch der Roosevelt-Ära, gehörte sie dem Group Theatre an, jener brodelnden Vereinigung bilderstürmerischer Talente, die die amerikanischen Bühnen revolutionierten (die Leiter waren nacheinander Lee Strasberg, Harold Clurman, Cheryl Crawford; der Inspizient, Mädchen für alles, war kein anderer als ein gewisser Gadge, und der Haupttextlieferant hieß Clifford Odets), gleichzeitig war sie in einer Parteigruppe mit Elia Kazan zu einer Zeit, da es zum *must* des ruchlosen Protests gehörte, in die Kommunistische Partei einzutreten; dann wurde sie an der Seite ihres Mannes zum Pfeiler des New Yorker Studios, der Schauspielschule, der Schule des Lebens, wo man keine Technik lehrt, sondern eine Atmung, eine Ethik, eine befreiende Apnoia nach Erkundung der Tiefen des Ich.

Von Drehort zu Drehort „klebt" sie an Marilyn, die sie über jede Replik, jede Geste konsultiert. Billy Wilder, Laurence Olivier und die meisten anderen Regisseure, die Miss Monroe zu führen hatten, bewahren eine alptraumhafte Erinnerung an diese doppelte Befehlshaberschaft. Doch die höchstberühmte Schauspielerin hat so große Angst vor sich selbst, daß sie diese Anwesenheit, diesen Kontrollmonitor fordert. „Sie ist ein nervöses Kind", sagt Paula Strasberg über sie. „Was herauskommt bei ihr, hängt davon ab, wie sie ihre Nervosität einsetzt. Sie kam damit nicht zurecht, bis wir es ihr zeigten."

Arthur Miller ist Paula gegenüber wenig liebevoll – er kennt sie professionell wie privat recht gut. Und er entrüstet sich in seinen Memoiren darüber, daß ihre Gage für ihre bloße Anwesenheit bei den Dreharbeiten zu *Let's Make Love* über der Gage der Hauptrolle lag: „Marilyn ertrug ihre Dummheit und ihre verworrenen Ratschläge, weil sie für sie vor allem ihre Verbindung zu Lee war, dem gegenüber sie eine fast religiöse Unterwürfigkeit hegte ... (Paula) war die imaginäre Mutter, die alles bestätigte, was Marilyn gern hören wollte, sogar das, was ihre Verletzlichkeit und ihr Mangel an schauspielerischer Erfahrung sie glauben machten."

In gewissem Sinn hat Yves Montand Glück, daß sein

Geist völlig von der Angst, seinen Text zu meistern, beherrscht ist (noch heute, wenn er sich den Film ansieht, fragt er sich, aus welcher Kehle diese englischsprechende Stimme kommt; die Sprache ist ihm vertraut geworden, er streut gern amerikanische Ausdrücke ins Gespräch, aber das Mysterium dieser aus seiner Sicht brutalen Initiation bleibt voll bestehen). Hätte er die Muße gehabt, die Kompliziertheit der Falle, in die er sich so fröhlich hineinwarf, besser zu durchschauen, er wäre davongerannt. Aber gerade die „Unschuld", mit der er die Dreharbeiten aufnimmt, ist ihm weit über seine Vorstellung hinaus von Nutzen.

Ich bin tausend Meilen davon entfernt, zu denken, zwischen Marilyn und mir könnte sich irgend etwas anbahnen, tausend Meilen – ich würde es sonst sagen. Wenn ich auf etwas scharf bin, dann auf die englische Sprache. Die anderen um mich essen, reden, leben. Ich aber kämpfe nur immer mit meinem Text. Denn er will mir nicht eingehen, ich kriege ihn nicht intus – Schlimmeres ist mir in meinem ganzen Schauspielerleben nicht begegnet (stellen Sie sich einen Anwalt, einen Professor, einen Politiker vor, der in drei Wochen eine Hundertseitenrede in einer fremden Sprache auswendig lernen sollte). Ich muß mich flüssig ausdrücken können. Und ich muß dabei eine gewisse kontrollierte Hochnäsigkeit haben. Mein Schiß ist dermaßen groß, daß ich kaum auf Marilyn achtgebe, auf niemand eigentlich. Ich finde sie hübsch mollig, ich sage mir, daß mein Freund Arthur eine wunderschöne Frau hat. Aber ich habe nur eine Obsession im Schädel: den Text, den Text, den Text. Und außerdem liebe ich Simone, Schlußpunkt.

Am ersten Tag bin ich tot vor Angst. Der Leser kann das bestimmt nicht verstehen, wenn er an der Leier vom Künstler festhält, der mit allen schläft, Pailletten trägt, tolle Autos fährt und in Luxushotels wohnt (was es natürlich alles gibt). Zu Anfang haben Marilyn und ich nur eine fixe Idee gemeinsam: die Arbeit. Sie ackert, ackert. Auch sie will es schaffen.

Wir fangen den Film mit dem Begegnungsdialog an. Marilyn-Amanda fragt:

„You're really French, aren't you?"

„Yes. Very much so."

„Been here long?"

„I go back and forth. My family is rather transatlantic ..."[7]

„Ah, dieses th in forth! Ich hatte es trainiert, indem ich immer wiederholte fifTH Avenue, fifTH Avenue ... Und ich versuchte mich in eine Würde, so britisch wie möglich, zu kleiden.

Schließlich ging es nicht ganz übel. Aber vorher hatte eine kurze Episode uns einander nähergebracht. Ich wartete auf sie, um die Szene zu machen. Sie kam nicht (ich wußte so gut wie nichts über sie, aber ihr Ruf in der Hinsicht war doch bei mir angelangt). Endlich kommt sie und entschuldigt sich:

„You're going to see what it does mean to shoot with the worse actress in the world!"[8]

Als sie dieses with spricht, sehe ich ihre Zunge zwischen den Zähnen, und das ist entzückend. Ich kratze meine Wörter zusammen, um ihr nett und seelenruhig zu antworten:

„So you're scared ... Think of me a little bit. I'am lost."[9]

Und dieses Geständnis befreit sie auf einmal. Sie kann's nicht fassen. Der Continental, den sie laut Besetzung „ausstechen" soll und von dem sie sich ein beunruhigendes Bild gemacht hat (die Aureole von Lohn der Angst, *von* Hexen von Salem, *der Fernseherfolg, der Triumph am Broadway unter dem Beifall von Marlene Dietrich oder Ingrid Bergmann, usw.), dieser Continental also zittert und gibt es auch noch zu. Das ist ein echter Schock für eine Frau, die an ihren Komplexen gegenüber anderen Schauspielern zu kauen hat und, nicht ohne*

Grund, sich von den Hollywoodleuten mehr oder minder verachtet fühlt. Es ist das erstemal, daß ein leading man, ein Mann, der seinen Rang zu wahren hat und vor dem man selbst seinen Rang wahren muß, sie ins Vertrauen zieht, einfach weil er die Angst mit ihr teilt.

Sie hat sich vor mir nie über frühere Konflikte beschwert. Von Tony Curtis hat sie nur gesagt: „Das war nicht einfach." Aber von diesem Augenblick an wußte sie, daß ich über sie Bescheid wußte, daß ich sie durchschaut hatte (wie vor mir ganz bestimmt Elia Kazan). Arthur Miller begriff wahrscheinlich die wahre Natur einer solchen panischen Angst nicht: er ist kein Schauspieler, er kann die Arbeit des Schauspielers oder der Schauspielerin vollendet einschätzen, aber die Geheimchemie von Schauspielern, um die zu erraten, muß man selber Schauspieler sein. Und selbst dann! ...

Wenig danach hat ein anderes Geständnis meinen Eindruck bestätigt. Wir beiden Paare waren zum Essen in die Stadt gefahren und kehrten zurück ins Hotel. Im Wagen diskutierte Simone mit Arthur. Da flüstert Marilyn mir zu:

„You know, Cukor is not a very great director."[10]

Ich raffe meine Brocken Englisch zusammen und protestiere:

„Sorry, don't say that. Is not true ... Cukor great director and he loves the actresses. You look beautiful, but I think you're afraid of acting. You need rehearsals ..."[11]

Nach einer Weile:

„Yes, you're right. I think maybe we need rehearsals."[12]

So kam es, daß wir, um unsere beiderseitigen Ängste zu beruhigen, uns gemeinsam an die Arbeit machten. Ich klopfte an ihre Tür, oder sie kam zu mir: „How are you?" – „Fine!" – „We work now" ... Wir setzten uns gegenüber, ich half ihr so gut ich konnte, Vertrauen zu sich selbst zu fassen. Und das Bild, das mir dabei einfällt, ist Marilyn in Jeans aus Schottenkaro, die Bluse halb offen (absolut nicht unzüchtig), und ihre unglaublich blauen Augen, die immer eine Klarheit hatten, wie die meisten anderen Frauen sie nur manchmal, nur für Momente haben. War es das besondere Licht dieser kalifornischen Wintertage? Ich weiß es nicht.

Der Einfluß des Frenchman erweist sich tatsächlich als wohltätig. Anfangs zeigt sich Marilyn wie immer: überhaupt nicht „kapriziös“ (das ist das Etikett, das ihr die Kolumnisten mit Vorliebe anhängen), aber immer wieder zurückweichend, bevor sie sich hineinwirft. Alles dient ihr zum Vorwand, um den Augenblick hinauszuzögern, wo es heißt „Kamera ab!“ – ein Tropfen Schweiß, eine rebellische Haarsträhne, der irische Pullover von *My Heart Belongs to Daddy*, der sich durch vieles Probieren ausgeleiert hat und zipfelt. Sie vertut keine Zeit: aus ihrer Sicht gewinnt sie welche, läuft schutzsuchend zu Paula Strasberg, schmiegt sich an und hört ihr, an den Fingernägeln kauend, zu, verschwindet, trägt ihr Lampenfieber hin und her spazieren in der vergeblichen Hoffnung, es abzumildern, es einzuschläfern. Und Montand wartet geduldig, manchmal aber auch ungeduldig, fühlt sich als Objekt, als etwas in die Ecke Gestelltes („I'am not a car!“ scherzt er düster, witzelt aber lieber, als daß er die wütende Entrüstung in sich aufsteigen läßt, der Tony Curtis nachgegeben hatte).

Aber Klint Heurtebise, der Kameraassistent, oder Dorothy Jickens, die Ankleiderin, bemerken, was ihn diese Verzögerungen kosten. Er vergißt, daß ein Milliardär in grauem Flanell (die italienischen Schneider der Fox haben zehn Anzüge angefertigt), einen aristokratischen Kaschmirmantel mit kastanienbraunem Samtrevers und -kragen darüber, nicht instinktiv die Hände in die Taschen stecken darf wie Yves Montand auf den Brettern des „Etoile“ …

Mehrere Zeugen wissen von der Heftigkeit der Krise, die Marilyn Monroe in dieser Arbeitsphase durchmacht.

Sie konsultiert einen bekannten Psychoanalytiker, Dr. Ralph Greenson,[13] bei dem sie sich über die Schwächen des Drehbuchs von *Let's Make Love* beschwert, und klagt darüber, daß Paula Strasberg, wie sie meint, ihr nicht genug Aufmerksamkeit widmet. Der Analytiker ist über ihren Verbrauch von Demerol, einem narkotischen Schmerzmittel, und mehrerer anderer Medikamente der Art entsetzt, die sie sich bei einer ganzen Reihe von Ärzten hatte verschreiben lassen.

Simone Signoret erzählt, daß ihr Mann sie eines Morgens gegen 10 Uhr vom Studio aus völlig fassungslos anruft: Marilyn ist nicht erschienen, und der ganze Drehstab lungert im Atelier herum. Arthur Miller ist derzeit nicht in Hollywood: er ist nach Irland geflogen, um mit John Huston am Drehbuch der *Misfits* zu feilen. Simone klopft an die Tür der Nachbarwohnung, schreit, trommelt. Nichts. Montand kommt ins Hotel gefahren, kritzelt einen Zettel, den er seiner Partnerin unter der Tür durchschiebt und der so schließt: „... Laß mich nicht Stunden an einer Szene arbeiten, wenn du sowieso beschlossen hast, anderntags nicht zu drehen. Ich bin kein Ekel, ich bin dein Freund, und Kleinmädchenlaunen habe ich noch nie lustig gefunden. Salut!" Die Botschaft wird langsam ins Innere gezogen, aber ohne Wirkung. Bis es abends dunkel wird und Miller aus Dublin anruft: Marilyn, erklärt er, schäme sich zu sehr, um herauszukommen. Und die Montands kriegen ein heulendes Kind zu sehen, das sich an die Brust schlägt: „I'am bad, I'am bad, I'am bad, I won't do it again ..."[14]

Yves Montand hat wahrscheinlich richtig getroffen, als er das Wort „Launen" gebrauchte. Was seine Partnerin ihm anvertraut hatte, rechtfertigte die Hypothese, den Verdacht: das Wort trifft sie, fordert sie heraus. Marilyn, in ihrer Schwäche ertappt und schuldig, den stillschweigenden Vertrag gebrochen zu haben, findet wieder festen Boden, und allmählich, durch weitere Proben, geschieht das Unvorstellbare – sie beherrscht sich, hält den Stundenplan und die Gesetze des Metiers mit nicht mehr, nicht weniger Disziplin ein als irgendeine andere Schauspielerin. Das Phänomen ist derart unfaßlich, daß George Cukor, Arthur Miller, Jerry Wald dem Franzosen ihre Dankbarkeit bekunden und endlich aufatmen. Es ist vier Jahre her, seit der Star sich so nahezu normal benommen hat.

Das Wunder der aufkeimenden Liebe? Die Version vertreten fatalerweise etliche Chronisten. Norman Mailer[15] in seiner fast krankhaften Eifersucht auf alle einstigen Liebhaber des strahlenden Objekts seiner Begierde, spinnt diesen Faden. „Montand rühmt sich: ‚Sie ist beim Drehen ganz verändert‘, schreibt er, ‚sie tut alles, was ich ihr sage. Alle sind über ihre Zusammenarbeit sprachlos; immer guckt sie auf mich, ob sie meine Zustimmung hat! ...‘“ Er „rühmt sich zu Recht“, räumt der große Autor ein und bestreitet sogleich, nicht ohne Bosheit, die Wirkung des Wunders: „Es ist wahr, sie hat noch nie einen Film gemacht, wo sie einem Regisseur so gehorsam war. Sie hat auch noch nie einen Film gemacht, wo sie dermaßen beliebig ist. Wir finden damit eine traurige Wahrheit bestätigt. Kunst und Sex lassen sich nicht vereinbaren.“

Tatsächlich liegt die Veränderung in Marilyns Verhalten eindeutig vor dem Idyll, das bald darauf entsteht. Dies ist nicht allein eine Frage der Chronologie. Montand beharrt auf diesem Umstand, um den Vorrang der beruflichen Beweggründe vor jeglichem anderen Element zu unterstreichen. Ihm war es gewiß nicht gleichgültig, bei dem Vertragsabschluß zu *Let's Make Love* zu hören, wie die schönste Frau Amerikas der Presse erklärte: „Neben Marlon Brando, und natürlich nach meinem Mann, ist Yves Montand der verführerischste Mann, dem ich je begegnet bin.“ Aber 1960 ist er überzeugt, und ist es noch heute, daß seine „beruhigende“ Gabe, deren Wirkung dermaßen spektakulär erschien, nicht in erster Linie die Frucht einer jähen Leidenschaft, sondern eines vielleicht noch geheimeren Einverständnisses war: er hat Marilyn „gelöst“, weil sie beide eine eingeborene Angst gemeinsam hatten, die weder bei dem einen noch dem anderen den wachen Sinn für das Lächerliche erstickte. Meisterwerk oder nicht, geniales Szenarium oder mühseliges Machwerk, beide haben sich mit Haut und Haaren hineingestürzt, ohne sich über das Ergebnis des Unternehmens allzu große Illusionen zu machen.

Gerade der Abstand, der zwischen soviel Ernsthaftigkeit und soviel Unsicherheit klafft, erzeugte den Taumel, der sie zusammenbrachte. Das aber hat wenig mit dem üblichen vulgären Tratsch, mit dem Klatsch des *Daily Variety* oder des *Hollywood Reporter*, mit Vaudeville und „Aufschneiderei“ zu tun.

In der Music-Hall kann der Sänger-Schauspieler sicher sein, daß er so beurteilt wird, wie er ist; beim Filmen dagegen, einem kollektiven Abenteuer, ist seine Erfahrung, daß man einer dem Metier wesenseigenen, gebieterischen Regel unterworfen ist, nach der man fast nie für das, was man wirklich ist, getadelt oder gelobt wird. Der Hollywood-Star Marilyn Monroe ist die ideale Beute dieses höllischen Mechanismus. Und Montand, der sich seit fünfzehn Jahren herumschlägt, um auf dem Gebiet anerkannt zu werden, muß keine große Mühe aufwenden, um diese ihre Obsession zu begreifen. Das, meint er, sei das Geheimnis seiner „Macht“ über Marilyn.

Was uns enorm näherbrachte, war unsere Herkunft aus den unteren Schichten und Marilyns Haltung zur Zeit der Hexenjagd, wo sie sich völlig mit Arthur Miller solidarisiert und die Wut der Studios provoziert hatte. Aber es war noch etwas anderes, Tieferes. Meine Sympathie für sie wuchs, als ich ihre Verwundbarkeit begriff, ihre Klarsicht, ihre große Trauer darüber, daß sie keine „Rolle“ bekam (sie meinte, eine Gelegenheit dazu habe sie in Bus

Stop *gehabt, während ich eher an* Don't Bother to Knock *dachte). Sie träumte davon, daß die Leute vom Bau sich fragen: „Haben Sie Marilyn Monroe in der oder der Rolle gesehen? Aber sie wußte genau, wie es damit stand, sie machte sich keine Sekunde etwas vor über ihr Startum. Und obwohl ich wie alle Welt ihr pu pu piduh hinreißend fand, stellte ich zwischen uns beiden eine gewisse Parallele fest. Als ich im Film debütierte, war ich nicht sehr gut. Später glaube ich zwei, drei ehrenhafte Sachen auf meinem Konto verbucht zu haben, aber trotzdem gab es weitere Fehlgriffe und einiges, wo ich zu sehr der „sympathische und reichlich simple Bursche" war. Hollywood oder nicht, der* Milliardär *war noch kein Start. Und ich habe mir darüber auch nichts vorgemacht.*

Zwei Ereignisse verändern das Klima und den Ablauf der Dreharbeiten. Anfang März 1960 werden die „Nominierungen" für die Oscars, die traditionsgemäß im April verliehen werden, bekanntgegeben. Am meisten interessieren dabei stets der beste Darsteller, der beste Film, die beste Darstellerin. Jedesmal benennt eine Vorauswahl fünf Damen (die von 2 500 Leuten vom Fach in geheimer Wahl bestimmt werden). Eine zweite Runde (25 000 abgegebene Stimmen) spricht einer von ihnen die goldene Statuette zu, mit der die Siegerin des Jahres ausgezeichnet wird. Die Cäsars, Molières, Victorias und andere Nachahmungen des Hollywood-Brauchs in anderen Ländern haben den Glanz des Oscars ein wenig beeinträchtigt – sogar die amerikanischen Fernsehzuschauer bringen heute nicht mehr die frühere Begeisterung für ihn auf. 1960 aber, obwohl das neue Jahrzehnt das Ende des silbernen Zeitalters der Kinemathographie bedeutete, ist der Oscar noch der Nobelpreis, eine einzigartige Auszeichnung in der Welt, und wird, anders als der Nobelpreis, sehr selten jemandem zugestanden, der nicht zum englischen Sprachraum, zum Land, zur Hochburg … kurz, zu Hollywood gehört.

Es sind also ihrer fünf. Katherine Hepburn und Liz Taylor (*Suddenly Last Summer* – Plötzlich im letzten Sommer), Audrey Hepburn (*Nun's Story* – Geschichte einer Nonne), Doris Day (*Pillow Talk* – Bettgeflüster). Und Simone Signoret (*Room at the Top* – Der Weg nach oben).

Ohne der endgültigen Nominierung vorzugreifen, ist dies bereits ein Ereignis. Eine französische Schauspielerin auf Grund des Erfolgs einer bescheidenen englischen Produktion in die Endrunde einzubeziehen ist ein Bruch mit den Gepflogenheiten. Daß obendrein diese Schauspielerin nahezu als Kommunistin gilt, auf dem Boden der Vereinigten Staaten lange Zeit persona non grata war und jetzt mit anerkannten Berühmtheiten in der ersten Reihe steht, treibt die Überraschung auf die Spitze. Und zwar so sehr, daß die gehässige Hedda Hopper, Starkolumnistin der Hearst-Press – sie war in einer Fernsehsendung, wo es um den McCarthysmus ging, regelrecht über Simone Signoret hergefallen – deren Namen zu nennen schlicht und einfach „vergißt".

Auch Marilyn wird „vergessen". Aus anderen Gründen, immer denselben, hat man die Hauptdarstellerin von *Manche mögen's heiß* von vornherein aus dem Kreis der Großen ausgeschlossen. Es wäre ein Wunder, wenn sie nicht einen Stich Eifersucht darüber verspürt hätte, daß ihre anscheinend so in sich ruhende Kollegin Simone mit ihrer so kräftigen, bestimmten Redeweise ihre rundlichen Vierzig mit einer solchen Autorität durchzusetzen versteht.

Der Kontrast zwischen beiden – zumindest der Kontrast ihrer Publikumswirkungen – ist schreiend. Während Marilyn mit ihren Anfang Dreißig dennoch das Image kultiviert, das man ihr anheftet, das sie verabscheut und zugleich als ihre Überlebenschance betrachtet, nimmt Simone die Gegenposition zu den Amerikanern (und mehr noch den Amerikanerinnen) ein und erklärt, daß das Alter keine so schreckliche Gefahr sei und daß der Rang eines Stars sie wenig locke. Das Höchstmaß an Ungezwungenheit ...

„In einer Zeit, die kleine Nymphen und zerzauste Sexbomben glorifiziert, bietet Simone Signoret das anziehende Bild der warmherzigen Frau, reif und weiblich", schreibt die Journalistin Laura Bergquist in *Look*[16]. Und die Französin bestätigt, daß sie untypisch ist: „Ich verspüre kein Verlangen, wirklich ein großer Star zu werden. Das ist eine erdrückende Bürde, und ich bin viel zu faul, um mich von Verpflichtungen einschränken zu lassen, die mir keinen Spaß machen. Ich kenne eine große europäische Filmschauspielerin, die vierundzwanzig Stunden am Tag ihr Gesicht, ihren Körper und ihr Bankkonto überwacht. Ich wette, sogar ihr reizender Gatte muß um einen Termin ersuchen, um mit ihr zu schlafen. Was ist ein solches Leben wert? Im Augenblick schätzen viele Leute meine Arbeit – vielleicht haben die Zuschauer von den hübschen Puppen genug. Dieses Jahr geht es mir also bestens. Aber im nächsten Jahr wird ein neues Gesicht das meine verdrängen ..."

Es braucht ein höllisches Selbstbewußtsein, um vor den Kaliforniern ein solches Glaubensbekenntnis abzulegen. Trotzdem, denkt wahrscheinlich Marilyn, ist eben diejenige der Star des Augenblicks, die sich als Anti-Star gibt. Und umgekehrt.

Das zweite Ereignis war ebensowenig voraussehbar. Von Anfang März bis Mitte April treten alle Schauspieler von Los Angeles nach Aufforderung ihrer mächtigen Gewerkschaft in einen gnadenlosen Streik, um an den royalties beteiligt zu werden, die die Fernsehketten für die Ausstrahlung von Filmen zahlen, die von der Filmindustrie produziert worden sind. Ein Konflikt, der für die Polarisierung im Reich der movies hochbezeichnend ist. Wochenlang stehen die Ateliers verödet, sind die Dreharbeiten unterbrochen. Wehe dem, der das Gebot nicht einhielte (den Schauspielern wird von der Gewerkschaft eine tägliche Entschädigung gezahlt, damit die Front keinen Einbruch erleidet)! So steht Yves Montand im Streik und Marilyn Monroe auch.

Zu Beginn weiß noch niemand, daß der Berufsstand sich auf eine sehr lange Kraftprobe einrichtet. Die Montands und die Millers nützen die Zeit für diese und jene Annehmlichkeiten. An einem Wochenende fahren sie zum „public beach" (einem öffentlichen Strand, wo der Eintritt frei ist) von Hermosa. Dort besitzt Marilyns Friseur ein Haus und hat seiner Kundin den Schlüssel anvertraut. Die vier mischen sich unter die Menge, schlendern den Strand entlang. Arthur Miller nimmt die Brille ab und scherzt: „Jetzt erkennt uns niemand." Tatsächlich durchqueren sie die Flut der Badenden, ohne behelligt zu werden. Dann essen sie in dem geliehenen Haus etwas aus der Hand. Marilyn wäscht sorglich das Geschirr ab, Arthur schreibt ein Wort des Dankes.

Ein sehr normales Wochenende. Ein wenig zu normal ...

Als die Lähmung der Studios sich in die Länge zieht, beschließt Miller, wieder New-Yorker Luft zu atmen und die *Misfits* zu überarbeiten – die „große Rolle" für Marilyn, die paradoxerweise sein Scheidungsgeschenk wird. Das Paar verläßt die Suite Nummero 21. Yves und Simone winken ihnen vom Balkon zum Abschied.

„Good luck! I know! I know you're going to get it!"[17] ruft mit ihrer kleinen hohen Stimme der Star dem Anti-Star zu.

Sie meint natürlich den Oscar, und natürlich bekommt ihn Simone.

Es ist ein Abend im April 1960, als Los Angeles sich selber zum Schauspiel macht, wo Scheinwerferkolonnen, wie im Vorspann der Twentieth Century Fox, den Himmel anstrahlen und die einfachen Sterblichen daran gemahnen, daß die Götter sich zum heiligen Festmahl begeben. Vincente Minnelli hat die Großveranstaltung inszeniert, Bob Hope ist ihr Monsieur Loyal. Es ist ein Aprilabend, da der Lärm des Planeten verstummt und man sich einen feuchten Kehricht schert um den endgültigen Bruch zwischen Moskau und Peking, um das zweite französische „Bömbchen", das in der Sahara explodiert, um die „tournée des popotes"[18] Charles de Gaulles in Algerien oder um Nikita Chrustschows Besuch bei letzterem. Es ist ein Abend, da Hollywood sich dem Taumel seines gewohnten Narzismus ergibt, wo das Defilee der Limousinen, das black and white der Smokings, der nackten Schultern und der lange vorher gewählten Kleider (Simone hat sich für schwarze Federstickerei entschieden) die einzige Gegenwart sind, die zählt.

Simone Signoret hat Lampenfieber. Yves Montand auch, denn er gehört zu den performers des Abends: Minnelli hat ihn um zwei Chansons gebeten. Dazu haben sie Lampenfieber einer für den anderen.

Sich vor anspruchsvollen, vornehmen, unerbittlichen Sälen zu produzieren, darin ist Montand erfahren, auch wenn das Parterre des Pantage RKO Theatre in dieser Nacht den Berühmtheitskoeffizienten aller vorangegangenen Gelegenheiten der Art übertrifft. Etwas anderes bewegt ihn, etwas Beispielloses, ein heißer Schwall von La Cabucelle. Nach dem Oscar für die beste Filmmusik ist er an der Reihe, Bob Hope ruft Fred Astaire, und Fred Astaire verkündet: „I have the great honor, the great pleasure to present you a French singer called Yves Montand ..." Der in *Un garçon dansait* einst Fred Astaire imitierte, bevor er *A Paris* anstimmte ... Erinnerungen, die sich ineinander verschachteln. Er verbeugt sich, kehrt zu Minnelli in die Kulissen zurück. Der meint, er solle sich doch wieder in den Saal setzen gehen. „Nein", entgegnet der Sänger, „der nächste Oscar ist der für die beste Darstellerin, und den bekommt meine Frau." Baff über eine so starke Überzeugung, bleibt dem Zeremonienmeister der Mund offen stehen. Während dieses kleinen Dialogs entsiegelt Rock Hudson den Umschlag.

Ein Photograph von *Life* hat Geste und Ausdruck der Schauspielerin exakt in der Sekunde erfaßt, da ihr Name genannt wird. Sie schlägt die Hände vor die Brust, stößt mit solcher Kraft die Luft aus, daß ihr Oberkörper vorschnellt und sie halb aufspringt. Freude kann einen Menschen mit demselben Unmaß anfallen wie eine Katastrophe. Das sagen jetzt ihre Augen und ihr Körper.

Dann herrscht die Unschärfe eines fessellosen Trubels. Mit der Equipe von *Ben Hur*, die nicht weniger als zehn Trophäen errafft hat – bester Film, bester Regisseur (William Wyler), bester männlicher Darsteller (Charlton Heston) –, präsidiert Simone Signoret dem Festmahl im Beverly-Wilshire. Ihr persönlicher Sieg verdoppelt sich um den Sieg, den das Milieu über sich selbst errungen hat: durch die Wahl, die es traf, sind die Hexen endgültig exorzisiert. Mehrere Auserwählte dieses Abends sind Überlebende der schwarzen Liste. Aber das beredteste Symbol der sich vollziehenden Rehabilitation und der sich bekräftigenden Entspannung ist zweifellos die Krönung der schwefelrüchigen französischen Schauspielerin. „Those communists“, knirscht Hedda Hopper …

Montand erinnert sich verworren an eine Flut von „Congratulations! Congratulations!“ von lauter Unbekannten, an die Fürsorglichkeit unzähliger Produzenten (die ihn nachher an ihren Swimming-pool einladen oder ihn auch zu einer Partie Lügenpoker holen: da hat er Henry Fonda zum Partner), an die „Alles in Ordnung, mon chéri?“ von Simone, die besorgt ist, ihr Mann könnte das Gefühl haben, sich in Monsieur Signoret zu verwandeln …

Aber nein. Er verspürt keine Eifersucht, versichert er. Vielmehr Bewunderung und Stolz. Das Gefühl, in ein nicht enden wollendes, sehr moralisches Feenmärchen geraten zu sein, in ein Raumschiff, dessen Beschleunigungen nicht aufhören, ihn zu verwundern.

Eifersüchtig ist Marilyn. Lena Pepitone, ihre „Kammerfrau" und Vertraute, berichtet[19], daß ihre Herrin sich am Telefon, kurz nach der Preisverleihung, beklagte:

„Sie hat den Oscar, sie hat Yves, sie ist intelligent, alle haben Achtung vor ihr ... Sie hat alles! Und ich, was habe ich?"

Sie hat ein Vakuum in der Seele, und weit mehr. Nicht nur, daß die berufliche Anerkennung, die sie sich vergebens erhofft, wie der Horizont vor ihren Schritten zurückweicht; auch das Gegengewicht zu dieser Bitternis, ihre Verbindung mit Miller (die in Manhattan oder Los Angeles ironisch als „widernatürlich" bezeichnet wird), ist im Begriff sich zu lösen. Der Dramatiker, der wahrscheinlich durch eine der schlimmsten Prüfungen seines Lebens geht, stellt fest, daß zwei Zerbrechlichkeiten keine Kraft bilden, so zärtlich immer das Band gewesen sei, das sie zusammenschloß. Er wird aufgezehrt von diesem blendenden und verlorenen Wesen, das sich verstoßen glaubt und ihm unabänderliche Ohnmacht vorwirft.

In *Zeitkurven* faßt er die Atmosphäre dieses letzten gemeinsamen Frühlings, dessen Schwere die kalifornische Sonne nur schlecht verbarg, zusammen: „Freudig hatte ich die Rolle angenommen, die sie (Marilyn) seit langem für denjenigen entworfen hatte, der sie retten würde, aber ich war bis jetzt daran gescheitert; ebenso war sie mir als die barmherzige und sinnliche Geliebte erschienen, auf die ein Leben der Selbstverleugnung mich lange vor ihrem Auftauchen vorbereitet hatte. Zwischen diesen Träumen und der Wirklichkeit hatte sich eine Leere aufgetan, in der der Wurm der Schuld sich eingenistet hatte – denn einer wie der andere fühlten wir uns schuldig, naiv und unbedacht gewesen zu sein oder, schlimmer noch, uns gegenseitig etwas vorgemacht zu haben."

Alles ist zur Stelle, nicht für ein Vaudeville, sondern für eine Schicksalsverknüpfung, die andere tiefere Einschnitte hinterlassen wird.

Die Verhandlungen zwischen der Schauspielergewerkschaft und ihren Partnern kommen zum Abschluß. Die Studios erwachen wieder, die Dreharbeiten zu *Let's Make Love* gehen weiter. Im Bungalow Numero 20 des Beverly Hills Hotels thront die so hochbegehrte Statuette neben einem Foto des Hauses in Autheuil. Aber der Streik hat die wohlgeplante Gemeinsamkeit Yves Montands und seiner Frau aufgehoben. Denn sobald *Let's Make Love* im Kasten wäre, sollte er in Japan seinen Vertrag über rund zehn Chansonabende erfüllen, dann zu ihr nach Rom fliegen, wo sie von dem Regisseur Pietrangeli (für den Film *Adua e le compagne*, mit Marcello Mastroianni) erwartet wird. Damit hätten sie es geschafft, eine äußerst bewegte Phase nahezu ohne Trennung durchzustehen.

Der Streik der kalifornischen Filmschauspieler verschiebt Montands Termine um zwei Monate. Er muß seine japanische „Nachhole-Session" absagen. Und Simone Signoret muß nach Italien fliegen. Sie werden sich erst Ende Juli in Paris wiedersehen: außer während der Dreharbeiten zu dem Film *La mort en ce jardin* (Pesthauch des Dschungels), zu denen Simone 1955 nach Mexiko mußte), sind sie nie für eine so lange Zeit voneinander getrennt gewesen. Parallel dazu kehrt das Ehepaar Miller – Simone Signoret ist bereits abgereist – von New York nach Hollywood zurück, damit Marilyn ihre Arbeit fortsetzen kann. Aber der Dramatiker verschwindet gleich wieder unter dem Vorwand, Verpflichtungen gegenüber seinen Kindern aus erster Ehe zu haben, und um sich ein weiteres Mal mit John Huston abzustimmen.

Der Franzose kennt die Hintergründe nicht, die ihm

helfen würden, manche Zeichen zu entschlüsseln; ihre Tragweite erhellt sich ihm a posteriori. An einem Wochenende, bevor Marilyn nach Reno in Nevada fährt, um das künftige Umfeld der *Misfits* kennenzulernen, steckt sie Montand liebevoll zu: „I'll miss you." Er notiert sich „miss you" und fragt einen Freund. „Das heißt: ‚Ich werde dich vermissen'", erklärt ihm der andere. Nett, denkt er angerührt, ohne eine andere Botschaft dahinter zu vermuten. Ihm ist auch, als murmele Arthur Miller im Moment der Abreise etwas wie: „What will happen will happen ..."[20] Oder spielt ihm sein mangelhaftes Englisch einen Streich?

Ich hatte Marilyn für mich allein, und ich wußte es nicht. Ich ging zu meiner Partnerin, meiner Kameradin, um mit ihr zu probieren (nach ihrem Weekend in Reno bekam sie das benachbarte Appartement nicht wieder, ihr Bungalow war ein bißchen weiter weg). Ich habe sie nicht mit ihrem Mann entzweit. Das erstemal, daß ich wirklich Marilyn besuchte, war an einem Sonntag ... Und da hatten wir schon lange Umgang miteinander. Aber nichts, absolut nichts. Dabei kommt es in unserem Beruf durchaus vor, daß man nach einer schwierigen Szene eine Art Euphorie, eine plötzliche Gelöstheit erlebt, die in Zärtlichkeiten übergehen kann.

Jeden Abend, nach dem Studio, arbeiten wir noch ein, zwei Stunden. Wenn sie schließlich aufsteht, sind wir noch in Probenanspannung, ich rauche eine Zigarette nach der anderen, und dann lächelt sie: „OK, now we'll eat ..." Da sehe ich sie an und denke, wie fabelhaft schön, gesund und begehrenswert sie ist – aber ich begehre sie nicht, ich bin so sehr woanders, daß es schon seltsam ist, fast blöd; ich nehme einfach diese unerhörte Ausstrahlung wahr, den Einschlag dieses leuchtenden Charismas. Ich bin stolz, daß sie so eifrig, so pünktlich ist.

Ich empfinde ihre Wärme als freundschaftlich.

Eines Tages ist sie wirklich erschöpft, außerstande zu probieren. Und ich, ich habe eine heikle Szene am Hals. Ich bin also im Begriff, heimzufahren und zu büffeln. Da treffe ich Frau Strasberg: „Fahren Sie doch zu Marilyn, ihr guten Abend sagen", meint sie, „Sie würden ihr eine Freude machen, weil sie traurig ist, daß sie nicht arbeiten kann ..." Ich fahre hin. Ich weiß noch, der Salon war ganz weiß, weiße Sessel, weiße Vorhänge, ein schwarzer Tisch, Kaviar und, wie gewöhnlich, eine Flasche Champagner Rosé. Ich setze mich auf ihren Bettrand und tätschele ihre Hand: „Du hast Fieber?" – „Ein bißchen, aber es geht schon. Ich freu mich, dich zu sehen." – „Ich freue mich auch, dich zu sehen." – „Wie war's heute?" – „Gut, gut ..." Der alltäglichste Dialog der Welt. Ich habe für den nächsten Tag noch eine halbe Seite durchzugehen. Ich gebe ihr ein kissing good night. Und ihr Kopf fährt herum, meine Lippen rutschen ab. Es war ein wundervoller Kuß, zart. Ich bin halb verdattert, stottere herum, stehe auf, schon von Schuldgefühl geschlagen, frage mich, was mir eingefallen ist. Ich frag es mich nicht lange ...

Am nächsten Tag scheinen die Dinge zunächst wieder wie immer. Wir arbeiten. Aber es ist ein Großbrand, ein reißender Schmerz, ich versuche nicht einmal mehr, das Spiel zu besänftigen. Im Atelier ist unser Einverständnis total, Marilyn lacht offen, unbeschwert, und das ist was, Marilyns Lachen. Abends im Hotel wendet sie Listen eines Sioux auf, um durch den Hinteraufgang in meinen Bungalow zu kommen.

Marilyn, wird man Ihnen erklären – und das sagen Ihnen viele vertrauenswürdige Leute, die sich informiert haben –, sei ein unausgeglichenes, von Schlafmitteln ausgehöhltes Mädchen gewesen. Vielleicht war sie das auch. Aber die Frau, die ich in den drei Monaten kannte, war das nicht. Sie spielte Marilyn für draußen. Aber drinnen habe ich jemand anderen gekannt, kraftvoll, mit wachem Verstand, mit der Vitalität einer Bäuerin, wohlgenährt, schön beisammen, einer deutschen Bäuerin: wie Marlene Dietrich ganz am Anfang, auf den ersten Fotos, vor dem Blauen Engel ... *Oft kam sie schon frühmorgens in mein Appartement, und wir frühstückten zusammen. Ein Breakfast mit Marilyn, das war gigantisch, „gargantisch": zwei Spiegeleier, Würstchen, Weißkäse oder Schellfisch, Milch, Fruchtsaft (allerdings war die Pause im Atelier wirklich nur eine Pause). Aber was für ein Appetit! Verzeihen Sie, wenn das nicht das gebräuchliche Bild ist, aber ich möchte sagen: was für eine Gesundheit!*

Natürlich war da auch das quälende Bewußtsein ihrer Grenzen in ihr, die Überzeugung, daß sie nicht die große Schauspielerin war, die sie gern sein wollte. Aber sie war eine enorm reiche Persönlichkeit, eine außerordentlich starke Natur – auch wenn sie in der Stadt oder auf der Leinwand eine ganz kleine Stimme hatte. Die Faszination, die von ihr ausging, ihre Macht der Verführung waren einfach da, ihr beinahe unbewußt, ob sie spielte oder nicht spielte. Sie hatte es nicht nötig, ihre Strumpfnaht geradezuziehen, damit einem anders wurde: wenn sie über Regen oder schönes Wetter oder übers Essen in der Kantine redete, war es das gleiche. Sie besaß eine Art Unschuld, und je weniger sie machte, desto anziehender war sie. Marilyn war ein Ausnahmewesen, und es war ihr inneres Licht, das sie in den Vordergrund, vor die Scheinwerfer, brachte. Wenn du an Gott glaubst, kannst du sagen, nur Gott allein kann ein solches Licht schenken, ein Licht, das derjenige, den es bewohnt, nicht beherrscht ... Marilyn litt darunter, keine anerkannte Schauspielerin zu sein, aber sie war auch nicht wirklich eine Schauspielerin: sie war etwas weit darüber.

Yves Montand kontrolliert weder, noch begreift er recht, was ihn hinreißt. Es ist das erstemal, daß er seine Frau in dem Sinn „betrügt", den er dem Wort gibt: es ist das erstemal, daß er woanders „festhängt". Denn er spürt wohl, daß das, was sich mit Marilyn Monroe anspinnt, nicht das klassische Vergnügungsduo noch die außereheliche Verlängerung einer Arbeitskameradschaft ist, wie es das in solchem Milieu gelegentlich gibt.

Einige Vor-Symptome hatten ihn gewarnt, daß das Kap der Vierzig keine gewöhnliche Lebensetappe, keine runde Zahl unter anderen ist. Ob verheiratet oder nicht, hat er des öfteren bei einer Begegnung ein plötzliches Begehren empfunden – wie jeder andere auch, nur vielleicht heftiger, umwerfender bei einem Mann, dessen Impulsivität eine wichtige Produktivkraft ist. Besonders seit dem Beginn der Amerika-Tournee aber hat ihn zwei, drei Mal eine nicht so normale Empfindung ergriffen: der bestürzende, köstliche und jähe Wunsch, zu lieben und geliebt zu werden, Gegenstand von Zärtlichkeit zu sein und sie grenzenlos zurückzugeben. Da ist eine Unbekannte, die er eines Morgens in New York auf dem Weg zur Berlitz School flüchtig sieht (er kehrt im Laufschritt um, damit er der verwirrenden Fremden noch einmal begegnet, und sieht sie in der Menge untertauchen). Es ist die Frische von Jane Fonda, die artig im Hall des Algonquin sitzt (im Geist fühlt er sich zu jedem „Verrat" fähig). Es sind die Sommersprossen und der so angelsächsische Teint einer erregenden Hollywood-Schauspielerin – Shirley McLaine –, die er in Los Angeles sah. Er war über diese romantischen Anwandlungen dermaßen baff, daß er sich frei und offen Simone bekannte, die die Neuigkeit mit begreiflicher Zurückhaltung aufnahm.

Marilyn und ihr Liebhaber halten ihre Beziehung geheim, so gut sie können, das heißt ziemlich schlecht. Im Atelier hat Cukor rasch verstanden. Obschon das Hin und Her zwischen dem Wohnwagen der weiblichen Hauptrolle und der Garderobe der männlichen nichts Ungehöriges hat, ist er zu feinfühlig und zu gut placiert, um angedeutete Gesten, flüchtige Blicke nicht zu bemerken und zu deuten. Im Hotel kommt die Bewegung von einem Bungalow zum anderen, unter Eukalyptusbäumen, einem Pfadfinderspiel gleich und erweckt fatalerweise früher oder später die Aufmerksamkeit eines Beobachters: eines schönen Morgens im Juni 1960 stößt eine schwarze Bedienerin überrascht auf Miss Monroe, wie sie das Appartement von Mr. Montand nach der Gartenseite zu verläßt. Und früher oder später nehmen die Klatschblätter, die überall ihre bezahlten Spione haben, das ausgelassene Treiben der Hauptdarsteller von *Let's Make Love* ins tägliche Inventar ihrer Berichte über nächtliche Eskapaden auf – denn natürlich verkaufen sich die verbotensten am besten.

Ahnend, daß Skandal droht, erhöht Montand die Vorsichtsmaßregeln. Marilyn und er dinieren möglichst oft im Restaurant im Beisein von Paula Strasberg, der Dueña. Wenn sie sich ein Tête-à-tête gönnen, so gegen Ende der Dreharbeiten in einem diskreten italienischen Bistro, wo die Schauspielerin ungeschminkt, nur mit Lidschatten erscheint. Sie nehmen drei, vier Mal Einladungen von befreundeten Schauspielern an, besuchen zwei öffentliche Vorstellungen, werden jede Woche bei Verantwortlichen der Fox empfangen; nichts, was von der gebotenen Routine abweicht.

Je weiter der Sommer vorrückt (die letzten Dreharbeiten zu *Let's Make Love* sollen nach dem neuen Zeitplan nicht über Juni hinausgehen), desto mehr schwankt Montand zwischen Taumel und Panik. Dieses Glück selber, dieses schuldhafte Glück, bestürzt ihn. Schlimmer noch: mancherlei Anzeichen, und höchst beredte, bezeugen, daß in den Augen seiner Gefährtin eine so unleugbare Freude für die Dauer geschaffen sein sollte. Ob reine Leidenschaft, ob Verlangen nach Sicherheit, die ihr endlich ein Partner gibt, ob heimliche Versuchung, in Form einer Verurteilung oder einer Herausforderung eine Botschaft an ihren Mann zu richten: Marilyn jedenfalls schließt sich Montand immer mehr an, der darüber zugleich selig und tief bedrückt ist, weil er seine Freundin weder betrüben mag noch kann, aber von der Sorge über die Konsequenzen seiner Unentschiedenheit auch nicht loskommt. Ein Vierteljahrhundert später wird er Milan Kundera vorgestellt, versenkt sich in dessen Werk und grübelt über manche Züge darin nach, so über das Wort, das er gerne zitiert: „Eine Frau verführen kann jeder Dummkopf, aber wissen, wie man bricht, das ist eine Kunst.“ Ein Satz, dessen Triftigkeit je nach der Partnerin variiert.

Die Öffentlichkeit oder viele meiner Freunde glaubten, diese Liaison habe mir vor allem geschmeichelt. Geschmeichelt war ich selbstverständlich. Aber unendlich mehr war ich gerührt. Gerührt, weil es schön war, und gerührt, weil es unmöglich war. Keine Sekunde habe ich erwogen, mit meiner Frau zu brechen, keine Sekunde; aber wenn sie die Tür zugeschlagen hätte, ich hätte wahrscheinlich mit Marilyn gelebt. Oder es versucht. Das war die Neigungsrichtung. Es hätte vielleicht nur zwei, drei Jahre gedauert. Ich hatte da keine zu großen Illusionen. Trotzdem, diese zwei oder drei Jahre, was für Jahre!

Durch die Haltung, die Simone dazu einnahm, hat sie verhindert, daß die Frage sich stellte. Sie hat sich tatsächlich nicht gestellt.

Der Juni geht zu Ende. Und Marilyn Monroes Beschäftigung an *Let's Make Love* auch. Sie kehrt zurück nach New York, während Montand in Hollywood bleibt: Cukor will einige Szenen, wo seine Aussprache nicht befriedigt, mit ihm nachsynchronisieren. Diese gut zehn einsamen Tage erlauben eine qualvolle Gewissensprüfung.

Simone Signoret meldet sich von Rom. Und stellt Fragen. Die italienische Skandalpresse – man kennt den Eifer und die blühende Phantasie der Paparazzi – hat ihr in die Augen gestochen. „Schiaffi a Hollywood“ (Ohrfeigen in Hollywood), liest sie eine Schlagzeile. Sie tritt belustigt näher und entdeckt, daß das Opfer sich Simone Signoret nennt, der ihr Ehemann ein paar verabreicht habe, um energisch ihre krankhafte Eifersucht zu kurieren! Sie lacht nicht mehr, lächelt aber noch. Bald jedoch, trotz der köstlichen Süße des römischen Frühlings und des Freundeskreises um sie, lächelt sie auch nicht mehr. Eine Kolumnistin aus Los Angeles, Dorothy Kilgallen, gab den Anstoß, als sie verkündete, daß „eine Schauspielerin, deren Name in Zusammenhang mit dem Oscar genannt wurde, derzeit Ehekummer hat". Dann kommt der Sturm. Die Schauspielerin des Jahres, von den volkstümlichen Blättern der Halbinsel *la pantera rossa*, der „rote Panther", getauft, ist genötigt, ihre Ehre zu verteidigen, zum Gegenangriff zu starten.

Sie schreibt ihrem Mann einen schmerzlichen Brief in sachlichem Ton, bemüht sich zu verstehen, zu erklären, legt eine Handvoll Presseausschnitte bei, hütet sich, die Sturzflut, die sie überschwemmt, mit der mindesten Weinerlichkeit zu begleiten. Dieses beherrschte Vorgehen ist tausendmal wirksamer als der leiseste Vorwurf des Stils: „Wie konntest du nur, nach allem, was uns verbunden hat?" usw.

Der Empfänger, von Grund aus zu Schuldgefühlen geneigt, weiß nicht mehr wo aus noch ein, fürchtet, daß Marilyn die Dinge durch irgendeine Erklärung verschlimmert, hält sie zweideutiger Dementis fähig, die den Verdacht nur nähren. Um so mehr, als die „Klatschbasen" ihr, unter dem Vorwand, ihr den Kopf zurechtzurücken, die Stange hinhalten. Die „Ehebrecherin", die „Diebin von Ehemännern" erhält etliche heuchlerische Verweise. So Hedda Hopper in einem „Offenen Brief": „Sie müssen erst noch beweisen, daß Sie eine große Schauspielerin sind. Ihr Erfolg ist reine Publicity. Ich flehe Sie an, Marilyn, hören Sie mit Ihrer Selbstzerstörung auf ..."

Auch ist es höchst wahrscheinlich, daß die Werbeabteilung der Fox sich einschaltet. *Let's Make Love* war teuer, teurer als vorgesehen (den Streik nicht eingerechnet), das Szenario ist leichte Ware, die Aufnahme ungewiß: es wäre „klug“, sich den Köder eines von der Vorsehung gesandten Idylls für den Start des Films zunutze zu machen.

Die Massenblätter sind voll von pikanten Histörchen (man liest hier oder dort, der Star sei im Bungalow Numero 20 mit nichts unterm Mantel erschienen, oder Arthur Miller habe, als er seine Pfeife im Hotel vergessen hatte, die Liebenden im Bett überrascht ...). Und die ehrenwerten Zeitungen bringen exklusive Photoreportagen. Im Sommer kommt *Life*[21] mit einem Artikel heraus, dessen Aufmacher bewußt doppelsinnig ist: „Yves Montand hat seinen lateinischen Charme eingesetzt, um auf der Leinwand der Geliebte von Marilyn zu werden ...“ („Es erscheint höchst ungewiß“, präzisiert der Artikel, „ob ihre Begegnung in eine ernsthafte Geschichte gemündet ist. Aber sie hat Montands amerikanische Karriere befördert.“) *Look*[22] setzt die Hypothese in Anführungszeichen, daß „die bevorzugte Blondine Hollywoods und der bevorzugte Troubadour der Franzosen gemeinsam eine furchterregende Alchemie erfunden haben“. Vom Lokalblatt bis zu den Mediengiganten gibt es kaum eine Station, die nicht auf die eine oder andere Weise sich mit der „Affäre“ beschäftigt.

Am 30. Juni 1960 fliegt Yves Montand über New York zurück nach Paris. Marilyn Monroe hält eine Überraschung für ihn bereit. Von ihrer Presseagentin, May Reis, begleitet, erwartet sie ihn am Flugplatz Idlewild (zu der Zeit ist es geboten, sich mit einem Schutzcordon zu umgeben, auch Montand wird von einem Zerberus eskortiert, den die Fox gestellt hat); sie hofft, die Zwischenlandung in ein zärtliches Beisammensein zu verwandeln. Sie hat sogar, unter falschem Namen, ein Zimmer in einem nahen Hotel gebucht, hat Blumen hingestellt, Champagner gekühlt. Montand, als er aus dem Flugzeug steigt, sieht sich belagert: viele Journalisten umdrängen ihn, manche sehr aggressiv; und Marilyns

Gesandte bedeutet ihm über die Menge hinweg, daß er erwartet wird.

Das kann man nicht erfinden, außer in den schlimmsten Klatschspalten: eine Bombendrohung verzögert den Weiterflug nach Paris. Die Durchsuchung der Maschine und des Gepäcks, wird gemeldet, werde einige Zeit dauern.

Montand gibt sich zugeknöpft, lehnt das Hotel ab, akzeptiert den Champagner. Und in einem gemieteten Cadillac sagen sich der Franzose und seine Partnerin Lebewohl. Für immer, oder beinahe: sie sehen sich nur noch einmal im folgenden Jahr, aber kurz und „freundschaftlich". „Sagen sich Lebewohl" ist freilich nicht der ganz zutreffende Ausdruck: der eine – er – sagt dem anderen – ihr – Auf Wiedersehen und macht zugleich deutlich, daß dieses Auf Wiedersehen ein Lebewohl ist. Sie kauern drei, vier Stunden im Fond des schweren klimatisierten Wagens, essen Kaviar und trinken Champagner. Montand umarmt Marilyn, erklärt ihr behutsam, daß er Simone nicht verlassen will, setzt hinzu, daß er glücklich mit ihr war und hofft, sie manchmal glücklich gemacht zu haben.

Worte, wie man sie in solchen Fällen sagt.

Als die ersten Berichte über uns, Marilyn und mich, erschienen (in der Art: man hat sie zusammen auf dem und dem Empfang, im Theater usw. gesehen), habe ich ein ungeschicktes, spitzfindiges Telegramm nach Rom geschickt, das Simone aber nur mit Schweigen beantwortet hat. Sie brachte die Kraft auf, zu warten, bis die Situation durchschaubar war, um zu reagieren.

Bei meiner Heimkehr hatten wir natürlich eine Auseinandersetzung, eine einzige (danach haben wir drei Monate nicht mehr davon gesprochen). Zuerst war es schrecklich, heftig, dann ruhiger, friedlicher – scheinbar. Sie sagte: „Erzähl mir alles, ich kann alles verstehen." Ich habe ihr alles erzählt, alles, was ich erzählen konnte, ohne die rückgreifende Eifersucht zu nähren, die die schlimmste Art von Eifersucht ist. Es war in Autheuil, ich sah sie gebrochen, traurig, voller Kummer, daß das fantastische gemeinsame Jahrzehnt, das wir durchlebt hatten, nun so verfinstert war. Ich bereue, ihr diesen Kummer zugefügt zu haben. Das bereue ich, aber nur das. Wohin ich auch gehe und wie ich auch lebe, sie wird immer da sein. Ich will sie auch nicht verjagen. Und wenn ich sie verjage, wenn es mir ein bißchen gelingt, so weil ich auch versuche zu überleben …

Nach meinen „Geständnissen" hat sie der Skandalpresse mit einer großartigen Klugheit und voller Stolz geantwortet. In der Woche darauf wollte ein englisches Fernsehteam sie interviewen, angeblich wegen des Oscar. Als die bewußte Frage kam (die Frauenligen jenseits des Ärmelkanals oder des Atlantik rieten ihr, mich zu zerfetzen – „Kill him"), hat sie ruhig erwidert: „Kennen Sie viele Männer, die empfindungslos bleiben würden, wenn sie Marilyn Monroe in den Armen hielten?"

Diese überlegene Antwort war doppelt raffiniert: sie entschuldigte mich teilweise (auch wenn das sehr hart war, härter vielleicht, als wenn sie sich feindselig geäußert hätte), und sie verwies auf das Komische der Situation. Es ist ein bißchen wie in dem jüdischen Witz, wo ein Mann seiner Frau enthüllt, daß er, aus Standesgründen, eine Tänzerin aushält, und wo die Frau, als sie die Tänzerin im Casino sieht, ihm zuflüstert: „Weißt du, unsere ist trotzdem die beste …" Zugegeben, ihr Kerl hatte sie, Simone, betrogen, aber mit der schönsten Frau der Welt.

Unser Leben ging weiter, zuerst mal so, mal so, aber es ging weiter. Wir haben es geschafft, wieder zu starten. Und Simone hat sich riesig bemüht, die Episode nicht im Feuer eines Zorns, einer jener Streitereien, wo „normalerweise" alles brutal hochkommt, für sich auszunutzen. Darin hat sie sich groß, ganz groß benommen. Was ich nicht war und nicht immer bin.

1961 hat sie mir zum Geburtstag eine Uhr mit einer

Widmung hintendrauf geschenkt – ich habe sie noch. Da stand diesmal nicht: Ich liebe dich, sondern: „Und wieder ein 13. Oktober, der von 1961."

Gut hundert Photographen und ebenso viele Reporter umlagern Yves Montand in Orly, wo er am 1. Juli 1960 landet. Im Gedränge, von überall geschubst, mit Fragen bombardiert, läßt er mehr oder minder aufs Geratewohl ein paar allgemeine Sätze fallen: „Die USA sind allen anderen Völkern zwanzig Jahre voraus: das ist der leibhaftige Dynamismus, ist die kindliche Frische und Naivität eines jungen Volkes ... Kalifornien ist Marseille, multipliziert mit zehn." Die Kameraleute und Journalisten pfeifen indes auf die Postkarten, die der Ex-Bengel aus La Cabucelle mitbringt, der endlich die Neue Welt entdeckt hat. Was sie interessiert, sind Marilyn und Simone, ist das Gesicht des Wundergatten, wenn er auf die „beleidigte" Gattin trifft.

Das bleibt ihre Sache. Simone Signoret ist nicht gekommen. Es gibt weder eine öffentliche Komödie noch eine Tragödie. Es gibt nichts zu sehen.

Mit der peinlichen Exaktheit eines Protokollchefs vom Elysée hat sie den Ablauf vorher geregelt und ihren Mann gebeten, sich genau an die einzelnen Verfügungen zu halten. Ihre Beratung mit engen Freundinnen hat sie zu der Gewißheit gebracht, daß es ein Kapitalfehler wäre, den Ungetreuen reinen Herzens zu erwarten, freudenrot bei der Vorstellung, ihm den Kuß des Siegers zu gewähren. Es wird also vereinbart: 1. daß die Schauspielerin, durch ihre beruflichen Verpflichtungen und die Notwendigkeit, die daraus resultierende Erschöpfung zu verwinden, noch in Italien ist und erst einige Tage später nach Frankreich zurückkehrt; 2. daß Montand, sobald er sein Empfangskomitee los ist, in die Normandie fährt, bis die Frist verstrichen ist; 3. daß er Autheuil erst verläßt, um seine Frau vom Flugplatz abzuholen. Der Kuß des Siegers wechselt den Empfänger.

Darauf muß man kommen. Ging also alles weiter wie vorher? Nicht so geschwind. Nicht so einfach. Man geht aus einer solchen Geschichte nicht durch Willensanspannung ungeschoren hervor, namentlich wenn es sich um Marilyn handelt ...

Marilyn und ihre süße Haut, Marilyn und ihre pathetische Intelligenz, Marilyn und ihre Begier nach literarischer Kultur, Marilyn und ihr freimütiges Lachen, Marilyn und ihre Freßlust, ihr Humor, ihre Schrecken, ihre rührenden Berechnungen, ihre chronischen Enttäuschungen, Marilyn, die bei jeder Gelegenheit *anyway* sagte. Montand kleidet sich auf ewig ins Büßerhemd, hat sich selber zu gerechter Strafverfolgung bestimmt und weiß nicht, wie die eheliche Zukunft aussehen soll, die zu festigen er am wenigsten gewappnet ist – im Verlauf des ersten, heftigsten Aktes seiner Auseinandersetzung mit Simone Signoret bekommt er die volle Bestätigung seiner Befürchtungen: „... Und du verlangst, daß ich dir auch noch helfe? Bleib mir vom Leibe!"

Das Drama ist nur, daß ein solches Dilemma – das der Angelpunkt jeglichen Theaters ist, ob bürgerlich oder nicht, und jederzeit jedermann erschüttern kann – auf einmal mit unerhörter Macht an die Öffentlichkeit gelangt. Der Künstler muß bei der Gelegenheit mit aller Härte erfahren, was es kostet, dieser Öffentlichkeit zu gehören. Sein Leben ist schon in den eigenen vier Wänden schwer zu meistern, und nun hat er vor einer unwürdigen Arena, wo alle Regeln verfälscht werden, seine Wahl zu vertreten „Die Zeitungen damals", schreibt Simone Signoret, „erlaubten es sich, eine Geschichte, wie sie in jedem Beruf, jedem Haus vorkommt, zu einem Ereignis aufzubauschen ..."

Das Ehepaar Montand wünschte – einmal ist nicht immer – wie ein ganz normales Ehepaar behandelt zu werden.

Aber weit gefehlt. Catherine Allégret: „Ich bin am Strand in Saint-Jean-de-Luz mit einer Klassenkameradin, die mich für die Ferien eingeladen hatte. Kommt ein Zeitungsverkäufer von *Ici Paris* oder *France-Dimanche*, ich weiß nicht mehr, vorbei und schreit: ‚Alles über Montand–Marilyn! Alles über Montand–Marilyn!‘ Wenn ich ein Loch in den Sand hätte höhlen und mich lebendig darin begraben können, ich hätte es getan. Ein paar Stunden danach kam ein Telegramm von Montand: ‚Glaube nichts von dem, was die Zeitungen sagen, ich liebe dich, ich liebe euch. Montand.‘ Ich habe vor Aufregung vierzig Fieber gekriegt, ohne daß der Arzt die leiseste Krankheit entdeckte.“

Die populären Magazine und Tageszeitungen fallen buchstäblich über die „Musterehe“ her, die vom Laster heimgesucht ist, über das Star-Gespann, das „so anders-als-die-anderen“ war und nun auf das übliche Format geschrumpft ist. Ein Ruch von Rache schwebt über der Jagd. Hatten sie nicht allzu oft dagestanden, als teilten sie Lehren und gute Punkte aus, als hätten sie das Gerechte, das Wahre, das Schöne gepachtet? Jetzt oder nie kann man sie auseinandernehmen. Im Namen der heiligen Moral und im Ton des Mitleids.

„Sie (Simone) wollte schön sein beim Wiedersehen“, „Marilyn ist ein wunderbares Mädchen, aber ... ich liebe Simone“, heißt es in *Ici Paris*, wo man sich um die Tränen in Orly betrogen fühlt. „Sie beißt gut, und sie kratzt noch besser“, befindet dasselbe Wochenblatt bald darauf angesichts der kämpferischen Haltung von Simone Signoret. Und ein wenig später: „Drei Frauen des feurigen Elements in Yves Montands Leben – der Schütze Edith Piaf, der Widder Simone Signoret, der Löwe Marilyn Monroe ...“ *France-Dimanche* stichelt gegen die „durchtriebene“ Marilyn, beklagt Simones „bloßliegende Nerven“, bewundert das heldenhafte Schweigen Arthur Millers. Die Schlagzeilen sind groß und knallig, die Fotos nichtssagend, die Unterschriften flott drauflosschwadroniert.

„Die Montands haben dem Orkan Marilyn standgehalten“, bescheinigt *Paris-Match.* In der folgenden Lieferung bläst der Orkan aber aufs neue: „Es ist ernst. Die Szene, die sie spielen, dauert seit vierundzwanzig Stunden. Yves will nach New York, ohne Simone. Gestern hat er ein Ticket für die Boeing der Air France gebucht. Eines. Simone hat umgehend per Telefon den Platz daneben auf ihren Namen bestellt. Yves ließ seinen Flug annullieren. Viermal wurde das Spiel per Anruf wiederholt. Schließlich hat Simone aufgesteckt. Yves will allein fliegen, weil er unbedingt allein in Hollywood ankommen will.“

Reine Erfindung. Montand muß am Tag nach dem 14. Juli nach den Vereinigten Staaten, weil er *„Sanctuary“* drehen soll, einen Film nach Faulkners Roman und Theaterstück *„Requiem für eine Nonne“*. Die Fox hat ihm die Entscheidung in die Hand gelegt: wenn er akzeptiert, so schnell wieder zu filmen, befreit sie ihn von weiteren Verpflichtungen. Auf dem Papier ist das Werk von einer unerbittlichen Schwärze und Intensität. Im Atelier zeigt sich der junge englische Regisseur Tony Richardson zwischen Faulkner und Zanuck hin und her gerissen, und die Kritiker wettern einmütig, daß eine solche Koppelung verhängnisvoll des Zusammenhalts ermangele.

Wenn Simone Signoret ihn nicht begleitet, so weil sie beschlossen hat, ihn nicht zu begleiten. Die Belagerung, die sie in Frankreich auszustehen hat, ist schon erschreckend genug (jeden Augenblick klingelt das Telefon, Post kommt massenweise, alles zum Thema: „Auch mich hat mein Mann wegen einer Blondine verlassen ...“). Sie will nicht obendrein noch das Kreuzfeuer der New-Yorker oder der kalifornischen Medien erleben, zieht es also vor, ein bißchen Zeit und Tinte verfließen zu lassen und zu ihrem Mann nach Hollywood erst zu gehen, wenn die Neugier sich an anderer Beute weidet.

In Los Angeles arbeitet Yves Montand. Und sonst gar nichts. Seine Fortschritte im Englischen sind aufsehenerregend, aber die neue Aufgabe verschlingt ihn nichtsdestoweniger. Marilyn Monroes Agent in New York hat Weisung erhalten, eine Erklärung des Stars in alle vier Winde zu streuen, damit die Schaumschlägerei abflaut: „Die meisten meiner Partner haben unangenehme Dinge über mich gesagt, nachdem wir gemeinsam gefilmt hatten. Die einzige Ausnahme von dieser Regel war Yves Montand. Sollte ich ihn deswegen heiraten?“ Das klingt klar und unanfechtbar.

Die Wirklichkeit auf Marilyns Seite sieht entschieden weniger klar aus. Am 20. Juli kommt sie nach Reno in Nevada, um *Misfits* anzufangen, glücklich wie ein Kind, daß sie mit Clark Gable spielen soll, aber, ebenso wie Monty Clift, im Griff konstitutiver Depressionen, die ohne Ausweg scheinen. Arthur Miller konzentriert sich auf das Drehbuch, schließt sich mit Huston ein, schreibt ein Dialogstück kurz vorm Drehen um, lebt und schläft mit seiner Schreibmaschine. Nicht mit seiner Frau. Im selben Moment, da Marilyn endlich eine „richtige“ Rolle in einem „richtigen“ Werk[23] erhält, konstatiert und betreibt sie die Auflösung der Ehe, die ihr diese eingebracht hat. Bittere Ironie, denn während seines Aufenthalts in diesem Staat, der schnelle Scheidungen legitimiert, hatte Miller nicht nur den Bruch seiner ersten ehelichen Bindung betrieben, sondern auch die Novelle verfaßt, aus der er das Drehbuch entwickelte. Und eben dort wohnt er mehr dem Sterben – wenn man seine Memoiren liest, wird man das Wort nicht für übertrieben halten – seiner Liebe bei, als daß er daran teilhat.

Es geht wieder los. Die Verspätungen morgens, die schlaflosen Nächte, der Verschleiß der Equipe. Mehrmals flieht Marilyn zum Weekend die Wüstenhitze und geht nach Los Angeles. Aber es ist ihr nicht allein um einen Klimawechsel zu tun. Sie versucht Montand zu erreichen, der sich nicht rührt (er weiß nicht, wie verstört die Schauspielerin ist, und denkt nur daran, und sei es mit zusammengebissenen Zähnen, nicht von der Verhaltenslinie, die er sich gesetzt hat, abzuweichen).

Briefe kommen, liebevolle und charmante Botschaften, worin sie ihn Monsieur nennt, eine beschnittene Postkarte mit einem „I love you". Er aber vergräbt sich in die Arbeit, reiht Vertrag an Vertrag, wie um sicherzugehen, daß kein Schwanken, keine Atempause ihn sich selbst überlassen: sowie er *Sanctuary* abgedreht hat, steigt er unter Anatole Litvak, mit Ingrid Bergman und Anthony Perkins, in eine Adaption des Romans von Françoise Sagan *Lieben Sie Brahms?* ein (die Dreharbeiten laufen den Herbst über in Paris, direkt in englischer Sprache), dann ist er, Anfang 1961, der Partner von Shirley McLaine in einer amerikanisch-japanischen Coproduktion, *My Geisha.* Vier Filme in einem Jahr: die Überdosis ...

Mitte August 1960 ist Simone Signoret wieder in Hollywood. Nur für zwei Wochen, erklärt sie. Von der Presse gedrängt, trachtet sie das Spiel in nahezu tändelndem Ton zu beschwichtigen. Beweis ist ein von *Look*[24] publiziertes Interview, wo sie scherzt: „Man müßte dumm sein, Yves aufzugeben, zuerst für Marilyn und nun für Ingrid!"

Das ist geschickt, aber es genügt nicht. Alles wird zur Falle, so sehr, daß das sommerliche Feuilleton die Tonart eines endlosen Melodrams annimmt. In erster Linie, weil die Fox Öl ins Feuer gießt, als es zu erlöschen droht. Dann, weil Marilyn nicht aufhört, die Chronik zu beschäftigen. Man erfährt, daß ihr Medikamentenmißbrauch und ein unheilbar depressiver Hang ihre Einlieferung in eine Spezialklinik für zehn Tage bewirkt haben (von wo sie vergeblich versucht, Montand anzurufen), was den mühseligen Fortgang von *Misfits* unterbricht. Man flüstert vor allem – und es wird offiziell, nachdem die letzte Aufnahme gekurbelt ist –, das Ehepaar Miller stehe kurz vor der Trennung (ihre Scheidung wird tatsächlich am 11. November bekannt).

Die zweite Welle ist womöglich noch höher und stürmischer als die erste. Tagesgespräch ist nicht die Gegenüberstellung Richard Nixons mit dem vielversprechenden John F. Kennedy – der der Zeitung *Le Monde* gegenüber erklärt: „Ich weiß sehr wohl, daß man mir vorwirft, zu oft Wörter wie ‚neu' und ‚revolutionär' zu gebrauchen. Es ist aber nicht meine Schuld, daß diese Epoche dem Neuen und sogar der Revolution gehört."[25] Nein. Das Tagesgespräch dreht sich darum, inwieweit Yves Montand für die Scheidung Marilyn Monroes mitverantwortlich ist.

Die Hollywood-Kolumnisten, die überall lauern, verwandeln einfache Gesten in Zeichen und Wortfetzen in Geständnisse. Simone Signoret kehrt Ende August, einige Tage vor ihrem Mann, nach Paris zurück? Nein, sie „flieht", die Sache ist offenkundig. Er wiederum reist in der letzten Novemberwoche von Paris nach Los Angeles? Nicht doch, er „eilt zu ihr", ganz klar (der wahre Anlaß des Hin und Her ist, nachdem *Lieben Sie Brahms?* fertig ist, *Sanctuary* zu synchronisieren und *My Geisha* vorzubereiten ...). Den giftigsten Pfeil schießt, wie es sich gehört, Hedda Hopper ab: sie legt Montand einen verächtlichen Ausdruck in den Mund, mit dem er die Gefühle, die Marilyn ihm entgegenbrachte, als „schoolgirl crush", als „Backfisch-Verliebtheit" qualifiziert habe. Ein Wort, das des letzten Muffels unwürdig wäre und in dem schmalen Wortschatz des anglizistischen Neophyten auch gar nicht vorkam, das er heute noch nicht einmal aussprechen könnte. Was tut's: etliche Kommentatoren[26] nehmen das Zitat ins Dossier auf, ohne seinen angeblichen Urheber zu befragen, der bei dem Gedanken daran noch dreißig Jahre später vor Zorn erstickt.

In Frankreich überwachen die Lokalberichterstatter sogar die Telegramme, die bei der Postbeamtin von Saint-Paul-de-Vence eintreffen. Bald erfährt das ganze Land, daß Yves Montand seiner Frau von Hollywood aus gekabelt hat: „Es ist ekelhaft. Ich gehöre dir aus ganzem Herzen und liebe dich, mon amour, ich liebe dich." *France-Dimanche* betreibt die Zudringlichkeit mit Methode – und in acht Spalten. 9. November 1960: „Yves Montand sagt ‚Ich kann nichts dafür', aber zwischen Marilyn und ihrem Mann steht es schlecht." 16. November: „Der Scheidungsgrund Marilyn Monroes ist Montand." 6. Dezember („von unserem Sonderberichterstatter in New York, Gérard de Villiers"): „Marilyn würde am liebsten Yves Montand heiraten, sie liebt nur Champions, das verkündet sie alle Tage ..."

Und so von Herbst bis Winter.

Anläßlich der Pariser Premiere von *Let's Make Love*, am 3. Oktober 1960 im Palais Chaillot, vermerkt der Kritiker von *Le Monde*, daß „Yves Montand, der Vielbewunderte, ein wenig müde lächelte". Der Film ist kein Erfolg, auch kein Fiasko. Und er wird, entgegen den Erwartungen, durchaus kein finanzieller Reinfall: er hat 2 Millionen Dollars gekostet und spielt im ersten Anlauf 9 Millionen ein. Aus der Rückschau wirft der Beteiligte einen strengen Blick auf das Unternehmen: „Es war eine Rolle, die mich für den Rest meiner Tage hätte zu Asche verbrennen können ... eine Rolle, die nicht standhielt." Und er fügt hinzu, wobei er seinen großen Traum, Hollywood zu erobern, und seine große Erfahrung, Marilyn erobert zu haben, vermischt: „Das hat mich fertiggemacht. Es gibt Filme, wo man Einstein sein müßte und wo man einfach ein menschliches Wesen ist."[27]

Die „Müdigkeit" des Schauspielers Ende 1960 resultiert allerdings kaum aus ästhetischem Unbehagen; vielmehr fühlt er sich „fertiggemacht". Vom Leben, von der Presse, von der Angst vor der Gegenwart wie vor der Zukunft. Von sich selber. Der moralische Prozeß, in dem er der Angeklagte ist, ist völlig verzerrt. Während es – ach, wie sehr! – offenkundig ist, daß er des Ehebruchs schuldig ist, scheinen ihm die anderen Vorwürfe unbegründet. Nein, er hat nicht kaltherzig eine verführte Frau verlassen: er hatte den Grad ihrer Verstrickung nicht ermessen, ihren Wunsch, über eine süße, vorübergehende Liaison hinauszugelangen. Nein, er hat nicht die Harmonie eines befreundeten Ehepaares zerstört: das Scheitern war früher da und so tief, daß, was ihm widerfahren ist, eher die Wirkung als die Ursache war. In diesen beiden Punkten, und namentlich im letzteren, geben ihm ernsthafte Untersuchungen[28] recht. Wie aber können solche „Nuancen" geltend gemacht werden, wenn eine Flut geballter Allgemeinplätze zermalmt, was an der Geschichte empfindsam, frisch, kompliziert und herzzerreißend ist?

Marilyn Monroe wird gern als eine entzückende, eine Spur nymphomanische Idiotin dargestellt. Yves Montand hat den Eindruck, man habe ihm ein ganz ähnliches Schild angehängt. Sein Innerstes wird ihm abgejagt, gestohlen, verfälscht, verzerrt. Der „sympathische große Junge", der sich wohlfühlte in seiner Haut und offenen Wesens war, wie man ihn die ganzen fünfziger Jahre über sah, weicht einem verwundeten Mann, der durch Nackenschläge das Mißtrauen lernt.

Eine Information inmitten des nicht endenden Stroms von Dummheiten, die die Nummer 15 an der Place Dauphine überschwemmen, trifft zu: Marilyn setzt ihm hartnäckig zu. Durch Briefe, durch Telegramme, durch Anrufversuche. Sie klammert sich an, sie ist einsam, es geht ihr schlecht. Sie lädt ihn ein nach Manhattan, droht, nach Paris zu kommen.

Als sie kurz vor Weihnachten erfährt, daß er im Begriff steht, über New York nach Tokio zu fliegen, verstärkt sie den Druck.

Der gequälte Montand ist um so wehrloser, als er weiß, daß Marilyn derzeit sehr zerbrechlich ist, und er hat kein Verlangen, ihre Verstörtheit dadurch zu vergrößern, daß er sie zu hart abweist. (Pat Newcomb, damaliger Pressebeauftragter der Stars, hat berichtet, daß in der ausweglosen Situation Simone Signoret statt seiner den Hörer abgenommen und ihre Ex-Nachbarin gebeten habe, ihn nicht weiter zu bedrängen – eine Episode, die Montand nicht bestätigt.)[29] Um jegliche Zweideutigkeit zu beenden, verschiebt er seine Abreise und feiert Silvester mit der Familie, was von den Sensationsblättern sofort ausgestreut wird.

Sicherlich war es kein so fröhliches Fest wie das vorangegangene bei Romanoff in Hollywood, wo Simone ganz verwirrt war, mit Gary Cooper zu tanzen. Aber es ist die Gelegenheit, sich beiderseits zu versichern, daß sie ihr gemeinsames Leben fortsetzen wollen. Catherine Allégret, die ihre Worte mit dem gleichen Bedacht wägt wie ihre Mutter, bleibt förmlich: „Die Krise war sehr ernst. Ich entsinne mich, daß Montand sich in Autheuil ins Theater einschloß und Mama an die Tür trommelte und schrie: ‚Ich weiß, daß du da bist!' Doch wenn Montand zurückgekehrt war, so weil er zurückkehren wollte. Es war gewiß nicht sein erster Seitensprung (das geht mit ihm durch, er kann nicht anders als Frauen den Hof zu machen, er ist zu einer freundschaftlichen Beziehung ihnen gegenüber nicht fähig). Aber Mama blieb ‚seine Frau', das war sein eigener Wille."

Ein Brief von Simone Signoret, den sie ihrem Mann zwei Jahre später von Hollywood aus schrieb, enthüllt, welchen Weg das Paar genommen hat. Simone nennt Montand darin „mein geliebtes Herz", sagt im weiteren aber, wie sehr das Beverly Hills Hotel sie daran erinnere, daß der „Bungalow 21 ihr Leben vergiftet" habe. Der Schluß bezeugt, daß die Zärtlichkeit wieder eingekehrt war: „Dieser Brief ist für dich und auch für die Tochter (Catherine). Ich liebe dich, ich denke an dich, ich liebe euch, ihr fehlt mir, du fehlst mir, mir fehlt, was ihr beide für mich seid, wenn ich von zu Hause spreche, sage ich *They are ...*, das muß es wohl sein, was man eine Familie nennt."

Ein seltsames Jahr, das so zu Ende geht. Bis zu seinem Triumph am Broadway, bis zu seiner Anerkennung durch Hollywood war Yves Montand eine gerade aufsteigende Bahn gegangen, und sein Leitfaden dabei war der Traum des jungen Mannes gewesen, der mit jedem Einsatz das Versprechen, das er sich gegeben hatte, erfüllte. Im privaten Bereich war es das gleiche: der junge Mann war einer jungen Frau begegnet; eng verbunden, folgten beide ihrem Ehrgeiz und ließen nicht nach, ihn zu befriedigen, stiegen immer höher, wußten den beruflichen Streß und die Harmonie ihres gemeinsamen Lebens miteinander in Einklang zu bringen.

Die Marilyn-Episode ist ein Bruch – ein Wendepunkt zumindest. Nicht daß man das Abenteuer in eine Parodie von *Bérénice* ummünzen sollte. Aber bei Gelegenheit dieses klassischen Ehedramas – das ja nur durch die Bekanntheit der Protagonisten eine nahezu lachhafte Ausweitung erfuhr – entdeckt Montand, daß für ihn eine grundlegende Veränderung eingetreten ist, ohne daß er es bemerkt hatte.

Er entdeckt die Zeit.

Die Zeit, die schlägt, die Zeit, die tötet. 1960 ist das Jahr, in dem Henri Crolla vom Krebs hinweggerafft wird. Crolla war der Freund in dem leidenschaftlichen Sinn, den Montand dem Wort gibt: eine Form der Freundschaft, die an Liebe grenzt, die wie diese heißen Schmerz, Eifersucht und Verrat kennt. Paul Grimault: „Als wir Henri in Saint-Cloud beerdigten, fing Yves an zu heulen. Es schüttelte ihn, er weinte und weinte. Nicht für andere: es waren keine anderen da. Ich war selber niedergeschmettert, aber ich weiß, daß ich dachte, ein solcher Gefühlssturm sei beinahe nicht normal.“ Montand bekennt drei Jahre später, daß er sich beim Herannahen seines vierzigsten Geburtstags über ein halbes Jahr bodenlos fühlte, was bisweilen in Hypochondrie ausartete (die in Beverly Hills eine Jedermannsmanie ist): „Ich habe (in dem Bereich) eine Periode der Ängste durchlebt. Eine einzige. Mit neununddreißig Jahren. Unerklärlicherweise gelang es mir nicht, das Gespenst des Krebses aus meinem Denken zu verbannen."[30]

Er entdeckt das Alter und, mehr noch, die Ungleichheit vor dem Alter. Aus seinem Umgang mit Schauspielerinnen, als Zeuge ihrer Paniken, hätte er gewarnt sein müssen und ist es in gewisser Weise auch, da er tausendmal geduldig gewartet hatte, während eine Partnerin eine Falte korrigierte oder nach ihrem Friseur rief. Nur hatte er nicht bedacht, daß dies elementare Verhängnis auch einmal an seine Tür klopfen würde. Simone ist dikker geworden. Gut, dann ist sie eben dicker geworden, sie weigert sich, sich dem Kalorienzwang zu unterwerfen, und sie hat recht! Aber so einfach ist das nicht. Simone ist dicker geworden, weil es einem das Herz zerreißt, „Goldhelm" gewesen zu sein (in Jacques Beckers gleichnamigem Film, 1952) und nun zu sehen, wie man verfällt. Wir stehen am Beginn der sechziger Jahre, die Generation des Baby-Booms bricht über die Wellenlängen, die Amphitheater, die Kaufhäuser herein: sie sind zahlreich, die Neuankömmlinge, sie erfinden ihre Identität, ihre Zeichen, ihre Utopien, ihren Gang, ihre Kleider, ihre Tänze, ihr Kino, ihre Slogans. Nie ist die Jugend so massiv als autonome Kraft hervorgetreten. Nie war Jungsein so sehr an der Tagesordnung.

Zu dieser Zeit wird Yves Montand gewahr, daß er nicht mehr jung ist. Er ist vierzig Jahre alt. Und seine Frau, nach dem Zivilregister kaum älter als er, eilt ihm, kraft eines furchtbaren, ungeschriebenen Gesetzes, das die Frauen zu den Vorposten verweist, weit voraus. Allmählich werden sie es schaffen, nicht etwa die „Scherben zu kitten", sondern ihre Gemeinsamkeit, ihre Zärtlichkeit nach neuen Regeln weiterzuführen. Einer den anderen suchend, schaffen sie es, sich in ein neubestimmtes Zeitmaß einzufinden, obschon ihre inneren Rhythmen sich zunehmend verschieben.

Die sogenannte Affäre der „121" zeigt am Beispiel

einer öffentlichen Aktion, wie schwer es Simone Signoret und ihrem Mann jetzt fällt, im gleichen Takt zu reagieren. Simone ist kaum zurück von Kalifornien, wo Montand zur Synchronisation von *Sanctuary* bleibt, als Claude Lanzmann sie besucht und ihr eine Petition vorlegt, die der Schriftsteller Maurice Blanchot initiiert und verfaßt hat. Der Text mündet in einem Glaubensbekenntnis: „Die Sache des algerischen Volkes, die entscheidend zur Zerstörung des Kolonialsystems beiträgt, ist die Sache aller freien Menschen", und stellt vorher klar: „Wir respektieren die Weigerung, gegen das algerische Volk die Waffen zu ergreifen, und halten sie für gerechtfertigt." Ein Höchstmaß an Provokation in dieser Zeit, da viele junge Einberufene in Gewissenszweifeln sind und da vor einem Militärgericht im ehemaligen Gefängnis von Cherche-Midi der Prozeß gegen die „Kofferträger" beginnt – ein kämpferisches Organisationsnetz um Francis Jeanson, das den FLN unterstützte.[31]

Es sei keine Zeit, Ausflüchte zu machen, beharrt Lanzmann. Simone Signoret macht keine Ausflüchte. Beschuldigt, dem algerischen Drama im doppelten Sinn aus reichlicher Entfernung zugesehen zu haben, wirft sich die Französin mit dem Oscar, wirft sich die Hollywoodkönigin ins Getümmel. Sie unterschreibt. Mit 120 anderen „Delinquenten", Intellektuellen oder Künstlern von Rang (von Simone de Beauvoir bis Pierre Boulez, von André Breton bis Alain Resnais, von Roger Blin bis Claude Sautet, von Marguerite Duras bis Florence Malraux), findet sie sich auf der schwarzen Liste der Regierung, und das heißt: Verbot für Rundfunk, Fernsehen, subventioniertes Theater, usw. Die Crème des protestierenden Paris ist auf den Index gesetzt. Die Kommunistische Partei, von ihrer Linken überholt, wird rebellisch. Die Macht schlägt zu, zaudert aber dann. Die internationale Öffentlichkeit erregt sich.

Simone hat allein unterschrieben: das Telefon funktioniert nicht gut zwischen Paris und Los Angeles. Sie hat ihren Mann nicht fragen können und bezieht ihn nicht ein. Formal ist ihr Vorgehen untadelig. De facto nimmt Montand es ihr übel, daß sie ihn nicht von vornherein als solidarisch betrachtet hat. Nach Paris zurückgekehrt, nimmt er freiwillig das Los der Geächteten auf sich (er lehnt die Teilnahme an den Jahresendsendungen ab und erklärt, daß er so lange bei seinem Entschluß bleibt, bis die Verfolgung des letzten der Unterzeichner eingestellt wird), ohne die Aureole des Märtyrers mitzutragen. Bissig unterstellt ein Nahestehender: „Auf die Art kann man leicht links sein. Sie unterschreibt mit den 121, und er verdient Dollar in Hollywood ..."

Aber er schweigt, und das ist nur erst der Anfang. Während sein Seitensprung ihn kostet, was die Politologen „Imageverlust" nennen, erntet Simone Signoret die Früchte ihres Mutes, ihrer Würde und ihrer Intelligenz. Ihr Popularitätsquotient wächst mächtig. Fortan zählt sie zu den „Unberührbaren". Die wirkliche „Sanktion", die Montand nach seinem Abenteuer mit Marilyn erwartet, ist nicht eine schmerzliche Auseinandersetzung und die notwendige Zeit der Wiedergutmachung: es ist die unabänderliche Schuld, die er gegenüber einer so „vollkommenen" Gattin auf sich geladen hat. Wenige, sehr wenige, und vor allem wenige Frauen werden denken wie Catherine Deneuve: „Signoret hat sich nicht begnügt, die Krallenhiebe der kleinen Geschichten des Lebens durchscheinen zu lassen. Marilyn ist auf ihrem Gesicht eingeschrieben geblieben wie eine endgültige Zerstörung. Das ist zuviel, das ist zugleich zu groß und zu klein."[32]

Natürlich ist Simone in den Augen der Leute gewachsen. In Marseille würde man sagen, sie ist „Gottvater" geworden! Ich habe darunter ein bißchen gelitten, ich war wütend, daß sie an meiner Stelle das Wort ergriff, daß sie statt meiner den Journalisten antwortete. Und dann wechselten wir zunehmend von der Leidenschaft der er-

sten zehn Jahre in eine ruhigere, aber immer noch genauso starke Beziehung über. Alle Paare gehen durch ein no man's land. Eines Tages sagte Simone: „Ich liebe dich, aber ich bin nicht mehr in dich verliebt." Das war nach fünfzehn Jahren. Es war die Zeit, als wir uns freuten, wieder beisammen zu sein, aber ohne das Beben des Verlangens. Sie ist stark für zwei gewesen.

Ich habe sie und ihren tyrannischen Besitztrieb auch benutzt. Es stimmt, ich habe mich einspannen lassen. Aber was ich nicht geschluckt habe – und was ich heute noch nicht schlucke –, ist das ziemlich neidische Gerede (wir hatten es „geschafft", unsere Ehe hatte gehalten, wir waren Linke, usw., lauter Sachen, die unverzeihlich sind), sie habe sich einem Mann angepaßt, der sie nicht wert war. Das ist beleidigend – für sie: warum sollte diese so schlagfertige Frau, die niemand etwas schuldig blieb, über siebenunddreißig Jahre hartnäckig mit diesem Mann zusammengeblieben sein?

Treiben wir das Spiel der Wahrheit bis zum Ende. Als ich Mitte Januar 1961 nach Japan fahre, um mit Shirley McLaine My Geisha *zu drehen, habe ich einen Kopf wie ein Punchingball. Simone ist in einem fürchterlichen Zustand. Marilyn, nachdem sie zuerst nach Paris hatte kommen wollen, telegraphiert pausenlos, daß sie nach Tokio fliegt. Ich war völlig ausgeflippt und habe nochmal „Dummheiten" gemacht (wie Familienväter genau in dem Augenblick, wo ihre Frau niederkommt und man eigentlich brav und verantwortlich sein müßte).*

Eines Abends in Japan sehe ich im Fernsehen eine Reportage, in der Simone zu sehen war, die damals Les Mauvais coups *(Hunger nach Liebe) drehte. Traurig, traurig. Ich möchte das nächste Flugzeug nehmen und übers Wochenende nach Paris. Wir schrieben uns alle Tage. Ich hatte meinen Kompaß verloren …*

Als ich von Tokio zurückkam, hat Simone gemerkt, daß ich noch immer zerstreut, noch abwesend war.

My Geisha (geschrieben von Norman Krasna, dem Autor von *Let's Make Love*) hilft Montand, seine Beziehungen zum japanischen Publikum zu normalisieren, bringt ihm die Freude ein, mit Edward G. Robinson zusammenzuarbeiten und der Hauptpartner von Shirley McLaine zu sein. Er hatte sie im Kino in *The Trouble with Harry* (ein Riesenerfolg von Hitchcock, 1954) bewundert, war ihr dann in den Hollywoodstudios begegnet, wo sie unter Billy Wilders Regie *Das Appartement* drehte. Sie ist die Amerikanerin seiner Kindheit, er findet sie geistvoll, beide lachen viel miteinander. Zu Beginn der Dreharbeiten hat sie ihn gewarnt: „Keine Mißverständnisse zwischen uns ...!"

Ja, in dieser Periode der Irrungen ist Montand ständig in Versuchung, wie er selber sagt, „Dummheiten zu machen".

Zurück in Paris, bemüht er sich redlich, Soll und Haben aufzurechnen und zu sehen, was die verflossenen anderthalb Jahre ihm gebracht haben.

Die Bilanz des Sängers in den Vereinigten Staaten ist mehr als günstig: man hat ihm die Weihe erteilt. Als er am 24. Oktober 1961 für acht Wochen zu einem zweiten Broadway-Gastspiel kommt, verkündet schon vorher ein großes Schild an der Tür des Golden Theatre in der 45. Straße West: „Sold out", ausverkauft. Das Szenarium von 1959 wiederholt sich. Die *Post*, die *Herald Tribune*, die *Times* und alle anderen stimmen einmütig einen Jubelchor an. „Montand", schreibt *Times*, „hat die Stimme eines Verführers im Körper eines Fernfahrers ... Er ist einer der wirkungsvollsten Liebestränke, die sich je von einer Bühne herab ergossen." Und *Newsweek* feiert auf gleicher Linie seinen „enorm männlichen lateinischen Charme". In jenem Jahr vereinen sich die Augen von Yves Montand, die Stirn von John Kennedy, die Nase von Gregory Peck und das Kinn von Cary Grant zum Gesicht des idealen Amerikaners.

Man vergißt auch nicht, daß er wunderbar singt und

tanzt. Simone Signoret findet das Gewohnte wieder, alles Gewohnte: die standing ovations, die sie mit ihrem Mann teilt, und die Hochzeitssuite im Algonquin. Im ersten Halbjahr 1962 führt eine Tournee sie nach Japan, dann nach England. Montand ist zur Stunde unstreitig der berühmteste französische Music-Hall-Mann der Welt.

Der einzige Künstler, der binnen vier Jahren sowohl Moskau als auch New York erobert hat.

In Sachen Film ist die Bilanz weniger gut. Während *Let's Make Love* trotz des Gemaules etlicher Kritiker sehr gut läuft, ist *Sanctuary* ein totaler Flop (in Frankreich wird der Film übrigens nur kurz, im Mai 1961, gezeigt). *Lieben Sie Brahms?*, das bei den Pariser Richtern schlecht wegkommt, findet jenseits des Atlantik etwas mehr Resonanz. *My Geisha* wird von den Cineasten bestenfalls als liebenswerte Nichtigkeit, schlimmstenfalls als mattes Melodram bewertet. Alain Rémond betont in seiner Filmographie die Bissigkeit, mit der ein Jean-Louis Bory (in *Arts*) den Schauspieler verreißt: „Wie habe ich früher den langen Burschen geliebt, der in meinen Augen die so unmittelbare Liebenswürdigkeit des Pariser ‚mécano' verkörperte. Von Hollywood gesehen und zurechtgestutzt, dazu verurteilt, mehr schlecht als recht vierzigjährige sexy Frenchies zu spielen, wirkt er bestürzend."

Der internationale Durchbruch ist unleugbar und sogar spektakulär, aber er verbindet sich auf der Leinwand nicht mit einem echten Legitimitätsgewinn. Außerdem verwischt Montand, indem er von einem Kontinent zum anderen springt, allmählich die Fährten, seine früher so klar (für sein Gefühl zu klar) gezeichnete Persönlichkeit. In Japan wurde er der „Amerikaner" genannt. In Paris ist man nicht allzu entfernt, ihm denselben Spitznamen anzuhängen, allerdings mit einem weniger scherzhaften als rachsüchtigen Unterton. „Yves Montand hat uns verlassen" wird fast zu „Yves Montand hat uns im Stich gelassen". Worunter zu verstehen ist: er war zu eingeengt im eigenen Land, zu eingeengt auch im Lager der bescheidenen „Arbeiter"; er wollte zu anderen Ufern und kommt nun reicher und fremder, von skandalösen Geschichten umgeben, zurück.

Man unterstellt ihm nicht, daß er „Verrat" begangen habe, aber es schwingt darin mit. Das ist der Widerspruch, dem er sein Leben lang nicht entkommt: die öffentliche Meinung will sowohl, daß er einen vorbildhaften sozialen Aufstieg nimmt, als auch, daß er der Junge aus La Cabucelle bleibt; er soll auf internationalen Bühnen Triumphe feiern und doch „einer von uns" bleiben; er soll Erfolg haben, aber den Gewinn nicht zeigen, soll den sympathischen Kumpel verkörpern und sich als echtbürtiger Star behaupten.

Er analysiert die Sachlage, beurteilt, was lösbar ist und was nicht. Er kommt vor allem zu dem Schluß, daß es Zeit ist, wieder nach Hause zu kommen, das heißt ins „Etoile".

Während Simone Signoret zum französischen Film zurückkehrt, und zwar zum guten (René Clément führt sie in *Le Jour et l'Heure*), bereitet Montand für November 1962 seine Pariser Rentrée vor und verwendet darauf besondere Sorgfalt. Nicht daß seine Proben noch intensiver würden – intensiv waren sie von jeher –, sondern wieder einmal ist die Dosierung des Repertoires äußerst schwierig.

Die politische Atmosphäre ist nicht zum Atmen. Während die Verhandlungen mit dem algerischen FLN langsam vorankommen (die Verträge von Evian, der Schlußpunkt eines Krieges, den Guy Mollet selbst als „dumm und ausweglos" bezeichnete, werden am 18. März 1962 unterschrieben), vervielfacht die OAS, eine aus unterschiedlichen Interessengruppen gemischte, geheime und aufrührerische Ansammlung der letzten Entkolonisierungsgegner, ihre Einschüchterungen und Attentate. Am 8. Februar werden an der Métro-Station Charonne neun

Demonstranten – alles Kommunisten –, die gegen die „faschistische Bedrohung“ protestierten, von einer Polizeitruppe erschlagen, zerquetscht oder erstickt. Die großen Linksparteien, deren Haltung zu dem Konflikt nicht immer eindeutig war (die Sozialisten entehrten sich, indem sie den kriegerischen Einsatz predigten; die Kommunisten haben die Algerier nur vorsichtig unterstützt), beerdigen feierlich ihre Märtyrer. Die vergessen helfen, daß wenige, sehr wenige Franzosen protestiert hatten, als Hunderte von Algeriern in Paris die Opfer blutiger „ratonnades“[33] wurden, namentlich am 17. Oktober 1961.

Yves Montand verfolgt mehr als aufmerksam, was man „die Ereignisse“ nennt. Als Citoyen demonstriert er (besonders nach Charonne) und unterschreibt. Als Künstler spricht er den Kommentar zu *Joli Mai*, jenem starken Film, in dem Chris Marker alle Konvulsionen dieses kritischen Jahres zusammenfaßt, und singt das Titellied. Nichtsdestoweniger grübelt er lange über den Aufbau und die Funktion seiner Show in einem solchen Zusammenhang nach. Vor dummem, selbstgerechtem „Engagement“ schaudert ihn mehr denn je: es ist bequem, es ist leicht, sich in der guten Sache behaglich einzunisten. Aber die Gewalttätigkeit der Zeiten ist dennoch nicht zu übersehen und muß beim Namen genannt werden.

Auf der anderen Seite erhebt sich eine entgegengesetzte Schwierigkeit. Montand ist nicht mehr allein – oder fast allein – auf dem Markt. Es gibt Brel, Bécaud, Salvador, Brassens, Ferré. Und es gibt die kleinen Neuen, die lautstarke, schroffe Jugend, all die Hallydays, die da twisten, rocken und brüllen: „Tod den Alten!“

Durch „Abklaren“ findet Montand zu seinem Rezept. Er wird vor allem nicht „auf Jugend machen“. Er wird sogar – das ist wohldurchdacht und sein ganzer Stolz – seine Klassiker der Nachkriegsjahre wieder bringen, einschließlich der *Grands Boulevards.* Zum zweiten nimmt er die Schwärze der Periode herein. 1958 hatte er *C'est à l'aube* ausgesondert, weil ein solches Lied nach seiner Ostreise womöglich „sozialistisch-realistisch" angemutet hätte. 1962, da man ihn eher schuldhafter Neigungen für den amerikanischen Imperialismus zeiht, holt er *C'est à l'aube* (Im Morgengrauen) wieder hervor (es ist die Frühe der zum Tod verurteilten Algerier, die im Gefängnis Maison-Carrée kaltblütig hingerichtet oder in den Kellern der Villa Sesini gefoltert werden) und stellt das Lied sogar an den Schluß des Abends. Im übrigen folgt er seiner Lust und Laune, indem er *L'Etrangère* (Die Fremde – von Aragon und Ferré) oder *Dans ma maison* von Prévert singt:

Dans ma maison tu viendras
Je pense à autre chose mais je ne pense qu' à ça …

Du wirst in mein Haus kommen
Ich denke an anderes, aber ich denke nur daran
Und wenn du in mein Haus gekommen bist
Wirst du alle deine Kleider ausziehen
Und wirst reglos bleiben, nackt, mit deinem roten Mund
Wie die roten Pfefferschoten, die an der weißen Wand hängen …

Das ist schließlich die erste Pflicht eines Bühnenmenschen: sich selbst genügend Vergnügen zu bereiten, um es anderen mitteilen zu können. Das Rezept läßt sich auf die durchsichtige Gleichung bringen: Montand = Montand. Seine Rückkehr wird keinerlei liebedienerische Neuheit, keinerlei ungeschickten Neuaufputz bringen. Die Beleuchtung wird sogar karger als früher sein: ein weißer, harter Spot auf dem Sänger, nichts, was das Auge ablenkt. Er wird so sehr er selbst sein wie möglich: man wird sehen, ob die Leute ihn weiter wollen.

Und sie wollen. Bis zum Jahresende wird das „Etoile“ nicht leer. Der Erfolg ist so groß, daß das Récital 1963 weiter auf dem Programm bleiben muß. Trotz der Yé-Yés, trotz seiner Hollywood-Touren, trotz aller Verdammung entdeckt Montand, der soeben die Zeit entdeckt hat, daß er sie auch durchschreiten kann.

Während das Publikum ihm treu ist, mäkeln hie und da die Kommentatoren. Die einen finden, der Künstler habe sich nicht genug geändert (und halten ihm noch immer übermäßigen Perfektionismus vor). Andere, im linken Lager, meinen, er sei nicht mehr, was er einmal war. So Claude Gault in *Témoignage chrétien*[34]: „Ich dachte an den Montand aus anderer Zeit, als man noch spürte, daß Sie auf einer bestimmten Seite standen, mit all jenen, die Sie als ihren Troubadour ansahen ... Sie sind ein anderer geworden, von weit höherem Rang gewiß, als Sie es waren. Aber der Platz, den Sie in der Familie einnahmen, ist nun leer. Und man sieht nicht recht, wer ihn einnehmen könnte, außer vielleicht Yves Montand.“

Der Fall ist so selten, daß man ihn anführen muß: der Angesprochene nimmt sein Recht auf Erwiderung wahr und erklärt: „Es gibt kein Engagement. Das ist pure Erfindung. Wie man den Ausdruck ‚Er arbeitet vor dem Spiegel‘ erfindet. Wie man weiter behauptet: ‚Er probt bis zur Perfektion‘, oder auch: ‚Er öffnet die Hand und schließt sie exakt in der gewollten Sekunde.‘ Das ist nichts als Gerede. Nichts als Wind. Aber die Leute beißen sich daran fest. Sie verstehen absolut nichts von der Arbeit des Music-Hall. Es gibt keine Kritiker des Music-Hall, es gibt nette Leute, die in einer völlig spontanen Geste das Ergebnis langer Arbeit erblicken ... Und außerdem hat sich in zwanzig Jahren alles verändert. Natürlich werde ich immer auf der Seite der Unterdrückten stehen. Aber ich will nicht irgend jemandes Fahnenträger sein. Ich leugne meine Klasse nicht: ich gebe ihr nur die Aureole nicht, die sie nicht hat oder nicht mehr hat.

Die große proletarische Solidarität ist vorbei. Um zu wissen, wem daran die Schuld zufällt, braucht man nur einen Blick auf die letzten fünfzehn Jahre zu werfen. Nein, ich war nicht der Bannerträger einer Jugend. Sagen wir besser, ich war das Abbild einer Epoche, die sehr hart, sehr gewaltsam war.“[35]

Während Yves Montand seine Show vorbereitete, erfuhr er, daß man Marilyn Monroe in der Nacht vom 4. zum 5. August 1962 tot aufgefunden hat. Er rief sofort seine Frau an, die mit René Clément in Toulouse drehte.

Er hat nicht gesagt und wird nicht sagen, was er wirklich empfand.

Simone Signoret schreibt: „Marilyn hat nie erfahren, daß ich sie nie verabscheut habe und wie sehr ich diese Geschichte verstand, die nur uns vier anging und mit der die ganze Welt sich in einer wirren Zeit befaßte, als immerhin wichtigere Dinge geschahen.“

Yves Montands „amerikanische Periode“ (er reist noch oft in die Vereinigten Staaten, aber es wird nicht mehr dasselbe sein) schließt mit noch einem Tod.

Die Show im „Etoile“ läuft auf vollen Touren, als ihn eine besondere Einladung erreicht: John F. Kennedy und die Führer der Demokratischen Partei sähen es gern, wenn der Franzose auf ihrem Inaugural Anniversary Salute singen würde (eine Art Konvent, der die erste Halbzeit der Präsidentschaft beendet und die kommende Wahlkampagne einleitet). Montand nimmt sofort an. Für ihn ist Kennedy nicht in erster Linie der Mann der Schweinebucht (das klägliche Unterfangen einer Landung in Kuba), sondern der Erbe einer modernisierenden, großmütigen Roosevelt-Tradition. Kennedy, Chrustschow, Johannes XXIII.: jeder dieser Männer guten Willens scheint die Festung, die er befehligt, erneuern zu wollen, trotz aller Belastungen, Dogmen, Erbschaften und Raketen. Montand unterbricht also seinen

Paris-Auftritt für einen Flug über den Atlantik und zurück. Dort in Washington taucht er in das populäre Amerika ein, das er liebt, mit all seinem Trara, seinen Kokarden und den Music-Hall-Nummern zwischen den Reden (aus jedem befreundeten Land ist ein Künstler eingeladen worden; Montand tritt mit drei Chansons, zwischen einem Deutschen und einem Spanier, auf).

Am Abend dieses 17. Januar 1963 lädt der Vizepräsident Johnson zum Diner, um den berühmtesten Künstlern, die gekommen sind, zu danken. Yves Montand, der Star des Broadway, sitzt an der Ehrentafel neben Jackie Kennedy – die die Place Dauphine und ihre Restaurants sehr gut kennt. Beim Dessert setzt sich jemand ans Klavier, man rollt den Teppich ein, Kennedy singt eine irische Ballade, Kirk Douglas tanzt, Gene Kelly produziert sich, und Montand, wie sollte es anders ein, wird gebeten, *Les Feuilles mortes* zu singen. Zu Hause erhält er einen persönlichen Brief des Präsidenten (heute im Salon von Autheuil unter Glas, neben einer ähnlichen Botschaft von Martin Luther King und der Gedenkmedaille anläßlich der ersten transatlantischen Satellitenübertragung, mit seinem Porträt).

Am 22. November desselben Jahres kommt Montand von einer Theaterprobe und geht, seinen Text memorierend, zu Fuß nach Hause. Sein Blick streift die Zeitungskioske, plötzlich sieht er die Schlagzeilen, die das Attentat von Dallas melden. „Es war ein Schlag“, sagt er, „eine echte, tiefe Trauer.“

14

Während Montand *Let's Make Love* dreht, hört er, daß ein junger Mann von dreiundzwanzig Jahren, Herb Gardner, ein eifriger Theaterbesucher – als Erdnußverkäufer in den Pausen nämlich –, ein Stück geschrieben hat, für dessen Hauptrolle er an ihn gedacht habe. Als der Schauspieler *Des clowns par milliers* später liest, nimmt ihn die Geschichte dieses Kinderfilmszenaristen gefangen, der sein Milieu satt hat, alles stehen und liegen läßt, um arm, aber vergnügt mit seinem Neffen, einem zwölfjährigen Bürschchen, zu leben. Zum Schluß gibt die Figur ihr Außenseitertum auf und integriert sich dem System wieder, mischt sich aufs neue in die anonyme Masse der Durchschnittsamerikaner, der Tausenden Clowns ...

Diese Rückkehr auf die Theaterbretter (unter der Regie von Raymond Rouleau) wird von der Presse gut aufgenommen, die nahezu einstimmig die Darstellung lobt: „Im Mittelpunkt des Ganzen steht Yves Montand", schreibt Jean-Jacques Gautier. „Wie natürlich, wie elegant, wie heiter, wie warmherzig, wie geschmeidig, wie klug, wie kraft- und taktvoll, aber welche Poesie auch, welche Kunst, welche, wie, wie, wie ... Bleibt nur noch hinzuzufügen: welch ein Komödiant!"[1]

Abends spielt Montand im Théâtre du Gymnase, tags dreht er *Compartiment tueur* (Mord im Fahrpreis inbegriffen), den ersten Film des einunddreißigjährigen Regisseurs, Constantin Costa-Gavras. Simone Signoret hatte „Costa" in ihre Galaxie gezogen: er war zweiter Assistent von René Clément bei *Nacht der Erfüllung* gewesen, den sie 1962 drehte. Wie alle wichtigen Begegnungen des Paares Montand–Signoret scheint auch diese unvermeidlich, weil eingeschrieben auf der großen Rolle gewesen zu sein, so daß es a posteriori anmutet, als hätte die Bahn des jungen Griechen geradezu zwangsläufig auf das berühmteste Paar des französischen Films hingeführt.

Costa-Gavras' spätere „Karriere“ als engagierter Cineast kann nur aus seinem persönlichen Werdegang begriffen werden. Er war ein Kind, als die Deutschen sein Land besetzten. Die Griechen waren so töricht gewesen, die italienische Armee zu demütigen, sie mußte von der Wehrmacht aus der Katastrophe gerettet werden: es trug Griechenland eine grausame Besatzung ein. Im Winter 1941 verhungerten die Menschen in Athen. Morgens sah der achtjährige Constantin die Karren mit den Toten der Nacht hochbeladen vorüberziehen, Arme und Beine schaukelten bei jedem Holpern. Sein Vater, ein Regierungsbeamter, tritt dem Widerstand unterm Banner des EAM bei, der nationalen Befreiungsfront, die von den Kommunisten kontrolliert wird, und schickt seine Familie aufs Land. Während des Bürgerkriegs dann ist er bald interniert, bald unter Hausarrest. Als Sohn eines Sympathisanten der Kommunisten, hat Costa-Gavras kein Recht auf höhere Studien. Er beschließt auszuwandern, spart sich Geld, geht 1953 nach Paris und schreibt sich an der Sorbonne ein, um Literatur zu studieren. Da er aus einem Land kommt, wo der Kommunismus seit langem verboten ist, erscheint es ihm nicht einerlei, daß man in Frankreich am hellichten Tag die *Humanité* lesen darf.

Dann erfährt er von der Existenz des IDHEC (Institut des Hautes Etudes cinémathographiques) und wechselt dahin über. „Schon in Griechenland faszinierte mich der Film“, sagt er. „Die Vorführungen fanden im Freien statt, und wir, meine Kameraden und ich, kletterten auf die Bäume, um zuzusehen. Wir verstanden den

Ton nicht, aber man erkannte ungefähr die Bilder der Abenteuerfilme oder der Western. Das wahre Kino habe ich in Paris entdeckt. Der erste Film, den ich sah, war *Gier* von Erich von Stroheim. Ich weiß noch, wie ich, als das Licht wieder anging, eine ganze Weile wie erstarrt saß; ich hätte nie gedacht, daß es so etwas gibt. Bald ging ich täglich ins Kino, ich hatte begriffen, daß es nicht nur Unterhaltung, sondern ein Ausdrucksmittel ist." Am IDHEC sollen die Studenten zum Studienabschluß eine Arbeit über ein Werk ihrer Wahl schreiben. Costa entscheidet sich – diese Geschichte steckt wirklich voll kurioser Zufälle – für die *Hexen von Salem*, beendet die Arbeit aber nicht, sondern beteiligt sich lieber an einem kollektiven Kurzfilm mit dem Titel *Vous n'avez rien contre la jeunesse?* (Haben Sie etwas gegen Jugendliche?)

Mit seinem Diplom in der Tasche debütiert der junge Grieche im Filmmetier als Assistent – wieder ein Zeichen – bei Simone Signorets erstem Mann, Yves Allégret (*Dem Teufel verschrieben*, 1959). Sein Beitrag ist bescheiden:

„Man drehte eine Szene im Hotel George V. Meine Aufgabe war es, an der Tür zu wachen, daß niemand hereinkam. Da will ein kleines Mädchen von zwölf Jahren ins Haus. Ich sage:

‚Sie können nicht hinein, Mademoiselle, hier wird gefilmt.'

Ein wenig überrascht von meinem starken Akzent, fragt sie:

‚Wer sind Sie?'

‚Ich bin der Assistent.'

‚Und ich die Tochter des Regisseurs!'

Von Jacques Demy für *Blonde Sünderin*, dann von René Clair engagiert, wird Costa-Gavras von René Clément endlich mit der Kostümsuche für *Nacht der Erfüllung* beauftragt. Bei der Gelegenheit besucht er Simone an der Place Dauphine, um ihr die sie betreffenden Kostümskizzen vorzulegen. In der ersten Woche kommt Montand eines Nachmittags seine Frau besuchen, die eine Szene in der Kirche Saint-Eustache spielt. Costa erinnert sich, daß jemand flüsterte: „Montand ist da." Er drehte sich um, sah abseits im Dunkeln eine hohe Gestalt sitzen. Nachdem die Aufnahmen beendet waren, raunte ihm Simone Signoret zu:

„Komm mit, ich will dich einem anderen Immigranten vorstellen."

Man konnte die Situation nicht besser resümieren. Natürlich hatte Costa-Gavras Montand schon gesehen, aber von sehr weitem, auf der Bühne des „Etoile" im Jahr 1958. „Ein griechischer Freund hatte mich mitgenommen. Es war phantastisch, ein echter Schock. Was mich sprachlos gemacht hatte, das war sein Vermögen, den Raum zu füllen. Und seine Gabe, vom einen zum anderen zu springen, von einem ernsten oder traurigen Lied zu einem amüsanten. Das war wie magisch."

Wie alle Assistenten träumt Costa davon, seine eigene Sehweise in Szene zu setzen, denkt zeitweilig daran, Aragons *Viertel der Reichen* zu verfilmen, einen der bevorzugten Romane Simone Signorets, und verfällt schließlich auf einen Krimi von Sébastien Japrisot, *Mord im Fahrpreis inbegriffen*. Er nützt die drei arbeitsfreien Monate bis zu Cléments nächstem Film *Les Félins*, um in seiner winzigen, unleserlichen Schrift ein Szenario nach Japrisot zu schreiben. Er gibt den Text zum Abtippen. Die Sekretärin leitet das Skript, ohne es ihm zu sagen, an Julien Derode, den Direktor der Studios Boulogne weiter. Eines Tages erhält Costa von diesem ein Telegramm: „Sehr interessantes Szenario. Wir müssen uns treffen."

Derode empfängt Costa und fragt ihn:

„Wen sehen Sie als Darsteller?"

„Ich sehe bis jetzt nur eine. Die kleine Catherine, die Tochter von Simone Signoret."

Seit ihrem ersten Dialog auf der Schwelle des George V. hat Costa Catherine Allégret häufig in Autheuil gesehen.

„Ist Simone einverstanden?“ fragt Derode.

„Ich muß sie fragen.“

So anekdotisch das Folgende sei, es beweist die Fragwürdigkeit von Selbstzeugnissen und wie schwierig es ist, den Lauf der Geschehnisse zu rekonstruieren.

Die Version Costa-Gavras:

„Ich steige also in der ‚Colombe d’Or‘ ab und gebe Simone das Skript zu lesen. Sie saß an ihrem Tisch. Ich frage sie wegen Catherine.

‚Sie muß erst ihr Bac machen. Aber ich könnte doch die alte Schauspielerin übernehmen.‘

Mir blieb die Stimme weg. Simone in meinem Film zu haben! Ich war verrückt vor Freude. Inzwischen kommt Montand.

‚Sag mal, Costa, du sollst ein gutes Drehbuch geschrieben haben. Ist da was für mich drin?‘

Ich denke, ich träume: Yves und Simone in einem Erstlingsfilm!

Ich stottere:

‚Lies das Szenarium. Wenn dir eine Rolle zusagt, nimm sie.‘

Ihn reizte der Cabourg, ein introvertierter, von Sexualphantasien besessener Typ, der zu unrecht des Mordes verdächtigt wird. Er fragte mich, was ich davon hielte. Ich hatte einen anderen Vorschlag:

‚Könnte es dich nicht verlocken, den Inspektor Grazziani zu spielen, das wäre interessanter, vor allem mit Marseiller Akzent.‘

‚Mit Akzent? Nein, nein, kommt nicht in Frage.‘

Simone machte mir Zeichen, beharrlich zu bleiben. Ich beharrte. Und er hat ihn gespielt.“

Die Version Montand lautet entschieden anders.

Nach ihm hatte Costa-Gavras als ein bei Produzenten Unbekannter eine Reihe Schwierigkeiten, seinen Film zu finanzieren. Er legt das Skript Simone Signoret und ihrem Mann vor, und schließlich schlägt das Ehepaar ihm in Autheuil vor, die Produktion gemeinsam zu unternehmen, sich die Kosten zu teilen. Von Anfang an geht es Montand um die Rolle des Inspektors Grazziani, aber erst später, an der Place Dauphine, hat er den Einfall, seiner Figur den Akzent von La Cabucelle zu geben. Und Catherine Allégret erhält erst nachher die Bambi-Rolle.

Diese kleinen Divergenzen haben nicht nur anekdotischen Wert. Daß man sich die Vaterschaft an der Rolle des Korsen, der wie auf der Canebière redet, streitig macht, kommt daher, daß diese Rolle in Montands Laufbahn eine Entdeckung ist. Zum erstenmal in seiner Filmkarriere fühlt er sich absolut wohl. Rührt das daher, daß er „en famille" arbeitet? Außer Simone und Catherine sind die Protagonisten lauter Freunde, Gélin, Mondy, Piccoli. Gute Bekannte aus Autheuil, wie Marcel Bozzuffi, Françoise Arnoul, Georges Géret übernehmen winzige Rollen, weil Yves und Simone die Spitze besetzen. Das Behagen, das Montand empfindet, hat auch mit seiner Beziehung zu dem Regisseur zu tun: Costa ist jünger als er, es ist sein erster Film, er ist ein Freund, den er duzt. Nicht vergleichbar mit den großen Bestien, den Carné oder Clouzot, deren autoritären Blick und Stimmgewalt jeder fürchtet.

Mord im Fahrpeis inbegriffen ist ein gut gemachter, flotter Krimi, die Presse lobt die Virtuosität der Regie (die Amerikaner sehen den Film als ein Musterbeispiel des Genres an), aber es ist ein niederer Film. Trotzdem ist er für Montand sein eigentlicher Start als Filmschauspieler, so als gäbe es die siebzehn Streifen, die er vorher gemacht hat, nicht. Unzweifelhaft wirft Montand, indem er diesen Grazziani, diesen ehrbaren Provinzinspektor übernimmt, der das ganze Gegenteil all seiner früheren Rollen ist, einen ziemlich nüchternen Blick auf seine bisherige kinematografische Bilanz. Dank Costa, dank der erlaubten Spontaneität, den wiedergefundenen

Klängen und Gerüchen der Kindheit entdeckt er, daß er mit Vergnügen und Natürlichkeit spielen kann, daß er einen anderen in seine Haut schlüpfen lassen und aus seiner eigenen Geschichte, seinem Temperament, seiner Redeweise Nutzen ziehen kann. Die berühmte „Präsenz", die man an ihm von der Bühne her kennt, eine Mischung aus Selbstaufgabe und Selbsttreue – jetzt kann er sie auch auf die Leinwand bringen. Seit *Pforten der Nacht* war er mehr oder minder überzeugt und also mehr oder minder überzeugend, manchmal linkisch, der Ton stimmte nicht. Das ist vorbei.

Bis dahin war sein Hauptmetier die Bühne gewesen; zwei Jahrzehnte lang ging er mit Chansonabenden auf Tournee. Nun, da er die Erleuchtung, zumindest die Bestätigung seiner Berufung als Filmschauspieler hat, kehrt er in fast dreißig Jahren nur noch zweimal zur großen One-man-show zurück (1968 und 1981–82). Kurz, ein anspruchsloser kleiner Krimi führt in seinem beruflichen Leben zu einem Bruch. Künftig sind die Prioritäten für ihn umgekehrt. Die Bretter nehmen den zweiten Rang ein. Der Film, in dem er sich so lange versucht hatte, ohne in seine Mysterien einzudringen, stellt sich fortan als wichtigstes Betätigungsfeld heraus.

Die Wandlung Montands vom Künstler der Music-Hall zum Filmschauspieler geschieht, als er die Vierzig überschritten hat. Als hätte er warten müssen, bis die Züge der Jugend denen der Reife gewichen sind. Nach drei Jahren Abwesenheit auf der Leinwand wird die Metamorphose offenbar. Die Gestalt hat nicht mehr die frühere Schlaksigkeit, seine Schultern sind breiter geworden; das Gesicht hat eine neue Intensität; der Blick ist ernst geworden. Montand ist gereift. Er ist reif, den Film zu erobern.

Ein Glück kommt selten allein. Zur selben Zeit, da er sich als Filmschauspieler entdeckt, begegnet er Jorge Semprun, und das wird sein Leben verändern.

Es ist eine Liebesgeschichte. Ich habe ihn geliebt, wie man eine Frau lieben kann. Ich habe ihn richtig geliebt – aber ohne jede Zweideutigkeit –, und er hat das erwidert, auch wenn er von seiner Erziehung her zurückhaltender ist als ich und seine Gefühle weniger nach außen bringt. Zwischen uns funkte es fast sofort. Wir sind uns zum erstenmal in der „Colombe d'Or" begegnet. Er saß an unserem Tisch, mit Simone und seiner Frau Colette, er hatte sich auf meinen Platz an der Wand gesetzt. Als ich dazu kam, dachte ich: wer ist der Kerl, der mir meinen Platz wegnimmt? Ich streifte ihn mit dem Blick. Und Simone stellte uns vor. Eine halbe Stunde blieb ich bei meiner Reserve, und dann entdeckten wir eine unglaubliche Zusammengehörigkeit.

Sonderbar, diese Wahlverwandtschaft zwischen dem armen Jungen aus La Cabucelle und dem Sproß der kastilischen Großbourgeoisie, zwischen dem Autodidakten, der das unheilbare Handikap des verfrühten Schulabbruchs zu kompensieren versucht, und dem kulturgesättigten Ästheten. Die gegenseitige Anziehung erwächst daraus, daß diese beiden Emigranten der Geschichte – trotz der beträchtlichen Unterschiede infolge der Zufälle ihrer Geburt – die Größe und die Desillusionierungen einer ganzen Generation gemeinsam haben. „Was für ein Schicksal!" sagt Montand. Das von Semprun ist wahrhaftig ein Konzentrat der jüngsten Geschichte. Dem Schauspieler erscheint er als ein moderner Held der Jahrhunderttragödien, als ein Sinnbild jener revolutionären Mythen, die er selbst gelebt hat.

Zunächst der Spanienkrieg, der die Familie Semprun im Baskenland überrascht. Der Vater, einst Zivilgouverneur von Toledo, geht mit seinen sieben Kindern, die von deutschen Gouvernanten in Strenge erzogen sind, ins Exil. Er repräsentiert die republikanische Regierung in Den Haag, wo der junge Jorge die Museen durchstreift und Baudelaire entdeckt. 1941 trägt er als Schüler des Lycée Henri IV in Paris im Concours général den zweiten Preis für Philosophie davon. In anderen Zeiten wäre Jorge Semprun zu glanzvollen Studien bestimmt gewesen, er aber zieht es vor zu lernen, wie man eine Sten demontiert: 1942, mit achtzehn Jahren, tritt er in die Résistance ein und wird Mitglied der Kommunistischen Partei. Im folgenden Jahr gehört er zum Netz „Jean-Marie Action", das sich mit Waffenbeschaffung und Fallschirmabsprüngen in der Bourgogne befaßt – wird aber im September bei einer Mission von der Gestapo festgenommen. Mit zwanzig Jahren nach Buchenwald deportiert, kommt er dank der kommunistischen Geheimorganisation und weil er fließend deutsch spricht – die deutschen Gouvernanten hatten ihr Gutes – in die Lagerverwaltung. Ein strategischer, geschützter Posten, wo über das Los der Deportierten entschieden wird. Ein Ort, wo man auswählt, wer leben darf und wer sterben muß. So gar keine literarische Art, mit Gut und Böse umzugehen und deren nicht mehr erkennbare Grenzen bis zum Unerträglichen zu erfahren.

Nachdem Semprun sich mit anderen Häftlingen an der bewaffneten Befreiung des Lagers Buchenwald beteiligt hat, kehrt er am 1. Mai 1945 zurück nach Paris. Als Basismitglied der Kommunistischen Partei Spaniens überlebt er durch Übersetzungen und arbeitet eine Zeitlang bei der UNESCO. Der stalinisierte Intellektuelle der Eiszeit verbricht Gedichte zum Ruhm der Pasionaria. Stalins Tod 1953 entlockt seiner Feder eine Ode, die er sehr viel später selbst exhumiert:

Uns ist der Vater gestorben, der Genosse
Unser Leiter und Meister ist tot
Kapitän der Völker und Erbauer
Des Kommunismus in seinen gigantischen Werken …[2]

Wenig danach schickt ihn seine Parteileitung in einer ersten geheimen Mission nach Spanien. Mit dreißig Jahren wird er Reisender in Sachen Revolution, unternimmt er, durch verschiedene Decknamen getarnt, illegale Aktivitäten gegen die Franco-Diktatur. Als Mitglied des Zentralkomitees, dann des Politbüros (1956) unter dem Namen Federico Sanchez, ist er einer der Hauptverantwortlichen für die Geheimarbeit. Als er zu Sommersanfang 1963 Montand begegnet, lebt er allerdings wieder legal und unter seinem richtigen Namen in Frankreich: Santiago Carillo, der Generalsekretär der KPS, hält ihn bedacht spanischem Boden fern. Der Genosse Semprun hat die Politik der Parteiführung kritisiert, er ist zum Dissidenten geworden, wovon Montand noch nichts weiß. Hätte er aber nicht zehn Jahre eine so untergründige Existenz geführt, immer von langen Aufenthalten jenseits der Pyrenäen unterbrochen, er hätte das Haus Montand–Signoret wesentlich früher besucht.

Viele Vorzeichen auch hier, die Simones Lieblingstheorie von den sich schneidenden Kreisen bestätigen. 1942 zum Beispiel, besuchte Semprun wie jeder Philosophiestudent, der auf sich hält, das Café Flore, wo er von weitem eine wunderschöne Blondine mit Veilchenaugen sah, die allen und besonders ihm den Kopf verdrehte. Erst nach dem Krieg wagt er sie anzusprechen. Ebenso elektrisiert ihn nach seiner Rückkehr aus der Deportation eine neue Stimme in der Music-Hall. 1947, zur selben Zeit wie Montand, lernt Semprun Jacques Prévert kennen, hat aber keine Gelegenheit, dem Sänger zu begegnen. Im selben Jahr speist er bei einem Freund, als Francis Lemarque strahlend eintrifft: Yves Montand hat *A Paris* angenommen ...

So könnte man tausend Indizien zur Bestätigung der Gravitationsgesetze der Freundschaft aufführen. Zum Beispiel auch dieses letzte noch: In der Nachkriegszeit besucht Semprun einen Freund in der Rue Vaneau, einen Lagerkameraden, denselben, der ihn in den Kreis der Brüder Prévert einführt. Im Hof des Hauses spielt ein kleines Mädchen, zwei Jahre alt. Es heißt Catherine

Allégret. Ein Dutzend Jahre später ist es wiederum Catherine, über die Semprun den Kontakt zu Simone Signoret aufs neue knüpft.

„Ich ging in die Ecole alsacienne“, erzählt Catherine Allégret; „meine beste Freundin war Dominique Martinet, deren Mutter, Colette, Schnittmeisterin war. Ich erzähle Mama von ihr, und sie fragt:

‚Lebt sie immer noch mit diesem fabelhaften Spanier zusammen?‘

Der ‚fabelhafte Spanier‘ war Jorge Semprun, der damals viel auf Reisen war. Durch uns Kinder haben sie sich wiedergesehen. Ich glaube, was Semprun an Montand so gefiel, war auch Mama.“

Anfang der sechziger Jahre besuchen sich Simone Signoret und die Sempruns regelmäßig. Im April 1963 wird Julian Grimau, ein führender Genosse der Kommunistischen Partei Spaniens, mit dem Semprun lange in der Illegalität zusammengearbeitet hat, hingerichtet. Simone bringt seine Witwe, die Jorge ihr vorstellt, zu Pierre Lazareff und erreicht, daß sie in die Sendung *Cinq Colonnes à la une* kommt. Kurz darauf, im Mai, erhält Semprun den Prix Formentor für sein Buch *Die große Reise*, das er in der Illegalität in Madrid geschrieben hat, und feiert das Ereignis bei Simone. Aber Montand hat er noch nicht gesehen. Ihre Begegnung findet also in den ersten Sommertagen 1963 in der „Colombe d'Or“ statt, und Sempruns Bericht weicht hier kaum von dem seines Freundes ab: „Plötzlich sehe ich einen langen Typ in Hemdsärmeln über die Straße kommen. Wir saßen an einem Tisch, Colette Leloup, Simone und ich. Simone stellt uns Montand vor. Und ich sehe, wie mich ein rascher, scharfer Blick streift. Nicht gerade mißtrauisch, aber prüfend … Er scheint sich zu fragen, was ich da wohl zu suchen habe. Wer oder was dieser Freund von Simone ist.“[3]

Diese zwei haben sich gesucht und, nach Überwindung ihres natürlichen Mißtrauens, gefunden, der eine fasziniert von dem ruhmbedeckten Kämpfer, der er selbst hätte werden können, der andere bezaubert von dem Künstler, da er selbst auch unter seinem militanten Panzer nie aufgehört hatte, einer zu sein. Jorge Semprun: „Es ging gut mit uns beiden, weil nicht auf einer Seite der Intellektuelle stand, der Lehren austeilt, und auf der anderen der Sänger. Keineswegs. Ich bewunderte, was er auf der Bühne machte, und fand es obendrein wichtig. Und er hat meinerseits keine Herablassung gegenüber einer ‚minderen Kunst' verspürt. Schauspieler faszinieren mich. Ich kann ihnen stundenlang zuhören. Ich habe ihm viel zugehört."

Die Beziehung, die zwischen Montand und Semprun wächst, hat ihre Wurzeln weit außerhalb des politischen Terrains (die Geheimnisse der Freundschaft sind so unergründlich wie die der Liebe). Zu Beginn ihrer Verbindung befinden sich beide gleichwohl an ungefähr dem gleichen ideologischen Punkt. Auch wenn der eine aus seinem Kampf einen Beruf gemacht hat, während der andere seinen Beruf teilweise kämpferisch nutzte, sind beide skeptische Kommunisten, die ihre Illusionen verloren haben, nicht aber ihre Hoffnungen.

In diesem Sommer 1963 fährt Montand mit Simone Signoret zum Filmfestival nach Moskau. Mit Freude stellt er fest, daß Chrustschow die Stalinsche Schraube gelockert, die Publikation des Buches *Ein Tag im Leben des Iwan Denissowitsch* von Solshenizyn erlaubt hat und die Vollendung des Kommunismus bis zum Jahr 1980 verspricht. Scheiße, sagt sich Montand, der immer noch an die Prophezeiungen des Kreml glaubt, die armen Russen, nun haben sie schon so viel gelitten und müssen immer noch siebzehn Jahre warten. Ein Jahr darauf wird Herr Ch. brutal in den vorzeitigen Ruhestand geschickt – und damit auch seine ubuesken Prognosen.

Semprun ist in den ganzen ersten Monaten seiner Freundschaft mit Montand durch ideologische Auseinandersetzungen mit der Parteiführung der spanischen

Kommunisten belastet. Gemeinsam mit seinem Freund Claudín kritisiert er die Blindheit der Genossen, die nicht wahrhaben wollen, daß Spanien sich selbst unter Franco verändert und modernisiert. Die Costa Brava wird mit Ferienhäusern und Hotels zubetoniert, die Touristen strömen herbei, das bringt Devisen, die Industrie entwickelt sich, und das Lebensniveau steigt. Die beiden Kritiker meinen, daß unter solchen Umständen die Argumentation nicht starr beim alten bleiben kann, sie verpönen die rituell wiederholte Aufforderung zu einem „friedlichen Nationalstreik", der nie kommt. 1964, auf einem in der Tschechoslowakei anberaumten Gipfeltreffen erweisen sich die Divergenzen als unüberwindlich; im Jahr darauf werden die beiden Ketzer endgültig aus der KPS ausgeschlossen.

Als ihre Freundschaft beginnt, sind Montand wie Semprun Mitte Vierzig – sie haben zwei Jahre Altersunterschied – und in einer Umbruchsphase. Montand entdeckt seine wahre Schauspielernatur und widmet ihr künftig seine Haupttätigkeit. Für Semprun endet der militante Teil seines Lebens.

Doch sogar in dieser Periode schmerzlicher Revisionen, wo man ihn schlimmster Abweichungen anklagt, bricht Semprun nicht mit dem kommunistischen Ideal. Ganz wie Montand, hofft er, die stalinistischen Perversionen, deren Auswirkungen er direkt zu spüren bekam, können überwunden werden. „Im Herbst 1964 war ich noch in schwachen Illusionen befangen. Der Illusion, man könne die Werte des Kommunismus aufrechterhalten und erneuern, trotz der Kommunistischen Partei oder sogar gegen sie. Der Illusion, man könne die Konsequenzen des Stalinismus auf revolutionärem Wege beseitigen ... Kurz, ich wußte noch nicht – was aber nicht auf sich warten ließ –, daß die Weltrevolution ein historischer Mythos desselben Kalibers war wie der von der universellen Klasse ..."[4]

Von nun an entwickeln sich beide Männer gemeinsam

in ihrer letzten Suche nach einer schwindenden Hoffnung, gehen sie gemeinsam den Weg von der Kritik am Kommunismus bis zu seiner Verdammung. Auf diesem Weg wird der Einfluß Sempruns, der stärker zur Abstraktion neigt und von marxistischem Denken geprägt ist, für Montand um so bestimmender, als er selbst Zweifel und Fragen intimer, instinktiver wahrnimmt. Wie sein Bruder Julien in den Jahres des kalten Kriegs sein „kommunistisches Gewissen“ war, so wird in der Tauwetterperiode Semprun sein „antistalinistisches Gewissen“. Der Zufall will es – doch begreift man wohl, daß es keiner war –, daß der Schauspieler und der Berufspolitiker ihre verblassenden Eschatologien in einer gemeinsamen künstlerischen Unternehmung nach und nach verlieren sollten. Als Semprun aus der KPS ausgeschlossen wird, arbeitet er mit Alain Resnais an dem Drehbuch von *Der Krieg ist vorbei*. Das Schreiben des Films erleichtert den Übergang, die Konversion des militanten Genossen zum Schriftsteller, des Federico Sánchez zu Jorge Semprun.

Nach der Lektüre der *Großen Reise* regte Florence Malraux ihren Mann, Alain Resnais, an, sich an den spanischen Romancier zu wenden. Den Filmregisseur interessiert seit langem der Alltag eines Berufsrevolutionärs. „Es geht mir nicht um einen Film über Spanien, das ist Ihnen zu nahe, und ich kenne es zu wenig. Was mich interessiert, ist Ihre Erfahrung als militanter Kommunist“, bemerkt der Cineast gegenüber Jorge Semprun.[5] Schließlich schlägt der ihm ein Sujet vor, das von der Beerdigung eines Exilspaniers ausgeht. Um die spanische Thematik, das Exil wird allmählich die Geschichte Diegos gebaut, der Jorge ist und nicht ist, eine Annäherung. Resnais weiß, was er will: es ist eine schwere Geburt, drei Versionen sind notwendig, bis man zum endgültigen Skript gelangt.

Im Pressedossier zu *La Guerre est finie* schildert Jorge Semprun den Prozeß dieser geteilten, ausgehandelten

Erfindung: „Man schreibt keine Geschichte, die Alain Resnais in Bilder oder Regie umsetzt. Man schreibt für ihn und mit ihm, das heißt manchmal auch gegen ihn und gegen sich selbst ... Resnais, das ist bekannt, schreibt keine Zeile, kein Wort des Drehbuchs auf, das er verfilmen will ... Und doch gibt es in dem Drehbuch keine Zeile, kein Wort, worin nicht das Ergebnis seiner Arbeit, seines Wollens, seiner Vision des Filmprojekts sich niedergeschlagen hätte ... Man streicht nicht ein Adjektiv, man schreibt die ganze Szene um: so oft wie nötig ... So, auf anscheinend tastenden Umwegen, nehmen die ursprünglichen Intentionen Alain Resnais' Gestalt an, und man ertappt sich dabei, mehr oder minder gut das zu schreiben, was er im voraus beschlossen hatte."

Natürlich bezieht sich Sempruns Bescheidenheit auf das Schreiben des Szenariums, denn was die behandelten Themen angeht, gibt es über seine Vaterschaft keinen Zweifel. Es steckt eine Menge vom einstigen Federico Sánchez in diesem Diego, der es ein wenig leid ist, den großen mythischen Abend zu erwarten, der treu seine Verpflichtungen einhält, aber von Skeptizismus zerrissen ist. Er weiß, von wem er spricht, wenn er diese alten Kämpen eines verlorenen Krieges beschreibt, der seit einem Vierteljahrhundert nicht aufzuhören aufhört, diese illegalen Stubenrevolutionäre im Ruhestand, die sich an vagen Konzepten berauschen, mechanisch einen Generalstreik ankündigen, der nur mehr eine Phantasie realitätsfremder Exilanten ist: man bräunt in Frieden – einschließlich der Wähler der FKP – an den Stränden der Costa del Sol, während die Diktatur Grimau ermordet. Die Debatten, die Federico Sánchez, der Genosse in der Krise, mit der Leitung der spanischen KP führt, durchziehen das ganze Werk. Die Nachwehen des Parteiausschlusses tauchen *Der Krieg ist vorbei* in eine Melancholie, die aus der Treue herrührt und die Komplizenschaft verweigert.

Der Autor geht bei seiner Analyse vor, als wäre der Film eine Couch; der Glücksfall fügt es, daß die Falten seiner Erinnerung sich mit denen von Montands neuem Gesicht decken. Denn dieser vollzieht als Schauspieler jenen entscheidenden Schritt im Leben des Freundes nach, den von der militanten Existenz zu dem „anderen“, dem professionellen, künstlerischen, legalen und „normalen“ Leben. Auf diesem Gründungsakt beruht ihrer beider Zuneigung: Montand hat Semprun geholfen, seine Haut zu wechseln. Semprun sagt dazu: „*La Guerre est finie* hat mir dreifachen Gewinn gebracht. Er war mein Fegefeuer. Durch den Film entkam ich schneller der schmerzlichen Übergangszeit, in der der Genosse sich von der Partei losreißt. Montand spielte die Rolle des Sündenbocks, er hat mir die Aufgabe erleichtert. Das hat sehr starke Bande zwischen uns geschaffen, die Bande einer gemeinsamen Geschichte.“

Die Rolle des Berufsrevolutionärs, in die Montand sich wunderbar einfindet, war indes nicht für ihn geschrieben. Als Resnais das endgültige Szenario in Händen hat, sucht er seinen Hauptdarsteller. Montand steht mit Paul Newman und Vittorio Gassman auf seiner Liste. Der Regisseur vergleicht nun die jeweiligen Vorgaben der drei, indem er sie Sequenz für Sequenz gegeneinander abwägt. Der Franzose liegt, aufs Ganze gesehen, weit vorn. Resnais will eine Arbeitskopie von Costa Gavras' *Mord im Fahrpreis inbegriffen* sehen, die der junge Grieche fertig montiert, und läßt sie sich gemeinsam mit Semprun vorführen. Danach ist er überzeugt, daß Montand der beste Diego sein wird.

Die vorsichtigeren Produzenten meinen, der Auserwählte stelle keinen hinreichenden „kommerziellen“ Wert dar. Später sagt Resnais, er habe keinen anderen Schauspieler als Montand gewollt und hätte den Film ohne ihn nicht gemacht. Jedenfalls bleibt er standhaft, denn er träumt seit langem davon, mit ihm zu drehen. „Ich sah Montand zum erstenmal auf der Bühne des

‚Etoile', und es durchfuhr mich wie der Blitz. Ich war begeistert ... Schauspieler, die die Music-Hall beherrschen, haben ein ganz außerordentliches Rhythmusgefühl. Jeder Sänger, der zugleich ein großer Darsteller der Music-Hall ist, ist zwangsläufig ein großer Komödiant. Wer durch eine solche Schule gegangen ist, kann wahrhaftig alles ... Anderseits war ich hingerissen, wie er die *Hexen von Salem* spielte, und die Erinnerung daran hat mich wesentlich beeinflußt, als es darum ging, ihm die Rolle des Diego zu geben ..."[6] Resnais spürte, daß Montands intuitive Bühnenwirkung auf die Leinwand übertragbar war, wenn er die Gelegenheit zu einer Figur ad hoc bekäme. Er wußte auch, daß Montands politischer Weg ihn naturgemäß für die Rolle prädestinierte.

Die Romantik des Spanienkriegs, eine gewisse klare Vorstellung von Engagement, das Leben eines Berufsrevolutionärs, all das reizte mich enorm. Die Figur des Diego, diese Treue gegenüber dem Ideal, die dennoch Zweifel an seinem eigenen Tun nicht ausschließt, entsprach ganz meinem derzeitigen Geisteszustand. Meine persönliche Geschichte gab Diego Glaubwürdigkeit; es bestand Identifikation zwischen ihm und mir.

Ich kann Alain Resnais nie genug danken, daß er mir die Rolle gegeben hat. Er ist ein Regisseur, der das Metier des Schauspielers von innen her kennt, er weiß, wie ein Schauspieler beschaffen ist. Die Arbeit mit ihm ist anders als sonst. Bevor er eine Szene dreht, scheint er keine feste Vorstellung zu haben, wie er vorgehen will. Manche Regisseure schreiben jede Einstellung bis ins Detail fest und wissen genau, wohin sie die Kamera stellen, welche Bewegung der Schauspieler machen soll. Man muß in etwas Vorgeformtes hinein. Bei Alain Resnais geht das völlig anders. Man nimmt sich Zeit, die verschiedenen Möglichkeiten durchzuprobieren; wenn ich zum Beispiel einen Raum betrete, erwäge ich meine weiteren Bewegungen: setze ich mich sofort hin, lege ich zuerst meine Reiseta-

sche ab, lese ich die Post, strecke ich mich lang? Dabei geht eine halbe Stunde, eine Stunde drauf, aber die Szene wird richtiger, stimmiger. Der Regisseur bekommt, was er wollte, nicht gegen, sondern mit dem Schauspieler. Und für den Schauspieler ist das phantastisch. Nach La Guerre est finie *sagte ich mir: und wenn ich nie mehr filmen sollte, es wäre nicht schlimm; ich habe das Kino hinter mir gelassen, ich habe echten Film gemacht.*

Montand hat sich dem Diego mit der ganzen Intensität aufgetan, die er an jede professionelle Arbeit wendet. An den Repliken, die er auf spanisch zu sprechen hat, hat er mittels Tonband lange mit seinem Lehrer Semprun gefeilt. Der verläßt erschüttert die erste Vorführung: er hat in diesen Film, mit dem er zwanzig Jahre seines Lebens hinter sich läßt, so viel von sich eingebracht, daß die Darstellung des Freundes die Spiegelwirkung noch verstärkt: „Er war Diego, und das half mir, ich selbst zu sein. Es wieder zu werden." Ebenso geht es Montand, der, indem er einen anderen in sich einließ, sich selber gesucht und gefunden hat. *Mord im Fahrpreis inbegriffen* hatte ihn frei gemacht. *Der Krieg ist vorbei* bestätigt ihm, daß er eine Grenze überwunden hat. „Als ich ihn kennenlernte", sagt Semprun, „war er entschlossen, nicht mehr Schauspieler zu sein, das war vorbei, die Karriere war für ihn fehlgelaufen. Diego hat alles verändert."

Ja – ob Koinzidenz, ob Zeichen –, der Diego in *Der Krieg ist vorbei* tilgt endgültig den Diego der *Pforten der Nacht* …

Die Presse erkennt das durchaus und feiert in dithyrambischen Worten die Darstellerleistung. „Der Beweis ist erbracht. Montand ist einer der zwei oder drei unserer größten Filmschauspieler."[7] „Die Darstellung Yves Montands ist hervorragend."[8] – „Die Darstellung ist wunderbar. Yves Montand, den ich sonst nicht sehr mag, ist hier vollkommen in Sparsamkeit und Wahrhaftigkeit. Er steht den Größten in nichts nach, einem Humphrey Bogart, einem Bogart, an den er uns erinnert.“[9] Françoise Giroud im *Express* bündelt all diese Blumensträuße in eins: „Ob Montand gut ist? Das ist wohl die letzte Frage, die man sich stellt. Er ist es.“ Später erweist die Encyclopaedia Britannica Montand die schönste Hommage, die in seinen Augen alle Oscars wettmacht, indem sie zu diesem Film einfach schreibt: „Yves Montand is superb.“

Der Krieg ist vorbei erhält fast ebensoviel Lob wie sein Hauptdarsteller. „Politisches Kino von hohem Rang“, urteilt Jean-Louis Bory in *Arts*. Der Film wird, zusammen mit der *Nonne* von Jacques Rivette und *Ein Mann und eine Frau* von Lelouch, ausgewählt, Frankreich auf dem Filmfestival in Cannes zu repräsentieren. Eine sonderbare Wahl in dieser Periode der Moralzensur und des stirnrunzelnden Ordnungssinns: *La Religieuse* wird vom Staatssekretär für Information verboten, und der Aufsichtsrat des Festivals lehnt *La Guerre est finie* ab, um die Regierung in Madrid nicht zu verärgern. *Le Monde* protestiert: „Weil diese Tragödie einen spanischen Republikaner zum Helden hat, verwehrt man ihr die Tore des Festivals in Cannes. Das heißt die Gastgeberpflichten sehr hoch ansetzen. Ein wenig zu hoch vielleicht, weil über der Freiheit.“[10]

Nur Lelouch bleibt in Cannes im Wettbewerb und erringt die Goldene Palme. Alain Resnais' Film aber wird dennoch in einem Saal der Croisette vorgeführt, und die spanischen Journalisten geben ihm den aus diesem Anlaß geschaffenen „Prix Luis Buñuel“. *Der Krieg ist vorbei* erntet übrigens noch manche Auszeichnungen: den Prix Louis Delluc, den Preis für den besten Film des Jahres, vergeben von den New-Yorker Kritikern, den Preis für den besten ausländischen Film, erteilt von den amerikanischen Verleihern. Montand selbst bekommt in Übersee den Preis für den besten Darsteller. Nachdem der Film von Resnais ins Feuer Francos geraten ist, wird er 1967 auch von der Spanischen Kommunistischen Partei mit Exkommunikation gestraft. Tatsächlich wird *Der Krieg ist vorbei* auf ihren Einspruch hin vom Festival in Karlovy Vary zurückgezogen, wohin Resnais und Semprun zu seiner Präsentation gereist waren.

Die sechziger Jahre stehen weltweit im Zeichen einer Auferstehung des revolutionären Ideals. Während Frankreich von den gaullistischen Technokraten umgewandelt wird, die Archaik hinter sich läßt und sich, von günstigen Expansionsraten getrieben, modernisiert, schlägt in anderen Breiten die „Stunde der Feuersbrunst". In Lateinamerika blüht die Guerilla, das Havanna Castros erscheint als das neue revolutionäre Mekka; in Afrika, Asien dringt die „Sturmzone" in die Tropen vor, während in Peking die jungen Roten Garden meinen, der Große Vorsitzende erfinde die Demokratie neu. Rot ist die Luft, sollte Chris Marker sagen. Die von den Greisen im Kreml einbalsamierte Revolution scheint anderswo wiederaufzuerstehen; jedenfalls zieht sie die Jugend überall in ihren Bann. Von Berkeley bis Berlin ergreift die Universitäten ein seltsamer Eifer. Es ist die Zeit der flammenden Proklamationen, der gereckten Fäuste, der fiebrigen Exegesen des marxistischen Talmud.

Inmitten dieses romantischen, oft schulmeisterlichen und häufig blinden Aufflammens erscheinen die subtilen Fragen in *Der Krieg ist vorbei* erstaunlich ausgewogen. Weil er das Produkt einer bereits vom Zweifel angesteckten Generation ist, stellt sich der Film zwischen Traum und Wirklichkeit, zwischen die abgelaufene und die verheißene Geschichte, zwischen die Utopie und das Zeugnis der Tatsachen. Der Berufsrevolutionär, seines Wesens eine „positive" Figur, hört nicht auf, sich in eine strahlende Zukunft zu versetzen. Der prosaischere Gegenheld von Semprun–Resnais schlägt sich einerseits mit der Sklerose der Revolutionsfunktionäre und anderseits mit der wilden Agitation einer Jugend, die es zu eilig hat, herum. Zum erstenmal – noch vor Godards *La Chinoise* – kommen Gauchisten auf die Leinwand. Diego-Montand bekämpft sie, auch wenn er für ihren ungebrochenen Enthusiasmus eine gewisse Liebe verspürt, auch wenn er ihre wirrköpfige Ohnmacht verurteilt. Der Film zeigt das Teil Lächerlichkeit auf, die das Engagement in sich birgt (gerade weil es absolut, auf Tod und Leben, sein will), und das Maß an Überdruß und Enttäuschung, das so viele dunkle Jahre mit sich bringen.

Anfang 1964 fragte sich Montand noch, ob es einen Sinn hat, weiterhin eine Filmkarriere zu verfolgen. Zwei Jahre später kommt der fünfundvierzigjährige Mann, der Costa-Gavras, Semprun und Resnais begegnet ist, nicht mehr aus den Studios heraus. Binnen eines dreiviertel Jahres dreht er acht Filme.

Für einen, der in den fünfziger Jahren der Prototyp des engagierten Sängers war, erlebt Montand den Mai 68 in reichlich gelöster Haltung. Gewiß empfindet er Sympathie für die Revolte der studentischen Jugend, sogar eine gewisse Bewunderung für die Verwegenheit der Demonstranten (Montand hat stets eine Phobie gegenüber der Masse gehabt und fühlt sich beklommen bei der Vorstellung, sich in einen Zug einzureihen). Aber da er nun auf die Fünfzig zugeht, fürchtet der Schauspieler das Lächerliche, eine Jugend zu langweilen, die ihm entgleitet. Diese Mai-Revolution ist nicht seine Sache, was nicht ausschließt, daß er auf eine Veränderung hofft, ohne groß daran zu glauben. Wie auch immer, Montand hält sich abseits. Kein einziges Mal geht er hinüber in die Sorbonne, den in einen ideologischen Basar verwandelten Tempel der Geisteswissenschaften, wo die guten Absichten sich ausbreiten und das künstlerische und intellektuelle Tout-Paris sich gemein macht.

Auch meidet er das Odéon-Theater, wo man die allzu „bourgeoisen“ Madeleine Renaud und Jean-Louis Barrault vertrieben und durch eine pittoreske Fauna ersetzt hat, die sich an magischen Tränken aller Art, an Großmut und hohlem Gerede berauscht. Eines Tages sieht er mit Jorge Semprun vom Straßenrand einem Demonstrationszug zu, der von Montparnasse kommt, und ist von der ansteckenden Freude der Teilnehmer bewegt. Nicht so sehr freilich, daß er marschieren würde. Er mit seiner Abscheu vor jeglicher Demagogie kann sich nicht vorstellen, auf den Grands Boulevards herumzuschreien: „Wir sind alle deutsche Juden!" – auch wenn die Schönheit des Slogans ihn tief berührt und er Daniel Cohn-Bendit für besonders sympathisch hält. Ein andermal führt ihn sein Weg zur Ecole des beaux-arts, wo ein „Volksatelier" die Plakate des Mai druckt; der Strich ist treffend, die Karikatur wirkungsvoll: Montand urteilt als Künstler. Er findet, der Bewegung mangelt es nicht an einer gewissen *allegria*, doch er versteht diesen befremdlichen Coktail aus Fest und Sekte nicht.

Semprun, von seinem Schwiegersohn, der bei den Studenten aktiv ist, wohlinformiert, klärt ihn über die Streitigkeiten der Gauchisten mit der Kommunistischen Partei auf. Die Sympathien des spanischen Ex-Genossen, der in dieser Erhebung zuvorderst den libertären Elan gegen die Stalinisten sieht, gehören den Protestlern gegen die bestehende Ordnung, in diesem Fall gegen die kommunistische Ordnung, die die Linke dominiert. Montand selbst bemerkt erst wesentlich später die antikommunistische Dimension des Mai 68. Zur Stunde treibt er interessiert, aber nicht engagiert dahin, überzeugt, daß ein Mann seines Status' und seiner Generation sich nicht ins Fahrwasser von Zwanzigjährigen begeben kann. Als man ihn auffordert, am Sonntag, dem 20. Mai, auf der Place Nationale vor den Renault-Werken zu singen, schlägt er die Einladung aus und erklärt: „Ich habe es abgelehnt, vor Fabrikarbeitern zu singen. Es wäre ein Mangel an Taktgefühl, es wäre Demagogie und eine beschämende, wenn auch vielleicht elegante

Art, sich Publizität zu verschaffen."[11] Ebenso hält er sich den „Generalständen“ des Films und des Chansons in Bobino fern.

Während der ganzen Dauer der „Ereignisse“ ist Montand allein in Paris. Simone, die durch den Streik der Transportarbeiter in Saint-Paul festsitzt, ruft ständig an. Von weitem und nach Darstellung der Presse scheint die Hauptstadt wilden Horden ausgeliefert. Ihr Mann korrigiert den Eindruck. Er hat übrigens einen idealen Beobachterposten: von seiner fünften Etage an der Place Dauphine genießt er eine durch nichts verstellte Aussicht auf den Carrefour Saint-Michel und verfolgt so einige Handgemenge, die Augen gereizt durch das Tränengas, das bis zu ihm heraufsteigt. An manchen Tagen würde Simone, durch Montands Telefonberichte erregt, am liebsten nach Paris zurückfahren, um „das nicht zu verpassen“. Aber sie bleibt schließlich. In einem an sich selbst geschriebenen Brief spricht sie ihren Geisteszustand aus, der dem ihres Mannes nahe ist: „Wie traurig, daß man ausgeschlossen ist von dem, woran man teilhätte, wenn man zwanzig wäre, und wie frustrierend, es ihnen nicht sagen zu können. Aber es ist außerordentlich und schmerzlich, von hier aus, aus dem Abstand und aus der Sonne, zu sehen, wie sie binnen weniger Tage sich haben Hörner aufsetzen lassen ...“[12]

Ende Mai ist die Lage undurchschaubar, der Staatsmacht gelingt es nicht mehr, die sie beängstigende Erscheinung unter Kontrolle zu behalten. Mehrere Millionen Streikende erwarten, daß ihre Forderungen erfüllt werden. Die Gewißheit, daß die „Kapitalisten“ zum Nachgeben bereit sind, um die Ordnung wiederherzustellen, erhält Montand bei einer Partie Poker. Die anderen Spieler sind Industrielle, kleine Unternehmer; sie haben so große Angst, daß sie geneigt sind, alles zu akzeptieren ... Die sogenannten „Verhandlungen von Grenelle“ zwischen den Gewerkschaften, der Unternehmerschaft und der Regierung bestätigen diese Absicht: auf

Anhieb wird der SMIG, der gesetzliche Mindestlohn, um 35 Prozent heraufgesetzt.

Am Morgen des 27. Mai jedoch, als die Gewerkschaftsvertreter auf einem Meeting in den Renault-Werken über ihre Verhandlungen berichten, werden die Absprachen von Grenelle von der Basis abgelehnt. Abends soll im Charléty-Stadion eine ökumenische Versammlung der Protestierenden stattfinden. Der Premierminister untersagt in drohendem Ton jede Demonstration. Pierre Mendès France erwidert, er werde in Charléty dabei sein, womit er seine Furcht vor einer Provokation ausdrückt; Montand ruft Simone an, um ihr diese Erklärung mitzuteilen, deren Integrität sie rührt – Mendès France ist ihr Nachbar in der Normandie, sie sind einige Male mit ihm zusammengetroffen. Im Grunde ist ihre Reaktion die gleiche wie die des früheren Ministerpräsidenten: ein gerührter Beschützerreflex gegenüber den aufsässigen Studenten.

Als wieder „Normalität" einkehrt und auf den Protest die Repression folgt, treten Montand und Signoret aus ihrem Schweigen, um für die Ausländer, die man ausweist, Partei zu nehmen. In einem Pressekommuniqué bekräftigen sie: „Weder unser Alter noch unsere Lebenssituation veranlaßten uns, während dieses Mai 1968 eine Rolle zu spielen. Aber nach den Ausweisungsdrohungen, die der Innenminister unmißverständlich gegen sogenannte „unerwünschte" Ausländer ausgesprochen hat, würden wir uns schämen, Franzosen zu sein, wenn wir nicht sofort gegen Maßnahmen protestierten, zu deren schweigenden Komplizen wir uns schon dadurch machen würden, wenn wir so täten, als hätten wir sie nicht wahrgenommen."[13] Dies ist die einzige öffentliche Erklärung des Künstlers im Mai 68.

Anfang August 1968 fliegt Montand nach Algier, wo Costa-Gavras mit den Dreharbeiten zu *Z* begonnen hat. Noch bevor die erste Aufnahme gekurbelt wird, hat der

Film bereits eine an Rückschlägen ebenso reiche Geschichte wie das Drehbuch. Im Vorjahr war Costa-Gavras Mitte April nach Griechenland gereist, um seine Eltern zu besuchen. „Ich hatte ein Flugticket fürs Wochenende genommen, weil das billiger kam. Ich traf am 16. April ein. Mein Bruder gab mir das Buch von Vassilikos, das eben erschienen war, mit den Worten: ‚Das ist ein Freund von mir, wir waren zusammen bei der Armee, es ist ein sehr gutes Buch über die Affäre Lambrakis.‘ Ich las es auf dem Rückflug, am 19., und zwei Tage drauf war der Putsch der Obristen.“

Wie alle Griechen, kennt Costa die Geschichte von Gregorios Lambrakis, Professor für Medizin und Abgeordneter der demokratischen Linken. Am 22. Mai 1963 in Saloniki von einem Schieber niedergestreckt, als er eine Versammlung verließ, wo er gegen die Installation von Polarisraketen in Griechenland protestiert hatte, stirbt er vier Tage darauf, ohne das Bewußtsein wiedererlangt zu haben. Die Ermittlung erbringt, daß dies ein von einer rechtsextremistischen Organisation geplanter Mord war. Der griechische Schriftsteller Vassilis Vassilikos, der zu den Ermittlungsakten Zugang hat, macht daraus einen „wahren Roman“, der das Räderwerk des Attentats aufdeckt.

Noch ganz im Bann der Lektüre, will Costa-Gavras diese so vielschichtige wie durchschaubare Geschichte sogleich in einen Film umsetzen. Natürlich denkt er für das Drehbuch an seinen Freund Semprun. „Jorge war im Süden. Ich rief ihn an; er kannte den Fall Lambrakis. Er sagte: ‚Ich komme.‘ Das Buch war in Frankreich noch nicht erschienen, und ich habe es ihm zugleich übersetzt und vorgelesen. Zum Schluß sagte er: ‚Meinetwegen fangen wir gleich an!‘“ Costa-Gavras folgt selbstverständlich gefühlsmäßigen Motivationen, als er ein Sujet aus seinem Heimatland verfilmen will, aber Semprun ist nicht viel weniger betroffen. Antifaschistischer Reflex: die Diktatur, die die Obristen unter der Sonne

Athens installieren, kommt dem Franco-Regime gleich. Reaktion des nostalgischen „alten“ Kommunisten: seit langem trauert er um die 1944 mit Stalins Segen von der britischen Armee vernichtete griechische Résistance. Er entsinnt sich, wie er in Buchenwald aus dem Geheimradio die Nachricht von diesem Massaker hörte.[14]

Costa erhält vom Künstlerverband einen Vorschuß von 1 Million Francs und schließt sich mit Semprun ein, das Szenario zu bauen. Binnen eines Monats steht das Skript. Die ersten Leser sind Simone Signoret, die begeistert ist, und Yves Montand, der auf Anhieb die Rolle Lambrakis' annimmt. Die Produzenten sind von der politischen Tonart des Sujets erschreckt und zeigen keine Eile. Sein Projekt unterm Arm, wird der Regisseur bei nahezu sämtlichen Produktionsfirmen vorstellig, die aber sämtlich ablehnen. Eine Mitarbeiterin von Darryl Zanuck erklärt ihm, in seinem Film passiere nichts: keine Liebesgeschichte, nur der Mord an einem griechischen Abgeordneten; das interessiere keinen Menschen. Ja, wenn er ein Szenarium über Che Guevara anböte! Hinter ihr hängt an der Wand das Christusfoto des bärtigen Revolutionärs …

Costa-Gavras will fast aufgeben, als Jacques Perrin, einer der vorgesehenen Schauspieler, sich als Produzent versucht und Partner in Algerien ausfindig macht (die Hauptdarsteller ihrerseits sind einverstanden, sich mehr oder weniger zu beteiligen). Die Dreharbeiten werden also nach Algier verlegt. Um die wenigen ihn angehenden Szenen dort zu drehen, unterbricht Montand die Proben zu seinem für September geplanten Comeback im „Olympia“. Insgesamt ist er in dem Film nur zwölf Minuten zu sehen, bevor der Mord geschieht, aber seine „Präsenz“ liegt über den zwei Stunden des Films. Als *Z* im Februar 1969 anläuft, erringt er nach einigen Tagen der Ungewißheit – 22 660 Besucher in der ersten Woche – einen großartigen Erfolg (1,5 Millionen Besucher). Im fiebrigen Klima des Nach-Mai 68 bleibt dieser als

Krimi verpackte politische Film mit seiner unerbittlichen Aufdeckung, seinem scharfen Rhythmus sechsunddreißig Wochen lang im Kino. „Der erste große politische Film Frankreichs“, titelt der *Express* und verwundert sich: „Das ist Effektivität ohne Zugeständnisse, Demonstration ohne Pedanterie: das seltene Gleichgewicht zwischen Meinungsfilm und Aktionsfilm, zwischen Ideenkino und Kino-Spektakel.“ [15]

Auf dem Festival in Cannes erhält *Z* den Sonderpreis der Jury, dann feiert er in den USA Triumphe, wo er zwei Oscars holt. Trotzdem protestiert die extrem linke Kritik gegen das „establishment *Z*“. „Anderthalb Stunden des reißerischsten, verkleistertsten, kitschig-gefälligsten establishment“, entrüstet sich Jean Narboni in den *Cahiers du Cinéma*.[16] In diesem Nach-Mai, wo der Gauchismus auf der Straße wie bei der Intelligenz zum Durchbruch gelangt, stoßen zwei Auffassungen des politischen Kinos aufeinander: die eine, die Costa-Gavras gewählt hat, will die Ideen in einem kommerziellen Rahmen verpacken und die größtmögliche Wirksamkeit in ihren Dienst stellen, um das große Publikum zu erreichen; die andere kultiviert weiterhin begrenzte Wirksamkeit, will sich der Kamera als einer ideologischen Waffe bedienen und eine neue Sprache, eine neue Schreibweise außerhalb der offiziellen Bahnen erfinden.

In einer Periode, da das Credo des militanten Intellektuellen „dem Volk zu dienen“ heißt, liegt für diese Filmemacher der diskriminierende Unterschied in der Frage, ob man Arbeiter darstellt oder nicht. Ihren Vorwürfen zufolge hat ein Film wie *Z* alle Fehler auf einmal: produziert und gedreht wie jeder bourgeoise Film (obwohl ...), vernachlässigt er die Arbeiterklasse. Das Urteil der Zeitschrift *Positif* hat hier den Wert eines ethno-historischen Dokuments: „Keine soziale Analyse, keine reale Version vom Klassenkampf, kein Hinweis auf die Rolle des Proletariats, die Avantgarde der Revolution.“

Und der schwerste Vorwurf: die Autoren von *Z* verlegen ihre Anklage auf eine moralische Ebene, sie fordern das Primat des Rechts, das der kleine Richter verkörpert, und machen sich zu Verteidigern der „bürgerlichen Freiheiten", die in den Augen ihrer Kritiker Scheinfreiheiten sind. Der Nach-Mai setzt sich über den Rechtsstaat hinweg und propagiert die Demokratie von unten oder die proletarische Demokratie. Doch muß diese „bürgerliche Demokratie", die die griechischen Komplotteure, Verfechter eines Gewaltregimes, vernichten wollen, ja wohl einigen Wert für den Schutz des Individuums, auch des subversiven Individuums, haben. In einer Zeit, da die Intellektuellen alles daransetzen, die „Scheinfreiheiten" zu denunzieren, die sie überwinden wollen, scheint dieses Plädoyer für die Menschenrechte ein gutes Jahrzehnt zu früh gekommen.

In Algier hört Montand vom Einmarsch der Truppen des Warschauer Pakts in die Tschechoslowakei. Seit Jahresanfang verfolgte er voller Hoffnung die Bemühungen Alexander Dubčeks, dem Sozialismus ein „menschliches Antlitz" zu geben.

Ich war erschlagen, buchstäblich erschlagen. Seit 1956, seit Ungarn und meiner Ostreise, hatte ich Abstand gehalten, war aber trotzdem nicht aus der Familie ausgeschieden. Aber das ist der Wendepunkt. Ich kann nicht mehr vor Abscheu, vor Ekel. Russische Panzer in Prag – das ist der Gnadenstoß, das Ende der Illusion, der Kommunismus könnte sich reformieren, könnte reformiert werden. Meine Reaktion kam augenblicklich und grundsätzlich: ich habe die kommunistische Seite meines Lebens umgeschlagen.

Montand äußert sich momentan nicht zur Tschechoslowakei; er kaut an seinen düsteren Gedanken im stillen. In Algier drehen sich die politischen Debatten mehr um den Sechs-Tage-Krieg und den israelisch-arabischen

Konflikt als um die Probleme eines östlichen Landes; eines Abends, bei einem Treffen, werfen ihm arabische Studenten „Zionismus“ vor (ein Wort, dessen genaue Bedeutung er nicht kennt), und Montand verteidigt Israel mit Klauen und Zähnen. Als er Ende August nach Paris zurückkommt, versenkt er sich in seine Vorbereitungen fürs „Olympia“, wo er nach fünf Jahren wieder auftreten will.

Er hat wie gewöhnlich große Angst. Und wie gewöhnlich hat er damit zugleich recht und unrecht. Recht, weil er besser ist, wenn er zittert. Unrecht, weil die Pariser – die Pariser aus Paris und die Franzosen, die zeitweilig Pariser werden, um ihm zu applaudieren – ihm unerschütterlich treu sind. Dreiunddreißig Vorstellungen, 2 Millionen Francs Einnahmen, ...zigtausende Enttäuschte, die ihm vorwerfen, zu schnell abzubrechen. Er ist und bleibt der König der Music-Hall.

15

Kurz nach dem Start dieses Récitals wird Montand von Radio Luxembourg eingeladen. Zum erstenmal äußert er sich über die Ereignisse des letzten Frühlings, in Paris wie in Prag, und der angesammelte dumpfe Zorn gegen die Kommunisten entlädt sich mit aller Heftigkeit. Der Einmarsch in die Tschechoslowakei? „Da gab es Budapest, was schon schwer hinzunehmen war. Ich habe es hingenommen, indem ich nach Moskau fuhr. Aber dieser Einmarsch im August, dieser ungeheuerliche Faust-hieb, der einen da mitten ins Gesicht traf und für den man keinerlei Erklärung finden kann, ah, nein! ... Wenn was schlecht ist, muß man es sagen. Daß man weiter lügt, tötet und, was noch widerlicher ist, bespitzelt, verdammt eine Politik.“ Befragt nach seiner Ablehnung, im Mai vor den Renault-Werken zu singen, antwortet Montand: „Ein Streik ist keine Kirmes.“

Auf die Frage nach der Rolle von Georges Séguy kommt scharf:

„Séguy, kenn ich nicht!“

Damit gibt er das berühmte „Cohn-Bendit, kenn ich nicht!“ zurück, das die Nummer eins der CGT im Mai verächtlich herausgeschleudert hatte.

Kaum ist Montand wieder an der Place Dauphine, erscheint, außer sich, sein Bruder Julien. Zwischen beiden spielt sich eine unerhört leidenschaftliche Szene ab, in der sich Montands ganzes inneres Drama ballt: in wenigen Stunden vollzieht er einen doppelten Bruch, den mit seiner politischen Familie und den mit (einem Teil) seiner natürlichen Familie.

Julien Livi:

„Ich war im Versorgungszentrum der Gewerkschaft, wo ich praktisch den ganzen Mai zugebracht hatte, um Tag und Nacht die Ernährung der Pariser Region zu sichern. Ein Genosse sagte mir, Yves habe im Rundfunk Séguy angegriffen. Ich rief zu Hause an; Elvire bestätigte es:

‚Komm schnell.‘

Ich fahre hin. Ich werde die Szene mein ganzes Leben nicht vergessen. Ich muß fürchterlich ausgesehen haben, denn er sagte:

‚Hör mal, beruhige dich, trink ein Bier. Ich spiele dir den Mitschnitt der Sendung vor.‘

Ich habe mir das angehört, zum Schluß bin ich explodiert:

‚Das ist niederträchtig! Wie kannst du solche Dinge öffentlich sagen?‘

Ich war schwarz vor Wut, ich hätte ihm ins Gesicht schlagen mögen. Aber ich hielt mich ungeheuer zurück. Dann plötzlich ist alles herausgekommen. Das ganze Viertel muß es mitangehört haben. Ich hatte tatsächlich das Gefühl, daß er alles verriet, was sein Leben gewesen war. Er versuchte zu argumentieren, zitierte Semprun, was mich noch mehr aufbrachte:

‚Semprun lügt. Der soll nicht denken, er kann mich für dämlich verkaufen, weil er dich für dämlich verkaufen darf.‘

Das hat ihn in Wut gebracht. Er brüllte noch mehr. Ich habe die Tür zugeknallt und bin abgehauen. Ich war in einem solchen Zustand, daß meine Sekretärin, als ich ins Büro zurückkam, mir ein neues Hemd kaufen gehen mußte, so war ich durchgeschwitzt. Ich dachte, zwischen uns ist es aus. Er hat den moralischen Pakt gebrochen.“

Durch diese Auseinandersetzung, bei der alle allzulange zurückgehaltenen Gedanken zur Sprache kamen, emanzipiert sich Montand mit siebenundvierzig Jahren von der ideologischen Vormundschaft, die seit der Kindheit auf ihm lastet. Gleichzeitig mit Juliens orthodoxen Predigten wirft er das schlechte Gewissen ab, daß er sich von seinem ursprünglichen Milieu gelöst hat. Das Tabu, das er auf der Frequenz von Radio Luxembourg gebrochen hat, ist jene Selbstzensur, die es den Angehörigen des Clans verbietet, ihn öffentlich zu kritisieren. Von nun an äußert sich Montand nicht nur ohne Zwang (was er seit 1956 bereits tat), sondern spricht auch ohne jedes Bedenken, „dem Gegner Argumente zu liefern". Denn der Gegner hat gewechselt: er ist jetzt das kommunistische Denksystem. Diesen Umsturz der Werte erlebt Montand unter Schmerzen. Alle „Ketzer" müssen im Augenblick ihrer Loslösung durch solche Übergangsstadien, wo der Haß an die Stelle des einstigen Eifers tritt. Daß dieser Riß die Entzweiung der leiblichen Brüder mit sich bringt, macht Montands Aufgewühltheit noch größer. Das verhaßte Gesicht der Partei individualisiert sich in einem Gesicht, das ihm lange Zeit nur Liebe und Achtung einflößte.

Vier Jahre auseinander, hatten Yves und Julien als Kinder keine im Alltag verschworene Gemeinsamkeit erlebt. Als der Jüngere herangewachsen ist und beide sich engere Beziehungen wünschen, ist Julien bereits von seinem politischen Engagement voll in Anspruch genommen. Mit siebzehn Jahren muß Yves zur Armee und begegnet seinem Bruder erst sieben Jahre später schon als junger Mann und als Star wieder. Trotzdem war Julien in den Jahren der Trennung für Yves ein Vorbild, manchmal ein vorwurfsvolles – im Impasse des Mûriers hatte er in seinem Zimmer ein Gefangenenfoto von Julien am Spiegel stecken, das ihn ständig zu guter Führung ermahnte. Nach dem Krieg bleibt der „kleine Bruder" für den älteren trotz seines Erfolgs jemand, den man, bisweilen ohne sein Wissen, beschützen muß. Eines Abends ist Julien zusammen mit Lydias Mann, André Ferroni, losgezogen und hat einen Marseiller Journalisten verprügelt, der dummes Zeug über seinen

Bruder geschrieben hatte. Montand hat nie etwas davon erfahren.

Später, in den fünfziger Jahren, nimmt der Kreis der engen Freunde um Montand und Signoret einen wesentlichen Raum ein. Ob Bob Castella oder Henri Crolla, jeder hat auf seine Weise einen beträchtlichen Platz im Leben des Künstlers. Aber Julien und Elvire sind in den Kreis eingeschlossen. Die prokommunistischen Beziehungen sind zusätzlicher Zement. Montand zögert übrigens auch nicht, sich auf Julien zu stützen, wenn er seine eigenen Zweifel oder die seiner Freunde zu bekämpfen hat. Gelegentlich provoziert er den Meinungsaustausch:

Da haben Sie einen echten „Roten". Erzählen Sie ihm Ihre Probleme.

Die ersten Zusammenstöße zwischen den Brüdern entstehen aus politischen Divergenzen. Als Montand 1957 von seiner Tournee durch den Ostblock zurückkehrt, wirft ihm Julien vor, er habe sich – laut Auskunft von Genossen in den Volksdemokratien – schlecht benommen. Montand ist wütend, aber der Zorn verebbt, ohne die brüderlichen Bande in Frage zu stellen. Das aber geschieht duch die Ankunft von Jorge Semprun. Nicht zufällig greift Julien in ihrem Streit den Exilspanier an. Elvire Livi weiß: „Jorge Semprun war sein geistiger Bruder. Mit dem Moment, wo er ihn kennenlernte, war sein leiblicher Bruder für ihn Luft. Und das verzeihe ich ihm niemals."

An jenem Tag, dem Tag der Rundfunksendung, brüllt Montand so sehr, daß ihm die Stimme wegbleibt. Der konsultierte Arzt stellt eine Verletzung an den Stimmbändern fest.

„Sie hätten sich beinahe die Stimme kaputtgemacht. Bitte, sprechen Sie achtundvierzig Stunden keine Silbe."

Abends im „Olympia" sehen die Zuschauer überrascht den Künstler an die Rampe treten. Mit großer Not flüstert er ein kaum vernehmliches „Mesdames et

Messieurs“, das ein „Oh!“ der Enttäuschung im Saal auslöst.

„Ich bin untröstlich …“

Die Töne scheinen aus einer Käseraspel zu kommen.

Julien Livi ist nicht der einzige Kommunist, der auf Montands Äußerungen reagiert. *La Vie ouvrière* greift ihn mit methodischer Unredlichkeit an. Der Chansonnier hatte im Radio erklärt: „Ein Streik ist keine Kirmes.“ Im Blatt der CGT heißt es: „Künftig wissen die 9 Millionen Streikenden dank Yves Montand, daß ihr Streik nichts anderes war als eine große Vergnügungspartie.“[1] Das genaue Gegenteil des Gesagten: die Empörung des Betroffenen läßt sich denken.

Nachdem er den Sprung einmal getan, sich von dem so lange lähmenden „Auge der Partei“ befreit hat, wiederholt Montand seinen Standpunkt. Kurz nach der Sendung in Radio Luxembourg (und folglich nach dem Bruch mit Julien) gibt er *Témoignage chrétien* ein Interview, wo er die eingeschlagene Richtung weiter verfolgt: „Die Dinge sind nicht so einfach, wie man uns hat weismachen wollen, nämlich daß auf der einen Seite die Guten, auf der anderen die Bösen stehen. Das ist absurd und lächerlich … Wir schwimmen in einer solchen Welt von Lügen, von Widersprüchen, daß wir am Ende nicht mehr wissen, woran wir sind. Sicher glaube ich noch an eine bessere Zukunft, aber nicht mehr in Glückseligkeit. Ich zögere nun nicht, zu verurteilen und nein zu sagen.“[2]

Die Polemik in den Medien konsolidiert den politischen Bruch. An der Place Dauphine ist die Trennung seit dem Aufeinanderprall Tatsache. Julien kommt nie mehr in die „Roulotte“ hinunter, vermauert sich in seiner Wohnung in der fünften Etage. Zu trotzig, zu stolz einer wie der andere, um einen Schritt zu tun, der eine Versöhnung brächte, gehen sich die Brüder aus dem Weg. Keine gemeinsamen Frühstücke mehr, keine Gespräche am Tischende. Elvire, die weiter im Dienst der Montands steht, befindet sich in einer Mittlerposition, aber die Atmosphäre ist so gespannt, daß die Lage unhaltbar wird.

Kein Drehbuchautor würde es wagen, wollte er nicht ins schlechte Melodram abgleiten, die nun folgende Zuspitzung des Konflikts zu verwenden: zur selben Zeit, da die Brüder aneinandergeraten, stirbt ihr Vater, den sie beide verehren. Giovanni Livi verlischt am 7. Oktober 1968 in seinem Haus in Allauch im Alter von siebenundsiebzig Jahren. Fünf Jahre zuvor hatte er einen ersten Anfall, halb gelähmt, überstanden, seitdem erforderte sein Zustand ständige Pflege (die die treue Lydia übernahm, für deren Unterhalt Montand aufkam wie je). Trotz der geografischen Entfernung war Vater Livi für Montand der Mensch geblieben, dessen schweigende Billigung er sich erhoffte, er war die höchste Instanz, die Stimme des Ursprungs. Lange Zeit war die Treue zum Kommunismus für Ivo Livi das gleiche wie die Treue zu Giovanni: mit dem einen zu brechen hieß unausgesprochen den Vater verleugnen. Kann man daraus mit den Worten von Jorge Semprun[3] folgern, daß „diese private Trauer die politische Trauerarbeit beförderte"? „Der Tod des Vaters", fährt Semprun fort, „so großen Schmerz er mit sich brachte, hat den Bruch mit der heiligen Familie vereinfacht ..."

Der zeitliche Zusammenfall scheint den Gedanken zu bestätigen. Es sei gleichwohl betont, daß der öffentliche „Auftritt" gegen die Kommunisten wie der Streit mit Julien vierzehn Tage vor Giovannis Tod liegen. Montand löst die Bremsen zu Lebzeiten des Vaters und unter seines Vaters Blick. Bevor er es wirklich wird, ist er bereits Waise der Partei.

In den Jahren vor seinem Tod hatte ich mit meinem Vater keine politischen Diskussionen. Er war schwach, las keine Zeitung mehr. Außerdem hatte ich nie diese Art Beziehung zu ihm; Julien, ja, er hatte mit ihm politischen

Austausch, weil Julien aus Bewunderung für unseren Vater das geworden ist, was er ist, ein Berufsfunktionär. Er übernahm sozusagen die Fackel. Ich habe mit meinem Vater gelacht. Im Anführen, im Witze-machen, in der Lebensfreude, da hatte ich mit meinem Vater die gleiche Wellenlänge. Aber im Gegensatz zu Julien, der nicht da war, habe ich meinen Vater im Zweifel, in der Zerrissenheit zur Zeit des Hitler-Stalin-Pakts erlebt. Ich will nicht übertreiben, das wäre unehrenhaft, aber im Grunde denke ich, er wäre mit mir einverstanden gewesen. Mein Vater war ein italienischer Kommunist, während Julien ein französischer Kommunist ist.

Sein Tod hat meine Sprache nicht befreit. Ich war an einen Punkt gelangt, wo ich nicht mehr schweigen konnte. Aber ich bin überzeugt, daß ich mit der Verurteilung der Greuel des kommunistischen Systems meinem Vater treu geblieben bin.

Hinter dem politischen Streit profiliert sich jetzt ein Erbfolgestreit, der immer verheerender wird. Wer ist der Nachfolger Giovannis, Julien oder Yves? Wem hätte er recht gegeben? Noch lange nach seinem Ableben dient Vater Livi als Referenz. Jahrelang passiert es Montand, daß er im Traum, ja sogar am hellen Tag mit seinem Vater spricht. Semprun wurde mehrfach Zeuge dieses „Dialogs“ und berichtet: „Eines Tages vertraute mir Montand an: ich spreche nicht mehr mit meinem Vater; er hat mich rausgeschickt, er hat gesagt: ‚Du bist jetzt groß genug, finde dich allein zurecht!‘“

Wie groß Montands Schmerz über Giovannis Tod war, kann man sich nur anhand der Liebe und Bewunderung vorstellen, die er ihm sein ganzes Leben bezeugt hat. Montand scheut sich, lächerliche Worte zu sprechen, die nur oberflächliche Wunden heilen. Er geht zur Beerdigung nicht nach Marseille. Nicht nur weil Simone und er solche Demonstrationen verabscheuen: am Begräbnistag muß er wie alle Tage im „Olympia“ singen.

Das Gesetz des Metiers erfordert diese Art Persönlichkeitsspaltung. Sein Fehlen am Grab verstärkt den Familienkonflikt.

Das mythische Oberhaupt ist nicht mehr, die familiäre Zelle zerbirst, und der Zerfall ist für alle Beteiligten, einschließlich Montand, sehr schmerzlich. Jean-Louis Livi: „Wir alle haben unter dem Bruch schrecklich gelitten. Eine Familie, die auseinanderbricht, ist etwas Furchtbares. Es ist furchtbar, in ein solches Gegeneinander hineingezogen zu sein. Alle haben gelitten. Alle haben den Mund vollgenommen, Montand, Simone, mein Vater, meine Mutter, Catherine und ich." Catherine Allégret: „Ich hasse die Politik. Die Politik hat meine Familie zerstört; denn meine Familie, das war auch die „fünfte Etage". Elvire, die ich Tatie nenne, ist meine zweite Mutter. Sie hat mich aufgezogen. Bei ihr bin ich gewesen, als ich so schweren Rheumatismus hatte, daß man an Kinderlähmung dachte, in den Nächten hat sie an meinem Bett gesessen. Ich habe wegen der Politik abscheuliche Sachen erlebt. Sie murksten sich fast ab: Montands Antistalinismus war genauso heftig wie der Kommunismus von Tonton. Da war für nichts mehr Platz. Die Ideologie war das Abscheulichste in meinem ganzen Leben; ich meine, daß ich ihr zum Opfer gefallen bin."

Einige Monate später ziehen Julien und Elvire Livi aus, das Zusammenleben an der Place Dauphine ist unmöglich geworden. Montand und sein Bruder begegnen sich praktisch nicht mehr.

Acht Tage nach dem Tod seines Vaters unterschreibt Montand, gemeinsam mit Simone Signoret, Jorge Semprun, Alain Resnais und Vanessa Redgrave ein Telegramm an den Botschafter der UdSSR in Paris, worin die Unterzeichner jene Handvoll sowjetische Intellektuelle verteidigen, die auf dem Roten Platz in Moskau gegen den Einmarsch „ihrer" Armee in die Tschechoslowakei demonstriert hatten. Künftig nehmen die Erschütterungen der kommunistischen Welt und der Kampf der Dissidenten Montands ganze Aufmerksamkeit gefangen.

Kaum geht die Show im „Olympia" zu Ende, fliegt er im November nach Hollywood, um einen neuen Film (den vierten im Jahr 1968!) mit Barbra Streisand zu beginnen. Kurz vor Silvester ruft ihn in seinem Bungalow des Beverly Hills Hotels Costa-Gavras an und bietet ihm die Rolle des Artur London an. „Am Heiligabend, der bei Françoise Arnoul in der Rue Monsieur-le-Prince gefeiert wurde", erzählt der Regisseur, „sprach Claude Lanzmann von einem großartigen Buch, das soeben erschienen war, *L'Aveu*[4] von London. Ich stürzte in eine Buchhandlung und verschlang es in einem Zug. Sofort hatte ich Lust, daraus einen Film zu machen. Ich sprach darüber mit Jorge. Er kannte London, er kannte seine Geschichte. Er sagte: ‚Du glaubst, das ergibt einen Film? Und wen siehst du als London?' – ‚Montand.' Das kam bei mir ohne Zögern. Für mich war das klar. Ich wollte mit keinem anderen arbeiten als mit Montand. Also rief ich ihn in Los Angeles an. Yves reagierte umgehend: ‚Wenn ihr euch einig seid, Jorge und du, ich mache mit!' ..."

So beschließt das Immigrantentrio, der Italiener, der Spanier und der Grieche – der Film *Z* ist noch in der Montage –, die Existenz der PME, der leistungsstärksten Produktionsfirma des politischen Films in Frankreich, zu verlängern. So schnell Montand in Hollywood seinen Freunden Semprun und Costa zugesagt hat, gerät er nun jedoch in Zweifel. Von dem Buch überfliegt er nur ein paar Seiten. Sie genügen bereits, ihm Alpträume zu verursachen. Dabei ist die Tragödie Artur Londons für ihn keine Entdeckung: Semprun hatte sie ihm einige Jahre vorher erzählt. Er weiß, daß der tschechische Kommunist, ein Ehemaliger der Internationalen Brigaden, Chef der MOI (Geheimorganisation der immigrierten Arbeitskräfte) in der Résistance, deportiert nach

Mauthausen, 1949 zum Stellvertretenden Außenminister seines Landes ernannt, 1951 zweiundzwanzig Monate lang von den Sbirren seiner eigenen Partei physisch und moralisch gefoltert worden war; er weiß, daß London, der den Nazis standgehalten hatte, nach und nach vor den Henkern mit dem roten Stern zusammenbrach und die unglaublichsten Geständnisse unterschrieb. Er weiß, daß ein Film mit einem solchen Sujet und durch seine veranschaulichende Macht dem Kommunismus Stalinscher Prägung verheerende Schläge beibringen kann.

Und ihm kommen die alten Skrupel, die ihn so lange paralysiert hatten: wird er damit nicht „das Spiel des Gegners" betreiben? Während Vietnam mit Napalm verbrannt wird und die Armen Lateinamerikas unter extrem rechten Militärdiktaturen, oft mit Beihilfe Washingtons, ersticken – muß da eine solche filmische Anklage des kommunistischen Systems nicht wie eine indirekte Unterstützung des „imperialistischen Lagers" erscheinen? Solche zermürbenden Selbstbefragungen, die, wie er heute zugibt, ihm sehr zu schaffen machten, zeigen seine Schwierigkeiten, sich der prokommunistischen Matrix zu entreißen, und enthüllen zugleich den Geisteszustand einer Epoche, auf die das sowjetische Imperium trotz seines unmenschlichen Gesichts noch immer erheblichen ideologischen Einfluß ausübte. Aber, ein Zeichen der unumkehrbaren Wandlung: Montand zaudert nicht über Gebühr – was ihm zugesetzt hatte, war das aus der Vergangenheit ererbte schlechte Gewissen. Mögen die „anderen", die einst die Seinen waren, denken, was sie wollen: die Wahrheit ist die Wahrheit, die Wahrheit muß an den Tag, auch wenn sie den verletzt, der sie ausspricht, wie den, der sie hört.

Während Costa-Gavras die Rückkehr seines Fetisch-Schauspielers nach Paris für April erwartet, unternimmt er die notwendigen Schritte. Mit Semprun besucht er Artur und Lise London, die gehofft hatten, der Film würde von einem tschechischen Regisseur gedreht. London war mit Miloš Forman gut bekannt und hatte ihm vor Jahren seinen Lebensweg geschildert; Forman hatte den Wunsch geäußert, sich damit zu befassen. Aber der Regisseur der *Lieben einer Blondine* ist nach den Vereinigten Staaten gegangen, um seine erste amerikanische Langmetrage vorzubereiten, und zieht das Angebot zurück. Der Weg für das Tandem Gavras-Semprun ist frei; beide wollen nichts ohne Billigung der Londons tun: der Film soll nicht vom Buch abweichen. Eine weise Vorsichtsmaßregel.

London wollte seine Geschichte seit seiner Befreiung im Jahr 1956 niederschreiben. In gewisser Weise hatte er in der Zelle mit der Arbeit begonnen. Nach dem Prozeß war es ihm zweimal gelungen, Texte in mikroskopischer Schrift und auf dünnstem Papier, einmal vier, einmal drei Seiten, aus dem Gefängnis zu schmuggeln, worin er die Methoden, Geständnisse zu erpressen, beschrieb. Mit der Maschine getippt, entfalteten sich die sieben zu fünfundsechzig Seiten. Dann hatte er für die Rehabilitierungskommission zwei Berichte von hundertfünfzig und zweihundert Seiten verfaßt. All diese Dokumente bilden den Ausgangspunkt, das Basismaterial. „Gérard[5] wartete auf den günstigen Augenblick", bezeugt Lise London. „Er fürchtete, nicht verstanden, als ein neuer Krawtschenko betrachtet zu werden. Er wollte in erster Linie für die Kommunisten schreiben. Dann kam der Prager Frühling, und er entschied sich zu schreiben. In vier oder fünf Monaten war das Buch fertig."

Der Panzereinmarsch reichte nicht aus, die stalinistische Ordnung wiederherzustellen. In den Monaten bis zur „Normalisierung" währt durch den passiven Widerstand der Tschechen noch eine Art Interimsklima, das von relativer Toleranz gekennzeichnet ist. Im April 1969 bejubeln Freudenkundgebungen den Sieg der tschechischen Eishockeymannschaft über die sowjetische. Zur selben Zeit kommt in Prag das Buch *Ich gestehe* heraus;

die Auflage von 30 000 Exemplaren ist im Nu vergriffen. Costa-Gavras hofft noch, an Originalschauplätzen drehen zu können. Semprun und er fahren im März in die Tschechoslowakei und treffen sich mit Podleniak, einem hohen Verantwortlichen für den tschechischen Film (derselbe, der Resnais und Semprun 1966 mitgeteilt hatte, daß *La Guerre est finie* vom Wettbewerb des Festivals in Karlovy Vary ausgeschlossen worden sei).

Podleniak zeigt größtes Interesse für das Projekt. Sie sehen sich zum Festival in Cannes wieder, wo *Z* triumphiert, und unterschreiben eine Koproduktionsvereinbarung. Semprun und Costa gehen sogleich an die Drehbucharbeit. Doch während des Sommers wird in Prag die lose Schlinge festgezogen. Die Säuberung ist in vollem Gang. Podleniak informiert Costa telefonisch, man könne dort unmöglich mehr drehen. Wenig darauf wird er abgesetzt und „an die Basis" geschickt.

Costa-Gavras schickt dennoch seinen ersten Assistenten, Alain Corneau, in die tschechische Hauptstadt. „Costa hatte mich beauftragt, die Situation vor Ort zu prüfen", erzählt Corneau, „und eventuell Dekors zu beschaffen. Ich treffe fast zum ersten Jahrestag der Intervention ein. Überall waren Panzer, Jugendliche strichen durch die Straßen, als erwarteten sie etwas. Ich fuhr zu den Studios, die völlig verlassen lagen; ein Typ sagt mir, es sei alles zu, das Material könne unmöglich benutzt werden, und bestellt mich für den Abend in eine Bar. Da erklärt er mir: ‚Sie sind unvorsichtig, Sie merken gar nicht, was hier vorgeht, Sie müssen abreisen, schnell.' Ich habe mir trotzdem die Stadt angesehen, was uns dann bei der Suche nach einem anderen Ort geholfen hat, und bin nach Hause gefahren."

Da der Drehbeginn für September angesetzt war, müssen schnell neue Drehorte gefunden werden. Auf diesen Motivsuchen bemerkt Corneau, daß die Häuser des alten Lille Ähnlichkeit mit denen von Prag haben. Die Adaptation ist abgeschlossen, wenngleich sie eine

Reihe Probleme birgt: Eine vielschichtige Geschichte, die über mehrere Jahre geht, auf zwei Stunden Dauer und verständlich für den Zuschauer zu reduzieren, erfordert Vereinfachungen, ohne aber abzuschwächen. Außerdem weigern sich Costa und Semprun aus „moralischen Gründen, ... die Mittel Spannung und Identifikation spielen zu lassen“[6]. Anders gesagt, sie wollen keinen üblichen dramatischen „suspense“, der den Zuschauer in Atem hält: wird der Held es schaffen? Wird er die Prüfung überstehen? Ziemlich früh fügen die Autoren in den Ablauf des Geschehens also Vorausblenden ein: mitten in einem Verhör sieht man Artur-Gérard mehrere Jahre später sein Abenteuer auf einer sonnigen Terrasse am Mittelmeer erzählen. Diese „Sonnen“-Einschübe brechen den ersten Grad der Emotion, nötigen den Zuschauer, Abstand zu nehmen, sich für den Hintergrund der Affäre zu interessieren, sich vom „Krimi“ zu lösen. Semprun und Costa wollen weniger einen Film, der auf den „Magen schlägt“, sondern mehr ein Werk der Reflexion.

Jorge Semprun beharrt darauf, die Adaptation und Dialoge allein zu zeichnen – aus politischem Grund, wie er erklärt. Als hätte er eine Rechnung offen oder durch das Dossier London zu begleichen. Das hat er tatsächlich. Als Costa zum erstenmal mit Semprun über Londons Buch sprach, wunderte er sich nicht, daß dieser den Autor kannte. Doch wußte er nicht, in welchem Maß.

Es stellt sich heraus, daß Semprun, als er zur Résistance kam, denselben Decknamen wie London erhielt – Gérard –, nicht zufällig, sondern, wie er nachträglich erfuhr, in Verehrung für einen der größten Chefs der MOI. Gérard (der ältere) hatte in den Internationalen Brigaden gekämpft, was für den Semprun im Exil unvermeidliche Bande der Anhänglichkeit bedeutete ... Gérard war nach Mauthausen deportiert worden; für den einstigen Buchenwald-Häftling kommt nichts der

Brüderlichkeit der Häftlingsnummern gleich. Und genau im Zusammenhang mit dem Lager Buchenwald wird Sempruns Gewissen durch die Tragödie Londons befleckt: dreimal, in drei verschiedenen Büchern geht Semprun die Episode an, in der das Grauen der Nazilager und die totalitäre kommunistische Ungeheuerlichkeit sich decken.

1952, im Slánský-Prozeß, wo London erschien, war einer der vierzehn Mitangeklagten Josef Frank, stellvertretender Generalsekretär der Kommunistischen Partei. Die Anklageschrift warf ihm vor, im Lager Buchenwald ein Agent der Gestapo gewesen zu sein. Frank hatte gestanden. Doch in ebendem Lager war Frank der Kamerad von Semprun gewesen; sie gehörten beide der kommunistischen Geheimorganisation an. Und folglich wußte der Spanier, daß Frank kein Naziagent gewesen sein konnte. „Du wußtest, daß Frank unschuldig war", wirft sich Federico Sánchez vor, „du erkanntest, daß sowohl die Anklage gegen ihn als auch sein eigenes Geständnis falsch waren. In einer Art ekligem Schwindelgefühl ahntest du, welche Folgen Franks Unschuld haben würde. Wie ein Tropfen Säure würde sie an allem fressen, was du gesichert glaubtest."[7]

Es braucht zehn Jahre, bis die Säure eine hinreichend tiefe Schrunde gefressen hat. 1952 schwieg der spanische Kommunist Jorge Semprun und behielt sein Geheimnis für sich, obschon er überzeugt war, daß alle diese Prozesse gefälscht waren. Die fabelhafte Maschine zur Abtötung des Gewissens, die der Stalinsche Totalitarismus war, gründete sich auf den irrationalen Glauben an die absolute Klarsicht der Partei. 1969, als Semprun das Szenario zu *Das Geständnis* schreibt, schreit seine Stummheit aus jeder Zeile. Schrecklich die Szene, wo anonyme Polizisten die Asche der Gehenkten im Schnee verstreuen. Eine Handvoll Asche: das ist alles, was von Josef Frank übrig bleibt – der das Krematorium von Buchenwald überlebt hatte ...

Ähnlich wie Semprun, schleift Montand wie eine Eisenkugel seine Haltung zum Slánský-Prozeß durch die eigene Erinnerung. Er entsinnt sich, wie er in einem Hotelzimmer in Antwerpen, wo er auf Tournee war, dem Journalisten des *Figaro* am Telefon den Satz von Paul Eluard wiederholte: „Ich habe zuviel mit Unschuldigen zu tun, die ihre Unschuld beteuern, um mich mit Schuldigen zu befassen, die ihre Schuld beteuern." Die Unschuldigen, das waren die Rosenbergs; 1954 im Theâtre Sarah-Bernhardt identifizierten sich Montand und Signoret mit ihnen, als sie das Ehepaar Proctor spielten. Als Montand Artur London liest, sieht er, daß Unschuldige, die ihre Unschuld beteuern, schuldig sein können, und Schuldige, die ihre Schuld beteuern, unschuldig.

Gerade weil das Paar Montand-Signoret die Seele der *Hexen von Salem* gewesen war, wünschte Costa Gavras, daß Simone die Figur der Lise London spielt, deren Lebensweg dem von Gérard an Heroismus in nichts nachsteht. Als Tochter eines spanischen Kommunisten schon von vierzehn Jahren an politisch tätig, lebt sie 1934 bis 1936 in Moskau, lernt dort Artur London kennen und heiratet ihn. Mit zwanzig Jahren, 1936, arbeitet sie für die Internationalen Brigaden. Seit 1940 im Widerstand, verhaftet und zum Tode verurteilt, verdankt sie es der Geburt ihres Sohnes Gérard im Gefängnis, daß sie am Leben blieb. Im Mai 1944 wird sie nach Ravensbrück deportiert. Bis sie 1949 in die Tschechoslowakei geht, hat sie im Apparat der Französischen Kommunistischen Partei wichtige Funktionen inne. Nachdem ihr Mann verhaftet ist, hat sie von ihm wochen-, monatelang keine Nachricht.

Eines Tages dann liest sie über jemandes Schulter hinweg in einer Zeitung den Namen Artur London unter den Angeklagten, denen man den Prozeß machen will. Lise ist überzeugt, daß Gérard leugnen wird, was man ihm anlastet. Als sie im Rundfunk die Stimme ihres Gefährten hört, der seine Schuld bekennt, schwankt sie nicht zwischen der Partei und ihrem Mann, sondern schreibt einen Brief, worin sie ihn verstößt. Wegen dieser Tat scheut sich Simone Signoret, die Rolle zu übernehmen. Lise London: „Für sie war es undenkbar, daß eine Frau gegen ihren Mann handeln könne. Was immer er tut, man bleibt ihm treu. Um sie umzustimmen, führte Chris Marker ihr einen italienischen Dokumentarfilm zum *Geständnis* vor, worin ich erklärte, weshalb ich diesen Brief geschrieben habe. Danach entschloß sie sich."

Und wieder haben Laien, denen die Perversionen der Gläubigkeit fremd sind, einige Mühe zu verstehen. Artur London, der im Gefängnis und in tiefer Verzweiflung dem gleichen Glauben wie seine Frau weiterhin anhing, zweifelte nicht an ihrer Reaktion, die auch er gehabt hätte, und war nicht überrascht: „Was mich betrifft, ich vertraute meiner Partei ... Ich weiß, das sind denen, die nicht wissen, was ein Kommunist ist, unbegreifliche Empfindungen: diesen Brief, der meine Bestrafung forderte, hatte ich erwartet." [8]

Es ist ein Indiz der starken Bindung an Montand, daß Simone Signoret die Vorstellung nicht erträgt, ihn, und sei es in übertragener Weise, „zu verraten". Costa-Gavras: „Simone quälte sich; die ganze Zeit wiederholte sie: ‚Ich kann diese Worte nicht sagen, das bin nicht ich.' Wir sind uns beim Drehen zwei, drei Mal in die Haare geraten, so schwer fiel es ihr, sich in eine Figur zu versetzen, die sie (auf ethischer Ebene) verachtete. Dieses Sträuben hing mit ihrer Abwehr gegen das ganze Unternehmen zusammen. Im Grunde machte sie mit aus Solidarität mit uns, mit Montand vor allem."

Die Dreharbeiten beginnen am 22. September 1969 in Lille. Die Fassaden des Nordens, das Kopfsteinpflaster, die klapprigen Straßenbahnen „simulieren" Prag. Die Equipe treibt sogar unauffindbare tschechische Autos der Marke Tatra mit ihrer unnachahmlichen Karosserie auf; ein Assistent stößt eines Morgens in der Rue Ponthieu zufällig auf ein parkendes Modell. Er wartet, bis der Besitzer wiederkommt, und der, ein tschechischer Tourist, als er hört, welcher Anlaß den Passanten bewegt, leiht sogleich seinen Wagen aus und nennt obendrein noch Freunde in Frankreich, die ein jüngeres Exemplar besitzen. Für die Innenaufnahmen hat Corneau ein halbverfallenes Hospiz entdeckt, ein riesiges Gebäude aus dem 18. Jahrhundert, dessen Kellergewölbe unendliche Möglichkeiten bieten. Ein Teil des Baus, den der Direktor den Gästen verschließt, ist Geisteskranken vorbehalten; eines Tages, als die Equipe eine Szene im Hof dreht, erscheinen zahlreiche Köpfe von Insassen an den Fenstern und schreien unter allerhand Grimassen und Gebärden: „Montand! Montand!"

„Du bist sogar hier populär", scherzt Costa.

Der düstere Ort trägt zu den psychologischen Konditionen der Arbeit das Seine bei. Unmöglich kann man in solchem Gemäuer sich des Eindrucks von Eingesperrtsein, Gefährdung, Bedrohung entziehen. Jede Woche stirbt ein Greis im Hospiz.

Costa-Gavras ist ein gewissenhafter, detailversessener Regisseur. Für die Prozeßsequenzen werden die Dekors nach einem Archivdokument, von dem er aus Prag eine Kopie erhalten hat, genau nachgebaut. Auch die berühmte gelötete Brille, die auf dem Filmplakat um die Welt geht, wählt er mit derselben Sorgfalt aus. Unter etwa zehn Modellen entscheidet er sich für eine, die die beiden Gläser durch eine eigenartige Metallstange verbindet: das erinnert für ihn an die Handschellen, die London–Montand an den Händen trägt. (Zehn Jahre später erfährt Montand durch die Enthüllungen von Sandor Kopacsi, der 1956 Polizeipräfekt von Budapest und Verbündeter der Aufständischen war, daß Imre Nagy, als er von Rumänien zurückgeführt und in Handfesseln zur Hinrichtung gebracht wurde – was bei dem Weggefährten damals die erste Entrüstung gegen das kommunistische System erweckte –, mit genau der gleichen Brille versehen worden war.)

In einem so sorgfältig erarbeiteten Dekor bleibt auch Montand nicht bei der Nachahmung stehen. Psychologisch verhilft ihm seine ganze eigene Geschichte, ein Artur London zu werden. Doch er ist entschlossen, den Zuschauer Londons Leiden auch physisch nacherleben zu lassen. Der Drehplan folgt dem chronologischen Ablauf der Geschichte, von der Verhaftung bis zum Prozeß. Im Verlauf der Verhöre war London um ein Dutzend Kilo abgemagert. Der Darsteller unterzieht sich einer drakonischen Diät, die ihn binnen sechs Wochen um zwölfeinhalb Kilo erleichtert. Er kontrolliert mittels einer Medizinwaage seine Abmagerung bis aufs Gramm. Abends, wenn der ganze Drehstab sich fröhlich delektiert, verschwindet er, um nicht in Versuchung zu kommen, durch eine Hintertür in einen kleinen Raum, wo er seine hundertfünfzig Gramm Gegrilltes und seine grünen Bohnen verschlingt. Wenn er dann und wann mit rasch gebremstem Blick die Hors-d'œuvres seiner Gefährten streift, flieht er eiligst.

Costa-Gavras: „Manchmal kam er mitten in unsere Mahlzeiten, wanderte um die Tische, indem er uns beschimpfte: ‚Saubande, freßt ihr immer noch! ...' Und haute ab. Dann tauchte er wieder auf, schlang einen Löffel Spinat und drei Bissen Fleisch hinunter. Gerade soviel, um durchzuhalten." Im Laufe der Wochen schmilzt Montand dahin, von seinem Gewicht besessen, von flüchtigen Anwandlungen der Lust zu essen heimgesucht.

Ich habe ein Sakrileg begangen. Eines Nachmittags drehten wir eine Szene, wo ein widerlicher dicker Wärter – großartig gespielt von Gérard Darrieu – mich ausfragt, während er ein Sandwich mit Wurst malmt; er malmt vor mir, trinkt vor mir Bier, rülpst vor mir. Ich starre mit irrwitziger Begier auf sein Sandwich. Im Nebenraum hatte man noch weitere Sandwiches vorbereitet für den Fall, daß mehrere Aufnahmen nötig wären. Ich gehe dran vorbei. Innerlich rüffele ich mich: durchhalten, durchhalten, du darfst nicht! Und plötzlich werde ich schwach, stürze mich wie ein Irrer auf ein Sandwich und schlinge es gierig hinunter, als wolle jemand es mir wegreißen. Für Sekunden vergesse ich, daß ich Montand bin. Ich bin London und glaube, die Wärter werden mich schlagen. Danach hatte ich ein fürchterlich schlechtes Gewissen. Seit Tagen so große Anstrengungen, und dann kippt man einfach so um ... Aber ich habe von dem Seitensprung kein Gramm zugenommen. Unerträgliche Leichtigkeit des Seins ...

Montands übersteigerte professionelle Gewissenhaftigkeit beschränkt sich nicht auf diese Gewaltkur. Er verlangt, daß man ihm die Handschellen auf dem Rücken schließt, was sehr schmerzhafte Zerrungen in den Schultern verursacht. Er sucht sich Handschellen aus, die die Gelenke einzwängen; er behält sie auch in den Drehpausen an, damit sie ins Fleisch schneiden und der Schmerz echt sei (noch einen Monat nach dem Abdrehen des Films sind die Wundmale zu sehen). In einer Szene schütten die Wärter dem in seiner Zelle ohnmächtig gewordenen London einen Eimer Wasser über, damit er wieder zu Bewußtsein kommt. Montand wacht, daß das Wasser eiskalt ist. Die Szene muß einundzwanzigmal wiederholt werden. ...

Während der Pausen zwingt sich der Darsteller, in der Zelle rundzulaufen, ohne anzuhalten, so daß er eines Tages vor Erschöpfung zusammenklappt. Vor Drehbeginn hatten sich Montand, Costa und Semprun geeinigt, die härtesten Episoden des Buches, physische Folterungen, auszusparen. Gleichwohl bleiben Sequenzen, wo London von den Wärtern mißhandelt wird. Montand fordert die Schauspieler auf, ihn nicht zu schonen, ihn mit Gewalt gegen die Mauer zu schleudern. „Costa schätzte diese Wahrheitssuche“, erinnert sich Corneau.

„Er selbst legte sich mit den Darstellern an, um sie nervöser zu machen. Eines Tages prügelte er sich mit einem Typ, der, eine glückliche Natur, einfach das fröhliche Lächeln nicht aus seinem Gesicht kriegte, prügelte sich echt. Bloß um ihn brüchig zu machen, ihn sozusagen auf die gleiche Schiene zu zwingen wie Montand."

Im Hotel verläßt er die für ihn bestimmte Suite und bezieht ein kleines Zimmer zum Hof, ohne viel Komfort, wo er das Fenster mit einem schwarzen Vorhang verschließt, damit er von der Welt abgeschnitten ist. Wenn er seine karge Abendmahlzeit eingenommen hat, flüchtet er sich in den abgeschiedenen Raum, um durch die freiwillige Isolation sich dem Gefangenen, den er verkörpert, anzunähern. Oft verschmäht er sogar das Bett und schläft in seinem Häftlingskostüm am Fußboden, schlotternd vor Kälte. Eines Nachts hat er einen Alptraum: er ist in seiner Zelle gefesselt, und die Wände rücken um ihn zusammen, die Decke senkt sich, ihn zu erdrücken. Er schreit und wacht auf. In der folgenden Nacht wiederholt sich der Alptraum, und in der nächsten Nacht auch. Seine Schreie wecken das Hotel. Beim erstenmal stürzen Simone und Costa-Gavras herbei und finden Montand verstört, in Schweiß gebadet. Dann gewöhnen sich die Gäste an das Geheul, das manchmal das Schweigen bricht. Artur London kommt, die Fortschritte der Arbeit anzusehen, und Montand erzählt ihm seinen Nacht für Nacht wiederkehrenden Alp. Gérard sieht ihn verblüfft an:

„Genau der gleiche Traum hat mich in meiner Zelle in Prag verfolgt."

Nach einigen Wochen solcher Entbehrungen beunruhigt Costa der körperliche und seelische Zustand des Schauspielers derart, daß er Montand, vergebens jedoch, vorschlägt, die Dreharbeiten zu unterbrechen. Montand ist so mager geworden, daß die Rippen hervorstehen. Das eingefallene, vom Bart überwucherte Gesicht, die tief umränderten Augen verraten eine Schwächung des Organismus und ein Hirnfieber. Der Freund Chris Marker hatte die Idee, die Dreharbeiten zu filmen, und hat einen „Kurzfilm" und eine mittlere Metrage gemacht, wo der starre, verwirrte Blick festgehalten ist, der wirklich gelebtes inneres Leiden bezeugt. Diese Selbstkasteiung, die Montand betreibt, ist der Ausdruck eines Kampfes mit sich selber oder vielmehr des Kampfes zwischen dem, der er war, und dem, der er wird. Semprun, der diese freiwillige Buße miterlebt, analysiert: „Er bezahlt schwer, bezahlt aus eigenem Willen für die einstige Ignoranz, für die Verblendung, die Gläubigkeit, für die Lasten des schlechten Gewissens, für die schlimmen Phrasen ... Aber er bezahlt für uns alle mit. Er bezahlt unsere Schuld, er befreit uns. Er erkauft uns ein neues Leben durch seine Schauspielerpassion."[9]

Alle, die Montands Auseinandersetzung mit seiner Geschichte beiwohnen, sind betroffen von seiner physischen Verwandlung, seiner Hartnäckigkeit, sich zu bestrafen, zu büßen. Alain Corneau: „Er war in seinem persönlichen Einsatz so weit wie möglich gegangen. Er muß sich dabei viel durch intime Dinge, durch persönliche Konflikte gesteigert haben. Manchmal schien er wie weggetreten, und das hielt über Tage an." Costa-Gavras gebraucht fast die gleichen Worte: „Er war völlig in der Figur aufgegangen. Er lebte sie. Er litt Tag und Nacht. Ich denke, dies ist ein einzigartiger Fall, wo ein Schauspieler sich in dem Maße in seine Rolle eingebracht hat. Ich glaube, er muß ganz persönliche Elemente ausgeschöpft haben, auf die er sich stützte." Semprun: „Eine Identifikation in dem Grad ist fast gefährlich. Es hatte beinahe etwas Christliches."

Lise London begleitet ihren Mann nach Lille und beobachtet einige Aufnahmen: „Als wir entdeckten, wie sehr er in Gérards Haut lebte, waren wir sprachlos. Es war außerordentlich. Er war wirklich am Ende. Nach einer Szene fragte er meinen Mann, wie er ihn gefunden habe. Gérard war absolut überwältigt. Er hat nicht

Montand zugesehen, sondern sich selbst." Simone Signoret betont, um wieviel stärker die innere Motivation gegenüber der professionellen Gewissenhaftigkeit oder der physischen Darstellung ist: „Ich weiß nicht, wer die Gestalt Londons hätte so spielen können, wie er es getan hat. Dazu mußte einer im Innern zerrissen sein, wie er es war ... Man mußte sich selbst furchtbar schuldig fühlen, um ihn spielen zu können, wie er ihn gespielt hat. Man mußte von einem weit stärkeren Gefühl getragen sein, als es ein Schauspieler normalerweise ist. Man mußte wissen, wovon man sprach, zerrissen sein im Gedanken an das, was man zur Zeit dieser Verbrechen nicht wußte ..."

Es war leicht. Ja, es war leicht, sich in diese Rolle einzuleben. Sie kam im rechten Augenblick, zu einer Zeit, wo ich begierig war, der jungen Generation zu erzählen, welchen Wahnsinns wir fähig gewesen waren. Das Geständnis *ist der Vollzug meines Bruchs mit dem großmütigen Sentimentalismus jener Linken, die für ihre eigenen Verbrechen blind ist, die eine Form von Messianismus kultiviert, behauptet, das Glück der Menschheit zu schaffen, indem sie sie bei Bedarf umbringt. Natürlich steckte, da ich auch daran geglaubt hatte, hinter dem, was ich mir auferlegte, ein gut Teil Sühne. Eine innere Waschung. Und diese Waschung geschah durch körperliches Leiden. Aber übertreiben wir nicht: es war kein Sibirien! Zu physisch Außergewöhnlichem im Dienst einer Rolle ist jeder andere auch imstande. Was ich ausstand, ist ein Witz neben dem, was London durchgemacht hat. Es wäre unerträglich, das zu vergleichen. Wenn ich bedenke, wie er beim Drehen zu mir sagte: ‚Sie sehen erschöpft aus; es muß Ihnen sehr schlecht gehen.' Ich faßte das als ein großes Kompliment von ihm auf, aber schließlich ...*

Außerdem, um gut zu spielen, um gut zu „sein", muß man einen kleinen Abstand wahren. Bei einer Besoffenheitsszene ist man besser nüchtern. Die Erschöpfung, die dem Gesicht abzulesen sein mußte, ja, aber ich mußte noch genug Energie behalten, um acht Stunden täglich zu arbeiten. Manchmal habe ich die ganze Nacht Poker gespielt. So konnte man es aushalten, aber guten Gewissens, denn anderntags sah ich noch kaputter aus.

Während der sechs Fastenwochen denkt Montand an den letzten Drehtag und an das Festessen, das er sich dann gönnen will. An jenem Abend bestellt er sich von allem, Vorspeisen, Wurst, Fleisch. Aber er bringt nur ein paar Bissen hinunter und trinkt nur ein halbes Glas Wein. Sein Organismus ist nicht mehr aufnahmefähig. Er braucht einige Monate, bis er seine Pfunde wieder drauf hat, bedauert aber den Verlust der Schwerelosigkeit, die ihm der vorherige Zustand beschert hatte. Leer, ausgepumpt, erholt er sich in „La Colombe", bis der Film fertig ist.

Ende April 1970, kaum daß der Regisseur die Montage abgeschlossen hat, findet für alle Schauspieler und Beteiligten eine Vorführung statt. Costa-Gavras: „Die Londons saßen vorn, wir, Yves, Simone und ich, ein paar Reihen hinter ihnen. Als das Licht wieder anging, blieb Gérard lange ohne Bewegung, ohne Kraft sitzen, zehn Minuten vielleicht. Montand raunte mir zu: ‚Es hat ihm nicht gefallen, es ist ein Flop.' Gérard schien wie erloschen, vollkommen erloschen. Er konnte nicht reden. Dann gingen wir zur Bar, und da brachte er heraus: ‚Es ist großartig!'" Lise London erinnert sich: „Gérard war erschlagen, so hat es ihn erschüttert, seine Geschichte noch einmal zu durchleben. Nach siebzehn Jahren hatte er immer noch Alpträume, ertrug nichts an den Handgelenken, es erinnerte ihn an die Handschellen. Und da nun wieder hineinzutauchen ... Ich selber hatte das Gefühl, ich sähe meinen Gérard auf der Leinwand, ich mußte mir einen unerhörten Ruck geben, um mir zu sagen: es ist doch nicht Gérard, es ist Montand."

Das Geständnis läuft am 29. April 1970 im Kino an.

Die gesamte Presse lobt den Einsatz des Schauspielers. „Zu sagen, Montand verkörpere Artur London, heißt wenig. Die Identifikation ist so total, so schmerzhaft absolut, daß man sich schämte, von einer Darstellerleistung zu sprechen", schreibt Jacqueline Michel *in Télé 7 jours.* Und wie sein Hauptdarsteller wird auch der Film, mehr noch als *Z*, von der Kritik gefeiert, von *Le Monde* bis zum *Express*, von *L'Aurore* bis zum *Combat*, der die künstlerische Form und Regie bei der Darstellung dieses alptraumhaften geschlossenen Kreises, dieser menschenzermalmenden Maschinerie, dieser Zerstörung eines Individuums bis zur Demütigung und Selbstverleugnung hervorhebt. Jean-Pierre Melville (mit dem Montand sich anschickt, *Le Cercle rouge,* Vier im roten Kreis, zu drehen) faßt das allgemeine Empfinden zusammen, als er Costa-Gavras sein Kompliment macht: „Im vergangenen Jahr waren Sie mit *Z* der Ruhm unseres Metiers; in diesem Jahr sind Sie seine Ehre." Trotz der „Problematik" des Sujets und des bedrückenden Charakters dieses Films votiert das Publikum für *Das Geständnis*: 450 000 Besucher in Paris, über 2 Millionen in Frankreich, neunter Platz im Box-office von 1970. Wie bei *Z*, übersteigt der Erfolg im Ausland alle Erwartungen.

Die Publikumswirkung und die Treffsicherheit des Films veranlassen die Kommunisten zu reagieren. Sie hatten das Buch von London toleriert, als die „Normalisierung" in der Tschechoslowakei noch nicht abgeschlossen war. Der Generalsekretär, Waldeck Rochet, Befürworter des Prager Frühling, mußte dennoch erst persönlich (auf eine Demarche der Londons hin) intervenieren, damit die *Humanité* das Werk zur Kenntnis nahm.[10] 1970 aber bläst wieder Ostwind, die Atmosphäre ist erneut abgekühlt. Georges Marchais hat Waldeck Rochet in der Führung der Kommunistischen Partei abgelöst und orientiert auf eine harte Linie. Die FKP erträgt diese eklatante Anklage des stalinistischen Systems nicht. Gleichwohl gehörten die kommunistischen Spitzenfunktionäre zu den ersten Zuschauern; *Das Geständnis* wurde ihnen in einer Sondervorführung in den Studios de Boulogne gezeigt. Der Vorführer berichtete Costa-Gavras, daß Entrüstungsschreie ausbrachen, als das Licht wieder anging.

Die *Humanité* wirft dem Regisseur vor, er habe ein Buch, das prokommunistisch sein wollte, in einen „antikommunistischen Film“ [11] umgesetzt. Das für die Genossen bestimmte Manöver ist ziemlich durchsichtig: man will den Buchautor und die Filmautoren entzweien. Aber Artur London weist das in einem *Le Monde*[12] gegebenen Gespräch entschieden von sich: „Costa-Gavras und Jorge Semprun haben den Geist meines Buches respektiert ... Mein Bericht wird durch die bildliche Umsetzung nicht verraten ... Aus der Treue des Films gegenüber dem Geist des Buches ergibt sich, daß derjenige, der gegen diesen Film ist und seine Ausstrahlung beklagt, zugleich gesteht, daß er gegen das Buch ist und dessen Erscheinen beklagt.“ Hierauf wendet sich die *Humanité* gegen London und überzieht alle an dem Werk Beteiligten mit derselben Schande, gemäß der unausweichlichen Logik objektiver Komplizenschaft: da die Autoren das „sozialistische“ Lager kritisieren, stehen sie auf der Seite von Herrn Nixon, der Vietnam bombardiert. Das Argument der stalinistischen Prozesse ist wieder auf der Tagesordnung.

Artur London wird hart zugesetzt. Ehemalige Lagerkameraden von Mauthausen wenden sich von dem „Verräter“ ab. Einer beschuldigt ihn sogar, er habe diese antikommunistische Agitation um des Geldes willen unterstützt. Zur selben Zeit, da die französischen Kommunisten (mit Ausnahme der *Lettres françaises*, die freilich von Pierre Daix, Londons Schwiegersohn, geleitet werden) diesen „zweiten Prozeß“ führen, verkündigen ihre tschechischen Genossen wie ein Echo, *Das Geständnis* sei das Instrument einer „provokatorischen und gehässigen Kampagne gegen die Tschechoslowakei“.

Schlimmer noch: London wird am 5. August seine tschechoslowakische Staatsbürgerschaft aberkannt. Die angeführten Gründe betreffen ausdrücklich seine Verteidigung des Films in *Le Monde.* Die Humanité ist peinlich berührt und erklärt sich gegen diese Maßnahme.

In Prag herrscht wieder stalinistischer Winter. Die Akteure des „Frühlings" werden verstoßen. Alexander Dubček wird aus der Partei ausgeschlossen. Rudolf Slanský, der Sohn des 1952 Gehenkten, verliert seinen Posten in den CKD-Werken. In seinem Kündigungsschreiben wird behauptet, die Maßnahme diene dazu, „die Qualität der kollektiven Werkleitung" zu erhöhen. Zwanzig Jahre später ist es die erste Entscheidung des Präsidenten Vaclav Havel, Rudolf Slanský zum Botschafter in Moskau zu ernennen. Dubček, der Gescheiterte, erhält den Vorsitz der Nationalversammlung, und *Das Geständnis* wird dank einer ermutigenden Wendung der Geschichte in Prag gezeigt.

Im Januar 1990 wohnen Montand, Costa-Gavras, Semprun der Prager Premiere neben Vaclav Havel und Lise London bei. Während des ganzen Films hält das Publikum den Atem an, erschüttert vom Wiedererstehen einer so nahen Geschichte. Aber bei der letzten Sequenz, wo Studenten an die Mauern schreiben „Lenin, wach auf, Breshnew ist verrückt geworden", bricht in der Dunkelheit Hohngelächter aus. Semprun: „Costa und ich sahen uns an: Wer hat denn die Einstellung reingebracht? Hinterher meinte Havel mit einem Lächeln: ‚Der Slogan ist ein bißchen überholt. Die Leute lachen oder werden wütend ...'"

Dieser letzte Satz, der im Post-Kommunismus das Gelächter der Prager auslöst, zeigt jedenfalls, daß die Equipe des *Geständnisses* nicht, wie die *Humanité* damals behauptete, ihr Werk als Bruch konzipiert hatte. Der Film entstand mitten aus der Linken und forderte eine Rückkehr zu den Quellen, um die ungeheuerliche Abweichung zu überwinden. Er ist eine Kritik am Stalinismus, keine Denunziation des Kommunismus. Costa-Gavras: „*Das Geständnis* war eine von innen her vorgenommene Analyse. Und dies aus Sorge um die Wirksamkeit: ein Herangehen von außen hätte die kommunistisch Gesinnten, die wir ansprechen wollten, nicht berührt. Und aus intellektueller Notwendigkeit: wir hatten London versprochen, seinem Geist treu zu bleiben; und seine geistige Verfassung war derzeit so."

Montand und seine Freunde sehen sich also in der Strömung einer intellektuellen Linken, die den Stalinismus aus aller Kraft ablehnt, ihn jedoch mehr als eine Perversion, einen Verrat am authentischen Sozialismus verklagt denn als originären, unabwendbaren Mangel, der dem „realen Sozialismus" innewohnt. Montand glaubt nicht mehr, daß der Kommunismus fähig ist, sich aus sich selbst heraus zu erneuern, hofft aber weiter, daß es eine Alternative gibt, eine Form von demokratischem Sozialismus. Kurz, der Staatskommunismus im Osten ist kein Sozialismus und wird es nie sein, der wahre Sozialismus aber, den es nirgends auf der Welt, in keiner Form gibt, bleibt zu erfinden, zu definieren. Die Suche geht weiter. Er braucht noch einige Zeit, um einzusehen, daß Stalin keine Verirrung, kein wahnwitziger Auswuchs, sondern der natürliche Sohn der Revolution ist. Drei Jahre nach dem *Geständnis* begreift Montand durch die Lektüre Solshenizyns, daß die Repression nicht das heimliche und beschämende Gesicht eines Systems ist, das im übrigen seinen Wert haben könnte, sondern daß sie im Herzen des Systems liegt, daß sie sein Wesen *ist.*

So fungiert *Das Geständnis* als ein hervorragender Seismograph, der im Jahr 1970 die ideologischen Erschütterungen der linken Intelligenz registriert. Und diese Erschütterungen werden durch den Film selbst noch verstärkt. Weil die Kritik von innen kommt, ist sie leichter annehmbar, auch wenn sie nicht bis auf den Grund geht. Die Kraft der Beweisführung, die packende

Bildsprache, die Wahrhaftigkeit des Hauptdarstellers bieten in den hundertsiebenundzwanzig Minuten Laufzeit Millionen Zuschauern mehr Argumente als Tausende von Seiten und als Jahre von Diskussionen. Selten war die Kamera eine so wirksame politische Waffe.

Die Verurteilung, die durch die Kommunistische Partei über ein Werk verhängt wird, in das Montand sich mit einer solchen Hingabe eingebracht hat, kann den Graben zwischen dem einstigen Weggefährten und den Würdenträgern der FKP nur vertiefen. Wie immer im Leben des Schauspielers paart sich die öffentliche Polemik mit dem Familienkonflikt. Julien wohnt zwar nicht mehr an der Place Dauphine, richtet aber an Costa-Gavras einen Brief, in dem er, linientreu wie stets, die Argumentation der *Humanité* vertritt. Der Brief verdient zitiert zu werden, weil er sechs Jahre später aufs neue im Mittelpunkt einer öffentlichen wie privaten Auseinandersetzung stehen wird.

„Dieser Film", schreibt Julien Livi, „ist im Grunde nicht allein eine Anklage der Idee des Kommunismus im allgemeinen und der Sowjetunion im besonderen, sondern auch und vor allem ein Freispruch des Kapitals, der alten Gesellschaft für die unzähligen, von jeher begangenen Verbrechen an denen, die sie ausbeutet und vernichtet, in erster Linie den Kommunisten. Daß Szenarium und Dialog ... den Hauptschlag gegen die Kommunisten und ihren Kampf gestern wie heute führen wollen, springt ins Auge." Diesen bitteren Ton haben alle drei Seiten, und Montand, der den Tenor kennt, ist über Juliens Verblendung außer sich. Er, der den Bruder so gern überzeugen möchte, verzehrt sich in Erregung, stößt auf eine Wand. „Er hat damals seelisch sehr gelitten", bezeugt Artur London, „um so größer ist sein Verdienst, standgehalten zu haben. Vornehmlich hat er unter der Auseinandersetzung mit seinem Bruder gelitten." [13]

Rückblickend aus zwanzig Jahren Abstand, mäßigt

Julien Livi die Strenge seines damaligen Urteils: „Der Film tat weh; ich habe sicherlich zu leidenschaftlich reagiert, was, zugegeben, aus meinen eigenen tiefen Zweifeln, meinen Überlegungen resultierte, die mich mit allem konfrontierten, was meine Jugend genährt hatte. Zu bekennen, daß man sich geirrt hat, ist keine Schande, sofern man nicht alles verwirft, denn dann hat das Leben keinen Sinn mehr. Heute würde ich meinem Bruder nicht vorwerfen, daß er *Das Geständnis* gedreht hat. Vielleicht hat der Film die Geschichte beschleunigt." Anfang der siebziger Jahre sind die Brüder Livi noch nicht zu dieser relativen Gelassenheit gelangt. Der folgende politische Film, an dem Montand mitarbeitet, vergrößert die Wunde nur noch.

Im Herbst 1971 nimmt er ein Angebot von Jean-Luc Godard an. Godard hat seit dem Mai 68 mit dem „kommerziellen" Film gebrochen und seitdem kleine, kämpferische Streifen gemacht, Filmflugschriften, die nur begrenzte Verbreitung in entsprechenden Kreisen fanden *(Vent d'est, Lotte in Italia, Vladimir et Rosa).* Er arbeitet in einer Gruppe revolutionärer Cineasten, der Gruppe Dsiga-Wertow, mit Jean-Pierre Gorin, einem Schüler, zusammen. Sie zeichnen ihre Produktionen gemeinsam. Diesmal will das Gespann aus dem militanten Ghetto heraus und sich der großen Leinwand bedienen, um ein großes Publikum zu erreichen. In dem Dialog, der *Tout va bien* (so wird der Film heißen) als Prolog dient, präzisieren die beiden Autoren ihre Intentionen:

Gorin: Ich will einen Film machen.

Godard: Zum Filmemachen braucht man Geld. Wenn wir Stars nehmen, kriegen wir Geld.

Gorin: Gut, dann nehmen wir eben Stars.

Godard: Und was willst du denen erzählen, Yves Montand und Jane Fonda? Weil, damit Schauspieler annehmen, brauchen sie eine Geschichte.

Gorin: Ach so, eine Geschichte?

Godard: Klar, eine Liebesgeschichte meistens. Da ist er, und da ist sie, und sie haben Probleme, sich zu lieben.

Die Wahl der beiden Stars hat nichts mit Zufall zu tun. Montand ist eine der „Lokomotiven" des Box-office geworden, und Jane Fonda hat soeben den Oscar für *Klute* eingeheimst. Er soll einen Filmemacher spielen, der mit der Kommunistischen Partei gebrochen hat und sich über sein Metier befragt. Jane Fonda, die eine scharfe Position gegen den Vietnamkrieg bezogen hat, spielt eine progressive amerikanische Journalistin. Montand wie seine Partnerin haben angenommen, ohne Gage zu verlangen.

Der Gauchismus blüht noch immer in diesem Herbst 1971; die ganze französische Gesellschaft scheint sich umzustülpen. Die OS [14] führen harte Streiks, immer häufiger werden Unternehmer gekidnappt, Schüler wie Erzieher verwerfen die „Klassenschule", die Randständigen demaskieren sich, die sexuelle Revolution beginnt, die Frauen werden rebellisch, die Gefangenen meutern, und die militante extreme Linke bereitet sich auf den Großen Abend vor.

Montand wahrt seine Zurückhaltung. Während ein Teil der Intellektuellen sich vom Gauchismus angezogen fühlt, überschreitet er, wo er Position bezieht, nicht die humanitäre Geste. Im Januar 1971 besucht er mit Simone Signoret die Hungerstreikenden in der Sorbonne, die für die inhaftierten militanten Gauchisten den politischen Status fordern. Aus gleichem Anlaß war er bereits in der Chapelle Saint-Bernard (François Mitterand, Abgeordneter des Départements Nièvre, richtet im Palais Bourbon eine Anfrage an den Justizminister wegen der „unzulässigen" Haftbedingungen, denen die Gauchisten unterworfen sind, „deren Taten, so kritisierbar sie sind, gleichwohl einer ideologischen Wahl entspringen"). Montand protestiert auch gegen die Verbote maoistischer Zeitungen und die Inhaftierung ihrer Leiter. Im

Herbst 1971 unterschreibt er mit Sartre und Foucault einen Text, der ein rassistisches Verbrechen im Pariser Stadtviertel Goutte d'Or anklagt …

Godard/Gorin nun gehören zu der entfesseltsten und wildesten maoistischen Organisation, der „Proletarischen Linken". Sie wollen beweisen, daß die Krise des Mai unter der Asche weiterglimmt und daß alle menschlichen Beziehungen, auch Liebesbeziehungen, durch den sozialen Kontext bestimmt werden. *Tout va bien* ist die Geschichte eines Paares, das anläßlich einer Reportage in einer Fabrik (wo es Zeuge und Opfer eines wilden Streiks wird) sich bewußt wird, daß die reale Welt existiert, daß man nicht länger links denken und rechts leben kann. In einigen Diskussionen mit Godard hat Montand im großen ganzen der Gangart zugestimmt. Aber als Gorin in einem Raum, wo die Wände mit *dazibaos* bedeckt sind, erklärt, wie der Klassenkampf das Travelling bestimmt, wechseln Jane Fonda und er perplexe Blicke. Montand hat von diesem Experiment noch unmittelbar niedergeschriebene Notizen. Das liest sich so:

Gespräch mit Gorin

Gorin: Das ist hart, das ist nicht lustig. Unmögliche Bedingungen … Es ist mühsam … Wenn du denkst, das ist leicht …

Ich: Ihr habt ein Leben wie die Könige. Kohle, Stars, ein Sujet, das zu erzählen ihr euch nicht mal die Mühe macht.

Gorin: In meinen vorigen Filmen habe ich …

Ich: Was ist das, deine vorigen Filme?

Gorin: Die Filme von Godard …

Wie bei diesem üblich, gibt es kein geschriebenes Szenario (Montand kritzelt auf einen Zettel: „Script Godard-Gorin = the Big Bordel"). Der Filmer läßt seine Schauspieler in totaler Unwissenheit über ihre Figuren.

Montand, der es gewohnt ist, seinen Text auswendig zu lernen, zumal einen Zweiseitenmonolog, und sich lange vorher in seine Rolle einlebt, auch indem er Kostümdetails für sich erfindet, wird unruhig. Er schreibt dem Regisseur:

> Mein lieber Jean-Luc,
>
> es gibt einen sehr hübschen kleinen Text von Brecht, der auf anderthalb Seiten erzählt, wie er eines Tages beim Theatergarderobier einen jungen Schauspieler beobachtete, der sich schwer zwischen den Mützen oder Filzhüten entscheiden konnte, die seine Figur für die drei Sätze, die er zu sagen hatte, tragen sollte.
>
> Mir geht es wie diesem jungen Debütanten. Wenn ich mich Dir zur Verfügung stelle, um Dir erzählen zu helfen, was Du erzählen willst, muß ich unbedingt Deine Vorstellung von der Figur kennen. „Das Kostüm", das Leuten, die keine Schauspieler sind, so viel zu spotten gibt, weil sie Koketterie mit neuer Haut verwechseln, „das Kostüm" also, in dem Du mich siehst, kann ich nicht ganz von mir aus bestimmen, weil ich überhaupt noch nicht weiß, wer ich sein soll ... Und deshalb ... auch wenn es altmodisch ist, mach bitte eine Anstrengung, mir wenigstens in diesem Bereich entgegenzukommen, der das Abc meines Metiers ist.

Mit der ersten Klappe werden die Beziehungen am Drehort plötzlich gespannt. Godard hat Stars gewollt; er glaubt sie behandeln zu müssen wie die letzten Kleindarsteller, damit sie ihren erworbenen Status vergessen. Er meint: „Mit einem Star zu arbeiten bedeutete den Versuch, ihn in die gleiche Position, wie wir sie hatten, zu versetzen. Da sie Götter sind, die vom Olymp herabsteigen, um die Rollen von Sterblichen zu spielen, versuchen wir sie als solche vorzuführen."[15] Das Ergebnis? Godard rüffelt seine Schauspieler oder ignoriert sie großartig, weigert sich, ihnen den Sinn dessen zu enthüllen, was sie da tun. Nach vierzehn Drehtagen, in denen die Stimmung immer gereizter wird, nehmen die Akteure an einer ersten Mustervorführung teil: es sind nur Teile von Ohren, Nasen, Füßen in Großaufnahmen zu sehen. Montand kriegt einen seiner denkwürdigen Zornausbrüche, bedroht Godard, hält aber seinen Arm im Zaum, da er sich erinnert, daß der Regisseur seit einem schweren Motorradunfall gehandikapt ist. Godard bietet ihm mutig die Stirn, tritt hinkend vor und schwenkt seinen Stock:

„Du begossenes Huhn wagst doch nicht etwa, einen Schweizer Krüppel zu schlagen?"

Montand empört sich, sagt, sie sollen ihn doch von hinten filmen oder auch mit dunkler Brille.

„Du bist wahrhaftig der dämlichste prochinesische Schweizer Regisseur[16], den es gibt."

„So drehe ich eben und nicht anders."

„Dreh, wie du willst, aber ohne uns!"

Auf Bitten von Simone Signoret, die sich einschaltet, klingelt Jean-Luc Godard abends an der Place Dauphine. Das Gespräch dauert zwei Stunden. Zum erstenmal erklärt der Filmemacher, was er vorhat: er will Montand seines Startums entkleiden, ihn so durcheinanderbringen, daß er sich in Frage stellt, so wie die Figur des Films sich über ihr Metier befragt. Der Konflikt sei nützlich, sogar gewollt, er schärfe die Widersprüche, und daraus entstehe ein produktiver Elan. Montand hält dagegen, daß es ein wenig paradox sei, vor dem Drehen sich freundschaftlich zu geben und dann ein unerträglicher Diktator zu werden. Als der Cineast sich verabschiedet, sagt er ihm:

„Wenn ihr, du und Gorin, einen Komplex gegenüber der Arbeiterklasse habt, ich nicht."

Nach diesem heftigen Zwischenfall gehen die Dreharbeiten in besserer Stimmung weiter. Durch solche Arbeitsweise ausgelaugt, herumgeschubst, ordnet Montand an Ort und Stelle seine Gedanken, indem er zu seinem persönlichen Gebrauch sich einige spontane Überlegungen aufschreibt. Dies Dokument ist damit der genaue Reflex seiner geistigen Verfassung während der Dreharbeiten:

Kleines Lexikon für die Zukunft

Es ist wahr, daß es mir schmeichelt, daß die „Jungen“ mich Fünfzigjährigen wollen. Ich mache mir aber keine Sekunde über die wahren Gründe eurer Wahl etwas vor (kommerzieller Nutzen, Etikettenschwindel, revolutionäre Konterbande. Bravo!).

Es ist ulkig und interessiert mich. Ich weiß, was ihr im Grunde über mich denkt. Ich will, daß ihr wißt, daß ich es weiß. Ihr flößt mir keine Schuldgefühle ein. Ich stehe zu meinen dreißig Jahren Arbeit, die mich zu dem gemacht haben, was ich bin – im Guten wie im Bösen … Ich will mit euch eine Geschichte erzählen. Ich betone, *mit* euch. Was nicht heißt, daß ich sie *gegen* mich erzähle …

Ihr fühlt euch schuldig, weil ihr keine Arbeiter seid. Ihr könnt mir keine Schuldgefühle eintrichtern, daß ich Schauspieler bin. Ich bin vom Arbeiterstand zu dem des Schauspielers gekommen, ich kenne mich da ein bißchen aus, ich auch. Ich war schon „aufgewacht“, als ihr noch in den Windeln gelegen habt. Allerdings waren die Dinge damals klarer. „Chinesischer“, wenn ihr wollt. Es genügte, während des Indochinakrieges kein dummes Zeug zu singen oder mitten im McCarthysmus die *Hexen von Salem* zu spielen, auf Auftritte im Rundfunk und im Fernsehen zu verzichten, solange die Unterzeichner des Manifests der 121 verboten waren, usw.

Godard/Gorin wollen die soziale Wirklichkeit von 1972 in ihren Film bringen. Die aufgebrachten Arbeiter eines Nahrungsmittelwerks entführen ihren Boß. In diesem Februar 1972 holt die Wirklichkeit die Fiktion ein. In den Renault-Werken setzen Gruppen von ungelernten Arbeitern, die von Godards maoistischen Freunden mitgerissen wurden, die Chefs unter Druck und greifen die Gewerkschafter an. Nach einer dieser Aktionen werden Funktionäre entlassen, und um ihre Wiedereinstellung durchzusetzen, beginnen sie in der allgemeinen Gleichgültigkeit mit einem Hungerstreik. Da nun wird Simone Signoret gefordert: sie soll die Hungerstreikenden unterstützen, zeigen, daß sie nicht allein sind. Zunächst abgeneigt, die Wohlfahrtsdame zu spielen, tut sie es. Auch Sartre, Costa-Gavras, Chris Marker besuchen die Entlassenen. Aber am 25. Februar wird ein junger maoistischer Arbeiter vor den Werktoren von einem Wächter erschossen. Am Tag der Beerdigung mischt sich die Schauspielerin unter die riesige Menge, die „Pierrot" die letzte Ehre erweist. Unter den zahlreichen Fotos, die in der Place Dauphine die Wände bedecken, nimmt das von Pierre Overney einen Sonderplatz ein.

Zur gleichen Zeit ist Montand auf einem anderen Begräbnis. Seine Mutter ist mit achtzig Jahren in ihrem Haus in Marseille gestorben. Die gesamte Familie findet sich ein, obwohl der Schauspieler gezögert hatte zu kommen, so sehr fürchtete er die Zudringlichkeit Neugieriger. Lydia hat den Brief verlegt, worin Giuseppina ihren letzten Willen festgelegt hat, und fragt sich, ob eine religiöse Zeremonie unumgänglich sei. Schließlich entscheidet sie sich doch für einen Priester.

Ich hasse Beerdigungen, Zeremonien, Friedhöfe ... Ich habe meine Mutter auf ihrem Totenbett gesehen. Dieser schon erstarrte Körper, dies für immer verschlossene Gesicht, das war meine Mutter nicht mehr. Das ist etwas Fremdes. Ich habe sie geküßt, und ich werde die Erinne-

rung daran bis ans Ende bewahren, dieses Gefühl von Kälte, die brennt ...

Wintersonne wärmt die Terrasse des Hauses in Allauch, wo die Sippe Livi auf die Stunde der Feierlichkeit wartet. Montand marschiert mit verschlossener Miene, in seinen Trenchoat gehüllt, immer rundum. Zwei Schritt weiter Julien Livi; sie haben seit über drei Jahren nicht mehr wirklich miteinander gesprochen. Julien winkt seinen Sohn Jean-Louis heran und flüstert ihm ins Ohr:

„Geh ihn trösten, geh, er sieht aus wie ein großer gerupfter Vogel."

In dem Auto, das dem Leichenwagen folgt, sitzen beide Brüder nebeneinander. Jean-Louis Livi: „Ich sah sie halb im Profil, meinen Vater und Montand. Es war eine bedrückende Szene. Sie redeten kein Wort miteinander, sahen sich nicht an. Mein Vater hatte ein Gesicht wie Marmor, Montand weinte still, mit offenen Augen, und sah starr vor sich hin." Einige Wochen vorher, zum Weihnachtsabend, hatten die Brüder Livi vor Giuseppina zum letztenmal so getan als ob. „Meine Mutter hatte etwas gemerkt", erzählt Lydia. „Sie sagte: ‚Es scheint, die beiden lieben sich nicht mehr.' Aber ihr Argwohn war hinweggefegt worden, weil Yves, als er ankam, großartig war: er hat Elvire und Julien umarmt, als ob nichts wäre. Meine Mutter war glücklich. Kurz danach, im Februar, ist sie gestorben."

Nach einer zweimonatigen Werbekampagne (die Anzeigen in der Presse verwenden Sätze wie „53 Prozent der Jugendlichen zwischen 15 und 20 sympathisieren mit den Gauchisten") stößt der Film auf eine sehr kontroverse Kritik. Während *Le Monde* in ihm den „jüngsten, lebendigsten, aktuellsten Film"[17] sieht, meint *Le Nouvel Observateur*: „Godards Roß ist brav geworden: heute ist es ein Arbeitsgaul."[18] *Charlie-hebdo* faßt sein Urteil in einem Satz zusammen: „Was für ein Kerl, dieser Gorin!"

Die kommunistische Presse klagt das Werk des Gauchismus und des Antikommunismus an. Und noch einmal verschlechtert die Polemik die Familienbeziehungen der Livis. Im August, vier Monate nach der Premiere, veröffentlicht die CGT-Föderation des Lebensmittelsektors ein gestrenges Kommuniqué, das Yves Montand die Vaterschaft des Film zuerteilt und ihm vorwirft, einen Gewerkschafter zu karikieren (während er einen Filmemacher spielt): „Sie geben sich munter dazu her, eine Organisation und Genossen zu verunglimpfen, die ihrer Klasse und ihrer Herkunft treu geblieben sind ... Es steht Ihnen frei, ins andere Lager überzuwechseln und zu versuchen, denen zu schaden, die sich nicht geändert haben: ein jeder wird die Seinen erkennen."

Die Eingeweihten wissen, daß der Generalsekretär der Organisation niemand anders als Julien Livi ist. Gleichwohl präzisiert die CGT, daß das Kommuniqué nicht von ihrem leitenden Genossen stammt, um persönlichen Streit und politische Auseinandersetzung nicht zu verquicken. Zum Kreuzworträtsel wird die Sache auch deshalb, weil in dem Film der Gewerkschaftsfunktionär einen „knarrigen", ziemlich orthodoxen Text verliest: „... Diese provokatorischen Aktionen dienen nur den Unternehmern. Wir müssen uns im Kampf gegen die Trusts zusammenschließen." Diese Sätze nun fand Godard in der Gewerkschaftszeitung *La Vie ouvrière*, aus Julien Livis Feder. „Ich war verreist", berichtet Montands Bruder dazu. „Bei meiner Rückkehr entdeckte ich das Kommuniqué meiner Organisation, das Yves angriff. Mein Wort, ich war erschlagen. Sie hatten ihren Generalsekretär verteidigen wollen. Dazu muß man sagen, daß der Film bei Olida gedreht worden ist, in einem Werk, wo ich dafür verprügelt worden war, daß ich die ausgesperrten Arbeiter unterstützte. Meine Gewerkschaft hat den Film als Angriff aufgefaßt. Und sie haben meinen Bruder kritisiert, weil er so lange der Mann gewesen war, der mit seinen Chansons ihre Sehnsüchte ausgedrückt hatte, so daß sie diesen Angriff nicht verstanden."

Dieser neue Zwischenfall ist natürlich nicht geeignet, die Beziehungen der verfeindeten Brüder zu entspannen. Montand ist aber längst über *Tout va bien* hinaus. Seiner Auffassung des „politischen" Films getreu, kehrt er aus Chile zurück, wo er die Hauptrolle in Costa-Gavras letztem Film gespielt hat.

Mit *Etat de siège* (Der unsichtbare Aufstand), dem dritten Werk seiner Trilogie, klagt der Regisseur, nach den griechischen Obersten und den stalinistischen Inquisitoren, die Methoden der Vereinigten Staaten an, durch die sie sich ihren Einfluß auf verschiedene lateinamerikanische Länder sichern. Mit seiner unerbittlichen Kamera bewaffnet, spürt der Anwalt die Unterdrückung auf allen Kontinenten auf – sei sie faschistisch, kommunistisch oder imperialistisch orientiert. Alles ist authentisch in dieser Geschichte, in der Montand einen Funktionär der Agency for International Development spielt, der von Stadtguerilleros entführt, dann getötet wird: er war in Wahrheit ein Agent der CIA, „Berater" der politischen Polizei. Die Geschichte trägt sich 1970 zu und ist direkt inspiriert von der Entführung und Hinrichtung des amerikanischen Staatsbürgers Dan Mitrione durch Tupamaros in Uruguay. Mit dem Szenaristen Franco Solinas hat Costa eine gründliche Nachforschung betrieben, um den Fall mit seiner gewohnten Genauigkeit zu rekonstruieren. Er hat sogar Tonbandaufzeichnungen der Auseinandersetzungen zwischen den Guerilleros und ihrem Gefangenen ausfindig gemacht.

Montand durchschreitet den Spiegel. Er gibt nicht mehr den positiven Helden, sondern einen selbstsicheren Schweinehund – wobei die Autoren jede Karikatur vermeiden: er ist ein guter Vater, guter Ehemann und tief überzeugt, die Tugenden der amerikanischen Demokratie zu verteidigen. Durch diese Filmarbeit lernt der Schauspieler das Chile der Volksfront kennen. Salvador

Allende ist seit zwei Jahren an der Macht, auf seiner Regierung lasten bereits die ersten Widersprüche und Drohungen. Die chilenische Kommunistische Partei, der die Aufführung des *Geständnisses* in Santiago nicht gefallen hatte und die in Costa-Gavras' neuem Film die Verherrlichung minderheitlicher und „abenteuerlicher" Aktionen wittert, hintertreibt vielfach; Schauspieler kündigen die Dreharbeit, Techniker werden abtrünnig. Der Film kann nur durch persönliche Intervention Allendes fertiggestellt werden.

Eines Abends sind Montand und Costa in Allendes Landhaus zu Gast. Der Präsident verbirgt keine der ökonomischen und anderen Schwierigkeiten, die ihn bedrücken.

Als Salvador Allende im folgenden Jahr durch den Putsch von Pinochet gestürzt wird, will Montand seine Anteilnahme bekunden. Er will für einen einzigen Galaabend, dessen Einnahmen für die chilenischen Flüchtlinge bestimmt sind, auf die Bühne zurück. Wie oft bei ihm, macht er den Entschluß dazu von einem Würfelspiel abhängig. Er will die Idee Régis Debray unterbreiten: wenn der einstige Gefährte Che Guevaras zu Hause ist und ihm am Telefon antwortet, macht er den Abend, wenn nicht, dann nicht. Debray ist tatsächlich da und begeistert sich für das Vorhaben. Chris Marker hat dieses achttägige Marathon eines Mannes, der seit fast sechs Jahren nicht mehr auf der Bühne stand, in dem Dokumentarstreifen *Die Einsamkeit des Langstreckensängers* festgehalten; wer sich für Montands Bühnenarbeit interessiert, findet darin das feinfühligste und umfassendste Abbild. Der Dokumentarist hat vor allem die kleine Träne nicht verpaßt, die in den Augen des Sängers blinkt, als er das *Partisanenlied* singt.

Eine linke Träne. Trotz alledem.

16

Sechzehn Filme in zehn Jahren. Für Yves Montand bringt das Dezennium 1970–1980, sein fünftes Lebensjahrzehnt, die kinematographische Bestätigung, die er sich so sehr erhofft hatte. Hier versammelt der Künstler alles, was zu leisten er imstande ist, bietet das vollständige Tableau seiner Stärken und Schwächen. Hier wird der Mann in Großaufnahme gezeigt: das Bild könnte nicht reicher, nicht erschöpfender sein. Hier auch kann man den Künstler messen: der populärste französische Schauspieler seiner Generation triumphiert fortan auf den Leinwänden der fünf Kontinente und leistet sich zum Dessert eine Ovation in der Metropolitan Opera von New York.

Montand mag das Wort „Karriere" nicht, er hält es für platt, funktional, dürftig. Sagen wir denn, sein „Rennen" läuft auf Hochtouren.

Jean-Louis Livi, der im filmischen Bereich seit Beginn dieses überreichen Dezenniums der Agent seines Onkels ist, sagt dazu – wobei er betont, daß dies in erster Linie eine professionelle Aussage ist: „Halten Sie mich nicht für beeinflußt von Familiensolidarität. Weil Montand mich, wie es ihm beliebte, mal als seinen Neffen, mal als seinen Agenten behandelte. Wenn man das überlebt, wenn man fähig ist, Montand zu vertreten, so weil man sein Metier beherrscht. Also, ich bestätige Ihnen: in all diesen Jahren ist Montand die Nummer eins der französischen Filmschauspieler. Es gibt Belmondo, der ein gewisses Genre vertritt. Und es gibt ihn, der in der Fülle seiner Fünfzig an den besten Werken der Zeit beteiligt ist, mit hervorragenden Regisseuren, die zur selben Zeit wie er ihre Vollkraft erreichen.“

Diesen Weg säumen nicht nur unbestreitbare Erfolge. Es findet sich auf ihm ganz „normalerweise“ auch das klassische Maß an Enttäuschungen, Konflikten, Mißerfolgen und Ungerechtigkeiten – der Preis für so überaus hohen und meist auch überlegten Einsatz. Yves Montand macht es sich zum Vorwurf, ein Filmangebot mitunter aus Sentimentalität, aus Freundschaft, aus Respekt angenommen zu haben, oder einfach, weil eine Sequenz ihm sehr gefiel (etwa die allerersten Szenen von *Routes du Sud*, wo ein deutscher Soldat, Kommunist, desertiert, um Stalin zu warnen, daß die Wehrmacht kurz vor einem Angriff steht; er wird als „Provokateur“ erschossen). Aber die andere Waagschale ist ungleich schwerer: die Komik des *Diable par la queue* (Pack den Tiger schnell am Schwanz) oder der *Folie des grandeurs* (Die dummen Streiche der Reichen), die bitter-sanfte Menschlichkeit von *César und Rosalie* oder *Vincent, François, Paul und die andern*, die herbe Unerbittlichkeit von *Cercle rouge* (Vier im roten Kreis), die Thriller-Atmosphäre – höheren Grades – in *Police Python 357* oder *La Menace* (Die Drohung) ... Unter anderen.

Das offenkundigste Zeichen dafür, daß der Schauspieler sich im Laufe der sechziger Jahre gelöst, buchstäblich „befreit“ hat, ist das ausgedehnte Territorium, das er sich jetzt erlaubt auszuschreiten. In den Jahren 1967, 1968 bedient er den „Publikumsfilm“ mit *Vivre pour vivre* (Lebe das Leben) und wendet sich nahezu übergangslos der vielschichtigen Meditation von *Un soir, un train* (Ein Abend, ein Zug) zu. Gleichzeitig erlebt man, wie er zur Symbolfigur eines neuen politischen Films wird. Kühn weitet er seine Grenzen, bewegt sich frei in den Genres. Weniger als drei Wochen, bevor *Z* im Februar 1969 in den Pariser Kinos anläuft, steht groß sein Name auf den Plakaten einer Filmkomödie von Philippe de Broca, *Le Diable par la queue*, wo er die Rolle des César Anselme de Malicorne spielt, eines falschen Barons und echten Diebes, der ein Spieler, Großmaul und Verführer ist. Die Kritik reibt sich die Augen: ist das derselbe Mann, der bei De Broca einen Steptanz hinlegt und bei Costa-Gavras als Symbol steht für eine verhöhnte Demokratie?

Er ging ein Risiko damit ein, das ernsthafte Risiko, sein Image zu verwischen, indem er Lachen mit Weinen mengte. Das französische Publikum kommt wunderbar damit zurecht und honoriert ihm diese zwiefache Leistung. Im Ausland hingegen, namentlich in den Vereinigten Staaten, ist man bei aller Bewunderung etwas verwirrt: der Montand aus *Der Krieg ist vorbei* wird von den Großen des Films (zum Beispiel Elia Kazan) geradezu gefeiert und einer Camus'schen Tradition zugeordnet; aber siehe da, auf einmal taucht auf der Gartenseite derselbe Mann als Figur der Commedia dell'arte auf. In Wirklichkeit haben die Fans des Sängers Montand keinerlei Grund, erstaunt zu sein: seit dem „Etoile", seit er der Macher seiner eigenen Show ist, hat der Künstler nie aufgehört, die Ebenen zu wechseln, Humor und Ernst, *Sir Godfrey* und *C'est à l'aube* zu kombinieren. Er hat lediglich auf die Leinwand transponiert, was er immer auf der Bühne geboten hat, seitdem er auf sich allein gestellt ist.

Schließlich „explodiert" der Komödiant. Er war César de Malicorne in *Pack den Tiger schnell am Schwanz*. Er wird schlicht zu César in *César und Rosalie* von Claude Sautet. „Es ist eine Offenbarung, wenn auch keine Entdeckung: ein großer Schauspieler ist geboren", verkündet Danièle Heymann – die Montands Spuren seit Kriegsende verfolgt – den Lesern des *Express*. Der „große Schauspieler" hatte in der Tat schon manche Gelegenheit, sich zu manifestieren, aber von Offenbarung zu reden ist nicht weniger berechtigt. Montand selbst sollte über seinen Regisseur sagen: „Er hat mir wirklich zum Durchbruch verholfen, und, wenn ich so sagen darf, mir selbst unbewußt."[1]

Was ist Besonderes an diesem César, Schrotthändler seines Zeichens, Selfmademan, ein Großmaul, aber hochherzig, zärtlich, männlich, verwundbar, Verlierer und Gewinner zugleich zwischen Sami Frey und Romy Schneider? Er hängt das Klischee vom sympathischen, unkomplizierten Jungen der fünfziger Jahre nun endgültig an den Nagel, ebenso das des arrivierten, selbstsicheren Mannes, auf den das folgende Jahrzehnt ihn festgelegt hatte. Er gibt dem „Schauspieler" just das, was den Begriff hinfällig oder doch anfechtbar macht: eine Persönlichkeit, die er zu vier Fünfteln selber ist.

„Du bist dein eigenes Material", sagt sich für gewöhnlich der Künstler der One-man-show. Hier nun ist er vor der Kamera in einer wahrhaft analogen Situation. César bewegt sich, spricht, heult, mischt die Karten und lacht wie Montand. César ist, wie Montand, verschlagen und naiv, egoistisch und anhänglich, mutig und schüchtern, begeistert, cholerisch, aufrichtig. Ein unwissendes Publikum mag annehmen, daß es leicht ist, sich selbst zu spielen. Im Gegenteil: es ist – relativ – einfach, der Mario aus *Lohn der Angst* zu sein, ein Mann der Muskeln, unkompliziert und ein wenig hohl. Eine akrobatische Leistung ist es dagegen, sich selbst zu verschlingen, um sich den anderen vollkommen nackt und doch um ein Winziges versetzt wiederzugeben: César ist fast Montand, und in diesem *fast* liegt die Leistung.

Der ungeheure Erfolg von *César und Rosalie* macht deutlich – und dies selbst dem Betroffenen –, worin das Kapital an Sympathie besteht, über das der Schauspieler Montand jetzt verfügt. Ein Attribut steht hier für viele weitere, die man ihm anheften könnte: er ist „nah". Er ist den Leuten nah durch die Wißbegier des Autodidakten, der sich selbst so viele Wege gebahnt hat. Nah durch seinen Akzent, durch seine Falten, die er nicht verbirgt, seine Spottlust. Nah durch seine verfügbare

Energie wie durch seine offenkundige Zerbrechlichkeit, seine Schamhaftigkeit wie seine Wutausbrüche, seine Selbstverspottung und seine Jovialität. Seines Macho-Images entkleidet (oder doch in ironischer Distanz zu ihm), eine allzu banale Geschwätzigkeit oder allzu eisige Zurückhaltung hinter sich lassend, gewinnt seine Persönlichkeit an Reife, Dichte, Kraft der Verführung, Wärme. Sich darzustellen, wie er ist, bringt ihm nun Gewinn.

Der „professionelle" Yves Montand ist von dem „privaten" nicht zu trennen. Beide Porträts sind deckungsgleich: der Schauspieler besitzt, im Gegensatz zu seiner Frau, nicht oder kaum die Gabe, sich der Ruhe zu ergeben, sich anderswo zu erholen. Wenn er Sänger ist, lebt er zwischen Schnürboden und Brettern. Wenn er Darsteller im Film ist, lebt er zwischen Pausen und Aufnahmen. Allerdings findet er, daß der Film anders „trägt", mehr versichert als die One-man-show: man ist von einem Stab abhängig, mit allen Zwängen und Kompromissen, die solche Abhängigkeit einschließt, aber man steht auch nicht allein auf seiner Eisscholle.

Montand weiß nicht, oder weiß nicht mehr, weil er es nie versucht hat, was richtige Ferien sind. Eine Reise durch die Vereinigten Staaten mit Catherine Allégret und ihrem Sohn Benjamin, vierzehn Tage auf der Insel Maurice, wo das Telefon kaputt war, und die angenehmen Stunden in „La Colombe": es sind abgezweigte, gestohlene Augenblicke ... Eine „Reise" ist für Montand ein Drehortwechsel oder eine Tournee, ein Flughafen mehr, eine neue Bühne, ein anderes Hotel; kaum ist er gelandet, inspiziert er das Theater, noch bevor er den Koffer auspackt und einen Blick auf Häuser, auf Straßen wirft. Er liebt das jähe Aufragen der „aufrechten Städte", wie Céline sagt: New York, Tokio, Hongkong; er liebt London und Leningrad, er liebt Paris, Rom oder Madrid – „vor allem wenn man einmal arm gewesen ist“ ... Dennoch sind es eher Phantombilder von Reisen, flüchtig gesehen, rasch gestreift. „Er kennt keine Ruhe“, sagt Catherine Allégret, „er kann sich nicht hinsetzen und verschnaufen. Er frißt sich selber auf ...“

Ein Film ist für ihn eine Zeit und ein Ort, wo man hineingeht, sich einrichtet, eindringt. Sogar bei Arbeiten in Paris kam es vor, daß er im Hotel Concorde-Lafayette wohnte, sich in seiner Panorama-Suite absonderte, anstatt an der Place Dauphine zu schlafen, nach Hause zu gehen: er wäre aus dem Kreis, aus der Gemeinschaft des Drehstabs herausgefallen. Wie viele Schauspieler muß er in den Kleidern, mit den Requisiten der Rollenfigur leben. Das beste Beispiel dafür ist der berühmte Police Python 357 in dem gleichnamigen Film, ein wahres Maschinengewehr, fast ein Kilo schwer, dessen Rückstoß einem Ungeübten die Hand brechen würde. Er trägt die Waffe ständig mit sich herum, poliert das Etui, läßt sich Ratschläge von einem Experten geben (dem Erfinder des „instinktiven Schusses“), lernt, daß man mit parallel gesetzten Füßen blankzieht, die Jackentasche voller Schlüssel oder Geld, damit sie im richtigen Moment senkrecht hängt. Schließlich besucht er die Schule der Brigades spéciales und erzielt dort mehr als ehrenwerte Treffer. Mit einem Wort, er *ist* Polizist.

Seine Regisseure und Partner sind übrigens beeindruckt von seiner verwirrenden, unerklärlichen Verwandlungsgabe. Claude Sautet: „Was bei *César und Rosalie* sehr anrührend war, er ging völlig mit den Hochs und Tiefs seiner Figur mit. Wo César auf dem Papier gut gelaunt ist, war er gut gelaunt. Und wo die Geschichte sich auf einmal zu seinen Ungunsten wendet – ich erinnere mich an einige Szenen, die wir in der Vendée drehten –, war er abends unsagbar traurig.“ In *Vincent, François, Paul und die anderen* hat Montand-Vincent laut Drehbuch einen Infarkt. Er bereitet sich darauf mit einer solchen Hingabe, einer solchen, wenn man das sagen darf, Bangigkeit vor, daß er Herzklopfen bekommt, einen Spezialisten konsultiert, der vom „schwarzen Adler“ spricht, jenem Gefühl zu ersticken, das die Brust umklammert. Und am vorgesehenen Tag setzt er sich vor der Kamera der Krise in einer Weise aus, daß nach Beendigung des „Spiels“ keine Stimme sich getraut „Stop!“ zu rufen. Der Regisseur, der Kameramann, die Techniker beobachten schweigend den Mann an der Erde, bewunderungsvoll und ein wenig erschrocken.

Nicht anders geht es ihm mit Haß und Liebe. 1975 erlebt er (auf den Bahamas) unter der Regie von Jean-Paul Rappeneau eine lange Zweisamkeit mit Catherine Deneuve. *Le Sauvage* (Die schönen Wilden) erzählt die Geschichte eines hartgesottenen Misanthropen, eines Künstler-Industriellen, Createurs von Parfums, der sich auf eine einsame Insel zurückgezogen hat, wo eine entzückende Nervensäge ihn verfolgt. Montand schätzt und bewundert die Deneuve. Aber zwei Monate später, als sie in Paris sich zu Anschlußszenen treffen, denkt er eine Spur bekümmert und enttäuscht, daß er sich wohl zu distanziert, zu grob ihr gegenüber benommen hat, während er jetzt gerne mit ihr plaudern, sie zum Diner einladen würde ... Es war der kratzbürstige Robinson seiner Rolle, es war der andere, der auf ihn abgefärbt hatte.

In *Le Choix des armes* (Wahl der Waffen) hingegen ist Deneuve eine sanfte, Sicherheit gebende, verständnisvolle Gattin. Die Dreharbeiten sind zu Ende, alle gehen auseinander. Es ist wie Tod, wie ein kleiner Tod. Und vierzehn Tage lang fragt sich Montand unglücklich: „Aber warum ruft sie denn nicht an?“ Sie ist doch seine Frau, oder? Seine Frau, die ihn hängen läßt. Zwei, drei Wochen braucht es, bis die Figur von ihm abfällt, sich stückchenweise löst (Simone Signoret berichtet mehrere analoge Erfahrungen). Natürlich ist diese verlängerte gefühlsmäßige Bindung stärker gegenüber Frauen, gewissen Frauen wenigstens, namentlich wenn die Vater-Tochter-Beziehung eine subtile Gefühlsverwirrung erlaubt – vollständig ist diese Zweideutigkeit in *Trois Places pour le 26* mit Mathilda May. Auch von der Begegnung mit Isabelle Adjani, abermals unter der Ägide von Jean-Paul Rappeneau, in *Tout feu tout flamme* (Feuer und Flamme) im Sommer 1981, wo Montand der väterliche Komplize sein kann, bewahrt er vorzügliche Erinnerungen.

Kurz, der Mann des Films ist nicht derselbe wie der von vorher. Und der von danach schwankt noch eine Weile zwischen beiden. Das Ende der Geschichte von *Police Python* ist für diesen seltsamen Zwischenzustand charakteristisch. Montand hat sich an die Waffe gewöhnt. Er handhabt sie fingerfertig. Nachdem sein Vertrag abgegolten ist, fehlt sie ihm (gefühlsmäßig natürlich: er hat nie irgendeine Neigung zu Mordwerkzeugen verspürt). Er erhält einen Waffenschein, begibt sich zu einem namhaften Waffenhändler der Champs-Elysées, geht ins Untergeschoß, um die Waffe auszuprobieren. Oje! Seine Kugeln scheinen die Scheibe zu meiden. Er beharrt nicht länger: das Abenteuer ist zu Ende, er ist kein Polizist, kein Schütze mehr. Er hat nur den Python mit vorschriftsmäßig verstopftem Lauf behalten, der im Film benutzt wurde.

Am Drehort geht ihm der Ruf voraus, den er sich erworben hat. Alain Corneau faßt das in die Formel: er ist *accro* (so nennt man sonst Drogensüchtige, die keinen Entzug ertragen). Als Anfänger wand er sich zwischen den Kabeln und Stangen durch in dem schüchternen Versuch, die Gesetze des Ganzen, die Geheimnisse des Apparats zu erfassen. Als leading man ist er nicht minder bemüht, aber aus anderen Gründen. Seine Filme sucht er sich zuerst nach dem Sujet, dann nach Drehbuch, Rolle und Regisseur aus. Er begreift sich nicht als Zahnrad, und sei es ein zentrales, im Getriebe: gewöhnt, sich im Raum zu denken, sich selbst zu führen, Texte auszuwählen, will er an den Einfällen des Dirigenten teilhaben, Einspruch anmelden können, korrigieren, bereichern. Sautet widersetzt sich dem (aber mit einer Begründung), Rappeneau sträubt sich, erstaunt, daß jemand, wie Catherine Deneuve sagt, „seiner Partitur Noten hinzufügen" will; Costa-Gavras nimmt das Duell an, Granier-Deferre ebenfalls. Kurz, Montand ist ein Fall für sich.

Corneau: „Es gibt Schauspieler, die zu den Mustervorführungen kommen, und solche, die nicht kommen. Daß Yves einmal nicht dazu käme, kann ich mir nicht vorstellen, es ist undenkbar. Er sieht sich auch die Montage an – nicht daß er sich im technischen Sinn in die Montage einmischt, aber er guckt sich die Sequenzen nacheinander an, ob man bei ihm schneidet oder nicht, gibt sein Einverständnis oder äußert seinen Vorbehalt. Wenn wir stur bleiben, gibt er nach; wenn er denkt, daß er wirklich recht hat, beharrt er. Sehr gut dabei ist, und das rettet die Beziehung, daß er sagt, was er zu sagen hat. *Vor* einem, nicht hinterm Rücken. Deshalb kann man ihm nicht böse sein: es gibt bei ihm keinerlei Bosheit. Schauspieler, die einem in den Ohren liegen: Muster, Großaufnahme usw., und die ihrer so furchtbar sicher sind, das ist unerträglich. Aber Yves nicht. Sein Bangen, seine Unruhe sind völlig spontan. Und hinterher kümmert er sich ums Plakat (das zu *Police Python* hat er entworfen), um die Werbung, das Pressematerial, die Werbeseiten in den Zeitungen usw. Er ist imstande, einen Teil seiner Gage in die Promotion zu stecken, wenn er an einem Film hängt ..."

Das Lösegeld für diese unerhörte Verfügbarkeit, diese kreative Angst, diese Großzügigkeit ist eine nicht zu leugnende Tendenz, die Szene an sich zu reißen, sich ins Zentrum des Ganzen zu stellen. Die Neigung haben mehr oder weniger alle Darsteller. Aber Yves Montands Egozentrismus ist nicht weniger legendär als seine außergewöhnliche Konzentration. „In Sachen Narzißmus sind wir alle begabt", scherzt François Perier, „aber feststeht, daß Yves unter uns einer der begabtesten ist." Gérard Oury nuanciert: „Ein Schauspieler, der nicht narzistisch ist, der sich nicht aufbläst, ist keiner. Wenn er keine Nabelschau betreibt, nicht aus seiner eigenen Mitte heraus agiert, hört er auf, das egoistische Kind zu sein, das – legitimerweise – sich wie ein Spielzeug die schönste Rolle aneignen will. Aber im Erfolg liegt genauso viel Traumatisches wie im Scheitern. Und es ist eine seltsame Existenz, zugleich die Stradivari und der Geiger zu sein."

Montand leugnet das nicht. Er neigt durchaus zu der Ansicht, gesteht er, daß die Welt sich um ihn dreht. Stolz, Eitelkeit? Sicher. Aber er setzt sogleich hinzu, daß er ohne das dem Publikum nichts zu „geben" hätte: da muß er das „Monster eben füttern", meint er, daß sein eigenes Vergnügen mit dem von Tausenden Zuschauern teilt; muß sich sammeln, muß in sich gehen, bevor er seine Kunst abliefert. Je größer die Einsamkeit im Metier, desto größer auch das Verlies, in das er sich zurückzieht. Zur Untermauerung zitiert er einen seiner Lieblingsautoren, Milan Kundera: „Eitelkeit ist die einzige Möglichkeit, aus unserem Egoismus herauszutreten. Wer bewundert werden möchte, schenkt sich den anderen, denkt nur an die anderen, lebt nur für sie." Am größten ist wohl das Vergnügen, sich selbst Vergnügen zu bereiten: das Paradox des Schauspielers, das seinen Höhepunkt im Künstler der One-man-show erreicht.

Narzißmus, das ist der Wunsch, dem Objektiv seine Schokoladenseite zu bieten (Dreiviertelprofil von links: das Profil, das Chris Marker wählte, als er das Récital von 1974 filmte). Es sind die tausend kleinen oder großen Feilschereien mit dem Regisseur um eine Großaufnahme, eine Replik. Und es ist die halb faszinierte, halb konfliktgeladene Beziehung zu den anderen Schauspielern – den guten, den schönen natürlich. Bei der Besetzung von *Vincent, François, Paul und die anderen* war Claude Sautet sich wohl im klaren, welche Gefahren drohten. Lauter Kumpels, selbstverständlich, alles „Itaker“, die während der Dreharbeiten tausend Witze reißen und bei der Musterschau nicht weniger Komplimente wechseln. Ja, aber ... Aber Piccoli wäre fast zurückgetreten (und durch Rochefort ersetzt worden), als er entdeckte, daß Montands Gage höher sein sollte als seine. Und Reggiani fühlte sich ein wenig verunsichert gegenüber seinem alten Freund. Jeder war in seinem Genre ein Wunderkind, und nun, sehr viel später, verliefen ihre Wege parallel, getrennt durch eine stillschweigende Übereinkunft. Sie bewundern sich: aber lieben sie sich?

Sautet, der Fuchs, arbeitet mit mehreren Kameras, so daß keiner den anderen verdächtigen kann, er habe ihm die „Einstellung gestohlen“, und beutet die Rivalitäten, die Konkurrenz aus, ohne die Schauspieler zumeist nicht ihr Bestes zu geben bereit sind. Zu Montands spezifischem Narzißmus bemerkt er seelenruhig: „Worin er sich von anderen unterscheidet, ist, daß er sich nicht verleugnet. Oder so schlecht, so ungeniert, daß keiner drauf hereinfällt. Ich schätze diese ‚lateinische‘ List, die zugleich aufreizend und komisch ist und der man nicht zu mißtrauen braucht.“

Das Geld ist bei dieser Art Stechen zuallererst ein Zeichen der Wertschätzung. Montand wollte Geld verdienen, um zu beweisen, daß er gewonnen hat, nicht um es anzuhäufen. Er hat viel verdient, weil er viel gewonnen hat.

1968 will die Paramount ihn mit Barbra Streisand in einem Musical zusammenhaben, *On a Clear Day, you Can See Forever*. Das Angebot: 200 000 Dollar. Er respektiert Barbra Streisand, bewundert sie als Sängerin, aber hat keine Lust, die Nebenrolle zu spielen, den ewigen French lover. 400 000 Dollar, verlangt er, „nur um mal zu sehen“. Simone Signoret und Jorge Semprun schütten sich aus vor Lachen. Bis zu dem Morgen, an dem der Produzent zustimmt. Gefangen nun, fliegt er nach New York, genießt Barbra Streisands Talente und entdeckt am Ende, daß seine musikalischen Nummern – bis auf eine großartige Sequenz, wo er auf dem Dach des Pan-Am-Gebäudes singt – erbarmungslos geschnitten wurden.

Oft hingegen dreht er „mit Beteiligung", damit durch seine Gage die Hoffnungen eines befreundeten Regisseurs nicht sterben müssen (*Z, Das Geständnis, César und Rosalie, Vincent, François, Paul und die anderen* konnten auf die Weise entstehen). Für Alain Resnais ist es eine Ehrensache, daran zu erinnern, daß Montand für die monatelange Arbeit an *La Guerre est finie* nur 80 000 Francs erhalten hat. Wenn ein Produzent indes zahlungskräftig ist (wie die Gaumot bei den *Dummen Streichen der Reichen*), wenn der Vertrag den Rang symbolisiert, den er in der Branche innehat, fordert er das Maximum und hält das für moralisch. Aus Prinzip. „Er hat nie einen Film wegen der Kohle gemacht", bezeugt Jean-Louis Livi, „er wäre gar nicht auf die Idee gekommen. Aber seinen Rang, seinen Kurswert betreffend, hat er auch nie mit sich handeln lassen."

Anders gesagt, auch wenn die Tarife gebräuchliche Wertungskriterien übersteigen (der Vertrag für *La Menace* beläuft sich beispielsweise auf 250 Millionen Centimes), ist das Geld doch lediglich ein Konkurrenzmesser der Hauptrollen untereinander, das Barometer ihres Aufstiegs, ihrer Stabilität oder ihres Abfalls. In der Filmwelt gibt es Gier und Geiz wie überall. Aber es ist die Ausnahme, nicht die Regel. In solchen Größenordnungen sind 500 000 Francs mehr oder weniger nicht in erster Linie eine Sache der Brieftasche: da geht es strikt um das Image, ein Image, das man zu verteidigen hat, das verblassen und schwinden kann. Das Geld macht sicher, wenn es reichlich fließt. Das wahre Problem (das Mindestlohnempfängern als Herausforderung, Geschmacklosigkeit oder gar als Skandal erscheint) heißt also nicht, reich zu sein, sondern, kurz gesagt, damit zu leben, daß man sterblicher als andere ist.

Außer dem Haus in Autheuil, das er 1954 für 14 Millionen gekauft hat, besitzt Montand die Hälfte des Café de la Place in Saint-Paul-de-Vence. Sein Freund Francis Roux, der Besitzer der „Colombe d'Or", schlug ihm 1972 vor, es gemeinsam mit ihm zu kaufen. Da er soeben 250 Millionen Centimes mit den *Dummen Streichen der Reichen* verdient hatte, investierte er umgehend einen Teil davon. Er ließ sich in dem Haus eine Dreizimmerwohnung von bescheidenen Maßen einrichten und lebt dort, wenn er im Süden ist.

Gewiß ist Montand reich. Das Geld zählt für ihn, auch wenn er es nicht zählt. „Früher arm, heute aber nicht neureich", wie Coluche sagt. Von seiner Herkunft geprägt, lebt er unter seinen Verhältnissen. Mehrfacher Milliardär, in Centimes gerechnet, hat er bei weitem nicht den Lebensstil seiner Brieftasche. Das hat nichts mit Knauserei zu tun: er hat keine anderen Bedürfnisse.

Das Geld, das er verdient, kommt auf die Bank. Um die Kontenführung kümmert sich Montand nicht, das besorgt Bob Castella für ihn. Er nennt die komfortable Rücklage sein „Sicherheitspolster". Die goldene Regel heißt, nie an diesen Sparstrumpf zu rühren. Wie andere sein eigener Filmproduzent zu werden weigert sich Montand.

Geld, das sind für ihn nicht die unpersönlichen Nullen, die sich auf Bankauszügen reihen, sondern die Scheine, die man in der Hosentasche fühlt. Was er liebt, was ihm Sicherheit verleiht, ist das flüssige; es gibt Machtgefühl, wenn man bei Verlassen eines Restaurants „königliche" Trinkgelder verteilt.

Verwandte und Freunde bezeugen, daß Montand sich von jeher gern großzügig erwies. Natürlich hat er seine Familie unterstützt: seine Eltern lebten bis zu ihrem Tod in dem Haus, das er ihnen gekauft hat (sein Traum war, ihnen einen großen provenzalischen „Mas" zu schenken, aber Giovanni wollte lieber ein Vorstadthäuschen mit

Gartentor). Er greift seiner Schwester Lydia unter die Arme. Dem Ehepaar Mirtilon, das sich so lange um Autheuil gekümmert hat, läßt er auf einem angrenzenden Grundstück ein Haus bauen – ebenfalls ein Geschenk.

Außerdem wird er, wie viele andere, dauernd um Spenden angesprochen. Und hört nicht auf zu geben. Bob Castella unterhält die endlose Liste all der Vereinigungen, die von seinen Zuwendungen profitiert haben, und der Privatpersonen, denen er geholfen hat, wenn er ihre Lage für verzweifelt erachtete. Seine Archive quellen über vor Dankesbriefen. Im Mai 1989 entschließt er sich, seine Spenden bis an sein Lebensende zu institutionalisieren. Er verteilt – unter Kontrolle – die Hälfte seiner Einkünfte, abzüglich der Steuern, studiert die Dossiers, die Fälle, die Einrichtungen. Er weiß sehr wohl, daß er auf die Weise die Ungerechtigkeit der Welt kaum ausgleichen kann. Aber er fühlt sich wenigstens in Frieden mit seinem Gewissen. „Das“, sagt er, „ist eine Sache zwischen meinen beiden Ichs.“

Gleich zwei heilige Monster auf ein Plakat zu bringen ist derzeit das beste Mittel, die Massen ins Kino zu lokken – andererseits aber auch mit dem höchsten Risiko verbunden. Denn da herrscht Konkurrenz und Anfechtbarkeit bis zum äußersten. In den Augen des Publikums sind César und Rosalie ein Mann und eine Frau, die wunderbar zusammenpassen. In den Augen des Regisseurs ist das Unterfangen hochgewagt. „Romy hatte große Angst vor Yves“, berichtet Claude Sautet. „Sie schrieb mir vor Drehbeginn: ‚Ich mache den Film. Ich bin im Leben keine Rosalie, aber im Film werde ich Rosalie sein. Und ich weiß natürlich, daß César die Hauptrolle ist.‘ Und dann war sie beeindruckt von Montands Zuverlässigkeit und Fleiß. Sie war voll tiefer Bewunderung für das, was er machte, hatte aber auch eine Art Schuldgefühl, die Furcht, gefressen zu werden. Sie hatte sehr viel Energie, aber ihr fehlte innere Sicherheit. Ihre so blendende photogene Schönheit zerbröckelte, sobald sie abgeschminkt war."

Montand wiederum erlebt seine Partnerin zugleich verwundbar und unnachgiebig. Das mythische Paar bildet sich erst nach und nach, unter Schmerzen und um den Preis etlicher Kompromisse. Das Skript legte fest, daß das letzte Bild César wahnsinnig vor Glück zeigt, als Rosalie strahlend zu ihm zurückkehrt. Nach der Montage schließt das Werk mit Rosalie: Romy Schneider hat dem Regisseur dieses „Zugeständnis" abgepreßt. Das ist der Prototyp der unzähligen Verletzungen, die das Terrain des Spiels zur Eisbahn machen. Montand trifft mit Romy sieben Jahre später in *Clair de femme* (Liebe einer Frau) von Costa-Gavras erneut zusammen. Und diesmal (der Film wird ein Riesenerfolg, obwohl die Kritik mäkelt) setzen sie ihr Einverständnis, wie sie es auf der Leinwand zeigen, in der Stadt fort.

Die Schwierigkeit in diesem Beruf ist, daß man nur von jemand verstanden werden kann, der dasselbe Metier hat. Wenn nicht, werden Empfindungen, Reaktionen, Konflikte, die aus dem Tiefsten kommen, für oberflächliche Launen gehalten. Jeder wird alt, jeder weiß, was Altwerden heißt. Aber Altwerden, wenn man Romy Schneider, Simone Signoret, Isabelle Adjani oder Marilyn Monroe heißt, was das bedeutet, weiß außer den Betroffenen keiner (bei den Männern ist es einfacher: Sie sehen ja, Paul Newman oder Sean Connery sind immer noch schön). Jeder weiß oder kann sich vorstellen, wie schwer es ist, in seinem Beruf bedroht zu sein. Wir Schauspieler sind ständig bedroht, und der Beruf ist unser Leben. In diesem Luxuskünstlertum dreht sich unvermeidlich alles um deine Person.

Der erste Kontakt mit Romy war nicht leicht. Sie war auf der Hut. Ihr machte das Altern zu schaffen (sie hatte die Klugheit und den Mut, einen schrecklichen Film von

Zulawski anzunehmen). Wir sind uns vor allem wunderbar nähergekommen, als wir mit Costa-Gavras arbeiteten. Da hatte ich neben mir nicht nur die phantastische Schauspielerin Romy Schneider, sondern eine echte Frau, die freimütig ihre sehr realen Komplexe zugab. Sie gestand mir, daß sie sich für humorlos, ein bißchen steif, für zu „germanisch" hielt. Und da, in ihrer Unsicherheit, hat sie mich sehr gerührt.

Aber lassen Sie sich bloß nicht von der scheinbaren Intimität in einem Film täuschen. Bei Liebe einer Frau *zum Beispiel hatten wir eine sehr schwierige Szene, eine gegenseitige Entkleidung (was man für gewöhnlich wegläßt, weil es auch immer etwas Lächerliches hat). Danach liegen wir einer auf dem anderen. Für den Zuschauer mag das erotisch wirken. Aber beim Drehen stehen fünfzehn Leute um dich herum. Ein Techniker, auf dem Bett stehend, hält dich an einem Gurtriemen, weil die Kamera sehr hoch hinter deiner Schulter angebracht ist. „Achtung, du verdeckst sie! Marcel, zieh ihn, zieh ihn an dich ran!" Das ganze Mysterium, die ganze Phantasie ist im Eimer. Du: „Drücke ich dich zu sehr, mein Liebes?" Sie verrückt ihre Brust ein wenig. Großaufnahme der Hand, die unter die Zudecke fährt. „Nicht so hoch die Hand! Nein, höher!" Glauben Sie mir, wenn da etwas aufkommt, Zuneigung oder Begehren, dann nur vorher oder nachher …*

Wenn man Schauspieler übereinander befragt, wird man oft enttäuscht. Entweder überhäuft man den anderen vorsichtshalber mit Elogen oder verrät seine berufseigene Eifersucht durch irgendeine Bosheit. Das ist nicht nur, wie man wohl begriffen hat, eine Besonderheit des Milieus (so wie Ärzte pedantisch und Anwälte verschwiegen sind): es ist der Überlebensreflex einer Population, die ganz von anderen lebt. Halten wir zwei Porträts des Montand der siebziger Jahre fest, Synthesen der voraufgegangenen Annäherungen. Sie fallen aus der

Norm, sowohl durch die Persönlichkeit der Zeugen als auch durch die Authentizität der Aussage.

Catherine Deneuve, ein unumstrittener Star, traf auf Yves Montand in nahezu vollständiger Isolation (die für die *Schönen Wilden* gewählte Bahama-Insel war einsam, weltverloren).

„Ich glaube schon", sagt sie, „daß er am Anfang in mir eine eher nichtssagende, graziöse, ein wenig ambitiöse Blondine sah. Dann merkte er, daß ich kameradschaftlicher war, sehr verschwiegen, daß man mir vertrauen kann und daß ich gern zuhöre. Montand ist ein Partner, der einen herausfordert, weil er sich zu 99 Prozent engagiert, sich total einbringt. Und weil er dirigieren oder mitdirigieren will. Nicht um die Macht an sich zu reißen, nein: von seiner Praxis der One-man-show her besitzt er eine eigene Vision, die Vision eines Regisseurs. Das ist anstrengend, und es ist rührend. Und außerdem hat er oft recht, denn das Beste an ihm ist sein Sinn für den Raum, vor allem in Komödien, eine gewisse Anmut, eine Begabung, sich zu bewegen, etwas Tänzerisches, wie Frauen es haben, Männer aber sehr selten. Ich fühlte mich keineswegs gefressen: vielleicht bin ich naiv, aber ich hatte allgemein den Eindruck, immer mit großzügigen Schauspielern zu filmen. Montand und Depardieu haben das eine gemeinsam, daß sie eine Szene sofort auf einer höheren Ebene in Gang setzen, nie am Boden kleben. Was mich verblüffte, war, daß er sogar an Tagen, wo er nichts zu tun hatte, zu den Aufnahmen kam. Er kann sich von den Filmen nicht lösen, er ist ungeheuer realistisch, er verliebt sich, wenn seine Figur verliebt ist. Er ist ein Sonnenmensch, ein Italiener, ein Mann der Komödie, den man zu sehr ins ernste Genre gesperrt hat. Er ist einzig in seiner Art, in seinem wahren Fach, und das ist meines Erachtens die Mischung aus Ernst und Leichtigkeit. Es war die Rede davon, daß ich die Rosalie spiele. Das ist eine der Sachen, um die es mir leid ist ..."

Gérard Depardieu vervollständigt mit der grüblerischen Empfindsamkeit, die ihn charakterisiert, das von Catherine Deneuve entworfene Gesamtbild. Er hat Montand unter der Ägide von Claude Sautet entdeckt, in *Vincent, François, Paul und die anderen*, und ist ihm bei *Wahl der Waffen* aufs neue begegnet (Deneuve war auch dabei). Zwischen beiden Männern sprang ein Funke über, vergleichbar dem, der in *Jean de Florette* die ganze Zeit zwischen dem „Papet" und Daniel Auteuil wirkt. Sowie Montand mit einem jungen Talent zusammenkommt, schmilzt er, nimmt es unter seine Fittiche. Eine Erbschaft des Südens, wo man jeden Jüngeren „Sohn" tauft? Oder eine Erinnerung an den unglücklichen Diego in *Pforten der Nacht*, den damals niemand aufnahm? Jedenfalls verschwindet in solcher Konstellation das Konkurrenzgefühl hinter einer aufmerksamen Zärtlichkeit. Mit Depardieu gibt es überdies eine gewisse Ähnlichkeit der Wurzeln und der Erfahrung.

„Ja, wir sind einer wie der andere Kinder der Straße", sagt Depardieu. „Aber Montand hatte den Vorteil einer starken Familienzusammengehörigkeit, während meine Leute ein bißchen Indianer waren ... Ich hatte in ihm einen Beschützer. Ohne Bevormundung, so als wäre ich sein Sohn, den er endlich gefunden hat. Er gab mir keine Ratschläge, er gab mir eine Zuflucht. Ich war sehr beeindruckt von seinen Beunruhigungen, seinen Unsicherheiten. Warum bringt er sich in solche Zustände, dachte ich, wo er doch gut ist? Er hat überhaupt kein Stargehabe: ein Star, das ist einer, der sich in seinen Garderobenwagen zurückzieht und im übrigen alle Welt zum Wahnsinn treibt. Bei ihm, nein, da geschieht was anderes: da liegt plötzlich was in der Luft, eine angstvolle Unruhe; aber zugleich hat er auch eine Art Bauernschläue. Wenn Montand in ein großes Hotel kommt, sucht er als erstes den Notausgang. Das ist ein Reflex des Armen, ein Reflex von Menschen, die ans Reisen, an die Straße und daran gewöhnt sind, daß nichts endgültig an seiner Stelle bleibt. Seine Arbeitsweise, man kann sie nicht Arbeit nennen: sie ist ein lebendiges Sich-in-Frage-Stellen, sie ist Angst in Aktion bei einem Mann, der zugleich der Landschaftsmaler (das ist er als Sänger) als auch der Wind ist (das ist er als Darsteller), einem Mann, der durch dauerndes Probieren seine Angst wachhält, wie man ein Scheit in den Kamin legt."

Das Leitwort ist ausgesprochen. Pierre Granier-Deferre, der Montand persönlich und beruflich gut kennt, bestätigt es: „Die Angst ist meines Erachtens fast sein Motor. Denn durch den Kampf gegen diese Angst macht er am Ende fabelhafte Sachen, um sich selbst zu beweisen, daß er es kann ... Er ist ein Gewinner: diese Angst, die will er bezwingen. Aber ich glaube, er hat vor allem Angst, tatsächlich vor allem. Dann flüchtet er sich hinter eine gewisse sympathische und drollige Redseligkeit."[1]

Das Wort ist doppelt triftig. Je mehr Montand sich bestätigt, je höher er steigt, desto stärkere Angst hat er. Sogar in diesen „zehn glorreichen" Jahren (denen andere vorausgehen und folgen), sogar als er zeitweilig vom Psychoterror des Récitals befreit ist, bleibt sein Lauf ein kompensierter Sturz; was immer sonst geschieht, er bleibt die „Entdeckung" des „ABC", der Mann, der nach Einbruch der Sperrstunde durch Paris läuft und sich fragt, wann das alles zu Ende ist. Nichts beruhigt ihn wirklich, nichts versichert ihn auf Dauer. Weder die Triumphe im Box-office noch die Gratulationen des alten Charlie Chaplin, der, als er ihn auf der Terrasse der „Colombe d'Or" erkennt, mit wackeligem Schritt auf ihn zukommt, die breiten Hände in seine kleinen zittrigen Hände schließt und flüstert, daß *Das Geständnis* ein notwendiger Film war ...

Granier-Deferre trifft auch richtig, wenn er betont, daß Montands Jovialität durchaus kein Synonym für Fröhlichkeit ist. Ulkig, immer, komisch, soviel man will, aber nicht wirklich fröhlich. Hinter dieser Jovialität verbirgt und schützt sich der Schüchterne. „Was ist ein Schüchterner?“ schreibt Gérard Depardieu. „Das ist einer, der nicht sagen kann ‚Ich liebe dich‘ und ‚ICH LIEBE DICH‘ brüllt, weil er es anders nicht herauskriegt. Es ist ein Mutiger, weil er gezwungen ist, seine Abwehr zu besiegen. Und es ist ein Ungeschickter, weil Überfluß Ungeschick erzeugt. Das alles ist Montand.“ Scheinbar ungezwungener Wortschwall – das kennen alle, denen die Mittelmeerküsten vertraut sind – ist zuweilen das beste Mittel, Distanz zu wahren ohne jede Geringschätzung, ohne Herablassung oder Kälte.

So ist Montand. Césars Solidität und Spottlust überdecken eine heimliche Zurückhaltung, ein wachsames Mißtrauen, ein unerschöpfliches Schuldbewußtsein.

Das kommt von meiner Mutter. Und von der kommunistischen Erziehung: man hat Beispiel zu sein, man darf sich nichts zuschulden kommen lassen, man muß sich angenehm machen (das habe ich mit der Suppe gelöffelt, dies Angenehm-Machen um jeden Preis, und das war auch die Hauptregel der Music-Hall in meinen Anfängerjahren!). Trotz meiner Lücken haben die Götter, der Teufel, die Umstände oder der Zufall mir diese unerhörte Chance, dieses mysteriöse Ungreifbare, dieses Charisma gegeben. Und ich habe zwischen der Dankbarkeit, diese Gabe empfangen zu haben, und der Furcht gelebt, sie zu verraten – das ist das Erbteil meiner Mutter –, sie nicht richtig, nicht gut genug zu nutzen.

Und dann der Mythos des positiven Helden: das ist mein Vater. Als ich anfing zu singen, Schritte zu suchen, sagte er zu mir: ‚Mein Sohn, wenn ich du wäre, würde ich alles dransetzen, auf einem Flaschenhals zu tanzen …‘ Ich habe diese Metapher vollkommen begriffen. Und habe alles drangesetzt, es zu schaffen.

Liest man die Magazine, müßte das schuldbewußte Kind, das in Yves Montand niemals tief schläft, endlich nun den Schlaf des Gerechten finden. Denn seine Popularität übersteigt derzeit alle Vorstellung. Als er vierzig war, hatten ihn die Amerikaner erwählt. Fünfzehn, zwanzig Jahre später bricht er nicht allein die früheren Rekorde, sondern wird von seinen Mitbürgerinnen zum „Sexsymbol" erkoren. Die Presse der Großauflagen initiiert sogar eine Meinungsumfrage, die erbringt, daß 30 Prozent der Befragten ihn als Urlaubsgefährten (ihn, der nie Urlaub nimmt!) berühmten Rivalen vorzögen: Philippe Noiret (21 Prozent), Jean Paul Belmondo (16 Prozent), Bernard Pivot (13 Prozent), Gérard Depardieu (10 Prozent), Alain Delon (9 Prozent) ...

Françoise Sagan kommentiert, „der einzige Playboy meiner Jugend, der noch mit fünfzig dafür gilt", und deutet die Tatsache so: er hat „Verwundbarkeit, Verständnis, Bescheidenheit und Toleranz erworben ... und dabei seine Kraft, seine Entschiedenheit, seine Männlichkeit bewahrt."

Wenn sie wüßten, diese romantischen „groupies"! Wenn sie wüßten, daß der exemplarische französische Mann, dem sie wahrscheinlich ein aufregendes und vergoldetes „Künstlerleben" zwischen Eroberungen und Bravos unterstellen, ein innerlich zerrissenes Doppelleben führt ... Unter den Scheinwerfern grüßt, strahlt und lächelt er. Und das nicht zum Schein: so viel Erfolg, so viel sinnvoll aufgewendete Energie überhäufen ihn mit Glück und schmeicheln ihm. Es ist seine Genugtuung für ein langes Fegefeuer, und er kostet sie aus, ohne seine Lust daran zu schmälern. Doch zu Hause ist, wie das Sprichwort sagt, nicht alle Tage Sonntag. Zunächst einmal ist dies zu Hause geschrumpft, die ideologisch-familiären Zerwürfnisse halten an. Zum zweiten ist das Eheleben dieser Jahre nicht mehr, was es einmal war.

Man ist versucht zu schreiben, daß mit vierzig der Knacks kam und mit fünfzig der Bruch. Chronologisch wäre das nicht falsch, und dennoch wäre es völlig unsinnig. Denn Knacks und Bruch, das hieße Auseinandergehen, Trennung. In der Geschichte des Paares Montand–Signoret aber steht eines fest, daß dies nie ernsthaft in Frage gekommen ist. Ihr Lust und Leid ist, im Gegenteil, daß sie diese Möglichkeit nicht in Worten, aber de facto ausgeschlossen haben. Trotz der manchmal unaufhörlichen – man kann es nicht anders nennen – Anschreiereien, der gegenseitigen Herausforderungen, der Tränen haben sie hartnäckig zusammengehalten bis zum Schluß – nicht bis zum Tod: wenn einer weiterlebt, ist es nicht zu Ende. Wenn sie einander krank gemacht haben, so nicht aus Gleichgültigkeit, sondern aus Eifersucht, aus Abhängigkeit, aus Solidarität. Aus Liebe.

Die sechziger Jahre, nach der Monroe-Episode, die keine flüchtige Neigung war (Jean Louis Livi entsinnt sich, wie sein Onkel, aufgewühlt in der „Roulotte" am Klavier stehend, ihm ein Telegramm hinhielt, auf dem einzig stand: „Come"), waren die Reifejahre der Ehe. Ganz allmählich hat sie wieder Stand und Gleichgewicht gefunden. Nicht mehr das Fieber des Beginns, sondern ein haltbares Bündnis, gesetzt, von seinen eigenen Schwierigkeiten genährt, erhellt von Zärtlichkeit, Verlangen, Wiederfinden.

Das folgende Jahrzehnt verläuft sehr viel anders und ließe sich mit der Replik umschreiben, die Jorge Semprun in *Z* gebraucht hat: „Wie geht es deiner Frau?" – „Gut. Wir werden nicht auf die gleiche Weise alt ..." Das besagt wenig. Während Montand sich ganz „entfaltet", auf der Leinwand das Bild des Mannes gibt, der noch besser als früher aussieht, noch wandlungsfähiger, warmherziger ist, entfernt sich Simone Signoret extrem schnell von dem Kulminationspunkt zu Beginn ihres Weges: denn *Casque d'or* (Goldhelm) ist unvergeßlich, und nicht mehr Goldhelm zu sein, tut unendlich weh. Und da Simone Signoret nicht irgendein verwelkter Star ist, der die Illusion durch pathetische Kunstgriffe flickt, da sie intelligent, stolz und mutig ist, riskiert sie die gegenteilige Wette: sie zerschlägt den Spiegel, indem sie vorzeitig umschwenkt. Da sie altert, macht sie sich alt, betont die Zerstörung lieber, als daß sie sie tatenlos erleidet oder ohne Hoffnung auf Sieg bekämpft.

Zwischen der großartigen (fast) Fünfzigjährigen der *Armee des ombres* (Melville, 1969) und der Madame Rosa in *La Vie devant soi* (Mizrahi, 1977) liegen nicht acht Jahre, sondern ein Abgrund – in den sie nicht fällt: sie springt hinein. „Ich habe gelebt, ich bin alt und dick geworden und habe versucht, eben daraus Nutzen zu ziehen", erklärt sie gelassen. Eine wahrscheinlich gewollte Gelassenheit. Ein Symptom verrät es: mit dreiundvierzig nimmt sie in *Alexis Sorbas* die Bubulina an, die tragikomische Rolle einer abgetakelten Schönen. Falsche Zähne, falscher Busen, Doppelkinn, rasierte Brauen: geschminkt kassiert sie, abgeschminkt sackt sie in sich zusammen und entsagt. Es bedarf eines außerordentlichen Selbstgefühls, um sich auf eine solche Schräge zu wagen. Simone Signoret hat sich dazu entschlossen und sich mit unbedingter, verwegener Sturheit damit behauptet.

Es ist die Zeit, da eine mächtige feministische Woge, die wichtigste kulturelle Hinterlassenschaft des Mai 68, die hochentwickelten Länder bis in die kleinsten Grüppchen, die ihre Keimzellen waren, überschwemmt. Wiewohl aber Simone Signoret für ihre Haltung gepriesen und „vereinnahmt" wird, opfert sie damit nicht dem Zeitgeist: diese Sache ficht sie mit sich selber aus. Catherine Allégret meint im Rückblick, daß ihre Mutter dem, was sie fürchtete, entgegenging: „Ich weiß nicht, ob Mama, trotz ihrer großen Erklärungen über das Altern, im Grunde ihrer selbst nicht ziemlich schwer damit zurechtkam. Sie hat tatsächlich aus Stolz gesündigt: ich bin Simone Signoret, und ich arbeite mit meinen Falten, mit meinem Alter, usw."

Und es gelingt ihr wirklich. *Ein schwerer Tag für die*

Königin (Allio, 1973) bezeugt es, ebenso mehrere Fernsehserien *(Die Richterin, Thérèse Humbert)*. Zu einem hohen Preis.

Eines Abends hat es mich getroffen. Ich sah Simone plötzlich mit weißen Haaren. Sie waren langsam grau geworden, und nun plötzlich waren sie weiß. Es war in Autheuil, sie saß in ihrem Sessel – den ich aufgehoben habe –, sie trug ihre Brille und strickte. Eine große Zärtlichkeit überflutete mich. Ich sah sie lange an und hätte sie am liebsten in die Arme geschlossen, gewiegt (nachher habe ich bedauert, daß ich es nicht getan habe). Sie merkte es, erstaunt, aber zufrieden. Ich war erschüttert, voller Liebe. Es war etwas sehr Süßes, sehr Friedevolles in diesem Augenblick.

Was ich nicht ertrug, war nicht, zu fühlen, wie sie alterte. Es war dieser Hang zur Selbstzerstörung, es war die systematische Art dieser Selbstzerstörung. Ich habe es ihr gesagt. Ich habe sie gefragt, wohin die berühmte große Liebe gekommen sei, da sie sich in die Luft sprengte. Und sie antwortete mit einem Lächeln: „Ja, ich jage mich in die Luft, ja, ich finde, ich werde häßlich, na und? Besser noch eins draufgeben als bremsen, nicht?"

Weder für sie noch für mich war es einfach, von Goldhelm zu Madame Rosa überzugehen. Der Liebhaber von Goldhelm zu sein war leicht, aber man brauchte schon eine Menge Liebe, um Madame Rosa zu lieben. Nach diesen harten Jahren hatte sie ein Gesundheitsproblem (eine harmlose, aber schmerzhafte Operation). Sie erholte sich, kleidete sich wieder mit Sorgfalt. Und ich fand meine Simone wieder ganz in Blau, mit weißem Kragen, sehr schön und nicht mehr so schroff.

Heute ist das Bild, das mir spontan in Erinnerung kommt, wenn Sie ihren Namen aussprechen, nicht das von Goldhelm, auch nicht das der faszinierenden Unbekannten, der ich in „La Colombe" begegnet bin. Es ist die weißhaarige Frau, die nicht fernsehen mochte, ohne daß ich sanft ihre Hand hielt. Wenn ich Simone „fühle", dann ist es zuerst das: diese warme Hand in meiner.

Simone Signoret mochte lange keinen Alkohol. Sie liebte Champagner. Als sie dann ein wenig zur Wahlengländerin geworden war (sie besaß sogar die Kühnheit, 1966 in London Lady Macbeth in der Sprache Shakespeares zu spielen, ein Desaster, das sie in den *Erinnerungen* mit Humor erzählt), entdeckte sie den Whisky, den scharfen Branntwein, die Bitterkeit von Malz. Catherine Allégret: „Nach und nach eroberte Johnnie Walker in unserem damaligen Leben immer größeren Raum. Ich warf Jorge Semprun vor, daß er nicht genug dagegen unternahm, ich meinte, auf ihn wenigstens hätte sie gehört. Montand litt sehr darunter. Wir beide haben immer Wasser in die Flaschen gemischt, aber das änderte nichts an ihrem Gesamtverbrauch. Am schlimmsten war es in der Zeit von *Madame Rosa* ..."

Nun stelle man sich keine Sekunde eine betrunkene oder schwankende Simone Signoret vor. Es war ein allmählicher, ruhiger Prozeß, ein Apéritif vor dem Essen, Rotwein zur Mahlzeit, ein bitterer Fernet-Branca „zum Verdauen". Manchmal ein Bloody Mary. Nichts Aufregendes. Sie war einfach eine große Schauspielerin auf dem Weg zu Madama Rosa. Die geistige Lebendigkeit, die Wachheit für das aktuelle Geschehen, die unglaubliche Fähigkeit zuzuhören, sprachliche Erfindung und Schlagfertigkeit, Formulierungskraft, die analytische Gabe – das alles blieb unbeeinträchtigt. Beeinträchtigt war die Frau, und war der Mann, an den diese Frau tief innerlich gebunden war.

Wollte sie ihn damit treffen, oder sich selbst, oder alle beide? Jedenfalls konnte sie sich eine schlimmere Methode nicht ausdenken. Ivo Livi, Sohn der Toskana, wo der Wein das Arom der Hügel ist, versteht weder diesen Hang noch diese Einbuße an Selbstdisziplin. Für ihn haben Edith Piaf und Marilyn Monroe für die Zeit einer

Liebe ihre zerstörerischen Neigungen abgestellt. Für oder gegen ihn schadet, ruiniert, zerstört sich Simone Signoret. Sie trifft sehr bewußt da, wo es am meisten schmerzt, den einen wie den anderen.

Sie spielen hart an der Grenze, jenseits derer ihre Ehe nichts mehr gilt. Und signalisieren es sich per Tonband oder direkt. Sie wechseln Briefe, Botschaften. Montand hat ein Blatt aufgehoben, worauf seine Frau, die Scheidung von Freunden kommentierend, ihm die Worte zuschob: „Siehst du, sie haben Schluß gemacht. Mit uns geht es nicht mehr, aber es ist toll, daß es doch geht ..." Ein andermal warnt sie ihn: paß auf, wenn du so weitermachst, lasse ich mich scheiden ...

Was aber ist der Kern dieses Streits, worum geht es bei alledem? Es liegt ganz in dem Brief, den Simone 1978 nach einem Zank Yves unter der Tür durchgeschoben hat und den Yves Montand sich seither unaufhörlich wiederholt:

> Du beschuldigst, weil du nicht glücklich bist. Du bist nicht glücklich, weil du so geschaffen bist. Ich habe dich begeistert, komisch, unruhig, leidenschaftlich, eifersüchtig, zornig erlebt. „Glücklich" kannte ich dich nie. Glücklich, Zeit zu haben, glücklich, herumzutrödeln, glücklich, zuzuhören, glücklich, zu teilen. Du bist der egozentrischste Mensch, den ich kenne. Du bist der egozentrischste aller eifersüchtigen und großzügigen Menschen, die ich je kennengelernt habe. Du bist der hochmütigste, undankbarste gegenüber denen, die dich lieben, der grausamste gegenüber denen, die dich lieben. Du bist der liebenswürdigste Mensch gegenüber Leuten, mit denen du nichts am Hut hast, der verletzendste gegenüber denen, die dich lieben. Du verabscheust dich dafür, daß du an diese zu alte, zu dicke „Zeitgenossin" gekettet bist. Wirf die Kette ab. Ich werde dich darum nicht weniger lieben.

Es ist ein grausamer Brief, doch ungerecht ist er nicht, Montand selbst gesteht es zu. Vor allem verrät er, daß der Vorwurf, die Warnung, die Aufforderung, sich zu lösen, das ganze Gegenteil dessen bedeuten, was geschrieben steht. Sobald Yves Montand und Simone Signoret zusammen sind, reiben und streiten sie sich. Sobald sie getrennt sind, schicken sie einander Telegramme wie glühend Verliebte. „Ich liebe dich", kabelt Montand ohne besonderen Grund, nur weil ihn gerade die Lust ankam, es zu sagen. „Und ich liebe dich auch", kommt drei Stunden später die Antwort über PTT ...

Sowie sie unter sich sind, greifen sie einander an. Sowie die Außenwelt sie fordert, stellt sich die gemeinsame Front wieder her, die keine heuchlerische Fassade ist, sondern – im architektonischen Sinne – der Grundstein ihrer Existenz. Es geht nicht um die Wahrung des Scheins: eigentlich ist es der Schein, der trügt.

Tausendmal steht Montand vom Tisch auf, knallt die Tür zu, stürzt aus dem Eßzimmer in Autheuil in den Garten, um durchzuatmen, seinen Zorn zu beruhigen. Aber er kommt zurück. Er kommt immer zurück. Tausendmal weist ihn Simone wegen einer Kleinigkeit, einer Nebensächlichkeit, mit der streitbaren Präzision des Misanthropen zurecht. Aber nach der Lektion, nach der Polemik erweist sie Vertrauten gegenüber ihrem Gefährten Ehre. Alain Corneau, der einen besonders guten Beobachtungsposten hatte, sagt ausdrücklich: „Intellektuell war es zwischen ihnen durchaus nicht einlinig, wie die Leute glauben. Simone sprach in meinem Beisein oft über große Entscheidungen ihres Lebens, die von Montand gefällt worden waren. Und sie sagte: ‚Er, weißt du, hat es gefühlt. Bei mir ist das komplizierter, ich muß immer erst überlegen. Er aber reagierte aus Instinkt, und er hatte recht. Ich brauchte ihm nur zu folgen.' Sie war sehr bewegend dabei, sehr kleines Mädchen, eine ‚groupie' bis zum Schluß." Anne Sinclair, die das Paar regelmäßig besuchte, bestätigt und ergänzt diese Worte: „Ja, sie brüllten sich ganze Abende lang an. Aber sie haben sich nie grundsätzlich zum Teufel gejagt. Simone fehlte der Sinn fürs Volk, und Montand hing am Volk, weil er unendlich großherzig ist – was hätte ihn denn sonst gehindert, sich auf irgendein tolles Besitztum zurückzuziehen? Ohne ihn wäre Simone eine Intellektuelle der Rive gauche geworden. Er irrt sich, wie jeder einmal, aber er hat eine Witterung für die Dinge."

Eine Szene in *Police Python 357* ist für diejenigen, die die Kehrseite der Medaille kennen, besonders erschütternd. Marc Ferrot, der Kommissar, den Montand spielt, ist einverstanden, Thérèse Ganay – Simone Signoret – beim Selbstmord zu helfen (als Krüppel und Frau des Täters, hat sie sich dazu entschlossen). Die Equipe dreht am Ufer der Loire, und Simone kann nicht spielen. Sie sitzt in ihrem Wagen, einem Mercedes, den Revolver in der Hand. Und sie muß Montand bitten, mit ihr auf den Abzug zu drücken. Aber die Worte kommen nicht aus ihr heraus. Nicht diese Worte. Corneau beharrt, fleht. Nach einer langen Blockierung wirft sie sich hinein, improvisiert etwas, das dem Szenario ähnelt, wie eine Ertrinkende, die um sich schlägt. Es wird keine weitere Aufnahme gemacht. Weder sie noch ihr Mann noch der Regisseur, keiner spricht mehr darüber.

„Ah! mein großer Junge ist wieder da ..." Mitte der siebziger Jahre spricht Simone Signoret oft von ihrem Mann wie von einem heranwachsenden Sohn, den sie beschützt, dessen Ungeduld sie zuläßt, dessen Seitensprünge sie duldet. Mütterliche Worte, mütterliche Wärme, mütterliche Nachsicht, mütterliche Umarmung. „Ich habe mein Leben verkehrt herum gelebt", sekundiert Montand. Die Disziplin des Showmetiers – und die Angst – haben ihm drei Jahrzehnte verschlungen, so daß er erst spät, mit über fünfzig Jahren zu sich selber kommt. Zu spät, um den Freiraum, den er auf einmal entdeckt, mit der Frau zu teilen, die ihm zeitweilig eher wie eine Mutter erscheint.

„Montand? Er spielt den jungen Mann an der Côte d'Azur!" Jorge Semprun erinnert sich, daß dieser Satz in gelassenem Ton gesagt wurde. Tatsächlich legt der Vertrag, nach dem das Paar fortan lebt, fest, daß jeder tun und lassen kann, was er mag (natürlich gibt es da für beide kein Gleichgewicht), solange Vaudeville oder Lächerlichkeit gemieden werden. Es macht Simone wenig aus, daß ihr Mann für die Reize der hübschen Karin Schubert, der Königin von Spanien in den *Dummen Streichen der Reichen*, empfänglich ist. Beide Gatten Livi erheben indes Klage gegen *France-Dimanche*[4], als das Blatt, ein Interview fälschend, titelt: „Meine Frau akzeptiert, daß ich gelegentlich untreu bin", dazu ein Foto der deutschen Schauspielerin mit nackten Brüsten und ein anderes bringt, wo Simone Signoret an den Fingernägeln kaut. Das Magazin wird zu 30 000 Francs Entschädigung und zur Publikation des Urteils verdammt.

„Bürgerliche" Sorge um den guten Ruf? Wohl nicht. Es ist eine Sache des Stolzes und der Liebe. Was Simone an dem Marilyn-„Skandal" am wenigsten ertrug, war eben der Skandal – nicht weil die guten Sitten verletzt wurden, sondern wegen der öffentlichen Demütigung („Ich war die berühmteste Gehörnte der Welt", seufzt sie einmal). Montand gibt also acht, daß seine Seitensprünge nicht auf den Marktplatz gelangen (die Geschichte mit *France-Dimanche* bleibt die Ausnahme von der Regel), weil Schuldgefühle ihm ebenso zusetzen wie Frustration, weil er seine Frau um keinen Preis quälen will, weil ihre beiderseitige Eifersucht nicht still bliebe, sobald ein Abenteuer einen „ernsthaften" Charakter annähme. Der von Françoise Sagan gefeierte „Playboy" wahrt also Diskretion, verbirgt sich, unterhält keine dauerhafte Liaison. Kurioser Playboy …

Indessen sind weder die flüchtigen Vergnügen noch exotischen Eskapaden das wesentliche „Ventil" dieser vielschichtigen Jahre. Montands eigentliches zweites Leben ist das Poker. Er hat schon immer gespielt, früher mit Streichhölzern und um limitierten Einsatz; schon immer liebte er es nahezu sinnlich, ein neues Spiel Karten zu öffnen. Schon einigemal ist ihm der kalte Schweiß ausgebrochen, namentlich mit Partner Jean-Louis Trintignant, der am grünen Tisch ebenso hart ist, wie er auf der Leinwand zerbrechlich erscheint. Und er spielt weiter und könnte sein tägliches Spielchen im Café de la Place in Saint-Paul mit den Freunden aus dem Dorf schwerlich missen. Doch geht es bald um mehr, darum nämlich, mit „Großen" zu spielen, sich an Profis zu messen oder doch an Amateuren, die es zu sein verdienten.

Die ganze Nacht vom 20. zum 21. Juli 1969 zählt Montand mit einer Handvoll Gästen die Pärchen, Ständer, Vierständer, Flashs. Morgens um 6 Uhr stellt er das Fernsehen an. Edwin Aldrin und Neil Armstrong sind im Begriff, den Mond zu betreten. Draußen vor dem Haus wird auf dem schwarzen Marmortisch ein Frühstück serviert. Aber die Spieler ziehen es vor, hineinzugehen und vor dem Gerät weiterzuspielen. Das Bild ist so stark, daß die Partie schließlich unterbrochen wird ...

Eine schöne, wenn auch trügerische Szene. Montand hat an der Place Dauphine oder in Autheuil selten Poker auf hohem Niveau betrieben. In den fünfziger Jahren war es ein Ritual unter Freunden. Bei echten Spielern sucht er eher die Gastlichkeit anderer – so offensichtlich ist es, daß das Poker zu der Zeit auch eine Form wird, aus dem Haus gehen zu können, Luft zu holen.

Er gerät in einen Kreis ausgewählter Partner, die die gleiche Leidenschaft hegen, trifft auf einige Filmleute, vornehmlich aber auf Persönlichkeiten, mit denen er „normalerweise" keinen Umgang gehabt hätte: Industrielle von höherem Rang, Männer des Management, den Direktor einer Rundfunkanstalt, einen Verleger. „Ich machte mich gemein“, ironisiert er das jetzt. Nach Ausfilterungen über die Jahre hin sind es sechs oder sieben „Versessene“, die sich bis zu drei, vier Mal pro Woche zusammenfinden: die erste Séance ist dienstags, die letzte sonntags, wo aufgerechnet wird.

Diese Herren, rigorose Praktiker, meiden endlos lange Sitzungen (man verlängert manchmal ein wenig, wenn es gegenüber dem Verlierer des Abends unfreundlich wäre, die Karten brutal wegzupacken). Das ist die erste Lehre, die Montand zieht: ein echter Spieler ist ein Asket, das ganze Gegenteil von César, der auf dem Plakat von Sautets Film mit vor Müdigkeit verkniffenen, fiebrigen, vom Rauch angegriffenen Augen beim Spiel sitzt. Es ist Brauch, sich gegen Abend in der Wohnung des einen oder anderen zusammenzusetzen. Man spielt zwei Stunden. Dann diniert man, sehr gut, sehr leicht. Und dann wird gespielt bis Mitternacht, nicht darüber hinaus, bis auf seltene Ausnahmen. Beim Essen ist die Runde witzig. Am Spieltisch ist man höflich, aber witzelt nicht mehr. Es ist keine besondere Kleidung vorgeschrieben. Die Konventionen werden eher vom Fetischismus des Spielers diktiert – wer etwa einen Blouson trägt, wenn er gewinnt, neigt dazu, ihn das nächstemal wieder zu tragen.

Der Wochensaldo kann mehrere Millionen Centimes erreichen. Aber Montand ist weder Rudolfo Valentino noch Jules Berry, die legendären Spieler der Filmwelt. Er läßt nicht sein letztes Hemd in einem Spielkasino. Das Roulette übrigens reizt ihn nicht; was ihn beim Poker verlockt, ist, daß man (ohne Wortspiel) Akteur ist, für den Lauf der Ereignisse verantwortlich, wobei die Karten nur den Vorwand bieten. Er verwendet fürs Spiel ausschließlich seine Schallplattentantiemen und hält dementsprechend, aus Vorsicht wie aus sportlicher Disziplin, Gewinne wie Verluste in Grenzen. Eine sorgsam geführte Tabelle ist das einzige Mittel, Glück und Pech auszuwerten und, sollte letzteres anhalten, sich zum Verzicht zu entschließen.

Er hat geduldig gelernt, das heißt, er hat lange verloren. Er hat gelernt, daß Verluste sich häufen und einer geometrischen Reihe folgen, daß die Versuchung, „sich zu fangen“, weiter zu bieten, wenn die Partie sich zum Argen wendet, extrem groß ist und daß diese Versuchung neun unter zehn Malen verhängnisvoll ist. Er hat bemerkt, daß etwas an ihm den Bluff verriet, selbst wenn er sich undurchdringlich glaubte – eine winzige Körperbewegung, ein zu betonter Gleichmut, eine zu gewollte Undurchsichtigkeit. Das kostete ihn Monate, Jahre fast und nicht wenig Geld. Aber er hat gelernt. Jean-Louis Livi: „Eines Tages sagte er: ‚Jetzt hab ich's; ich glaube, jetzt kann ich spielen, ich verliere nicht mehr.‘ Er hatte es wirklich geschafft. Und das war es auch, was ihn interessierte.“ Schatzmeister Bob Castella seufzt und bestätigt: „Ja, wir stehen schließlich nicht mehr so übel da.“ Ende der siebziger Jahre ist die Bilanz leicht positiv.

Die Spannung hörte nie auf. Außer dem sportlichen Vergnügen, dem Vergnügen am Wettstreit, außer dem unerbittlichen Kampf in der gesitteten Atmosphäre eines englischen Clubs – etwas, das den einstigen Jungen aus La Cabucelle überaus lockt –, reizt den Gatten von Simone Signoret am Spiel wahrscheinlich auch, daß es ihm den Kitzel einer größeren Grenzübertretung verschafft. Jorge Semprun: „Simone hat Yves auf finanziellem Gebiet nicht geholfen – sie hatte zum Geld eine unnatürliche, schuldhafte und belastende Beziehung. Sie hegte auf dem Gebiet den Pessimismus einer Verfolgten (vielleicht Erinnerungen der jungen Jüdin ohne Papiere im Paris der Okkupation?). Geld bedeutete in ihren Augen eine unbedingt verderbliche Macht. Als ich durch meine Szenarien zu verdienen anfing, hat sie mich ganz ernsthaft davor gewarnt. Ich mußte ihr erklären, daß man in meiner Familie seit Generationen mit Geld zu leben verstand ..." Es ist nicht ausgeschlossen, daß der Spieler Montand auch hier ein Emanzipationsbedürfnis befriedigte. Simone jedenfalls hat die Neigung ihres Mannes weder gebilligt noch gebremst. Das gehörte zu dem stillschweigenden Pakt: er machte sich auf den Weg zu seinen Spielpartnern, und sie setzte in Autheuil mit dem Gast oder den Gästen des Tages das ununterbrochene Gespräch, das ihr Leben geworden war, fort.

Der Umgang mit Persönlichkeiten, die seinem üblichen Rahmen sehr fremd sind, mißfällt Montand natürlich auch nicht. Ihn erstaunt und interessiert die Zwanglosigkeit, mit der sich gewichtige Industrielle mit Politikern unterhalten, hört überrascht und neugierig, daß Boussac unrettbar ist, daß die Produktion einer Tonne Stahl in Japan halb soviel Zeit kostet wie in Frankreich ... Auch wenn er gern seinen Ruf als Mann der Linken vertritt (und zum Jux einmal vom Balkon einer Wohnung in der Avenue Foch ruft: „Es lebe Messmer!"), verwirrt ihn die Selbstgewißheit seiner Partner, zu den wirklich Entscheidenden zu gehören, verwirrt ihn die internationale Dimension ihrer Betätigungsfelder.

Eines Abends wird ihm ein Neuer unter dem Namen „Wado" vorgestellt. Er wagt den Spitznamen, der den Insidern vorbehalten scheint, nicht zu benutzen, und entdeckt, daß Wado Edouard-Jean Empain heißt, ein Industriebaron, Erbe des mächtigsten aller Hüttenbesitzer und Haupt eines gewaltigen und mannigfaltigen Imperiums, das vom Autobahnbau bis zu Plutoniumraketen reicht. Wado ist ein sanfter Mensch, ein anfangs schüchterner Spieler, der aber dann kühner wird, und auch er äußert nach beendeter Partie Prognosen, denen der Schauspieler Aufmerksamkeit schenkt: „Nein, die Concorde wird nicht rentabel werden ...". Am 23. Januar 1978 wird Edouard-Jean

Empain aus seinem Haus entführt. Unter grausamen Bedingungen eingesperrt und verstümmelt („Das war mein *Geständnis*", sagt er nachher zu Montand), wird er erst zwei Monate später, am 26. März, freigelassen. Nicht nur geht er aus der Erfahrung traumatisiert hervor, daß versteht sich von selbst, sondern auch mit einem geschärften, erschütternden, desinteressierten Blick auf die Welt. Die Öffentlichkeit entdeckt die Einsamkeit, die Aufrichtigkeit und Verstörtheit eines Menschen, in dem das Tout-Paris nur einen ultrareichen Playboy gesehen hatte.

Die Episode bleibt nicht ohne Konsequenzen für die Spielpartner des Barons. Logischerweise verfolgt die Polizei alle Fährten, einschließlich der Hypothese einer nicht beglichenen Pokerschuld. Und bald schallt die Hauptstadt von den Spielersoireen des Schauspielers und seinem kapitalistischen Umgang wider. Verärgert nimmt er eine Einladung von Ivan Levaï für *Europe 1* wahr: „Das ist meine Privatangelegenheit", erklärt er. „Ich habe mit Wado gespielt, nicht mit Baron Empain. Ich werde darum nicht rechts wählen bei den nächsten Wahlen, denn es ist traurig, nur fürs Geld zu leben." Und er fügt hinzu, seine Handlungsweise sei nicht unmoralischer als die eines Familienvaters, der einen Teil des Lebensnotwendigen beim Pferderennen setzt. Noch als die des Staates, der dabei gewinnt.

Einem Journalisten, der ihn fragt: „Denken Sie nicht, daß Ihre Berühmtheit und die Tatsache, daß man Sie bewundert und liebt, Ihnen moralische Verantwortung auferlegt?" gibt er zurück: „Sie reden genau wie Simone. Und ich antworte ihr immer, daß ich vielleicht, es mag sein, eine gewisse Verantwortung habe, aber daß ich mich trotzdem dagegen wehre. Ich will auch wie ein Mensch leben, mit meinen Trieben, meinen Fehlern."[5]

Noch „privater" sind die Tränen, die ihm manchmal aufsteigen, wenn er bei Dunkelwerden von Autheuil aufbricht, wo Simone „ihr" eigenes Leben führt, und nach Paris braust, um sich zu betäuben.

Vor allem in der zweiten Hälfte der siebziger Jahre (zur Zeit von Madame Rosa*) war das Poker in erster Linie eine Flucht. Ich fuhr mit schwerem Kummer, mit zugeschnürter Kehle los. Das hielt dann noch fünf bis zehn Minuten an, manchmal sogar noch, nachdem ich mich zum Spiel gesetzt hatte, dann gewann die Partie die Oberhand und ich auch.*

Du kannst nicht mit Leuten spielen, die du richtig magst, mit einem Freund, der in Geldnöten ist und aus dem Dreck zu kommen versucht. Das kann man nicht, das ist scheußlich. Und das macht das Aufreizende und Grausame am Poker aus. Man muß kalt bleiben. Den Gewinner, dessen Schwein dich zum Platzen bringt, möchtest du am liebsten erschlagen, aber versuchs nicht, versuch es niemals, vergreife dich nie am Großgewinner. Lerne vielmehr verlieren, so wenig wie möglich an Haltung einzubüßen und ein Maximum an Form zu gewinnen. Das ist der echte Pokerspieler. Verlieren lernen, das lehrt dich auch, ohne große Karten, mit einem kleinen Spiel zu gewinnen. Und – entgegen dem, was man glaubt – sehr selten zu bluffen. Einen Bluff muß man von langer Hand vorbereiten, das ist eine Sache der Psychologie, der Müdigkeit, von Form oder Nicht-Form. Ein Bluff in letzter Stunde ist immer selbstmörderisch. Das Wesentliche, die größte Schwierigkeit ist, seine Spielweise zu wechseln, relativ unberechenbar zu werden ... wenn man kann.

Ich war ein Spieler, aber kein fanatischer, das ist etwas ganz anderes. Ein Fanatiker ist krankhaft, er weiß nach einer gewissen Zeit nicht mehr, ob er gewinnt oder verliert: für ihn zählt nur die Erregung, eine Mischung aus Sadismus und Masochismus. Da wo ich meine Karten hinwerfen würde, geht der Fanatiker erst richtig los. Er will ein Royal Flash, selbst wenn seine Chancen, mathe-

matisch gesehen, sehr gering sind. Was mich dagegen reizt, ist die notwendige Zurückhaltung (ich meine die sportliche, nicht eine gegenüber herzlichen, gastfreundlichen Männern). Der beste Augenblick ist der, wenn alles losgeht. Es ist der Moment, wo alles möglich ist …

Das Poker war mit meinem Metier mehr oder minder vereinbar. Als ich Vier im roten Kreis *drehte, wo ich sehr mitgenommen aussehen mußte – gar kein Problem. Aber bei* César und Rosalie *habe ich mir Vorwürfe gemacht, ich habe nur noch einmal in der Woche gespielt.*

Und als ich mich entschloß, wieder zu singen, habe ich vollständig aufgehört. Die Show und Karten, das geht absolut nicht zusammen.

Er hatte nicht „die Stimme verloren". Doch er weiß nicht, was ihn eigentlich dazu bewog. *Rose de Picardie* hatte er beinahe zufällig aufgezeichnet, hatte sich dabei überrascht, wie er im Bad vor sich hin pfiff. Aber als er die Muster von *Wahl der Waffen* ansah, war er bei einer Sequenz, wo sein Körper sich von Grund auf entspannen mußte, über den Abstand zwischen der Energie, die er aufgewendet zu haben meinte, der Geschwindigkeit, die er seinem Körper zu geben glaubte, und der sichtbaren Verzögerung seines Apparats gegenüber der Absicht erschrocken. Dennoch (oder vielleicht gerade wegen dieser Erkenntnis) entschließt er sich. Weil er Lust dazu hat. Weil Simone wieder schön geworden ist. Weil er sich wünscht, daß Benjamin, der Sohn von Catherine Allégret, es sieht. Weil er wieder einmal Liebe erleben will, ohne sich zu verstecken, vor dem Publikum, mit dem Publikum.

Eine Show ist etwas ganz anderes als ein Drehbuch. Man hat tausend Ideen für Filmanfänge (Montand hat sich selbst einmal an einem Science-Fiction-Sujet versucht), aber der Rest kommt nicht, die schöne Vorstellung versickert im Sand. Wenn man hingegen ein Récital aufbaut, bestimmt die Eröffnung den Gesamtverlauf, das „Klima“ der Arbeitsgänge. Die Eröffnung sieht er. Er sieht sogar – vor den drei Schlägen – auf der leeren Bühne einen Spazierstock und einen Zylinder unter zwei Scheinwerfern. Und er hört schon *Malgré moi*, ein kleines Gedicht, das Prévert ihm vor fünfzehn Jahren geschenkt hat und das er in seiner Westentasche wiederfindet:

Embauché malgré moi dans l'usine à idées
J'ai refusé de pointer.
Mobilisé de même dans l'armée des idées
J'ai déserté ...

Gegen meinen Willen eingestellt in der Ideenfabrik
habe ich die Stechuhr verweigert.
Auf ebendie Weise eingezogen zur Ideenarmee
bin ich desertiert.
Ich habe nie groß was verstanden
es gibt nie groß was
noch klein was
es gibt was anderes.
Was anderes
ist das, was ich liebe
was mir gefällt
und was ich tu.

Was dieses große Comeback bedeutete, ist nicht erzählbar, so sehr mischen sich hier Geschichte und Gegenwart, so sehr ist sein Eindruck in Frankreich wie im Ausland lebendig geblieben. Vom 7. Oktober 1981 bis zum 3. Januar 1982 wird das „Olympia“ im Sturm genommen. Bereits vor der Premiere sind 180000 Karten, das heißt sämtliche Plätze auf einen Schlag verkauft. Und als Montand für achtundvierzig Vorstellungen in die Provinz geht, wiederholt sich das gleiche an jeder Station.

Charley Marouani, der Impresario des Sängers, hat die Publicity auf das notwendige Minimum begrenzt, um den Andrang in Grenzen zu halten. Vergeblich. In Bordeaux werden die Kassiererinnen des Eislaufstadions (4500 Plätze) für neunzehn Stunden von der Menge gehindert, ihren Posten zu verlassen. In Tours, wo die Vorstellung unterm Zelt statthat, verkauft eine Angestellte irrtümlich 1600 Sitze doppelt: es kommt fast zu einem Aufstand; Montand spendet seine gesamten Einnahmen für verschiedene Wohltätigkeitswerke, „weil nicht jeder heute abend glücklich ist". Hunderte Blankoschecks treffen an der Place Dauphine ein. Ganze Postsäcke mit Kartenvorbestellungen werden zurückgeschickt: wozu soll man sie erst öffnen? Die Nachfrage ist so riesig, daß der Künstler noch eimmal ins „Olympia" geht, vom 20. Juli bis zum 14. August 1982, mitten im Sommer, das war noch nie da. Und wieder: ausverkauft, ausverkauft, ausverkauft ...

Catherine Allégret hat ihre eigenen Verpflichtungen ausgesetzt. Sie konzipiert das Programmheft, die Plattenhülle, sie sichtet die Post, filtert die Anrufe, macht den Zeitplan der Interviews. Sie erinnert sich dessen wie eines euphorischen Alptraums, in dem ihre persönliche Existenz verschwand. Und bewahrt davon als liebstes Bild dieses: „Eines Abends irrte sich Montand. Als er *Les Bijoux* ankündigte, das er a cappella sang, sprach er den Text Jacques – nicht Charles – Baudelaire zu. Es ging also schon schief los. Dann hatte er zwischen zwei Strophen ein black. Da hat er irgendwas gesprochen, Klänge, Worte, und ist mit einem so unglaublichen Aplomb wieder in den letzten Vers reingekommen, daß niemand gemuckst hat. Es war grandios. Ich habe bei ihm noch nie eine solche Freude zu singen erlebt. Er war gewöhnlich nicht glücklich, versetzte sich in völlige Askese. Aber da hat er sich voll ausgegeben ..."

So hat jeder in seinem Umkreis, jeder der Freunde seine ganz besondere Erinnerung.

Für Charley Marouani ist es Montands Zorn in Marseille, als er bemerkt, daß die hinteren Bänke im Zelt unbequem hart sind. Plüsch, verlangt er! Aber das Budget? Er pfeift drauf, er bezahlt ihn, den Plüsch. Aber es ist der 1. Mai! Auch darauf pfeift er. Man soll ihm einen Mann herbeischaffen, der Plüsch verlegen kann. Schließlich findet sich ein armenischer Händler bereit, unerlaubt zu öffnen, holt eine Mannschaft Handwerker zusammen, und die Zuschauer der letzten Reihen kommen eine Spur weicher zu sitzen. Eine Frage des Respekts.

Für Bob Castella ist es die unglaubliche Aufnahmefähigkeit des japanischen Publikums, das in Riesensälen nacheinander ungebrochenes Schweigen zu wahren und dann eine ungeheure, warme, aufrichtige Emotionalität freizusetzen vermag.

Für Pierre Bouteiller, der zur Premiere im „Olympia" neben Daniel Gélin saß, sind es die Tränen seines Nachbarn, als Montand *Les Feuilles mortes* singt, und wie ein Jahr darauf, am 13. Oktober 1982 in San Francisco, der Saal zu Ehren des „Frenchman" *Happy birthday to you* anstimmt.

Jorge Semprun eröffnet das Buch, das er seinem Freund gewidmet hat, mit der markantesten Szene, die er von der internationalen Tournee bewahrt hat. Es ist im Stadion Maracanàzinho in Rio, am 31. August 1982, einem überdachten Stadion, wo zwanzigtausend Menschen sich zusammendrängen. Den Tontechnikern ist es gelungen, das Echo zu brechen, indem sie den Beton der Tribünen mit 10 000 leeren Kartoffelsäcken bedeckten. Vor den 20 000 Brasilianern, von denen höchstenfalls einige hundert französisch verstehen, singt Montand Baudelaires *Les Bijoux*. Und die 20 000 Brasilianer hängen an der Luftsäule, die der Sänger verströmt und lauschen in Andacht. Catherine Allégret drückt Jorges Hand und flüstert: „Der Kerl ist irre."

Wenn aber Montand selbst einen Abend auswählen sollte (nicht allein von diesem Abenteuer, sondern vielleicht seiner ganzen „Karriere"), würde er nicht zögern:

am Dienstag, dem 8. September 1982 gehört ihm die Metropolitan Opera in New York. In den achtundneunzig Jahren seines Bestehens ist der berühmteste Musiktempel der Welt nie von seiner Berufung abgewichen. Yves Montand wurde die Ausnahme. Clive Barnes, der Kritiker der *New York Post*, bietet die Rechtfertigung: „Er ist ein klassischer Künstler mit der Gabe eines eigenen Stils und einem angeborenen Charme. Er hat das gleiche Recht, in der Metropolitan aufzutreten, wie Placido Domingo."

Zu dem Ereignis hat Simone Signoret, deren Sehkraft seit kurzem nachläßt, den Atlantik überquert. In dem riesigen Saal mit seinen 4 500 Plätzen (einige erreichten auf dem schwarzen Markt 120 Dollar) wartet sie, bis die Lichter verlöschen, um unbemerkt an ihren Platz zu gelangen. Aber das Publikum erkennt sie: Beifall bricht los, schwillt an, die Menschen erheben sich und feiern gute fünf Minuten Goldhelm und Alice Aisgill ... Catherine Allégret, so tief ergriffen sie ist, denkt auch an den Sänger, der, tot vor Angst, in den Kulissen wartet: Mein Gott, denkt sie, wie soll er jetzt herauskommen, es ist unmöglich. Er tritt auf. Und es ist ungeheuer. Die standing ovation dauert endlos an. Als das Publikum ihn schließlich beginnen läßt – so schwört er heute –, schlagen ihm die Knie so gegeneinander, daß er vor allem fürchtet, das Publikum werde seine Hosenbeine schlottern sehen. Er schwört es, aber niemand hat es bemerkt, nicht einmal seine Musiker.

Am Schluß des Chansons über den *Kleinen Schuhputzer vom Broadway* scheint das amerikanische Publikum nicht einmal irritiert durch die seltsamen, sehr nach Blues klingenden, aber unverständlichen Silben des Refrains. Wie sollte es wissen, daß Ivo Livi, als er zu singen begann, Bruchstücke, Klangblasen gespeichert hatte, deren Sinn er nicht kannte, aufgeschnappt in Filmen, die er im Marseiller Kino „Star" gesehen hatte; und daß er, um „echter" zu klingen, damit aufs Geratewohl seine Lieder würzte? Wie sollte es wissen, daß Yves Montand, der jetzt geläufig amerikanisch spricht, solche Lautnachbildungen seiner Jugend augenzwinkernd beibehalten hat? What kind of english is that? Keins, nichts ist es, und schon gar kein Englisch. Nur der Traum eines Jungen, der Amerika erobern wollte. Und es erobert hat.

Was kann er nun noch erfinden, um sich Angst zu machen?

17

Als Mitte der achtziger Jahre Magazine, Rundfunk- und Fernsehsender um das Wort des Schauspielers Montand wetteifern, der nun zum „Phänomen Montand" geworden ist, ärgert sich der politische Mensch in ihm vor allem über die Verkündigung, er sei „in die Politik gegangen". Politik, knurrt er, mache ich seit vierzig Jahren, damit bin ich großgeworden. Was sich in diesem Buch bisher erwiesen haben dürfte. Allerdings waren es in erster Linie Filme *(Z, Das Geständnis, Der unsichtbare Aufstand)*, durch die der Schauspieler – nach einem Jahrzehnt prokommunistischer Sympathisantenschaft (bis 1956) und einem weiteren Jahrzehnt der stillschweigenden Abkehr davon, des Bruchs mit der „Familie" also – im Gefolge der Ereignisse von 1968 auf politischem Gebiet Stellung bezieht. Der neue, „entkommunisierte" Montand tritt in den mittsiebziger Jahren als Streiter für die Menschenrechte, als Kritiker von Diktaturen, ob rechts, ob links, hervor; das symbolische Chanson dieser Jahre ist zweifelsohne *Casse-têtes.* Es ist der Montand, der zugunsten der chilenischen Flüchtlinge singt, der mit Foucault, Debray, Lacouture, Costa-Gavras und anderen in einer Delegation 1975 nach Madrid reist, um sich für die Rettung von elf zum Tode Verurteilten einzusetzen. Sein Name verbindet sich von da an mit der Verteidigung der Gefolterten Argentiniens, der türkischen Gewerkschafter, der Psychiatriehäftlinge in der UdSSR, der tschechischen Intellektuellen …

Seit 1974 der *Archipel Gulag* erschienen ist, wird

Montands Denken, das lange vom „Stalingrad-Effekt" beeinflußt war, von einem Solshenizyn-Effekt bestimmt. Während die Kommunisten den ehemaligen Lagerhäftling der Antisowjethetze bezichtigen und eine gewisse Zahl linker Intellektueller, der Einschüchterung erliegend, den geschmähten Schriftsteller angreifen, findet Montand in der so minutiösen wie gigantischen Rekonstruktion der Tragödie, die sich auf dem Archipel begeben hat, eine machtvolle Wahrheit, die von der Staatslüge allzu lange totgeschwiegen wurde. Indem Solshenizyn nachweist, daß der Terror dem System immanent ist, entreißt er allen „evolutionistischen" Illusionen die Grundlage. Außer der Enthüllung des Grauens gewinnt Montand aus der Lektüre des *Archipels* die Überzeugung, daß der Kommunismus sich nicht verbessern läßt. Der Antistalinist wird zum Antikommunisten. Er vollzieht diesen Übergang nicht allein. Auf derselben Bahn bewegen sich seine Nächsten, seine Freunde und die intellektuelle Öffentlichkeit.

Die achtundsechziger Generation, die zunächst das revolutionäre Ideal wiederaufzurichten versucht hatte, verwirft ihrerseits nun sogar die Idee des „großen Abends" und fegt sie hinweg – jenes Abends vor einem imaginären Morgen, da man die Feinde des Volkes an die Wand stellt. *C'est à l'aube ...* Montand macht sich das antitotalitäre Denken zu eigen, das die Verteidigung des Individuums über alles stellt und im Rechtsstaat ein höchstes Gut erblickt. Er mißtraut globalisierenden Theorien, ausgefeilten Programmen, die (zukünftigen Generationen) ein strahlendes Morgen verheißt. Er stößt jegliches politische Konzept beiseite, das sich das Glück der Menschheit zum Ziel setzt, denn er weiß, diese grandiose Perspektive – und dieses großartige Alibi – enden auf einer Insel Kolyma. Obschon der Staatsbürger Montand noch an eine bessere Welt glauben will, erhebt er den methodischen Zweifel zu seiner Strategie und übernimmt den Satz von Scott Fitzgerald:

„Man sollte begreifen, daß die Dinge hoffnungslos sind, und trotzdem entschlossen sein, sie zu ändern."

Gemeinsam mit Simone Signoret und Jorge Semprun richtet er seit 1975 den Hauptteil seiner politischen Aktivitäten darauf, die Dissidenten des Ostblocks zu unterstützen (so gehört er auch dem Komitee an, das für die Befreiung des Mathematikers Leonid Pljuschtsch wirkt). Und er attackiert die Kommunistische Partei jetzt ohne Schonung. Am 14. Dezember 1976 eröffnet er eine Serie verbaler Angriffe, die sich von den üblichen geduldigen, pädagogischen Befragungen bald durch die Kühnheit des Tons und die Vehemenz der Sprache scharf unterscheiden. An jenem Morgen greift Montand auf dem Sender Europe 1 auf, was der kommunistische Ideologe Jean Kanapa abends zuvor im Fernsehen zum *Geständnis* geäußert hatte, in einer Debatte, die sich an die Ausstrahlung des Films anschloß.

Um das Fernsehgerät in der „Roulotte" hatte sich aus diesem Anlaß der engste Kreis versammelt. Außer Montand und Signoret waren die vertrauten Freunde da: Semprun und Costa-Gavras mit ihren Frauen sowie Chris Marker. Als Kanapa auf einmal „gestand", *Das Geständnis* sei ein erschütterndes Werk, absolut authentisch, und die Kommunisten selbst hätten diesen Film machen müssen, explodierten alle. Alle erinnerten sich der Kritik der *Humanité* sechs Jahre zuvor ... Doch jetzt war der Ideologe der FKP bemüht, Entgegenkommen zu zeigen, und gab vor, die französische Partei habe von den jenseits des eisernen Vorhangs begangenen Greueln nichts gewußt. Daher läßt Montand andernmorgens auf dem Sender seiner Entrüstung freien Lauf: „Es ist mir unerträglich, zu hören, daß Menschen meiner Generation und speziell solche, die an der Spitze des Parteiapparats standen, heute sagen, sie hätten nichts gewußt ... Diese Leute müssen zugestehen: ja, wir waren bescheuert und, was noch schlimmer ist, wir waren gefährlich; bescheuert und gefährlich."

Hat Montand dabei jenen berühmten Satz von Sartre über diesen „Kretin" von Kanapa im Sinn („Es braucht mehr als eine Schwalbe, den Sommer wiederzubringen, und mehr als einen Kanapa, um eine Partei zu entehren ...")? Wie auch immer, er schlägt hart zu; er will beweisen, daß der Fall Artur London keine überholte Geschichte ist: „Noch heute", versetzt er schneidend, „gibt es in der Tschechoslowakei das institutionalisierte Spitzelsystem, psychiatrische Kliniken, wo Hunderte Menschen inhaftiert sind und wo Menschen, die völlig gesund sind, dazu gebracht werden, ihre eigenen Exkremente zu fressen." Der über den Rundfunk verbreitete Zorn des Schauspielers wird von der gesamten Presse wiedergegeben, die den Wortführer der FKP streng verurteilt. Über 10 Millionen Fernsehzuschauer haben den Film gesehen, viele davon die anschließende Diskussion verfolgt und Kanapas Winkelzüge miterlebt. So wie es ein Kommentator formuliert: „Für einige Minuten ist Yves Montand von der Filmleinwand herabgestiegen und zum Anwalt all derer geworden, die ihren Apparat vor Ärger und Ekel abgeschaltet haben."[1]

In diesem Jahr 1976 befindet sich die Kommunistische Partei indes in einer Phase der Öffnung. Auf Kanapas, des Zuständigen für internationale Beziehungen, eigenes Betreiben hin scheint sie von der Sowjetunion Abstand zu nehmen. Sie erkennt mit zwanzig Jahren Verspätung an, daß der Chrustschow-Bericht in der Tat dem Genossen Nikita zuzuordnen ist. Und in Frankreich läßt sie sich im Rahmen der Union de la gauche, der „Linksunion", zu einem weitgehenden Flirt mit der Sozialistischen Partei herbei. Es ist also eher eine Zeit der „halben Geständnisse", einer sich andeutenden Besinnung. Um so schärfer wirkt der Kontrast zwischen der relativ maßvollen Reaktion der Kommunisten auf die Worte des Schauspielers und der Bissigkeit, die diese in der Privatsphäre auslösen – in der Sippe Livi. Seinem

Bruder Julien (mit dem er nur noch brieflich verkehrt), seiner Schwester und seinen Freunden, die ihm vorwerfen, auf die Partei in dem Moment einzuschlagen, wo letztere zur Wandlung entschlossen ist, antwortet der Schauspieler mit einem erregten Brief, der in einem Zug, ohne grammatikalische Korrektur, heruntergeschrieben ist.

Dieses Dokument vom 15. Januar 1977 bescheinigt die geistige Verfassung des Bürgers Montand:

> Wie könnt ihr Euch erlauben, uns weiterhin belehren zu wollen ...? Was soll dies ganze Gerede, das letztlich besagt: da wir uns geirrt haben und es zugeben, glaubt uns weiter (was für eine Frechheit! was für ein Mut!)? Scheiße! wer seid Ihr denn überhaupt?
>
> Was denn glauben? Was mich betrifft, ich überlasse das den Gläubigen ... Was gar nicht unbedingt heißen soll, daß ich so stark bin. Ich bin genauso schwach, genauso wehrlos, genauso lächerlich und belämmert dran wie der gewöhnlichste Bürger dieses Planeten, aber ich bemühe mich trotzdem, einen klaren Kopf zu behalten und, unter anderem, zu sehen, daß es keinen Papa gibt, daß es keinen Papa mehr gibt, daß es keinen geben kann ... Es reicht. Wir haben hingenommen, aus „Disziplin", aus „Solidarität", um „nicht mit den Wölfen zu heulen". EXEKUTIEREN! Sie haben EXEKUTIERT. Was antwortet Ihr darauf? „Verzeihung, wir haben nichts gewußt." Aha! (Aber entschuldige, man mußte schon verdammt blind, taub und ein bißchen bekloppt sein, oder? Und vor allem, nichts hören wollen. Der Gestank, der sich heute verbreitet, ist unerträglich, selbst wenn er mit den Rosen der Unschuld überdeckt wird ...)
>
> Also mußte man handeln. Also handele ich.
>
> Und ich habe gehandelt gegen Euch alle, in er-

ster Linie gegen die Familie, die Freunde, und das seit zwanzig Jahren! Und seit zwanzig Jahren hatte ich, mit vielen anderen, das Pech, daß ich zu früh recht hatte ... Sag mir doch, wo hatte ich unrecht? Und was habt Ihr getan, was? Nichts! O doch: Belehrungen erteilt, wieder mal. Handeln hieß, mit allem Schmerz, den das einschließt, den Mut zu haben, einen Film wie *Das Geständnis* zu machen, ihn gegen Euch zu machen ... Und wieder beschimpft vom eigenen Bruder, muß man zusehen, mit welcher Würdelosigkeit des beschränkten Nachläufers er den Film, den Szenaristen, den Darsteller durch die stalinistische Scheiße zieht, ja, ich sage Scheiße! Fünf Jahre später erklärt die Partei: „Der Film hätte gezeigt werden müssen, er respektiert das Buch." Also sind wir keine Dreckfinken mehr? Nach diesen Erklärungen hätte man ja wohl nicht Entschuldigungen, soviel verlange ich gar nicht, aber, sagen wir, ein bißchen Demut, Freundlichkeit und Scham erwarten dürfen. Aber nichts. Nur wieder Belehrungen ...

Montand wirft die Worte aufs Papier, wie er spricht: ein wütender Sturzbach, der die Erinnerung eines Lebens, die Größe des einstigen Engagements, der erloschenen Illusionen, der mit Füßen getretenen Hoffnungen mit sich reißt. Die Vehemenz der öffentlichen Äußerung, die überrascht oder schockiert, kommt aus dieser inneren Verletzung, aus dem ununterdrückbaren Bedürfnis, den Seinen wieder und wieder klarzumachen, daß er nicht umgefallen ist, sondern, im Gegenteil, mit der Anklage der Verbrechen, die im Namen von Gerechtigkeit und Freiheit begangen wurden, ebendiesen Idealen die wahre Treue hält. Wann immer Montand „zu den Kommunisten" spricht, wendet er sich auch an einen ganz bestimmten Kommunisten, an seinen Bruder Julien, der, auf die Gefahr hin, von der Geschichte eingeholt und bloßgestellt zu werden, sich vor ihr verschanzt und das Kap hält.

Der brüderliche Zweikampf um das geistige Erbe des Vaters enthüllt sich der Öffentlichkeit im Herbst 1977. Franz-Olivier Giesbert vom *Nouvel Observateur* fragt Montand, wie er zum Weggefährten der FKP wurde. „Das war Sache des Milieus“, antwortet der Künstler. „Auf gewisse Weise war ich Kommunist von Geburt an …“ Über seinen Vater sagt er: „Politisch war er eher Sozialist, aber Einheitssozialist.“ Die Formulierung, wenngleich unvollständig, ist nicht unzutreffend: Giovanni Livi war, wie jeder Kommunist, in der Tat erst Sozialist, bevor er der KP beitrat. In der darauffolgenden Lieferung des *Nouvel Observateur* veröffentlicht Julien Livi eine Richtigstellung, um „Monsieur Yves Montand“ zu erinnern, daß „Vater einer derjenigen war, die aktiv zur Gründung der Italienischen Kommunistischen Partei beigetragen haben“; weiter ein Satz, der Montand in unbändigen Zorn versetzt: „Bis zu seinem Tod, und Yves Montand sollte wenigstens den Anstand haben, das nicht zu verschweigen, blieb er dem großmütigen Ideal treu, das sein ganzes Leben geprägt hatte.“

Diese gedruckte Polemik vollendet den familiären Bruch. Seit der „Anbrüllerei“ 1968 sahen sich die Brüder nicht mehr und kommunizierten nur noch durch Lydias Vermittlung. Von jetzt an lädt sich der Legitimitätsstreit mit einer solchen Leidenschaft auf, daß er an Haß grenzt. Diese Interpretationsraster muß man stets im Kopf haben, wenn man Montands öffentliche Sprache analysieren will.

Drei Jahre nach der Veröffentlichung des Interviews im *Nouvel Observateur* fliegt die geduldig zusammengeschusterte „Linksunion“ mit Eklat auf. Der Bruch zwischen der Sozialistischen und der Kommunistischen Partei wird am 22. September 1977 unvermeidlich. In diesem Kontext stellt das Giovanni beigelegte Epitheton „sozialistisch“ in den Augen eines so orthodoxen KP-

Mitgliedes wie Julien etwas Unerträgliches dar. Die Eisenhand erzwingt eine weitere halb familiäre, halb berufliche Konsequenz: Jean-Louis Livi, Juliens Sohn und Montands Filmagent, kündigt die Repräsentation seines Onkels auf. Der Brief, den Montand ihm aus diesem Anlaß schreibt, enthüllt, wie tief das Übel liegt:

> Jean-Louis,
>
> unleugbar ist zwischen einem Onkel, der sich mit sechsundfünfzig Jahren erlaubt, einer Zeitung gegenüber seine persönliche Meinung zu äußern (die man nicht teilen muß), und einem Vater, der vier Jahre älter ist als er und ihn in der Zeitung streng zurechtweist, indem er ihn „Monsieur Yves Montand" nennt, Deine Stellung als Repräsentant besagten Onkels schwierig geworden.
>
> Sie war es vermutlich immer, und ich bewundere Dich, daß Du das so lange durchgehalten hast.
>
> Ich bewundere Dich besonders, weil, wenn Du, wie Dein Vater behauptet, seine Position mir gegenüber seit je geteilt hast, Du 1969 sehr gelitten haben mußt, als Du die Verhandlungen für die Dreharbeiten zum *Geständnis* führtest, bei denen nahezu alle Beteiligten Klienten Deiner Agentur waren.
>
> Ich wollte Dir ursprünglich einen langen Vortrag über meine Erinnerung an unsere Familie halten, aber das ist nicht mehr nötig. Behalte Du, was Du aus Deiner Kindheit bewahrst. Ich behalte, was ich aus der meinigen, aus meiner Jugend, meinem Leben als Mann bewahre. Ich bewahre von Papa (den wir nie Vater genannt haben) die Erinnerung, wie ich sie vielen Söhnen von ihrem Vater wünsche, und werde es weiterhin bestürzend (um nicht zu sagen niederträchtig, schändlich und gemein) finden, wie Dein Vater sich mit dieser Rich-

tigstellung selbst das Zeugnis eines guten Sohnes ausstellt, indem er sich herausnimmt, mich zum Anstand gegenüber einem Toten zu ermahnen, wenn dieser Tote der Mensch ist, den ich am meisten auf der Welt geliebt habe.

Das Wort „socialiste unitaire“ ist seit letztem September allerdings ein pornographisches Wort geworden, und es mußte schnellstens der Stammbaum eines bedingungslosen Stalinisten in den Spalten derselben Zeitung wiederhergestellt werden, in welcher der jüngere Bruder diese Schweinerei von „Einheitssozialisten“ losgelassen hat.

Das ist erbärmlich.

Montand

Alles ist gesagt. Das Familiendrama ist perfekt. Montands politische Haltung ist davon nun endgültig betroffen.

Sieht sich der einstige Weggefährte der FKP Ende der siebziger Jahre immer noch links? In demselben Interview, das Juliens Zorn hervorruft, verweilt er bei dieser Frage: „Ich halte mich fern von der Linken. Mit Bedauern, weil es frustrierend ist, sich nicht mittendrin zu fühlen; früher war ich tausendmal froher, als ich noch meinen Katechismus und mein gutes Gewissen hatte.“ Und er fährt fort: „Man kriegt mich nicht zweimal, das ist vorbei. Die Linke hat eine schwere Last zu tragen, ich kann es nicht ändern. Es ist die Last all der in ihrem Namen begangenen Verbrechen, angefangen beim Gulag. Vielleicht treibe ich Billancourt zur Verzweiflung, wenn ich das sage, aber Billancourt treibt mich zur Verzweiflung, wenn die Renault-Arbeiter sich weigern, für Sacharow einzutreten.“

Überall auf der Erde brechen die sozialistischen „Modelle“ mit Horror oder grotesk in sich zusammen. China begräbt seinen Großen Führer unter tausend Blumen, während die Bilanz der Kulturrevolution, die er initiiert hat, sich auf Millionen Opfer beläuft. Das „befreite" Saigon wird sofort „nord-malisiert"; aus dem Kambodscha der roten Khmer steigt die Klage eines gemarterten Volkes. Der Soziologe Edgar Morin schildert, was er „den großen Kollaps des Marxismus" nennt. Denn darum handelt es sich, um jähes Abflauen des messianischen Glaubens. Die Hölle, das sind nicht mehr nur die anderen. Mit seinem Freund Semprun, der wie ein legitimistischer Arzt die Zersetzung des Kadavers studiert, mit seinem neuen Freund André Glucksmann, den die Presse in die Gruppe der „neuen Philosophen" einreiht, demontiert Montand beharrlich den Totalitarismus, während ein Teil der sozialistischen Linken ausweicht – das Konzept selbst verwirft.

Dieser Kampf verlangt, die Verfolgten der kommunistischen Regime in jedem Augenblick zu unterstützen. Mit Graham Greene und Arthur Miller gehört Montand zu den Gründern des internationalen Komitees zur Unterstützung der tschechischen Unterzeichner der am 1. Januar 1977 verkündeten Charta: die meisten von ihnen werden von der politischen Polizei verfolgt. Die drei designierten Wortführer der „Charta 77" sind Jan Patočka, Jiří Hájek und Vaclav Havel. Von letzterem verliest Montand im Oktober 1978 von der Tribüne der Mutualité eine Botschaft: „Die gegenwärtige Macht in der Tschechoslowakei, verstrickt in ihre eigenen Lügen, muß weiter fälschen, um zu überleben. Sie fälscht die Vergangenheit, die Gegenwart und die Zukunft. Sie behauptet, daß ihr allgegenwärtiger und allmächtiger Polizeiapparat nicht existiert ... Da das System faktisch das Leben der Menschen selbst unterdrückt, wird jede Bekundung eines schlicht menschlichen Begehrens zum politischen Akt ... Das bedeutet, Dissident zu sein, und ich beharre auf der Feststellung, daß dieses im Westen geschaffene Wort unsere Wirklichkeit nur unvollständig bezeichnet. Dissident sein ist kein Beruf – obwohl man dahin gebracht werden kann, sich diesem Sein vierundzwanzig Stunden am Tag zu widmen. Es ist ganz einfach eine Lebenshaltung."

Als ich im Januar 1990 nach Prag kam, um den Studenten der Stadt, auf Wunsch des Komitees zur Unterstützung der Charta 77, den Jan-Palach-Preis zu überreichen, wirbelten in meinem Kopf eine Menge Bilder. Die russischen Panzer 1968 in Prag, die Dreharbeiten zum Geständnis, *die Versammlungen und Meetings zur Unterstützung Vaclav Havels und seiner Freunde. Und nun stand ich auf einmal an Havels Seite, jetzt der Präsident der Republik, auf diesem großen Platz, der schwarz war von Tausenden Studenten! Es hat mich tief glücklich gemacht, ihnen einige Worte zuzurufen, den Traum eines großen Europa zu beschwören, das sich auf die gemeinsame Kultur der Demokratie und der Freiheit gründet. Simone war seit über vier Jahren auf die große Reise gegangen, aber ich fühlte sie neben mir. Sie war auch dabei, als ich Blumen auf das Grab des Studenten legte, der sich lebendig verbrannt hatte, um gegen die sowjetische Invasion zu protestieren. Wie kann man den phantastischen Aufbruch der Geschichte besser ermessen? Ein paar Tage vorher hatte der Platz noch Platz der roten Armee geheißen; jetzt trug er den Namen von Jan Palach. Ich war so bewegt, daß Simones „Gegenwart" mir Kraft gab. Ich dachte an all die Kämpfe, die wir gemeinsam geführt hatten; ich dachte an all diese jungen Leute des Prager Frühlings, die verhaftet und eingesperrt worden waren; ich dachte an meinen Vater, und ich war überzeugt, daß er, dort, wo er ist, stolz auf mich war.*

Die Errichtung eines kommunistischen Regimes in Südvietnam löst die Flucht Tausender Menschen aus, die auf leichten Booten im Chinesischen Meer ihr Leben riskieren. Im Herbst 1978 geht eines Abends das Bild eines solchen mit Vietnamesen überbeladenen Kahns in Seenot über die Fernsehschirme. Es wird zum Impuls für das Abenteuer einer Gruppe von Leuten, die sich unter Führung von Dr. Bernard Kouchner daranmachen, ein Rettungsschiff zu chartern, die „Ile de Lumière". Montand hatte wie viele andere gegen den Vietnamkrieg Stellung bezogen (1973 unterschrieb er ein Telegramm an Präsident Nixon, das „die seit Jahren gegen das vietnamesische Volk gerichteten barbarischen Methoden" anprangerte). Er beteiligt sich aktiv am „Start" des Schiffes. Am 29. Juni 1979 ist er mit Simone Signoret dabei, als Sartre und Aron auf einer gemeinsamen Pressekonferenz Hilfe für die Ertrinkenden fordern. Zusammen mit Michel Foucault, Glucksmann und Kouchner geht Montand im April 1981 abermals nach Lausanne, um ein internationales Komitee gegen die Piraterie zu gründen.

Doch braucht der Kämpfer für die Menschenrechte, zu dem der Schauspieler geworden ist, nicht den Vorwurf zu fürchten, er betätige sich nur in einer Richtung. Man sieht ihn am 26. März 1980 vor der argentinischen Botschaft, um Nachrichten von den Verschollenen zu fordern, die Befreiung des Pianisten Estrella zu verlangen; und gemeinsam mit Simone Signoret ruft er 1978 zum Boykott der Fußballweltmeisterschaft auf, die in Argentien stattfindet. Hingegen greift der Künstler in dieser ganzen Zeit nicht in die politische Debatte in Frankreich ein. Die Wahl François Mitterands (für den auch er gestimmt hat) bedeutet für ihn nicht den Übergang „von der Nacht zum Licht". Er meidet die pompösen Feierlichkeiten zur Inthronisierung der neuen Macht, getreu der Verhaltensmaxime, die er und Simone sich gestellt haben. Er weigert sich, im Wahlkampf des sozialistischen Kandidaten zu singen, was er auch sonst für niemanden getan hat, und beglückwünscht sich zu seiner Enthaltsamkeit, als er sieht, daß die Kommunisten in die Regierung einziehen. Montand teilt die Euphorie nicht, die sich im „Stand der Gnade" vieler

Künstler bemächtigt – die vornehmlich dem Charme des Kulturministers Jack Lang erliegen –, doch bekundet er gegenüber der neuen Macht auch keinerlei Feindseligkeit. Er begrüßt sogar einige ihrer Maßnahmen, so die Abschaffung der Todesstrafe.

In der Frühe des 13. Dezember 1981 erwachen die Polen im Krieg: Panzer patrouillieren auf den Straßen der großen Städte, die Gewerkschaft Solidarność ist verboten, ihre Funktionäre werden aus dem Bett weg verhaftet, im Land herrscht der Ausnahmezustand. General Jaruzelski hofft, durch diesen Putsch die offene Rebellion der Gesellschaft gegen den Parteistaat zu ersticken. Montand, der seit zwei Monaten wieder einmal Tag für Tag auf der Bühne des „Olympia“ steht, singt an diesem Sonntag, dem 13., auf einer Matinee. Seit den Vereinbarungen von Gdansk hat er die Bemühungen Lech Wałęsas und seiner Freunde, in einem kommunistischen Land eine freie Gewerkschaft zu errichten, leidenschaftlich verfolgt. Wenige Wochen zuvor hat er den Gewerkschaftsführer, den Edmond Maire begleitete, nach der Vorstellung in seiner Garderobe begrüßt. Der polnische Gewaltakt ist für ihn ein Schlag ins Herz.

Die vorsichtige Zurückhaltung, mit der die sozialistische Regierung zunächst reagiert, geht manchen linken Intellektuellen gegen die Ehre. Der Außenminister Claude Cheysson erklärt, was er bald bedauern wird: „Das ist eine interne Angelegenheit Polens ... Selbstverständlich mischen wir uns nicht ein ...“, und Premierminister Pierre Mauroy bekräftigt, seine Regierung werde sich „jeder Einmischung in die polnischen Angelegenheiten enthalten“. Zwei namhafte Professoren des Collège de France, Pierre Bourdieu und Michel Foucault, ergreifen die Initiative und weisen so viel diplomatische Vorsicht in einer Petition zurück.

Montand und Signoret werden angerufen, und sie setzen umgehend ihre Namen unter den Text, neben die von Guy Bedos, Patrice Chéreau, Marguerite Duras, Costa-Gavras, Bernard Kouchner, Claude Mauriac, Claude Sautet und Jorge Semprun. Am Mittwoch, dem 16., sind Foucault und Montand eingeladen, den Sinn ihrer Demarche im Frühprogramm von Europe 1 zu erklären. Der Schauspieler verliest das von Bourdieu und Foucault verfaßte Manifest: „Indem man gegen jede Wahrheit und jede Moral behauptet, die Lage in Polen gehe nur die Polen etwas an, messen die französischen Sozialistenführer ihren innenpolitischen Bündnispartnern offenbar mehr Gewicht bei als dem Beistand, der jeder Nation in Not gebührt. Ist ihnen das gute Einvernehmen mit der Französischen Kommunistischen Partei so viel wichtiger als die Vernichtung einer Arbeiterbewegung unter dem Militärstiefel?" Nach Foucault äußert Montand seine Entrüstung und explodiert schließlich mit zornbebender Stimme: „Sie haben freie Wahlen verlangt. Freie Wahlen! Das Allerelementarste ..." Mehr noch als die Petition wird dieser Protest Montands zum Ereignis. Das Elysée schickt einen Streifenpolizisten, den Mitschnitt der Sendung zu holen. Die öffentliche Meinung unterstützt Solidarność, die verwirrten Sozialisten rufen zu Hunderten bei ihrer Partei um Aufklärung an oder schreiben.

Am selben Mittwoch gibt der Präsident der Republik im Ministerrat eine Erklärung ab, die den Gewaltakt der polnischen Armee mit Entschiedenheit verurteilt. Im verschwiegenen Kreis des Rates verbirgt François Mitterand gleichwohl nicht, wie ihn die Initiative dieser Intellektuellen, die der Kritik mehr zugeneigt sind als der Zustimmung, irritiert, und er greift namentlich Yves Montand heraus: „Anarchist von rechts! Wer ist denn für die türkischen Demokraten und Gewerkschafter eingetreten, die im Oktober von der Militärregierung des Generals Evren verhaftet wurden? Polen dient vielen zum Vorwand für Agitation im Inland."[2] Der Text von von Bourdieu und Foucault ist zu Yves Montands Appell geworden. Er hat lediglich die kollektive Demarche einer Gruppe von Intellektuellen vorgestellt, denen sich bald Hunderte weiterer Stimmen anschließen, und doch konzentriert sich auf ihn – Privileg oder Preis der Berühmtheit – die Rache der regierenden Sozialisten.

Noch am selben Abend ruft Lionel Jospin den Sänger an und wirft ihm seine Tournee in die Sowjetunion von 1956 vor. „Puah!“ kommentiert *Libération* und nennt es eine „niedrige Attacke“. Montand entgegnet brieflich, daß er, gerade weil er 1956 gefahren ist, Worte wie „Nichteinmischung in innere Angelegenheiten“ nicht hinnehmen kann, und versäumt nicht anzumerken, daß das Echo auf die Petition der Intellektuellen vielleicht etwas mit dem veränderten Ton der französischen Autoritäten zu tun habe. In den darauffolgenden Tagen organisiert der Kulturminister, Jack Lang (der die Unterzeichner „Clowns“ genannt hatte), seinerseits eine Protestveranstaltung gegen Jaruzelski. Der anfängliche Mißgriff scheint ausgebügelt. Doch es bleibt eine merkliche Entfremdung zwischen den regierenden Sozialisten und einer wichtigen Fraktion der Intelligenz zurück (für manche, wie Foucault, handelt es sich um einen Bruch).

Der Künstler Montand geht seiner künstlerischen Betätigung nach, doch er vergißt Polen nicht. Jeden Abend, am Schluß der Vorstellung im „Olympia“, läßt er von den Scheinwerfern ein riesiges Spruchband herunter, auf dem das Wort „Solidarność“ steht. Lange noch trägt er das Abzeichen der polnischen Gewerkschaft im Knopfloch, eine Geste, die er für ebenso lächerlich wie unerläßlich hält, um sich gegen das Vergessen zu wehren. Und dem Wort die Tat hinzufügend, schickt er am 28. Dezember einen Scheck über 109310 Francs an den Koordinierungsausschuß von Solidarność. Vier Tage später, am 1. Januar 1982, beschimpft er am Mikro von France Inter den Generalsekretär der FKP: „Was Monsieur Marchais angeht, der uns verklagt, der falschen Linken anzugehören, so antworte ich ihm: Scheiße!" Im Februar beweist Montand neuerdings, daß sein Engagement nicht einseitig ist: er unterschreibt eine Erklärung zur Unterstützung türkischer Gewerkschafter, die zum Tod verurteilt sind.

Durch Hunderte von Glückwunschbriefen, die an der Place Dauphine eingingen, durch die Sympathiekundgebungen, die man ihm reichlich brachte, durch die Vielzahl von Artikeln, die ihm die Presse widmete, kann der Schauspieler als erfahrener Profi ermessen, wie sehr seine Stellungnahmen eingeschlagen haben. Montand ist nicht mehr einfach ein Gesicht auf der Leinwand, eine Figur auf der Bühne. Er ist ein wirklicher Wortführer. Und mehr und mehr sind es seine eigenen Worte, die er zu verbreiten gedenkt.

Von der Show und seiner Welttournee jedoch voll in Anspruch genommen, kehrt er erst Mitte 1983 in die öffentliche Arena zurück. In diesen achtzehn Monaten, in denen *Les Feuilles mortes*, die *Toten Blätter*, von Rio nach Tokio flogen, hat das politische Leben in Frankreich einen anderen Kurs genommen. Die sozialistische Regierung ist von den ökonomischen Zwängen, die sie hatte abbauen wollen, zu größerer Straffheit genötigt worden. Preise und Löhne wurden kurzfristig eingefroren, und die Franzosen, die von rosigen Zeiten geträumt hatten, lernen Einschränkungen auf jede Weise kennen. Präsident Mitterand verspricht Anstrengungen und nochmal Anstrengungen und läßt sich auf eine schwierige Politik der industriellen Neustrukturierung ein, die Entlassungen und Arbeitslosigkeit nach sich zieht. Die militante Linke gerät durch diesen Kurswechsel, den eine beschwichtigende Argumentation vergeblich zu vertuschen trachtet, in Unsicherheit und sieht sich ihrer bisherigen Zielpunkte beraubt. Der großzügige, kostspielige Sozialismus der Anfänge macht einer sparsamen, wenn nicht knauserigen Amtsführung Platz. Eine vollkommene und rücksichtslos praktizierte Kehrtwendung in einem sonderbar aus Pädagogik und Demagogie gemischten Klima. Der große Aufwasch der Ideologien inspiriert, wie zu erwarten, den Sänger–Schauspieler. Plötzlich ist er überall.

Die Rückkehr nach den Sommerferien 1983 ist ein echtes Montand-Festival. „Man mag sich darüber lustig machen, sich ärgern oder staunen, es ist eine unübersehbare Tatsache: der politische Star des September, ein Sänger und Schauspieler, der mit den Worten anderer berühmt wurde, bleibt nicht unbemerkt, wenn er sich anschickt, auf eigene Rechnung zu sprechen ...“ [3] Bereits mitten in der Sommerhitze hatte ein Artikel in *Libération*, von Montand, Kouchner und Glucksmann gezeichnet, Aufmerksamkeit erregt. Die Autoren warfen der französischen Regierung vor, sich „rückwärts“ im Tschad zu engagieren, erinnerten, daß die libyschen Panzer sowjetische sind und daß es notwendig sei, unverzüglich auf Gadhafis Imperialismus zu reagieren. Die Dritte-Welt- und Nichteinmischungs-Tradition der Linken bekam es zu spüren. Kurze Zeit nach diesem Appell waren französische Fallschirmjäger in N'Djamena.

Diejenigen, die sich des antimilitaristischen Repertoires von einst erinnern, regen sich über diese Absicht auf, sich handgemein zu machen, wie sie sich schon im April zuvor über ein Interview erregt haben, das Yves Montand dem *Figaro-Magazine* gewährte. Das *Fig-Mag* ist derzeit eines der am weitesten rechts stehenden und am virulentesten gegen die sozialistische Regierung auftretenden Medien; daß Montand in seinen Spalten erscheint, setzt sogar die Vertrautesten in Erstaunen. „Das ist Selbstmord!“ findet Jorge Semprun, und Simone Signoret mißbilligt es: für sie ist das einer der Orte, die man aus Prinzip meidet. Empfindlicher als ihr Mann für das Unbehagen, das der Tabubruch bei den militanten Linken auslöst, fürchtet sie, daß taktische Irrtümer das Wesen der Botschaft beeinträchtigen. Montand verwirft diese Befürchtungen:

„Du bist ein Pfadfinder! Mich interessiert es nicht, die Überzeugten zu überzeugen."

„Besser, man ist ein Pfadfinder, als daß man für diese Schweinehunde spricht!"

„Meinst du tatsächlich, zwei Millionen Leser sind zwei Millionen Schweinehunde? ..."

Simones „Sentimentalismus" reizt Montand, nach einem denkwürdigen Streit knallt er die Tür zu. Er schert sich jetzt einen Dreck darum, von der Rechten „vereinnahmt" zu werden. Er will sagen, was er sagen will, wo er es will, ohne Empfindlichkeiten zu schonen. Selbst auf die Gefahr hin, zwischen zu ganzen Wahrheiten zerstückelt zu werden.

Am Sonntag, dem 4. September 1983, gehen in der Stadt Dreux die Wähler an die Urne, ihren neuen Stadtrat zu wählen. Für die Linke wird es ein herber Verlust, aber vor allem die Liste des Front national, der gegen die starke Einwanderung Position bezieht, erhält unerwarteten Zulauf (17 Prozent); brutal entdeckt Frankreich die Ausländerfrage und die Gefahr eines neuen Rassismus. Die Linke mobilisiert sich zum zweiten Wahlgang, während die klassische Rechte sich mit der extremen Rechten verbündet. Der frühere Bürgermeister von Dreux ruft Simone Signoret zu Hilfe: sie publiziert eine Petition, deren Unterzeichner, von Costa-Gavras bis Guy Bedos, von Patrice Chéreau bis Montand, Depardieu, Minkowski oder Kouchner, bekräftigen, daß „ganz Frankreich betroffen ist von der Wiederkehr rassistischer Ideen in Dreux, die zu Bürgerkriegen und zu Kriegen überhaupt führen." Ohne eine Wählerempfehlung zu geben, verdammt der Text die Allianz mit dem Front national und unterstützt damit die linke Liste. „In was mischt sich dieser Chanson-Milliardär?" höhnt der Kandidat des Front national.

Anläßlich der Heimkehr des verlorenen Sohnes möchte Ivan Levaï, der Redaktionschef von Europe 1, Montand wieder einmal in seiner Sendung haben. Montand erklärt am Telefon der „Colombe d'Or" aufs neue, welchen Ekel ihm gewisse Slogans einflößen wie „Araber von jenseits des Mittelmeeres, geht zurück in eure Zelte!" Aber von seinem Interviewer gedrängt, wendet er sich prompt gegen seine bevorzugten Gegner, „die stalinistischen Funktionäre, die solidarischen Komplizen der Spitzel von Prag und der Warschauer Pinochets". Und er sagt, wenn er in Dreux wählen müßte, würde er es unterlassen, um sich nicht mit Leuten verbünden zu müssen, die die Invasion in Afghanistan oder die Unterdrückung in Polen decken. Und er schlägt los: der Hauptfeind ist das Gulag, ist das System, das ein Gulag hervorbringt. Während er spricht, weiß Montand nicht, daß das Telefongespräch aufgezeichnet wird. Als Levaï ihn um die Genehmigung bittet, es zu senden, akzeptiert er ohne jede Einschränkung.

Über die Einwanderungsfrage läßt sich Ivo Livi nicht gern Lehren erteilen. Antirassismus hat der Sproß aus La Cabucelle, der in einem Milieu von „Itakern", Armeniern, Spaniern und Arabern aufgewachsen ist, als ein Grundmuster, als eine Selbstverständlichkeit erfahren (sorgfältig hat er einen Artikel von 1948 aus dem *Figaro* aufbewahrt, wo der Minister für Gesundheit und Bevölkerungspolitik erklärte, Frankreich müsse, um wieder hochzukommen, 3 Millionen ausländische Arbeiter ins Land holen). Die Auffassungen des Front national entsetzen ihn, und da er meint, zu Unrecht meint, seine Entrüstung werde von fast allen geteilt, wendet er sich lieber der in seinen Augen „eigentlichen Gefahr" zu. Indem Montand bekräftigt, Faschismus gebe es nicht in Dreux, sondern in Prag, macht er deutlich, daß die entscheidende Spaltung der Politik sich in der kommunistischen Frage vollziehe. Und davon läßt er nicht ab. Die nach Sibirien Deportierten werden nicht durch ein paar „extrem rechte Knallköpfe" ausgelöscht. Auf der Linken geißelt man „dieses Ausweichen vor der faschistischen Gefahr"; auf der Rechten lobt man seine Klarsicht, die

die Affäre von Dreux auf die angemessenen Proportionen reduziert. Jeder mißt mit seiner Elle. Und Montand bleibt starrköpfig.

Drei Wochen später wird er zur Fernsehsendung *7 sur 7* eingeladen. Auch diesmal wählt er seine Worte nicht vorsichtig, sondern gebraucht eine direkte, an schockierenden Formulierungen reiche Sprache, die von den linguistischen Windungen der Politiker absticht. Er betont, daß in Dreux gerade die Viertel der kleinen Leute für den Front national gestimmt haben.

Sein Lieblingsgebiet indessen bleibt die weltweite Konfrontation von Ost und West. Die Sowjets haben die Errichtung von Raketenbasen mit einer Reichweite von 5 000 Kilometern, den berüchtigten SS 20 beschlossen, aber in Westeuropa entwickelt sich eine pazifistische Strömung, die die Vereinigten Staaten hindern will, ihrerseits ihre Pershings aufzustellen. In Westdeutschland rufen die Demonstranten: „Lieber rot als tot!" Am 20. Januar 1983 zögert Präsident Mitterrand in einer geharnischten Rede vor dem deutschen Bundestag nicht, die öffentliche Meinung ebenso wie die seiner eigenen Partei anzugreifen, und betont, daß es angesichts des sowjetischen Hegemoniestrebens das Schlimmste wäre, wenn man dem Geist von München nachgäbe. Montand applaudiert mit beiden Händen: „Warum haben die Pazifisten nicht demonstriert, als die Sowjets ihre SS 20 installierten? Lieber rot als tot? Nein! Weder rot noch tot: frei!" Diese Formel, auf die er besonders stolz ist, fiel ihm bei der Vorbereitung der Sendung ein. Einige Tage darauf verkündet der Präsident der Republik: „Die Pazifisten sind im Westen, im Osten sind die Euromissiles."

Montand mit seiner freimütigen Redeweise, die in die öffentliche Meinung eingreift, ist der Herold einer Denkströmung, für die der Kardinalpunkt die Front gegenüber dem Totalitarismus bleibt. Von der Tschad-Affäre bis zur Wahl von Dreux, über die Euromissiles natürlich, kommt er darauf immer wieder zurück. In dieser Obsession sehen manche die Gegenreaktion auf sein einstiges Engagement. Daraufhin angesprochen, fegt Montand mit einem Handstreich den Einwand weg, verspottet die Linke, tauft sie „romantisch". Wie auch immer, die Kommunisten sind an der Regierung beteiligt, und viele Sozialisten begrüßen lautstark das Bündnis. Bekräftigt einer ihrer Leader auf dem Parteikongreß im Herbst 1983 nicht, daß „der Antikommunismus eine Gefahr für die gesamte Linke" sei?

Daß der Star von Kinoleinwand und Bühne sich so massiv in die politische Debatte einschaltet, überrascht, verärgert, stört oder erfreut. Am Tag nach der Sendung *7 sur 7* titelt *France-Soir* auf der ersten Seite: „Yves Montand knöpft sich die Linke vor." Das ist nur fair. *Le Point* räumt der „Affäre Montand"[4] sein Titelblatt und sechs Seiten ein. Erstarrt oder fasziniert, hören die Franzosen diesem seinem Repertoire entlaufenen Seiltänzer zu, auch wenn manche den Refrain ein bißchen eintönig finden. Im November 1983 machen mehrere Magazine Montand zum Mann des Jahres. *Le Quotidien de Paris* bringt eine Meinungsumfage, nach der 2 von 3 Franzosen es richtig finden, daß er in Dingen der Politik Stellung bezogen hat, und 55 Prozent halten seine Äußerungen für wichtiger als die von Berufspolitikern (38 Prozent). In zwei vielbeachteten Medienauftritten sorgt der Cocktail aus Aufrichtigkeit, Überzeugung, Verführung, Einfachheit für Aufsehen.

Das „Ereignis" aber kommt erst noch. Am 3. Januar 1984 ist Montand der einzige Gast der Sendung *Les Dossiers de l'écran.*[5]

Er hat seinen Part allein und mit äußerster Sorgfalt vorbereitet. Auf großen Bogen hat er in kräftiger Schrift seine Schlüsselwörter („Hauptfeind heute", „rote Nazis") und Aphorismen stehen („die Freiheit besteht darin, den Leuten zu sagen, was sie nicht hören wollen").

Der Moderator stellt ihm zunächst Fragen nach seiner Karriere und seinen Liebesangelegenheiten; politische Aspekte werden erst kurz vor Mitternacht angesprochen. Der Gast kommt auf den Gulag zu sprechen, kritisiert führende Sozialisten, die stalinistischen Chefs die Hände drücken, macht sich lustig über Charles Fiterman (den amtierenden Verkehrsminister), der 1980 vom „polnischen Wunder einer Steigerung der Industrieproduktion um 150 Prozent" gesprochen hatte, erklärt, daß er den brutalen Kapitalismus ablehnt und dem liberalen Kapitalismus gewogen ist. Bald ernst, bald betörend, bald heftig und mit direkter Hinwendung zum Fernsehzuschauer, gelingt Montand eine großartige Nummer. Sofort nach der Sendung ruft er Simone an.

„Wunderbar", sagt sie schlicht.

Die Sendung hat in der Tat eingeschlagen. Nahezu 10 Millionen Zuschauer bleiben bis zum Schluß vorm Gerät. Nie, außer in Festzeiten, sind die Franzosen so lange und so zahlreich vorm Fernseher wach geblieben. Als es Mitternacht schlägt, hat Montand eine höhere Einschaltquote als der Staatschef um 20 Uhr 30. 32 000 Telefonanrufe (absoluter Sendungsrekord) langen bei der Station an: Über 95 Prozent der gestellten Fragen betreffen das politische Engagement des Schauspielers. In den folgenden Tagen wird ihm von der Presse eine Vielzahl von Artikeln gewidmet. Mit Ausnahme der *Humanité* ist darin kaum ein falscher Ton.

Eine Rezension drängt sich auf, denn diese Sendung stellt ohne Zweifel einen Wendepunkt dar. Philippe Tesson: „Was Montand will und ausdrückt, ist der beste Teil unserer selbst, der großmütige, gerechte, unschuldige Teil. Er bietet uns unser vorteilhaftestes Spiegelbild. Sein Wort, sein Gesicht, seine Ungeschicktheiten verbreiten ein Licht, eine Einfachheit, eine Menschlichkeit, die den Leuten den Eindruck geben, daß im Bereich des öffentlichen Wohls alles möglich ist." André Frossard im *Figaro*: „Er hat den Bildschirm nicht gesprengt, er hat Feuer gelegt. Es ist etwas Wunderbares: die Entrüstung eines Ehrenmannes." Claude Sarraute: „Er hat Mumm, Montand. Den braucht es, um laut zu sagen, was viele von uns ganz leise denken, ohne daß sie es wagten, eine Katze eine Katze zu nennen."[6] In derselben Zeitung meint Patrick Jarreau, „Montand und die Franzosen der achtziger Jahre verstehen einander (...) Dieser Mann von der darstellenden Kunst", fügt er hinzu, „gibt vielleicht der unauffindbaren Bürgergesellschaft eine Stimme." Der *Figaro* titelt: „Yves Montand, ein Star der Politik", und Jean Bothorel fragt: „Wird er für Millionen Franzosen zum Gewissen? Er hat für sich die Intelligenz, die ehrliche Entrüstung, den Geschmack und das Talent zu mörderischen Verkürzungen. Unleugbar spricht er wahr. Er spricht unsere innersten Empfindungen an, als ein Einigender. Nicht rechts, nicht links."

Erstaunen auch bei der Linken. Ausführlich sei hier der Leitartikel von Jean Daniel im *Nouvel Observateur* zitiert: „Ich hoffe, ich will glauben, daß alle Politiker und vornehmlich die regierenden, am Dienstagabend Yves Montand gesehen haben, wie er den Fernsehschirm eingenommen und sich Frankreich gestellt hat ... Wenn das Fernsehen etwas vermag, hier gab es Momente, die Ereignis wurden. Welche Ungezwungenheit! Welch ein Charme! Aber welche Meisterschaft auch! Von wenigen Augenblicken am Schluß abgesehen, wo er sich in Geldfragen verlor, war seine Nummer vollkommen. Einstudiert, vorbereitet? Ja: durch ein ganzes Leben ... Bei allem, was er sagte oder tat, konnte er wissen, daß hinter ihm die Absegnung voller vierzig Jahre Erfolg lagen und heute das Plebiszit von Meinungsumfragen ... Ja, Sie sind entschieden ein Phänomen, Monsieur Montand."

Dithyramben dieser Größenordnung, wie sie einem gewöhnlichen Sterblichen den Kopf verdrehen könnten, stehen da spaltenlang. „Die Presse applaudiert Montand“, stellt *Libération* fest. Und die Kommentatoren bemühen sich bereits, das „Phänomen“ zu erklären. Die einen berufen die Vergangenheit des Künstlers: „Einer der Gründe dafür, daß Montand so großes Gehör findet“, meint *Le Monde*, „scheint darin zu liegen, daß er zunächst eines der wirkungsvollen Embleme des kommunistischen Engagements und danach des Glaubensverlustes gewesen ist.“ Die gleiche Diagnose im *Quotidien de Paris*: „Montand wäre nicht Montand ohne seine kommunistische Vergangenheit, er ist von weither gekommen.“ Das Gewicht der Zeugenschaft ist, daß Montand mit nahezu einem halben Jahrhundert Geschichte hinter sich spricht und daß die Irrtümer und Verirrungen, die er anprangert, einst von ihm geteilt wurden; ihr Geständnis gibt seinen Worten heute die Garantie der Authentizität. „Er spricht von der Höhe seiner Statur als Mann des Volkes, der von einer schmerzlichen Rundfahrt durch die Welt der Illusionen wiedergekehrt ist. Sein zurückgelegter Weg stellt bis zur Karikatur die Odyssee des linken Bewußtseins dar.“[7]

Der „Montand-Effekt“, den die Umfragen in Zahlen ausdrücken, wird zur politischen Realität. Und die „echten“ Politiker wie die Journalisten fragen sich: was wird der Schauspieler mit diesem binnen weniger Wochen angehäuften Kapital machen? Wird er sich auf eine politische Karriere werfen? Von dem Sender Europe 1 befragt, verneint Montand jede Ambition dieser Art, doch läßt der Dialog eine gewisse Verwirrung erkennen:

„Ich bin durch die öffentliche Sache mehr als je betroffen. Meine geistige Verfassung ist so, daß ich daran denke, nicht mehr zu singen, nicht mehr zu drehen. Ich würde mich allzu unwohl fühlen.“

„Was bedeutet das? Schluß mit dem Chanson, Schluß mit dem Kino? Nur noch die Politik?“

„Man muß die Dinge wieder in den richtigen Zusammenhang stellen. Ich habe nichts verlangt. Alles regt sich auf. Ob links, ob rechts. Ich frage mich warum. Ich habe lediglich als Gast bei Sendungen geantwortet. Man hat mir Fragen gestellt. Ich habe geantwortet, so gut ich konnte, ich hoffe, mit einem gewissen gesunden Menschenverstand, mit einer gewissen Ungeschicktheit auch, die manchen Vergnügen gemacht, andere verärgert haben mag. Aber das ist kein beabsichtigter Trick gewesen."

„Reden wir Klartext. Werden Sie eines Tages Kandidat für den Präsidenten der Republik sein, ja oder nein?"

„Zum soundsovielten Mal nein. Das ist klar!"

Trotz der deutlich ausgesprochenen Verneinung bleibt der Zweifel bestehen, und die Spekulationen gehen weiter. Yves Montand hat nicht alle Doppelsinnigkeiten ausgeräumt. Künftig schwebt die Frage: ist der Sänger–Schauspieler dabei, einen Übergang zu vollziehen, die Bühne für die politische Arena aufzugeben? Gewissen Umfragen zufolge würden 36 Prozent der Franzosen bei der nächsten Präsidentschaftswahl für ihn stimmen. Eine außerordentlich hohe Zahl, die verrät, wiesehr die Öffentlichkeit ihre Richtlinien verloren hat. Montand hat bis jetzt nicht die erschöpfende, zusammenhängende Rede gehalten, die man von einem zukünftigen Kandidaten erwarten darf. Sein Antikommunismus trifft ins Schwarze, genügt aber nicht, ökonomische und soziale Perspektiven aufzuzeigen, eine Außenpolitik zu definieren.

Zur Stunde ist er eher ein Verflucher, der im Namen des Rechts einige kräftige Haken austeilt, als der potentielle Lenker eines unruhigen Landes. Detektor der Leere, die durch den Illusionsverlust eingetreten ist, taucht er zu einer Zeit auf, da seine Mitbürger keine geistigen Führer, keine Gewissenslenker mehr haben. Nach dem Krieg dienten Sartre, Camus und später Aron der Intelligenz und anderen als Führer. Es ist ein Zeichen dieser Zeit, da die Ideologien zerfasern, daß ein Gaukler

Frankreich buchstäblich zum „Reagieren“ bringt. Sartre ist tot, die Intellektuellen, wohlwissend, daß sie zuviel geredet, geschrieben haben, schweigen. „Warum provoziert Montands antikommunistisches und banales Wort, das der sozialistischen Regierung ihre Selbstgefälligkeit und ihr Ungenügen vorwirft, einen solchen Erdstoß?“ fragt sich Franz-Olivier Giesbert.

Ja, warum oder warum nicht Montand auf dem Weg ins Elysée? Das ist bald die rituelle Schlußfolgerung unzähliger Leitartikel.

Die Präsidentschaft der Republik an sich interessierte mich nicht, weil sie im wesentlichen die Befriedigung eines Wunsches nach Ruhm und Erfolg, ein Ehrgeiz ist. Und, bei allem Unterschied in der Größenordnung, das hatte ich bereits. Aber ich hatte Lust, Dinge zu sagen. Und um sie sagen zu können und gehört zu werden, mußte man das Spiel mitmachen. Ich hoffte Politik machen zu können, ohne Politiker zu werden. Aber das ist unmöglich.

Mich in wenigen Wochen von der Presse als Präsidentschaftskandidat gehandelt zu finden, zu sehen, daß bei Umfragen 20 bis 30 Prozent der Leute sich bereit erklärten, mich zu wählen, das hat mich stark verwirrt und angerührt. Ein solcher Erfolg brachte mich durcheinander und zeigte mir, daß meine Worte einer Erwartung, einer Forderung entsprachen. Aber der Erfolg berauschte mich nicht. Ich war immunisiert seit meiner Moskaureise 1956, wo ich tatsächlich wie ein Staatschef empfangen worden war. Ich behielt also einen kühlen Kopf; meine Angst war nur, wie ich diesen Wirbel meistern, was ich mit dieser Meinungsströmung machen sollte. Letztlich war ich doch nur ein Gaukler, ein Sprachrohr – talentiert vielleicht –, und in den Interviews wiederholte ich bis zum Erbrechen, daß ich nichts beabsichtigt, nichts geplant habe, daß diese ganze Brandung durch drei Sendungen über mich hereingebrochen sei.

Trotzdem sah ich mich in einen Strom hineingezogen und wußte nicht, wohin er mich trieb. Wenn ich mich abends schlafen legte, sagte ich mir: Und was machst du nun, Montand, nachdem du das alles ausgelöst hast? Es stimmt, Singen oder Theaterspielen bereitete mir Unbehagen: ich wollte keine Interferenzen zwischen meinem politischen Durchbruch und meinem Metier provozieren. Politische Probleme haben mich von jeher leidenschaftlich bewegt, aber da, in dem Augenblick, hatte ich das Gefühl, ich könnte nützlich sein, wenn ich gewisse Dinge sagte, wenn ich bestimmte Tabus brach.

Aber ich sah mich auch nicht in einer klassischen Politikerkarriere. Das war nicht mein Beruf, dazu war ich nicht ausgebildet. Vor allem sah ich sehr wohl, daß es gerade eine meiner Stärken war, daß ich von außerhalb des politischen Milieus sprach. Je weiter ich ging, desto klarer wurde mir, daß es ein grausames Spiel war, ein Spiel ohne Erbarmen. Ich habe in meinem Leben immer erreicht, was ich ernsthaft wollte; das da war eine Verkettung, die mir entschieden ungewollt, gegen meinen innersten Willen, geschah. Außerdem war ich allein. Weiter vorzustoßen hätte eine Mannschaft erfordert, Unterstützungen, einen kollektiven Plan, dessen großer Kommunikator ich gewesen wäre. Aber es war niemand da.

Traditionsgemäß flammt auch der Familienstreit wieder auf. Im Herbst 1983 widmet *Révolution*, das Wochenblatt der KP, vier Seiten einer „Ballade Juliens“, eines Gewerkschafters, der seine Kindheit und Jugend in Marseille erzählt. Der uneingeweihte Leser muß Seite vier abwarten, bis er entdeckt, daß es sich um Montands Bruder handelt. Der Schluß legt es darauf an, mit der Legende vom „Proleten“ Montand aufzuräumen, der wenig gearbeitet und sich von seinen Ursprüngen gelöst habe.

In der *Humanité*[8] stiehlt sich zwischen Leserbriefe, die sich schockiert über eine neuerliche Fernsehsendung äußern, eine Botschaft Julien Livis: „Tief entrüstet über die Sendung, die ihre Autoren wie ihren Lautsprecher vom Dienst entehrt, stehe ich fester denn je zu all jenen, die weder die Lüge noch den Aufrüstungskurs, noch den Haß unter den Völkern gutheißen." Nur die Eingeweihten verstehen, daß der „Lautsprecher vom Dienst" der Bruder des Unterzeichners ist.

Auch Montand gibt sich nicht eben zimperlich, wenn er *Paris-Match* erklärt: „Als die Partei gesagt hat, die Prozesse seien gut, hatte die Partei recht. Als sie zehn Jahre später sagte, die Prozesse waren schlecht, hatte sie wieder recht, weil die Partei immer recht hat ... Ich bin dermaßen angewidert, dermaßen außer mir sogar, daß, wenn ein Mann von über fünfundfünfzig Jahren und immer noch MITGLIED der Kommunistischen Partei, auf mich zukommen und mir Guten Tag sagen will, ich ihm in die Fresse haue. Sie sehen, wie weit ich gehe." Das muß einstige Résistanceleute, die immer noch Kommunisten sind, aufreizen, zumal der Verflucher hinzufügt: „Ich habe keine Lust, von dem Mann angesprochen zu werden, er ist für mich so gefährlich wie ein SS-Mann, wie alle Fanatiker. Ich kann Geduld haben mit einem jungen Genossen, wenn er 35 Jahre, 40, 45 sogar 50 Jahre alt ist. Aber darüber hinaus nicht. Denn dann weiß man." Dieses maßlose, zumindest unpädagogische Wort, welches daran erinnern soll, daß Stalin mehr Kommunisten umgebracht hat als Hitler, zielt vor allem auf einen: auf Julien natürlich. Letzterer gibt sich darüber auch keiner Täuschung hin. Am 27. April 1985 schreibt er Montand einen langen Brief, der den Zwist zum Paroxysmus treibt:

> Yves?
> Montand?
> Livi? Entscheide selbst.
>
> Ich habe der kurzen, würdigen Antwort auf Deine Wahnsinnsreden in der Zeitung derjenigen,

die leiden und kämpfen, nur wenig hinzuzufügen. Vielleicht Trauer darüber, daß ihr Adressat der eigene Bruder ist.

Ich weiß, man sucht sich die Familie nicht aus, aber es gibt sie trotzdem ... Und daß Du an einen solchen Punkt gelangt bist, glaub mir, da tust Du mir aufrichtig leid.

Und, weißt Du, wenn eines mich tröstet angesichts dieser in *Paris-Match* ausgebreiteten verbalen Diarrhöe, dann der Gedanke, daß unsere Eltern nicht den Kummer erleben mußten, das zu lesen.

Ich frage mich, was man empfinden muß, wenn man sich vorstellt, daß einer der enthusiastischsten Bewunderer Deiner Prosa Onkel Gigi gewesen wäre.

Ich bin sicher, dieser Faschist, der die Prügel angestiftet hat, die Papa wundschlug, der angesichts des Brandes, der uns alle rösten sollte, frohlockt hat, er wäre heute einer Deiner fanatischsten Anhänger.

Deine Drohungen gegen Kommunisten hätte Gigi auch gegen Papa loslassen können. Es sind die gleichen wie die, die ich und viele Kommunisten von jeher zu hören und zu fühlen bekamen. Und – leider! – folgten ihnen oft viele Verbrechen und Exzesse ...

Ich wünsche Dir, daß unsere Enkel Dich eines Tages nicht verfluchen müssen wegen der schmutzigen Arbeit, die Du da besorgst.

Dieses Schreiben taucht seinen Empfänger in kalte Wut. Die ganze Epopee der Familie Livi beruht auf dem Sündenfall des Onkels Gigi im Schwarzhemd, der Inkarnation des Bösen. Montand mit Gigi zu vergleichen hieß soviel wie die Anklage, den Vater verraten zu haben. Es hieß seinem Leben jeden Sinn zu nehmen. Diese Sätze, die Julien ihm ins Gesicht schleudert, liefern zugleich einen Schlüssel, den öffentlichen Montand zu begreifen: Seine manchmal ungezügelte Vehemenz, sein unkontrollierter Zorn, seine antikommunistische Obsession rühren aus diesem Riß her. Er leidet darunter, von den Seinen nicht verstanden zu werden, er haßt ihre Verblendung.

Es ist keine schlichte Anekdote, es ist kein Zwist, wie er in vielen Familien vorkommt. Das Drama der Livis ist eine Parabel der Tragödien dieses Jahrhunderts; die Schicksale der beiden Brüder fügen sich in die Kollektivgeschichte einer Generation, die glaubte, der Kommunismus sei die Hoffnung der Menschheit. Der eine will von den mythischen Idealen nicht lassen und weigert sich, zu sehen, daß Treue manchmal die schlimmste Maske des Verrats ist. Der andere schlußfolgert mit dem Dichter René Char, daß „das Wort Glück das trojanische Pferd der Intoleranz" ist und daß scheinbare Lästerung eine höhere Form der Treue sein kann.

Der Dialog zwischen beiden ist unmöglich geworden, doch das so oft berufene Tribunal der Geschichte hat sein Urteil gefällt. Der Kommunismus hat – nach Maßstäben einer makabren Buchführung – dem Faschismus gewiß nichts zu neiden. Und er hat viel mehr getan, als seine Opfer zu vernichten. Er hat getötet im Namen der Hoffnung. Er hat die Hoffnung getötet. Deshalb empört sich Montand vor Juliens Sturheit, ebenso wie er sich nicht davon freisprechen kann, (unfreiwillig wie die meisten) an der Perversion dieses Ideals mitschuldig zu sein. Manche Linken lachen über seine Obsession. Aber es steckt keine Demagogie dahinter: der Gedanke an die Millionen Gefangenen auf dem riesigen Archipel läßt ihn mitunter aus dem Schlaf auffahren. Seine Revolte gegen die Untaten der Epoche ist auch eine Revolte gegen sich selbst.

Der Politiker kann ein schlechter Schauspieler sein. Kann der Schauspieler ein guter Politiker sein? Im Film oder auf dem Theater muß der Künstler zugleich er selbst und der *andere* sein, der Fremde, in dessen Haut er kriecht. Offiziell behauptet der Politiker, nicht zu spielen. Die Wirklichkeit sieht, wie man weiß, sehr viel anders aus. Da probt er seinen Text, schminkt sich, läßt sein Gebiß verschönen, ändert seine Frisur, achtet, sich gut in Szene zu sehen, kalkuliert seine Auftritte. Wo ist mehr Ehrlichkeit: bei diesem Staats-Theater oder dem Theater schlechthin? Bei dem Schauspieler, der sich mit Wissen aller schminkt, oder dem Politiker, der es im geheimen tut?

Was geschieht aber nun, wenn ein Schauspieler, einer der größten obendrein, sich auf die politische Bühne begibt? Alle Karten sind gemischt und zuvorderst die seinen. „Montand als Präsident?" fragt die Presse, je mehr man sich dem Wahltermin 1988 nähert. Ist das noch Montand? Oder ein anderer, der aussieht wie er, zwar mit seinen Falten im Gesicht und seinen Ängsten im Blick, aber doch nur eine Hülse, ein Köder? Der Hauptinteressierte dabei fragt sich schließlich, wer der Typ ist, dem er sein Gesicht und seine Stimme geliehen hat, der in seinem Namen zu sprechen vorgibt. Er beobachtet ihn ebenso, wie der junge Ivo Livi dem aufgeregten Montand zusah, der auf der Bühne des „Alcazar" sang: von außen, mit einer Spur Neid, einem Gran Bewunderung und großer Verblüffung.

Dieser andere, das ist er, keine Frage, ist sein Fleisch, seine Geschichte. Aber was für ein seltsamer Treibstoff nährt seinen Motor, befähigt ihn, seine Furcht zu bezwingen, ein von seinem innersten Ich höchst verschiedenes Individuum vorzustellen und eine Welt herauszufordern, die nicht die seine ist, und wo am Ende die Hiebe „se ramassent à la pelle", zusammengeschaufelt werden?

Sieht Montand für sich eine nationale Zukunft? Im Dezember 1987 lädt sich Anne Sinclair mit den Fernsehkameras nach Autheuil ein, um die Frage zu stellen, die durch die gesamte Presse geht: wird Yves Montand bei der nächsten Präsidentschaftswahl im Mai 1988 kandidieren oder nicht?

Eine Woche vor der Sendung ergibt eine Umfrage, daß 29 Prozent der Franzosen für ihn stimmen würden. Eine andere, speziell für diese Sendung, *Montand zu Haus*, vorgenommene Umfrage zeigt, daß der Filmstar einen beeindruckenden Sympathiequotienten hat (78 Prozent); die Befragten geben ihm recht, daß er sich in die großen Belange der Gesellschaft einmischt (65 Prozent), halten ihn für aufrichtig (74 Prozent), für modern (60 Prozent), für kompetent (66 Prozent). Ein wahres Plebiszit. Das „Phänomen" ist nach 18 Monaten noch nicht zusammengefallen. Der Politologe Olivier Duhamel bemerkt, daß Montands Stärke daher rührt, daß er keine eindeutige Stellung im Rechts-Links-Gefüge einnimmt: Zu einer Zeit, wo „zahlreiche Franzosen mit der großen Aufspaltung rechts/links gleichermaßen verloren sind, wäre Montand also ein Ausdruck für ein gewisses Streben nach Konsens in den großen fundamentalen Fragen". Eben deshalb, schlußfolgert Duhamel, wird Montand nie Präsident: auch wenn er über ein wirkliches Kapital an Bekanntheit und Anhängerschaft verfügt, fehlt ihm die Unterstützung einer großen Partei; außerdem erkennt man an ihm nicht das Profil eines Staatsmannes. Der Sympathiestrom ist nicht gleichzusetzen mit Wahlstimmen.[9]

Der Betroffene teilt diese Meinung, denn am Schluß der Sendung, nach einer künstlich und ein wenig mühsam erzeugten Spannung – die von den Sendungsmachern gewollt, von Montand akzeptiert ist – wischt er die Idee seiner möglichen Kandidatur mit einem Handstreich vom Tisch: „Seien wir ernsthaft! Ich habe diesen Ehrgeiz nie gehabt. Ich kenne meine Grenzen: ich habe nicht die Kultur, nicht die hinreichenden Kenntnisse, um Präsident der Republik zu werden." Kurz, es bleibt bei der Verneinung. Der Vorhang fällt über einer alles in allem enttäuschenden Darbietung: Montand hat, nachdem er das Spiel aufgekündigt, nichts mehr zu sagen, außer der Bemerkung, daß er, nach Prüfung der jeweiligen Qualitäten von Raymond Barre und Jacques Chirac, „für den bestplacierten Kandidaten der demokratischen und republikanischen Rechten, François Mitterrand" stimmen würde. Durch die Medien unter Druck geraten (den er selbst durch eine gewisse Zweideutigkeit genährt hatte), scheint sich der Anhänger des direkten Wortes an diesem Abend unbehaglich zu fühlen. Er entwirft allerdings eine Art Plan gegen die Jugendarbeitslosigkeit – der wie ein Wundermittel oder ein Taschenspielerstück erscheint, während er Gegenstand minutiöser Vorarbeit gewesen war.

Montand zu Hause war als Patchwork-Sendung konzipiert, wo ernsthafte Auslassungen zur Ökonomie oder zur Außenpolitik sich mit Kindheitserinnerungen und persönlichen Bekenntnissen abwechseln, das Ganze mit einigen Chansons gewürzt. Anne Sinclair hatte den Fernsehzuschauern zum Samstagabend eine Unterhaltungssendung bieten wollen – in einem solchen „Potpourri" muten Montands Worte über die Notwendigkeit, den Lebensstandard um 5 Prozent zu senken und die Steuern der Reichsten um 10 Prozent zu erhöhen, ziemlich ernst an. Gleichwohl liegt dieser Besuch in Autheuil, wohin bisher kaum eine Kamera vorgedrungen war, in der Zuschauerresonanz an der Spitze der Sendungen des Abends. Das Ziel ist erreicht.

Nun aber beginnt für Montand der Verdruß. Zehn Tage darauf informiert der *Canard enchaîné* seine Leser, daß der Akteur für die Teilnahme an der Sendung 800 000 Francs bezogen hat (die Gage war bereits von RTL erwähnt worden). Die Wirkung ist katastrophal. Die Zeitungen fallen mit aufgekrempelten Ärmeln über den Mann her, der sich für die Vermittlung seiner eigenen Botschaft hat bezahlen lassen.

Nur, oder beinahe nur Delfeil de Ton im *Nouvel Observateur* stellt sich auf die Seite der Verteidigung: „Es ist wohl das mindeste, daß Montand sich hat bezahlen lassen ... Ja, aber Montand hat sich bezahlen lassen, um den anderen Moral zu predigen, empören sich Kommentatoren und Leitartikler um die Wette. Die Kommentatoren und Leitartikler machen mich lachen. Haben sie für ihre Morallektionen, wie auch Montand sie hält, jemals auf Bezahlung verzichtet?"

Die gesamte Presse befaßt sich mit dem Skandal. Darf man einen so hohen Scheck kassieren und Sparsamkeit predigen? Umgehend erwidert Montand: „Ich habe nichts zu verbergen, ich habe nichts gestohlen, ich brauche über nichts zu erröten." Seine Verteidigungslinie ist klar: TF1 ist ein Privatsender. Wenn man Montand am Samstagabend zur Hauptsendezeit ins Programm nimmt, macht der Sender ein hervorragendes Geschäft, das ihm durch Werbespots viel Geld einbringt (3 Millionen nach Expertenauskunft). Und der Schauspieler weigert sich, davon abzulassen: warum soll er die Einkünfte von Monsieur Bouygues[10], seines Zeichens Betonhändler, aufrunden? Die Logik des Arguments ist unabweislich: das kommerzielle Fernsehen, auf Profit gegründet, muß Sendungen bringen, die Gewinn einspielen. Dagegen wäre auch nichts einzuwenden, handelte es sich nicht um eine aus Unterhaltung und Politik gemischte Sendung. Niemand hätte bestritten, daß TF1 eine Show des Sängers zum besten Tarif honorieren dürfe. Das Übel kommt daher, daß die Sendung keine reine Unterhaltung bot.

Um zu begreifen, wie die Falle über Montand zuschnappen konnte, muß man die Entstehung der Sendung nachzeichnen. Charley Marouani, der Impresario, der die Gage ausgehandelt hat, stellt seine Version der Fakten dar:

„Als er mir von dem Vorschlag berichtete, eine Sendung mit Anne Sinclair zu machen, habe ich ihm sofort gesagt, dann dürfe er nicht erlauben, daß Werbung eingeblendet wird. Montand war einverstanden. Ich habe mit Etienne Mougeotte von TF1 gesprochen. Der Sender wollte Montand unbedingt haben.

‚Sie bekommen Montand umsonst, aber unter der Bedingung, daß es keine Werbung gibt.'

‚Charley, das ist unmöglich.'

‚Wenn Sie Werbung einblenden, verlange ich von Ihnen 1 Million, damit sie es lassen.'

‚Ich rufe Sie wieder an.'"

Ein paar Tage später ist TF1 einverstanden, 800 000 Francs zu zahlen.

Marouani: „Ich habe Montand gesagt: ‚Dieses Geld nimmt man entweder an oder man schenkt es Bouygues.' Ab der Entscheidung des Senders, mit Montands Namen Werbeeinnahmen hereinzuholen, hatte er keine Skrupel mehr, das Geld zu nehmen."

In Wahrheit ist die Angelegenheit ein wenig komplizierter. Ursprünglich wollte Marouani die Sendung diskret „sponsern" lassen. Verhandlungen mit der Perrier-Gesellschaft waren ziemlich weit gediehen. Während der ganzen Sendung hätte eine Flasche prickelndes Wasser auf dem Tisch gestanden, und in einem bestimmten Moment hätte Montand den Journalisten ein Glas des köstlichen Getränks angeboten. Letztlich hatte die Firmenleitung abgelehnt. Unschuld? Naivität? Überzeugt, daß diese List eine echte Unterbrechung verhindern könnte, war Montand bereit, eine Tirade über Afghanistan durch eine Werbegeste zu unterbrechen – ohne zu bedenken, daß wenn er mit der gleichen Überzeugung, wie er die sowjetische Gefahr beschwor, die Vorzüge der kleinen Bläschen pries, jede Glaubwürdigkeit verlieren würde. (Zehn Jahre zuvor hatte Montand die Idee zu einem Werbefilm gehabt: Er saß, ein Glas Perrier trinkend, in einem sehr schönen Dekor. Ein Journalist kam hinzu: „Monsieur Montand, was halten Sie von Perrier-Wasser?" Er antwortete: „Na, hören Sie, wer Perrier

Wasser trinkt, braucht doch nicht dafür zu werben, ich bitte Sie." Und er drehte sich um.)

Montand ist fest überzeugt, kommerzielles Fernsehen habe für seine Ware zu zahlen, so daß er den „heimlichen" Werbetrick mit dem Perrier eine Woche vor der Sendung *Le Monde* enthüllt. Als absoluten Beweis, daß er nichts zu verbergen gedenke. Außerdem wurden die Verhandlungen zwischen Charley Marouani und TF1 über Telex geführt, was bekräftigt, daß sie keineswegs geheim sind.

Aus dem allgemeinen Gezeter gegen den Schauspieler ragen zwei Vorwürfe hervor: erstens, er habe nicht öffentlich gesagt, daß er ein Honorar erhält. Hätte er zum Schluß Monsieur Bouygues für sein schönes Geschenk gedankt und die Zuschauer unterrichtet, daß dieses Geld für Wohltätigkeitszwecke verwendet würde, hätten dieselben, die ihm die Annahme der Gage vorwerfen, ihn beweihräuchert. Er hat nicht daran gedacht und bedauert es, daß seine Gesprächspartner ihm diese Frage nicht gestellt haben. Der zweite Vorwurf greift tiefer und berührt die Ambiguität dieses *Montand zu Hause*. Ist das Politik? Ist es Showbusiness? Als potentieller Kandidat fürs Elysée kann Montand seine Gedanken über den Lauf des Planeten nicht zu Münze machen. Der Gaukler Montand aber hat ein Recht auf Bezahlung, wenn er für ein privates Fernsehen singt. Die Sendung hat die Genres vermischt, und Montand hat seine Standbeine verwechselt. Die Schärfe der Reaktionen zeigt, daß ein gut Teil des Publikums an jenem Abend tatsächlich einem Politiker, nicht einem Künstler zusah. An einen moralisierenden, integren Montand gewöhnt, akzeptieren es die Zuschauer nicht, daß ein Sender sich einen Montand leistet wie ein beliebiges Produkt. Sie ertrugen auch nicht, daß der Schmäher „sich kaufen läßt". Durch sein Engagement, seine Herzensergüsse, seine Ehrlichkeit genoß der Filmstar einen enormen Kredit. Plötzlich ist das moralische Image angeschlagen. Dieses nicht gebilligte Honorar wirft nachträglichen Verdacht auf alle seine kämpferischen Auftritte. Man verdächtigt ihn, ein Gipfel der Absurdität, lediglich für Geld gehandelt zu haben. Eine Flut von Beschimpfungen bricht los. All jene, die Montand verärgert hatte, haben endlich den Fehler am Küraß entdeckt. Und blasen zum Hallali.

Desto höher schätzt Montand die spontanen Bekundungen des Beistands und der Freundschaft, die Daniel Auteuil, Belmondo, Cousteau, Godard, Piccoli, Jeanne Moreau, Michel Sardou und andere an ihn richten. Am meisten wohl tut ihm der Brief des Dr. Escoffier-Lambiotte, Generalsekretär der Gesellschaft für medizinische Forschung, die der Schauspieler gefördert und finanziell unterstützt hat:

> In einer Zeit, da eine Handvoll Jämmerlinge, neidische Krämer oder Sudelschreiber, sich erlauben, Sie zu kritisieren, möchte ich Ihnen einfach sagen, daß Sie meine volle Billigung haben und daß dies auch für die sehr zahlreichen Forscher gilt, denen Ihre Förderung und Ihre liebenswürdige Großzügigkeit geholfen haben.
>
> Talent ist gewiß eine Himmelsgabe. Doch auf dem Rang, zu dem Sie es entwickelt haben, ist es die Frucht immenser Arbeit, und ich sehe wahrhaftig nicht, im Namen welchen Moralkriteriums es einem kommerziellen Unternehmen kostenlos zur Verfügung gestellt werden sollte ... Selbst wenn nicht jedermann wissen kann, daß Sie dieses Talent dankenswerterweise und zu wiederholten Malen in den Dienst vollkommen uneigennütziger Aufgaben gestellt haben ...
>
> Dies ist bei unserer Gesellschaft der Fall, und viele unter uns, die Leidenden wie jene, die alles tun, um ihnen zu helfen, haben Ihnen viel zu verdanken.
>
> Ich wünschte, daß die Öffentlichkeit diese

> Schuld anerkennt, wie wir es tun. Und ich will Ihnen, in meinem Namen wie im Namen aller Forscher und Ärzte, unsere Solidarität und unsere Dankbarkeit bekunden.

Montand hat mehr als einen Irrtum, er hat einen Fehler begangen. Aber er muß weniger dafür büßen, daß er Geld genommen hat, als für die Verletzung des Geld-Tabus. Während ein solcher Vorgang in Amerika selbstverständlich ist (das Gegenteil wäre es nicht), verdammt die französische Prüderie alles den „Kies" Betreffende als unanständig, als schmutzig. Doch der Angeklagte spielt das Spiel bis zum Ende, verteidigt sich wie der Teufel, breitet seine Rechnungen aus, zeigt, nicht ohne rührendes Ungeschick, daß dieser Scheck ihn nicht interessiert. Nach Abzug der Provision für seinen Agenten und der Steuern bleiben ihm „nur" 350 000 Francs, die er an verschiedene karitative Organisationen verteilt (einige Stiftungen – so die 100 000 Francs für die „Restos du cœur" – wurden schon vor der Affäre ausgestellt; andere, die hinzukommen, brauchen die Summe auf). Am Ende behält der Schauspieler von den 800 000 Francs von TF1 für sich selbst nur die Kosten für ein Diner zu viert in der Tour d'Argent ...

Wenn das Publikum nach einem halben Jahrhundert, das wir „miteinander" verbracht haben, annehmen konnte, ich sei der Mann, der sich still die Taschen füllt, lohnte es die Mühe nicht, mich zu erklären ... Wieso sollte ich mich von einem Verbrechen reinwaschen, das ich nicht begangen habe? Meine schlichte Logik war: das Privatfernsehen kann zahlen. Ein paar Monate zuvor hatte ich, ohne Illusionen, eine Petition gegen die Privatisierung von TF1 unterschrieben. Sie haben einen kommerziellen Sender gewollt: also müssen sie die Konsequenzen ziehen.

Ich war naiv und sogar ein bißchen blöd, das ist wahr; aus heutigem Abstand erscheinen die Einwände begreif-

lich. Damals habe ich sie nicht gesehen, und niemand hat sie gesehen. Niemand hat mir gesagt, daß ich in eine Falle gehe, weil für jeden klar war, daß ein Sender, der durch Werbung viel Geld einnimmt, etwas „ausspucken" muß. Sie wollen die Logik des Marktes, also schlage ich zu. Dabei bleibe ich. Ich hatte nicht die geringste Absicht, irgend etwas zu vertuschen. Ich hätte Gott oder den Teufel oder den Rabbi von Paris gesegnet, wenn die Idee, mir diese Frage zu stellen, Anne Sinclair in den Sinn gekommen wäre. Mir schien das im Gegenteil eine vorzügliche Sache. Wenn ich, Montand, der am längsten Hebel saß, sie zahlen ließ, konnten alle Künstler nach mir kräftige Honorare fordern. Ich war nicht wachsam, habe den Negativaspekt nicht bedacht: ich konnte mir einfach nicht vorstellen, daß die Leute, die mir vertrauten, so betroffen sein würden. Das bedaure ich; aber ich bedaure nicht, daß ich einen kommerziellen Sender habe zahlen lassen. Das fand ich normal. Das war eine Sache des Prinzips.

Nach der TF1-Affäre – der schlimmsten, die es gab, denn seine Unschuldsbeteuerungen belasten den Verdächtigen auch wieder – hat Montand, von seinem Sockel gestoßen, Mühe, in der politischen Arena, wo er sich so naiv hat entwaffnen lassen, wieder Boden zu gewinnen. Man liebt ihn weniger, hört ihm weniger zu, weil man ihm zuviel zugehört hat. Der Weltbürger will dennoch nicht schweigen. In mehrere Länder gerufen, wo die Pariser Aufregungen sein Bild nicht haben trüben können, reist er innerhalb einiger Monate nach Chile, nach Israel und nach Polen, drei symbolträchtigen Zielen.

Im Herbst 1988 versucht General Pinochet, der seit dem Putsch von 1973 in Santiago an der Macht ist, durch ein Plebiszit seine legale Bestätigung als Chef des chilenischen Staates zu erreichen. Die demokratische Opposition, die zum Nein aufruft, bittet Montand um Unterstützung ihrer Kampagne. Er ist sofort dazu bereit, überzeugt, daß er damit auf der Linie seines vorherigen Engagements handelt, vornehmlich der Gala für die chilenischen Flüchtlinge vor vierzehn Jahren. Im Verlauf von drei Tagen trifft er sich mit den Verteidigern der Menschenrechte, besucht die Witwe von Salvador Allende und nimmt mit einer halben Million Chilenen an einem „Marsch der Hoffnung" teil.

Drei Wochen nach Santiago ist Montand in Israel. Seit er 1959 mit Simone Signoret zum erstenmal dort war, hat sich seine fast körperliche Anhänglichkeit an den hebräischen Staat nie vermindert – desto aufmerksamer jedoch beschäftigt er sich auch mit der Bedrängnis der Palästinenser und der Zukunft von Transjordanien. Gegenüber den Juden fühlt sich Montand in unsäglicher Schuld: dafür, daß er ihre Leiden nicht geteilt, daß er während des Krieges, wenn er den gelben Stern sah, aus Unwissen und mangelnder Bewußtheit nicht reagiert hat. Ihn leitet auf dem Gebiet eine Maxime von Etiemble: „Sowie man die Ehre oder das Haar eines Juden antastet, bin ich in meinem Leben, meiner Freiheit als *Goi* bedroht." Er war erschlagen, als er Claude Lanzmanns Film *Shoah* sah. Die Beschwörung der Verantwortlichen dieses vorprogrammierten Grauens versetzt ihn in furchtbaren Zorn; er erstickt, als er in einer argentinischen Zeitung die Anzeige für eine Gedenkmesse an „Adolfo" Hitler entdeckt. Oder als die Kongreßteilnehmer des Front national Anfang 1990 stehend einem Ehemaligen der Waffen-SS applaudieren.

Die Verteidigung der verfolgten Juden in der Sowjetunion war lange eine wesentliche Komponente seines antikommunistischen Kampfes (eine bewegende Versammlung aus diesem Anlaß sah ihn mit Elie Wiesel in Oslo). Im Juni 1986 also ist er nach siebenundzwanzig Jahren wieder in Israel, trifft den Dissidenten Anatoli Stscharanski, zu dessen Ausreiseerlaubnis aus der Sowjetunion er beigetragen hat (der Betroffene war davon übrigens überrascht: er hatte den Montand in Erinnerung, der 1956 in Moskau gesungen hatte). Der Verfolgte präsidiert in Jerusalem einer Zusammenkunft der „refushniks", in deren Verlauf Montand das *Partisanenlied* singt.

Diese Reise 1986 war von einem neuen Freund des Sänger-Schauspielers, Jean Frydman, vorbereitet worden. Ein ehemaliger Résistancekämpfer, warmherzig und treu und darüber hinaus äußerst einflußreich im Kommunikationsbereich. Er hat viele Verbindungen in Israel und schlägt Montand eine symbolische Geste vor: die Route wieder zu eröffnen, die über Aqaba Israel mit Jordanien verbindet. Die Operation scheitert am Einspruch König Husseins, aber Montand erhält als persönlicher Gast von Shimon Peres einen Empfang wie ein Staatsmann.

Als der hebräische Staat zwei Jahre später seinen vierzigsten Geburtstag feiert, holt man ihn „selbstverständlich" für eine große Zeremonie an den Ort Massada, jenen Felsvorsprung am westlichen Ufer des Toten Meeres, der drei Jahre lang den römischen Legionen widerstand: die belagerten Juden gingen in den Freitod, anstatt sich zu ergeben). Vor Erklingen der zweiten Symphonie von Mahler spricht Montand die Worte:

Gloire, oui gloire aux combattants de Massada
Salut aux martyrs de Massada
Pour que vos enfants, vos petits-enfants
Les enfants de vos petits-enfants puissent
Répéter après vous
Jamais, plus jamais Massada!

Ruhm, ja Ruhm den Kämpfern von Massada
Gegrüßt seien die Opfer von Massada
Auf daß eure Kinder, eure Enkel
Die Kinder eurer Enkel nach euch
Wiederholen können
Nie, nie mehr Massada!

Für solche Augenblicke wäre er bereit, alle Niedertracht dieser Welt zu ertragen.

Im Frühjahr 1989 werden die kommunistischen Machthaber in Polen durch Solidarność gezwungen, (nahezu) freie Wahlen zuzulassen. Das Ereignis ist ohne Beispiel im Osten: die Opposition kann sich zur Wahl stellen, obschon die Zahl der Sitze, die ihr vorbehalten sind, von vornherein feststeht. Montand wird von den Freunden Lech Wałęsas eingeladen, ihre Wahlkampagne zu unterstützen. Er zögert nicht, reist mit Reprographiematerial nach Warschau, trifft mit Studenten der Universität zusammen, die für die Anerkennung ihrer Gewerkschaft streiten, nimmt an mehreren Meetings teil, verneigt sich am Grab des Paters Popieluszko, begrüßt Wałęsa, singt *Les Feuilles mortes*. Der Mann, der 1981 im „Olympia" seine Solidarität mit den eingesperrten Gewerkschaftern bekundet hatte, handelt in vollem Einverständnis mit sich. Wie der Waffengang zwischen Wałęsa und Jaruzelski (dessen Empfang im Elysée 1985 er nie gebilligt hat) ausgehen wird, ist ungewiß. Bevor er nach Paris zurückkehrt, sagt Montand zu den Studenten: „Es gibt eine Chance, die man wahrnehmen muß. Man muß die Autoritäten festnageln, daß sie nicht mehr zurückkönnen. Was in Polen geschieht, ist ein Frühling, der sich in einen Sommer verwandeln könnte."

Der erdrückende Sieg von Solidarność zwingt die Kommunistische Partei zu verhandeln, dann zurückzuweichen. Zum erstenmal seit Jalta gibt es hinter dem eisernen Vorhang eine nichtkommunistische Regierung. Es ist der Anfang einer gewaltigen Erschütterung, die binnen weniger Wochen, von der Berliner Mauer bis Prag, von Budapest bis Bukarest, das totalitäre System hinwegfegt. Es hat für Montand fast symbolische Bedeutung, daß er den Beginn dieses Prozesses in Warschau miterlebt hat.

Der Zusammenbruch des Kommunismus ist das Zeichen, daß ein Jahrhundert zu Ende geht, das Zeichen, daß man die Welt nunmehr unter einem neuen Gesichtswinkel, mit verändertem Blick sehen muß. Die wiedergewonnene Freiheit im Osten, die deutsche Vereinigung, das Erstehen eines großen Europas stoßen die alten Schemata um, den „Katastrophismus“ der einen, die Gleichgültigkeit oder die Komplizenschaft der anderen.

Der Kommunismus hat Montands Leben geprägt, wie er die Existenz von Millionen Menschen geformt hat. Ob man daraus seinen Daseinsgrund schöpfte oder daran gestorben ist, ob man dafür gekämpft hat oder dagegen war, der Kommunismus war die Achse, um die sich über sechzig Jahre das Denken, die Leidenschaften, die Hoffnung wie die Verzweiflung mehrerer Generationen drehten. Das System, das er hervorgebracht hat, stürzt mit der gleichen Brutalität ein, die es zu seiner Errichtung entfaltet hatte. Die Welt wird lernen müssen, ohne dieses Gespenst zu leben, ohne diesen Kontrast zu denken. Es ist nicht so leicht, einen Feind zu verlieren, weniger leicht vermutlich als der Verlust einer Hoffnung, eines Modells. Der Kommunismus bricht buchstäblich unter seinem eigenen Gewicht zusammen. Sein Verschwinden hinterläßt gleichwohl ein Vakuum. Auch wer nicht glaubte, konnte die Gläubigen zumindest ablehnen. Jetzt ist der Gegenstand des Glaubens selbst erloschen. Es ist Zeit, ein neues Jahrhundert zu beginnen und mit diesem Vakuum leben zu lernen.

Im Juni 1990 lädt die Zeitung *Moskauer Nachrichten*, die Avantgarde der Perestroika, die Equipe des *Geständnisses* ein, dem russischen Publikum ihren Film vorzustellen. Wenn man wissen will, wie sich die Zeiten geändert haben, muß man erleben, wie der sowjetische Botschaftsrat auf dem Flugplatz Charles-de-Gaulle Montand den Koffer trägt …

Im Filmsaal des „Domkino“ drängt sich ganz Moskau, um Montand, Costa-Gavras, Semprun nach der Vorführung mit Fragen zu bestürmen. „Chrustschow“, sagt Montand, „hat versucht, den Kommunismus in seinem Land zu retten. Gorbatschow versucht, sein Land vor dem Kommunismus zu retten.“ Ein alter, sehr alter, schmächtiger Herr im Saal steht auf und sagt mit kräftig gebliebener Stimme in Richtung des Schauspielers: „Ihm will ich sagen: Ihr Film spricht auch zu uns Sowjetmenschen; alle, die hier sitzen, haben einen Verwandten, einen nahen Menschen, einen Freund gehabt, der da irgendwo sterben mußte. Wir alle haben gelitten wie dieser Mann im *Geständnis*. Wir alle haben ihn gesehen, als wäre es unser Film. Es ist unsere Geschichte. Es ist unser Film.“ Der alte Herr setzt sich unter Beifall: es ist Obraszow, derselbe, der Montand 1956 in Moskau empfangen und seine Chansons in der UdSSR bekannt gemacht hat.

Später, in einer Hotelbar mit gelblichen Lichtern, setzt das Trio, dem sich noch Chris Marker zugesellt, zwischen Scherz und Nostalgie einen Schlußpunkt hinter das kinematographische und politische Abenteuer, das vor zwanzig Jahren begann. Montand hatte im Lauf dieser Jahre oft gesagt:

„Ich werde an eine Demokratisierung erst glauben, wenn sie in Moskau *Das Geständnis* zeigen.“

Das ist nun geschehen, und doch will er es noch nicht recht wahrhaben.

„Kinder, seid ihr euch darüber klar, was wir heute erlebt haben?“

Semprun, einst führender kommunistischer Funktionär, jetzt Kulturminister Spaniens, mäßigt seine Euphorie:

„Wir haben unsere Jugend damit verbracht, die Demokratie zu bekämpfen. Wir werden unser Alter damit verbringen, sie zu verteidigen.“

Das Trio lächelt.

Montand wird plötzlich ernst:

„Ich lache, aber mir ist nicht nach Lachen zumute.“

Gegen Mitternacht streift er über den Roten Platz.

Die Kuppeln der Basiliuskathedrale sehen unterm Scheinwerferlicht aus wie ein Riesenzuckerwerk. Die Kremlmauern heben sich vom dunklen Himmel ab, und hoch oben flattert in einem Lichtkegel die rote Fahne. Montand hebt die Nase in die Luft, betrachtet eine Weile das Banner der Oktoberrevolution.

„Auch wenn die Russen den Kommunismus einmal vergessen haben, die Fahne sollten sie behalten. Aber ohne Hammer und Sichel. Nur weil es so schön aussieht.“

Er kehrt dem Leninmausoleum den Rücken und geht davon.

Epilog

Es ist ein Morgen im Juni; der Boulevard des Capucines liegt in Licht gebadet, desto schärfer ist der Kontrast, wenn man durch den Bühneneingang in der Rue Caumartin auf die Bühne des „Olympia" kommt. Ein paar weiße kalte Lampen reichen nicht hin, das Blau der Decke, das Altrot der Sessel mit den Holzlehnen aus dem Dunkel zu heben. Die schwarzen Vorhänge scheinen zu baumeln. Und die Bühne ist nur, was sie ist: eine Reihe Bretter, die hohl klingen und hie und da rutschig sind (um dem abzuhelfen, vergießt ein Bühnenarbeiter an den gefährlichen Stellen ein bißchen Coca-Cola: das beste Mittel, erklärt er). Yves Montand, dunkler Anzug, rosa Hemd, schwarze Krawatte, hat sich zwei Accessoires bringen lassen – seinen Zylinder, in einem weißen Karton, und die Waffe des Sir Godfrey, den Stockdegen, den argwöhnische japanische Zöllner 1982 beinahe eingezogen hätten und der eines Abends in der Provinz neben einem erschreckten Zuschauer aus seinem Futteral sauste …

Die Musiker packen ihre Instrumente aus. „Also, soviel steht fest, davon fliegen einige raus", kündigt warnend Arpino, der Schlagzeuger, an: er meint die Noten, von denen es auf seiner schon alten Partitur wimmelt. Sogar die langjährigen Mitglieder der Truppe, Azzola, Paraboschi, haben „den Großen", wie er genannt wird, seit fast sieben Jahren nicht mehr begleitet. Bob Castella, in gelbgrüner Weste, stimmt sich mit Hubert Rostaing, dem „Arrangeur", ab. Die Techniker entrollen Kabel, schließen das Mischpult an. „Gérard, es ist ein

Mikro mit Kabel!" (Gérard, in Jeans und T-Shirt, ist der Tontechniker, ein Genie, Catherine hat ihn beim Récital von Jonasz entdeckt. Montands Politik ist: immer die besten Leute zu haben, dafür zahlt er mehr als andere). Zwei Monitore werden an der Rampe aufgestellt.

Montand wirft das Jackett ab, nähert sich dem Mikro.

„Kannst du nicht zwei, drei Scheinwerfer anmachen? Es ist kühl hier."

Der Unsichtbare, an den das gerichtet ist, reagiert umgehend. Warmes Licht kreist die Insel, das Niemandsland ein, wo ihrer zwölf sich an die Arbeit machen. Patricia Coquatrix, die Hausherrin, kommt den Gast umarmen, dem sie so viel verdankt. Bevor der Sänger anfängt, redet er dies und jenes: kein *briefing*, nein, es ist weniger feierlich, nur um erst wieder Kontakt zu kriegen. „Ich habe mir Michael Jackson angesehen, mit ein paar jungen Leuten, mit der „Kleinen", der schönen Mathilda May. Es gab Qualm, Laser und zwanzig Minuten „Schrott" auf zwei Stunden. Aber er bewegt sich fabelhaft. Fünf Minuten vor Start geht durch den ganzen Parc des princes ein dumpfer Ton, Synthesizer oder elektrischer Baß. Ein echter Schlag in die Magengrube, wie Prince in Bercy." Und dann: „Gut, machen wir jetzt also *Hollywood*, aber sehr *country*, bitteschön ..."

„Die Leute werden anfangen zu tanzen", scherzt Arpino.

„Ich hoff's."

Im Grunde bereitet diese Probe eine Sendung bei Michel Drucker am kommenden Samstag vor. Aber der wahre Grund ist ein ganz anderer. Montand „leistet" sich das „Olympia" für zwei Tage, um sich zu testen, seine achtundsechzig Jahre zu testen. Die Lust zu singen hat ihn wieder gepackt. Die politische Leidenschaft ist nicht vorbei, ganz im Gegenteil. Im Kino gab es den Triumph mit dem „Papet" und den Flop mit *Trois places pour le 26* – trotz einer sehr lobenden Kritik. Ja, die Lust zu singen ist wieder da. Montand hat also beschlossen, die „Maschine“ zu inspizieren, seine Widerstandskraft zu prüfen, zu beobachten, was „der andere“, der Bühnenmann, zustandebringt. Ein Récital ist ein Zehntausendmeterlauf. Auf denn zum Marathon; von jetzt bis zum nächsten Abend soll die Sendung stehen, will er die Show von 1981–1982 dreimal aufzeichnen. Wenn er daran nicht kaputtgeht, ist er noch sehr lebendig.

Das Publikum besteht aus sechs Personen. Tut nichts. Sechs oder sechstausend, Montand hat Lampenfieber. Er ist gewissermaßen ein Gottesurteil, was er da sucht.

In der Mitte der achten Reihe fehlt ein Zuschauer. Eine Zuschauerin vielmehr. Es war Simones Platz, dort saß sie immer, aufmerksam und kritisch. Simone Signoret ist am 30. September 1985 mit vierundsechzig Jahren gestorben. Sie hatte Krebs und wußte es. Die Ärzte hofften zunächst, es handele sich um eine schmerzhafte, aber harmlose Geschichte wie die, derentwegen sie einige Jahre zuvor operiert worden war. Bei dem ersten chirurgischen Eingriff zeigte sich aber, daß das Übel sich ausgebreitet hatte und vermutlich unheilbar war. Als sie aufwachte – sie war damals nahezu blind – legte sie ihre Hand auf die ihrer Tochter, dann eilten ihre Finger zu den Lidern hinauf, um zu fühlen, ob da Tränen waren. Und Catherine – gut Blut verleugnet sich nicht – gelang es, die Augen trocken zu behalten. Doktor Léon Schwartzenberg war von da an immer um sie, schlief notfalls in Autheuil. Sie sagte, sie sei heiter, habe keine Angst, sie wünsche sich nur, nicht leiden zu müssen.

Alle, die damals bei ihr waren, berichten das gleiche. Jean-François Josselin, der sie als einer der letzten besuchte, hat erzählt[1], wie sie ihn unterbrach, während er ihr *Sans la miséricorde du Christ*, den Roman von Hector Bianciotti, vorlas: „Sie machte mir ein Zeichen: ‚Entschuldigen Sie, aber ich glaube, ich tauche gleich ab.‘ Ich küßte sie auf die Wange. Und wollte das Zimmer verlassen, als sie mich zurückhielt. Ihre Katzenaugen, ihre Meeraugen sahen mich gütig an." Yvette Etiévant, die mit Simone auf der Bühne debütiert hatte (und heute als Künstleragentin arbeitet), bewahrt das gleiche Bild: „Ich hatte sie tagsüber besucht. Abends rief sie mich an: ‚Ich hatte den Eindruck, daß du traurig warst. Ich möchte, daß du es nicht bist.' Das war nicht bloß eine Redensart."

Catherine Allégret schließlich hat das Gefühl, daß ihre Mutter und sie sich an Simones Lebensende so nahe waren wie nie: „Mama hat noch eine Weile romantische Politik gemacht. Sie war am grauen Star operiert worden und sah nur noch mit einem Auge. Aber ein Blutgefäß war geplatzt, und ihr Sehvermögen ging weiter zurück. Sie war sehr verwundbar geworden und hörte auf, sich immerzu gegen mich oder wen immer zu wehren. Sie entspannte sich sozusagen. Und ich brachte sie zum Lachen."

Die tiefe, pathetische, schwere Krise, die die Schauspielerin und Frau in den siebziger Jahren durchgemacht hatte, war in eine meditative, ziemlich friedliche Phase übergegangen, wo, trotz des fortschreitenden Sehverlusts, das Schreiben Vorrang erhielt. Es waren eine Übersetzung (*Une saison à Bratislava* von Jo Langer, die 1981 bei den Editions du Seuil erschien), danach der Roman *Adieu Volodja*.[2] Nicht daß sie der Schauspielerei entsagt hätte – vier Monate vor ihrem Tod drehte sie noch *Music-Hall* fürs Fernsehen, unter der Regie von Marcel Bluwal, und alle erinnern sich der sonderbaren Sicherheit, mit der sie sich bewegte, des bewußten Kalküls ihrer Gesten und Schritte, um ihre Versehrtheit zu verbergen. Aber die Fähigkeit, literarisch kreativ zu sein, für die sie Bestätigung erhalten hatte, gewann die Oberhand, stimulierte sie ebenso, wie sie ihr Furcht einflößte.

An jenem Montag im September, gegen sieben Uhr morgens, fand Catherine Allégret ihre Mutter tot. Montand, der tags zuvor in Autheuil gewesen war, hatte wieder in den Süden zurückkehren müssen, wo er *Manon des sources* drehte (sowie er irgendeine Möglichkeit sah, machte er sich davon und fuhr zu seiner Frau). Sehr schnell kam das „Netz“ in Bewegung, die Nachricht lief um. Da einige Mitglieder des „Netzes“ Journalisten waren, fürchtete Catherine, Montand werde es übers Radio erfahren, noch bevor sie ihn erreicht hätte: und es fehlte wenig daran. Montand hat vom Tod seiner Frau das Empfinden bewahrt, aus der Zeit zu treten, als sei etwas so Unwirkliches geschehen wie die Geburt eines Kindes. Er hätte Simone lieber nicht in ihrem Sarg gesehen – so wie er seinen Vater nicht gesehen hat. Weil solche Bilder selbst tote Bilder sind, deren Sinn anderswo liegt.

Auf dem Friedhof Père-Lachaise waren am Mittwoch, dem 1. Oktober, eine Menge Menschen. Alle Freunde, alle Bekannten und viele Neugierige, viele Prominentensammler.

In zehn Minuten war unter den prächtigen Kastanienbäumen alles mit Anstand vollbracht. Catherine trug ein geblümtes Kleid. Nach Montand warfen die Nächsten eine Rose in die Grube. Simone verabscheute Beerdigungen, Tremolos, Pomp jeglicher Art und Begräbnispomp besonders.

Er ist nie mehr an ihr Grab gegangen und wird auch nie mehr hingehen. Dort ist Simone nicht. Sie ist in der Luft, sie ist um ihn, sie hat sein ganzes erwachsenes Leben umhüllt und umhüllt ihn noch. Nicht allein, daß tausend Dinge – irgendeine Spur, wenn man ein Schubfach öffnet, ein Gericht auf der Speisekarte der „Colombe d'Or“, das Ortsschild „Antibes“ an einer bestimmten Kreuzung – sie ständig „herbeirufen“. Es ist weit mehr als solches Aufzucken, solche Trauer des Gedächtnisses. Es ist eine wirkliche Gegenwart. „Die Toten sind nicht abwesend“, sagt Montand, „sie sind unsichtbar.

Die Menschen des Mittelmeeres reden mit den Toten, und die Toten antworten ihnen. So ist Montand. Ein ihm Nahestehender erzählt, wie er auf einer Israelreise mit ihm zur Klagemauer kam. Sie trennten sich für eine Weile. Im Wagen dann berichtete der Schauspieler in ganz natürlichem Ton: „Ich habe ein Foto von Simone in eine Mauerhöhlung geschoben. Aber sie hat geschrien, hat protestiert, sie wollte da nicht bleiben. Ich habe das Foto wieder in die Brieftasche gesteckt.“ Und Jorge Semprun: „Eines Sonntags sahen wir uns gemeinsam ein Formel-1-Rennen im Fernsehen an. Plötzlich schaltete Yves für ein paar Sekunden am Gerät herum. Und ganz kurz erschien Simone auf dem Bildschirm, mit etwas strengem Blick (es war eine Wiederholung von *Madame le juge*). Entnervt sagte Montand: ‚So was macht sie andauernd mit mir.‘ Und ein wenig später fügte er nachdenklich und bewundernd hinzu: ‚Hast du gesehen, wie sie mich ansieht, wie sie das macht! …‘“

In der ersten Zeit nach ihrem Tod hatte er Autheuil verkaufen wollen. Aber jetzt meint er, daß dieses Haus ihm Schutz gibt, daß die „Begegnungen“, die dort sehr häufig sind, ihm Geborgenheit geben. Er hat den Schreibtisch im ersten Stock, an dem Simone arbeitete, so gelassen. Die Schreibmaschine, die Lampe, die Weste über der Stuhllehne, alles ist, wie sie es verlassen hat. Er hat auch einige Kleidungsstücke behalten, die er liebte: ein Regenmantel, ein kurzer karierter Mantel, ein Kleid. Und die feinen schwarzen Schuhe, die Simone beim erstenmal in New York getragen hatte: es war so warm, daß die spitzen Absätze sich in den Asphalt bohrten. Er schwört, das sei keinerlei Fetischismus, kein morbider Hang, diese Erinnerungen trügen ihn nicht zurück. Er lächele, wenn er sie sehe.

An seinem Handgelenk trägt er noch immer die Uhr, die sie ihm 1961 schenkte, die Uhr aus der Zeit nach Marilyn, deren Widmung „einen anderen 13. Oktober“ wie ein Siegeskommuniqué verheißt. Simone hatte selbst auch diese liebende Beziehung zu Dingen, deren Wert für sie in einer Geschichte bestand, nicht in einem Preis. Sie hat sich nicht verzeihen können, daß sie eine kleine, mit einem Herz geschmückte Kette verlor, die Montand ihr in Hollywood schenkte. Als er einmal zufällig bemerkte, daß sie den Schmuck nicht trug, brach sie in Tränen aus.

Einen Satz von Romain Gary aus dem Dialog von *Liebe einer Frau* zitierend, wiederholt Montand oft, man müsse „das Unglück profanisieren". Dann fügt er hinzu: „Und die Dinge entsakralisieren ..." Er bemüht sich darum, ist auf diesem Gebiet indes nicht der Begabteste. Diejenigen, die ihm Lehren über eine Treue *post mortem* erteilen und, in dem Glauben, die Flamme wieder zu beleben, frömmlerisch Lobpreisungen der heiligen Simone anstimmen, ahnen wahrscheinlich nicht, in welchem Maße der Mann, an den sie sich wenden, mit der Verstorbenen lebt. Seine „Trauerarbeit" hört nicht auf und wird nicht aufhören.

In der zwölften Reihe, nach der Gartenseite hin, hat sich Carole Amiel an den Rand gesetzt. Valentin, ihr und Montands fünf Monate alter Sohn, schläft in der Garderobe des „Olympia" – sie überwacht seinen Schlaf mit einem Talkie-Walkie. Carole ist ein Mädchen aus Saint-Paul, oder doch beinah. Sie ist in Epernay geboren, aber Mitte der siebziger Jahre beschloß ihr Vater, ein Möbelhändler, sich an einen Ort nahe der Côte, zwischen Meer und Gebirge, zurückzuziehen: seine Wahl fiel auf ein Nachbargrundstück der Fondation Maeght in Saint-Paul-de-Vence. Mit vierzehn Jahren fand sich die Schülerin Carole also im Cours Montaigne in Vence eingetragen (nach dem Abi versucht sie sich zunächst in den Wirtschaftswissenschaften, bildet dann aber vor allem ihre Sprachbegabung aus). Sie freundete sich mit der Jugend des Ortes an und kam mit ihren Eltern – wohlhabenden Leuten, katholisch, mit einem Hang zur Rechten – manchmal in die „Colombe d'Or". Sie begegnete Montand zum erstenmal 1974 auf der Dorfstraße, wo er seine Hunde ausführte.

Für die Tournee 1982 sucht die von Charley Marouani zusammengebrachte Truppe eine mehrsprachige Assistentin. Carole, zweiundzwanzig Jahre alt, spricht sehr gut Englisch und Italienisch, kann einigermaßen Deutsch und Spanisch. Sie wird engagiert und entdeckt gebannt die Welt der Show und deren Mittelpunkt: ihn. Es beginnt in der Provinz – sie ist gerührt, zu sehen, wie Montand jeden Nachmittag das Zelt inspiziert und sich grämt bei der Vorstellung, daß ein Mast das Vergnügen der minderbemittelten Zuschauer schmälern könnte. Und es geht über Rio, New York, San Francisco, Montreal bis Tokio so weiter ... Die Beziehungen zwischen der jungen Frau und dem Sänger entwickeln sich langsam und im Verborgenen.

Eine ihrer Aufgaben besteht darin, den Sound zu überwachen und vor allem zu prüfen, ob das Hi-Fi-Mikro, ein kabelloses Mikro, das Montand seit *Sir Godfrey* benutzt, um sich frei bewegen zu können, seinen Dienst richtig erfüllt (der Apparat ist zerbrechlich und launisch). Am Schluß des Chansons muß sie in den Kulissen warten, um dem Künstler zu versichern, daß alles in Ordnung ist. Am Premierenabend in der New Yorker Met ist Montand wie vom Blitz getroffen: keine Carole (es war ihr unmöglich, Zutritt zu den Kulissen zu erhalten). Wieder auf der Bühne, verschiebt er seinen Zorn bis nach dem Schluß. Ihn an einem solchen Tag aufsitzen zu lassen! Nach dem letzten Vorhang saust er zur Garderobe, spürt den aufsteigenden Zorn, brüllt: „Carole! ...“ – und bricht ab: er sieht sich der verdatterten Simone gegenüber, Simone, von der er nie geglaubt hätte, daß sie so schnell den Saal verlassen könnte, und die sich über diesen Schrei täuscht und ihn als Ruf deutet. Er erklärt, verheddert sich, reitet sich rein. Simone Signoret, die sich normalerweise bemüht, die Eskapaden ihres Mannes nicht zur Kenntnis zu nehmen (eines Tages vertraute sie Bob Castella an: „Ich kann mir schon denken, daß er nicht immer allein ist, aber ich will es nicht wissen“), mag geahnt haben, daß es diesmal nichts Flüchtiges ist. Sie ist eifersüchtig. Montand wirft sich noch immer vor, daß er das Mißverständnis nicht zerstreut hat.

Über fünf Jahre zieht sich die Liaison gedämpft und mit Unterbrechungen hin. Carole, zugleich eigenwillig und Midinette, realistisch denkend und leidenschaftlich, akzeptiert alles: sie bleibt sorglich im Schatten, begnügt sich mit der Zweitrolle. Verfügbar, verschwiegen. Montand, der sich natürlich schuldig fühlt, ist aber von dieser „Kleinen“ auch angerührt, die gleichzeitig versponnen ist – sie redet mit Kaninchen, steht nachts auf, um eine Eselin zu füttern – und mit einem handfesten, praktischen Urteilsvermögen begabt. 1987, als er in Cannes Präsident der Jury ist, hält er die Zeit für gekommen, mit der Heimlichkeit Schluß zu machen: es ist keine Heirat, sondern ein Hervortreten aus dem Wald. Die *paparazzi* würden sie sowieso früher oder später aufspüren. „Man fängt kein neues Leben an“, erklärt er, „man lebt einfach weiter.“

„Bobby! Nein, Bobby, nein. NEIN, BOBBY! BOBBYYY!!!“

Montand hat einen Takt übersprungen, und Bob Castella wedelt ihm hartnäckig mit anklagender Hand, die er im Rhythmus öffnet und schließt, unter der Nase. Und das Unvermeidliche geschieht: das „Olympia“ hallt wider von erbittertem Geschrei, erzittert in seinen Grundfesten, der Verstärker ist voll aufgedreht. Bob nimmt unter dem Ungewitter die aerodynamische Haltung ein, die man in solchen Situationen an ihm kennt: er beugt sich und zieht den Kopf ein. Es ist nichts weiter. „Der Große“ heizt sich auf, bläht sich. Drei Minuten später, nach dem letzten Akkord von *Carrosse*, beunruhigt er sich, als er den anderen stehen sieht:

„(Liebevoll:) Bist du kaputt, Bobby? (Gebieterisch:) Einen Stuhl für Bobby, einen Stuhl, schnell! (Frozzelnd, zu den Musikern:) Dreiundneunzig Jahre, taub wie ein Maulwurf, aber nicht totzukriegen, so ein Athlet! (Professionell:) So, können wir? Aber was ist denn los da? Wird das!"

„Drei, vier", murmelt der Pianist mit seiner zarten Stimme ...

Wenn man Bob Castella fragt, wieso er Montand erträgt, kommt seine Antwort ebenso enorm wie heiter: „Weil er nie ungerecht ist." Man reißt die Augen auf. Montand, nicht ungerecht? „Nein", erklärt der Begleiter, „nicht ungerecht. Emotionell, cholerisch, streitlustig im Feuer der Diskussion, das ja. Aber wirklich böswillig, bewußt ungerecht oder gemein, das bestimmt nicht."

Und warum stützt er, Montand, sich auf einen so zerbrechlichen, so lässigen, desinteressierten Partner? „Bob, zerbrechlich? So ein Witz!" gibt der Sänger zurück. „Er ist vielleicht der Mensch, der mich am meisten verblüfft hat. Sein scheinbarer Mangel an Leidenschaft gibt ihm eine unerhörte Kraft. Die Beharrlichkeit und die Kraft einer Ameise."

Auf der Bühne des „Olympia" zieht der Künstler zum zweitenmal an dem Tag sein Récital von 1981 durch. Die Stimme ist voller als vorher, die szenische Masse imposanter. Montand ärgert sich zwischendurch über eine Gedächtnislücke, einen Lapsus (dabei passiert ihm einer, der ihn trotz seiner Anspannung in ein Riesengelächter ausbrechen läßt: in Baudelaires *Les Bijoux* macht er seltsamerweise aus den „Hüften der Antiope" die einer „Lambiotte" ...). Und dann platzt der Knoten, Montand geht aus sich heraus, die Arme breiten sich, er steppt wieder, die Schultern rollen, in die Augen kommt Feuer. Die Probe, der Test, ist auf einmal der Freude gewichen freizuwerden, sich zu bewegen, alle Register zu ziehen. Er singt *A Paris* mit voller Lautstärke, schöpft seine Lungen aus. Auch die Musiker haben ihre Form wieder. Montand hält mit weit geöffneten Armen die Schlußnote bis zum Äußersten, bricht ab:

„Okey, Kinder, das machen wir noch mal!“

Und noch einmal *A Paris*, wieder volle Lautstärke, aber heiterer diesmal, zugewandter.

„Schon besser. Noch mal ...“

„Er überlebt sie alle“, flüstert Marouani.

Das „Publikum“ im Saal durchrieselt ein Glücksschauer, in dem Genuß und Respekt einander widerstreiten. Es ist ein großes Vorrecht, hinter die Kulissen seiner Leistung zu schauen, und auch, mitanzusehen, wie ein Mann binnen fünfzehn Sekunden sich um fünfzehn Jahre verjüngt. Jean Frydman schweigt. Chris Marker scherzt (aber wer weiß, wo bei ihm der Hintersinn beginnt?): „Montand wird immer besser, wenn er müde ist ...“

So ist es: Montand mag sich nicht schonen. Dabei wäre es so gerechtfertigt, sich friedevoll unter den Platanen von Saint-Paul oder in den Wäldern von Autheuil zu ergehen. Er sagt es selbst: Was gibt es Schöneres als im Café an der Place beim Essen zu sitzen, im April, wenn es die ersten Bohnen des Jahres gibt, die Artischocken, die einem auf der Zunge zergehen? Es ist 10 oder 11 Uhr. Einer bringt Brot, der andere Landschinken, ein dritter Oliven aus Saint-Césaire. Jeder hat „seinen“ Wein, „seine“ Spezialität: ein Öl, das man aus Italien mitgebracht hat, einen Roquefort, eine Dauerwurst. Man speist vergnügt auf der Terrasse, vergnügt, aber nicht ausschweifend. Dann spielt man mit allem gebotenen Ernst Boule.

Ja, es wäre völlig gerechtfertigt.

Auf dem Flügel ist ein Tonband aufgebaut worden. Die Musiker drängen sich um den Interpreten und Bob zusammen. Montand hat ein neues Lied von Pierre Barouh (dem Autor von *La Bicyclette*) aufgenommen. Es heißt *Le Cabaret de la dernière chance* (Die Kneipe zur letzten Chance). Der Refrain, erklärt er, muß wie eine Liebeserklärung sein, nostalgisch. Nicht *piano: pianola* ... Es muß nach Vorkriegschampagner duften.

„Liebend vor allem, liebend. Er ist da, der Typ, und doch nicht da … ihr versteht."

Montand wendet sich zum Saal, wartet, daß das Akkordeon ihm den Einsatz gibt, und beginnt, ganz leicht:

Il y a ceux qui rêvent les yeux ouverts
Et ceux qui vivent les yeux fermés …

Es gibt die, die mit offenen Augen träumen
Und die, die mit geschlossenen Augen leben …

Danksagungen

Wir wollen dieses Buch nicht beschließen, ohne all denen ausdrücklich Dank zu sagen, die uns aufs beste unterstützt haben durch ihre Bereitwilligkeit, ihre Ratschläge, ihre Zeugnisse oder durch die Archive, Photographien, Tonaufzeichnungen, Filme und Korrespondenzen, die sie uns freundlich überließen.

Gedankt sei zuerst der Familie Yves Montands. Seine Schwester, Lydia Ferroni, hat uns nicht nur lange Gespräche gewährt, sondern war auch unsere Führerin durch die Marseiller Viertel, wo der jüngste Sohn Giuseppina und Giovanni Livis aufwuchs. Sein Bruder und seine Schwägerin, Julien und Elvire Livi, wie auch sein Neffe Jean Louis waren, trotz einiger nicht ganz verheilter Wunden, zu mehreren Begegnungen mit uns bereit und haben uns besser begreiflich gemacht, was die Familie zusammenhält und was sie trennt. Catherine Allégret schenkte uns rückhaltloses Vertrauen, wie es ihre Art ist. Bob Castella, den wir nicht anders als zur Familie gehörig betrachten können, brach um der Sache willen sein gewohntes Schweigen.

Carole Amiel trat aus ihrer sonst gewahrten Zurückhaltung.

Jorge Semprun ließ es sich bei allen seinen ministerialen Pflichten in Madrid nicht nehmen, unsere Forschung zu unterstützen.

Mehrere Jugendgefährten Montands oder Begleiter seiner Anfänge sammelten für uns ihre Erinnerungen. Edouard Derderian, R. Pizzo (Sekretär des Verbandes der einstigen Werftjugend – Regionalverband der Provence) waren uns hilfreich. Raoul André, Louise Carletti, Henri Contet, Renée Lebas entsannen sich mit uns der ersten Etappen der Karriere Yves Montands.

Georges Martin, der seit Jahren biographische Studien über Edith Piaf betreibt, lieferte uns unzählige chronologische und diskographische Auskünfte.

Colette Crolla, Paul Grimault, Francis Lemarque schilderten uns den Sänger Montand, der im „Etoile“ Triumphe feierte. Marcel Azzola und Roger Paraboschi vervollständigten das professionelle und freundschaftliche Tableau.

Filmleute sind in ihrer Bewegungsfreiheit oft beschnitten, vielfach im Ausland festgehalten oder Gefangene ihres Drehkalenders. Wir danken Catherine Deneuve, Gérard Depardieu, François Perier, Serge Reggiani, daß sie uns ihre begrenzte Zeit widmeten. Die Regisseure Alain Corneau, Constantin Costa-Gavras, Gérard Oury, Claude Sautet und sein „Komplize“ Jean-Loup Dabadie waren nicht minder freigebig.

Yvette Etiévant empfing uns in ihrem Büro bei Artmédia. Charley Marouani erläuterte uns, was die Aufgabe eines Impresarios ist. Pierre Bouteiller, Jean-Claude Guillebaud, Ivan Levai, Anne Sinclair und Bernard Kouchner waren uns, vornehmlich in Autheuil, warmherzige Gesprächspartner.

Lise London, deren Gedächtnis unfehlbar ist, erinnerte sich an Yves Montands Aufenthalt in Prag, 1957, und berichtete uns von den Dreharbeiten zum *Geständnis*.

Nadja Netschajewa in Moskau gestattete uns, die Begegnung zwischen Yves Montand und Nikita Chrustschow zu rekonstruieren. Arthur Miller beantwortete in Roxbury einige unserer Fragen.

Jean-Christophe Averty, der alles über die Music-Hall im allgemeinen und über Montand im besonderen weiß, ließ sein Badewasser kalt werden, um die von uns aufgestellte Chronologie zu überprüfen. Chris Marker vertraute uns manche Bilder an, deren Autor und Verfügungsberechtigter er ist, und hat mit kritischem Auge unseren Text gelesen. Stéphane Khémis ging ihn als aufmerksamer Historiker durch.

Im Laufe der dreißig Monate, die diese Arbeit gedauert hat, sind mehrere Zeugen gestorben. Anne Philipe, Hubert Rostaing und schließlich Francis Trottobas (genannt „Berlingot") ahnten nicht, wie nahe sie dem Ende waren, als sie sich bereit erklärten, uns zu helfen. Unsere letzten Zeilen seien ihrem Gedenken gewidmet.

Anmerkungen

Kapitel 1

1 Rede vor der Abgeordnetenkammer vom 10. März 1921, in: *Critica sociale*, Nr. 7.
2 *Naissance du fascisme*, Gallimard, Paris 1967.
3 Zitiert von Pierre Milza und Serge Bernstein, *Le Fascisme italien*, Editions du Seuil, Paris 1980.
4 *Du soleil plein la tête. Souvenirs recueillis par Jean Denys*, E. F. R., Paris 1955.
5 *Montand. La vie continue*, Denoël/Joseph Clims, Paris 1983 (deutsch erschienen unter dem Titel *Yves Montand. Das Leben geht weiter*, Insel-Verlag, Frankfurt a. M. 1984).

Kapitel 2

1 Gaston Rambert, *Marseille. La formation d'une grande cité moderne*, Maupetit, Paris 1934.
2 Griechisches Volk von der Westküste Kleinasiens, das um 600 v. Chr. die Stadt Massalia gründete, auf die Marseille zurückgeht. (Anm. d. Übers.)
3 Albert Londres, *Marseille, porte du Sud*, 1927; Neuausgabe Jeanne Lafitte, Marseille 1980.
4 Im Französischen ein Wortspiel durch Klangähnlichkeit zwischen „coup de lance" und „coup de langue". (Anm. d. Übers.)
5 Zitiert bei Philippe Joutard, *Marseille, porte de l'Orient*, in: *L'Histoire*, Nr. 69, 1984.
6 *Montand. La vie continue.*
7 Jean-Pierre Rioux, *Du pain, du sang et du rêve*, in: *L'Histoire*, Nr. 58, 1983.

8 Militante Royalisten, wörtlich „Propagandisten (Zeitungsverkäufer) des Königs“. (Anm. d. Übers.)
9 Jean Bazal, *Le Clan des Marseillais*, Guy Authier, Paris 1974.
10 Nummer vom 25. Mai 1938.

Kapitel 3

1 *Du soleil plein la tête.*
2 Aussage von Francis Trottobas (unterdes verstorben) gegenüber den Autoren am 29. April 1989.
3 Vgl. Richard Cannavo, *Trenet. Le siècle en liberté*, Hidalgo Editeur, Paris 1989.
4 Vgl. André Sallée et Philippe Chauveau, *Music-Hall et Café-Concert*, Bordas, Paris 1985.
5 Am 25. August 1939.
6 Vgl. Amilcare Rossi (Pseudonym von Angelo Tasca), *Les Communistes français pendant la drôle de guerre*, Editions Les Iles d'Or, Paris 1951.
7 Jean-Pierre Azéma, *De Munich à la Libération*, Editions du Seuil, Paris 1979.
8 Christian Mégret, *Yves Montand*, Calmann-Lévy, Paris 1955.
9 Im Gespräch mit den Autoren, September 1989.
10 Aus einem Brief von Herrn Di Rocco, 23. Oktober 1977.
11 Botschaft vom 30. Oktober 1940.
12 Henri Amouroux, *Quarante Millions de pétainistes*, Robert Laffont, Paris 1977.
13 R. Descouens, *La Vie du maréchal Pétain racontée aux enfants de France*, Editions de la Vraie France, Nizza 1941 (zitiert nach J.-P. Azéma, a. a. O.).
14 André Roussin, *Rideau gris et Habit vert*, Albin Michel, Paris 1983.
15 Gilles et Jean-Robert Ragache, *La Vie quotidienne des écrivains et des artistes sous l'Occupation*, Hachette, Paris 1988.
16 Gérard Oury, *Mémoires d'éléphant*, Olivier Orban, Paris 1988.

Kapitel 4

1 (engl.) Schnulzensänger. (Anm. d. Übers.)
2 (franz.) Kabarettist, Varietékünstler, Entertainer. (Anm. d. Übers.)
3 Gilles et Jean-Robert Ragache, a. a. O.
4 Nummer vom 28. März 1942; auf dem Titelblatt Edwige Feuillère.
5 Nach J.-P. Azéma, a. a. O.
6 Zitiert bei E. Jäckel, *La France dans l'Europe de Hitler*, Fayard, Paris 1968.
7 Zitiert bei Anne Sportiello, *Le Vieux-Port de Marseille à l'heure allemande*, in *L'Histoire* vom 16. Oktobr 1979.
8 Louis Gillet in *Marseille* vom 21. Oktober 1942.
9 *Signal*, Sonderausgabe der *Berliner Illustrierten Zeitung*, April 1943.

Kapitel 5

1 (franz.) Frohe Botschaft, Name einer Pariser Metro-Station, abgeleitet vom Straßennamen „Boulevard de Bonne-Nouvelle". (Anm. d. Übers.)
2 Der Dialog ist wiedergegeben in *Du soleil plein la tête.*
3 Vgl. André Sallée und Philippe Chauveau, *Music-Hall et Café-Concert.*
4 Im französischen Showbetrieb Bezeichnungen für die Plazierung der Mitwirkenden auf den Plakaten und Anzeigen: die *vedette anglaise* (englischer Star) wird in dritter Position nach den beiden Spitzenstars genannt; die *vedette américaine* (amerikanischer Star) steht in gleich großem Schriftgrad wie die Stars am Ende der gesamten Darstellerfolge, durch ein „und" herausgehoben. (Anm. d. Übers.)
5 26./27. Februar 1944.
6 29. Februar 1944.
7 4./5. März 1944.
8 26. Februar 1944.
9 (franz.) Linkes Ufer; gemeint sind die zentralen Pariser Stadtviertel am linken Seineufer (Quartier Latin, Saint-

Germain-des-Prés), die zu jener Zeit noch einen vorrangig intellektuellen und volkstümlichen Anstrich hatten, im Gegensatz zu den vornehmeren traditionellen Wohnquartieren von Adel und Bourgeoisie am rechten Seineufer, der Rive droite. (Anm. d. Übers.)

10 29. Juli 1944.

11 An dieser Stelle sei Georges Martin unser Dank gesagt, der uns großzügig mit Quellenmaterial und genaueren Angaben versorgt hat; er arbeitet seit zwei Jahrzehnten als Archivar an der Zusammenstellung einer minutiösen und reichen Dokumentation über Edith Piaf.

12 *Au bal de la chance*, Editions Jeheber, Paris 1958.

13 Vom 8. August 1944.

14 Denkmal für die an dieser Mauer auf dem Friedhof Père-Lachaise erschossenen Kämpfer der Pariser Kommune. (Anm. d. Übers.)

15 *Radioscopie*, im Sender France-Inter, am 20. Mai 1969.

16 *La nostalgie n'est plus ce qu'elle était*, Editions du Seuil, Paris 1976 (deutsch erschienen unter dem Titel *Ungeteilte Erinnerungen*, Kiepenheuer & Witsch, Köln 1977).

Kapitel 6

1 So schreibt etwa Monique Lange in einem reich illustrierten Buch mit ein wenig gar zu flinker Feder, daß Montand vor einer „Tigerin" und „Pygmalione" Edith „den Nacken beugt" (*Histoire de Piaf*, Ramsay, Paris 1988). Claude-Jean Philippe hingegen hütet sich vor derart eilfertigen Bewertungen (*Edith*, Carrere-Kian, Paris 1988).

2 9. November 1944.

3 11. November 1944.

4 10. November 1944.

5 Simone Berteaut, *Piaf*, Robert Laffont, Paris 1969.

6 25. November 1944.

7 *La Dépêche de Paris*, 28./29. Oktober 1945.

8 18. Oktober 1945.

9 *Epoque*, 4. November 1945.

10 *Concorde*, 31. Dezember 1945.

11 26. Dezember 1945.
12 22. Dezember 1945.
13 *Piaf.*
14 *Paris-Matin,* 8. Oktober 1946.
15 *La nostalgie n'est plus ce qu'elle était.*
16 Vgl. *Histoire d'un film* von Pierre Laroche, in *L'Ecran français,* 6. Februar 1946, sowie André Brunelin, *Gabin,* Robert Laffont, Paris 1987.
17 *L'Ecran français,* 27. Februar 1946.
18 Ebenda, 8. Mai 1946.
19 *La France au combat,* 14. März 1946.
20 *Paris-Matin,* 5. Dezember.
21 *L'Etoile du soir.*
22 *Paris-Matin.*
23 *Le Monde.*
24 10. Dezember 1946.
25 Gegenüber Alain Rémond, Autor einer ausgezeichneten Filmographie, *Montand,* Ed. Henri Veyrier, Paris 1977.
26 Mouvement Républicain Populaire, begründet von Georges Bidault.

Kapitel 7

1 18. Januar 1947.
2 Vgl. *L'Ecran français,* 28. Januar 1947.
3 Vgl. die Nummern vom 28. Januar und 20. Mai 1947.
4 *Jazz Hot. Revue du Hot Club de France,* Nr. 10, Dezember 1946.
5 *Montand. La vie continue,* zitiert nach der deutschsprachigen Ausgabe.
6 *Jazz Hot.* Hubert Rostaing ist als Titelbild der Nummer 12 zu sehen. Zum festen Stamm der Zeitschrift gehörend, gibt er den Abonnenten regelrechten Klarinettenunterricht per Fernkurs. Einige seiner Aufnahmen mit Django Reinhardt sind auf einer kürzlich herausgekommenen Platte gesammelt (*Dejavu,* dvrecd 32).
7 Aus Jacques Préverts Gedicht *So leben wir.* Die Übersetzung folgt hier und an einigen anderen Stellen der Version von Kurt Kusenberg, erschienen in: *J. P., Gedichte und*

Chansons, Rowohlt Taschenbuch Verlag 1962, sowie in: *J. P. Ein schöner Wal mit blauen Augen, Gedichte Chansons Prosa*, Verlag Volk und Welt, Berlin 1975.

8 Das Bateau-Lavoir auf dem Montmartre in Paris war in den ersten Jahren dieses Jahrhunderts ein bizarrer Komplex von Künstlerateliers, bewohnt und besucht von Malern wie Picasso, Henri Rousseau, Juan Gris, Matisse, Braque, Modigliani, und Dichtern und Schriftstellern wie Apollinaire, Max Jacob, Pierre Reverdy, Cocteau, Gertrude Stein, Kunsthändlern wie Vollard, Kahnweiler ..., das heißt ein Zentrum der Pariser Avantgarde. – Die Place du Tertre in dem einstigen Dorf Montmartre, wo Künstler ihre Arbeiten feilboten, ist heute die Touristenattraktion des Ortes. (Anm. d. Übers.)

9 29./30. Mai 1949.

Kapitel 8

1 *Du soleil plein la tête.*

2 *Look*, 30. August 1960.

3 9. Dezember 1947. Simone Signoret ist auf dem Titelbild der Nummer zu sehen, in dem Film *Dédée d'Anvers*, der zu diesem Zeitpunkt in die Kinos kommt.

4 Siehe das schon zitierte Interview mit *Look*.

5 *Ce soir*, 26. November 1949.

6 In *La Nostalgie n'est plus ce qu'elle était*. Alle weiteren Zitate ohne Angabe stammen aus derselben Quelle.

7 *Montand. La vie continue*. Zitiert nach der deutschsprachigen Ausgabe.

8 1. März 1951.

9 *Ce soir*, 29. Juni 1951.

10 *Libération*, 9. März 1951.

11 7. März 1951.

12 10. März 1951.

13 Namentlich in einem Interview mit *L'Humanité-Dimanche*, 16. Dezember 1951.

Kapitel 9

1 *Les Lettres françaises*, 26. Februar 1953.

2 Robert Brasillach (1909–1945), französischer Schriftsteller, zunächst Kritiker bei *L'Action française*, in den dreißiger Jahren militanter Anhänger des Faschismus, unmittelbar nach der Befreiung als Kollaborateur zum Tode verurteilt und hingerichtet. (Anm. d. Übers.)

3 Jacqueline Cartier, *Monsieur Vanel*, Robert Laffont, Paris 1989.

4 Ebenda.

5 *La Marseillaise-Dimanche*, 23. Dezember 1951.

6 5. Januar 1952.

7 Eine Art provençalischer Pizza: Teigfladen, belegt mit Tomaten und Anchovis. (Anm. d. Übers.)

8 Der Dialog ist wiedergegeben in *La nostalgie n'est plus ce qu'elle était.*

9 Die von ihm gespielte Hauptrolle in Jean-Paul Sartres Stück *Der Teufel und der liebe Gott.*

10 *Le Monde*, 7. Oktober 1953

11 Unter dem Titel *M. Yves Montand, c'est tout un programme ...*, 6. Oktober 1953.

12 *Libération*, 6. Oktober 1953. Das Blatt stellt Montand im Untertitel wie folgt vor: „Barmann, Damenfriseur, Metallarbeiter, Arbeitsloser, Docker und Interpret seiner Epoche."

13 2. Dezember 1953.

14 In *Du soleil plein la tête.*

15 Editions Stock, Paris 1974.

Kapitel 10

1 Zitiert von Bernard Legendre in *Quand les intellectuels partaient en guerre froide*, in *L'Histoire*, April 1979.

2 Von Leopold Trepper berichtet in *Le Grand Jeu*, Albin Michel, Paris 1975.

3 *Trois Lettres sur le Mouvement de la paix*, Editions de Minuit, Paris 1953. Zitiert von Bernard Legendre in *Qui a dit quoi*, Editions du Seuil, Paris 1980.

4 Pascal Ory, Jean-François Sirinelli, *Les Intellectuels en France de l'Affaire Dreyfus à nos jours*, Armand Colin, Paris 1986.
5 *L'Humanité*, 26. April 1949.
6 4. April 1950.
7 *Les Lettres françaises, Jdanov et nous*, 9. September 1948.
8 Rede in der Salle Wagram, 28. Februar 1949.
9 Rede im Rathaus von Ivry, 11. April 1952.
10 Rede auf dem Kongreß in Straßburg, 1947.
11 *Les Cahiers du communisme*, Januar 1950.
12 *La Nouvelle Critique*, April 1953.
13 Jean Kanapa, *Situation de l'intellectuel: critique de la culture*, Paris 1957.
14 Zitiert in dem von Boris Souvarine herausgegebenen Bericht, Nr. 95, 1. Oktober 1953.
15 *Les Lettres françaises*, 19. Januar 1950.
16 Vgl. Michel Winock, *L'antiaméricanisme français*, in *L'Histoire*, November 1982.
17 *L'Express*, 11. Mai 1970.
18 *Libération*, 25. Juni 1954.
19 Vgl. André Kaspi, *La Peur américaine*, in *L'Histoire*, Oktober 1980.
20 Zitiert von Victor Navasky, *Les Délateurs*, Balland, Paris 1982.
21 Arthur Miller, *Timebends*, Grove Press, New York 1987 (deutsch erschienen unter dem Titel *Zeitkurven*, S. Fischer Verlag, Frankfurt a. Main 1987).
22 Ebenda.

Kapitel 11

1 Alain Rémond, a. a. O.
2 *L'Humanité*, 5. November 1956.
3 7. November 1956.
4 *L'Aurore*, 12. November 1956.
5 20. November 1956.
6 Tibor Méray erzählt diese Episode in einem Brief an Montand (vom 23. Februar 1984), worin er ihm dankt, im Fernsehen von Imre Nagy gesprochen zu haben.

7 Wortspiel mit dem Namen: der „Aufsteigende“ (Montand), der „wieder herunterkommt“. (Anm. d. Übers.)
8 *Sowjetskaja Kultura*, 18. Dezember 1956.
9 *Libération*, 18. Dezember 1956.
10 21. Dezember 1956.
11 *Literaturnaja Gaseta*, 18. Dezember 1956.
12 *Prawda*, 20. Dezember 1956.
13 Aufgezeichnet während eines Gesprächs in Moskau im Juni 1990.
14 *L'Humanité*, 1. Januar 1957.
15 *Libération*, 25. Dezember 1956.
16 *Obrana lidu*, 12. Februar 1957.
17 30. Oktober 1957.
18 *Irodalmi Újság*, 26. Juni 1954.
19 Ausgabe vom 14. März 1957.
20 *L'Aurore*, 28. August 1957.
21 Ausgabe vom 27. Februar 1958.

Kapitel 12

1 *France-Soir*, Interview vom 19. Februar 1958
2 29. Januar 1959.
3 17. Oktober 1958.
4 8. Oktober 1958.
5 „Kann sein, daß niemand mich beachtet. In Paris kennt jeder Montand. In New York, leider! muß ich sogar meinen Namen buchstabieren. Das ist schade, aber nicht schlecht für die Eitelkeit ...“
6 Unvergleichliche Premiere am Broadway.
7 „Er ist so wunderbar, er singt mit dem ganzen Körper!“
8 5. Oktober 1959.
9 29. Oktober 1959.
10 16. Oktober 1959.
11 15. November 1959.
12 3. Oktober 1959.
13 Henry Hewes in *Saturday Review*, 10. Oktober 1959.
14 Äußerung Arthur Millers gegenüber den Autoren am 1. Juli 1989.
15 Ebenda.

16 A. a. O.

17 Lena Pepitone, William Stadiem und Maurice Hakim, *Marilyn secrète*, Editions Pygmalion/Gérard Watelet, Paris 1979. „Gesammelte Erinnerungen", deren Verläßlichkeit nicht immer gegeben ist.

18 Aus bereits erwähnten Originaltonaufnahmen.

19 9. November 1959.

20 12. November 1959.

21 Deutscher Verleihtitel: *Machen wir's in Liebe.*

22 Äußerung gegenüber den Autoren, a. a. O.

23 *Le Point*, 19. Februar 1973.

Kapitel 13

1 Der englische Journalist Anthony Summers verzeichnet in einer soliden Untersuchung, *„The Secret Lives of Marilyn Monroe"*, nicht weniger als siebenunddreißig angelsächsische, der Schauspielerin gewidmete Titel.

2 Vornehmlich in *Elle* vom 30. Oktober 1972, in einem Interview mit Charles Villeneuve auf Europe 1, am 25. November 1974, sowie in einigen Anspielungen anläßlich eines *Dossier de l'écran* im selben Jahr.

3 In den bereits erwähnten Gesprächen mit den Autoren.

4 „Das ist keine Stadt hier, das riecht nach nichts. In Europa, da riecht man alles mögliche, Essen, Knoblauch ..."

5 *A Life*, Alfred K. Knopf, New York 1988.

6 15. August 1960.

7 „Sind Sie wirklich Franzose?" – „So französisch, wie man sich nur denken kann." – „Waren Sie lange hier?" – „Ich komme und gehe, meine Familie ist geradezu transatlantisch ..."

8 „Sie werden noch sehen, was es heißt, mit der schlechtesten Schauspielerin der Welt zu spielen."

9 „Sie haben Angst. Aber denken Sie auch ein bißchen an mich. Ich bin verloren."

10 „Weißt du, Cukor ist kein großer Regisseur."

11 „Sag das bitte nicht: Cukor ist ein großartiger Regisseur, und er liebt seine Schauspielerinnen. Du siehst phanta-

stisch aus, aber ich glaube, du hast Angst zu spielen und brauchst noch Proben."

12 „Ja, du hast recht. Vielleicht sollten wir noch probieren."

13 Nachzulesen bei Anthony Summers, a. a. O.

14 „Ich bin böse, ich bin böse, ich bin böse, ich tu's nicht wieder ..." (von Simone Signoret erzählt in ihren *Ungeteilten Erinnerungen*).

15 A. a. O.

16 19. Januar 1960.

17 „Viel Glück! Ich weiß es! Ich weiß es, du wirst ihn kriegen!"

18 Militärische Intervention de Gaulles in Algerien, wo es in der Folge der Ablösung von General Jacques Massu zu einer Offiziersrebellion gekommen war. (Anm. d. Übers.)

19 In *Marilyn secrète.*

20 „Mag geschehen, was geschehen soll ..."

21 15. August 1960.

22 5. Juli 1960.

23 Es erzählt die Geschichte von Heimatlosen, von Aus-der-Bahn-Geratenen, von Cowboys, die nur noch wilde Pferde für die Kadaververwertung fangen. In *France-Dimanche* (16. November 1960) wird daraus: „Das Szenarium von *Misfits* erzählt von den Leiden einer Gruppe Frauen, die um ihre Scheidung kämpfen." So was nennt man ein scoop ...

24 30. August 1960.

25 10. November 1960.

26 Zum Beispiel erst in jüngerer Zeit Sandra Shevey in *The Marilyn Scandal*, Sidgwick & Jackson, London 1987. Geradezu ein Musterbeispiel einer Sammlung nichtüberprüfter Äußerungen.

27 Gespräch mit Paul Giannoli in *Candide* vom 22. Mai 1967.

28 So Anthony Summers, a. a. O.

29 Ebenda.

30 *Le Figaro littéraire*, 12./18. Dezember 1963.

31 Vgl. Hervé Hamon/Patrick Rotman, *Les Porteurs de valises*, Albin Michel, Paris 1979.

32 Aus einem Gespräch mit den Autoren.

33 (franz.) „Jagd auf die Ratten" – die Araber. (Anm. d. Übers.)

34 9. November 1962.
35 In einem Interview mit Claude Fléouter, *Témoignage chrétien*, 23. November 1962.

Kapitel 14

1 *Le Figaro*, 11. Dezember 1963.
2 Jorge Semprun, *Autobiographie de Federico Sánchez*, Editions du Seuil, Paris 1978 (dt. bei Albrecht Knaus Verlag, Hamburg 1978).
3 *Yves Montand. Das Leben geht weiter.*
4 Jorge Semprun, *Quel beau dimanche*, Grasset, Paris 1980.
5 Das Gespräch wurde von *CinémAction* im November 1985 publiziert.
6 Richard Cannavo/Henri Quiqueré, a. a. O.
7 *Candide*, 30. Mai 1966.
8 *Le Monde*, 11. Mai 1966.
9 Michel Mohrt, in *Carrefour*, 25. Mai 1966.
10 24./25. April 1966.
11 *L'Express*, 10. Juni 1968.
12 *La Nostalgie n'est plus ce qu'elle était.*
13 *Le Monde*, 30. Juni/1. Juli 1968.
14 *Quel beau dimanche.*
15 3. März 1969.
16 März 1969.

Kapitel 15

1 9. Oktober 1968.
2 26. September 1968.
3 *Yves Montand. Das Leben geht weiter.*
4 Artur London, *Ich gestehe. Der Prozeß um Rudolf Slánský*, dt. bei Hoffmann & Campe, Hamburg 1970; als Taschenbuch 1991 bei Aufbau Taschenbuch Verlag, Berlin.
5 So Artur Londons Pseudonym in der Illegalität und in der Résistance. Seine Freunde und Nächsten nannten ihn auch weiterhin so.

6 *Yves Montand. Das Leben geht weiter.*
7 Jorge Semprun, *Federico Sánchez. Eine Autobiographie.*
8 *Démocratie nouvelle*, Juli 1956.
9 Ebenda.
10 Berichtet von Lise London.
11 29. April 1970.
12 20. Mai 1970.
13 Richard Cannavo/Henri Quiqueré, a. a. O.
14 Ouvriers spécialisés – die ungelernten Arbeiter. (Anm. d. Übers.)
15 *Le Nouvel Observateur*, 17. April 1972.
16 Slogan, der im Mai 68 an den Wänden der Sorbonne geschrieben stand.
17 3. Mai 1972.
18 8. Mai 1972.

Kapitel 16

1 Alain Rémond, a. a. O.
2 Richard Cannavo/Henri Quiqueré, a. a. O.
3 *Le Monde*, 12. Juni 1973.
4 25. Mai 1971.
5 Geäußert in *Télérama*, 30. April 1980.

Kapitel 17

1 *Das Geständnis – ein Schock*, in: *Le Point*, 20. Dezember 1976.
2 Zitiert von Pierre Favier und Michel Martin-Roland in *La Décennie Mitterrand*, Le Seuil, Paris 1990.
3 *Le Point*, 3. Oktober 1983.
4 3. Oktober 1983.
5 Die Sendereihe „Les Dossiers de l'écran" des französischen Fernsehsenders Antenne 2 vereint in der Regel eine Gesprächsrunde, in der sich kompetente Leute zu einem vorgegebenen Thema äußern (das zumeist durch einen vorher ausgestrahlten Film bestimmt wird). (Anm. d. Übers.)

6 *Le Monde*, 5. Januar 1984.
7 *Le Point*, 3. Oktober 1983.
8 22. April 1985.
9 *Télérama*, 9. Dezember 1987.
10 Größter Bauunternehmer Frankreichs, der heute den einst öffentlichen Fernsehsender TF 1 besitzt. (Anm. d. Ü.)

Epilog

1 *Le Nouvel Observateur*, 4. Oktober 1985.
2 Fayard, Paris 1985.

Bildnachweis

Associated Press: 33. – Bundesarchiv: 26. – Gérard Décaux: 28. – DR: 20, 21, 27, 34, 35, 38, 41, 42, 43, 44, 51, 54, 56, 59, 60. – *Elle*/Henri Elwing: 31, 46. – *Elle*/Michel Roi: 19. – Louis Foucherand: 4, 7. – *France-Dimanche:* 15. – Gamma/Martine Pecoux: 50. – Jacques Gomot: 24, 25, 45. – Harcourt © AFP: 16. – *Jours de France*/Fournol: 32. – Bernard Kouchner: 57. – Madoulet: 18. – Magnum/Bruce Davidson: 39. – Michel Mako: 23. – Chris Marker: 36, 47, 48. – Coll. Yves Montand: 1, 2, 3, 5, 6, 8, 9, 10, 11, 12, 13, 14, 17, 29, 30, 37, 40, 52, 53, 58, 61. – Alan Pajer: 49. – Teddy Piaz: 22. – Sygma: 55.

ISBN 3-352-00423-4

1. Auflage 1991

Die Originalausgabe erschien bei den Editions Fayard/Le Seuil, Paris,
unter dem Titel *Tu vois, je n'ai pas oublié*
Dieser Titel ist einer Zeile des Chansons
Les Feuilles mortes (Text: Jacques Prévert,
Musik: Joseph Kosma, © 1957 Editions Enoch & Cie)
entnommen.
Schutzumschlag- und Einbandgestaltung Ute Henkel
Typographie Peter Friederici
Gesamtherstellung Offizin Andersen Nexö Leipzig GmbH
Graphischer Großbetrieb
Printed in Germany